남명 조식 언어의 분석

남명 조식 언어의 분석

조 일 규

역락

 사람의 가치 기준이 어디에 있는가? 마음이 있어 생각하는 데 있다. 곧 말을 하는 데 있다. 사람의 본질적 가치를 발견하고자 끊임없이 생각하면서 학문이 시작되고 또 지금까지 이어지고 있다. 동양과 서양이 다 마찬가지다. 동양은 일찍부터 유학이 발전하여 사람이 가진 마음이 어디로부터 왔으며, 어떠한 것이며, 어떻게 가꾸어야 하고, 또 이 마음이 세상에서 어떤 쓰임을 얻어야 하는가에 초점을 맞추어 연구되어 왔다. 나무 한 그루, 풀 한 포기를 살피거나, 천체를 통해 우주 운행의 원리를 살피거나 간에 거기에는 사람이 전제되어야 한다. 그래야 의미가 있다. 사람의 중심에는 '나'라는 존재가 있다. 그리하여 세상은 '나'와 남으로 나누어진다. 사람들은 누구나 '나'를 존재론적 입장에서 말해야 하며 '남'과의 관계 속에서 '나'와 '남'을 설명할 수 있어야 한다. 이를 원시유학이나 성리학을 바탕으로 잘 말하고 있는 분이 남명 조식 선생이다. 그러나 선생이 남긴 글이 많지 않고 그의 글쓰기가 요점만 잡아 상징적으로 표현하는 말할이 위주의 글쓰기였기에 그의 생각을 온전히 이해하기란 쉽지 않다. 그의 말 하나하나를 주의 깊게 살피지 않으면 그 핵심을 알기 어렵다. 남명의 생각은 남명집과 그의 제자들이 남긴 글 속에 남아 있다. 남명집에 있는 남명의 글 속에서 남명의 생각을 잘 드러낸 글들을 가려 뽑아 텍스트 언어학적 방법을 원용하여 살펴보고 제자들의 글은 참고로 하여 남명의 생각을 살펴보기로 한다. 그러기 위해서는 먼저 남명 당시의 시대상을 알아야겠기에 1. 들어가기를 통하여 남명의 생각에 큰 영향을 미친 사대 사화에 대해 자세히 알아본다. 2.에서는 남명의 가족 관계와 생애를 살펴본다. 3.에서는 텍스트 언어학적 방법으로는 살피기 어려운 남명의 신명사도(神明舍圖)를 먼저 살펴본다. 4.에서는 일반 사람들에게는 생소한 텍스트 언어학의 대강을 살펴본 다음, 이어 남명집에 나타난 시(詩), 부(賦), 명(銘), 서(書)를 텍스트 언어학적 방법을 원용하여 살펴보기로 한다. 글쓴이가 이러한 방법을 택한 것은 위에서 말했듯이 남명의 글쓰기가 말하기 중심으로 요점만 잡아 상징적으로 표현하고 있기 때문이다. 따라서 지금까지의 연구 방법에 따라 주제별로 남명의 말을 정리하다 보면 어쩔 수 없이 평가 착오가 일어날 수밖에 없는데 이 평가 착오를 최대한 줄이기 위한 한 방안으로 남명의 글을 있는 그대로 놓고 텍스트 언어학적 방법을 원용하여 살피게 된 것이다. 글쓴이는 이러한 방법이 남명의 생각을 좀 더 명확하게 알 수 있는 한 방안이라 생각한다. 5.에서는 이 글을 마무리 한다.

글쓴이가 남명의 글을 접한 지도 벌써 이십 년에 가깝다. 어릴 때 친구들과 덕천강으로 먹감으러 갈 때면 으레 지나는 곳이 산천재였다. 오래된 기와집이었는데 늘 문이 잠겨 있었다. 궁금하기 짝이 없었다. 저 집에 누가 살까? 왜, 볼 때마다 문이 잠겨 있을까? 문틈으로 한참을 들여다보곤 하였다. 어른들에게 물어보니 오래 된 할아버지의 집이라 한다. 어떤 할아버지일까? 놀다보면 또 잊어버렸다. 그때 생각이 난다.

이십여 년 전 어느 날 남명제를 올리러 덕산으로 가는 길이었다. 가는 길에 작은아버지께서 꾸짖는 말을 하셨다. '너는 국문과 교수이면서 어찌 할아버지에 대해 관심이 없느냐. 후손으로 그러면 되겠느냐?'는 것이었다. 그러면서 내게 남명집, 책 한 권을 주셨다. 경상대학교 남명학 연구소에서 편역한 교감 국역 남명집이었다. 그 때 나는 '내가 해야 할 일이 있다.'고 생각했다. 내가 전공한 국어 파생법 변천도 어느 정도 살펴 한 권의 책으로 묶었으니, 그 때 국어학에 있어서도 한창 연구되던 것이 텍스트 언어학이었기에, 그곳으로 눈을 돌려 연구해 볼 참이었다. 한참을 공부해도 영 마음에 차지 않았다. 구조주의의 정통 언어학을 공부하던 사람이 새롭게 응용 언어학 쪽으로 마음을 바꾸는 것이 쉽지 않은 일이었다. 그러면서 간간이 남명집을 펼쳐 읽었다. 이상한 그림이 눈에 들어왔다. 남명의 신명사도였다. 이게 무슨 그림이지? 호기심이 일어 논문을 찾아보았다. 마음에 대한 그림이었다. '그렇다면 이건 남명 선생이 생각한 마음 아닌가? 사람이 가진 말의 구조를 그림으로 그린 것이구나.' 하는 데까지 생각이 미쳐, 관련 있는 논문들을 찾아보면서 본격적으로 남명의 생각에 빠져들기 시작하였다. 공부를 하면 할수록 남명 선생의 그 깊고 오묘한 생각에 감탄하면서 거기에서 벗어날 수가 없었다. '그래 나도 한 번 해 보자.', '남명의 글을 텍스트 언어학과 연결시켜 자세히 분석해 보자.' 하고 시작한 것이 벌써 이십 년에 가깝다. 방학이면 남명 선생의 흔적들을 찾아 몇 번씩이고 가 보았다. 그러면서 남명에 관한 글들을 읽고 쓰기 시작해 이제 한 권의 책으로 묶어 내게 되었다. 혹시 선생께 '누가 되는 일은 아닐까?' 하여 두려운 생각마저 든다. 선대 할아버지이기에 주관적으로 흘러서는 안 된다는 생각 때문이다. 이런 생각 때문에 처음에는 선생의 글을 '있는 그대로 차근차근 분석하리라.' 마음먹었는데 하다 보니 양이 너무 많아 도무지 그럴 수가 없었다. 그리하여 시(詩)는 주제별로 모아 줄이고, 부(賦), 명(銘), 서(書)도 있는 모두를 분석하지 못하고 나름대로 이 책을 엮어가는 데 필요하다고 생각되는 것들을 골라 분석하였다. 나머지는 다음으로 미루어 작은 논문으로 발표해야겠다는 생각이다.

남명은 매우 큰 뜻을 품은 분이었다. 서른한 살에 성리대전에 있는 노재 허형의 글을 읽은 이후에 대장부의 삶을 살고자 하면서 자신의 호를 남명(南冥)이라 하였다. 남명(南冥)이란 말은 장자 소요유(逍遙遊)의 첫머리에 나오는 말이다. '붕(鵬)새가 바다 기운이 움직일 때 남쪽 바다로 옮겨가려고 하는데 남쪽 바다는 하늘 못이다.(是鳥(鵬)也, 海運, 則將徙於南冥, 南冥者, 天池也)' 하는 데서 따온 것이다. 남명(南冥)의 호 속에는 두 가지의 뜻이 있다. 선생은 이 두 가지의 뜻을 함께 품고자 하였다. 하나는 자유로운 세계를 마음껏 나는 붕(鵬)새를 품을 수 있는 하늘 못과 같은 마음을 가지겠다는 것이고 다른 하나는 붕(鵬)새처럼 북쪽의 유명(幽冥)을 등지고 남쪽 계명(啓明)의 밝음으로 나아가겠다는 의지를 가지겠다는 것이다. 이 두 가지는 선생께서 자아 형성을 위해 가지는 두 가지 큰 뜻이었다. '붕(鵬)새를 품을 수 있는 하늘 못과 같은 마음'을 이루어 공자(孔子)와 같은 성인(聖人)은 아니라 할지라도 안자(顏子)와 같은 군자(君子)의 마음을 가져 하늘 한쪽을 받치고 선 지리산 같은 사람이 되고자 하였던 것이다.

우연히 읊음
큰 기둥 같은 높은 산이
하늘 한 쪽을 버티고 섰다.
잠시 예전에도 내린 적 없는데,
역시 자연스러움 잃지 않네.

遇吟
高山如大柱
撑却一邊天
頃刻未嘗下
亦非不自然

이 시를 쓸 때쯤의 남명은 이미 상달의 경지에 올라, 쓰임을 얻었다면 '이 시처럼 되지 않았을까?' 싶다. 남명은 선비로서의 자부심 또한 대단하였다. 그 선비로서의 자부심으로 제자들에게 당당하게 '나를 본받아라.' 할 수 있는 분이었다.

덕산 계정의 기둥에 씀	題德山溪亭柱
청컨대, 천 석들이 종을 보게나	請看千石鍾
크게 치지 않으면 소리 없다네.	非大扣無聲
어떻게 하면 두류산처럼,	爭似頭流山
하늘이 울어도 오히려 울지 않을까?	天鳴猶不鳴

그러면서 정작 자신은 하늘이 울어도 울지 않는 두류산을 닮고자 하였다.

이렇듯 남명은 큰 뜻을 품은 분이었다. 그러면서 자신은 경(敬)을 통하여 깨달음을 얻어 북쪽의 유명(幽冥)을 등지고 남쪽 계명(啓明)의 밝음을 지향하고자 하였고, 의(義)를 통하여 이를 실천하고자 하였다. 남명은 이를 위하여 늘 마음을 깨우는 성성자(惺惺子)라는 방울을 차고 다니며 자신을 일깨우고, 경으로써 안을 밝게 하고 의로써 밖을 결단한다(內明者敬, 外斷者義)는 명(銘)이 새겨진 경의검을 차고 다니며 자신을 경계하였다. 그리하여 남명의 나이 예순네 살 되었을 때에는 진사시에 장원하여 떠나는 제자 운강 조원에게 자신 있게 다음과 같은 시를 써 주기도 하였다.

칼자루에 써서 장원한 조원에게 줌	書金刃 柄贈趙壯元瑗
불 속에서 하얀 칼날 뽑아내니,	离宮抽太白
서리 같은 빛 달에까지 닿아 흐르네.	霜拍廣寒流
견우성·북두성 떠 있는 넓디넓은 하늘에,	斗牛恢恢地
정신은 놀아도 칼날은 놀지 않는다.	神游刃不游

이 시는 제자에게 준 것이기는 하지만 자기 자신에 대한 표현이기도 하다. 태백(太白, 하얀 칼날)은 남명 자신을 상징한다. 이궁(离宮)은 대장장이의 불집이다. 여기에서 쇠의 불순물을 몇 번에 걸쳐 다 제거하고 두들겨 하얗고 하얀 칼날을 뽑아내니, 그 하얀 서리 같은 섬광이 광한궁(廣寒宮), 즉 달의 궁전에까지 번쩍이며 흐른다는 것이다. 이는 상징적인 표현이다. 이를 남명에 빗대어 보면 남명의 마음속에서 좋지 못한 것들을 경(敬)으로 다 제거하고 맑고 밝은 마음을 드러내니 이

세상 끝까지 닿아 흐른다는 뜻이다. 그렇게 되니 세상사 얽히고 얽혀 분간하기 어려운 것들이 견우성, 북두성 사이의 넓은 하늘처럼 보여 그곳에서 좋지 못한 것을 찾아 의(義)로써 결단하는 것은 너무나 쉬운 일이 아니냐? 이렇게 된 것은 경(敬)으로 마음을 밝힌 까닭이니 정신은 자유롭게 하면서 마음을 가다듬는 것이 중요하다. 이 다음은 제자에게 하는 말이다. 그러니 이 복잡한 세상에 칼날부터 놀리지 말고 마음을 가다듬어 혼자 있을 때도 먼저 분별하고 삼가라(謹篤)는 것이다.

이렇게 선생은 늘 남명(南冥)의 뜻을 새기면서 살았기에 제자 김우옹은 선생을 일러 '태산이 절벽처럼 우뚝 선 듯 한 기상이 있으셨고, 봉황이 높이 나는 듯 한 아취가 있으셨다.'고 한다. 이는 선생이 자신에 대해 품은 큰 뜻이었다. 남명은 이러한 큰 뜻을 자기 자신만이 간직하고자 했던 분이 아니었다. 늘 세상에 쓰임이 있도록 하였다. 그리하여 세상을 변화시키고자 하였다. 세상을 향하여 품은 큰 뜻도 있었다. 그것은 왕도 정치가 이루어져 도(道)가 강물처럼 흐르는 세상이었다. 다음의 시가 이를 잘 나타낸다.

봉명루	鳳鳴樓
기산 아래 남은 소리 이 누각에 이어 있으니,	岐下遺音屬有樓
친현락이가 마침내 유유하구나.	親賢樂利迄悠悠
촉석성에 새로 누각 세운 뒤부터는,	自從矗石新開宇
봉황새 울음소리 물길 따라 오르내리는구나.	六六鳴隨上下流

남명의 시대에는 끝내 이러한 세상은 오지 않았다. 여전히 세상은 어지러웠고 권력을 잡은 사람들은 그 권력을 이용하여 백성들을 수탈하였다. 도무지 어찌할 수가 없었다. 그리하여 남명은 다음과 같은 시를 남기고 있다.

두류산에서 지음	頭流作
고상한 마음 천 자라 걸기 어려우니,	高懷千尺掛之難
방장산 제일 높은 꼭대기에나 걸어 볼까?	方丈干頭上上竿
옥국관에는 모름지기 삼세의 문적 있나니,	玉局三生須有籍
다른 날 내 이름자를 직접 볼 수 있겠지.	他年名字也身看

남명은 이러한 분이었다. 이러한 분이었기에 영조 임금은 선생이 세상을 떠난지 이백여 년이 흘렀는데도 '지금 세상에 독서하는 선비 중 어찌 옛날 조식(曹植)같은 자를 얻을 수 있겠는가? 단지 그런 사람이 없음을 한스럽게 여긴다.(今世讀書之 士 安得如古曹植者類 但恨無其人也)'고 말하고 있는 것이다.

이 책을 내기까지 많은 분들의 은혜가 있었다. 인생의 갈림길에서 늘 바른 길로 인도해 주신 작은아버지, 기도로써 격려해 주신 어머니와 내 아내에게 감사드린다. 학문의 길에서 가르침을 주신 허웅 선생님, 정말 뵙고 싶다. 그리고 하치근 선생님께 이 자리를 빌어 감사드린다. 사십여 년을 한결같이 친구로 대하며 이 책을 기꺼이 내 주겠다고 허락해 주신 역락 출판사 이대현 사장님과 표가 많아 까다로운 편집을 마다하지 않으시고 예쁜 책으로 엮어주신 박윤정 과장님과 직원 여러분들께도 깊이 머리 숙여 감사드린다.

2019년 7월

조 일 규

차 례

1. 들어가기

　사람의 향기는 그 사람이 하는 바른 말(생각)과 그 말을 실천하는 행동에서 피어오른다. 말이 없으면 실천할 수 없고 실천 없이 말만 하면 그 말은 아무 소용이 없다. 이 둘을 조화롭게 아우른 분이 남명(南冥) 조식(曺植) 선생이다. 이 글은 남명 조식의 언어를 통하여 선생의 생각과 실천의 모습을 살피는 데 그 목적이 있다.

　남명이 남긴 글은 남명집에 실려 있는데 남명의 깊은 생각은 남아 있는 글이라도 다 그 대상으로 삼아 살펴도 부족할 것이나 그의 모든 언어를 다 분석하기에는 양이 너무 많아 도무지 한 번에 하기 어렵다. 따라서 이 글에서는 그의 사상이 하나의 그림으로 집약되었다고 하는 신명사도·명(神明舍圖·銘)과 주석, 운문으로 축약과 상징으로 되어 있어 이해하기 어려운 시(詩)와 운문성을 가진 부(賦), 퇴계(退溪) 이황(李滉)에게 보낸 서(書) 두 편을 대상으로 텍스트 언어학적 분석 방법을 원용하여 남명의 깊은 생각을 조금이나마 살펴보고자 한다.

　남명(南冥)의 성은 조(曺) 씨이다. 본관은 창녕(昌寧)이며 이름은 식(植)이고 자는 건중(楗仲)이다. 남명은 호다. 산해(山海) 선생, 방장노자(方丈老子, 이공량 영모당기), 방장산인(方丈山人, 퇴계의 강성군비각기)이라고도 하였다. 남명은 1501년(연산군 7년) 음력 6월 26일 경남 삼가현(현, 합천군 삼가면) 토동 외가에서 승문원판교(承文院判校)를 지낸 아버지 언형(彦亨)과 충순위(忠順衛) 이국(李菊)의 따님이신 어머니 인천 이 씨의 사이에서 태어났다. 1572년(선조 5년) 2월 8일 일흔두 살의 나이로 경남 산청군 덕산(시천면 사리) 산천재에서 제자들에 싸여 세상을 떠나기까지 줄곧 올곧은 선비로 살았다.

남명은 매우 어려운 시대적 상황 속에서 살았다. 개인적으로도 그러하였고 국가적으로도 그러하였다. 이는 조선 초에 있었던 네 번의 사화가 가장 큰 원인이었다. 남명이 태어나기 3년 전, 1498년(연산군 4년)에 있었던 무오사화(戊午士禍)를 시작으로 남명의 네 살 때인 1504년(연산군 10년)에는 갑자사화(甲子士禍)가 일어났고 열아홉 살 때인 1519년(중종 14년)에는 기묘사화(己卯士禍), 또 마흔다섯 살 때인 1545년(명종 즉위년)에는 을사사화(乙巳士禍)가 일어났다.

갑자사화가 일어났을 때에는 할머니의 동생인 조지서(趙之瑞, 1454-1504)가 화를 당하고, 기묘사화가 일어났을 때에는 작은아버지 언경(彦卿)이 연루되어 이조좌랑(吏曹佐郎)에서 파직되어 낙향한 3년 만에 돌아가시고 아버지는 몇 년 뒤 제주목사로 좌천되었는데 병을 얻어 가지 못했다. 그러자 어려운 임지에 가지 않으려 한다는 모함을 받아 삭탈관직 되었다. 아버지는 그 병으로 결국 돌아가셨다. 을사사화 때에는 평소 친분이 두터웠던 대사간(大司諫) 이림(李霖, 1495-1546), 곽순(郭珣, 1502-1545), 성우(成遇, 1495-1546), 송인수(宋麟壽, 1499-1547) 등이 연루되어 희생당했다. 이 세 사화는 안으로는 가족이 연루되어 있었으며 밖으로는 친구와 외족이 연루되어 '말이 이들에게 미치면 눈물을 흘리며 흐느껴 울고 죽을 때까지 잊지 않았다.(남명집, 1982, 167)' 한다.

사화는 국가적으로도 큰 어려움을 주었다. 이 네 번의 사화를 통하여 훈구파는 비판적 사림(士林)을 살육하면서 권력을 독점하고 이를 바탕으로 갖가지 부정과 비리를 저질렀다. 이들 사화는 남명의 삶과 생각에 큰 영향을 미쳐 남명의 문학 작품 속에 녹아들고 있다. 남명을 이해하기 위해서는 이 네 사화에 대하여 자세히 알 필요가 있어 사화가 일어나게 된 원인과 과정, 결과 등을 들어가기를 통하여 자세하게 살펴보고자 한다. 이들 사화에 대해서는 사화를 집중적으로 연구한 이덕일(1998, 311)에 많이 의존하였다.

조선 시대에서 맨 처음 일어난 사화는 1498년(연산군 4년)에 일어난 무오사화이다. 무오사화는 연산군과 훈구파인 유자광, 이극돈이 1498년 편찬한 성종실록의 사초를 문제 삼아 일으킨 사화이다. 세조는 단종으로부터 왕위를 빼앗았다. 왕권을 세우고 부국강병을 만든다는 명분이었다. 이 과정에서 많은 훈구파 대신들이 집권하게 되었다. 절대 권력은 절대 부패한다는 그대로 세조 때의 훈구 대신들은 자신의 권력으로 많은 재산을 모으는 등 부패하게 되었다. 부패가 심해지자 성종 때는 훈구파가 견제를 받기 시작하였다. 이러한 까닭에 김종직(金宗直)을 중심으로 한 사림파가 훈구파에 대립하는 새로운 정치 세력으로 나타나게 되었다. 1445년 (성종 16년)에는 경국대전이 완성되었다. 경국대전의 완성으로 말미암아 삼사(三司) 즉 사간원(司諫院), 사헌부(司憲府), 홍문관(弘文館)을 비롯한 주요 관서들의 기능이 국법의 보장을 받게 되었다. 이러한 제도적 규정은 삼사(三司)를 육성해 기존의 훈구 대신들을 제어하려는 성종의 정치적 포석이었다. 이로써 성종 때는 국왕이 적절한 조정력을 행사하면서 대신과 삼사(三司)가 견제와 균형을 이루는 체제가 형성된 것이다. 성종 후반에 가서는 사림파가 장악한 삼사의 위상은 더욱 커지게 되었고 오히려 지나친 수준까지 팽창해 있었다. 국왕과 대신들은 삼사의 강력한 탄핵에 계속 시달렸다. 성종이 죽자 연산군이 집권하였다. 그 때에도 삼사를 장악한 사림파는 훈구 대신의 비행을 폭로하고 연산군의 향락을 비판하면서 왕권의 전제화를 반대하였다. 삼사의 강력하고 지속적인 탄핵과 반대에 시달리던 연산군과 대신들은 당시의 가장 커다란 문제점이 삼사의 능상(凌上)이라는 결론을 공유하게 된 것이다. 이에 훈구파의 반격이 시작되었다. 성종 때 김종직의 제자 김일손이 춘추관(春秋館)의 기사관(記事官)으로 있으면서 훈구파 이극돈의 비행[1]과 세조의 찬탈을 사초에 기록하면서 스승인 김종직의 조의제문(弔義帝文)을 넣어 1498년 성종실록을 편찬하였다.[2] 이 때 실록청(實錄廳)의 당상관(堂上官)이었던 이극돈은, 김일손이 사초에 넣은 김종직의 조의제문이 세조가 단종으로부터 왕위를 빼앗은 일을 비방한 것이라 하여 윤필상 등 훈구 대신과 함께 이 사실을 연산군에게 고하였다. 김일손이 쓴 사초를 본 연산군은 분노했다. 왕실의 도덕성을 흠집 내려는 불순한 의도가 담긴 글이라 생각했다(이덕일, 1998, 310). 그렇지 않아도 연산군은 사림파의 행동을 능상(凌上)이라 규정하고 있던 터라 곧바로 사화가 시작되었다. 국청(鞫廳)을 열고 의금부경력(義禁府經歷) 홍사도와 도사(都事) 신극성(愼克成)에게 함양으로 가 김일손을 잡아오도록 하였다(이덕일, 1998, 311). 국청에서 연산군이 '사초에 관해 더불어 의논한

---

1) 이덕일(1998, 308)에서는 이극돈의 비행이 두 가지였다고 한다. 하나는 세조 때 이극돈이 불경을 외웠다는 것이고 다른 하나는 이극돈이 전라도 관찰사 재임 시 정희왕후(貞熹王后)의 국상이 있었음에도 장흥 관기들을 불러 주연을 베풀었다는 것이다.
2) 김종직의 조의제문은 연산군 일기 권30, 4월 7일(신해) 참조.

사람이 있느냐?'고 두 번 세 번 물었으나 김일손은 끝까지 혼자한 일이라 하였다. 사건은 김일손이 혼자 죽는 것으로 끝날 수도 있었다. 그러나 유자광과 훈구파는 사림파 전체를 제거할 목적으로 김종직의 '조의제문'을 빌미로 하여 사건을 더욱 확대시켰다. 국문에서 훈구파는 김일손에게 '김종직의 제자가 누구냐?'고 물었다. 김일손은 스승의 제자를 군이 숨길 필요가 없다고 여기고 기억나는 대로 그 이름을 말하였다. 곧바로 옥사는 김종직 문인 전체로 확산되었다. 제자들이 속속 잡혀와 국문을 당했다. 이들에 대한 처벌은 가혹했다. 사림파 김일손(金馹孫), 권오복(權五福), 이목(李穆), 허반(許磐), 권경유(權景裕), 김굉필(金宏弼) 등은 죽이고 이미 죽은 김종직(金宗直)은 관을 파헤쳐 그 시체의 목을 베었다. 정여창(鄭汝昌), 강겸(姜謙), 이수공(李守恭), 정승조(鄭承組), 홍한(洪澣), 정희량(鄭希良) 등은 난을 고하지 않은 죄로, 이종준(李宗準), 이주(李胄), 박한주(朴漢柱), 임희재(任熙載), 강백진(康伯珍) 등은 김종직의 제자로서 붕당을 이루어 조의제문의 삽입을 방조한 죄로 귀양 보냈다. 이 외에도 귀양 간 사람들은 많았다. 모두 31명이 이로 말미암아 귀양을 갔다. 그리고 파직된 사람들도 있었다. 이 일의 단서를 제공한 이극돈도 파직되었다. 이극돈 외에 유순(柳洵), 윤효손(尹孝孫), 어세겸(魚世謙)을 비롯한 15명이 파직 또는 좌천되었다. 무오사화와 연루되어 죽은 사람이 6명(이미 죽었던 김종직까지 하면 7명), 귀양간 사람이 31명, 파직, 좌천된 사람이 15명 모두 52명이 화를 입었다. 이 사화를 주도한 이는 유자광이었다. 이 사화를 계기로 사림파는 크게 화를 당하고 유자광을 비롯한 윤필상, 노사신, 한치영 등의 훈구파는 상을 받았다. 그야말로 음모와 모함의 대가로 얻은 포상이었다(이덕일, 1998, 320). 훈구파의 위세는 더욱 대단해져 이 뒤에도 유자광과 훈구파에 의해 많은 사림파 인사들이 희생되었다.

그 다음의 사화는 1504년(연산군 10년)에 일어난 갑자사화였다. 연산군의 어머니 폐비 윤 씨의 복위 문제에 얽혀서 일어난 사화이다. 이때에는 사림파뿐만 아니라 훈구파도 화를 입었다. 성종비 윤 씨는 질투가 심하여 왕비의 체모에 어긋난 행동을 많이 하였다. 한편으로 성종비 윤 씨는 성종의 총애를 받던 엄숙의(嚴叔儀), 정숙의(鄭叔儀), 그리고 성종의 어머니 인수대비(仁粹大妃)로부터 배척을 받고 있었다. 이러한 까닭으로 성종비 윤 씨는 1479년(성종 10년)에 폐출되었다가 다음 해 1480년(성종 11년) 사사(賜死)되었다. 성종이 죽고 연산군이 1494년 왕이 되었다. 그리고 4년 뒤인 1498년(연산군 4년)에 무오사화가 일어나 대신과 삼사(三司)는 힘을 잃었고 왕의 눈치 보기에 급급했다. 이런 가운데 연산군의 향락과 사치는 더욱 심해져 갔다. 무오사화 뒤에 연산군이 한 일이라고는 각 지방에서 기생이나 여염집 여자 할 것 없이 예쁜 여자들을 궁중에 뽑아 오게 하여 이들과 함께 호화로운 잔치를 여는 일과 이를 백성들이 보지 못하게 대궐의 담을 높이 쌓는 일이나 대궐 주변에 있던 백성들을 먼 곳으로 쫓아 보내는 일, 그리고 사냥을 위해 터를 넓게 잡고 백성들의 논밭을 뺏는 일들밖에 없었다. 사정이 이렇게 되자 이제 대신들이 간언하기 시작하였다. 1499년(연산군 5년) 3월 27일에는 좌의정 한치영, 우의정 성준, 좌찬성 이극균, 우찬성 박건, 좌참찬 홍귀달, 우참찬 신준 등이 10개 항에 걸친 긴 상소를 올렸다. 내용의 핵심은 국왕의 사치를 줄여야 한다는 것이었다. 그리고 1502년(연산군 8년) 3월에는 삼정승 한치영, 성준, 이극균이 당시의 폐단을 집약한 시폐(時弊) 10조의 상소를 올렸는데 이 상소의 내용도 재정 유용의 중지였다. 대신과 삼사가 문제의식을 공유하면서 왕은 더욱 고립되어 갔다. 그러나 이러한 간언도 아무 소용이 없었다. 오히려 무오사화가 간접적 경고 수준에 그쳤기 때문에 능상의 폐단이 사라지지 아니하고 대신들에게까지 만연된 것이라 여겨 이제는 무차별적인 숙청이 필요하다 결단하면서 향락과 사치를 그치지 않았다. 결국에는 국고가 바닥나게 되었다. 이에 연산군은 국고를 채우기 위해 공신들의 재산 일부를 몰수하려 하는데 이에 앞장 선 임사홍(任士洪)은 연산군을 사주하여, 나아가 공신 배척의 음모까지 꾸미게 된다. 이러한 때 임사홍은 연산군의 어머니인 폐비 윤 씨의 사사 경위를 윤 씨의 생모인 신 씨(申氏)에게서 듣게 되는데, 임사홍은 이 경위를 연산군에게 일러 공신 탄압의 기회로 삼았다. 이로 일어난 사화가 1504년(연산군 10년)에 일어난 갑자사화(甲子士禍)이다. 갑자사화가 겉으로는 연산군이 생모의 원한을 갚기 위한 살육이었으나 안으로는 임사홍과 연산군비의 오빠인 신수근으로 대표되는 궁중세력(宮中勢力)이 훈구파와 사림파인 부중세력(府中勢力)을 제거하여 자신들이 세력을 독점하기 위해 벌린 살육이었다. 살육은 훈구파나 사림파를 가리지 아니하고 일어났다. 대신과 삼사를 비롯한 거의 모든 신하와 이미 죽은 사람들에게 까지도 그 화가 미쳤다. 사건의 발단은 국왕의 하사주를 이세좌(李世佐)가 엎지른 실수(1503년 9월 11일)와 손녀를 입궐시키라는 왕명을 홍귀달(洪貴達)이 즉시 따르지 않는다는 것이었다. 연산군은 이 두 대신의 행위를 능상의 표본이라 여겼다. 그리고 이러한 능상을 삼사가 비판하지 않는다고 질책하면서 능상이 모두에 만연되어 있는 것으로 여겼다. 능상에서 촉발된 사건은 곧 폐모 사건의 보복으로 번졌다. 연산군은 이 기회에 어머니 윤 씨의 원한을 푸는 동시에 공신들을 탄압할 결심을 한 것이다. 연산군은 정숙의와 엄숙의가 성종에게 참소해 폐모를 죽음에 이르게 했다고 판단해 두 숙의를 궁중에서 죽이고 그들의 소생들은 귀양 보냈다가 사사하였다. 그의 할머니 인수대비도 두 숙의와 한패라 하여 병상에서 난동을 부려 화병으로 세상을 떠나게 했다. 연산군은 비명에 죽은 생모의 넋을 위로한답시고 폐비 윤 씨를 복위시켜 제헌왕후(齊獻王后)로 추숭(追崇)하고 그의 묘를 회릉(懷陵)이라 하였다(이덕일, 1998, 325). 그리고 나아가 성종 묘(成宗廟)에 배사(配祀)하려 하고 다시 휘호를 높이려 하였다. 이에 홍문관 응교(應敎) 권달수(權達手)와 이행(李荇)이 반대 주청을 하였다. '이미 왕후로 추숭하는 전의식(典儀式)을 극진한 예로써 치렀는데 지금 다시 더 올릴 수는 없습니다. 이는 선왕의 뜻이 아닙니다.' 하고 주청하였다. 이 주청으로 권달수는 참형되고 이행은 귀양을 갔다. 연산군을 사주한 임사홍과 궁중파(宮中派)는 이 정도로 끝내지 않았다. 이들이 노린 것은 훈구파와 정부 세력인 부중파(府中派)를 타도하고 권력을 독점하는 것이었다. 이들은 부중파 중에 윤 씨 사건 당시 논의에 참여한 자들이 생존해 있음을 주목하고 연산군에게 그들도 벌하도록 몰고 갔다. 그리하여 성종이 윤 씨를 폐출할 때 찬성한 윤필상(尹弼商), 이극균(李克均), 성준(成俊), 이세좌(李世佐), 권주(權柱), 이주(李冑) 등을 사형에 처하고, 이미 죽은 한치형(韓致亨), 한명회(韓明會), 정창손(鄭昌孫), 어세겸(魚世謙), 심회(沈澮), 이파(李坡), 정여창(鄭汝昌), 남효온(南孝溫) 등을 부관참시(剖棺斬屍)하였다. 당사자뿐만 아니라 가족과 그 제자들까지도 처벌하였다. 이 외에도 홍귀달(洪貴達), 주계군(朱溪君) 등 모두 239명이 화를 당하였다. 이 중에서 사형과 옥사, 부관참시 당한 사람이 절반을 넘는 122명으로 그 참혹성은 이루 다 말할 수 없는 정도였다. 갑자사화에서는 사람에 대한 직접적인 극형과 함께 재산을 몰수하는 경제적 처벌도 병행하였는데 이는 고갈된 국고를 보충하기 위해서였다. 재산 몰수는 추쇄도감을 따로 설치할 만큼 철저하게 진행되었다. 이때 연산군의 세자 시절의 스승이었던 조지서(趙之瑞)도 화를 당하였다. 갑자사화 이후의 연산군은 거칠 것이 없었다. 비행과 폭정은 더욱 심해졌다. 이때 한글 방서사건이 일어났다. 연산군의 비행과 폭정을 비난하는 글이었다. 이 사건이 일어나자 연산군은 글을 아는 선비들을 잡아들여 또다시 옥사를 벌렸다. 이를 계기로 연산군은 한글 서적을 불태우고 한글 학대를 시작하였다. 이러한 연산군의 실정은 중종반정으로 이어졌다.

다음으로 일어난 사화는 중종조에 일어난 기묘사화(己卯士禍)이다. 기묘사화는 1519년(중종 14년) 11월 15일 밤 2고(20~22시)에 전격적으로 일어났다.

중종반정은 박원종(朴元宗), 성희안(成希顔), 유순정(柳順汀) 등 소위 삼대장이 중심이 되어 일으킨 반정이다. 중종은 이로 말미암아 1506년 9월에 왕이 되었다. 반정에 성공하자 중종은 104명의 많은 정국공신(靖國功臣)을 책봉하였다. 위 삼대장을 중심으로 한 공신들은 중종 초반의 국정을 주도하였다. 이들 삼대장의 위세는 1509년(중종 4년) 9월 그들이 삼정승을 장악하면서 그 정점에 이르렀다. 조정은 삼대장의 손에서 좌우되었다. 그리고 이들은 부패했다. 뇌물의 액수에 따라 정국공신의 등급이 매겨졌다는 비판이 기록될 정도였다(이덕일, 1998, 356). 그러나 삼대장의 세도는 오래가지 못했다. 박원종이 1510년(중종 5년) 마흔세 살의 나이로 죽었다. 2년 후 1512년(중종 7년)에는 유순정이 쉰세 살의 나이로 죽었다. 그 다음 해에는 성희안이 쉰두 살의 나이로 죽었다. 중종 8년 만에 삼대장 모두가 죽은 것이다. 그 때 중종의 나이는 만 스물다섯 살이었다. 이렇게 되자 훈구 대신들에게 권력이 편중 되었던 상황은 비교적 빠르게 해소되었다. 이렇게 된 데에는 삼대장의 죽음 외에 정국공신의 과도한 책봉에도 그 원인이 있었다. 처음 104명의 정국공신은 이런저런 경로로 서쳐 13명이 더 늘어나 117명이나 되었다. 117명이나 되는 정국공신들을 책봉하다 보니 그 중에는 반정에 별다른 공로도 없는 사람이나 연산군에 깊이 협력했던 사람들이 다수 들어가게 되었는데 삼사는 이러한 객관적 사실을 지속적으로 비판하였다.[3] 그러면서 삼사의 영향력은 계속 커지고 반면에 훈구 대신들의 장악력은 현저하게 떨어지게 된 것이다. 삼사의 발언권은 계속 강화되었다.

---

3) 정국공신에 삼대장의 친인척 관계에 있는 사람들이 많이 들어 있다는 사실만 보아도 알 수 있다. 박원종에서는 사촌인 박이검(朴而儉)과 박이온(朴而溫), 생질인 한세창, 한숙창, 이맹우(李孟友)를 포함해 처남인 윤여필까지 여섯명이 공신에 책봉되었으며, 유순정에서는 아들 유홍(柳泓), 조카인 유영(柳濚)과 생질, 이종사촌, 외숙과 사돈 등이 포함되어 일곱 명이 공신에 책봉 되었다. 성희안에서도 아들과 동생 조카와 매부, 이종사촌, 사돈 등이 포함되어 모두 여섯 명이 공신에 책봉되었다. 이들 뿐 아니다. 반정에 아무 공이 없을 뿐만 아니라 연산군에 적극 협조했던 유자광 같은 이도 1등 공신에 책봉되었다(이덕일, 1998, 381).

삼사의 중심에는 조광조(趙光祖, 1482~1519)가 있었다. 조광조는 서른네 살의 비교적 늦은 나이로 중앙 조정에 등용 되었지만 중종의 확고한 신임을 바탕으로 빠르게 성장하였다. 1517년(중종 12년)에는 정5품 교리(校理)로서 경연시독관(慶筵試讀官)과 춘추관기주관(春秋館記注官)을 겸임하였고 1518년(중종 13년) 1월에는 당상관인 정3품 홍문관 부제학에 임명되었다. 중앙 조정에 들어온 지 2년 7개월만의 일이었다. 그리고 그해(중종 13년) 11월에는 사헌부 수장인 종2품 대사헌이 되었다. 그때 조광조의 나이는 만 서른여섯이었다. 조광조를 중심으로 한 사림파는 대부분 젊은 신진 관헌이었다. 이들은 현실 정치의 복잡하고 다양한 변수를 고려해 융통성 있게 처신하기보다는 원칙과 이상을 바탕으로 엄정하게 비판하고 간쟁했다. 그들은 근본적으로 정치 개혁을 추구했다. 그러나 이들의 정치 개혁은 어두운 현실 정치의 장벽을 넘어서지 못하고 사화를 촉발시키고 말았다. 사화가 일어나게 된 가장 직접적인 원인은 현량과(賢良科)의 실시와 정국공신의 위훈삭제(僞勳削除)였다. 이것은 정치 개혁을 하고자 하는 사림파에 있어서나 당시 정계를 장악하고 있는 훈구파에 있어서는 양보할 수 없는 매우 중요한 핵심 사안이었다. 현량과는 앞서 성종 때에 홍문관에 의해 주장된 적이 있는 제도로써 학문과 덕행이 뛰어난 인재를 천거해 사실상 형식적인 면접이라 할 만한 대책(對策)만을 시험해 선발하는 일종의 과거 제도였다. 현량과를 맨 처음 발의한 사람은 조광조였다. 중종 초기의 과거제도는 사실상 훈구파가 자신의 친척이나 지인을 진출시키는 통로에 불과했다(이덕일, 1998, 372). 그리하여 훈구파의 세력은 점점 넓어지고 사림파는 상대적으로 줄어들었다. 이러한 때 삼대장 모두가 죽었다. 반정 삼대장이 죽은 상황에서 중종은 조광조를 중심으로 한 사림파에 힘을 실어 줌으로써 친정 체제를 구축하고자 했는데 현량과를 통한 인제 등용은 훈구파를 대체할 정치 세력의 등장을 의미하는 것으로 중종의 생각과도 일치하는 것이었다. 여기에 대하여 사림파에 호의적인 좌의정 신용개와 우의정 안당, 좌참찬 유빙년(柳聘年)도 찬동하였다. 반대도 만만찮았다. 뒤에 기묘사화를 주도하는 남곤(南袞), 사림파에 호의적이었던 영의정 정광필도 현량과는 특혜성 등용이라 하여 반대하였으며 김전(金銓) 등도 여러 이유를 들어 반대하였다. 이런 과정을 거쳐 현량과는 1519년(중종 14년) 4월 13일에 처음 시행되었다. 천거된 120명 중에 김식(金湜) 등 28명이 선발되었다. 그러나 문제는 선발된 사람들이 모두 뒤에 기묘사화에 연루되는 사람들이었다는 사실이다. 이러한 사실은 선발된 인물들의 실제 수준이나 능력이 어떠하든지 간에 이들의 선발이 공정성을 잃은 즉 훈구파를 견제하는 자파의 기용이라는 당파적 성격을 짙게 하는 것이었다. 현량과의 실시가 자파의 세력을 보강하려는 조처로 오해될 수 있는 것이었다면 정국공신 삭훈(削勳)은 기존 세력을 무너뜨리고 토지 개혁을 통하여 민심을 얻으려는 의도로 해석될 수 있는 급진적 시책이었다.

대사헌 조광조와 대사간 이성동(李成童)을 중심으로 한 삼사는 1519년(중종 14년) 10월 25일에 공신 삭훈 문제를 제기했다.[4] 이는 정국공신 세력을 직접 겨냥한 개혁의 칼날이었다. 국왕은 받아들일 수가 없었다. 비록 삼대장이 죽고, 유자광이 귀양 가 죽은 상황이라 하여도 아직도 정국공신들이 집권하고 있는 상황에서 중종은 도무지 받아들일 수가 없었다. 이에 국왕과 대신들은 삭훈을 강력히 반대했다. 그럼에도 불구하고 삼사는 계속해서 주청했다. 어떤 때는 삼고(三藏 23사-1시)까지 반복해서 극력 주청하기도 했다. 조광조는 '귀양을 가거나 죽더라도 달게 받겠으니 빨리 윤허해 달라.'고 주청했다. 그런데도 중종은 계속 윤허하지 않다가 삼사가 모두 사직하기에 이르자 중종은 더 버티지 못하고 보름 뒤인 11월 11일 삼사의 주청은 윤허되었다. 정국공신 117명 중 76명의 공신 녹훈(錄勳)이 삭제되었다. 녹훈이 삭제된 공신들은 공신 책봉의 대가로 받았던 전답과 노비들을 모두 국가에 다시 내 놓아야 했다. 이에 공신들은 현량과로 조정에 들어온 사림파의 파당에 대한 불안과 삭훈으로 자신들의 기반이 무너지는 분노를 동시에 느끼게 되면서 사화는 시작되었다. 공신들의 심상치 않은 동향은 현실적 반란으로 폭발할 수 있는 잠재력을 가지고 있었다. 공신들의 반란으로 추대된 중종에게는 이러한 동향이 실제적 위협으로 다가왔다. 이에 국왕과 주요 대신들은 정국 불안의 원인을 제거하고 안정시켜야 한다는 필요성에 공감하면서 국왕은 남곤과 심정, 홍경주 등이 모의한 사화를 즉시 재가했다. 중종은 밀지를 내렸다. 홍경주, 남곤, 김전,

---

4) 정국공신의 삭훈은 토지 제도의 개혁과 맞물려 있었다. 훈구파는 거듭된 공신 책봉으로 많은 토지를 가지게 되었는데 이로 말미암아 토지를 잃은 소 농민들은 살길이 막막해 지면서 각지로 흩어졌다. 이에 조광조를 중심으로 한 사림파는 토지를 농민들에게 다시 돌려주기 위하여 중종 10년 정전법(井田法)에 대하여 논의하기 시작하였다. 이는 농민들에게 토지를 균등하게 나누어주는 제도로 훈구파들에게는 치명적일 수 있었다. 훈구파의 심한 반대로 실현될 수 없었다. 그러자 사림파는 중종 12년에 정전법이 어렵다면 한전법(限田法)이라도 실시하자고 하였고, 중종 13년에는 다시 한전법과 더불어 균전법(均田法)을 시행하자고 하였다. 이들 모두는 토지를 많이 가진 자들에게서 토지 일부를 몰수해 소 농민들에게 분배하자는 것으로 훈구파를 겨냥한 것이었으나 민생을 살리기 위한 부득이 한 토지 개혁법이었다고 할 수 있다.

정광필 등 주요 대신들을 불렀고 1519년(중종 14년) 11월 15일 밤 2고(二鼓 20~22시)에 조광조를 비롯한 기묘사림의 주요 인물을 전격적으로 하옥시켰다. 그들의 죄목은 당파를 만들어 자신들을 따르는 사람은 천거하고 그러지 않는 사람은 배척했으며 서로 연합해 권력을 장악함으로써 국정을 어지럽혔다는 것이었다. 이들의 형량은 한 달 만에 확정되었다. 조광조에 동정적이었던 몇몇 대신들의 강력한 반대에도 불구하고 조광조는 사사(賜死)되고 김정(金淨), 김식(金湜), 김구(金絿), 윤자임, 기준(奇遵), 박세희(朴世熹), 박훈(朴薰) 등은 외딴 섬이나 변방에 유배되었다. 남곤과 이유청이 좌의정과 우의정에 발탁되었다. 훈구파의 세력으로 조정이 다시 구성되고 삭훈되었던 정국공신은 원래대로 회복되었다. 중종 때 일었던 정치 개혁은 이 기묘사화로 말미암아 끝나고 말았다.

다음 사화는 을사사화다. 1545년(명종 즉위년)에 일어났다. 을사사화는 왕위의 계승을 둘러싼 갈등으로 빚어진 사화였다.

중종 때는 정비가 세 명이었다. 첫 정비는 단경왕후(端敬王后, 1487~1557)로 연산군비의 오빠인 신수근(愼守勤)의 딸이었다. 반정직후 폐위되었다. 첫 계비는 장경왕후(章敬王后, 1491~1515, 윤여필의 딸, 본관 파평)이다. 1515년(중종 10년) 인종을 낳고 엿새 만에 세상을 떠났다. 중종은 2년 뒤인 1917년(중종 12년) 두 번째 계비를 맞았다. 문정왕후(文定王后, 1501~1561, 윤지임의 딸, 본관 파평)였다. 문정왕후는 1534년(중종 29년) 경원대군(慶源大君)을 낳았다. 당시의 자연스러운 왕위 계승은 적장자로 이어지는 것이었다. 따라서 순리대로라면 이 경우 인종과 그 후사로 이어지는 것이 당연했다. 그러나 인종의 모후는 세상을 떠났고, 당시의 정비는 문정왕후였다. 문정왕후가 자신이 낳은 대군을 왕위에 올리려고 시도하면서 세자와 경원대군을 둘러싼 세력 간의 갈등이 시작되었다. 이 갈등은 중종 후반 무렵부터 본격화 되었다. 두 세력의 정점에는 뒤에 인종이 된 세자의 외숙인 윤임(尹任, 1487~1545)과 뒤에 명종이 된 경원대군의 외숙인 윤원로(尹元老), 윤원형(尹元衡) 형제가 있었다. 윤임은 무과 출신으로 경주 부윤 등을 거쳤으나 상대적으로 경력이 떨어졌으니 당시 권신(權臣)이라 할 만큼 권력을 행사했던 김안로와 연합해 세자를 보호하는 데 앞장섰다. 윤임 등을 대윤(大尹)이라 한다. 윤원형은 문과에 급제해(1533년) 벼슬을 시작했다가 김안로에게 공격당하여 파직당하고 유배되었다. 김안로는 자신의 권세를 바탕으로 1537년(중종 33년) 세자를 보호한다는 명분 아래 문정왕후의 폐위를 시도하다가 오히려 역공을 받아 사사되었다. 김안로가 숙청되자 윤원형은 유배에서 풀려나 지평, 응교 등 청요직(淸要職)을 역임했으나 인품이 바르지 못해 이조정랑에는 천거되지 못했다. 윤원형은 그 원인을 사림파에 돌리고 조정에서 사림파를 몰아낼 기회를 노리게 되었다. 두 세력 간의 분화와 갈등은 중종 승하 1년 전 더욱 구체화 되었다. 1544년(중종 39년) 중종이 승하하였다. 중종이 승하하자 인종이 즉위했다. 권력이 인종으로 말미암아 대윤 쪽으로 넘어가는 듯 하였다. 그러나 몸이 약한 인종이 즉위한 지 9개월도 채우지 못하고 승하하였다. 왕위는 1545년 7월 6일 명종으로 넘어갔다. 명종은 나이가 어렸다. 만 열한 살밖에 되지 않았다. 국왕의 어린 나이 때문에 성렬대비(문정왕후)가 수렴청정 하였다. 수렴청정을 시작하자마자 대비와 소윤은 대윤에 대하여 즉각 보복을 시작하였다. 명종의 치세가 시작된 지 한 달 반 만에 소윤의 주요 인물인 병조판서 이기(李芑), 지중추부사 정순붕(鄭順朋), 공조판서 허자(許磁), 호조판서 임백령(林百齡) 등은 대윤을 탄핵했다. 윤임은 인종의 환후가 위중하자 자신이 무사하지 못 할 것을 알고 명종 대신 다른 인물을 왕으로 옹립하려는 음모를 꾸몄으며, 거기에 좌의정 유관(柳灌)과 이조판서 유인숙(柳仁淑) 등도 협력했다는 혐의였다. 이에 이언적(李彦迪), 권벌(權橃) 등은 밀지에 따라 탄핵이 이루어졌다는 문제를 지적했지만 대비의 강경한 태도에 부딪쳐 별다른 영향력을 발휘할 수 없었다. 성렬대비(문정왕후)의 밀지는 명종 즉위년인 1545년 을사년에 동생인 예조참의 윤원형에게 내려졌다. '윤임, 유관, 유인숙을 치죄하라.'는 것이었다. 윤원형은 대비의 밀지를 대사헌 민제인과 대사간 김광준에게 보여 주었다. 밀지를 본 양사는 곧 합동으로 회의를 열어 이 문제를 논의했다. 양사의 젊은 대간들은 기개가 있었다. 집의 송희규는 '나는 비록 뼈가 마디마디 부서지더라도 따를 수 없다.'하였고 장령 정희등(鄭希登)은 '조정의 중대한 일을 논하는데 당당하지 못하고 어찌 밀지로 한단 말이냐?'고 비난했다. 대간들을 통한 탄핵이 무산되자 윤원형 등 소윤은 정청에서 직접 대비에게 치죄하려 하였다. 이에 대해서는 사림파 이언적이 반대하였다. 그러나 지중추 정순붕(鄭順朋) 등 윤원형에게 붙은 소윤 일파들이 거듭 죄를 주청해 1545년(명종 즉위년) 8월 22일 윤임은 성주(星州)로 귀양 가고 유인숙은 파직, 유관은 좌천되었다.

사화는 여기서 끝나지 않았다. 경기도 관찰사 김명윤(金明胤)이 1545년 9월 1일 계림군(桂林君) 이유(李瑠)와 봉성군 이완(李岏)도 윤임의 역모를 알았다고 고변하였다. 계림군은 윤임의 조카였고, 봉성군은 중종의 후궁 희빈 홍 씨의 아들이었다. 이에 윤임과 계림군의 친인척과 지인, 종들이 국문을 받았다. 소윤의 승지 송세형(宋世珩)은 윤임의 사위 이덕응(李德應)을 회유했다. 사실을 자백하면 살려 주겠다는 소윤의 회유에 이덕응은 윤임이 봉성군에게 인종을 모시게 했다가 국왕이 승하하면 바로 대위를 물려받게 하려는 계획을 꾸몄다고 진술하였다. 화를 입은 자가 확대되었다. 결국 윤임, 유관, 유인숙 그리고 이휘, 이덕응은 참형에 처해졌고, 정욱(鄭郁), 나식(羅湜)같은 문신들은 유배되었다. 또한 이들의 아들, 딸들은 노비로 전락했고 형제, 숙부, 조카 등은 유배되었다. 도망갔던 계림군도 붙들려 처형되었다. 꾐에 빠져 허위 자백했던 이덕응은 죽음을 앞두고 '간사한 송세형의 꾐에 빠져 이지경이 되었으니 천지 귀신이 되더라도 반드시 부끄럽고 한스런 마음이 있을 것'이라 하였다. 이로써 사화는 일단락되는 듯 하였다. 그러나 또 다른 사건이 발생했다. 양재역(良才驛) 벽서(壁書) 사건이다. 1547년(명종 2년) 9월 18일 부제학 정언각(鄭彦慤) 등은 경기도 양재역 벽에 붙은 익명서 하나를 발견했다. 거기에는 붉은 글씨로 '여주(女主)가 위에서 정권을 잡고, 간신 이기 등이 아래에서 권세를 농단하니 나라의 멸망을 서서 기다릴 만하다. 어찌 한심하지 않은가?'라는 내용이 적혀 있었다. 사건이 확대되었다. 수사가 그 문서의 진위나 쓴 사람을 찾는 정상적인 것이 아니었다. 성렬대비(문정왕후)와 그 대신들은 이전의 역적을 모두 엄벌하지 않아 다시 이런 일이 일어났다고 판단했다. 정승 윤인경이 아뢰었다. '지금 이 벽서를 보니 크게 증거 삼을 만한 것은 못 되지만 이것만으로도 옳지 못한 이론이 돌아다닌 것을 알 수 있습니다. 곧 벌을 받아야 할 사람들의 죄를, 경중을 나누어 적어 올리겠습니다.(이덕일, 1998, 417)' 하였다. 소윤은 곧 사림파의 형량을 정한 글을 올렸다. 이러한 감정적 판단은 대규모 옥사를 불러 일으켰다. 이기, 윤원형 등의 주도 아래 윤임의 인척인 송인수(宋麟壽), 이약빙(李若氷)은 사사되고 권벌, 이언적, 정자(鄭滋), 노수신(盧守愼), 유희춘(柳希春), 백인걸(白仁傑) 등 을사사화에서 반대 의견을 냈던 주요 인물들은 유배되었다. 이후 윤원형을 영수로 하는 소윤은 막강한 권력을 휘두르면서 갖가지 악행을 다 저질렀다. 양재역 벽서 사건이 있은 다음

해인 1549년에는 이홍윤(李洪胤)의 옥사가 일어나는데[5] 이홍윤이 윤임의 사위이자 이약빙의 아들이라는 사실로 충주에 거주하던 이약빙의 문인, 관련 있는 선비, 서인을 합쳐 300여명이 소윤에 의해 죽었다. 충주 한 고을이 텅 빌 지경에 이르렀다(이덕일, 1998, 419) 한다.

이 네 사화를 거치면서 나라는 피폐할 대로 피폐해져 갔다, 남명의 시대에는 나라가 도무지 손쓸 수조차 없는 파탄 지경에 까지 이르렀다.

이러한 시대였기에 남명은 일찍이 벼슬길을 포기하고 때를 기다리며, 말을 알아 학문을 닦고 시대를 알아 도를 얻는네 온 힘을 기우린 것이 아닌가 싶다.[6]

---

5) 이 사건에 대해서는 이덕일(1998, 418-420) 참조.
6) 남명은 학기류편에서 정자(程子)의 말을 인용하면서 '학문은 말을 아는 것보다 귀함이 없고, 도는 시대를 아는 것보다 귀함이 없다(程子曰, 學莫貴於之言, 道莫貴於識時)'고 하였다(남명집, 1982, 96).

2. 남명의 생애

1) 남명의 출생과 가족

남명은 1501년(신유년, 연산7년) 음력 6월 26일 진시에 태어났다. 남명이 태어날 때 무지개가 집 앞 우물에서 일어나 영롱한 빛이 온 집에 가득하였다(남명 묘갈명 병서, 포산 곽종석 지음) 한다. 위로 형이 다섯 명이 있었으나(이종묵, 2001, 205) 네 명은 어려서 죽고 형 조납(曹柆)은 결혼하여 한 명의 딸을 두고 죽었다.[7] 그 딸은 진주 서면에 사는 진사(進士) 하종악(河宗岳)에게 시집가 한 명의 딸을 남겼다. 동생 조환(曹桓)이 있었으며 두 명의 누님과 두 명의 누이동생이 있었다. 차례로 정운(鄭雲), 이공량(李公亮), 정백빙(鄭白氷), 정사현(鄭師賢)에게 출가하였다. 첫째 매형 정운은 현감(縣監)으로 이남 일녀를 낳았다. 딸은 김익(金圽)에게 시집갔고, 아들은 지호(之虎), 지린(之麟)이다. 둘째 매형(妹兄) 이공량(李公亮)은 뜻있는 선비였다. 모두 사남 사녀를 두었다. 아들은 천민(天民) 준민(俊民), 헌민(獻民), 석민(錫民)이다. 이준민(李俊民)은 뒤에 이조판서(吏曹判書), 좌참찬(左參贊)을 역임하면서 이율곡(李栗谷), 정송강(鄭松江) 등 서인과도 교류가 있었으며 남명 문인인 대소헌(大笑軒) 조종도(趙宗道)는 이준민의 사위이다. 매제(妹弟) 정사현(鄭思賢)은 삼남 이녀를 낳았는데 아들은 도(度)와 서(序)와 상(庠)이다.

남명은 1522년(중종 17년) 스물두 살의 나이에 충순위(忠順衛) 조수(曹琇)의 따님이신

---

7) 이런 까닭에 어릴 때부터 친구로 지냈던 대곡(大谷) 성운(成運)은 남명의 묘갈명(墓碣銘)을 지으면서 남명을 아버지 조언형(曹彦亨)과 충순위(忠順衛) 이국(李菊)의 따님이신 어머니 인천 이 씨 사이에서 둘째로 태어났다 하였다(남명선생편년, 2011, 131).

남평(南平) 조 씨와 결혼하였다. 부인의 고조할아버지는 조유인(曹由仁)으로 태조(太祖) 때 문과에 올라 벼슬이 부사에 이르렀다. 증조할아버지는 경기전직(慶基殿直) 조영(曹榮)이고 할아버지는 사과(司果) 조걸(曹傑)이다. 부인의 어머니는 남평 문 씨(南平文氏)로 직장(直長) 문찬(文贊)의 따님이시다. 부인은 1500년(연산군 6년) 11월 10일 김해에서 태어났다. 나이 스물세 살에 남명에게 시집가 시부모 봉양에 효를 다하였다. 입으로는 망령스러운 말이나 웃음이 나오지 아니하였으며 비복(婢僕)들이 머리를 정돈하지 아니하고서는 음식을 만들지 못하게 할 정도로 단정하였다. 남편의 부실이신 송 씨에게는 대우를 심히 후하게 하였고 남명과 부실 사이에서 난 자녀에게도 자신이 낳은 것처럼 하므로 남편이 부인을 공경하였다(남평 조 씨 묘갈명 병서. 화개(花開) 김택영(金澤榮) 지음) 한다. 부인과의 사이에 아들과 딸 한 명씩을 낳았다. 아들은 조차산(曹次山)이었다. 아홉 살에 죽었다. 딸은 만호(萬戶) 김행(金行)에게 시집갔다. 김행과의 사이에 아들은 없고 딸 둘을 낳았다. 첫째가 김우옹(金宇顒), 둘째가 곽재우(郭再祐)에게 시집갔다. 아들이 아홉 살에 죽으므로 남명은 부실 송 씨와의 사이에서 난 큰아들 차석(次石)으로 하여금 그 뒤를 잇게 하였다. 부인은 뒤에 정경부인(貞敬夫人)으로 봉해졌다.

남명에게는 부실이 있었다. 송린(宋璘)의 따님이신 은진(恩津) 송 씨이다. 부인은 열여덟 살에 남명에게 시집왔다. 뒤에 숙부인으로 봉해 졌다. 까닭은 큰아들 차석(次石)이 부모의 공덕으로 대부가 되었기에 숙부인에 봉해지는 특이한 은전이 있었기 때문이다. 부인과의 사이에서 아들 세 명과 딸 한 명을 낳았다. 아들은 차석(次石), 차마(次磨), 차정(次酊)이다. 차석은 세 번이나 현감이 되었고, 차마도 현감이 되었으며 차정은 경복궁위장(景福宮衛長)이 되었다. 딸은 군수(郡守) 조신도(趙信道)에게 시집갔다. 부인 송 씨의 선조는 은진(恩津) 사람으로 증조할아버지는 군수(郡守) 송여림(宋汝霖)으로 의정(議政) 김국광(金國光)의 따님에게 장가들었다. 의정은 영의정 익성공(翼成公) 황희(黃喜)의 손서이다. 할아버지는 부사직(副司直) 송세적(宋世勣)이고 아버지는 부사정(副司正) 송린(宋璘)이다(송 씨 묘갈명 병서. 아들 차마 지음).

남명의 아버지는 조언형(曹彦亨. 1469-1526)이다. 자는 언지(彦之)이다. 1504년(갑자년. 연산 10년)에 실시한 정시(廷試)에 장원급제하여 승문원정자(承文院正字)에 제수되었다.[8]

---

8) 남명의 아버지 조언형(曹彦亨. 1469-1526)의 과거 급제와 관련하여 남명의 동생인 조언경(曹彦卿)이 지은 아버지와 어

그러나 언형은 아버지가 연로하셔서, 돌아가서 봉양할 것을 청하여 다시 의흥현감(義興縣監)에 제수되었다. 남명의 아버지는 모두 이십삼 년을 벼슬하였다. 승문원 정자(承文院正字)에서 승문원판교(承文院判校)가 되기까지의 벼슬을 살펴보면 외지에 보임된 것이 두 번(의흥현감과 단천군수), 천관(이조)을 보좌한 적이 두 번(좌랑과 정랑)이었고 대관(臺官)이 세 번(정언(正言), 지평(持平), 집의(執義))이었다. 성균관에 스승이었던 다섯 번은 전적(典籍)을 세 번 했고 사예(司藝), 사성(司成)이 한 번이었다. 정종부(正宗簿)가 한 번, 춘추관(春秋館)이 한 번, 겸춘추(兼春秋)가 세 번이었다(판교공 묘갈명 병서, 남명 지음). 남명의 아버지는 이렇게 주요 요직을 두루 거쳤으나 청렴, 강직하여 식구들이 끼니조차 잇기 어려웠다고 한다(허권수, 2001, 51). 1519년(중송 14년) 11월 15일 기묘사화가 일어났다. 훈구파가 조광조를 비롯한 사림파를 몰아내고 자신들이 정권을 잡기위해 일으킨 사화였다.9) 이 때 작은아버지 조언경이 연루되어 이조좌랑(吏曹佐郎)에서 파직당했고 삼 년 동안 삼가의 시골집에 있다가 서른다섯 살의 젊은 나이로 집에서 세상을 떠났다(좌랑공묘갈명(佐郎公墓碣銘) 병서, 김해 부사(府使) 권황(權璜) 지음). 그 몇 년 뒤 아버지는 제주목사로 좌천되었다. 이 때 병을 얻어 가지 못하였다.

남명의 어머니는 삼가현(三嘉縣)의 세족(世族)인 인천 이 씨(仁川 李氏) 충순위(忠順衛) 이국(李菊, 1451-1519)의 따님이다. 육세조 고려 시중(侍中) 이작신(李作臣)이 삼가에 귀양 와서 자손 대대로 삼가에서 살았다. 증조할아버지는 울주사(蔚州事) 이양(李穰)이고 할아버지는 의성현령(義城縣令) 이유이다. 그리고 어머니 통천(通川) 최 씨(崔氏)는 최경손(崔敬孫)의 따님으로 좌의정 정열공(貞烈公) 최윤덕(崔閏德, 1376-1445)의 손녀이다. 남명의 어머니는 태어나면서 효성이 있어 시부모를 받들 때 공경하여 봉양하는 도리를 다하였고 남편을 섬김에 있어서도 겸손하고 공손히 하였다. 이에 남편도 부인에게 공경과 예로써 대하였다 한다(숙부인 이 씨 묘갈명 병서, 대사헌 송인수 지음). 남명의 친가와는 이웃하는 고을에 살았다.

남명의 할아버지는 조영(曺永, 1428-1511)이다. 자는 수옹(壽翁)이다. 장사랑(將仕郎, 종9품)을 지냈다. 감찰(監察) 조찬(趙瓚)의 따님이신 임천(林川) 조 씨(趙氏, 1444-1506)와 결혼하였다. 조찬의 아들이 도승지(都承旨)를 지낸 지족당 조지서(趙之瑞, 1454-1504)이다. 아들

머니의 쌍 묘갈명 '將仕郎公儒人趙氏雙墓碣銘 幷序'에는 '長子彦亨 以甲子年 延試壯元'으로 기록되었고, 남명이 지은 아버지의 묘갈명 '判敎公墓碣銘'에는 '始由延試壯元 授承文院正字'로 기록되어 있다. 이 글은 여기에 따른 것이다.

9) 기묘사화에 대해서는 이 글 1. 들어가기, 기묘사화 참조.

언형, 언명(彦明), 언신(彦臣), 언윤(彦倫), 언경(彦卿)과 딸 한명이 있다. 큰아들 언형은 남명의 아버지로 위에서 살폈다. 가운데 세 아들은 일찍 죽었다. 막내아들 언경은 과거 급제하여 조정 인사의 추천권을 쥔 이조좌랑을 지냈다. 딸은 선비 정기(鄭頎)에게 시집갔다.

남명의 선조는 창녕(昌寧) 조 씨(曺氏)로 9대에 걸쳐 평장사(平章事)를 지냈으며(판교공 묘갈명 병서, 남명 지음) 서울에서 살다가 증조할아버지 조안습(曺安習) 때 삼가현 판현으로 이주, 정착하였다. 안습은 생원(生員)에 머물렀다. 성균관학유를 지낸 문가용(文可容)의 따님인 남평(南平) 문 씨(文氏)와 결혼하였다. 문가용은 중국에서 목화씨를 가져와 의류 혁명을 일으킨 강성군(江城君) 삼우당(三憂堂) 문익점(文益漸)의 조카이다.

2) 남명의 생애

남명은 외가에서 태어나 아버지가 벼슬길에 오르기 전 네 살까지는 주로 외가에서 자랐다. 그러나 친가도 외가와 그리 멀지 않은 곳에 있어 외가와 친가를 오갔을 것으로 보인다. 남명이 네 살 되던 해 아버지 조언형(曺彦亨)이 1504년(연산군 10년) 벼슬길에 올랐다. 이 시기에 아버지를 따라 의흥으로 갔다가 아버지가 다시 내직(內職)을 받았을 때에는 서울 연화방(蓮花坊, 현재 종로 4-5가) 근처로 옮겨 가 산 것으로 보인다. 이곳에서 숭덕재(崇德齋) 이윤경(李潤慶, 1498-1562), 동고(東皐) 이준경(李浚慶, 1499-1572)과 이웃해 살면서 매우 친하게 지냈다. 친구가 되었다.

일곱 살 정도에 승문원정자로 있던 아버지에게서 글을 배웠다. 대곡(大谷) 성운(成運)이 지은 '문정공 묘갈명(文貞公墓碣銘) 병서'에 의하면 '남명이 능히 말을 하게 된 때부터 아버지는 무릎 위에 앉게 하고 시(詩)와 서(書)를 가르쳐 주면 응구하여 문득 글귀를 외어서 잊어버리지 아니하였다.' 한다. 그리고 남명선생편년(南明先生編年, 2011, 11)에는 '선생은 총명이 뛰어나고 조숙하였다. 말을 하게 되자 판교공이 입으로 시경(詩經)과 서경(書經)을 가르쳤더니 대번에 외우고 잊지 않았다. 감독하지 않아도 부지런히 익혔으며, 의심스럽거나 불분명한 곳이 있으면 반드시 질문하여 환하게 이해한 이후에 그만두었다. 몸가짐이 조용하고 점잖아서 어른 같았으며, 또래의 아이들과 몰려다니며 놀지 않고 장난감을 가지고 놀지 않았다. 사람들이 모두 장차 크게 되리라 기대했다.' 한다.

아홉 살 때에 남명이 병으로 자리에 누웠다. 어머니가 근심하는 빛을 보이자 선생은 얼굴 모습을 바로하고 잠시 기운을 차려 이러기를 '하늘이 사람을 낼 때 어찌 헛되이 하겠습니까? 지금 소자가 다행히 생을 얻어 남자로 태어났으니 하늘이 반드시 줄 것이 있을 것입니다. 나에게 일을 이룰 것을 꾸짖는 것일 것입니다. 내가 어찌 일찍 죽음에 이를 것입니까?' 하였다(문정공 묘갈명(文貞公墓碣銘)병서. 대곡(大谷) 성운(成運) 지음) 한다.

열 살쯤 되었을 때는 이윤경(李潤慶), 이준경(李浚慶) 형제와 친하게 지내며 함께 공부한 것으로 보인다.[10] 누구에게서 글을 배웠는지는 알 수 없으나 어려서부터 이준경과 함께 공부했다는 것으로 보아 이준경의 종형(從兄)인 이연경(李延慶)에게서 배운 것으로 보인다.[11]

1514년(중종 9년) 아버지가 사간원정언(司諫院正言)에 제수되었다. 그리고 남명의 나이 열일곱 살 때인 1517(중종 12년) 4월에는 아버지가 정5품관인 사헌부지평(司憲府持平)으로 있었는데[12] 이때 쯤 연화방에서 장의동(현재 종로구 효자동 근처)으로 이사하였다. 이곳에서 대곡(大谷) 성운(成運. 1497-1579), 성우(成遇. 1495-1546) 형제를 만나 벗과 함께 열심히 책을 읽었다. 이 시기에 청송(聽松) 성수침(成守琛. 1493-1564) 등 많은 친구들을 사귀었다(허권수. 2001. 40).

남명의 나이 열여덟 살에 아버지가 단천군수로 떠나게 되는데(최석기. 1991. 64)[13] 이때 아버지를 모시고 함경도 단천으로 갔다가 그 해 다시 서울로 돌아오게 된다. 이즈음 남명은 경사자(經史子)를 누루 섭렵하여 깨달아 알고 천문(天文), 지지(地志), 의방(醫方), 궁마(弓馬), 행진(行陣), 관방(關防), 진술(鎭戍) 등에도 뜻을 두고, 이들을 궁구하

---

10) 덕천사우연원록(德川師友錄) 이준경(李俊慶)에서는 '선생은 어려서부터 공과 친하게 지내며 책상을 나란히 하고 함께 서산(栖山)에서 독서하였다.' 한다(덕천사우연원록. 2011. 12).

11) 이준경은 어려서 황효헌(黃孝獻. 1491-1532)에게 소학을 배우고 조금 커서는 종형 이연경(李延慶. 1484-1552)에게서 배웠다 한다(동고유고(東皐遺稿). 년보(年譜)). 그래서 남명도 함께 배웠을 것으로 보이나 이는 확실한 것이 아니어서(오이환. 2012. 132-138. 참조) 이후 확실한 고증이 필요하다.

12) 남명의 아버지 조언형이 1517년(중종 12년) 4월에 사헌부지평으로 있었다는 사실은 '조선왕조실록. 중종 12년 4월'의 기록으로 알 수 있다.
   '사간 김희수·지평 조언형(曹彦亨)이 전의 일을 논하고, 시강관 이자·검토관 윤자임(尹自任)이 또한 아뢰니, 공신(功臣) 중 음관(蔭官)의 가자에 대해서는 그대로 윤허하고, 나머지는 윤허하지 않았다.(御晝講. 司諫金希壽·持平曹彦亨論前事; 侍講官李耔, 檢討官尹自任亦啓之, 功臣蔭加依允, 餘不允)'

13) 최석기(1991. 64)에서는 남명의 아버지 조언형이 1518년부터 1522년까지 단천군수로 있었던 것으로 보고 있다. 여기에 대한 자세한 내용은 최석기(1991. 64) 참조

여 세상에 응하는 쓰임으로 삼았다.

열아홉 살(1519년)에는 산사(山寺)에서 주역을 읽었다(최석기, 1991, 64). 그 해 즉 1519년(중종 14년) 11월 15일 기묘사화(己卯士禍)가 일어났다.[14] 산사에서 공부하다가 12월에 정암(靜庵) 조광조(曺光組)의 부고를 들었다. 훈구파들에 의해 수많은 사림(士林)들이 화를 당하였다. 숙부 좌랑(佐郎) 조언경(曺彦卿)도 연루되어 파직되었다. 정암(靜庵)의 부고를 듣고 애통해 하기를 그치지 않았다 한다. 이후 서른 살까지는 과거에 뜻을 두고 공부하였다.

스무 살(1520년)에는 과거에 응시하여 사마시(司馬試)의 생원(生員), 진사(進士) 양과와 문과 초시(初試)에까지 합격하였으나 지난해의 기묘사화(己卯士禍)로 말미암아 당시의 시험관이 모두 파직당하여 그 시험도 무효 처리된 듯 하다(오이환, 2000ㄱ, 20).[15] 남명은 고문(古文)을 좋아하여 과거 시험장에 나가서도 속된 문자를 쓰지 않았다. 붓을 잡고 일을 적어 내려가면 애초에 생각하지 않은 듯 하면서도 엄밀하게 법도가 있어 울창하고 고아(古雅)하며 높고 빼어났다. 그리하여 고문을 배우는 자들이 다투어가며 남명의 글을 서로 전하고 외워서 법식으로 삼았다(남명선생편년, 2011, 17) 한다.

스물한 살(1521)에 생원·진사과의 회시에는 나가지 않고 문과에만 나갔다. 실패하였다.

스물두 살에 남평 조 씨와 결혼하였다.

남명이 스물여섯 살 되던 해인 1526(중종 21년)년 3월 쉰여덟의 나이로 아버지가 돌아가셨다. 아버지 조언형(曺彦亨)은 1504년(갑자년, 연산 10년)에 실시한 정시(庭試)에 장원급제하여 승문원정자(承文院正字)가 된 이후 앞에서 살핀 여러 벼슬을 지내다 승문원판교(承文院判校)가 되었다. 칠 년 전 기묘사화 이후로 권력을 잡은 남곤(南袞), 심정(沈貞) 등의 간신배들은 강직하기로 소문난 남명의 아버지를 조정에 둘 수가 없었다. 결국 제주목사로 좌천시켰다. 바른 소리를 못하게 하려는 속셈이었다. 남명의 아버지는 이 때 마침 병이 심하여 도저히 부임할 수가 없었다. 병으로 부득이 갈 수 없노라 사양하였다. 이러한 아버지에게 조정에서는 어려운 곳에 가지 않으려 한다는 혐의를 씌워 삭탈관직 하였다. 아버지는 결국 그 병으로 말미암아 돌

---

14) 기묘사화(己卯士禍)에 대해서는 이 글 1. 들어가기, 기묘사화 참조
15) 여기에 대하여 남명은 서른두 살 때 규암 송인수가 보내 온 대학에 기록하기를 '약관에 문과 한성시에 합격하고, 아울러 사마시의 복시에도 합격하였다.(오이환, 2000ㄱ, 20~21)'고 하였다.

아가셨다. 돌아가신 그 다음 달, 남명이 아버지의 억울한 사정을 조정에 하소연하여 판교 이하의 관직이 회복되었다. 아버지가 돌아가시자 남명은 아버지를 삼가(三嘉) 관동(冠洞)의 선영으로 귀장(歸葬)하고 삼 년 동안 시묘살이를 하였다.

스물여덟 살 되던 해인 1528년 6월 부친상을 마쳤다. 이 해 가을에 아버지의 묘갈을 세우고 글을 직접 지었다.

시묘살이를 마친 남명을 위로하기 위하여 친구 성우(成遇, 1495~1546)가 삼가에 찾아왔다. 성우는 남명의 묘갈명을 지은 대곡(大谷) 성운(成運, 1497~1579)의 친형이다. 참봉을 지냈다. 을사사화 때는 친한 친구들이 역적으로 몰려 죽자 분개하여 '유관(柳灌)16)이 어찌 역적모의를 했겠는가, 듣자하니 임백령(林百齡)17)이 심사가 바르지 못하여 장차 나쁜 짓을 할 것이라 하더니 과연 그렇구나.'라고 바른 말을 했다가 역적을 편들고 공신을 모욕한다는 죄목으로 끌려가 매를 맞아 죽은 인물이다. 남명이 평생 벼슬을 하지 않은 데는 그의 죽음에도 영향이 많다(허권수, 2000, 57).

성우와 함께 지리산을 유람하였다. 유람을 마치고 성우가 서울로 돌아가려하자 남명이 만류하였다. 성우는 그 해 겨울을 남명의 집에서 보냈다(허권수, 2000, 58).

초봄 성우가 다시 집으로 돌아가려 하자 술자리를 마련하고 시를 지어 주었다.

성 중려에게 줌	贈成中慮
시골 꽃 절로 피었다 지고,	村花自開落
들에는 처녀들이 나물 캐며 노래하네.	郊女謠靑荣
밤새도록 앉았다 일어나도,	竟夕坐且起
이내 뜻을 봄은 알지 못하는구나.	此意春不解
오늘 아침에 제비 돌아오고,	今朝燕子來
친구는 아직도 금릉 땅에 있네.	故人金陵在

성우가 떠날 때 남명은 황강(黃江)까지18) 나가 그를 전송하였다.

스물아홉 살 정월에는 의령 자굴산 산사에서 공부하였다. 절의 승려가 말하기를 '그 분이 거처하시던 방은 종일토록 아무런 소리 없이 조용하였는데, 매일 밤

---

16) 유관(柳灌)은 을사사화 당시 좌의정이었는데 윤원형, 이기 등에게 역적모의를 했다하여 죽임을 당함.
17) 임백령(林百齡)은 윤원형과 함께 을사사화를 주동한 인물이다. 이글 1. 들어가기 을사사화 참조.
18) 낙동강 지류로 합천 남쪽을 가로 질러 흐른다.

이 깊으면 손가락으로 책상을 가만히 두드리는 소리가 들려 아직도 글을 읽고 계신 줄을 알았습니다.'라고 하였다(남명선생편년, 2011, 25-26). 이 때 자굴산 명경대19)에서 지은 시가 있다.

명경대	明鏡臺
높은 대 누가 공중에 솟게 했는지?	高臺誰使聳浮空
당시 오주가 부러져 골짜기에 박힌 것이리라.	螯柱當年折壑中
창공이 저대로 내려오는 것 허락지 않아,	不許穹蒼聊自下
양곡을 다 볼 수 있도록 하려 한 것이리.	肯敎暘谷始能窮
속인이 이르는 것 싫어해 문 앞에 구름이 드리우고,	門嫌俗到雲猶鎖
마귀의 시기가 두려워 바위를 나무가 에워쌌도다.	巖怕魔猜樹亦籠
상제에게 빌어 주인 노릇 해볼까 해도,	欲乞上皇堪作主
은혜 융성한 걸 인간 세상에서 질투하니 어쩔 수 없네.	人間不奈妬恩隆

명경대	明鏡臺
도끼로 바위를 깎아 산 북쪽에 세웠는데	斧下雲根山北立
소매로 하늘을 치듯 붕새는 남쪽으로 날아가네.	袖飜天窟鳳南移
훌쩍 떠나 열흘 정도 지나 돌아오고자 하여,	冷然我欲經旬返
바닷가에 다녀오겠다고 일행에게 알리네.	爲報同行自岸歸

자굴산으로 청향당(清香堂) 이원(李源, 1501-1568)이 찾아왔다. 청향당은 문익점의 목화시배지로 유명한 산청군 단성면 배양마을에서 살았다. 어릴 때 함께 공부하기도 하고 나이 들어서는 편지를 주고받거나 만나 학문을 토로하는 등 일생 벗하며 지냈다. 아들 이광곤(李光坤)과 조카 죽각(竹閣) 이광우(李光友, 1529-1619)를 남명에게 보내어 배우게도 하였다. 퇴계와도 매우 친하게 지냈다. 퇴계가 처갓집의 상사나 제사가 있을 때 도와 달라는 편지를 보낼 정도였다. 청향당은 남명과 퇴계와 친하게 지내면서 두 사람을 잇는 교량적 역할을 한 것으로 보인다. 남명이 뒤에 산청 덕산으로 거처를 옮겼을 즈음에 퇴계가 청향당에게 시를 지어 보내면서 남명에게도 보여주라고 한 것으로도 알 수 있다(강정화, 2007, 115-116).

---

19) 자굴산은 의령의 진산(鎭山)으로 해발 892미터이다. 명경대는 자굴산 북쪽 기슭 정상 부근에 있는 깎아지른 듯 한 수십 길의 절벽 이름으로 그 위는 평평하다.

세 사람의 태어남을 누가 알았으랴   三人初度有誰知
갑년보다 삼 년 앞, 유년에 태어났네.   先甲三年酉是期
두류산과 배양리 아득히 멀기만 하나   邈爾頭流與培養
서로 그리워서 시 보내는 일 없으랴.[20]   可無相憶遞傳詩

남명은 1530년(중종 25), 서른 살 되던 해 처갓집이 있는 김해 신어산(神魚山) 밑 탄동(炭洞)으로 이사하였다.[21] 그리고 집 근처에 서제(書齋)인 산해정(山海亭)을 짓고 이곳에서 더욱 학문에 힘을 쏟았다. 이때부터 남명이라 자호하였다(이종묵, 2001, 215). 남명은 원래 소나무 숲이 있던 산해정에 다시 대나무를 심고 '산해정에 대를 심으며'를 지었다.

산해정에 대를 심으며   **種竹山海亭**
대는 외로울까 외롭지 않을까?   此君孤不孤
소나무가 이웃 되었는데.   髥叟則爲隣
바람 불고 서리치는 때 기다리지 않더라도,   莫待風霜看
성성한 모습에서 참다움 볼 수 있나니.   猗猗這見眞

산해정에서 지은 시는 '산해정에서 우연히 읊음'도 있다.

산해정에서 우연히 읊음   **山海亭偶吟**
왕이 탄강한 곳과 십 리 거리,   十里降王界
긴 강물에 흐르는 한이 깊도다.   長江流恨深
구름은 누른 대마도에 떠 있고,   雲浮黃馬島
산은 푸른 계림으로 뻗어 있네.   山導翠鷄林

남명이 김해 산해정으로 옮기자 대곡 성운과 청향당(淸香堂) 이원(李源, 1501~1568), 송계(松溪) 신계성(申季誠, 1499~1562), 황강(黃江) 이희안(李希顔, 1504~1559)이 찾아왔다. 여러 날 강론하였다. 당시 사람들이 이들의 모임을 아름답게 보고 '덕성(德星)이 모였다.'고

---

20) 시에 나타난 세 사람은 청향당, 남명 그리고 퇴계 자신을 말하는 것으로 세 사람 모두 1501년 신유년에 태어나 남명이 사는 두류산 아래 덕산과 청향당이 사는 단성 배양리는 멀어 만나지 못하고 그리워서 시를 보낸다는 내용이다. 강정화(2007, 116) 참조.

21) 탄동은 오늘날 김해군 대저면 주부동(主簿洞)인데 1548년 10월 남명이 전생서주부(典牲署主簿, 종6품)로 임명되면서 탄동이 주부동으로 그 이름이 바뀌었다 한다(이종묵, 2001, 215).

하였다(남명선생편년, 2011, 29). 이 해 신재(愼齋) 주세붕(周世鵬, 자 경유(景游),1495~1554)이 산해정을 찾아 심경과 중용 등을 서로 강론하였다. 주세붕은 '산해정에서 조건중에게 주는 시(山海亭贈曹楗仲植)'를 지었고[22] 이에 남명은 주세붕의 시에 차운하여 화답하였다.

산해정에서 주경유가 지은 시의 운자를 따라서	在山海亭次周景游韻
훌륭하도다, 풍기 고을 원님이여!	可矣豊基倅
내 집 문에다 말을 매었도다.	行騑繫我門
왕도를 상세히 이야기하여,	簡簡談王口
지금도 세상의 존경을 받는다네.	於今爲世尊

1931년 남명의 나이 서른한 살에 문장이 과거에 적합하지 않다고 여기고 평이하고 간실(簡實)한 글을 쓰기 위하여 처음으로 성리대전(性理大全)을 읽게 되었다. 성리대전을 읽다가 원나라의 학자 노재(魯齋) 허형(許衡, 1209~1281)의 글을 읽게 되었다.

이윤(伊尹)[23] 뜻을 뜻으로 삼고, 안자(顔子)[24]의 학문을 학문으로 삼아, 벼슬에 나아가서는 경륜을 펴서 업적을 이루고 초야에 있으면서는 지조를 지켜야 한다. 대장부라면 마땅히 이와 같이 해야 한다. 벼슬에 나아가 아무 하는 일도 없고 초야에 있으면서 아무런 지조도 지키지 않는다면 뜻을 세우고 학문을 닦아 장차 무엇을 하겠는가?

남명은 이글을 통하여 크게 깨달아 실리(實利)를 위한 공부를 접고 위기지학(爲己之學)에 뜻을 두었다.[25] 이 무렵의 심정을 서른두 살 때, 어릴 적부터 친구인 규암(圭庵) 송인수(宋麟壽)가 보내온 대학(大學)에 다음과 같이 기록하고 있다.

나는 처음 타고난 기가 매우 박한 데다 스승과 벗이 타일러 줌도 없어서 타자에게 오만함으로써 높은 체 할 따름이었다. 남에게 오만할 뿐 아니라 세상에 대해서도 오

---

22) 여기에 대해서는 이종묵(2001, 219) 참조.

23) 이윤(李尹)은 하남성(河南省) 유신(有莘) 벌판에서 자기 손으로 밭을 일구며 지내다 은(殷)나라 탕(湯) 임금의 부름에 응하여 천하를 통일하도록 도와 은나라의 기틀을 잡은 인물이다.

24) 안재(顔子)의 성은 안(顔) 이름은 회(回)이다. 공자의 수제자로서 '순(舜) 임금은 어떤 사람이며 나는 어떤 사람인가.'라고 말하면서 자신도 능히 성인의 경지에 도달할 수 있다는 큰 포부를 가지고 가난 속에서도 흔들리지 않고 안빈낙도(安貧樂道)하며 학문을 닦았던 인물이다.

25) 남명이 성리대전(性理大全)을 읽고 위기지학(爲己之學)의 학문으로 바꾼 시기를 내암 정인홍과 동강 김우옹이 지은 남명행장과 편년, 연보 등의 기록에는 스물다섯 살(김우옹) 또는 스물여섯 살(정인홍)로 되어 있다. 그러나 어릴 적 친구인 규암 송인수가 보내온 대학에 기록한 남명의 글에서는 서른 남짓 된 때라 한다.

만함이 있어서, 부귀나 재물, 이익을 풀이나 진흙처럼 보아 멸시하며, 가볍고 우쭐하여 크게 휘파람 불고 팔을 치켜들며 늘 세상을 저버릴 듯 한 기상이 있었다. 이 어찌 도탑고 믿음직하며 건실한 기품이겠는가? 날로 소인의 지경으로 치달으면서도 스스로 알지 못한 것이다. 약관에 문과 한성시에 합격하고, 아울러 사마시의 복시에도 합격하였는데 춘관이 모두 유사(有司)로부터 쫓겨났다. '과거란 애초에 장부가 몸을 드러내는 바탕으로 삼기에 족하지 못하거늘 하물며 이런 소과이겠는가?'라고 생각하고, 마침내 사마시는 그만두고서 동당(문과)에만 나아갔으며, 세 번 일등 하였으나 더러는 나아가고 더러는 쫓겨나 나이가 이미 서른 남짓이 되었다. 또한 글을 짓는 것이 법식에 맞지 않음을 염려하여 다시금 평이하고 간실(簡實)한 책을 구해 읽다가 성리대전(性理大全)을 가지고 읽게 되었다. 하루는 읽다가 허 씨의 설에 이르렀는데 '나아가면 유위(有爲)함이 있고 처해서는 지키는 바가 없다면 뜻한 바, 배운 바를 장차 무엇 하겠는가?'라는 말이 있었다. 문득 두려운 마음이 들어 스스로 반성해 보니, 부끄러워 오그라들고 스스로 아득하며, 배운 바가 돼먹지 않아 거의 한 평생을 그르칠 번하여, 인륜의 일상적인 일들이 모두 본문 가운데서 나오는 것을 애당초 몰랐던 것을 크게 탄식하였다. 마침내 과거 공부가 싫어졌으며, 그러다가 걷어치우고서 오로지 뜻을 학문에만 두어 점차 본래의 고향으로 들어가게 되었다(오이환, 2000ㄱ, 20-21).

이렇게 노재(魯齋)의 말에서 자신의 학문과 처신의 방향을 찾아 결심하고 이때부터 공명을 위한 형식적이고 지엽적인 학문은 떨쳐버리고 유학의 정수를 공부하기에 온 힘을 쏟았다. 육경(六經)과 사서(四書)[26] 그리고 염계 주돈이(周敦頤), 명도(明道) 정호(程顥), 횡거(橫渠) 장재(張載), 회암(晦庵) 주희(朱熹) 등 송나라 때의 대표적인 성리학자들이 남긴 글을 정력을 쏟아 공부하였다. 공자(孔丘, BC.551-479), 주염계(周敦頤, 1017-1073), 정명도(程顥, 1032-1085), 주자(朱熹, 1130-1200)의 초상화를 그려 네 폭의 병풍으로 만들어 자리 곁에 두고서 아침마다 우러러 절을 올리고 그 학문을 바르게 배우겠다고 마음속에 다짐하였다(허권수, 2000, 44).

이 해(1531년) 10월에 어린 시절부터 친구인 동고(東皐) 이준경(李浚慶)이 심경(心經)을 보내 왔다. 이준경은 뒤에 영의정이 된 인물이다. 고마운 마음과 자신의 각오를 책 뒤의 빈 곳에 글을 적어 두었다.

마음을 잃어버리고 몸뚱아리만 돌아다니면 금수(禽獸)가 아니고 무엇이겠는가. 그렇다면 이군을 저버리는 것이 아니면 이 책을 저버리는 것이고, 이 책을 저버리는 것

---

26) 육경(六經)은 주역, 시경, 서경, 주례, 예기, 춘추이고 사서(四書)는 논어, 맹자, 대학, 중용이다.

이 아니면 내 마음을 저버리는 것이니 슬픔 중에 자기의 마음이 죽는 것보다 더 큰 것이 없다. 죽지 않게 하는 약을 구했으면 먹기에 급급해야 할 것이니, 이 책은 마음을 죽지 않게 하는 책이로다. 반드시 먹어서 그 맛을 알고, 좋아하여 그 즐거움을 알게 되면 오래 갈 수 있고 편안할 수 있어서 아침, 저녁으로 날마다 써도 스스로 그만둘 수 없게 될 것이다. 노력하여 게을리 하지 말라. 안연(顏淵)처럼 되는 것이 여기에 있다(최석기, 1991, 70).

그리고 이 책에서 취한 문자로 좌우명으로 삼았다. '언행(言行)을 신의 있게 하고 삼가며, 사악(邪惡)함을 막고 정성(精誠)을 보존하라. 산처럼 우뚝하고 못처럼 깊으면, 움 돋는 봄날처럼 빛나고 빛나리라.(庸信庸謹 閑邪存誠 岳立淵冲 燁燁春榮)' 하는 좌우명을 산해정의 계명실(繼明室) 벽에 걸어두고 늘 자신을 경계하였다(최석기, 1991, 70).

나이 서른두 살(1532년)에 위기지학(爲己之學)에 뜻을 둔 남명은 서울에 갈 미련을 다 버리고 서울 집을 둘째 매형 이공량(李公亮)에게 팔았다. 그 돈을 가난한 아우와 누이에게 나누어 주었다. 이 해 어릴 적부터 친구인 규암(圭庵) 송인수(宋麟壽)가 대학을 보내왔다. 책 뒤 빈 곳에 '자신을 잘 돌이켜 볼 수 있는 방법이 모두 이 책에 있는데 나의 벗이 이로써 권면해 주니, 마땅히 단순한 책으로만 보지 않음이 옳으리라.' 하면서 위에서 밝힌 자신의 심정을 적어두었다. 성우(成遇, 1495-1546)가 동국사략(東國史略)을 보내왔다. 성우가 준 동국사략 끝에 다음과 같이 써 두었다.

중려는 청빈하기가 물과 같아서 일찍이 나와 단금지교를 맺었지 기와 조각처럼 합하지는 않았다. 나에게 반 푼어치 정도를 나누어주는 것도 장차 몸을 더럽히듯 생각하였는데, 백붕의 가치에 해당하는 것을 나에게 선물하니 예기치 못했던 일이다. 나는 이 책의 곳곳에 붉은색과 검은 색으로 점을 찍어서 산해정에 비치해 두었다. 산림에서 조용히 지내면서 산새가 손님이 되고 쇠파리가 더불어 조문할 적에, 때때로 펼쳐보고 묵묵히 앉아 생각에 잠기기도 하여, 기이 상상의 나래를 펼침에 어찌 다함이 있겠는가(이상필, 2007, 76)?

서른세 살에 남명은 이미 과거를 포기하였으나 어머니의 간청을 물리치지 못하고 향시에 응시하였다. 장원을 하였다. 그리고 서른네 살 된 이듬해 회시에 나갔으나 실패하였다. 이 해 과거 시험에 민암부를 쓰는 것이 출제되었다. 남명은 '백성을 통치하는 임금이 백성을 사랑하여 편안이 살도록 해야 하는데 그렇지 않으면 백성이 나라를 엎을 수도 있다.'는 내용의 민암부를 지어 올렸다.[27]

이즈음 김해에서 있었던 사마소연(司馬所宴)에 참석한 것으로 보인다. 이 연회(宴會)에서 지은 시가 있다.

사마소의 잔치	**司馬所宴**
요동(遼東)의 학 아련하여 나그네 감정 구슬픈데,	遼鶴依依愴客情
들 안개 자욱하고 옛 나라는 깊이 잠겨 있네.	故邦深鎖野烟平
수로왕(首露王) 탄강한 구지봉(龜旨峯)은 성 북쪽에 옛 모습 그대로네.	首露龜峯城北古
서불(徐市)이 간 대마도는 해 남쪽으로 밝구나.	徐生馬海日南淸
높은 집에서 비파 연주하여 양주곡(梁州曲)이 무르익고	高堂按去梁州晩
아름다운 술 차가워지니 옅은 안개 생기는구나.	美酒寒來軟霧生
올해는 지난해의 한스러운 일 짓지 말지어다.	今年莫作前年恨
동지인 내일 아침이면 책력풀이 또 한 잎 나겠지.	冬至明朝又一蓂

서른여섯 살(1536년)에 아들 차산을 얻었다. 이 해 가을 어머니의 권유로 다시 향시에 응시하여 삼 등으로 합격하였다(남명선생편년, 2011, 33). 이듬해 회시에는 어머니께 과거를 포기하겠다는 말씀을 드려 허락을 받고 나가지 않았다. 이 해 서암(棲岩) 정지린(鄭之麟, 1520-1600)이 수학하였다. 정지린은 큰 매형인 서간(西磵) 정운(鄭雲)의 아들로 남명의 생질이다. 선생이 돌아가시자 상복을 지어 입고 상을 마쳤다. 기일에는 소복을 입었는데 평생 이를 그만두지 않았다 한다(덕천사우연원록, 2011, 102).

세른일곱 살(1537)에 친구 청향당(淸香堂) 이원(李源, 1501-1568)이 배양마을에 청향정사를 짓고 남명을 불렀다. 참석하여 친구의 정사에 대하여 시 여덟 수를 지었다. 시 여덟 수는 죽풍(竹風, 대에 부는 바람), 송월(松月, 소나무에 비친 달), 금운(琴韻, 거문고 소리), 설매(雪梅, 눈 속의 매화), 상국(霜菊, 서리 속의 국화), 분연(盆蓮, 화분에 심은 연꽃), 경전(經傳), 제 8수(八, 碑砌)로 이를 남명의 시 청향당 팔영(淸香堂 八詠)이라 한다.[28]

서른여덟 살에 참지(參知) 이림(李霖)과 대사성 이언적의 천거로 태종의 능인 헌릉 참봉(獻陵參奉)에 제수 되었다. 나가지 않았다.[29]

서른아홉 살 되던 여름, 제자들과 지리산 신응사(神凝寺)에서 글을 읽었다. 그리고 그곳에서 시 한 수를 지었다(남명선생편년, 2011, 34).

27) 민암부(民巖賦)는 이 글 4..3).(2) 민암부 참조.
28) 시는 남명집(2001, 98-101) 참조.
29) 중종실록에는 중종 35년(1540년) 7월 16일 천거한 것으로 되어 있다.

신응사에서 글을 읽다가　　　　　　　　　**讀書神凝寺**

아름다운 풀로 봄 산에 푸르름 가득한데,　　　瑤草春山綠滿圍

옥 같은 시냇물 사랑스러워 늦도록 앉아 있노라.　爲憐溪玉坐來遲

세상을 살아가노라면 세상 얽매임 없을 수 없기에,　生世不能無世累

물과 구름을 다시 물과 구름에 돌려보낸다.　　水雲還付水雲歸

　　나이 마흔두 살 때 매촌(梅村) 정복현(鄭復顯, 1521-1591)이 와서 배웠다. 매촌은 마천(馬川)에 운학정(雲鶴亭)을 지어서 개암 강익, 도탄(桃灘) 변사정(邊士貞, 1529-1596)과 함께 심경과 성리서를 매일 강론하였다. 저술로 심학전서(心學傳書), 역리연설(易理演說), 훈몽편(訓蒙篇)이 있다(덕천사우연원록, 2011, 102).

　　이 해 1542년(중종 37년) 황강 이희안의 어머니가 돌아가시자 문상하고 만사(輓詞)를 지어 올렸다.

　　1543년(중종 38년) 나이 마흔세 살 때 회재(晦齋) 이언적(李彦迪)이 경상도관찰사로 내려와 남명에게 만나자고 편지하였다. 이에 남명은 편지해 '어찌 거자(擧子)의 신분으로 감사(監司)를 찾아갈 수 있겠습니까? … 저는 상공께서 벼슬을 그만 두고 고향으로 돌아가실 날이 멀지 않을 것이라 생각합니다. 그 때에 각건(角巾)을 쓰고서 안강리 댁으로 찾아뵈어도 늦지 않을 것입니다.' 하였다.[30]

　　1544년 6월 나이 마흔네 살에 아들 조차산(曹次山)을 잃었다. 아홉 살의 나이였다. 차산은 어려서부터 매우 총명하였다. 기르는 개가 먹이를 다투어 으르렁거리는 것을 보고서 탄식하기를 '옛날에 진 씨(陳氏)는 백 마리의 개가 한 우리 안에 살았는데 우리 집의 개는 그렇지 못하니, 마음에 참으로 부끄럽구나.'라고 한 적이 있다. 그리고 산해정에서 글을 읽고 있는데 초헌(軺軒)을 타고 길을 가는 사람의 행차가 매우 성대하여 함께 배우던 학생들이 모두 다투어 구경하면서 찬탄하고 부러워하였다. 그런데 차산은 홀로 태연히 글을 읽으면서 '장부의 사업이 어찌 이런 것에 있을 것인가?'라고 하였다. 남명이 기특하게 여기고 사랑하였는데 불행하게도 일찍 세상을 떠나고 말았다(남명선생편년, 2011, 37). 남명은 당시의 심정을 시

---

30) 남명이 이언적의 만나자는 편지에 거절한 것은 '복고(復古, 이언적의 자) 공이 이전에 십조봉사(十條奉事)를 올려 중종으로부터 크게 칭찬을 받고서 가선대부(嘉善大夫)로 특별히 승진하였는데' 이에 대하여 남명이 '좋은 계책을 올리고서 그것에 대한 상을 받는 것은 옛사람이 부끄럽게 여기는 일이니 어찌 사양하지 않았던가(남명선생 편년)' 하고 생각하던 터였기 때문으로 여겨진다. 이언적은 문묘에 종사된 인물이다.

로 표현하였다.

아들을 잃고서

집도 없고 아들도 없는 게 중과 비슷하고,
뿌리도 꼭지도 없는 이내 몸 구름 같도다.
한평생 보내자니 어쩔 수 없는 일,
여생을 돌아보니 머리카락이 흰 눈처럼 어지럽도다.

喪子

靡室靡兒僧似我
無根無蔕我如雲
送了一生無可奈
餘年回首雪紛紛

친구 이림(李霖, 1495~1546)에게서 심경(心經)을 선물 받았다. 이림은 뒤에 대사간을 역임하고 병조참의로 있다가 을사사화 때 화를 입었다.

이 해(1544년) 도구(陶丘) 이제신(李濟臣, 1510~1582)이 문하로 찾아왔다. 이제신은 의령 모아동(毛兒洞)[31] 사람이다. 뒤에 남명이 거처하게 되는 합천 삼가현 토동과는 십여 리 거리여서 남명이 거처를 토동 뇌룡정(雷龍亭)으로 옮겼을 때에는 매일 남명을 뵙고 배웠고 남명이 다시 거처를 산청 덕산의 산천재(山天齋)로 옮겼을 때에는 이제신도 따라 덕산으로 옮겨 매일 찾아 뵌 인물이다. 한 때 청하현교수(종6품)로 나갔으나 곧 버리고 돌아와 남명을 섬겼다. 도구(陶丘)는 바둑 두기를 좋아하였다. 남명이 꾸짖어 말리자 도구가 시(詩)를 지어 변명하기를 '바둑을 두는 입에는 남을 논평하는 말이 없고, 과녁을 쏘는 마음에는 자신을 돌보는 마음이 있습니다.'라고 하였다. 한 달 남짓 남명을 곁에서 모신 적이 있었는데 자신의 마음을 수렴(收斂)하는 것이 매우 극진하였다. 남명이 말씀하기를 '사람들은 언우(彦遇, 이제신의 자)가 농담을 잘 한다고 하는데, 나는 언우가 마음의 수렴을 잘 하는 것을 보는구나.'라고 하자, 대답하기를 '덕(德)의 향기를 오랫동안 맡으니, 저도 모르게 이처럼 되었습니다.'라고 하였다(남명선생편년, 2011, 38).

이 해 1544년(중종 39년) 11월에 중종이 승하하였다. 중종이 승하하자 남명은 시조 한 수를 지었다.

삼동(三冬)에 뵈옷 닙고 암혈(巖穴)에 눈비 마자
구룸 씬 볏뉘롤 �

 적이 업건마는
서산(西山)에 힌 지다 ᄒ니 눈믈 겨워 ᄒ노라.

---

31) 모아동은 현재 의령군 대의면 신전리 곡소마을 부근이다.

이듬해(1545년), 나이 마흔다섯 살 때 안분당(安分堂) 권규(權逵, 1496-1548)가 산해정을 찾아와 강론 하였다. 권규는 단성 단계리 사람으로 이원과 친하게 지냈다. 남명이 상중(喪中)에 있을 때 찾아와 조문하기도 하였다. 남명의 아버지가 권규의 할아버지 묘갈명을 지었다. 선대부터 친하게 지낸 인연이 있다.

입제(立齊) 노흠(盧欽, 1527-1602)이 와서 배웠다. 입제는 훗날 남명이 세상을 떠나자 스승을 위하여 삼가 회현에 회산서원을 세워, 봄, 가을로 스승의 제사를 지내며 추모하였다. 그리고 임진왜란 때는 권양(權瀁) 등과 의병을 일으켜 망우당 곽재우의 진중에서 군량미 운송을 담당하였다. 남명은 입제(立齊)에게 편지하면서 '물을 거슬러 올라가는 배는 한 치를 방심하면 한 길을 떠내려가게 된다.'고 경계한 바 있다(남명선생편년, 2011, 40).

이 해(1545년) 봄에 남명은 청도 운문산 아래에 사는 삼족당(三足堂) 김대유(金大有, 1479-1552)를 찾았다. 남명이 청도로 길을 떠날 때 사람을 보내 역시 청도에 사는 경제(警齊) 곽순(郭珣, 1502-1545)도 김대유의 집으로 오도록 연락하였다. 김대유는 탁영(濯纓) 김일손(金馹孫)[32]의 조카다. 1507년(중종 2년) 정시(庭試)에 장원하여 곧장 진사과에 나가 합격하였다. 이 해 문과에 급제하여 성균관전적(成均館典籍)에 제수되었고 여러 차례 벼슬이 바뀌어 정언(正言)이 되어서는 사양하고 취임하지 않았다. 세 사람은 김대유의 집에서 학문을 토론하며 며칠을 지내다 청도에서 멀지 않은 곳에 사는 소요당(逍遙堂) 박하담(朴河談, 1479-1560)을 찾아 교유하였다. 사흘 후 이들은 김천에 있는 직지사(直指寺)를 함께 둘러보고 헤어졌다. 남명은 김대유에게 시를 지어 주었다.

삼족당에게 부침	寄三足堂
세상 일은 풍운과 더불어 변하고,	事與風雲變
강은 세월과 함께 흘러간다.	江同歲月流
고금 영웅들의 뜻을,	英雄今古意
온통 한 척의 빈 배에 부친다.	都付一虛舟

돌아오는 길에 영천에 사는 완구(玩龜) 안증(安嶒, 1494-1553)을 찾았다. 안증의 정자

---

32) 김일손은 성종 때의 김종직 제자이다. 춘추관(春秋館)의 기사관(記事官)으로 있으면서 훈구파 이극돈의 비행과 세조의 찬탈을 사초에 기록하면서 스승인 김종직의 조의제문(弔義帝文)을 넣어 1498년 성종실록을 편찬하였다. 훈구파가 김종직의 조의제문(弔義帝文)을 트집 잡아 무오사화를 일으켰다. 김일손은 여기에 연루되어 죽었다. 이에 대한 자세한 내용은 이 글 1. 들어가기의 무오사화 참조

인 완구정(玩龜亭)과 관청 건물인 채련당(採蓮堂)을 둘러보았다. 완구(玩龜)의 자는 사겸(思謙)이다. 사마시에 합격하고 문과에 급제하였다. 형조좌랑(刑曹佐郎), 설서(設書) 등을 지내다 을사사화가 일어나자 벼슬을 버리고 영천(永川) 이수(二水) 위에 완구정(玩龜亭)을 짓고 학문에 매진하였다. 완구실기(玩龜實記)가 있다.

완구정과 채련당에서 지은 남명의 시가 있다.

완구정에 씀

금마문(金馬門)에서 대책(對策) 늦게 올리는 것 뭘 싫어하랴?
이 강에 주인 없다면 또한 옳지 못하리.
거북 구경하는 건 수양하는 일이고,
술 마실 때가 득의한 때라는 걸 바야흐로 알았도다.
동쪽 들판은 강가로 뻗어 이루어졌고,
북쪽 산은 해 쪽으로 달려가누나.
한 줄기 졸졸 흐르는 물 강물과 어우러졌으나,
만 깃 운문산(雲門山) 기이함에는 미치지 못해.

題玩龜亭

金馬何嫌上策遲
此江無主亦非宜
玩龜自是觀頤事
飮酒方知得意時
東畔野廷河畔逶
北邊山走日邊馳
潺湲一帶凝江水
不及雲門萬丈奇

영양(永陽)의 채련당에 씀

목란(木蘭) 대들보에다 강가엔 옥 같은 모래,
푸른 들 파아란 연기 모두 어떠한가?
좋은 향기 하늘에 알리고 싶으나,
땅에는 먼지와 놀 아득하구나.

題永陽採蓮堂

楊木蘭工玉沙
綠野蒼烟軍亦何
欲把天香聞帝室
荒荒下土塵霞

이해(1545년) 청강(淸江) 이제신(李濟臣, 1536–1583)이 제자로 입문하였다. 청강은 남명이 세상을 떠난 뒤 진주목사로 부임하여 스승의 추모 사업을 도왔다.

1545년 7월 인종이 승하하였다. 명종이 즉위하고 성렬대비(문정왕후)가 수렴청정하면서 외척(外戚)인 윤원형 일파가 집권하였다. 을사사화(乙巳士禍)가 일어났다.[33] 이때 친분이 두텁던 대사간(大司諫) 이림(李霖), 사간(司諫) 곽순(郭珣), 참봉(參奉) 성우(成遇), 헌납(獻納) 이치(李致) 등이 희생당했다. 남명의 생존 연대에 있었던 사대사화(四大士禍)는 남명과 그 학파의 출처관에 깊은 연관을 가진다. 특히 남명의 중년에 일어난 이 을사사화(乙巳士禍)는 남명에게 매우 큰 충격을 주었다. 그는 만년에 이르기까지

---

33) 을사사화에 대해서는 이 글 1. 들어가기 참조

이 사화로 숨진 벗들을 생각할 때면 눈물을 흘리며 흐느끼지 않은 적이 없었다고 한다(오이환, 2000ㄱ, 23).

권규(權逵)의 아들 원당(源塘) 권문임(權文任, 1528–1580)이 아버지의 명으로 수학하였다. 권문임은 1576년(선조 9년) 문과에 급제하여 검열을 지냈다. 1565년에 오건, 양성헌 도희령(都希齡, 1539–1566) 등의 제현과 함께 남명을 모시고 지곡사, 단속사 등의 사찰을 유람하였다. 남명이 돌아가시자 제문을 지어 '기운은 광악(光嶽)을 타고 났으며, 정자와 주자의 학문을 계승하셨네.' 하였다(덕천사우연원록, 2011, 70–71).

이 해 1545년 11월에 어머니가 김해에서 돌아가셨다. 삼가(三嘉) 선영의 동쪽 언덕으로 귀장하였다. 삼 년 동안 시묘살이를 하였다. 남명은 어머니를 모실 적에는 온화하고 공손하였고, 착한 행실로써 봉양하여 마음을 기쁘게 해 드리는데 오로지 힘을 쏟았다고 한다.

마흔여섯 살 때 어머니의 묘갈을 세웠다. 남명의 부탁으로 규암(圭庵) 송인수(宋麟壽)가 묘갈명을 지었다.

마흔일곱 살 때인 1547년(명종 2년) 윤원형 일파가 이른바 양재역(良才驛) 벽서사건(壁書事件)을 일으켰다.[34] 이 때 남명과 절친했던 친구 규암 송인수(宋麟壽)가 연루되어 사약을 받았다. 규암은 남명의 나이 서른두 살 때 대학(大學)을 보내 준 친구였다. 남명이 늘 애도하였다.

이해 봄에 김해부사 김수문(金秀文, 1506–1568)이 김해 함허정(涵虛亭)을 중수하였다. 이에 남명이 함허정기(涵虛亭記)를 지었다.[35]

마흔여덟 살 되던 해 2월에 어머니의 상을 마쳤다. 삼가 토동으로 이사하였다. 삼가 토동(兎洞)에 계부당(鷄伏堂)과 뇌룡정(雷龍亭)을 짓고 자신을 더욱 함양하면서 찾아오는 제자들을 가르쳤다. 계부란 함양하기를 닭이 알을 품듯이 한다는 뜻에서 취한 것이며 뇌룡이란 장자(莊子) 재유(在宥)에 '그러므로 군자는 오장을 풀어헤침이 없고 그 총명을 휘두름이 없으면 시동처럼 앉아 있어도 용처럼 나타나고 연못처럼 묵묵히 있다가 우뢰처럼 소리친다.(故君子苟能無解其五臟 無擢其聰明 尸居而龍見 淵默而雷聲)'에서 따온 것이다(남명 선생 편년, 2011, 46).

---

34) 양재역(良才驛) 벽서(壁書) 사건은 이 글 1. 들어가기 을사사화 참조.
35) 남명의 함허정기(涵虛亭記)는 남명집(2001, 402–404.) 참조.

이 해(1948년) 청향당 이원이 뇌룡사를 찾았다. 함께 학문을 토론하였다(정우락, 2014, 247).

이 해 존경하던 친구 안분당(安分堂) 권규(權逵, 1496-1548)가 세상을 떠났다. 권규는 남명보다 다섯 살 위였는데 소과에만 급제한 뒤 벼슬을 마다하고 단성(丹城) 원당(元堂)에 살면서 성현의 학문을 독실히 공부하였다. 남명은 몸소 안분당의 빈소를 찾아가 곡하고 유가족을 조문하였다.

1548년 10월 전생서주부(典牲署主簿, 종6품)로 임명되었으나 나가지 않았다.[36]

마흔아홉 살 때인 1549년(명종 4년) 8월 감악산(紺岳山) 관포연(觀鋪淵)을 유람하였다. 함양의 선비 남계(濫溪) 임희무(林希茂, 1527-1577)와 박승원(朴承元) 등 여러 사람이 와서 여러 날 모시고 놀았다. 임희무는 1558년(명종 13년) 35살에 별과 문과에 급제하여 지평(持平), 장령(掌令), 좌,우승지(左右承旨)를 지내다가 세상이 그릇되자 벼슬을 버리고 고향에 내려와 어버이를 봉양하며 살았다. 남명의 문하에서 수학하였다. 남명과 매우 가깝게 지낸 옥계(玉溪) 노진(盧禛, 1518-1578)[37]과는 이종 사촌 간이다.

감악산 골짜기 물에 함께 목욕하였다. 그리고 시를 한 수 지었다.

냇물에 목욕하고서
사십 년 동안 더럽혀져 온 몸,
천 섬 되는 맑은 못 싹 씻어 버린다.
만약 티끌이 오장에서 생긴다면,
지금 당장 배 쪼개 흐르는 물에 부쳐 보내리라.

浴川
全身四十年前累
千斛淸淵洗盡休
塵土倘能生五內
直今刳腹付歸流

쉰 살 때(1550년) 청향당(淸香堂) 이원(李源)의 명으로 죽각(竹閣) 이광우(李光友, 1529-1619)와 그 종형 송당(松堂) 이광곤(李光坤, 1528-?)이 와서 수학하였다. 죽각은 이원의 조카로 덕천서원을 세울 때, 수우당(守愚堂) 최영경(崔永慶, 1529-1590)과 각제(覺齊) 하항(河沆) 등과 함께 중추적인 역할을 하였고 덕천서원이 임진왜란 때 불타 없어지자 1601년에

---

36) 을사사화 이래로 윤원형을 중심으로 한 간신배들이 계속 무슨 사건을 조직해 내 바른 선비 300여명을 죽이거나 귀양 보내면서 민심이 흉흉해 졌다. 그래서 초야에 묻힌 훌륭한 인재를 등용하여 백성을 위한 정치를 하는 듯 속이기 위해 남명에게 관직을 내린 것이다.

37) 옥계(玉溪) 노진(盧禛)은 덕천사우연원록(2011, 23-24)과 남명학 관련 문집 해제(Ⅰ)(2006)에서는 종유(從遊)로 분류되어 있으나 이상필(2005, 91)에서는 남명 문인으로 분류될 수 있는 인물로 보고 있다. 글쓴이도 남명과 옥계가 함께하는 여러 관계에서 볼 때 남명의 문인이었을 가능성이 더 큰 것으로 보고 있다. 앞으로 밝혀져야 할 문제이다.

모촌(茅村) 이정(李瀞), 창주(滄洲) 하징(河┼登)과 힘을 합쳐 서원을 중건하였다. 벼슬에 나가지 아니하고 오직 학문에 정진하였다. 송당은 이원(李源)의 아들이다. 두 사람은 남명에게 공손하게 절하고 청향당 이원의 소개 편지를 꺼냈다. 편지를 읽어본 남명은 중용에 나오는 성(誠), 경(敬), 성(性), 도(道) 등의 개념에 대해 물었다. 대답이 자세하고도 분명한 것을 보고 '그 나이에 자네들의 견해가 이 정도까지 이를 줄은 몰랐네.'라고 칭찬하고서 제자로 받아들였다.

이 해(1550년) 옥동(玉洞) 문익성(文益成, 1526-1584)이 그 두 형 익형(益亨), 익명(益明)과 함께 뇌룡사로 남명을 찾아와 제자가 되었다. 문익성은 1549년(명종 4년) 사마시와 1561년(명종 16년) 문과에 급제하여 지평(持平), 헌납(獻納)을 지냈다. 퇴계의 문하에서도 배웠다.

이 해(1550년) 부사정(副司正) 송린(宋璘)의 따님인 은진(恩津) 송 씨(宋氏)를 부실로 맞이하였다.

쉰한 살 때 덕계(德溪) 오건(吳健, 1521-1574)이 와서 수학하였다. 오건은 집이 가난하여 책이 없었다. 눈에 띄는 중용을 상중에 있으면서 천 번이나 읽었다(허권수, 2000, 120) 한다. 후에 벼슬길에 올라 이조좌랑(吏曹佐郎), 병조좌랑(兵曹佐郎)을 거쳐 이조정랑(吏曹正郎)에 이르렀다. 남명이 돌아가셔 장사지낼 때 오건은 수문인(首門人)으로 동쪽 자리에 섰다(덕천사우연원록, 2011, 44). 덕계가 남명에게 나와 가르침을 청할 때 대학(大學), 중용(中庸), 심경(心經), 근사록(近思錄)을 다시 읽게 하시고, 강론하고 밝혀 주는 것이 절실하고 지극했다 한다(남명선생편년, 2011, 51).

이 해(1551년) 종부시주부(宗簿寺主簿)에 임명되었으나 나가지 않았다.

이 해 덕계(德溪) 오건(吳健), 옥계(玉溪) 노진(盧禛, 1518-1578), 개암(介菴) 강익(姜翼, 1523-1567)과 함께 안음의 화림동(花林洞)을 유람하였다. 옥계는 1537년(중종 32년) 진사가 되었고 1546년(명종 원년) 문과에 급제하였다. 관직에 나간 지 삼십 년 동안 조정에 머문 기간은 삼 년이 차지 않았다. 뒤에 선조가 친필로 경상도관찰사(慶尙道觀察使) 벼슬을 내렸고 기로사(耆老社)[38]에 들이도록 하교(下敎)하였다. 1578년(선조 11년) 이조판서(吏曹判書)로 세상을 떠났다(덕천사우연원록, 2011, 23).

---

38) 기로사(耆老社)는 정이품 이상의 벼슬을 하는 문신 가운데 일흔 살 이상의 노인을 예우하고자 하는 목적으로 설치된 곳이다. 기로사에 들면 영수각에 초상이 걸리고 전답과 노비를 하사 받는다.

이 해(1551년) 칠봉(七峰) 김희삼(金希參, 1507-1560)이 삼가 계부당(鷄伏堂)을 찾아왔다. 남명은 경차관(敬差官)으로 온 김희삼에게 백성의 어려움과 그 구제 방법에 대해 이야기 하였다(남명선생편년, 2011, 52). 김희삼은 남명의 외손서이면서 제자인 동강(東岡) 김우옹(金宇顒)과 제자 개암(開巖) 김우굉(金宇宏)의 아버지이다. 1531년(중종 26년) 생원시에 입격하고, 1540년(중종 35년)에 문과에 급제하였다. 정언(正言), 이조(吏曹), 병조(兵曹)의 좌랑(佐郎)을 거쳐 관직은 부사(府使)에 이르렀고 품계는 통정대부(通政大夫)에 올랐다. 이조판서(吏曹判書)에 추증되었다(남명학 관련 문집 해제(칠봉일집), 2006, 157).

쉰두 살 때 부실 송 씨가 아들 조차석(次石, 1552-1616)을 낳았다. 차석은 예안(禮安), 신창(新昌), 의령(宜寧) 등의 수령을 지냈으며 품세가 통정(通政)에 이르렀다. 아내 숙부인(淑夫人)은 상산 김 씨(商山金氏)로 부사(府使) 수생(水生)의 딸이다(의령공 묘갈명 병서, 진산 하우선 지음).

이 해(1552년) 삼족당(三足堂) 김대유(金大有)가 세상을 떠났다. 장례에 참석하여 애도하였다. 뒤에 묘갈명을 지었다. 삼족당은 친구 남명이 군색하게 사는 것을 걱정하여 임종 때 직접 자식들에게 문서로 써서 '남명에게 매년 몇 석의 곡식을 별도로 보내 주라.' 하였다. 자식들이 아버지의 유언을 지켜 남명에게 곡식을 보내려 하였으나 남명은 시를 지어 자기 뜻을 보이며 이를 받아들이지 않았다(허권수, 2000, 128).

삼족당이 유언으로 해마다 보내 주라 한 곡식을 사양하며 辭三足堂遺命歲遺之栗

사마광한테서도 받지 않았나니,	於光亦不受
그 사람이 바로 유도원이라.	此人劉道源
그래서 호깅후는,	所以胡康侯
죽을 때까지 가난을 말하지 않았다네.	至死貧不言

이 해(1552년) 청송(聽松) 성수침(成守琛, 자, 중옥(仲玉), 1493-1564)이 편지를 보내 남명의 시를 구했다. 성수침에게 답하는 편지와 함께 시를 지어 보냈다. 성수침은 남명의 절친한 친구 대곡(大谷) 성운(成運)의 사촌 형이며 우계(牛溪) 성혼(成渾)의 아버지이다. 조광조(趙光組) 문인이다. 유일(遺逸)로 후릉참봉(厚陵參奉), 내자시주부(內資寺主簿), 예산현감(縣監) 등을 임명 받았으나 나가지 않았다. 이조(吏曹)에서는 인근 고을에 근무하도록 임지를 토산으로 바꾸었다가 다시 적성으로 바꾸어 주었으나 마침 병이 생겨

사은하지 못했다. 청송은 1560년(명종 15년) 조지서사지(造紙署司紙)로 임명 받았으나 나가지 않았다. 처가가 있는 파주 우계에서 오직 학문에만 전념하였다. 남명과는 젊은 시절부터 매우 친하게 지냈으며 늙어서도 변함이 없었다. 숙종(肅宗) 때 우의정으로 추증되었다(덕천사우연원록, 2011, 8).

중옥 어른께 드림	奉上仲玉丈
대마도 바다는,	馬之島海
노인성이 뜨는 끝이요.	老人之角
파주의 강물은,	坡之江水
직녀가 빨래하는 곳이라네.	織兒之濯
그대 멀리 떨어져 있어도,	之子之遠
그 도를 걱정하는구나.	而道之憂
언제나 만나 볼 수 있을까?	曷之覯乎
꿈에서나마 만나 놀았으면.	要之夢遊

이 해(1552년) 남명은 호음(湖陰) 문경충(文敬忠, 1494~1555)의 사미정(四美亭)[39]에서 호음(湖陰) 정사룡(鄭士龍, 1491~1570)과 함께 서로 차운(次韻)하며 시를 세 수씩 지었다. 문경춘의 호를 후손들은 사미(四美)라고도 한다(정우락, 2006, 50). 문경춘은 1516년(중종 11년) 문익공(文翼公) 정광필(鄭光弼)의 추천으로 구령만호(仇寧萬戶)를 지냈다. 이후 기묘사화(1519년)가 일어나는 것을 보고 다시는 벼슬에 나가지 않고 월여산(月如山) 아래에 정사를 짓고 도(道)와 의(義)로써 스스로를 수양하였다(덕천사우연원록, 2011, 32). 정사룡은 일찍이 의령으로 유배 온 적이 있다. 벼슬은 판중추부사(判中樞府事)에 이르렀다(교감 국역 남명집, 1995, 94, 주222).

---

39) 사미정은 현재 합천군 대병면 병목에 있다. 남명은 1525년(중종 20) 문경춘의 어머니가 상을 당했을 그 즈음에 호음(湖陰)의 정사를 찾았다. 남명은 그 정사를 사미정이라 이름 붙이면서 다음과 같은 시를 남겼다.

영수의 천 년 자취 전해오는데,	潁水千年跡
사천에서 네 아름다움 이루었네.	舍川四美成
공은 산과 물을 능히 좋아하는데다.	公能仁智樂
또한 바람과 달에게도 정이 많다네.	風月亦多情

(사미정유집, 남명학 관련 문집 해제(Ⅰ), 2006, 83)

호음[40]이 사미정에 쓴 시의 운에 따라

다 늙어 매운 맛 짠 맛 입에 맞지 않으니,
세상은 잊었지만 아직 기심은 잊지 못했다네.
깊은 골짜기 백 번 찾아와도 몸은 오히려 나그네고,
높다란 집에서 반쯤 잠들었는데 꿈이 이미 기이하도다.
병목 땅 저문 봄에 사람은 쇠잔해졌고,
사천 가랑비에 냇물이 새로 불었도다.
유후에 봉해지려는 계책 장량이 하찮게 여겼겠는가.
한낱 서생의 뜻도 여기에 있다네.

次湖陰題四美亭韻
垂老辛醎口失宜
縱然忘世未忘機
百穿深壑身猶客
半睡高堂夢已奇
竝木殘春人舊謝
舍川微雨水新肥
將軍肯小封留計
一介書生亦在斯

다시 한 수

요동의 학 다시 왔으니 많은 세월 흘렀고,
옛 정자 물 서쪽 가에 오래도록 서 있네.
남명의 대를 이을 일, 석 달 된 아이에 달려 있고,
강태공의 공명은 한 낚시터의 낚싯대에 있네.
향긋한 풀은 나그네의 한을 몇 번이나 녹였던가?
높은 산에서 젊은 여인의 노래를 늘 그리워하였네.
황소 옆구리 같은 두류산을 열 번 돌아보았으니,
분명 전생의 인연이건만 아직 돌아가지 못한다네.

又
遼鶴重來歲月遲
古亭西畔立多時
南冥世業兒三月
呂尙功名竹一磯
芳草幾消遊子恨
高山長憶季女詞
頭流十破黃牛脇
定是前緣未許歸

제목 없이

이 물가에서 날마다 즐거워 마음 거스르는 일 없는데,
이를 버리고 천리를 말하는 건 기이할 게 못되리.
지리산 삼장의 거처 그럴 듯 하고,
무이구곡의 물은 아련하도다.
잘 바른 담깅도 기와 오래 되니 바람에 으스러지고,
돌길 이리저리 갈라져도 말이 절로 아는구나.
허연 머리로 다시 오니 옛 주인이 아니로세.
한 해 봄이 다 가는데 무의를 읊조린다.

無題
斯于日日樂靡違
舍此談天未是奇
智異三藏居彷佛
武夷九曲水依俙
鏝墻瓦老風飄去
石路止支 深馬自知
皓水重來非舊主
一年春盡詠無衣

이 해(1552년, 명종 7년) 전생서주부(典牲署主簿, 종6품직)에 제수되었다. 성수침(成守琛), 이희안(李希顔), 성제원(成悌元), 조욱(趙昱) 등과 함께 이조(吏曹)에서 유일(遺逸)로 천거되어 이 해 10월 2일에 제수된 것이다.[41] 나가지 않았다.

쉰세 살(1553년, 명종8년) 3월 18일에는 사도시주부(司禦寺主簿), 같은 해 3월 26일에는 예빈시주부(禮賓寺主簿)로 제수되었다(김석기 편역, 2009, 7-8). 나가지 않았다.

이 해 퇴계(退溪) 이황(李滉, 1501-1570)이 편지를 보냈다. 성수침(成守琛), 이희안(李希顔), 성제원(成悌元), 조욱(趙昱) 등과 함께 이조(吏曹)에서 천거되어 전생서주부(典牲署主簿)로 제수되었는데, 남명이 벼슬하러 나오지 않자 이에 대한 아쉬움을 토로하였다. 남명은 몸이 아파 출사하기 어려웠고, 또 계속 학문의 길을 가겠다는 내용의 답장을 보냈다. 퇴계가 다시 남명의 출처를 인정하는 답장을 보내왔다(남명학 관련 문집 해제 I (남명집), 2006, 8).

쉰네 살 때(1554년) 개암(介庵) 강익(姜翼, 1523-1567)이 와서 수학하였다. 개암은 당곡(唐谷) 정희보(鄭希輔)에게서도 배웠다. 1549년(명종 4년) 스물일곱 살 되던 해, 형 삼(參)과 함께 진사시에 합격하였다. 1567년(명종 22년)에 오건(吳健)의 천거로 소격서참봉(昭格署參奉)에 임명되었는데 사은숙배(謝恩肅拜)하기 위해 길 떠날 준비를 하다가 세상을 떠났다.

이 해 황강(黃江) 이희안(李希顔, 1504-1559)이 고령현감의 벼슬을 버리고 고향으로 돌아왔다. 황강이 고향인 경상도 초계(草溪)로 내려왔다는 소식을 듣고 시를 지었다. 황강의 자는 우옹(愚翁)이다. 스물두 살에 동당시(東堂試)에 장원급제하였으나 벼슬에 나가지 않았다. 이후 마흔 살에 상서원직장(尙瑞院直長)에 제수되고 조봉대부(朝奉大夫)로 승진하여 퇴계(退溪) 이황(李滉)과 성균관(成均館)에서 교유하였다. 마흔아홉 살 때인 1552년(명종 7년) 유일(遺逸)로 천거되어 고령현감(高靈縣監)에 부임하였으나 관찰사(觀察使)와 뜻이 맞지 않아 곧바로 사직하였다. 남명(南冥) 조식(曺植), 송계(松溪) 신계성(申季誠)과 절친하여 '영중삼고(嶺中三高)'라 불리었다(남명학 관련 문집 해제 I (황강실기), 2006, 147).

이우옹이 고향으로 돌아왔다는 소식을 듣고서	聞李愚翁還鄕
산해정에서 꾼 꿈이 몇 번이던가?	山海亭中夢幾回
황강 노인 뺨에 흰 눈이 가득한 모습을.	黃江老叟雪盈腮
금마문에 세 번 이르렀지만,	半生金馬門三到
임금님은 만나 뵙지 못하고 돌아왔다지.	不見君王面目來

성수침(成守琛), 조욱(趙昱), 성제원(成悌元), 이희안(李希顔) 등과 함께 유일(遺逸)로 천거되어 주부에 임명하라는 전교가 있은 것은 1552년(명종 7년) 7월이었다.

쉰다섯 살 때인 1555년(명종 10년) 2월 송암(松巖) 박제현(朴齊賢, 1521-1575)과 그 아우 황암(篁巖) 박제인(朴齊仁, 1536-1618)이 와서 수학하였다. 이 둘은 남명과 친하게 지낸 모암(茅庵) 박희삼(朴希參, 1486-1570)의 아들이다. 송암은 유일(遺逸)로 천거되어 선공감가감역(繕工監假監役)을 지냈다. 남명이 세상을 떠나자 자리를 만들어 곡하고 심상의 복제를 행하였다(덕천사우연원록, 2011, 102). 황암은 1602년(선조 35년) 왕자사부(王子師傅)가 되어 선조의 아홉 번째 아들 의창군(義昌君) 이광(李珖)을 가르친 것으로 보인다. 1605년(선조 38년) 4월에는 이조좌랑(吏曹佐郞)이 되었고, 그해 여름에 군위현감(軍威縣監)이 되었다(남명학 관련 문집 해제 I (황암집), 2006, 404).

이 해(1555년) 10월 11일 단성현감으로 임명되었다. 10월 19일 단성현감 사직소를 올리고 나가지 않았다. 죽음을 무릅쓰고 올린 상소였다. '…자전(慈殿)께서는 생각이 깊으시기는 하나 깊숙한 궁중의 한 과부에 지나지 않고, 전하께서는 어리시어 다만 선왕의 한 외로운 아드님이실 뿐이니, 천 가지 백 가지의 천재(天災)와 억만 갈래의 민심(民心)을 어떻게 감당하며 무엇으로 수습하시겠습니까? 이런 때를 당해서는 비록 재주가 주공(主公)·소공(召公)을 겸하고, 지위가 정승 자리에 있다 하더라도 또한 어떻게 손을 쓰지 못할 것입니다. 하물며 한 보잘 것 없는 몸으로 초개와 같은 재주를 가진 제가 무엇을 할 수 있겠습니까?…' 하는 사직소를 올렸다.

이 해(1555년) 열여섯 살 영무성(寧無成) 하응도(河應圖, 1540-1610)가 와서 수학하였다. 영무성은 임진왜란 직후 진주판관으로 부임하여 전쟁으로 파괴된 임지를 복구하는데 힘썼다. 그 뒤에 능성(陵城), 예산(禮山) 두 고을에 제수되기도 하였다. 남명은 영무성에게 손수 사상예절요(士喪禮節要) 한 책을 기록하여 주며 '내가 죽거든 이에 의거하여 상례를 치르라.' 하였다. 영무성은 남명의 장례 때 스승의 유언에 따라 장례 치르는 일을 도왔다. 남명이 세상을 떠난, 사 년 뒤 덕천서원을 세울 때는 자신의 땅을 서원 대지로 기증하였다(덕천사우연원록, 2011, 76).

이 해를 전후하여 내암(來庵) 정인홍(鄭仁弘, 1535-1623)이 와서 수학하였다(남명학 관련 문집 해제 I, 2006, 8).[42] 내암은 1575년 동인과 서인의 분당에서는 동인의, 남인과 북인의 분당에서는 북인의 중심인물이었다. 임진왜란 때에는 쉰여덟 살의 나이에도

---

42) 정인홍(鄭仁弘)이 수학한 기록은 편년이나 연보 등에 보이지 않는다(남명학 관련 문집 해제 I, 2006, 8). 정인홍이 쓴 남명 제문에 '약관에 제자가 되어 책을 잡고 가르침을 받았다(弱冠摳衣 執卷受讀)'고 기록되어 있다. 사재명(2001, 340)에서는 1550년에 뇌룡정에서 배운 것으로 기록하고 있다.

불구하고 의병을 일으켜 많은 공을 세웠다. 정유재란 때에도 의병을 일으켰다. 추천으로 관직에 나가 영의정(領議政)에 이르렀다. 1610년(광해군 2년)에는 문묘종사(文廟從祀) 논의에서 내암은 회재 이언적과 퇴계 이황의 문묘 출향(黜享)을 요구하면서 스승인 남명의 문묘종사를 강력히 요청하였다. 남명은 항상 성성(惺惺)이라 새겨진 방울을 차고 다니며 주의를 환기시키고 '경이명내(敬以明內), 의이단외(義以斷外)'라 새겨진 칼을 차고 다니며 늘 정신을 일깨웠는데, 방울 성성자(惺惺子)는 김우옹에게 주고, 늘 차고 다니던 칼, 경의검(敬義劍)은 내암에게 전해 줄 정도로 그를 신임하였다. 독립 운동가이며 역사학자인 단재(丹齋) 신채호(申采浩, 1880~1936)는 우리 민족의 삼걸(三傑)을 을지문덕, 이순신, 정인홍이라 하고, 정인홍을 조선조 최고의 행정가라 한 바 있다. 인조반정 이후 정인홍의 '흔적지우기'에서 정적(政敵)이었던 남인들의 경우는 '그렇다' 하더라도 남명의 제자들이나 그 후손들이 남명집을 편찬하면서 정인홍의 흔적들을 지운 것은 지금에 와서 보면 실로 잘못된 것으로 정말 아쉽다.

이해 1555년 매부 월담(月潭) 정사현(鄭思賢, 1508~1555)이 세상을 떠났다. 그의 나이 마흔여덟 살이었다. 남명이 찾아가 조문하고 '이 사람에게 하늘이 몇 년 만 더 빌려주었더라면 기산(箕山)의 절개를 나와 함께 지킬 수 있었을 터인데 불행히도 일찍 세상을 떠났구나.' 하였다(정우락, 2014, 296). 묏자리를 잡아주고 '제정월담사현묘갈(題鄭月潭思賢墓碣, 월담 정사현의 묘갈에 씀)'을 지었다. 남명은 월담을 외우(畏友, 영연서원묘정비)라고 하였고 월담은 남명을 스승으로 모셨다. 그리하여 덕천사우연원록(2011, 120~121)에는 문인 속록(門人續錄)에 그 이름이 올라 있다. 월담은 지극한 효성으로 실천하는 학문이 있었다. 중종 때 참봉에 제수되었으나 나가지 않았다(앞든 책, 120). 한강 정구, 구암 이정 등과 도의로 사귀었다. 남편이 세상을 떠나자 아내 조 씨 부인(남명의 여동생)은 철마다 남편의 옷을 마련하여 태우며 삼 년 상을 지낸 뒤 스스로 목숨을 끊어 남편의 뒤를 따랐다. 이에 조정에서는 정려비(旌閭碑)를 내렸다. 남명이 김해에 있을 때는 월담이 사는 고령과 가까워 월담정을 자주 찾았다. 이 때 지은 남명의 시 '제정사현객청(題鄭思玄43)客廳, 정사현의 객청에 씀)'이 있다.

---

43) '사현(思玄)'은 '鄭思賢(정사현)'의 초명(初名)이다(남명집, 2001, 127, 주314).

정사현의 객청에 씀　　　　　　　　　　　　　　　**題鄭思玄客廳**

녹라지(綠羅也) 수면에 빗방울 떨어지는 자국,　　　綠羅也面雨生痕
먼 묏부리 안개에 잠겼고 가까운 묏부리 어둑어둑하네.　遠出烟沉近出昏
만 년이나 된 소나무 나지막하게 물을 눌렀고,　　　松老萬年低壓水
나무는 삼대(三代)를 지나 비스듬하게 문을 가렸네.　樹徑三世倚侵門
가야(伽倻) 옛 나라의 산에는 무덤만 늘어서 있고,　伽倻故國山連冢
월기(月器) 황량한 마을 없어진 듯 남아 있도다.　　月器荒村亡且存
여린 풀은 파릇파릇 봄빛을 띠었는데,　　　　　　　小草斑斑春帶色
해마다 한 치씩 혼을 녹이는구나.　　　　　　　　一年銷却一寸魂

쉰여섯 살 때(1556년) 환성재(喚醒齋) 하락(河洛, 1530~1592)과 그 동생 각재(覺齋) 하항(河沆, 1538~1590)이 와서 수학하였다. 환성재는 1568년(선조 1년) 진사시와 생원시에 장원하였다. 환성재는 천거에 의하여 왕자사부(王子師傅)가 되어 우계(牛溪) 성혼(成渾), 율곡(栗谷) 이이(李珥)와 더불어 친한 벗으로 지냈다. 1583년경 성혼과 이이가 무고를 당하자 그는 상소하여 그들의 억울함을 변론하였다. 이때부터 벼슬이 싫어 물러나 상주로 돌아왔다. 임진왜란 때 상주목사가 의논하기 위해 부르기에 가다가 왜적을 만나 죽었다. 죽은 뒤 바로 승정원좌승지에 증직되었다(남명학 관련 문집 해제 I (환성재집), 2006, 360). 각재는 1567년(명종 22년) 생원에 입격하였다. 두 번 참봉에 제수되었으나 나가지 않았다(덕천사우연원록, 2011, 63). 나중에 덕천서원의 원장이 되어 지역 사람들의 모범이 되었다.

쉰일곱 살에 부실 송 씨가 아들 조차마(次磨)를 낳았다. 차마는 뒤에 음직(蔭職)으로 칠원현감이 되었다. 아버지가 돌아가셨을 때는 산소 근방에 집을 짓고서 집 이름을 돌아가신 부모를 추모하는 사람이 사는 정자라는 뜻으로 모정(慕亭)이라고 하여 못 다한 효도를 아쉬워했다. 차마는 남명의 시문(詩文) 원고가 임진왜란 때 다 불타 없어지자 친구, 제자, 친척 등을 방문하여 아버지의 글을 수집하는 일에 정성을 다하였다. 그리고 학기를 정리하고 정서하여 책 모양을 이루고 동계(桐溪) 정온(鄭蘊)과 함께 엮어 발문을 실었다(허권수, 2001, 166).

이 해(1557년) 가을에 보은의 속리산에 사는 젊은 시절부터 가장 절친했던 친구 대곡(大谷) 성운(成運, 1497~1579)을 찾았다. 성운의 종제, 동주(東洲) 성제원(成悌元, 1506~1559)이 보은현감(報恩縣監)으로 있었다. 남명이 동주를 처음 만났다. 곧 친구처럼 되었다. 함께 며칠을 지냈다. 대곡은 1531년(중종 26년) 사마시(司馬試)에 입격하였다. 천거되어 두 번 참봉이 되었다. 관직에 있은 지 며칠 만에 벼슬을 버리고 돌아갔다. 그 뒤로 몇 차례 소명이 있었으나 모두 글을 올려 사은하고 끝내 나가지 않았다. 남명과는 평생 허물없이 지내는 친구 사이였다. 남명이 세상을 떠나자 크게 마음 아파하며 '나는 이 사람과 감히 벗하지 못하고, 우뚝한 산악처럼 우러러보며 엄한 스승과 같이 공경하였다. 문득 대들보가 꺾이니 내가 이제 장차 누구를 본받을고?' 하였다. 장사지낼 때에는 만사(輓詞)와 제문을 지어 곡하였다. 뒤에 남명의 묘갈명을 지었다(덕천사우연원록, 2011, 11). 동주(東洲)는 서봉(西峯) 유우(柳藕)의 문하에서 수학하였다. 유일(遺逸)로 보은현감(報恩縣監)이 되었다. 보은에 있을 때 남명은 동주에게 시를 지어 주었다.

성 동주에게 줌	贈成東洲
조그마한 고을이라 볼 사무 별로 없어,	斗縣無公事
때때로 술 취한 세계에 들 수 있다네.	時時入醉鄉
눈에 완전한 소가 보이지 않는 칼솜씨를,	目牛無全刃
어찌 닭을 잡다가 상하겠는가?	焉用割鷄傷

남명이 떠날 때 대곡을 통하여 계당(溪堂) 최흥림(崔興霖, 자, 현좌(賢佐), 1506-1581)이 자기의 금적정사(金積精舍)에 많은 선비를 모아 놓고 강의를 청하였다. 왕도(王道), 패도(霸道), 취사선택의 자세, 마음 단속하는 방법, 중화(中和) 등에 대해서 강의하였다. 이 일을 기념하여 나중에 보은 사람들은 그 터에 사당을 세우고 남명에게 제사를 올리기도 하였다(허권수, 2001, 169). 이별할 때 대곡은 '천리의 이별을 어찌 견디랴, 백년의 회포를 풀지도 못했네.' 하는 내용의 이별 시 한 수를 금적정사에서 지어 남명에게 주었다. 남명은 그 시에 화답하였다.

건숙의 시에 화답하여 금적산 서재로 최 현좌에게 드림	和健叔呈崔賢佐于金積山齊
금적산을 다 둘러보고서,	踏破金華積
물길 가까운 제일 좋은 곳 자리 잡았네.	源頭第一流
지대가 높아 뭇 것이 아래 있고,	地高羣下衆
정신이 고원한데 혼 조금 시름겹네.	神遠片魂愁

그대 집 아들은 젊잖디 젊잖고,	鄭郞君家子
내 벗의 배를 부르고 부른다.	招召我友舟
이내 회포 그리지 못하니,	此懷模不得
날이 갈수록 정말 아련하리라.	來日正悠悠

성제원이 헤어지기를 몹시 섭섭해 하여 내년 8월 보름날 가야산 해인사에서 다시 만나기로 약속하고 헤어졌다(허권수, 2001, 171).

쉰여덟 살 때인 1558년(명종 13년) 4월 11일부터 25일까지 진주목사 김홍(金泓), 자형(姊兄)인 안분당(安分堂) 이공량(李公亮, 1500-1565), 고령현감을 지낸 친구 황강(黃江) 이희안(李希顏), 청주목사를 지낸 구암(龜巖) 이정(李楨, 1512-1517) 등과 함께 지리산을 유람하였다. 안분당은 명종 때에 천거에 의하여 선공감참봉(繕工監參奉)에 임명되었다. 후에 아들 이준민(李俊民)의 지체가 높아져 이조판서(吏曹判書)로 증직 되었다. 남명이 안분당을 위해 영모당기(永慕堂紀)를 지었다(덕천사우연원록, 2011, 34). 구암은 어릴 적에 사천으로 유배 온 규암(圭庵) 송인수(宋麟壽)의 문하에서 수학하였다. 퇴계(退溪) 이황(李滉)의 문하에서도 수학하였다. 1536년(종종 31년) 문과에 급제하여 삼사의 벼슬을 거쳐 경주부윤(慶州府尹), 순천부사(順天府使), 청주목사(淸州牧使) 등을 거쳐 1568년(선조 1년) 부제학(副提學)에 임명되었으나 취임하지 않았다. 남명과는 오랜 친분이 있었으나 하종악(河宗岳) 후처 음행 사건[44]의 처리를 둘러싸고 갈등이 있어 남명이 절교(絶交)하였다(교감 국역 남명집, 1995, 273 주47). 두류산 유람을 마치고 남명은 두류산 유람록(유두류록, 遊頭流錄)을 지었다.

이 해(1558년) 8월 15일에 성제원을 해인사에서 만났다. 일 년 전 보은에서, 8월 보름에 만나자는 약속을 지킨 것이다. 약속된 날 3일 전부터 내리 쏟아 붓는 비바람에 도저히 약속을 지킬 형편이 아니었다. 목숨을 걸어야 할 정도이니 모두가 말렸다. 천신만고(千辛萬苦) 끝에 약속한 날 해질녘에야 해인사 일주문 앞에 닿았다. 고개를 들어보니 동주(東洲) 성제원(成悌元)이 문루(門樓)에 올라 막 우장을 벗으려 하고 있었다. 동주는 이 때 보은현감 자리를 버리고 그 비바람 속에 육백 리 길을 달려온 것이다. 두 사람 모두 약속을 목숨처럼 여기는 선비의 모습을 행동으로 보인 것이다. 대곡(大谷) 성운(成運)은 몸이 아파 같이 오지 못하고 시 한 수를 지어 보내왔다. 두 사람은 가야산을 오르는 등 함께 여러 날을 지내다 헤어졌다. 가는

---

44) 이에 대한 자세한 내용은 교감 국역 남명집(1995, 149-152) 참조.

길에 남명은 합천에 있는 함벽루에 올랐다. 누각 위에는 태조 때 개국공신인 조준(趙浚), 퇴계(退溪) 이황(李滉), 몽재(蒙齋) 허사렴(許士廉)의 시가 걸려 있었다. 남명도 시한 수를 지었다(허권수, 2001, 195-199).

함벽루	涵碧樓
남곽자 같은 무아질경에 이르진 못해도,	喪非南郭子
흐르는 강물만 멍하니 바라본다.	江水眇無知
뜬구름의 일을 배우고자 하나,	欲學浮雲事
높다란 바람이 흩어 버리네.	高風猶破之

이 해(1558년) 개암(介菴) 강익(姜翼)이 와서 주역을 배우면서 스승을 모시고 두세 달 머물다 갔다(남명선생편년, 2011, 66).

이 해 죽유(竹牖) 오운(吳澐, 1540-1617)이 와서 수학하였다. 열아홉 살이었다. 죽유는 스물일곱 살에 서애(西厓) 유성룡(柳成龍)과 동방급제(同榜及第)하였다. 임진왜란 이 년 전에 광주목사에서 물러나 의령에서 살았다. 임진왜란 때 곽재우의 의병 활동을 크게 도우며 곽재우를 의병장으로 추대하고 자신은 그 휘하에서 군사를 불러 모으는 초모관을 맡았다. 죽유는 함안에 살적에 우리나라 최초의 지방지인 함주지(咸州誌)를 당시 함안군수로 와 있던 한강(寒岡) 정구(鄭逑)와 함께 편찬하였다. 퇴계(退溪)의 문하에서도 배웠다. 일흔여덟에 청송부사로 사망하였다(허권수, 2001, 203).

쉰아홉 살 봄에 대소헌(大笑軒) 조종도(趙宗道, 1537-1597)가 그의 장인 신암(新庵) 이준민(李俊民, 1524-1591)을 따라 폐백을 가지고 와서 남명을 뵙고 수학하였다(남명선생편년, 2011, 69). 대소헌은 1558년(명종 13년) 생원시에 합격하였다. 유일(遺逸)로 다섯 고을의 수령을 두루 역임하였다. 1597년(선조 30년) 함양군수(咸陽郡守)가 되었다. 그 해 황석산성(黃石山城)에서 순국하였다. 이조판서(吏曹判書)에 증직되었다(덕천사우연원록, 2011, 74). 신암(新庵)은 안분당(安分堂) 이공량(李公亮)의 둘째 아들로 남명의 생질이다. 어려서 남명의 문하에 들었다. 문과에 급제하여 사십 년 간 내외의 요직을 두루 역임하였다. 뒤에 벼슬이 판서에 이르렀다.

이 해(1559년) 조지서사지(造紙署司紙)에 임명되었으나 병을 핑계로 나가지 않았다.

이 해 3월에 임꺽정의 난이 있었다. 약 삼 년 넘게 지속되었다. 황해도를 중심으로 시작한 난은 평안도, 강원도, 안성 등 경기지역까지 그 세가 뻗히기도 하였다.

이 해 오월에 황강(黃江) 이희안(李希顔)이 쉰여섯의 나이로 세상을 떠났다. 남명이 초계(草溪)로 찾아가 곡(哭)하고 상례절차에 따라 장례를 무사히 치르도록 손수 지휘하였다. 그 뒤, 1561년(명종 16년) 남명이 황강의 묘갈명을 지었다(남명학 관련 문집 해제 I (황강실기), 2006, 147). 남명과 황강은 절친한 친구 사이면서 또 친척 관계였다. 황강의 어머니가 세종조 좌의정을 지냈던 정열공(貞烈公) 최윤덕(崔閏德, 1376-1445)의 손녀이고 남명의 외할머니는 최윤덕의 따님이다(허권수, 2001, 205).

이 해(1559년) 8월에 성주(星州)로 가, 칠봉(七峯) 김희삼(金希參, 1507-1560)을 방문하였다. 며칠을 머무르는 동안 칠봉의 둘째 아들 개암(開巖) 김우굉(金宇宏)이 가르침을 받고 남명의 문하에 들었다(남명선생편년, 2011, 70). 개암은 1532년(중종 27년) 진사가 되었고 1566년(명종 21년) 과거에 급제하였다. 벼슬이 부제학(副提學)에 이르렀다(덕천사우연원록, 2011, 48). 김우굉은 1566년 경, 퇴계가 금계 황준량에게 편지하면서 남명을 일러 '의리(義理)에 꿰뚫지 못했다든가 노장(老莊)이 빌미가 되었다.'고 언급한 부분을 보고 퇴계에게 편지하며 따졌다. '…지금 선생께서 함부로 헐뜯고 배척하여 이단에다 비하시기에 이르렀으니, 아마도 선생의 크신 도량에 손색이 있을까 합니다. 원컨대 설명하시어 자심(滋甚)한 의혹을 풀어 주시기 바랍니다.' 하였다. 이에 퇴계는 '헛소문에 불과한 것이라.'고 변명하였다.[45]

이 해(1559년) 모촌(茅村) 이정(李瀞, 1541-1613)이 찾아와 수학하였다. 모촌은 임진왜란 때 의병을 일으켜 여러 번 큰 공을 세웠다. 벼슬은 목사에 이르렀다. 뒤에 임진왜란으로 소실된 덕천서원을 중건하는데 힘썼다(덕천사우연원록, 2011, 83).

예순 살 때인 12월 10일 부실 송 씨가 아들 조차정(次叮, 1560-1645)을 낳았다. 차정은 일찍이 무과(武科)에 급제하여 월송만호(越松萬戸)를 지냈고 뒤에 종2품 가선대부(嘉善大夫)에 까지 이르렀다(만호공 묘갈명 병서, 화산 권용현 지음).

이 해(1560년) 일신당(日新堂) 이천경(李天慶, 1538-1610)이 와서 수학하였다. 일신당은 과거에 나가지 아니하고 덕천에서 군자(君子)의 학문을 익혔다. 효자로 이름을 얻었다. 조정에서 여러 번 불렀으나 나가지 않았다. 임진왜란 때에는 재종제(再從弟)인 이경림(李慶霖)과 함께 의병을 모집하여 자신은 어머니 상중(喪中)이라 전투에 참가하

---

45) 편지의 전문과 자세한 내용은 오이환(2002ㄴ, 472-474) 참조

지 못하고 재종제(再從弟)를 의령 정암진(鼎巖津)으로 보내 망우당(忘憂堂) 곽재우(郭再祐)를 돕게 하였다. 뒤에 힘을 합쳐 창령(昌寧)의 화왕산성(火旺山城)을 지켰다. 1623년 공조참판에 추증되었다(남명학 관련문집 해제(Ⅱ)(일신당집), 2008, 42).

이 해(1560년) 칠봉(七峯) 김희삼(金希參)이 세상을 떠났다. 곡(哭)하고 만사(輓詞)를 지었다. '머리가 허연 친구인 나는 삼백 리 밖에 있는데, 그대 생각나면 어디서 훌륭한 그 기상을 보겠는가?' 하였다(남명선생편년, 2011, 72).

이 해(1560년) 송암(松庵) 김면(金沔, 1541-1593)이 와서 수학하였다. 송암은 퇴계(退溪) 이황(李滉)의 문하에서도 수학하였다. 서른한 살 때 효행(孝行)으로 천거되어 참봉에 임명되기도 하고 서른아홉 살에는 공조좌랑(工曹佐郎)에 임명되었으나 나가지 않았다. 쉰두 살 되던 해 임진왜란이 일어났다. 의병을 일으켜 고령(高靈), 거창(居昌) 등지에서 왜적을 물리쳤다. 그 공으로 합천군수(陜川郡守), 장악원정(掌樂院正), 의병도대장(義兵都大將), 경상우병사(慶尙右兵使) 등에 임명되었다. 1593년 3월 성주전투 중에 세상을 떠났다(남명학 관련문집 해제(Ⅱ)(송암실기), 2008, 114).

이 해(1560년)쯤 남명 사상의 핵심이라 할 수 있는 신명사도(神明舍圖)와 신명사명(神明舍銘)이 지어진 것으로 보인다.[46]

1561년 4월에 퇴계의 제자 성재(惺齋) 금난수(琴蘭秀, 1530-1604)가 김훈도(金訓導), 생원 김용정(金用貞), 권명숙(權明淑), 정긍보(鄭肯甫)와 함께 뇌룡정으로 남명을 찾았다. 하루 저녁을 같이 지내고 다음날 금난수가 떠나려 하자 남명은 그를 앉히고 다음과 같이 말하였다.

> 퇴계에게 이야기하고자 하는 것이 있네. 자네는 호남 재생과 퇴계가 성리지설(性理之說)을 논변하는 것을 보았는가? 앞 시대의 현인들이 논의하면서 풀어낸 것이 지극하고 다하였거늘 후생들이 전현에 미치지 못하는 것이 멀다네. 전현의 말씀을 찾아 탐구하여 행하는 힘도 부족한데, 전현의 말씀을 구하지 아니하고 성리를 높게 논하는 학문만 찾으니 나는 그 옳음을 알지 못하겠네. 어떤 자가 비록 묻는다 하더라도 퇴계가 제지하는 것이 옳을 것인데, 퇴계 또한 그것을 하니 내가 취하지 못할 바라네. 혹 나에게 청하여도 또한 하려고 하더라도 나는 전현의 말에 착수도 하지 못하였거늘, 어느 겨를에 다시 성리에 대하여 논하겠는가? 그대는 이것을 퇴계에게 이야기 하시게.

---

46) 퇴계(退溪)가 1561년 금계(錦溪) 황준량(黃俊良, 1517-1563)의 편지에 답한 글에서 '계부당명(鷄伏堂銘, 신명사명을 퇴계는 이렇게 여긴 것으로 보인다)을 베껴 보내 주심에 깊이 감사합니다' 하였다(남명학 관련 문집 해제 I (남명집), 2006, 9)

예순한 살 때 남명은 산청 덕산(德山) 사륜동(絲綸洞)으로 옮겨 가 살았다. 그 까닭을 시로 적었다.

덕산에 살 곳을 잡고서 **德山卜居**
봄 산 어느 곳엔들 향기로운 풀 없으리오마는, 春山底處無芳草
다만 천왕봉이 하늘나라에 가까운 걸 사랑해서라네. 只愛天王近帝居
맨손으로 돌아와 무얼 먹을 건가? 白手歸來何物食
은하 십리 먹고도 남겠네. 銀河十里喫有餘

산 속에서 즉흥적으로 읊음 **山中卽事**
이전의 육십 년은 일찍이 하늘이 빌려 준 게고, 從前六十天曾假
앞으로 구름 낀 산에서 사는 건 땅이 빌려 준 거라네. 此後雲山地借之
막다른 길에도 또다시 길 있나니, 猶是窮途還有路
그윽한 오솔길을 찾아 고사리 캐어 돌아온다네. 却尋幽逕採薇歸

이 해(1561년) 정사(精舍)을 짓고 산천제(山天齋)라 하였다. 산천제의 창문과 벽 사이에 경(敬)과 의(義) 두 글자를 크게 써 붙이고 자신이 그린 사명사도(神明舍圖)와 신명사명을 항상 옆 자리에 걸어두고 마음을 수양하였다. 그리고 산천재 네 기둥에 '덕산에 살 곳을 잡고서(德山卜居)'의 시를 적었다. 산천재 앞에는 초가로 정자 하나를 지었다. 계정(溪亭)이라 하였다. 여기 기둥에도 시를 지어 적었다.

덕산 계정의 기둥에 씀 **題德山溪亭柱**
천 석들이 종을 보게나 請看千石鍾
크게 치지 않으면 소리 없다네. 非大扣無聲
어떻게 하면 두류산처럼, 爭似頭流山
하늘이 울어도 울지 않을 수 있을까? 天鳴猶不鳴

이곳에서 자신을 수양하며 제자를 가르쳤다. 거처를 덕산으로 옮긴 후 성학(聖學)의 요체를 경·의로 파악하고 이를 강조하였다.

이 해(1561년) 약포(藥圃) 정탁(鄭琢, 1526-1605)이 와서 수학하였다. 배우고 돌아갈 때 남명이 소 한 마리를 주어 타고 가게 하였다. 공이 그 뜻을 이해하지 못하자 '그대는 말이 너무 급하니, 천천히 말함으로써 앞날을 기약함만 못할 것이네.' 하였다(덕천사우연원록, 2011, 60). 약포가 남명에게 왔을 때는 진주향교교수로 있었다. 약포는 훗날 임진왜란이 일어났을 때에 유성룡(柳成龍)과 함께 나라를 구한 위대한 학자며 정치가가 되었다. 나중에는 벼슬이 좌의정에 이르렀다.

이 해(1561년) 7월 운강(雲岡) 조원(趙瑗, 1544~1595)이 와서 수학하였다. 운강은 남명의 생질인 판서 이준민(李俊民)의 작은 사위로 대소헌(大笑軒) 조종도(趙宗道)의 손아래 동서이다. 1564년(명종 19년) 진사시에서 장원을 하였고, 1572년(선조 5년) 스물아홉 살에 별시문과에 병과로 급제하였다. 진사시에 장원하였을 때 남명에게서 칼자루에 쓰인 시 '칼자루에 써서 장원한 조원에게 줌(書金刃 柄贈趙壯元瑗)'을 받기도 하였다.

칼자루에 써서 장원한 조원에게 줌	書金刃 柄贈趙壯元瑗
불 속에서 하얀 칼날 뽑아내니,	离宮抽太白
서리 같은 빛 달에까지 닿아 흐르네.	霜拍廣寒流
견우성·북두성 떠 있는 넓디넓은 하늘에,	斗牛恢恢地
정신은 놀아도 칼날은 놀지 않는다.	神游刃不游

1575년(선조 8년)에는 정언(正言)으로, 탕평의 계책을 상소하여 당파의 수뇌를 파직시킬 것을 주장하였으며, 이듬해 이조좌랑(吏曹佐郎)이 되었다. 1583년(선조 16년)에는 삼척부사로 나갔다가 1593년(선조 26년)에는 승지(承旨)가 되었다(남명학 관련문집 해제(Ⅱ)(운강유고), 2008, 196).

이 해(1561년) 자형 이공량이 자기 아버지를 추모하는 제각(齊閣) 영모당(永慕堂)을 지었다. 남명은 영모당에 얽힌 사연을 적은 영모당기(永慕堂記)를 지어 낙성식에 참여하였다(허권수, 2001, 223).

이 해(1561년) 11월 동곡(棟谷) 이조(李晁, 1530~1580)가 와서 수학하였다. 동곡은 1567년(명종 22년) 서른여덟 살에 문과시험에 합격하였다. 이듬해 진주훈도(晉州訓導)가 되어 내려와 남명을 찾아뵈었다. 마흔두 살에는 경주훈도(慶州訓導)가 되었다. 1572년(선조 5년) 2월에 남명이 세상을 떠나자 찾아와 곡하였다. 다음해인 1573년 마흔네 살에 성균관학정(成均館學正), 마흔다섯 살에 성균관전적(典籍), 이어 사헌부감찰(司憲府監察)이 되었다. 뒤에 이조정랑(吏曹正郎)이 되었다. 마흔일곱에는 봉상시주부(奉常寺主簿), 마흔여덟에 해미현감(海美縣監), 쉰 살에는 형조좌랑(刑曹佐郎)에 임명되었으나 세도가 잘못

되어가는 것을 보고는 나가지 않았다(남명학 관련 문집 해제(I)(동곡실기), 2006, 366).

예순두 살 때(1562년) 옥동(玉洞) 문익성(文益成)이 다시 남명에게 나아가 성현 심학 요체를 배웠다(이종묵, 2001, 273).

이 해 송계(松溪) 신계성(申季誠, 1499-1562)이 세상을 떠났다. 송계는 어려서부터 학문에 뜻을 두고 과거 공부는 하지 않았다. 육경의 글에 침잠하였고, 소학을 실천하려 힘썼다. 뒤에 조정에서 몇 번 불렀으나 나가지 않았다(남명학 관련 문집 해제(I)(송계실기), 2006, 117). 남명이 찾아가 곡하고 장례에 참여하였다. 뒤에 그의 묘갈문을 지었다. 남명은 일찍이 송계를 일러 '자함(子誠, 신계성의 자)은 내가 두려워하는 벗이다. 백수가 되도록 우정이 변치 않는 이는 이 사람이다.'라고 하였다(남명선생편년, 2011, 78).

이 해(1562년) 매촌(梅村) 정복현(鄭復顯, 1521-1591)이 와서 수학하였다. 매촌은 과거시험이나 벼슬을 하지 아니하고 오직 학문에 증진하였다. 많은 저술을 남겼다.[47]

예순세 살 때 설학(雪壑) 이대기(李大期, 1551-1628)가 와서 수학하였다. 설학의 어머니가 남명과 아주 친한 친구이면서 인척 관계였던 황강(黃江) 이희안(李希顔, 1504-1559)의 따님이다. 황강이 사는 초계에서 살았다. 열여섯 살에 수우당(守愚堂) 최영경(崔永慶, 1529-1590)의 문하에서 수학하였다. 나이 마흔둘에 임진왜란이 일어나자 초계에서 5월 초부터 의병을 모집하여 의병 활동을 시작하였다. 의병장으로서 낙동강을 오르내리던 적선을 차단하였다. 적선들이 더 이상 진격하지 못하였다. 이로 말미암아 설학은 장원서별제(掌苑署別提)로 임명되었다. 마흔네 살에는 황산도제방(黃山道祭訪)에, 마흔다섯에는 의흥현감(義興縣監)에 임명되었다. 그리고 마흔아홉 살에는 형조좌랑(刑曹佐郞)에, 곧이어 정랑(正郞)에 임명되었다. 예순세 살에 함양군수로 나갔다가 얼마 뒤 그만 두고 고향으로 돌아왔다(남명학 관련문집 해제(Ⅱ)(설학집), 2008, 284).

이 해(1563년) 2월에 구암(龜巖) 이정(李楨, 1512-1517)이 방문하였다. 며칠 동안 학문을 강론하였다(남명선생편년, 2011, 79).

이 해 3월에 남계(灆溪)에 있는 남계서원(灆溪書院)을 하항(河沆), 유종지(柳宗智), 진극경(陳克敬) 등과 함께 찾아 일두(一蠹) 정여창(鄭汝昌, 1450-1504)의 사당에 참배하였다. 여기서 강익(姜翼), 정유명(鄭惟明), 정복현(鄭復顯), 임희무(林希茂) 등 여러 선비들과 모여 강회를 열었다. 그 자리에서 남명은 일두에 대하여 말하기를 '학문이 깊고 독실

---

47) 남명학 관련 문집 해제(I), 매촌실기(梅村實記), 2006, 117, 참조.

하여 조금도 흠이 없었는데, 그 분이 화를 면하지 못한 것은 천운(天運)이었다.' 하였다(남명선생편년, 2011, 79).

이 해(1563년) 갈천(葛川) 임훈(林薰, 1500-1584)이 상을 당했다. 먼저 글을 보내 위로하고 다시 위로하기 위하여 안음에 있는 그의 여막으로 찾아가 조문하였다. 갈천은 1540년(중종 35년) 생원이 되었고 1553년(명종 8년) 천거에 의해 참봉이 되었다. 1564년(명종 19년) 갈천과 동생 첨모당(瞻慕堂) 임운(林芸, 1517-1572)의 효행을 기리는 정려(旌閭)가 내려졌다. 그 뒤에 현감에 임명되었고 판결사(判決事)에 이르렀다(덕천사우연원록, 2011, 14).

이 해(1563년) 동강(東岡) 김우옹(金宇顒, 1540-1604)이 와서 수학하였다. 동강은 칠봉(七峰) 김희삼(金希參, 1507-1560)의 넷째 아들이다. 남명의 외손서이다. 남명이 칠봉과 교분이 두터워 일찍이 아들 김우옹의 사람됨을 알고 있었으므로 자기 외손녀를 그에게 시집보냈다. 1558년(명종 13년) 진사가 되고 1567년 스무 살에 식년 문과에 병과로 급제하였다. 1573년(선조 5년) 홍문관정자가 되고 수찬, 부수찬을 거쳐 1576년(선조 8년) 부교리가 되었다. 이어 이조좌랑, 의정부사인 등을 지냈으며 1582년(선조 12년)에는 홍문관직제학, 이듬해 성균관대사성이 되고 사간원대사간을 거쳐 1584년(선조 14년)에는 홍문관부제학이 되었다. 뒤에 병조참판, 대사헌, 이조참판, 예조참판을 역임하였다. 선조의 두터운 신임을 받았다(남명학 관련문집 해제(Ⅱ)(동강집), 2008, 71). 동강이 남명에게 배우러 왔을 때 남명은 동강에게 늘 차고 있던 성성자(惺惺子)를 주면서 맑은 소리가 사람을 자성하게 한다 하였고, '대장부의 거동은 무겁기가 산악과 같고 만길 절벽처럼 우뚝해야 한다. 때가 이르면 펼쳐서 많은 일을 해야 한다. 비유하자면 삼천 근 나가는 큰 쇠뇌는 한 번 발사하면 능히 만 겹의 단단한 성곽을 부순다. 그러나 날다람쥐를 잡기 위해서 발사하지는 않는다.(丈夫動止 重如山岳 壁立萬仞. 時至而伸 方做出許多事業. 譬之, 千鈞之弩 一發能碎萬重堅壁. 固不爲鼮鼠發也)'는 가르침을 주었다(김우옹, 남명선생행록, 허권수, 2010, 196).

이 해(1563년) 송암(松巖) 이로(李魯, 1544-1598)가 그 아우 축암(畜庵) 이보(李普)와 백암(栢庵) 이자(李旹)와 함께 와서 수학하였다. 송암은 1560년(명종 15년) 거제에서 귀양살이 하고 있는 유헌(游軒) 정황(丁潢, 1512-1560)을 찾아가 배우기도 하였다. 송암은 1564년(명종 19년) 진사시에 합격했으며 1590년(선조 23년) 문과에 급제하여 이듬해 직장(直長)이 되었다. 임진왜란이 일어나자 소모관(召募官)으로서 여러 군현(郡縣)을 순행하며 의병을 일으키고 군량을 모아 군에 보급하였다. 뒤에 전적(典籍), 비안현감(比安縣監)을 거쳐 1597년(선조 30년)에는 정언(正言)에 임명되었다. 순조 때인 1817년에 이조판서로 증직되었다(덕천사우연원록, 2011, 80).

이 해(1563년) 경상도 감사(監司) 항재(恒齋) 정종영(鄭宗榮, 1513~1589)이 남명을 방문하였다. 시를 써 주었다.

감사 정종영이 들렀기에	鄭監司宗榮見過
봉황새 높이 나는 데 바람 필요 없나니,	丹鳳高飛不待風
감사로서 벼슬 없는 나와 어울리는구려.	金章還與布衣同
손님 대접에 좋은 음식 없다고 싫어하지 마소서.	莫嫌餉客無長物
구름 낀 산 일만 겹이 소반에 비쳤다오.	盤面雲山一萬重

이해(1563년) 여름 남명은 나주에 있는 자씨(姊氏)를 찾았다. 아들 이준민이 어머니를 모시고 나주목에 부임해 있었다. 산청을 출발해 함양, 남원, 담양, 광주를 거쳐 나주에 도착했다. 남원을 지날 때 주생면 영천리 사계정사(沙溪精舍)에 있는 제자 방응현(房應賢, 1524~1589)을 찾아 묵었다. 여기에서 방응현에게 '소반에 비친 두류산을 먹어도 다함이 없으니 흰옷 입고 늘 나물 먹는다고 싫어하지 말라.'고 하면서 청빈을 강조 하였다.

방응현의 풀로 인 정자에 쓰다	題房應賢茅亭
방노인 집안 명성 해동(海東)에 드날렸는데,	房老家聲擅海東
내손(來孫)은 원래 낭나라에서 왔도다.	來孫元自大唐中
어린 나이의 훌륭한 아들 둘도 없는 옥이요,	弱齡佳子雙無玉
많이 번가한 일가는 십리에 뻗은 소나무 같네.	多薰强宗十里松
하늘에 구름이 싹 걷히자 파란 빛이 짙고,	雲掃一天靑靄靄
바람에 흔들리는 천 거루 나무는 싱싱하게 푸르네.	風搖千樹碧瓏瓏
흰 옷 입고 늘 나물 먹는다고 싫어하지 말게나.	莫嫌衣白長咬菜
소반에 비친 두류산 먹어도 다함없다네.	盤面頭流食不窮

담양에서는 식영정(息影亭) 찾아 석천(石川) 임억령(林億齡, 1496~1568)과 함께 옛날 산해정으로 자신을 찾아왔던 일을 떠 올리고 백성들의 고통이 여전하니 경계를 늦추지 말아야 한다고 했다. 임억령은 남명이 산해정에 있을 때 찾아온 적이 있었다.

남명을 뵙고 임억령이 '길이 험하더이다.' 하자 남명은 웃으며 '그대들이 밟고 있는 벼슬길이 아마 이보다 더 험할 것입니다.' 하였다. 임억령은 윤원형과 함께 을사사화를 주도했던 임백령의 형으로 동생이 출세욕에 눈이 어두워 윤원형과 함께 대윤을 내몰자 타이르기 위해 서울로 올라갔으나 임백령이 거절하자 초석(草席)을 절단하고 동생과 의절을 선언한 인물이다(정우락, 2014, 83). 남명은 식영정을 떠나 나주로 가기 직전 오늘날 광주에 있는 풍영정(風詠亭)에 들렀다. 풍영정은 선창산과 극락강이 마주치는 강변의 언덕 위에 세워진 정자로 1560년 칠계(漆溪) 김언거(金彦璩, 1503-1584)가 세운 정자이다. 나주로 가는 길목에 있어 퇴계(退溪) 이황(李滉)이나 하서(河西) 김인후(金麟厚), 석천(石川) 임억령(林億齡), 제봉(霽峯) 고경명(高敬命) 등 많은 선비들이 노닐던 곳이었는데 남명도 이곳에 와서 정자 아래 연못에 피어 있는 연꽃을 보면서 '영련(詠蓮)'이라는 시 두 수를 지었다(정우락, 2014, 28).

연꽃을 읊다
꽃봉오리 늘씬하고 푸른 잎 연못에 가득한데,
덕스런 향기 누가 이처럼 피어나게 했는가?
보게나! 아무 말 없이 뻘 속에 있을지라도,
해바라기 해 따라 빛나는 정도만은 아니라네.

詠蓮
華蓋亭亭翠滿塘
德馨誰與此生香
請看默默淤泥在
不是葵花向日光

다시 한 수
다만 연꽃이 유하혜(柳下惠) 기풍 있는 게 사랑스러워
손으로 당겨보았더니 그대로 연못 속에 있네.
고죽군(孤竹君)이 편협하여 응당 싫어하겠지.
맑은 향기 멀리 퍼뜨려 이 늙은이에게까지도 이르네.

又
只愛芙蕖柳下風
援而還止于潢中
應嫌孤竹方爲隘
遠播淸香到老翁

예순네 살에 젊은 시절부터 친하게 지냈던 청송(聽松) 성수침(成守琛, 1493-1564)이 세상을 떠났다는 소식을 들었다. 이듬해 성수침의 죽음(1564년)에 대하여 그의 종제 대곡(大谷) 성운(成運)에게 편지를 보내 죽기 전에 한 번 보고 싶었던 간절한 마음을 토로하였다(이종묵, 2001, 292).

이 해(1564년) 7월 제자들과 삼장사(三藏寺)에 갔다, 덕계(德溪) 오건(吳健)도 편지로 불렀다. 각제(覺齊) 하항(河沆), 유사명(柳思明)도 자리를 함께 했다. 덕계는 편지를 받고 일기에 '7월에 성산(星山)에서 집으로 돌아오니, 선생이 승려에게 편지를 부쳐 삼장사로

오라고 하셨다. 분부를 듣고 즉시 갔더니, 선생은 도착한 지가 이미 며칠이나 되었다. 혼미하고 게을러 깨우침을 받기에 부족한 줄을 매우 잘 알고 있었지만, 공경히 받들어 감발(感發)되는 것이 실로 많았다. 문하에 들어간 지 십년 동안 직접 배운 날이 적고 물러나와 혼자 있을 때가 많아 열흘 추웠다가 하루 햇볕을 쬐는 것과 같을 뿐만이 아닌 것이 유독 한스러웠다.'라고 적었다(남명선생편년, 2011, 83~84).

이 해 9월 퇴계(退溪) 이황(李滉)에게 편지하였다.

> 평생 마음으로만 사귀면서 지금까지 만나지 못했습니다. (나는) 앞으로 이 세상에 머무름이 아마도 얼마 없을 것입니다. 결국 (우리는) 정신적인 사귐만을 이루는 것인가요? 사람에게는 좋지 못한 일이 끝이 없지만, (나는) 가히 마음에 둘 것이 없는데, 유독 이것이 제일 한스러운 일입니다. 선생께서 한 번 의춘에 오시면 마땅히 쌓인 것을 풀 날이 있을 것으로 매번 생각하였는데 지금까지 그러하지 못했습니다. 이 또한 하늘의 처분에 모두 맡겨야겠습니다.
>
> 요즘 공부하는 자들을 봅니다. 손으로 물 뿌리고 비질하는 절도도 모르면서 입으로 천리를 담론합니다. 헛된 이름이나 훔치고자 꾀하여 남들을 속이는데 씁니다. (그러나) 도리어 남에게서 상처를 입게 되고, 그 피해가 다른 사람에게까지 미칩니다. 아마 선생 같은 장로(長老)께서 꾸짖어 그만두게 하지 않기 때문일 것입니다. 저와 같은 사람은 마음을 보존한 것이 황폐하여 배우러 찾아오는 사람이 드뭅니다. 선생 같은 분은 몸소 상등의 경지에 도달하였습니다. 그리하여 우러러 따르는 사람이 많으니 십분 억제하고 타이르심이 어떻겠습니까? 삼가 헤아려주시기 바랍니다. 이만 줄입니다.
>
> 갑자년(1564, 명종 19년) 9월 18일 못난 동갑내기 건중(楗仲) 드림.

예순다섯 살 때인 1565년(명종 20년) 4월에 성렬대비(문정왕후)가 죽었다. 윤원형이 관직에서 쫓겨났다.

이해 정구(鄭逑)의 경현록을 보충하는 서경현록후(書景賢錄後, 경현록 뒤에 씀)[48]를 지었다.

이 해 수우당(守愚堂) 최영경(崔永慶, 1529~1590)이 와서 수학하였다. 수우당은 유일로 여러 번 부름을 받아 지평(持平)에 이르렀으나 모두 나가지 않았다. 1576년(선조 9년) 남명의 학덕을 기리기 위해 덕천서원(德川書院)을 세울 때 수우당은 각재(覺齋) 하항(河沆, 1538~1590), 무송(撫松) 손천우(孫天祐, 1533~1594), 조계(潮溪) 유종지(柳宗智, 1546~1589), 영무

---

48) 경현록(景賢錄)은 한훤당(寒暄堂) 김굉필(金宏弼, 1454~1504)의 사적을 적은 책으로 구암 이정이 순천 부사로 재직할 때 무오사화에 연루되어 순천에 유배와 죽은 김굉필과 조위(曺偉, 1454~1503)를 기려 경현당을 세우는 한편으로, 그들의 사적을 엮은 '경현록' 상·하 권을 만들었는데 뒤에 정구(鄭逑)가 조위의 사적을 빼고 김굉필의 사적만을 취하고 이를 증보하여 '경현속록' 상·하 권을 만들었다. 남명은 이를 보충하여 '서경현록후(書景賢錄後, 경현록 뒤에 씀)'를 지었다.

성(寧無成) 하응도(河應圖, 1540~1610), 진주목사 동곡(桐谷) 구변(具忭, 1529~?) 등과 함께 중추적인 역할을 하였다. 1589년(선조 22년) 정여립(鄭汝立) 옥사 사건이 일어날 때 수우당이 떠도는 소문으로 정여립 일당으로 몰려 결국 옥사하였다(허권수, 2001, 164). 삼 년 뒤 대사헌 홍여순(洪汝諄)의 건의로 그 원통함을 풀고 대사헌으로 추증되었다.

이 해(1565년) 8월 16일 남명은 꿈에 이림(李霖)을 만났다. 정겨운 이야기가 다 끝나기도 전에 이림이 일어나 가버렸다. 남명이 그의 소매를 잡고 짧은 절구를 읊어 주고서 작별하였다. 꿈에 깨어난 뒤 더욱 괴로운 마음으로 지난 일을 회상하였다. 남명은 이 꿈을 꾸고 나서 하천서(河天瑞)를 만나 짧은 서문과 함께 시를 주었다.

꿈을 적어 하 군에게 줌 **記夢贈河君**
-짧은 서문도 아울러서 **-并小序**
　을축년 8월 16일 꿈에 대사간 이중망을 나무 아래서 만났다. 정겨운 이야기가 다 끝나기도 전에 이군이 일어나 가버렸다. 내가 그의 소매를 잡고 짧은 절구를 읊어 주고서 작별했다. 꿈에서 깨어 더욱 괴로운 마음으로 지난 일을 회상하였다. 이제 다행히 하공을 만나니, 어제 꿈에 이군을 만난 것은 바로 오늘 하공을 만날 징조였다. 더욱이 정령이 아직 없어지지 않은 것에 대해 울면서 탄식하였다. 하공은 곧 대사간의 외손이자, 나의 질서다. 나를 좋아해 항상 제 스스로 찾아왔고, 나도 이군과의 연고와 혼인 관계의 정의 때문에 마음이 무척 끌렸다. 그리하여 꿈에 한 말을 적어 그에게 주고, 또 꿈속에서 지은 시를 주었다. -대사간의 이름은 림인데, 을사년(1545)에 화를 입었다. 하의 이름은 천서인데, 이공량의 사위이다(교감 국역 남명집, 1995, 42).

　　　나무 아래서 그대와 이별했는데,　　樹下與君別
　　　누가 이내 마음 같았는지?　　　　　此憬誰以之
　　　속은 탔지만 아직 죽지 않아,　　　　煆心猶未死
　　　반쪽 껍질만 남아 있다네.　　　　　只有半邊皮

이 해(1565년) 9월 매촌(梅村) 정복현(鄭復顯), 덕계(德溪) 오건(吳健), 양성헌(養性軒) 도희령(都希齡, 1539~1566)을 지곡사(智谷寺)에서 만났다. 이들과 며칠을 함께 지냈다. 덕계는 그의 일기에 '아침을 드시고 선생께서 덕산으로 돌아 가셨다. 다리 근처까지 가서 송별(送別)하면서 전별주(餞別酒) 석 잔을 마셨다. 마치 가인(佳人)과 이별하듯 우두커니 서서 눈물을 흘렸다. 선생께서는 내가 머뭇머뭇 하는 걸 보시고는 말에서 내려 돌아보셨는데, 말로는 다 표현할 수 없는 생각이 있으신 듯 하였다.'고 적었다(이상필, 2002, 182).

이 해 겨울에 성암(省庵) 김효원(金孝元, 1542~1590)이 남명을 찾아와 수학하였다. 이때 성암의 나이가 스물넷이었다. 스물세 살에 사마시에 합격하고 이듬해 알성문과에 장원 급제하여 성균관전적(成均館典籍)이 되었다. 스물여섯 살에는 사은사 윤옥(尹玉, 1511~1584)의 서장관으로 중국을 다녀와 이조(吏曹)와 병조(兵曹)의 좌랑(佐郞)을 역임했다. 스물일곱이 되던 선조 즉위년에 사간원정언(司諫院正言), 서른한 살에 사헌부지평(司憲府持平), 서른세 살에 이조정랑으로 문과의 참시관(參試官)이 되었다. 서른네 살에는 부교리를 거쳐 헌납, 지평, 장령을 거쳤다. 외직은 부령부사, 삼척부사로 있었다. 이때 부친상을 당하여 삼척부사를 사임하였다. 부친상을 마친 뒤 마흔한 살에 어사가 되어 호서(湖西)를 순안(巡按)하고 가을에 승문원판교(承文院判校)가 되었다. 마흔두 살에 단기사정(單器寺正)이 되었다가 7월에 다시 외직으로 나가 황해도 안악군수(安岳郡守)가 되었다. 마흔일곱에 통예원우통례(通禮院右通禮)가 되었고 마흔여덟 살에 영흥부사(永興府使)가 되어 나갔다가 1590년(선조 23년) 마흔아홉 살에 세상을 떠났다(남명학 관련문집 해제(Ⅱ)(성암유고, 2008, 133)). 퇴계(退溪)의 문하에서도 수학하였다. 남명이 특별히 아끼는 제자였다.

예순여섯 살이 되던 해(1566년) 1월 제자들을 지곡사(智谷寺)로 불러 만났다. 1월 10일 남명이 지곡사 도착했다. 덕계가 옥계와 함께 와서 뵈었다. 다음날 개암(介庵) 강익(姜翼), 동강 김우옹, 매촌(梅村) 정복현(鄭復顯, 1521~1591), 양성헌(養性軒) 도희령(都希齡), 역양(嶧陽) 정유명(鄭惟明), 남계(灆溪) 임희무(林希茂), 사암(徙庵) 노관(盧祼)이 잇달아 도착했다. 원근(遠近)의 선비들이 소문을 듣고 구름처럼 모여들었다. 이들은 여기서 5일 동안 강회를 열었다(이종묵, 2001, 280).

이 해(1566년) 덕계(德溪) 오건(吳健)이 성균관학정(成均館學正)으로 임명되어 서울로 떠나자 전송하며 시를 지어 주었다(이종묵, 2001, 274).

서울로 가는 학록 오건에게 줌   **贈吳學錄健上京**
한 발짝 처음으로 헤어지던 곳이,   一脚初分處
오고 오니 멀어져 백 리나 되었구나.   來來百里遙
산마루에서 아득히 돌아보니,   山頭回望盡
서울 가는 길 더욱 멀기도 해라.   西路更迢迢

이 해(1566년) 2월 구암 이정(李楨)을 단속사(斷俗寺)[49)에서 만나기로 하였다. 구암은 당시 순천부사로 재직하고 있었다. 남명은 생질 이준민(李俊民)의 사위인 대소헌(大笑軒) 조종도(趙宗道)와 여러 제자들을 데리고 약속한 날 단속사를 찾았다. 단속사에는 고려말기 통정(通亭) 강회백(姜淮伯)이란 사람이 젊은 시절, 절에 와서 독서할 때 심었던 매화가 꽃을 피우고 있었다. 강회백의 벼슬이 정당문학(政堂文學)에 이르렀으므로 나중에 이 매화를 정당매라 하였다. 남명이 단속사에서 이 정당매를 두고 시 한 수를 지었다.

단속사 정당매	斷俗寺政堂梅
절 부서지고 중 파리하며 산도 예와 다른데	寺破僧羸山不古
전 왕조의 임금은 집안 단속 잘하지 못 했네	前王自是未堪家
조물주는 정녕 추위 속의 매화의 일 그르쳤나니	化工正誤寒梅事
어제도 꽃을 피우고 오늘도 꽃을 피웠도다	昨日開花今日花

구암은 남명에게 경전의 뜻이나 성리학의 요긴한 것을 묻고 답하였다(허권수, 2001, 259).

이 해(1566년) 3월에 갈천(葛川) 임훈(林薰), 옥계(玉溪) 노진(盧禛), 개암(介庵) 강익(姜翼)과 함께 안음 옥산동(玉山洞)을 유람하였다. 원학동(猿鶴洞)에서 장수동(長水洞)을 거쳐 옥산동(玉山洞)까지 갔다가 갈천정사(葛川精舍)에서 하루를 묵고 돌아왔다(남명선생편년, 2011, 88). 유람하면서 시 세 수를 지었다.

안음 옥산동에서 놀며	遊安陰玉山洞
푸른 봉우리 우뚝 솟았고 물은 쪽빛인데,	碧峯高挿水如藍
좋은 경치 많이 간직했어도 탐낸 건 아니라.	多取多藏不是貪
이 잡고 살면서 어찌 꼭 세상사 이야기할 것 있으랴?	捫虱何須談世事
산 이야기 물 이야기만 해도 이야기가 많은데.	談山談水亦多談

---

49) 단속사는 경남 산청군 단성면 운리에 있던 절 이름이다. 신라 때 창건되었으나 지금은, 절은 없어지고 탑만 남아 있다. 솔거의 벽화가 있었던 곳으로 유명하다.

다시 한 수

삼월 봄바람 무릉도원 속에서 노니나니,
개인 하늘빛에 시냇물도 넓구나.
한 번 노는 것 내 분수에 넘치는 일은 아니라도,
인간 세상에서 한 번 놀기는 응당 어려우리.

又

春風三月武陵還
霽色中流水面寬
不是一遊非分事
一遊人世亦應難

안음 옥산동에서 놀며

하얀 바위는 구름처럼 천 가지 모습,
푸른 넝쿨은 만개의 베틀로 짠 듯.
다 묘사하지 말도록 하게나!
장차 고사리 캐러 돌아올테니.

遊安陰玉山洞

白石雲千面
青蘿織萬機
莫教摸寫盡
來歲採薇歸

이 해(1566년) 청향당(清香堂) 이원(李源, 1501~1568)이 산천재를 찾았다.

이 해(1566년) 7월에 명종은 교지와 함께 남명을 6품 벼슬을 내리면서 불렀다. 남명은 몸이 아파 올라 갈 수 없다고 사양하였다. 그러자 명종은 8월에 다시 궁중의 의약을 관장하는 내의원(內醫院)에 명하여 남명에게 약을 지어 보내도록 하고 다시 경상도 감사에게 명하여 식물(食物)을 갖추어 지급하게 하면서 교지를 내려 궁중의 인장을 관장하는 관아인 상서원판관(尙瑞院判官)에 임명하면서 불렀다. 이 때 조정에서는 경학에 밝고 행실이 깨끗한 선비를 같이 불렀는데 함께 부른 사람은 대곡(大谷) 성운(成運), 일제(一齊) 이항(李恒), 갈천(葛川) 임훈(林薰), 후계(后溪) 김범(金範), 석봉(石峯) 한수(韓脩), 동강(東岡) 남언경(南彦經)이었다. 처음에는 남명이 아무리 불러도 나오지 않자 포함되지 않았는데 의논하는 자들이 현재 산림에 있는 현자로서 조식(曺植)만한 이가 없다고 말하므로 다시 남명에게 이와 같은 명이 내려진 것이다(남명선생편년, 2011, 90).

이에 남명은 이 해(1566년) 9월 18일 산천제를 출발하여 서울로 향했다. 그리고 미리 사람을 보내어 서울에서 벼슬을 하고 있는 제자 덕계(德溪) 오건(吳健), 약포(藥圃) 정탁(鄭琢)에게 서울로 올라간다는 사실을 알렸다. 10월 1일 아침나절에 한강 가에 도착했다. 마중 나온 오건, 정탁과 함께 배를 타고 강을 건넜다. 오후에 생질인 이준민(李俊民)의 집으로 갔다. 이준민은 강계부사로 있다가 아버지 안분당(安分堂) 이공량(李公亮, 1500~1565)이 지난해(1565년) 돌아가시므로 돌아와 상(喪)을 지내고 있었다. 조문하고 쉬었다. 10월 7일 대궐로 들어가 옥과현감으로 제수되어 불려 올라온 김범

(金範)과 함께 숙배하고 사정전(思政殿)에서 치도의 방책을 아뢰었다. 소통이 이루어지지 않아 함께하기 어렵다고 여기고 남명은 10월 11일 벼슬을 사양하고 한강을 건넜다. 전별하러 나온 사람들이 운집하여 두 배에 가득하였다. 이 때 오건과 정탁이 도하에 있다가 이 소식을 듣고 한강에 나가 장막을 치고 남명을 모셨다. 남명은 벗 성운과 나란히 도성을 나와 헤어지면서 시를 지어 주었다(이종묵, 2001, 285).

대곡과 작별하면서 줌	贈別大谷
북문으로 나와 함께 한강을 건넜으니,	出自北門同渡漢
세 가지는 같은데 성은 같지 않다네.	三同猶有姓非同
굽이진 골짜기에서 학이 화답하는 것 일찍 바라던 바인데,	九皐鶴和曾心願
천리의 별처럼 떨어져 이미 길이 막혔구나.	千里星分已道窮
들판의 물은 동쪽으로 흘러 돌아오지 않고,	野水東流歸不返
변방의 구름은 남쪽으로 내려가 뒤쫓을 수 없구나.	塞雲南下去無從
한낮에 정녕코 서로 생각하는 뜻이,	丁寧白日相思意
뒷날 밤 꿈속에서라도 은근히 통하겠지.	魂夢懇懃他夜通

이 해(1566년) 12월 2일 남명이 벼슬에 나아가지 않자 명종은 체직을 명하였다.

남명이 왕의 소명을 받고 서울에 올라갔을 때 월담(月潭) 최황(崔滉, 1529~1603)이 예물을 갖추고 찾아와 가르침을 받았다. 월담은 1558년(명종 13년) 진사시에 합격하고 1566년(명종 21년) 남명이 왕의 소명을 받고 서울에 올라간 그 해 문과에 급제하였다. 뒤에 벼슬이 좌찬성(左贊成)에 이르렀다. 영의정에 증직되었으며, 해성군(海城君)에 봉해졌다(덕천사우연원록, 2011, 99).

이 해(1566년) 남명은 김해 산해정에 가서 조 씨 부인과 오랜만에 함께 시간을 보냈다. 이 때 내암(來庵) 정인홍(鄭仁弘, 1535~1623)이 산해정에서 선생을 보름 동안 모셨다. 정인홍이 돌아가려 하자 남명은 '격치성정가(格致誠正歌)'를 손수 써 주고 그 뒤 다시 '재산해정서대학팔조가후(在山海亭書大學八條歌後, 산해정에서 '대학 팔조가'의 뒤에 씀)'의 시를 적어 주었다.50)

---

50) 이는 '재산해정서대학팔조가후(산해정에서 '대학팔조가'의 뒤에 씀)'의 제목 뒤에 있는 것으로 기유본에 있다. 이를 보면 '병인년 가을에 선생께서 산해정에 계셨는데, 인홍이 따라 모시면서 반달 동안 머물렀다. 인홍이 북쪽으로 돌아갈 적에, 선생께서 격치성정가(格致誠正歌)를 손수 써주시고, 또 이 절구 한 수를 그 뒤에 써 주셨다.'고 하였다.

산해정에서 '대학 팔조가'의 뒤에 씀

한평생 근심과 즐거움 둘 다 귀찮은데,
선현들 있은 덕분에 깃발을 세워 두었네.
저술하고자 해도 학술 없는 게 부끄러워,
억지로 회포를 긴 말에 부치노라.

在山海亭書大學八條歌後

一生憂樂兩煩冤
賴有前賢爲竪幡
慙却著書無學術
强作襟包寓長言

　이즈음 한강(寒岡) 정구(鄭逑, 1543-1620)가 산해정으로 남명을 찾아 뵈었다. 한 달 남 짓 모시면서 학문에 있어 의문스럽거나 어려운 부분에 대해 질문하였다. 현우(賢 愚), 치란(治亂)의 득실(得失), 세도(世道)의 시변(時變), 사정(邪正)과 시비(是非), 출처(出處)와 어묵(語黙) 등에 대하여 거듭 되풀이하면서 자세히 말씀하셨다(남명선생편년, 2011, 103). 한강은 열일곱 살에 남명의 제자인 덕계(德溪) 오건(吳健)이 성주향교의 훈도로 부임 해 오자 그에게서 주역을 배웠다. 그리고 스물한 살 때는 안동의 예안으로 퇴계 (退溪)를 찾아가 제자가 되었다. 그리고 이 때 남명을 찾아와 수학하였다. 스물네 살이었다. 한강은 스물한 살에 진사시에 합격하였으나 회시에는 나가지 않았다. 이후 과거에 나가지 아니하고 은거하며 학문에 전념하였다. 그 학행이 조정에 알 려져 나중에 천거를 받아 벼슬길에 나갔다. 1580년(선조 13년)에는 서른여덟 살에 창 령현감에 제수되기도 하였다. 한강은 형조정랑 등의 내직은 대체로 사임하고 외 직 중심으로 출사하였다. 마흔두 살에 동복현감(同福縣監), 마흔네 살에 함안군수(咸 安郡守), 마흔아홉 살에 통천군수(通川郡守), 쉰 살에 강릉부사(江陵府使), 쉰한 살에 강릉 대도호부사(江陵大都護府使), 쉰네 살에 강원도관찰사(江原道觀察使), 쉰다섯 살에 성천도 호부사(成川都護府使), 예순 살에 충주목사(忠州牧使) 등을 지냈다. 예순한 살에는 고향으 로 내려가 많은 서적을 편찬하기도 하고 퇴계와 심경에 대한 토론을 많이 하면서 퇴계의 심학을 계승하였고 심경발휘(心經發揮)라는 책을 저술하기도 하였다. 수많은 제자들을 가르쳤다. 현재 '한강급문록'에 등재되어 있는 문인만 하여도 340여명 에 이른다[51](남명학 관련문집 해제(Ⅱ)(한강집), 2008, 142). 남명이 세상을 떠나자 다음과 같이 제문을 지었다. '폐백을 받들고 가서 뵈온 때, 지난 병인년 봄이었네. 다행이 선 생이 천하게 여겨 버리지 않고 거두어 제자의 반열에 끼워 주셨네. 더구나 가르 칠 만하다고 생각하여, 깨우쳐주기를 게을리 하지 않으셨네. 논하고 설명하며 경

---

51) 한강(寒岡) 정구(鄭逑, 1543-1620)의 문인 목록은 이상필(2005, 155-166) 참조.

계하고 꾸짖으면서, 처음부터 끝까지 모두 설파해주셨네. 사물에 빗대어 비유하셨는데, 가르칠수록 더욱 무궁하여 마치 강물이 굴러가듯 바다가 뒤집어지듯 하셨네. 절절하게 사람을 사랑하는 마음과 간절하게 선(善)을 즐거워하는 정성이, 환히 드러나 빛나고 깨끗하였네.'(남명선생편년, 2011, 89~90).

예순일곱 살 때(1567년) 유대수(俞大修, 1546~1586)가 찾아와 배웠다. 유대수는 본래 서울 사람인데 남명의 명성을 듣고 사모해 오다가 마침 경상도에 도사(都事, 관찰사의 보좌관)로 부임하게 되어 덕산으로 남명을 찾아온 것이다. 남명의 가르침에 심취하여 떠날 때는 눈물을 흘리기까지 하였다(허권수, 2001, 277).

예순일곱 살 때인 1567년 6월 명종이 승하하고 선조가 즉위하였다.

이 해 1567년 10월 2일 개암(介庵) 강익(姜翼, 1523~1567)이 세상을 떠났다. 남명은 애도하면서 만사(輓詞)를 지어 조상하였다.

이 해 선조가 즉위하여 1567년 11월 17일 명종의 뜻을 이어 이황(李滉), 이항(李恒), 조식(曺植)을 불렀다. 선조 임금은 교서(敎書)를 구봉령(具鳳齡)에게 들려 직접 남명을 찾아가 전하게 하였다. 남명은 병을 핑계로 사직하고 나가지 않았다(허권수, 2001, 280).

이 해 12월에 다시 교지를 내려 불렀으나 나가지 않고 승정원에 사직소 '丁卯辭職呈承政院狀(정묘년에 승정원에 올린 사직 상소문)'를 올렸다(남명선생편년, 2011, 102).

이 해(1567년) 망우당(忘憂堂) 곽재우(郭再祐, 1552~1617)가 와서 수학하였다. 망우당은 열여섯 살 때 남명의 외손녀인 만호(萬戶) 김행(金行)의 따님에게 장가들었다. 김행의 큰딸은 동강 김우옹에게 시집갔고 둘째 딸은 곽재우에게 시집 간 것이다. 1592년(선조 25년) 임진왜란이 일어나자 중국 천자로부터 선물 받은, 처녀의 초경을 모아 물들인 베로 옷을 지어 입고 스스로 홍의장군(紅衣將軍)이라 이름하며 임진왜란 최초로 의병을 일으켜 왜적을 토벌하였다. 이기지 못하는 전투가 없었다. 관직은 한성좌윤(漢城左尹), 함경감사(咸鏡監司)에 이르렀으며 선무원종일등공신(宣武原從一等功臣)에 녹훈(錄勳)되었다. 병조판서(兵曹判書)에 증직되었으며 시호는 충익(忠翼)이다.

예순여덟 살 때인 1568년(선조 1년) 1월 27일 선조는 성운과 함께 남명을 불렀으나 나가지 않았다.

이 해(1568년) 5월 선조가 다시 교지를 내려 남명을 불렀다. 5월 26일 사직의 소, 무진봉사를 올렸다. 무진봉사는 퇴계(退溪)의 '무진육조소(戊辰六條疏)'와 함께 자신들의 학문적 성과를 집약한 것으로 유명하다(남명학 관련 문집 해제(Ⅰ)(남명집), 2006, 10). 이에 선조는 '전일의 소장을 내가 항상 자리에 두고 살펴보는데 이 격언을 보니 더욱 재주와 덕이 높은 것을 알겠다. 내가 비록 민첩하지 못하나 응당 유념할 것이니 그대는 그리 알라.' 하였다(이종묵, 2001, 291).

이 해(1568년) 7월 29일 부인 조 씨가 세상을 떠났다. 남명은 송 씨 부인에게서 난 큰아들 차석을 보내 상주 노릇을 하도록 하였다. 김해 주부동에 묻혔다.

이 해 진주 금산에 살던 부사(浮査) 성여신(成汝信, 1546~1632)이 와서 수학하였다. 부사는 여덟 살 때 조계(槽溪) 신점(申霑)의 문하에서 소학, 사서삼경 및 역사서를 읽었고, 열다섯 살 때에는 진주향교교수로 부임한 약포(藥圃) 정탁(鄭琢)에게 상서를 배웠으며, 열여덟 살에는 구암(龜巖) 이정(李楨)을 찾아가 근사록을 배웠다. 그리고 이 해 남명을 찾아와 남명의 문인이 된 것이다. 마흔일곱에 임진왜란이 일어나자 이 년 뒤인 1594년에는 김덕령(金德齡)과 함께 군사를 논의하였고 1597년에는 곽재우(郭再祐)와 함께 군사를 도모하였다. 1599년 쉰네 살의 나이로 고향에 돌아온 부사는 고향에 부사정(浮査亭)과 반구정(伴鷗亭)을 짓고 은일(隱逸)의 삶을 살았다. 그러다 1609년 예순네 살의 나이로 과거에 나가 생원, 진사시에 모두 합격하였다. 이듬해 문과 회시에 나갔다가 세월이 좋지 못한 것을 보고는 과거를 포기하고 귀향하고 말았다. 1622년에는 진주 지방지인 진양지(晉陽誌) 편찬 작업에 참여해 진주의 역사와 지리를 정리하여 후세에 전한 공이 있다(남명학 관련문집 해제(Ⅱ)(부사집), 2008, 224).

이 해(1568년) 청향당(淸香堂) 이원(李源, 1501~1568)이 9월 16일 세상을 떠났다. 애도하며 '이 사람이 가버렸으니 성정(誠正)의 학문과 경의(敬義)의 공부는 참으로 다시 보기 어렵겠구나.' 하였다(정우락, 2014, 247). 청향당은 남명과 어떻게 만나게 되었는지는 잘 알 수 없으나 같은 해 태어나 20대에 만나 매우 친하게 지냈다. 스물여섯 살 때 남명이 아버지의 상을 당하자 조문하였고 스물아홉 살에는 남명이 공부하던 자굴산사를 찾았으며, 서른 살에는 송계 신계성, 황강 이희안, 대곡 성운과 함께 김해 산해정을 찾기도 하였다. 서른일곱 살에는 청향당이 청향정사를 짓자 남명이 찾아 가 시 여덟 수를 지었다. 마흔여덟 살에 남명이 어머니의 상을 당하자 조문하고 위로하였으며 쉰 살에는 아들 광곤(光坤)과 조카 광우(光友)를 남명에게 보내 배우게도 하였다. 이렇듯 남명은 청향당과 매우 친하게 지냈는데 청향당이 먼저 세상을 떠났다. 남명이 청향당에게 준 시는 서른일곱 살에 청향정사에서 지은 청향당팔영(淸香堂八詠, 청향당에게 지어준 여덟 수의 시) 여덟 수 외에 화청향당시(和淸香堂詩, 청향당 시에 화답하여)와 증군호(贈君浩, 군호에게 주다) 등 두 수가 더 있다. 화청향당시(和淸香堂詩, 청향당 시에 화답하여)는 남명이 서른일곱에 청향정사를 찾았을 때 청향당이 타는 거문고 소리를 듣고 시 '금운(琴韻, 거문고 소리)'을 지었다.

거문고 소리	琴韻
세 성인 오묘한 뜻 한 거문고에 있나니,	三聖幽微在一琴
조용히 거두는 곳에 참된 소리 있더라.	寂然收處是眞音
부끄러워라! 그대 나에게 아양곡(峨洋曲) 권하나,	慚君勉我我洋韻
보잘것없는 내가 어찌 음악을 이해할 수 있겠나?	薄劣如何會得音

이에 청향당은 이 시에 차운하여 시를 지은 듯 한데 이 시는 전하지 않는다. 남명을 종자기에 비유한 듯하다. 남명은 청향당이 지은 이 시에 대하여 한참 뒤 화답하는 시 화청향당시(和淸香堂詩, 청향당 시에 화답하여)를 지은 것으로 보인다.

청향당 시에 화답하여	和淸香堂詩
네 가지 같으니 응당 새로 안 사람과는 다르기에,	四同應不在新知
나를 일찍이 종자기(鍾子期)에 견주었었지.	擬我曾於鍾子期
칠언시 · 오언시가 만금의 가치가 있건만,	七字五言金直萬
곁의 사람은 한 편의 시로만 간주하는구나.	傍人看作一篇詩

그리고 증군호(贈君浩, 군호에게 주다)는 청향당이 매양 약제와 같은 좋은 선물을 보내 준 것에 대한 감사와 자신은 줄 것이 없어 미안한 마음을 담아 산청 덕산에 있을 때 이 시를 써 준 것으로 보인다.

군호에게 주다 -이원(李源)의 자다-	贈君浩
매양 좋은 선물 받아도 보답하지 못하나니,	每承嘉贶未能酬
무엇도 없는 집 경쇠 달아맨 듯 하기 때문이라네.	爲是家空似磬垂
늙은이 생각은 있어 실컷 이야기하려 했건만,	唯有老懷呈欲破
수레와 종이 없어 갇힌 듯이 앉았을 뿐.	又無車僕坐如囚

예순아홉 살 때(1569년) 종친부전첨(宗親府典籤)에 임명 되었으나 병을 이유로 나가지 않았다(남명선생편년, 2011, 116).

이 해 남명은 남해안에 왜적의 침입이 잦은 것을 보면서 곧 왜적이 크게 방자할 것임을 우려하였다. 이에 막아낼 계책을 여러 문생들에게 물어 시험하였다. 이는 제자들에게 충의(忠義)를 격려하고 대책을 세우도록 했던 것이다(남명선생편년, 2011, 118). 이러한 까닭에 후일 임진왜란이 일어나자 제자들 가운데 망우당 곽재우, 내암 정인홍, 죽유 오운, 송암 김면, 대소헌 조종도, 송암 이로를 비롯한 수많은 제자들이 의병장으로 큰 공을 세웠고 약포 정탁, 백곡(柏谷) 정곤수(鄭崑壽) 등은 조정의 중신으로 나라를 누란의 위기에서 구하는 데 결정적인 공헌을 하였다. 남명이 제자를 양성한 효과가 이렇게 국가를 위해 발휘되었던 것이다. 임진왜란 때 활동한 대부분의 의병장은 남명의 문인들이다(허권수, 2001, 325). 당시 남명의 제자로써 의병을 일으키거나 의병장으로 크게 공을 세운 분들을 살펴보면 다음과 같다.[52]

곽재우(망우당), 정인홍(내암), 김 면(송암), 조종도(대소헌), 이 로(송암), 전치원(탁계), 이 정(모촌), 배명원(월정), 이대기(설학), 하 락(환성재), 성여신(부사), 김대명(백암), 정대방(동계), 오 운(죽유), 강 희(이재), 박인량(만수당), 조호익(지산), 박이현(여수), 정인함(금월헌), 진극원(월와), 권 제(원당), 이 승(천휘당), 하 흔(모헌), 조계명(송재), 노 둔(매와), 이현우(토천), 배형원(정곡), 이종욱(화헌), 최여계(매헌), 박 민(능허), 이유성(오월당), 조의민(경모재), 김경근(대하재), 최기필(모산), 김천택(사봉), 최홍호(문중), 권 심(청천), 도경효(병은), 양사원(어은), 박건갑(우졸재), 정대영(매헌), 박 성(대암), 문 위(모계), 박곤갑(묵성재), 권극행(지정), 성 용(모성재), 한몽삼(조우), 이현룡(쥬포), 이중룡(허진), 권 선(상암), 하 변(단주), 최진호, 하 진(택견), 노흠(입제), 이 욱(팔계), 곽 율(예곡), 전유룡(호봉), 신문빈(포연), 배기수(대황재), 변옥희(평천), 하홍도(겸재), 강익문(개암), 강대수(한사), 손석윤(송촌), 문덕수(고사), 정유명(역양), 정온(동계)[53], 성팽년(석곡)[54]

---

52) 이에 대한 것은 한상규(1992, 184)와 덕천사우연원록(2011), 최석기(2012), 이상필(2005, 120–121) 참조. 권인호(2019, 32)에서는 남명학파 의병장이 57인이라 하나 앞의 글을 참조할 때 남명 문인의 의병장은 모두 68명으로 확인된다. 이 중 전유룡(호봉, 1576–?)은 남명 사후(死後)에 태어나 남명의 제자라 하기 어려우며 곽율(예곡)은 임진왜란 때 초계군수(草溪郡守)로 참전하여 의병은 아니나 위 한상규(1992, 184)와 덕천사우연원록(2011)에 있어 여기에 포함시켰다. 호봉 전유룡은 남명의 문인 죽각 이광우(1529–1619)의 사위인 것으로 보아 사숙인(私淑人)인 것으로 보인다. 이에 대해서는 앞으로 더욱 연구되어야 할 것으로 여겨진다.

53) 정온(鄭蘊, 1569–1641, 호, 桐溪)은 정인홍의 문하에서 수학하고 남명의 문하에도 입문하였다. 정온은 남명의 문인인 정유명의 아들로 임진왜란 때 아버지 정유명과 함께 의병장 김면과 더불어 의병활동을 하였다(제주신보, 2011, 7월 19일자, 광해군 이야기 1).

54) 성팽년(成彭年, 1540–1594, 호, 석곡)은 임진왜란 때 의병활동을 한 인물로 덕천사우연원록(2011)에는 남명 문인으로

이러한 사실 하나만 보더라도 남명은 나라를 구한 선비로써 크게 칭송 받아 마땅하다.

일흔 살 때인 1570년(선조 3년) 선조는 남명에게 벼슬을 내려 두 번이나 다시 불렀으나 모두 사양하였다(남명선생편년, 2011, 119).

일흔한 살 때(1571년) 퇴계(退溪) 이황(李滉)이 세상을 떠났다는 부음을 받았다. 퇴계는 지난 해(1570년) 12월 8일에 세상을 떠났는데 이때 부음을 듣고 '이 사람이 죽었다고 하니, 나 또한 세상에 오래 있지 못 하겠구나.' 하면서 슬퍼하였다. 그리고 사상례절요(士喪禮節要) 한 책을 써서 문인 하응도(河應圖), 손천우(孫天祐), 유종지(柳宗智) 등에게 주면서 자신이 죽으면 이에 따라 장사를 치르라고 하였다.

이 해(1571년) 토정(土亭) 이지함(李之菡, 1517–1578)이 지리산을 유람하기 위해 덕산으로 왔다가 남명을 찾아왔다. 남명은 나와서 공경히 맞아들였다. 토정은 화담 서경덕의 제자이다. 충청도 아산현감으로 부임해 걸인청(乞人廳)을 만들었다. 토정비결을 지었다. 남명은 토정에게 젊은 제자 두 명을 딸려 보내 지리산을 오르게 하였다. 며칠 동안 지리산을 둘러본 토정은 남명과 작별 인사를 하고 돌아갔다(허권수, 2001, 332).

이 해(1571년) 4월 선조가 경상감사에게 특별히 명하여 음식을 내렸다. 가뭄이 심하게 들자 선조가 남명을 위하여 이러한 조처를 취하였다. 이에 남명은 5월 15일 사은의 글을 올리면서 또 '임금께서 옳아야 한다.'는 등의 말을 아뢰었다. 이에 선조는 비답을 내리기를 '소장(疏章)을 살펴보고 나라를 걱정하는 정성을 볼 수 있었소. 비록 시골 논밭 사이에 살아도 과인을 잊은 적이 없다는 것을 알겠소.'라고 하였다(허권수, 2010, 27).

이 해(1571년) 12월 12일 다시 병환이 생겨 낫지 않았다.

일흔두 살 때인 1572년(선조 5년) 정월에 옥계 노진, 동강 김우옹, 한강 정구, 각재 하항 등이 병문안 왔다. 정월 15일 병환이 몹시 심했다. 동강이 머리를 동쪽으로 두어서 생기를 받도록 청하자 남명이 '머리를 동쪽으로 둔다고 어찌 생기를 받겠는가?' 했다. 두세 번 더 청하니 남명이 말하기를 '군자가 예법으로써 사람을 사랑하는구나.' 하시고는 머리를 동쪽으로 돌렸다. 제자들이 호칭을 묻자 '처사(處士)로 하라.' 하였다. 2월 초에 죽각 이광우, 영무성 하응도, 무송 손천우, 조계 유종

이름이 올라 있지 않으나 이상필(2005, 98)에서는 남명의 문인이라 한다.

지, 모촌 이정, 도구 이제신, 남계 임희무, 설봉 박찬 등의 제자들이 와서 문후를 살폈다. 2월 6일부터 병세가 더욱 악화되었다. 하응도, 손천우, 유종지 등을 불러 치상의 예절을 일렀다. 8일 내외를 조용하게 하고 부인과 딸을 가까이 오지 못하게 명한 뒤에 자리를 바로 하고 '창문을 열어라, 아침 해가 저렇게도 청명하구나.' 하시며 제자들에게 경과 의를 다시 강조하고 '죽고 사는 것은 평범한 이치니라.' 하는 마지막 말씀을 제자들에게 남긴 채 평안히 영면하였다(허권수, 2001, 340). 향년 일흔두 살, 1572년 음력 2월 8일 덕산 산천재에서 세상을 떠났다. 병세가 악화된 1월에 경상감사가 남명의 병을 조정에 알렸다. 선조는 즉시 어의(御醫)를 보내어 진맥하게 했으나 도차하기 전에 세상을 떠났다. 부고가 전해지자 조정에서는 예조좌랑 김찬(金瓚)을 보내 남명의 영전에 치제(致祭)[55]하고 통정대부(通政大夫) 사간원 대사간에 추증하였다. 이 해 4월 6일 산천제 뒷산 임좌(壬坐) 언덕에 안장했다. 묘갈을 세웠다. 묘갈명을 대곡 성운이 지었다. 1615년(광해 7년)에는 대광보국 숭록대부 의정부영의정(大匡輔國崇祿大夫議政府領議政) 겸 영경연 홍문관 예문관 춘추관 관상감 사 세자사(兼領經筵弘文館藝文館春秋館觀象監事世子師)에 증직되었다. 문정(文貞)의 시호를 받았다(남명선생편년, 2011, 153).

55) 임금이 신하에게 제문과 제수를 내려 제사 지내는 것

3. 남명의 신명사도(神明舍圖)와 언어 구조

이 장에서는 남명의 신명사도를 분석하여 이를 현대 언어학에서의 언어 구조와 빗대어 봄으로써 신명사도를 구체적으로 해석하고자 하는 데 그 목적이 있다.

남명(南冥) 조식(曺植)은 위 2.에서 살핀 대로 1501년(연산군 7년) 음력 6월 26일 경남 삼가현(현, 합천군 삼가면) 토동 외가에서 태어나 1572년(선조 5년) 2월 8일 일흔두 살의 나이로 경남 산청군 덕산(시천면 사리) 산천재에서 제자들에 싸여 세상을 떠나기까지 줄곧 올곧은 선비로만 살았다. 그러나 이론보다는 실천을 강조한 나머지 그 남긴 글이 얼마 되지 않을 뿐만 아니라 남아 있던 글마저도 대부분 없어져 남명의 그 깊고 넓은 사상을 다 알 수 없어 아쉽다.[56] 여기에서 다루고자 하는 신명사도는 남명집에 실려 있는데 이 남명집은 여러 차례 간행 되면서 다시 고친 부분도 있고 또 바뀐 부분도 있어 그 원본을 찾기가 쉽지 않다. 여기에서 살피고자 하는 신명사도도 마찬가지다.[57] 남명집의 초기 판본이라고 볼 수 있는 기유본(1609)에는 명문만 있고 도표는 없으며, 임술본(1622)에 와서야 도표가 등장하고 도표의 경우도 임술본, 신해본, 이정본, 초기 중간본, 산천재 장판각본 등 다섯이 있는데[58] 판본에 따라 조금씩 다르다. 이 글에 쓰인 자료는 교감 국역 남명집(1995)에 실려 있는 것으로 한다. 이 책에서는 신해본 신명사도를 싣고 있다.

이 글의 논의를 위하여 먼저 남명의 신명사도와 참고로 신명사명을 보이면 다

---

56) 조동일(2001: 77)에서는 남명을 '말을 적게 하고 글을 아껴 쓴 분'이라고 하면서 '스스로 실행하는 바는 없는 주제에 말로만 대단한 이치를 논하면서 헛된 이름을 얻는 것을 경계한 분'이라 밝히고 있다.

57) 여기에 대한 자세한 내용은 오이환(2000ㄴ, 1-10), 최석기(1994, 158 주3) 참조.

58) 이 판본의 이름은 김충열(2001ㄴ, 13-17)에서 사용한 이름을 그대로 쓴 것이다.

음과 같다. 신명사명(神明舍銘)은 본문과 이에 따른 주석으로 이루어져 있는데 이는 이 글의 뒤 4. 4) 남명의 명(銘) 텍스트 분석에서 살피기로 하고 여기서는 신명사도를 중심으로 살피되 필요한 경우에 신명사명도 살피게 될 것이다.

신명사도(神明舍圖)

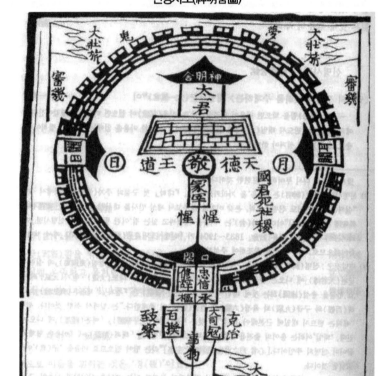

신명사명(神明舍銘)

太一眞君   태일진군(太一眞君)이

  閑邪則一 無欲則一 禮必本於太一 無邪其則 事以忠孝

  - 사악(邪惡)함을 막으면 마음이 한결같아지고, 사욕(私欲)이 없으면 마음이 한결
   같아진다. 예의(禮義)는 반드시 태일(太一)에 근본해야 한다. 사악한 마음을 없
   애는 것이 그 법칙이니 충효(忠孝)로써 섬겨야 한다. -

明堂布政　　　　　　　　　명당(明堂)에서 정사(政事)를 편다.

內冢宰主　　　　　　　　　안에서는 총재(冢宰)가 관장하고,

　存 ―마음을 보존하는 것이다―

外百揆省　　　　　　　　　밖에서는 백규(百揆)가 살핀다.

　學問思辨 卽事物上窮理 明明德第一工夫 總體

　― 배우고 묻고 생각하고 분별하는 것이다. 사물에 나아가 이치를 궁구하는 것이
　　명덕(明德)을 밝히는 첫 번째 공부이다. 총체(總體)이다. ―

承樞出納　　　　　　　　　승추(承樞)는 (말의) 출납을 (맡아)

　細分 擇善致知 ―세분한 것이다. 선(善)과 치지(致知)한 것을 가려낸다,―

忠信修辭　　　　　　　　　충신, 수사한다.

　忠信　五常實理 無一毫自欺 食料

　修辭　修身之修 固執力行 途轍 洞洞流轉

　― 오상(五常)의 실제 이치이다. 털끝만큼도 스스로를 속이지 말아야 한다. 식료
　　에 해당한다.〈충신(忠信)'에 대한 주석이다.〉 ―

　― '수(修)'는 '수신(修身)'의 '수(修)'이다. 고집(固執)과 역행(力行)이 이에 해당된다.
　　도철(途轍)이다. 도철은 막힘이 없이 끊임없이 유전(流轉)된다. 〈수사(修辭)'에
　　대한 주석이다.〉 ―

發四字符　　　　　　　　　네 글자의 부절(符節)을 발부하고,

　和恒直方 禮之用和 和中節 庸信謹恒 恒悠 久 謹獨直絜矩方

　― 화(和)・항(恒)・직(直)・방(方)이다. 예(禮)의 쓰임은 화(和)가 귀하니, 화(和)는
　　중절(中節)이다. 언행(言行)을 항상 신의 있게 하고 삼가는 것이 항(恒)이니, 항
　　(恒)은 오래도록 변하지 않는 것이다. 아무도 알지 못하는 곳에서도 조심함(謹
　　獨)이 직(直)이며, 자로 챈 듯이 행동함(絜矩)이 방(方)이다. ―

建百勿旂　　　　　　　　　백가지 금지(禁止)의 깃발을 세운다.

　仁之方 知行存省 命脉

　― 인(仁)에 이르는 방법이다. 지(知)와 행(行) 및 존심(存心)과 성찰(省察)을 아울러
　　행하는 것이다. 이는 명맥(命脉)에 해당한다. ―

九竅之邪　　　　　　　　　아홉 구멍의 사악(邪惡)함도,

三要始發　　　　　　　　　세 군데 요처(要處)에서 처음으로 나타난다.

　己 ― 사사로운 욕심이다 ―

動微勇克　　　　　　　　　움직이는 낌새를 용감하게 이겨내고,

　幾 ― 기미(幾微)가 있다 ―

　閑邪 ― 사악함을 막는 것이다. ―

進敎斯殺　　　　　　　　　나아가 반드시 시살(斯殺)한다.

　克 ― 이겼다. ―

丹墀復命　　　　　　　　　(승리를) 단지(丹墀)에서 복명하니,

　存誠 止至善

－ 성실함을 존재시켜 두는 것이며, 지극한 선에 이르러 머무는 것이다. －

堯舜日月　　　　　　　　　　요순(堯舜)의 세월이로다.

物格知至 復禮
－ 사물의 이치를 두루 알아 앎이 지극한 경지에 이르게 되는 것이며 예(禮)로 되
돌아간 것이다. －

三關閉塞　　　　　　　　　　세 관문을 닫아 두니,

淸野無邊　　　　　　　　　　맑은 들판이 끝이 없다.

涵　－ 함양(涵養)하는 것이다 －

還歸一　　　　　　　　　　　하나에로 되돌아오니

宿　－ 돌아가 묵는다 －

尸而淵　　　　　　　　　　　시동(尸童)과 연못이다.

• 養　－ 함양(涵養)하는 것이다. －
• 忠信 便是有這心 方會進德 忠信一貫 盡己體物 自裏面出 見於事物 誠有是心 至誠無息
• 破釜甑 燒盧舍 焚舟楫 持三日粮 示士卒必死無還 心如此 方會厮殺
• 須於心地 收汗馬之功

－ 충신(忠信): 이 마음이 있어야 덕(德)에 나아갈 수 있다. 충신(忠信)은 진기(盡己)
·체물(體物)과 함께 하나로 꿰어진다. 이면(裏面, 마음)에서부터 나와 사물에 나
타난다. 참으로 이러한 마음이 있으면, '지극한 정성은 쉼이 없는(至誠無息)' 것
과 같은 경지에 이르게 된다.－

－ 밥해 먹던 솥도 깨부수고 주둔하던 막사도 불사르고 타고 왔던 배도 불지른
뒤, 사흘 먹을 식량만 가지고 사졸(士卒)들에게 죽지 않고는 결코 돌아오지 않
으리라는 의지를 보여 주어야 하는데, 이와 같아야 바야흐로 반드시 섬멸(厮
殺)할 수 있다. －

－ 모름지기 마음 안에서 엄청난 전공을 거두어야 한다. －

國無二君　　　　　　　　　　나라에는 두 임금이 없듯이,

心無二主　　　　　　　　　　마음에는 두 주인이 없다.

三千惟一　　　　　　　　　　삼천 명이 한 마음이면,

億萬則仆　　　　　　　　　　억만의 군사도 도리어 쓰러뜨린다.

閑邪存　　　　　　　　　　　사악함을 막아 (정성을) 보존하며,

修辭立　　　　　　　　　　　말을 닦아 (정성을) 세우라.

求精一　　　　　　　　　　　정밀하고 한결같음을 추구하려거든,

由敬入　　　　　　　　　　　경(敬)으로 들어가라.

心聲如響　　　　　　　　　　마음의 소리는 메아리와 같고

其跡如印　　　　　　　　　　그 자취는 인장(印章)과 같으니라.

右三銘 皆無題 －이상의 세 명(銘)은 모두 제목이 없는 것이다.－

남명은 조선 성리학의 중심에 서는 큰 학자였다. 조선 성리학의 중심 과제는

마음에 대한 것이었다. 이는 두 가지 측면에서 고찰된다. 하나는 심성론이고 다른 하나는 수양론이다(금장태, 2002ㄱ, 279). 이 둘은 마음을 바탕으로 한다는 점에서는 같으나 관점은 서로 다르다. 심성론은 마음의 근원과 구조를 파악하는 데 관점을 두고 이론을 전개해 가는 것이라 한다면 수양론은 마음의 표준을 확인하고 이를 바탕으로 마음을 다스리는 이론적 방법을 추구해 가는 것이라 할 수 있다. 남명의 신명사도는 이 둘을 하나의 그림으로 나타낸 것으로 이 그림 하나에 남명의 심학이 다 발휘되었다고 할 수 있다.[59]

이 글에서는 하나로 그려진 남명의 신명사도를 심성론에 해당하는 것과 수양론에 해당하는 것을 나름대로 나누어 살핀다. 먼저 남명의 심성론 즉 남명이 그린 마음의 근원과 구조를 현대 언어학에서 기술하는 방법으로 살펴보고 이어 남명에서 추구하는 실천적 이상세계 즉 마음의 표준을 어디에 두고 있는 지를 살핀다. 이를 위하여 신명사도에 나타난 그림과 낱말들을 심성론에 해당하는 것과 수양론에 해당하는 것으로 나누되 한 항목 속에 묶어 살펴본다. 남명의 신명사도에서는 심성론에 해당하는 것은 주로 구조물이나 구체적인 사람의 벼슬 이름으로 나타내면서 양각의 네모 속에 넣어 두고 있고, 수양론에 해당하는 것은 주로 추상적인 낱말로 나타낸다. 논의의 편이(便易)를 위하여 그림에 나타난 구조물이나 낱말을 몇 개의 항목으로 나누어본다.

ㄱ)은 심성론에 해당하는 것이고 ㄴ)은 수양론에 해당하는 것이다.

1) 신명사도는 성곽을 중심으로 안과 밖으로 나누어진다.
2) ㄱ. 성곽 안에는 두 개의 구조물 즉 성곽(城郭)과 신명사(神明舍)가 있고, 두 사람
   즉 태일군(太一君)과 총재(冢宰)가 있다.
   ㄴ. 총재 위, 성곽 안 중심에 경(敬)을 두고 경 왼쪽에 왕도(王道)와 일(日)을 두고,
   오른쪽에 천덕(天德)과 월(月)을 두고 있다. 그리고 총재 아래에 성성(惺惺)을 두
   고 있다. 성곽 안 오른쪽 편에 국군사사직(國君死社稷)이란 글자를 써 두었다.
3) ㄱ. 성곽에는 세 개의 문, 즉 구관(口關), 이관(耳關), 목관(目關)이 있고 구관에 승

---

59) 여기에 대하여 후산(后山) 허유(許愈)는 후산집 권12, 13, 신명사도명 혹 문(神明舍圖銘或問) 후설을 통하여 '선생의 심학이 이 도(圖)에 모두 발휘되었다'고 하였다.

추(承樞)가 있다.

    ㄴ. 구관(口關)에 있는 승추(承樞) 위에 수사(修辭), 충신(忠信)을 두고 있다.

4) ㄱ. 성곽 밖에는 사물의 세계가 있다. 백규(百揆)와 대사구(大司寇)가 있다.

    ㄴ. 백규 옆에는 치찰(致察)을 두고 대사구(大司寇) 옆에는 극치(克治)를 두고 있다. 구관, 목관, 이관의 바깥쪽(성곽 밖)에 대장기(大壯旂)를 세우고 그 옆에 각각 심기(審幾)를 두고 있다. 성곽 밖, 그림 맨 위, 왼쪽에 귀(鬼), 오른쪽에 몽(夢)을 두고 있다. 그리고 성곽 밖 전체 그림 맨 아래 가운데에 '지(止)'를 두고 그 왼쪽에는 다시 '지(止)'를, 오른쪽에는 '지(至)'를 두고 있다. 가운데 '지(止)' 옆에는 필지(必至)를 두고, 오른쪽 '지(至)' 옆에는 '지지지지(知至至之)'를 두었으며 왼쪽 '지(止)'에는 좌우로 지종종지(知終終之)와 불천(不遷)을 두고 있다.

1) 성곽(城郭)의 안과 밖

신명사도는 성곽을 중심으로 안과 밖으로 나누어진다. 이러한 사실은 신명사도를 비교적 상세하게 논의한 복암(復菴) 조원순(曺垣淳, 1730-1783)의 복암집 권4에서도 찾을 수 있고 최근에는 전병윤(1991), 최석기(1994)에서도 찾을 수 있다.

조원순에서는 신명사도를 상1면(上一面, 성곽 안)과 하1면(下一面, 성곽 밖)으로 나누면서 상1면은 '곤순공부(坤順工夫)로서 지경(持敬)을 근본으로 삼고 경이직내(敬以直內) 의이방외(義以方外)가 바로 이를 말한다.'고 하고 하1면은 '건건공부(乾健工夫)로서 입성(立誠)을 위주로 한 진덕(進德)과 거업(居業)이 이것이다.'라고 하면서 성곽 안을 마음의 집이라 하였다.60) 그리고 전병윤(1991, 18-41)에서는 신명사도를 유가(儒家)의 경(敬)을 한눈에 볼 수 있도록 도면화한 것이라고 하면서 신명사도를 ○권내와 ○권외로 나누었다. 그리고 ○권외는 ○권내로 진입하기 위한 성의(誠意)와 그 과정(過程)으로 보고 ○권내를 체(體)로, ○권외를 용(用)으로 보았다(전병윤 1991, 41). 이는 신명사도의 전체를 대상으로 성곽의 안과 밖을 나눈 것으로 복암집에서 보인 상1면과 하1면과는 차이가 있으나 성곽을 기준으로 한다는 점과 성곽 안과 밖으로 나눈 것은 크

---

60) 복암집 권4, 〈신명사도명해(神明舍圖銘解)〉·〈논신명사도(論神明舍圖)〉. 上一面 坤順工夫而以持敬爲本 下一面 乾健工夫而以立誠爲主 進德居業是也.
　　같은 책. ○者 心之所宅. 所謂神明舍也.

게 다르지 않다.

최석기(1994, 22)에서는 신명사도를 인간이 안팎으로 마음을 잘 다스려 지선(至善)에 도달하는 것을 도식화한 것으로, 국군(國君)이 나라를 잘 다스려 지치(至治)를 이룩하는 것에 비유한 것이라고 하면서 신명사도를 곽내(郭內)와 곽외(郭外), 그리고 하면(下面)으로 나누었다. 이는 위 둘과 비교하면 신명사도를 성곽의 안과 밖으로만 나누지 않고 따로 하면을 두어 하면(下面)은 학문의 시종(始終)과 도달해야 할 목표를 제시하고 있다 하였다. 그렇다면 최석기(1994)에서의 하면은 그림과는 나누어지는 명(銘)으로 본 것이라 할 수 있어 여기서도 남명의 신명사도는 결국 성곽을 기준으로 안과 밖으로 나누어진다 하겠다.

이렇게 두고 보면 남명의 신명사도를 논의한 위 세 경우는 모두 성곽을 중심으로 안과 밖으로 나눈 것이 된다. 그렇다면 성곽 안과 밖은 어떻게 구분되는가? 위에서 보면 복암 조원순은 복암집 4권에서 성곽 안을 '마음의 집'이라 하고 전병윤(1991)에서는 몸이라 한다. 성곽이 신명사를 싸고 있는 것으로 보아 우리의 몸(구체적으로 말하면 우리의 머리다)이라고 보는 것이 옳겠다. 신명사가 우리의 마음을 나타내기 때문인데 우리의 마음은 몸속(머릿속)에 존재한다. 아래 〈그림 1〉을 통해서 보면 말할이와 들을이의 입, 귀, 눈의 안이 성곽 안이고 바깥 즉 점선의 화살표 방향으로 나오면 성곽 밖이다. 성 밖은 사물의 세계다. 말할이 입장에서 보면 들을이도 사물의 세계에 있고 들을이의 입장에서 보면 말할이가 사물의 세계에 있다.

〈그림 1〉

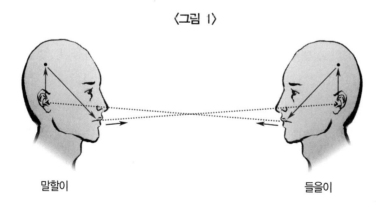

말할이   들을이

2) 성곽과 신명사, 태일군과 총재
   – 경, 왕도, 천덕, 성성 그리고 국군사사직

성곽은 우리 몸의 경계를 나타낸다. 성곽 안에 신명사가 있고 성곽이 이를 싸고 있기 때문이다. 신명사는 우리의 마음을 나타낸다. 주자어류(朱子語類) 권5에는 '心是神明之舍'의 구절이 있는데 이는 마음이 곧 신명사란 말이다. 신명사가 마음이라 하는 말은 경학대장(經學隊仗)에도 나타난다. 경학대장 심조(心條)에서는 '마음이 신명사이고 오관의 주인이라.(心者 神明之舍而五官之主也)'하였다(전병윤 1991. 26). 이렇듯 신명사는 우리의 마음을 나타낸다. 그 안에 태일군이 있다. 신명사명에는 태일군을 태일진군(太一眞君)이라 했는데 이 태일진군(太一眞君)이 '명당(明堂)에서 정사(政事)를 편다.'는 것이다. 이는 신명사도의 그림처럼 우리 몸을 성(城)으로 비유하고 몸 안에 있는 마음을 성안에 임금이 거주하는 집으로 비유한 말이다. 그 비유 관계를 표로 보이면 〈표 1〉과 같다.

〈표 1〉

성곽과 성곽 안	————————————————	몸
임금이 정사를 펴는 집 ———	〈신명사〉 ———	마음
정사를 펴는 사람 ———	〈태일진군〉 ———	마음을 이끌어 가는 것

이렇듯 남명의 신명사도는 우리의 몸과, 몸 안에 있는 마음과, 마음을 이끌어 가는 것을 임금이 정사를 펴는 대궐과 비유하여 그림으로 나타낸다. 그렇다면 몸과 마음은 우리가 쉽게 이해할 수 있는데 태일진군으로 비유된 마음을 이끌어 가는 것은 무엇인가? 이는 말이다. 말이 마음을 이끌고 마음은 말로 이루어진다. 선한 말을 하는 사람을 두고 우리는 그 마음이 선하다 하고 또 그 선한 마음을 가진 사람을 두고 우리는 그 사람이 선하다 한다. 반면에 악한 말을 하는 사람을 두고는 그 마음이 악하다 하고 또 그 악한 마음을 가진 사람을 두고는 그 사람이 악하다 한다.[61] 이렇듯 말이 우리의 마음을 지배하고 마음이 또한 그 사람을 지

배한다. 이와 관련하여 주시경(1910)에서는 다음과 같이 밝힌다.

> 말은 사람과 사람의 뜻을 통하는 것이라, 한 말을 쓰는 사람과 사람끼리는 그 뜻을 통하여 살기를 서로 도와줌으로 그 사람들이 절로 한 덩이가 되고, 그 덩이가 점점 늘어 큰 덩이를 이루나니, 사람의 제일 큰 덩이는 나라라. 그러하므로 말은 나라를 이루는 것인데, 말이 오르면 나라도 오르고, 말이 내리면 나라도 내리나니라. 이러하므로 나라마다 그 말을 힘쓰지 아니할 수 없는 바니라. …〈중략〉… 말이 거칠면 그 말을 적는 글도 거칠어지고 글이 거칠면 그 글로 쓰는 말도 거칠어 지나니라. 말과 글이 거칠면 그 나라 사람의 뜻과 일이 다 거칠어지고, 말과 글이 다스리어지면 그 나라 사람의 뜻과 일도 다스리어 지나니라. 이러하므로 나라를 나아가게 하고자 하면 사람을 열어야 되고, 니리 사람을 열고사 하면 먼저 그 말과 글을 다스린 뒤에야 되나니라. …

이렇듯 말은 마음을 이끌어가는 것이라 하겠는데 신명사도에서는 이를 태일군이라 한다.

전병윤(1991: 28)에서는 남명의 신명사도를 설명하면서 태일군(太一君)에 대하여 다음과 같이 말하고 있다.

> 우선 태일(太一)의 사전적인 해석은 우주의 본체, 천지 창조의 혼돈한 기운, 태초, 천제(天帝), 태을(太乙), 별이름 등으로 풀이하고 있다. 여기서 중시해야 할 것은 역시 일(一)이다. 일(一)이라고 하는 것은 무극(無極)일 뿐이다. 무극으로부터 태극(太極)이요 양의(兩儀)에서 사상(四象)이 나온다고 했다. 이 일(一)이 무극이라고 했으니 이 일(一)은 천지 이전의 상태이다. 그래서 태극 이전의 세계요 음양(陰陽) 이전의 세계이다. 하늘·땅이 생기기 이전의 세계를 말하는 것이며, 상제(上帝)가 주관하는 세계로 태일군(太一君), 천군(天君)이라 했다. 달리 표현해서 하나님의 세계요, 부처님의 세계다.

이것이 태일군이라고 한다면 성경에서는 이를 말씀으로 표현하고 있다. 성경에서는 요한복음 1장 1절-3절을 통하여 말을 다음과 같이 표현하고 있다.

> 태초에 말씀이 계시니라. 이 말씀이 하나님과 함께 계셨으니 이 말씀은 곧 하나님이시니라. 그가 태초에 하나님과 함께 계셨고 만물이 그로 말미암아 지은 바 되었으니 지은 것이 하나도 그가 없이 된 것이 없느니라.

---

61) 여기에 대하여 학기류편(2002, 130)에서는 '명(命)은 임금의 명령과 같고, 성(性)은 맡은 일과 같고, 정(情)은 일을 시행하는 것과 같고, 마음은 바로 그 사람이다(命猶誥勅 性猶職事 情猶施設 心則其人也)'라고 써 두고 있다.

이렇게 두고 보면 남명의 신명사도에서 태일군을 말로 보아도 크게 어긋남이 없을 것으로 여겨진다.

그런데 말은 보는 각도에 따라 둘로 나누어진다. 하나는 마음속(사실은 머릿속의 대뇌(大腦)라 해야 할 것이다)[62] 말이고 다른 하나는 우리가 말을 함으로써 신명사도로 볼 때 구관(口關)을 통하여 성곽 밖, 사물의 세계로 나온 말이다. 우리말에서는 이 둘을 구분하지 아니하고 다 말이라고 한다.[63] 현대 언어학의 아버지라 일컬어지는 스위스의 언어학자 소쉬르(Fendinand de Saussure)[64]는 일찍이 앞의 말을 랑그(langue)라 하고 뒤의 말을 빠롤(parole)이라 한 바 있다.[65] 랑그와 빠롤의 관계를 말의 순환 과정을 통해 살펴보면 다음과 같다.

<표 2> 말의 순환 과정

(말할이) 개념 —— 청각 영상 —— 말하기 …… 듣기 —— 청각 영상 —— 개념 (들을이)

말의 순환은 일반적으로 말할이와 들을이 사이에서 이루어진다. 순행의 기점은 말할이의 머릿속에 있다. 그 머릿속에는 의식 사실(즉 개념)이 그것을 표현하기 위해 소용되는 언어 기호의 표상 즉 청각 영상과 연합한다. 가정하여 지금 어떠한 개념이 그에 대응하는 청각 영상을 머릿속에서 일으켰다고 하자. 이것은 완전히 심적인 현상인데, 여기에 생리적 과정이 수반된다. 곧 뇌는 발음 기관에다가 그 영상에 상관되는 자극을 전달한다. 말하기한다. 이어서 음파가 말할이의 입에

---

62) 대뇌(大腦)는 좌·우로 나누어져 있으며 왼쪽 반구는 특히 언어 처리를 통제하며 오른쪽 반구는 공간시각적 처리와 같은 능력을 통제한다. 왼쪽 뇌에서 언어를 담당하는 부위는 둘로 나누어진다. 하나는 베르니케 영역(Wernicke's area, 뒤쪽)으로 이는 말을 할 때 낱말을 조회하여 이들을 브로카 영역으로 보내는 역할을 한다. 다른 하나는 브로카 영역(Broca's area, 앞쪽)인데 이는 베르니케 영역에서 보내온 낱말들을 통사적으로 조립(말할 때) 혹은 분석(들을 때)하여 문법적 처리를 하는 역할을 하는 것으로 알려지고 있다(전정례, 1999, 56~58).

63) 중국 한자말에는 말을 언어(言語)라 하는데 '언(言)'은 안에서 밖으로 나가는 말, 즉 말할이의 말이고 '어(語)'는 밖에서 안으로 들어가는 말, 즉 들을이의 말이다.

64) 소쉬르(Saussure, 1857~1913)에 대하여 테일러(John R. Taylor)는 그의 저서 'Cognitive Grammar(임지룡·김동환 옮김, 2005, 41)'에서 '소쉬르(Saussure)가 현대 언어학의 아버지라는 위상을 차지하게 된 것은 그의 사후 제자들에 의해서 쓰여진 책 《Cours de linguistique générale》에서 비롯된 것이라.' 하고 있다. 언어학자들은 일반적으로 소쉬르(Saussure)를 현대 언어학의 아버지라 일컫는다.

65) 여기에 대해서는 소쉬르(Fendinand de Saussure:, 1915), Cours de linguistique générale, 일반 언어학 강의 : 오원교 역, 형설출판사, 1983, 21~25) 참조.

서 들을이의 귀로 전파된다. 이것은 순수한 물리적 과정이다. 다음의 순행은 들을이에서 지금까지의 반대의 순서로 진행된다. 즉 귀에서 뇌로 청각 영상의 생리적 전달이 일어난다. 뇌 속에서는 그 영상이 그것과 대응되는 개념과 심적 연합을 하게 된다.66)

〈표 2〉에서 개념과 청각 영상의 연합은 심적인 사실이다. 랑그(langue)는 이 연합에서 나타나는 말이다. 그리고 말하기와 듣기의 연결은 생리적, 물리적 사실이다. 이는 안에서 밖으로 실현되는, 또는 실현된 사실이다. 말하기, 또는 말하기와 듣기의 연결에서 나타나는 말이 빠롤(parole)이다. 그리고 랑그와 빠롤의 총체적인 현상을 랑가주(language)라 한다(소쉬르, 1983, 22). 랑가주는 우리가 빠롤의 홍수 속에서 랑그를 저장하고, 그리고 랑그를 도구로 하여 빠롤화 하는 총체적인 언어활동을 가리킨다(허웅, 1963, 27). 이것은 언어학에서 소쉬르(Fendinand de Saussure)가 생각한 언어 구조이다.

이제 이러한 관점에서 언어학에서 소쉬르(Fendinand de Saussure)의 언어 구조와 유학의 심성론에서 남명의 심성 구조를 빗대어 다시 살펴보면 태일군은 랑가주에 해당한다 하겠다. 태일군은 성곽의 안과 밖을 총체적으로 다스리는 존재로 보아야 하기 때문이다. 그리고 성곽 안에는 총재가 있다. 총재는 서경(書經)에서 '나라의 정치를 장악하고, 여러 관리들을 거느려 온 세상을 고르게 한다.'67)고 하고 복암집(腹菴集)에서는 '총재는 육관(六官)의 장으로 백직(百職)을 통솔한다.'68)고 하였다. 이렇게 총재는 안으로 백관(百官)을 거느리고 밖으로 온 세상을 고르게 하며, 천자(天子)를 보좌하는 인물이다. 그렇다면 총재는 언어학에서 어떤 자리를 차지하면서 그 역할을 담당하는가가 중요한데 이는 랑그 그 자체로 볼 수도 있고 아니면 랑그의 어느 한 자리를 차지하면서 제 역할을 담당한다고 보아야 할 것이다. 랑그는 앞에서도 살폈듯이 개념과 청각 영상의 연합에서 나타나는 말이다. 이는 심리적 현상이다. 그리고 우리가 말을 하기 위해서는 랑그를 도구로 빠롤화하는 과정을 거쳐야 하는데 이 과정은 매우 복잡하다. 이 과정을 실현하기 위해서는 마음

---

66) 여기에 대해서는 소쉬르(Fendinand de Saussure:, 1915), Cours de linguistique générale, 일반 언어학 강의 : 오원교 역, 형설출판사, 1983, 25~30) 참조.
67) 서전(書傳), 권6, 주관(周官), 冢宰則邦治 統百官 均四海.
68) 복암집(腹菴集), 권4, 신명사도명해(神明舍圖銘解), 冢宰則六官之長而百職之統也.

속에 존재하는 세 개의 방을 움직여야 한다. 마음속에는 세 개의 방이 있다. 낱말이 저장되어 있는 낱말 방과 소리(음운)가 저장되어 있는 소리 방, 음운규칙, 형태규칙, 통사규칙 등이 저장되어 있는 규칙의 방이 그것이다. 이 방들에서 청각 영상에 맞는 낱말과 낱말에 맞는 소리와 또 이들에 맞는 규칙을 끄집어내 이들을 연합시켜 하나의 바른 말(문장)을 만들어 실현시키게 된다. 여기서 연합과 실현의 경우를 나누어보면 연합까지가 랑그가 되므로 이는 신명사도에서 총재가 성곽 안에서 육관의 장으로 여러 관리들을 통솔하여 목적하는 바를 이루는 것과 같은 것으로 볼 수 있다. 따라서 신명사도에서의 총재를 언어학의 랑그로 볼 수 있다.

그러면 태일군과 총재는 이 마음을 어떻게 다스리는가? 이는 언어학적 입장에서 보면 한마디로 언어 순화의 과정이라 하겠고 성리학적 입장에서 보면 수양론이다. 신명사도에서 수양론은 위 ㄴ)으로 표현되고 있는데 여기서는 이들을 통하여 마음을 다스리는 목표 즉 마음 수양의 목표를 어디에 두고 있는가를 신명사도와 신명사명을 중심으로 성리학적 입장에서 구체적으로 살펴본다.

신명사도의 중심에 경이 있다. 그리고 좌우에 왕도(王道)와 천덕(天德)이 있다. 성리학의 핵심 과제는 존양(存養)과 성찰(省察)이다. 존양은 타고난 본연의 마음을 흩어지지 않도록 보존해 함양하는 것이고 성찰은 마음이 외부의 사물과 접촉할 때 미혹되지 않도록 인식을 정밀화하는 것이다. 존양은 경(敬)을 떠나서는 불가능하고 성찰은 경(敬)을 바탕으로 하되 사물과 접촉할 때 나타나는 시비(是非), 선악(善惡), 사정(邪正)을 가릴 수 있는 가치 판단 기준 즉 의(義)가 있어야 한다(최석기, 1994, 28). 이렇게 두고 보면 경(敬)은 마음을 올바르게 주재(主宰) 하는 것이고 의(義)는 경이 주재한 올바른 마음을 행동으로 옮겨 실천할 때 그 기준이 되는 것이다. 이렇듯 성리학은 안으로는 경(敬)으로써 마음을 흩어지지 않게 하면서 경(敬)에 거처해 밖을 성찰함으로써 사악(邪惡)함이나 사욕(私慾)이 나타나면 의(義)를 세워 결단함으로써 끊임없이 자기 자신을 한 인격체로 완성해 가는 학문이라 할 수 있다. 이러한 사실은 남명의 무진봉사(戊辰封事)에도 잘 나타난다.

…가슴 속에 마음을 간직해서 혼자 있을 때를 삼가는 것은 큰 덕(大德)이고, 밖으로 살펴서 그 행동에 힘쓰는 것은 왕의 도리(王道)입니다. 그 이치를 궁구하고 몸을 닦으며, 가슴속에 본심을 간직하고 밖으로 자신의 행동을 살피는 가장 큰 공부는 곧 반드

시 경(敬)을 위주로 해야 합니다. 이른바 경이란 것은 정제하고 엄숙히 하여, 항상 마음을 깨우쳐서 어둡지 않게 하는 것입니다. 한 마음의 주인이 되어 만사에 응하는 것은 안은 곧게 밖은 방정하게 하는 것입니다. 공자께서 이른바, '경으로써 몸을 닦는다.' 라는 것이 이것입니다. 그러므로 경을 주로 하지 않으면 이 마음을 간직할 수 없고, 마음을 간직하지 못하면 천하 이치를 궁구할 수 없으며, 이치를 궁구하지 못하면 사물의 변화를 다스릴 수가 없습니다.…(교감 국역 남명집, 1995, 249)

이러한 까닭으로 남명의 신명사도에서는 경(敬)을 성곽 한가운데 두고 경(敬)의 양쪽에 왕도와 천덕을 두었음을 알 수 있다. 즉 태일(太一) 아래 경을 두고 좌우로 왕도와 천덕을 두는데 태일(太一) 아래 경을 두는 것은 정자(程子)에게서 비롯된다. 정자는 일(一)을 주(主)로 삼는 것을 경(敬)이라 하고 마음이 다른 곳으로 달아나지 않는 것을 일(一)이라 한다(전병윤, 1991, 31). 이 관계의 표시라 할 수 있다. 그리고 왕도와 천덕을 좌우로 두는 것은 경(敬)과 의(義)의 중요성을 들어낸 것이다. 위 무진봉사에 '가슴 속에 마음을 간직해서 혼자 있을 때를 삼가는 것'은 존양, 성찰해야 함을 나타낸 말로 이는 큰 덕(德) 즉 천덕(天德)이고, '밖으로 살펴서 그 행동에 힘쓰는 것'은 왕도(王道)로 의(義)로써 실천해야 함을 나타낸 것이다. 이는 앞에서도 밝혔듯이 성리학의 중심된 과제다. 그리하여 그림의 한 가운데 있는 경(敬)의 양쪽에 천덕(天德)과 왕도(王道)를 두고 있다.

그리고 경(敬)에서 더 나아가 왼쪽에 일(日), 오른쪽에 월(月)을 두고 있는데 이는 하늘의 일(日), 월(月)을 말하는 것(전병윤, 1991, 35-36)으로 복암집(腹菴集 권4)에서는 일(日), 월(月)을 곧 요순일월(堯舜日月)이라 한다. 요순일월(堯舜日月)은 신명사명에도 나타난다. 신명사명에서는 '움직이는 낌새를 용감하게 이겨내고(動微勇克), 나아가 반드시 시살한다(進教厮殺). 승리를 단지(丹墀)에서 복명하니(丹墀復命) 요순(堯舜)의 세월이로다.(堯舜日月)' 한다. 이는 사물의 세계에서 적을 물리쳐 요순의 세월을 얻었다는 것인데 이 요순의 세월을 마음에서 천덕과 왕도를 세움으로써 얻어 요순의 세월 즉 요순일월(堯舜日月)을 이루었다는 뜻으로 그림에 일(日), 월(月)을 둔 것으로 이해된다.

다음으로 총재의 아래에 둔 성성(惺惺)에 대해 살펴본다. 성성은 혼미(昏迷)하지 않고 깨어 있다는 뜻이다(최석기, 1994, 167). 이를 총재 아래 둠으로써 총재는 혼미(昏迷)하지 않고 늘 깨어 있어 안으로는 마음의 상태를 밝게 하여 본연의 마음을 잃지 않도록 하고 밖으로는 행동을 살펴 사물의 세계에 미혹되지 않도록 해야 한다는 것을 나타낸다. 이는 '경(敬)'하는 것이다.

끝으로 성곽 안 오른쪽 편에 있는 국군사사직(國君死社稷)에 대해 살펴본다. 나라의 군주는 사직을 위해 죽는다는 뜻이다. 이는 예기(禮記) 권2에 있는, '군주는 사직을 위해 죽고(國君死社稷), 대부는 민중을 위해 죽으며(大夫死衆), 선비는 제도를 위해 죽는다.(士死制)'는 말의 인유로 보인다. 이를 신명사도에서는 성곽 안에 두고 있으니 지금까지 살펴본 바로는 심성론에 해당하여 마음의 한 자리를 차지하거나 수양론으로 보아 마음이 지향하는 바를 나타내야 할 터인데 그렇지 못하다. 그림 속에서 다른 것들과 연결되지 못하고 따로 떨어진 모습이다. 물론 적극적인 입장에서 보면 최석기(1994, 14-15)에서처럼 '임금이 국난에 대처해 죽을 각오로 나라를 지켜야 하는 것처럼 선비가 마음을 다스리는 데 있어서 잠시도 경을 떠나서는 안 된다는 것을 보인 것'이란 해석이 가능하다. 그렇더라도 이는 신명사도 전체와 호응하지 못하는 점이 있어 여기서는 이를 신명사도 안에 둔 남명의 하나의 명(銘)으로 보아둔다.

3) 구관, 이관, 목관 그리고 승추 - 수사, 충신

성곽에는 세 개의 문이 있다. 앞에 구관(口關)이 있고 오른쪽에는 이관(耳關), 왼쪽에는 목관(目關)이 있다. 구관은 안에서 밖으로 나오는 문이고 이관과 목관은 밖에서 안으로 들어가는 문이다. 이를 우리 몸으로 보면 구관은 소리말을 할 때의 입이고 이관은 소리말을 들을 때의 귀이며, 목관은 글말을 읽거나 소리말을 들을 때 말할이의 표정 등을 보는 눈이다. 말은 입을 통하여 밖으로 나온다.

밖으로 나온 말을 앞에서 빠롤이라 하였다. 빠롤은 말하기를 통하여 공기 중(《표 2》에서 …… 부분. 사물의 세계)에 나와 들을이의 귀로 가는 말이다. 따라서 빠롤은 둘로 나눌 수 있다. 하나는 말하기로써 몸 안에 있는 빠롤이고 다른 하나는 말하기를 통하여 공기 중에 나와 들을이의 귀로 가는 빠롤이다. 신명사도에서는 말할이와 그 밖의 존재로만 나타내고 있으므로 성곽 밖의 세계는 다 사물의 세계이다. 언어학적으로는 빠롤의 세계다. 성곽 안에서 밖으로 연결되는 문 즉 구관은 말을 할 때의 입처럼 매우 중요하다. 그래서 구관에 승추(承樞)를 두어 안에서 밖으로 나가는 바를 살핀다. 이를 두고 신명사명에서는 '승추(承樞)는 (말의) 출납을 (맡아)' 라고 한다. 승추가 존재하는 곳은 언어학적으로 보면 아직 몸 안에 있는 말하기 의 빠롤이다. 승추는 왕명을 출납하는 승지(承旨)와 같은 의미다(최석기, 1994, 170). 승 추를 언어학적으로 보면 말이 밖으로 나올 때 언어 환경으로 보아 적확한 말은 통과시키고 적확하지 아니한 말은 통과되지 못하도록 저지하는 필터와 같은 존 재라 할 수 있다. 이를 〈표 3〉에서 본다.

〈표 3〉

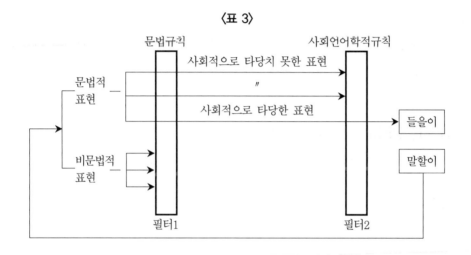

〈표 3〉에서 말할이가 들을이에게 무엇을 말하려는 동기를 가지고 말을 할 때 문법적 표현은 첫 번째 필터인 문법적 규칙을 통과하고 비문법적 표현은 저지된 다. 문법적 표현은 다시 두 번째 필터인 사회언어학적 규칙을 거치게 되는데 이 때 사회적으로 타당하지 못한 표현은 저지되고 타당한 표현은 통과하여 들을이 에게 가게 된다.[69] 신명사도의 승추는 위 필터에 해당된다 하겠다.

그렇다면 이 필터 즉 승추가 하는 일은 무엇인가? 신명사명에서 보면 '승추는 말의 출납을 맡아(承樞出納), 충신, 수사한다.(忠信修辭)'는 것이다. 그리고 승추출납(承樞 出納)의 주에는 '선(善)과 치지(致知)한 것을 가려내 택한다.(擇善致知)'고 하였다. 필터의 역할을 한다는 것이다. 충신(忠信)과 수사(修辭)는 주역에도 나오는 말이다. 주역(周易), 문언전(文言傳), 건괘(乾卦) 문언(文言), 구삼효, 주자본의(朱子本義)에 '충신(忠信)은 마음에

---

69) 여기에 대한 자세한 내용은 황적윤(1979, 355-357) 참조.

주로 하는 것이 한 생각도 성(誠)하지 않음이 없는 것이다. 수사(修辭)는 일에 나타난 것이 한 마디 말도 진실 되지 않음이 없는 것이다. 충신의 마음이 있더라도 말을 닦아 성(誠)을 세우지 않으면 거기에 거처할 수 없다.'고 하면서 충신은 마음가짐에 조금도 사심이 없는 경지, 즉 자신을 극진히 해서 그것을 채워나가는 것을 말하고, 수사는 마음이 밖으로 표현되는데 조금도 거짓됨이 없는 경지를 가리킨다 하였다(최석기, 1994, 17). 이러한 관점에서 신명사도에는 구관에 충신, 수사를 두고 있는데 말(마음)이 밖으로 나갈 때는 늘 구관에 있는 이들, 충신과 수사를 통과하여 나가야 한다는 것이다. 신명사명의 주석에서는 이들을 매우 구체적으로 말하고 있는데 '선(善)과 치지(致知)한 것을 가려내 택하여(擇善致知)' 이러한 것은 밖으로 내 보내고 그렇지 못한 것은 저지(沮止)한다는 것이다.70)

4) 사물(事物) 그리고 백규와 대사구
- 치찰, 극치, 대장기, 심기 그리고 귀, 몽

신명사도에서는 성곽 밖에 사물이라 적어두었다. 이는 몸 밖이 사물(事物)의 세계임을 나타낸 것이다. 3)에서의 승추(承樞)도 빠롤이 있는 곳이고 백규나 대사구의 위치도 역시 빠롤이 있는 곳이다. 그러나 이 둘의 위치는 서로 다르다. 앞엣것은 〈표 2〉에서 볼 때 말하기의 위치에 있는 것이고 뒤엣것은 입을 떠나 공기 중에 나온 것이다(〈표 2〉…… 부분). 이는 몸 밖의 세계로 객관의 세계요, 남의 세계다. 따라서 이는 심성론 즉 마음의 근원과 구조의 문제가 아니라 외부의 세계에 대한 실천적 수양론에 대한 문제다. 나와 남과의 관계에서 나타나는 나의 수양에 대한 문제다. 이를 두고 신명사명에서는 '안에서는 총재가 관장하고 밖에는 백규가 살핀다.'고 하고 있다.

백규는 또 같은 자리에서 대사구(大司寇)와 함께 제 맡은 역할을 한다. 대사구는 주로 주(周)나라 시대에 형벌을 맡던 사람으로 형옥(刑獄)을 관장하였다 한다(전병윤, 1991, 52). 이러한 사실은 서전(書傳)에도 나타난다. 서전(書傳)에서는 사구(司寇)를 '나라

---

70) 소쉬르(Fendinand de Saussure)의 언어 구조에서는 이 필터에 대한 언급이 없다. 이는 최근의 언어 구조에서 언급되는 것이다. 그러나 남명의 심성 구조에서는 '승추(承樞)'를 둠으로써 소쉬르(Fendinand de Saussure)의 언어 구조에서 오히려 한 걸음 더 나아간 모습을 보인다.

의 금조(禁條)를 관장하고 사악한 사람을 심문하며 난폭한 사람을 벌주는 일을 한다.'는 것이다.[71] 백규는 이 대사구와 함께 몸 밖에서 제 맡은 역할을 한다. 여기에서 제 맡은 역할이라 함은 백규는 경을 통해 치찰(致察)하고, 대사구는 의를 바탕으로 극치(克治)함을 말한다. 치찰은 백규가 맡고 극치는 대사구가 맡는다. 그리하여 백규 옆에는 치찰이라 써 두고 대사구 옆에는 극치를 써 둔 것으로 보인다. 치찰은 바깥 사물을 성찰한다는 뜻이다. 경(敬)으로 성찰하고 의(義)에 따라 결단하여 극치(克治) 해야 한다는 것이다. 신명사명에서도 '밖에서는 백규(百揆)가 살핀다.(外百揆省)'고 하고 그 주석(註)에 '배우고 묻고 생각하고 분별하는 것이다. 사물에 나아가 이치를 궁구히 하는 짓이 명덕(明德)을 밝히는 첫 번째 공부이다. 총체이다.(學問思辨 卽事物上窮理 明明德第一工夫 總體)'라고 하였다. 이렇듯 백규와 사물의 성찰 즉 치찰은 이치를 궁구함으로써 사물을 재제함에 있어 마음이 어지럽지 않도록 하는 것인데 이를 좀 더 구체적으로 말하면 사물로 말미암아 일어나는 모든 사념(邪念), 사욕(私欲)을 살피는 일은 백규가 맡고, 이것이 만약 일어난다면 싸워 이겨야 할 터인데 싸워 이기는 일을 극치(克治)라 하고 극치를 맡은 이가 대사구이다. 이에 대하여 복암집(腹菴集) 권4에서는 '사구(司寇)는 병권(兵權)을 장악하는 관(官)이며, 극치는 사람의 사욕(私欲)이 뜻에서 일어나는 것을 용(勇)으로써 이기는 것'이라 하면서 '극치는 능히 사욕, 사념(邪念)을 이기는 것(克治能勝私欲邪念也)'이라 하였다.[72] 이렇듯 대사구는 사물로 말미암아 일어나는 사욕, 사념을 대장의 용기로써 물리치고 그곳에 대장기(大壯旗)를 세워 승리하였음을 나타낸다. 그리고 다시 늘 그 낌새를 살핀다(審幾)[73]. 이러한 사실은 신명사명에도 나타난다. 신명사명에서는 '아홉 구멍의 사악(邪惡)함도(九竅之邪), 세 군데 요처(要處)[74]에서 처음으로 나타난다.(三要始發). 낌새가 있자마자 용감하게 이겨내고(動微勇克), 나아가 반드시 섬멸(厮殺)토록 한다(進敎厮殺). ─이겼다(克)─, 승리를 단지(丹墀)에서 복명하니(丹墀復命), 요순(堯舜)의 세월이로다.(堯舜日月)' 하였다. 다시 말하면 성곽 밖에서의 싸움, 즉 사물의 세계에서의 싸움을 이겨 성안의 임금에게 보고한다는 것이니 이는 밖에서 안으로 들어가 일월(日月)처럼 밝은 요순

71) 서전(書傳), 주서(周書), 주관(周官). 司寇掌邦禁 詰姦慝刑暴亂.
72) 復菴集, 券四, 神明舍圖銘解, '克治能勝私欲邪念也'
73) 대장기(大壯旗)와 낌새에 대한 자세한 내용은 이 글 뒤에 나타나는 3). (1). (가). 본문 12, 주석 '이겼다(克)' 참조
74) 세 군데 요처라 함은 이관(耳關), 목관(目關), 구관(口關)을 말하는데 이들 밖같에 승리의 깃발을 세우고 깃발 옆에 심기(審幾)를 적어 늘 낌새를 살펴야 함을 말하고 있다.

(堯舜)의 세월을 이룬다는 것이다. 이를 언어 구조로 보면 〈표 2〉의 빠롤의 세계 즉 공기 중에서 다시 귀를 통하여 랑그의 세계로 들어가는 것과 같다. 밖에서 안으로 들어가는 것은 안에서 밖으로 나오는 것의 역순인데 안에서 밖으로 나올 때 지키는 것이 승추(承樞)라고 한다면 밖에서 안으로 들어가는 것을 관장하는 것은 백규(百揆)라 할 수 있다. 그리고 신명사명에서는 '세 관문을 닫아 두니(三關閉塞), 맑은 들판이 끝이 없고(淸野無邊), 그리하여 안과 밖이 한결같음으로 되돌아오니(還歸一) 시동과 연못이라.(尸而淵)'고 한다. 시동과 연못은 장자(莊子) 재유(在宥)에 '그러므로 군자는 오장을 풀어헤침이 없고 그 총명을 휘두름이 없으면 시동처럼 앉아 있어도 용처럼 나타나고 연못처럼 묵묵히 있다가 우뢰처럼 소리친다.(故君子苟能無解其五臟 無擢其聰明 尸居而龍見 淵默而雷聲)'에서 인유한 것이다. 여기서는 다 줄이고 시동(尸)과 연못(淵)으로만 나타내고 있다. 이는 군자의 마음이다. 군자의 마음을 이루었다는 것이다.

또 사물의 세계에는 귀(鬼)와 몽(夢)이 있다. 복암집(復菴集) 권4, 신명사도명해(神明舍圖銘解)에서 보면 '그칠 바를 알면 각이요(知其所止則覺也) 그칠 곳을 알지 못하면 몽이다(不能知止則夢也). 그 그칠 곳에 그치면 사람이요(止其所止則人也) 그칠 곳에 그칠 수 없으면 귀이다(不能止止則鬼也). 몽과 귀 두 자는 일월의 반대편으로 도(圖)의 음면에 둔 것은 이 때문이라.(夢鬼二字爲日月之反而居圖之陰面以此)'하였다. 이를 보면 인(人)과 귀(鬼), 각(覺)과 몽(夢)이 다 지(止)에 연관되어 있다. 그런데 남명의 학기류편(學記類編, 2002, 179) 성도(誠圖)에서 보면 가운데 ●에 성(誠)이라 쓰고 그 위에 물격지지의(物格知至意)라 쓰면서 오른쪽에 몽각관(夢覺關)[75]이라 쓰고 그 아래에 인귀관(人鬼關)이라 써 두고 있다. 그리고 맨 위, 물격지지의(物格知至意) 위에 선(善)과 악(惡)을 써 두고, 선과 악, 위에 기(幾, 기미)를 써 두었다. 기미(幾微)는 선악(善惡)의 갈림길이다. 그러면서 학기류편(같은 책, 182-183)에는 이와 관련하여 다음과 같이 써 두고 있다.

뜻을 성실하게 하는 것은 올바른 사람이 되느냐 혹은 좋지 못한 귀신과 같이 나쁜 일을 하게 되느냐 하는 선과 악의 갈림길이니, 이 관문을 잘 통과하여야 진전이 있게 된다. 사물에 나아가 이치를 궁구함은 꿈속을 헤매는 것과 같이 참된 진리를 깨닫지

---

75) 이상필(2002, 167)에서는 '夢覺關'을 '몽교관'으로 읽고 있는데 이는 '몽(夢)'을 잠과 연관하고, '覺'을 '깸'과 연관하여 '夢覺關'을 '몽교관'으로 읽고 있는 듯 하다. 그런데 글쓴이는 '覺'을 마음이 '격물치지(格物致知)'로 '앎(깨달음)'으로 나아간 상태로 보고, '몽(夢)'을 '앎(깨달음)'으로 나아가지 못한 마음이 혼미한 상태로 보아 '夢覺關'을 '몽각관'으로 읽는다.

못하느냐 혹은 꿈속을 헤매다가 깨어나 맑은 정신을 회복하는 것과 같이 진리를 깨닫
느냐 하는 갈림길이다. (誠意, 是人鬼關, 過此一關, 方會進. 格物, 是夢覺關)

이 글을 통해서 보면 성의(誠意)는 인귀관(人鬼關)이고, 격물(格物)은 몽각관(夢覺關)이
다. 성의(誠意)와 격물(格物)은 대학(大學)의 삼강령(三綱領), 팔조목(八條目)에 나오는 말이
다. 삼강령(三綱領)은 명명덕(明明德), 신민(新民)76), 지어지선(止於至善)이고, 팔조목(八條目)
은 격물(格物), 치지(致知), 성의(誠意), 정심(正心), 수신(修身), 제가(齊家), 치국(治國), 평천하
(平天下)이다. 팔조목에서 명명덕(明明德)에 해당하는 것은 격물(格物), 치지(致知), 성의(誠
意), 정심(正心), 수신(修身), 다섯 조목이다. 이 다섯 조목은 자신을 이루는 것(成己)으
로 격물(格物), 치지(致知)는 앎(知)을 지극히 하는 것이고, 성의(誠意), 정심(正心), 수신(修
身)은 행(行)을 지극히 하는 것으로 대개 격물치지(格物致知)와 성의·정심·수신(誠意·正
心·修身)을 한 데 묶어 생각한다. 따라서 앎을 이루는 격물치지(格物致知)는 몽각관(夢覺
關)을 통과하여 진리의 깨달음에 이르러야 하며(至), 성의·정심·수신(誠意·正心·修身)
은 인귀관(人鬼關)을 통과하여 올바른 사람으로 나아가 그 곳에 도달해 머물러야 한
다(止). 신명사도에서 귀(鬼)와 몽(夢)을 이러한 의미로 써 두면서 귀(鬼)는 지(止)-지종
종지(知終終之)와 대립되는 음면(陰面)에, 몽(夢)은 지(至)-지지지지(知至至之)와 대립되는
음면(陰面)에 써 둔 것으로 보아야 한다. 이렇게 두고 보면 귀(鬼)는 끝날 곳을 알아
그 곳에 머물러야 하는, 그러나 그 곳에 머물지 못한 것으로 지(止)-지종종지(知終終
之)와 대립하면서 관련을 가지고, 몽(夢)은 이를 곳을 알아 그 곳에 이르러야 하는,
그러나 그 곳에 이르지 못한 것으로 지(至)-지지지지(知至至之)와 대립하면서 관련을
가진다. 지(至)-지지지지(知至至之)와 지(止)-지종종지(知終終之)는 주역(周易) 문언전(文言傳),
건괘(乾卦) 문언(文言), 구삼효에서 인유한 것으로 이를 살펴보면 다음과 같다.

---

76) '신민(新民)'은 대학에 '친민(親民)'으로 되어 있다. 대학의 '친민(親民)'을 정이천(程伊川)은 '신민(新民)'으로 고쳤는데 주
자(朱子)도 이에 따르고 있다(김승곤, 2018ㄴ, 23). 일반적으로도 정이천(程伊川), 주자(朱子)에 따라 '백성을 새롭게 한
다'는 뜻으로 '신민(新民)'을 받아들인다. 그러나 왕양명은 '백성을 친애하게 한다'는 뜻으로, 자신으로부터 가장 가까운
부모에서 점차 그 대상을 확장해나가는 뜻이 있는 '친민(親民)을 그대로 두어야 한다'고 하였다(대학·중용, 1999, 38).
남명은 왕양명의 '친민(親民)'을 받아들이는 듯 한데(김충열, 2002, 57) 글쓴이는 일반적인 견해에 따라 '신민(新民)'으로
하였다.

공자가 말씀하시기를 군자는 덕(德)에 나아가 업(業)을 닦으니 충신(忠信)은 덕(德)에 나아가기 위함이요, 말을 닦고 그 정성을 세우는 것은 업(業)에 있기 위함이요, 이를 데를 알아 이르는 것은 함께 기미(幾微)를 말할 수 있고, 마칠 때를 알아 마치는 것은 함께 의(義)를 보존할 수 있다.

(君子進德修業, 忠信所以進德也, 修辭立其誠 所以居業也, 知至至之, 可與幾也, 知終終之, 可與存義也) (주역, 2011, 577.)

이를 보면 '지지지지(知至至之)'는 '더불어 기미(幾微)를 말할 수 있는 것'이라 하고 '지종종지(知終終之)'는 '함께 의(義)를 보존할 수 있다.'고 한다. 그리고 이의 세주(細註)에 '충신은 마음을 주로 삼는 것으로 일념(一念)도 정성스럽지 않음이 없으며, 수사(修辭)는 일(事)에 나타나는 것으로서 한 말(一言)도 부실함이 없다. 비록 충신(忠信)의 마음이 있더라도 그 수사(修辭)가 정성스럽지 않으면 그 경지에 있을 수 없다. 지지지지(知至至之)는 덕에 나아가는 일이며, 지종종지(知終終之)는 업(業)을 닦는 일이라.'고 하였다. 즉 신명사명의 하면에 있는 지(至)-지지지지(知至至之)는 격물치지(格物致知), 충신(忠信)으로 덕에 나아가는 일이며 지(止)-지종종지(知終終之)는 성의·정심(誠意·正心), 수사(修辭), 역행(力行)으로 업(業)에 있기 위한 일이다. 이 둘은 수양론으로 대학 삼강령(三綱領)에서 명덕(明德)을 밝히는 시작이요, 끝이다. 그리하여 가운데 지(止, 止於之善) 양쪽에 두고 있다. 이를 두고 전병윤(1991, 54)에서는 남명의 신명사도를 살피면서 '지(至)는 지지지지(知至至之), 충신(忠信), 진덕(進德), 지(知), 체(體)가 되고', '지(止)는 지종종지(知終終之), 수사(修辭), 거업(居業), 행(行), 용(用)이 된다.'고 하면서 '그칠(止) 데를 알면 다른 곳에 마음을 옮길 수 없는 까닭으로 지(止)에서 불천(不遷)이라 했다.' 한다. '불천(不遷)'은 대학(大學) 장구(章句) 강령(綱領)에 나오는 말, 즉 '대학의 도는 밝은 덕을 밝히는데 있으며, 백성을 새롭게 하는데 있으며, 지극한 선(善)에 머무르는데 있다.(大學之道, 在明明德, 在親民, 在止於之善)'고 한 말에 대하여 정자(程子)가 주해(註解)하면서 한 말이다.

지극히 선(善)하다는 것은 사리의 당연함이 지극한 것이다. 밝은 덕을 밝히는 것과 백성을 새롭게 하는 것은 다 지극한 선(善)의 위치에 그쳐서 옮기지 않는 것이다. 반드시 그 천리(天理)의 지극함을 다하여 조금도 인욕의 사사로움이 없는 것이다.

(至善則事理當然之極也, 言明明德, 新民, 皆當止於至善之地, 而不遷, 蓋必其有以盡夫天理之極, 而無一毫人欲之私地) (대학, 1982, 411.)

이를 보면 '밝은 덕을 밝히는 것(明明德)과 백성을 새롭게 하는 것(新民)은 다 지극한 선(善)의 위치에 그쳐서 옮기지 않는 것이다.(不遷)'라고 한데서 왼쪽 '지(止)' 옆에 '불천(不遷)'을 두고 있는 것이다. 가운데 지(止)는 대학 삼강령(三綱領)에서 공부를 통한 수양의 목표가 되는 '지어지선(止於至善)'을 말하는 것이다. 이는 공부의 목표로 여기에는 반드시 이르러야 한다. 그리하여 가운데 '지(止)' 옆에 필지(必至)를 써 두고 있다.

지금까지 우리는 조선 심학의 중심을 이루는 남명의 신명사도와 신명사명을 현대 언어학적 언어 구조에 비추어 그 대강을 살펴보았다. 지금까지 살펴본 바를 한데 모아 하나의 표로 보이면 〈표 4〉와 같다.

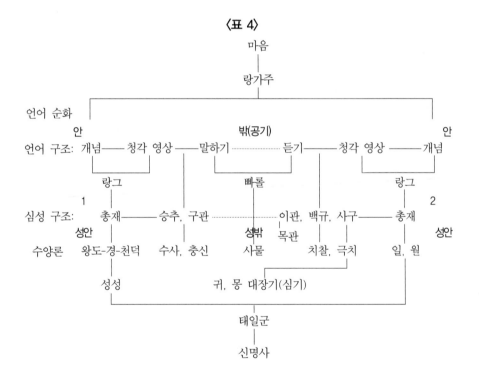

〈표 4〉

〈표 4〉에서 1의 총재를 2에서 다시 한 번 더 그려 둔 것은 언어 구조에 있어 2번 쪽 들을이의 청각 영상과 개념이 심성 구조에 있어서는 성곽 안에서 나와 승리의 깃발을 세우고 다시 성곽 안으로 들어가 '승리를 임금께 보고하니(丹墀復命), 요순(堯舜)의 세월이로다(堯舜日月)'하기 때문이다. 나올 때의 역순으로 들어가기 마련이다.

이렇게 두고 현대 언어학에서의 언어 구조와 신명사도에서의 심성 구조를 빗대어 보면 큰 줄기에 있어 거의 일치함을 알 수 있다. 오히려, 신명사도에서의 수양 부분이 언어학에 있어서는 언어 순화의 부분이 되겠는데 이것이 빈칸으로 남아 있는 것을 보면 언어학에서 이 부분은 연구를 통하여 더욱 보충해야 될 부분으로 남기까지 한다. 더욱이 현대 언어학에서의 언어 구조가 1915년 소쉬르 (Fendinand de Saussure)의 〈Cours de linguistique générale〉에서 비롯되어 정리되었음을 감안한다면 신명사도에 나타난 남명의 심성 구조나 수양론은 그 세밀함에 있어서나 논리적인 면에 있어 정말 놀라울 정도로 뛰어나다 하겠다. 방장산 제일 높은 꼭대기에 걸렸음직한 남명의 그 고상한 마음을 좇아 끝없이 달려가야겠다는 각오만 새롭다. 이러한 의미에서 남명의 시 한 수를 소개한다.

두류산에서 지음	**頭流作**
고상한 마음 천 자라 걸기 어려우니,	高懷千尺掛之難
방장산 제일 높은 꼭대기에나 걸어 볼까?	方丈千頭上上竿
옥국관에는 모름지기 삼세의 문적 있나니,	玉局三生須有籍
다른 날 내 이름자를 직접 볼 수 있겠지.	他年名字也身看

4. 남명 언어의 텍스트 분석

1) 텍스트와 텍스트 언어학

이 장에서는 남명이 남긴 글을 텍스트로 하여 이 글에 담긴 의미를 심도 있게 분석해보고자 한다. 남명의 생각이 하나로 집약되었다고 하는 신명사도는 앞에서 살폈다. 여기서는 남명의 생각을 잘 알 수 있는, 시(詩), 부(賦), 명(銘), 서(書) 텍스트를 대상으로 살펴보고자 한다. 그런데 문제는 남명이 남긴 글들이 오늘의 우리가 이해하기에는 무척 어렵다는 것이다. 한문으로 되어 있어 그렇기도 하지만 번역된 것의 경우도 쓰여 진 시대가 멀고 또 남명의 언어 자체가 매우 추상적이어서 말할이와 들을이 사이에서는 어쩔 수 없이 평가 착오가 많이 일어날 수밖에 없다. 이러한 까닭에 이 글에서는 남명 언어의 난해성을 극복하고 말할이와 들을이 사이에서 일어날 수 있는 평가 착오를 최대한 줄일 수 있는 한 방안으로 남명의 언어를 텍스트 언어학적 분석 방법을 원용하여 살펴보고자 한다. 텍스트 언어학의 대상은 문예학의 대상인 문학 작품, 수사학의 대상인 각종 문서, 미디어학의 대상인 영상 매체를 분석하는 관점을 취하기에(한성일, 2003, 20) 텍스트 언어학이라기보다는 이들을 포괄할 수 있는 텍스트 기호학이 더 적확할 것으로 보인다. 그러나 이 글이 텍스트학이나 텍스트 이론 자체를 연구하는 것이 아니라 남명이 남긴 글 즉 문예학의 중심이 되는 시(詩), 부(賦)와 남명의 생각을 잘 알 수 있는 명(銘)과 서(書)에서 골라 그 일부분만의 텍스트를 분석하고자 하는 것이므로 텍스트학의 이론에 꼭 맞추어 분석하기보다는 이를 원용하여 남명 텍스트가 가지고 있는 형식적, 내용적인 뜻을 잘 분석하여 끄집어내는데 그 의의가 있으므로 이를 텍스트 언어학이라 하고 여기서는 먼저 텍스트 언어학이 어떠한 것인가에 대하여 살펴본다.

(1) 텍스트 언어학의 정의

텍스트 언어학은 1990년 이후 그 연구가 활발하게 이루어져 이제는 언어학적 위치를 굳힌 듯 하다. 그러나 아직도 학자들 사이에 텍스트 언어학이란 학제적 이름조차에도 이견이 많고 또 새로운 이론들이 나타나는 것으로 보면 확고한 이론을 정립하기까지는 아직도 가야 할 길이 있어 보인다.

텍스트 언어학을 이 글에서는 계획성 있는 이야기 행위로서의 텍스트 생산과 수용을 연구 대상으로 삼는 모든 학문 분야를 포괄하는 명칭으로 보아둔다.

텍스트의 정의는 구조주의 학자들의 정의와 기능주의 학자들의 정의로 크게 나누어 볼 수 있다. 구조주의 학자들은 텍스트를 월의 결속적 연쇄로 정의하고[77] 기능주의 학자들은 텍스트를 텍스트 생산자가 텍스트 수용자에게 표현하는 의사소통적 접속 방식으로 정의한다[78]. 앞엣것에 의하면 텍스트성은 결속 관계가 되고 뒤엣것에 의하면 텍스트성은 텍스트 생산자가 구체적인 의사소통 상황에서 의도한 텍스트의 목적 또는 텍스트의 기능이 된다. 그러나 이 두 가지 즉 결속 관계와 텍스트의 기능은 상호 보완적인 관계를 갖는다. 왜냐하면 텍스트는 '의사소통 상황에서 구체적인 텍스트의 기능을 갖는 언어 기호들의 결속적 연쇄'이기 때문이다.

이러한 사실에 보그란데와 드레슬러(Beaugrande and Dressler, 1981)는 텍스트성을 결속구조(cohesion), 결속성(coherence), 의도성(intentionality), 용인성(acceptabilituy), 상황성(situationality), 상호텍스트성(intertextuality), 정보성(informativity) 등 7가지의 기준을 충족하는 통화성 발

---

77) 하벡(R. Harweg, 1968, 148)은 대이름씨 연쇄 관계를 밝히는 논문을 통하여 텍스트를 '대 이름씨를 끊임없이 연결한 언어 단위'로 정의하였다.
    이젠버그(Isenberg, 1970, 1)와 헬빅(Helbig, 1975, 66)에서는 텍스트를 '문장들 사이의 결속적인 연쇄'로 정의한다.
78) 슈미트(S. J. Schmidt, 1973, 124, 150)에서는 의사소통과 텍스트를 구분하면서 의사소통의 행위에 대해서는 '의사소통행위란 어떤 의사소통 상황에서 언어적, 언어사회적, 비언어적 구성 성분들 간의 복합적 관계이며', 텍스트란 '주제 지향적이고 인식 가능한 의사소통 기능을 충족시키는 의사소통행위의 언어적 구성 성분의 총체'라 하였다.

화체로 정의한다. 이 중에서 결속 구조와 결속성은 결속 관계에 대응하는 것이고 나머지 다섯 가지 즉 의도성, 용인성, 상황성, 상호텍스트성은 텍스트의 기능과 관련된다. 따라서 이 글에서는 텍스트를 텍스트의 결속 관계와 텍스트 기능의 결합체로 보면서 이는 보그란데와 드레슬러(Beaugrande and Dressler, 1981)가 설정한 위 일곱 가지의 텍스트성 기준에 맞는 통화성 발화체를 말하는 것으로 정의한다. 통화 행위 속에 실현되는 텍스트성 일곱 가지를 관련되는 부문과 구성 요인으로 나누어 보면 다음 〈표 5〉와 같다(Beaugrande and Dressler, 1981, 김태옥, 이현호 공역, 해설).

〈표 5〉

관련부문	언어	정신	현실	통화
구성요인	텍스트적 요인	심리적 요인	사회적 요인	정보 처리적 요인
텍스트성의 기준	결속 구조 결속성	의도성 용인성	상황성 상호텍스트성	정보성

(2) 텍스트성의 기준

텍스트성은 텍스트를 텍스트답게 만드는 데 작용하는 여러 요인들을 말한다(이석규 외, 2001, 24). 보그란데와 드레슬러(Beaugrande and Dressler, 1981)에서는 텍스트성의 일곱 가지 기준을 설정하고 있다. 이들은 위에서 밝힌 바와 같이 결속 구조, 결속성, 의도성, 용인성, 상황성, 상호텍스트성, 정보성 등이다. 한 텍스트는 이 기준을 만족시켜야 하며 그렇지 못할 경우의 발화체는 비통화적인 것으로 보아야 함으로 결국 비텍스트로 취급된다. 따라서 텍스트 언어학의 주요 과제는 결국 이 텍스트성 규명에 있다 하겠다.

의사소통의 상황은 크게 보아 셋이 있다. 말할이와 들을이 그리고 의사소통의 수단으로 쓰이는 말이다. 말할이의 입장에서 보면 그 말을 왜하는지, 무엇 때문에 하는지가 분명해야 한다. 이는 말할이의 심리적인 요인으로 작용하는데 이를 의도성(intentionality)이라 한다. 말을 실현할 때의 일차적인 책임은 말하는 사람에게 있다. 무슨 말을 하는지 알 수 없는 말을 한다거나 때로는 그 말을 왜 하는지 알 수 없을 때가 있다. 또 알아들을 수 없는 어려운 말을 하거나 틀린 말을 한다면 들을이는 그 말을 받아들일 수가 없다. 이렇게 되면 들을이로서는 말할이의 의도를 도무지 알 수 없게 되어 의사소통이 이루어지지 않는다. 다시 말하면 그 말은 텍스트성을 가지지 못한다. 말하는 사람은 어떻게 하면 자신의 말이 상대인 들을이에게 온전히 전달되도록 할 것인가 즉 텍스트성을 유지하게 할 것인가의 의도를 분명히 해야 한다. 의사소통에 있어 이차적 책임은 들을이에게 있다. 말할이가 아무리 의도성을 갖고 텍스트성을 실현한다 할지라도 들을이가 그 말을 받아들일 마음의 준비가 되어 있지 않거나 일부러라도 들으려 하지 않는다면 이 또한 의사소통이 이루어지지 않는다. 의도성이 말할이의 심리적 요인으로 작용하는 것이라면 들을이의 심리적 요인으로 작용하는 것을 용인성(acceptability)이라 한다. 의도성과 용인성은 실현된 말이 텍스트성을 갖게 하는데 있어 매우 중요한 요인이다. 텍스트 언어학에 있어 텍스트는 어떤 기준을 만족시켜야 하며 어떻게 말할이에 의해 생산되고 들을이에 의해 수용되는가가 밝혀져야 하기 때문이다(보그란데와 드레슬러(Beaugrande and Dressler, 1982, 김태옥, 이현호 공역, 1991, 5).

　의사소통의 상황에서 남은 하나는 말이다. 의사소통은 말할이가 들을이에게 말하고자 하는 내용이 있기 마련인데 이 내용을 우리는 정보라 한다. 다시 말하면 의사소통을 위한 말에는 정보성이 있어야 한다는 것이다. 이는 정보 처리적 요인이다. 의사소통의 목적은 말할이가 들을이에게 정보를 전달하고자 하는 데 있다. 이 정보 내용에 따라 텍스트가 결정된다(이석규, 2003, 55). 말할이가 들을이에게 어떠한 정보를 잘 전달하기 위해서는 말을 할 때의 시간적, 공간적 상황이나 현실에 주어진 역사, 문화, 풍습, 생활 습관 같은 사회 문화적 배경은 물론 그 속에 존재하는 사물과 사건, 이것들의 진행 상태와 맥락, 말할 때의 현장 분위기 따위를 고려하지 않으면 안 된다. 이러한 상황적 요인을 텍스트 언어학에서는 상황성(situationality)이라 한다(이석규 편, 2003, 56). 상황성은 한 텍스트를 말하는 상황에 적합하도록 만드는 요인이 되어 의사소통에 있어 말할이는 최소한의 표현으로 적절하게 자신의 의도를 나타내게 된다.

　텍스트 언어학에서 상황성과 함께 어떠한 정보를 잘 전달하기 위하여 사전에 경험한 텍스트의 끌어들여 새로운 텍스트를 만드는 경우가 있다. 대개 잘 알려진 원래 텍스트를 끌어들이게 되는데 이를 텍스트 인유(引喩)라 하고 텍스트 인유를 통하여 만들어진 텍스트성을 상호텍스트성(intertextuality)이라 한다. 상호텍스트성도 텍스트성의 하나로 인정된다.

텍스트가 텍스트성을 가질 때는 반드시 형식과 그 형식에 결합된 내용이 있다. 이는 기호가 가지는 양면성이다. 언어 기호에는 양면성이 있다. 말의 형식적 요소는 음운, 형태소, 낱말, 이은말(구), 마디(절), 월(문장)이다. 이들은 선조상에서 관계하며 이들 관계에는 규칙이 있다. 음운(음소)과 음운의 관계 규칙을 음운론이라 하고 낱말 안에서 이루어지는 형태소와 형태소 사이의 관계 규칙을 형태론이라 하며, 월 안에서 이루어지는 낱말과 낱말 사이의 관계 규칙을 통사론이라 한다. 언어학의 범위는 여기까지다. 한 월을 벗어나지 않는다. 즉 언어학은 월 이하의 단위를 연구 대상으로 한다. 그러나 텍스트 언어학은 월 이상의 언어를 포함하는 텍스트를 연구 대상으로 한다. 따라서 언어학에서는 현실 속에 들어난 월뿐만 아니라 현실 속에 들어나지 아니한 사전 속의 잠재적인 말도 연구 대상에 포함된다. 그러나 텍스트 언어학에서는 잠재적 언어가 아닌 현실이라는 시간 속에서 실현된 월과 월의 이음을 포함한 말의 연쇄 즉 텍스트가 연구 대상이다. 실현된 말은 이은말, 마디, 월과 같이 이들을 이루는 구성 요소들이 문법적 의존 관계에 따라 선조상에서 적절히 배열되어 구조화 되는데 이를 텍스트 언어학에서는 결속 구조(cohesion)라 한다. 하나의 체계로써 텍스트가 안정성을 지니게 되는 것은 결국 실현된 말의 체계화된 연속성에 있다. 말이 입 밖으로 나와 텍스트로써 하나의 뜻을 가지게 될 때에는 이보다 먼저 마음속에서는 말하고자 하는 텍스트의 개념이 형성된다. 텍스트의 개념은 개념과 개념들 사이의 관계를 의미한다(이석규, 2003, 56). 텍스트에서 이루지는 개념과 개념들의 관계 구조를 텍스트 언어학에서는 결속성(coherence)이라 한다. 결속성은 말이 밖으로 실현되기 이전에 마음속에서 형성되며 이것이 말의 형식에 실려 밖으로 실현된다. 하나의 텍스트가 '의미 있다.'는 것은 그 텍스트의 표현들로 활성화된 지식 간에 의의(意義)의 연속성이 존재할 때 가능하다(이석규 외, 2001, 40-41). 바꾸어 텍스트가 '의미 없다.'는 것은 들을이가 그런 연속성을 발견할 수 없는 경우인데 이것은 통상 표현된 개념과 그 관계의 구성, 그리고 들을이가 이미 지니고 있던 세계의 지식 사이에 일치되지 않는 점이 있었기 때문이다. 이러한 의의의 연속성은 결속성의 기반이 된다. 결속성은 결속 구조와는 텍스트를 결속시키는 기능을 한다는 점에는 공통점을 가지나 결속 구조는 이 기능을 텍스트의 형태적 층위에서, 결속성은 텍스트의 세계 즉 이야기 참여자들의 내용적 층위에서 부담한다는 점에서 차이가 있다. 결속성을 표지하는 방법은 대개 텍스트를 이루고 있는 개념들의 관계를 그물망을 이용하여 나타내는데 월 이상의 개념들의 관계는 개념의 크기에 따라 층위를 구분하여 층위 별로 그물망을 형성하여 묶어 간다. 마지막 단계에서는 개념 구조가 모두 드러나는 시점인데 이를 미시 구조라 한다(이석규 외, 2001, 86). 미시 구조 전 단계에서 표시되는 개념 관계를 거시 구조라 한다.

텍스트성은 이 일곱 가지의 기준에 따라 결정되는데 이제 이 일곱 가지의 기준들이 의사소통 과정에서 어떻게 텍스트성을 확보해 가는지 하나하나 구체적으로 살펴본다.

① 결속 구조

하나의 체계로써 텍스트가 지니는 안정성은 의사소통의 과정에서 쓰인 말의 연속성에 의해 유지된다(보그란데와 드레슬러(Beaugrande and Dressler, 1982, 김태옥, 이현호 공역, 1991, 32). 이 연속성은 부려 쓰인 말(사물의 세계로 나온 말)의 구성 요소들이 갖는 통사 구조의 의해 파악되는데 통사 구조의 단위가 되는 이은말(구)이나 마디(절), 월(문)의 통사 구조가 결속 구조의 핵심이다. 이들의 구성 요소들은 문법적 규칙에 따라 서로 의존하므로 결속 구조는 당연히 문법적 의존 관계나 통사 규칙을 바탕으로 한다. 이는 말의 형식적 조건이다. 결속 구조가 텍스트성을 확보하기 위해서는 말의 형식적 조건에 따라 연결되는 결속 구조적 장치가 필요하다. 결속 구조적 장치는 음운, 형태, 통사적 특성에서 나타나는 관계 속에서 텍스트간의 연쇄가 이루어지는데 텍스트간의 연쇄가 이루어져야 텍스트성이 확보 된다.[79]

음운(음절)에 기대 텍스트성을 확보하는 경우는 시에서 주로 찾아 볼 수 있다. 현대시에서 월의 첫머리나 가운데 또는 끝에 운을 맞추어 월의 연쇄를 이룬다. 월의 첫머리에 맞춘 운을 두운(頭韻)이라 하고 가운데에 맞춘 운을 요운(腰韻) 끝에 맞춘 운을 각운(脚韻)이라 한다. 한시에서도 운을 맞추어 월의 연쇄를 이루는 압운법(押韻法)과 한자의 평성(平聲)과 측성(仄聲, 상성, 거성, 입성)을 맞추어 월의 연쇄를 이루는

---

79) 이에 대한 자세한 내용은 고영근(2011, 99~118) 참조.

평측법(平仄法)이 있다. 한시의 압운법은 운을 이은말이나 월의 끝에 두는데 오언절구(五言絕句)에서는 일반적으로 기승전결구(起承轉結句)에서 승구와 결구의 끝에, 오언율시(五言律詩)의 경우는 기승전결구에서 둘째 행(行) 끝에, 칠언절구(七言絕句)에서는 기승결구의 끝에, 칠언율시(七言律詩)에서는 기승전결구의 둘째 행(行) 끝에 운을 두어 월의 연쇄를 이룬다. 평측법은 한자의 평성과 측성을 월에 배치해 소리의 높낮이를 맞춤으로써 전체 시 텍스트가 소리의 조화가 이루어지게 하는 것으로 이도 음운에서 운율(운소)에 기대 월과 월의 연쇄가 이루지게 하는 한 방법이다. 우리 시조의 경우는 초장, 중장, 종장에서 음절수를 맞추어 월의 연쇄를 이루는데 이것도 음운에 기대 텍스트성을 확보하는 경우이다.

통사적 특성에 기대 텍스트성을 확보하는 경우는 월이 길게 이어지는 경우 이미 사용된 월의 구조와 모형이 그대로 반복 또는 수정되어 다시 사용되거나 압축, 생략함으로써 월과 월을 이어 텍스트성을 주로 확보한다. 여기에는 회기법, 부분 회기법, 병행 구분, 환언, 대용형 사용, 생략, 월 이음법 등이 쓰인다. 월의 구성 요소나 모형을 단순히 반복하는 것을 회기법이라 하고 이미 사용한 월의 구성 요소들을 다른 기능의 구성 요소로 바꾸어 사용하는 경우를 부분 회기법이라 한다. 병행 구문은 앞 월의 내용을 반복하면서 다른 표현을 사용하는 것을 말하고 환원은 앞 월과 같은 내용을 말하면서 다른 표현을 사용하는 것을 말한다. 대용형은 앞 월에 나타난 낱말, 이은말, 월을 대신하여 한 낱말 주로 대이름씨를 통하여 말의 효율성을 꾀하면서 월의 연쇄를 이루는 것을 말한다. 생략은 대용형과 마찬가지로 간결성과 명료성을 꾀하고자 하는 것인데 앞 월의 구조와 그 의미 내용을 뒤 월에서 반복하되 앞 월에 나타난 일부를 빼고 사용하는 것을 말한다. 월 이음법은 앞 월의 끝에 있는 풀이말의 씨끝을 이음 씨끝으로 바꾸어 뒤 월과 연결하거나 뒤 월의 첫머리에 이음씨[80]를 두어 앞 월과 연결함으로써 월의 연쇄를 이루는 방법을 말한다. 이음씨는 그 자체의 뜻으로 보면 벌림, 매임, 안매임 세

---

80) 허웅(2000, 고친판, 232-424)에서는 씨갈래를 이름씨, 대이름씨, 셈씨, 움직씨, 그림씨, 잡음씨, 매김씨, 어찌씨, 이음씨, 느낌씨, 토씨로 모두 열 하나로 나누었다. 허웅(이 글, 423)에서의 씨가름에서 이음씨를 하나의 씨갈래로 두는 것이 특징적인데 허웅(이 글, 423)에서는 이음씨를 다시 앞뒤의 말을 잇는 것과 월 앞에 놓이어, 그 앞 월의 뜻을 뒤로 이어주는 것으로 나누면서 앞엣것으로는 '및, 또는, 곧'을 예로 들었고, 뒤엣것으로는 '또, 그뿐아니라, 더구나, 하물며, 그러니, 하니까, 그런고로, 따라, 그러매, 그러므로, 그런즉, 한즉, 그러니까, 그러면, 그러하거든, 그래야만, 그렇지마는, 하지마는, 하나, 하나마, 그러나, 그러하되, 하되, 그러할지라도, 그럴지라도' 등을 그 예로 들고 있다.

가지가 있다(최현배, 1975, 다섯번째 펴냄, 603).

> 벌림; 또, 그뿐아니라, 더구나, 하물며
> 매임; 까닭과 때문을 보이는 것; 그러니, 하니까, 그런고로, 따라, 그러매, 그러므
>   로, 그런 즉, 한즉, 그러니까
> 조건을 보이는 것; 그러면, 그러하거든, 그래야만,
> 안매임; 그렇지마는, 하지마는, 하나, 하나마, 그러나, 그러하되, 하되, 그러할지라
>   도, 그럴지라도

　텍스트 언어학에서 텍스트의 결속 구조는 밖으로 실현된 말을 대상으로 한다. 말은 언제나 하나의 월 단위로 실현된다. 실현된 말은 그 구성 요소들끼리 서로 밀접하게 연결되면서 하나의 통사 구조를 가진다. 월의 구성 요소는 말도막(어절)과 이은말(구)과 마디(절)이다. 이들의 의존 관계는 하나의 거물 망(網)으로 보일 수 있다. 월에 있어 문법적 의존 관계는 풀이말과의 관계 속에서 나타나는데 이를 살펴보면 크게 셋으로 나누어진다. 월 구성의 주요부가 되는 으뜸조각(주성분)과 주변부가 되는 딸림조각(부속성분)과 홀로조각(독립성분)이다. 으뜸조각에는 임자말(주어), 풀이말(서술어), 부림말(목적어), 견줌말(비교어), 위치말(위치어), 방편말(방편어)이 있고, 딸림조각에는 매김말(관형어)과 어찌말(부사어)이 있으며, 홀로조각에는 홀로말(독립어)이 있다. 월을 구성하는 궁극적인 언어 형태는 말도막이다. 월은 원칙적으로 임자말과 풀이말로 구성된다(허웅, 1999, 62). 그리고 풀이말이 어떠한 것인가에 따라 결합되는 월의 조각이 달라진다. 풀이말이 남움직씨(타동사)일 경우에는 부림말이 덧붙는다. 풀이말 '같다, 다르다, 비슷하다'와 같은 말일 때는 견줌말이 놓인다. 움직임이 어떠한 곳에서 일어남을 나타낼 경우에는 위치말이 놓인다. 수단이나 방법을 나타내는 말이 필요할 경우에는 방편말이 들어간다. 월 앞에 홀로말이 들어갈 수 있다. 임자씨는 매김씨(관형사)-매김말(관형어)의 한정을 받을 수 있고, 풀이씨(용언)-풀이말(서술어)은 어찌씨(부사)-어찌말(부사어)의 꾸밈을 받을 수 있다.[81] 월의 조각은 대개 말도막이나 이들이 이은말일 경우도 있고 마디일 경우도 있다. 이은말은 임자이은말(명사구)과 풀이이은말(서술구)이 있다. 임자이은말은 토씨(조사)를 취하면서 임

---

81) 이에 대한 자세한 내용은 허웅(1999, 62-64)참조.

자말, 부림말, 견줌말, 위치말, 방편말의 월조각이 될 수 있고 풀이이은말은 월의 풀이말이나 풀이말의 끝바꿈(활용)으로 매김말과 어찌말의 구실을 할 수 있다. 마디의 경우도 마찬가지다. 토씨를 취하면서 임자말, 부림말, 견줌말, 위치말, 방편말이 될 수 있고 풀이마디는 그대로 풀이말의 월조각(문장성분)이 될 수 있다.

② 결속성

결속성은 결속 구조의 상대적 개념으로 결속 구조가 텍스트성이 가지는 말의 형식적 조건이라 한다면 결속성은 텍스트성이 가지는 말의 내용적 조건이다. 말에 형식과 내용의 양면성이 있듯 이들도 서로 양면성을 가진다. 결속 구조가 말의 문법적 의존 관계에서 연쇄를 이루어 텍스트성을 가지는 것이라면 결속성은 머릿속에서 일어나는 개념의 연쇄를 이루어 텍스트성을 가진다. 결속 구조의 기본 단위는 부려 쓰인 말의 말도막인데 결속성의 기본 단위는 개념이다.[82] 하나의 텍스트가 '의미 있다.'는 것은 그 텍스트의 표현들로 활성화된 지식 간에 의의(意義)의 연속성이 존재하기 때문이다(이석규 외, 2001, 40~41). 바꾸어 텍스트가 '의미 없다.'는 것은 들을이가 그런 연속성을 발견할 수 없는 경우인데 그것은 통상 표현된 개념과 그 관계의 구성, 그리고 들을이가 이미 지니고 있던 세계의 지식 사이에 일치되지 않는 점이 있었기 때문이다. 이러한 의의의 연속성을 결속성의 기반으로 규정하는데 결속성은 여러 개념들과 그들 관계가 이루는 한 구성체 내부에서의 상호적 접근과 적합성이다(보그란데와 드레슬러(Beaugrande and Dressler, 1982, 김태옥,이현호 공역, 1991, 82).

이는 결속 구조와는 텍스트를 결속시키는 기능을 한다는 점에는 공통점을 가지나 결속 구조는 이 기능을 부려 쓰인 말의 층위에서, 결속성은 텍스트의 세계 즉 이야기 참여자들의 인지 공간의 층위에서 부담한다.

텍스트 언어학에서 특히 시 텍스트를 분석함에 있어 매우 중요하게 다루어져야 할 부분이 이 결속성의 부분이다. 결속성을 표지하는 방법은 대개 텍스트를

---

82) 개념은 일정한 존재에 있어서 구체적 사실이나 사물들에서 가려 뽑아진 공통된 성질을 추상화함으로써 성립되는 관념으로 일관성과 통일성을 가지고 현실화 되거나 다시 의식 속으로 불러들일 수 있는 지식 구성체이다. 여기에서 지식은 표현의 의미와 의의에 대응하는 모든 종류의 인지내용을 가리키는 말이다(보그란데와 드레슬러(Beaugrande and Dressler, 1982), 김태옥, 이현호 공역, 1991, 83).

이루고 있는 개념들의 관계를 그물망을 이용하여 나타낼 수 있는데 월 이상의 개념들의 관계는 앞에서도 말했듯이 개념의 크기에 따라 층위를 구분하여 층위 별로 그물망을 형성하여 묶어 간다. 마지막 단계에서는 개념 구조가 모두 드러나는 시점까지인데 이를 미시 구조라 한다(이석규 외, 2001, 86). 미시 구조 전 단계에서 표시되는 개념 관계를 거시 구조라 한다.

결속성은 말할이의 머릿속에서 말하고자 하는 바 즉 주제를 개념들의 연쇄로써 표현하게 되는데 이는 결국 부려 쓰인 말에 나타난 개념들의 관계를 살핌으로써 가능하다. 따라서 부려 쓰인 말은 문법적 의존 관계에 따른 결속 구조의 망을 가지면서 또한 주제에 따른 개념들의 관계를 가짐으로써 결속성의 개념 망도 가지게 된다. 텍스트가 결속성을 가지기 위해서는 몇 가지 과정을 거치게 된다. 말할이의 방향에서 보면 먼저 주제를 어떻게 전개할 것인가 하는 뼈대를 세운다. 들을이의 방향에서 보면 부려 쓰인 말에서 주제가 어떻게 전개되고 있는지 뼈대를 찾는다. 다음의 과정은 말거리를 어떻게 진행할 것인가 그 윤곽을 잡는다. 그리고 목표를 향해 갈 수 있도록 계획을 세우고 끝으로 설정된 상황에 맞게 의의의 연속성 있는 말을 하게 된다. 들을이의 방향에서 보면 실현된 말 속에서 이러한 과정들을 찾아 텍스트의 주제가 무엇이며 텍스트가 어떻게 구성되어 개념들이 의의의 연속성[83]을 이루고 있는가를 살피게 되는데 이때 주의 집중의 방향은 제어 중심(control centre)이다. 제어 중심이 될 수 있는 것을 대상물(objects), 상황(situation), 사상(events), 행위(action) 등을 올리고 이를 1차 개념이라 한다(이석규 편저, 2003, 86~87). 이 외의 개념들을 2차 개념이라 하는데 보그란데와 드레슬러(Beaugrande and Dressler, 1982, 김태옥, 이현호 공역, 1991, 92~93)에서는 상태, 동작 주체, 관계, 원인, 이유, 목적 등 3-40개의 항목들을 설정하고 있다.[84] 이러한 개념들이 개념들의 망에 표시되어 나타난다.

③ 의도성과 용인성

위에서 살핀 결속 구조와 결속성은 텍스트성의 중심적 개념이다. 이는 말할이

---

83) 의미(意味)와 의의(意義)는 구별된다. 의미는 표현될 말이 가지는 잠재적인 뜻을 가리킨다면 의의는 텍스트상에 나타나는 표현들에 의해서 실현된 뜻을 가리킨다. 많은 표현들이 대개 여러 개의 잠재적 의미를 갖지만 텍스트상의 표현은 오직 하나의 의의만을 지닌다(Beaugrande and Dressler, 1982, 김태옥, 이현호 공역, 1991, 82).

84) 여기에 대한 자세한 항목과 내용은 (보그란데와 드레슬러(Beaugrande and Dressler), 1982, 김태옥, 이현호 공역, 1991, 92~93)참조.

에 의해서 이루어진다. 그렇다면 텍스트적 소통행위 전반에 관여하는 말할이 중심의 개념이 있어야 할 터인데 텍스트적 의사소통의 행위에서 말할이 중심의 텍스트성이 의도성이다. 일반적인 관점에서 의도성은 말할이가 의도하는 바를 추구하고 달성하기 위해서 텍스트를 사용하는 모든 방식을 말한다. 의사소통을 하기 위해서는 말할이는 들을이가 받아들일 수 있는 말 즉 결속 구조와 결속성을 가진 말을 해야 하는데 이는 위해서는 먼저 계획을 세우고 그 계획을 실행하기 위해서 어떠한 프레임을 사용하게 된다. 말할이의 이러한 태도에 관계하는 것이 의도성이다. 들을이의 처지에서 보면 텍스트를 분석하게 되는데 텍스트가 결속 구조와 결속성을 갖도록 히기 위하여 행한 말할이의 의도성 즉 텍스트 제공의 목적과 계획, 그리고 그 계획을 실행하기 위하여 어떠한 프레임을 사용하고 있는가를 분석하는 일이 필요하다.

말할이의 의도는 학문 분야에 따라 조금씩 다르게 연구된다. 사회학의 분야에서는 대화에 참여하는 사람들의 주고받는 말에서 텍스트의 쓰임을 찾으려 하고 심리학에 있어서는 들을이의 마음을 이끌어가고자 하는 말할이의 의도를 강조하는 의미에서 텍스트의 쓰임을 찾으려 한다. 철학에 있어서는 들을이가 말할이의 주제를 깨달을 수 있도록 의도하는 것으로 텍스트의 쓰임을 찾으려 하고 언어학에 있어서는 철학적 접근에 많은 영향을 받으면서 말할이의 의도가 말의 형식과 내용에 어떻게 관련되어 있는가를 살피는 것으로 텍스트의 쓰임을 찾으려 한다(보그란데와 드레슬러(Beaugrande and Dressler, 1982, 김태옥, 이현호 공역, 1991, 111). 그러나 어떠한 연구 분야에 있어서두 말할이의 주제가 들을이에게 잘 전달되어야 한다는 것에는 다르지 않다. 이를 위하여 그라이스(Paul Grice, 1975, 1978, 이석규편, 2003, 60, 재인용)는 말하기의 몇 가지 원칙을 제시하고 있다. 첫째가 협동의 원리이다. 이것은 말할이나 들을이가 서로 말하는 목적이나 방향이 같아지도록 해야 한다는 것이다. 둘째는 분량의 원칙이다. 말할이는 들을이가 받아들일 수 있을 만큼의 정보를 담아 말을 하라는 것이다. 셋째는 질의 원칙이다. 진실로 받아들일 수 있는 말을 하라는 것이다. 그러기 위해서는 말의 내용이 사실이어야 하고, 이것이 타당성을 가져 증명될 수 있어야 한다. 넷째는 관련성의 원칙이다. 주제와 관련 있는 말로써 말하는 목적에 가 닿을 수 있는 적합한 말을 하라는 것이다. 다섯째는 방법의 원칙이다. 한 월은 짧게 하면서 쓰인 말은 쉽고 간결하게 하라는 것이다. 그래도 들을이와의 사이에서 의사소통이 잘 이루어지지 않는다면 말할이는 상황을 다시 살펴 계획을 수정할 수밖에 없다. 자신의 말이 들을이에게 잘 전달되고 있는지를 살피는 것을 상황 점검이라 하고 잘 전달되지 않는다고 판단될 때는 계획을 바꾸거나 수정되는 것을 상황 관리라 한다(이석규 편, 2003, 63). 이를 통하여 말할이는 자신이 말하고자 하는 주제가 들을이에게 의도대로 잘 전달될 수 있도록 텍스트를 만들어야 한다.

용인성은 텍스트에 대한 들을이의 태도에 관련된 것이다. 즉 의도성이 텍스트에 말할이의 의도를 반영한 것이라고 한다면 용인성은 텍스트를 받아들이는 들을이의 의도를 반영하기 위해서 사용되는 텍스트의 모든 방식을 가리킨다. 만일 용인성이 제약 받는다면 제대로 된 의사소통은 이루어지지 않는다. 다시 말하면 말할이의 의도가 텍스트를 통하여 분명하게 들어 난 상황에서 들을이가 그 텍스트를 받아들이지 않고 용인성에 대해 문제를 제기한다면 그것은 비협동의 표시로 받아들여진다. 따라서 어떠한 말이든 말은 들을이에게 어떤 유용성이나 적합성이 있으면서 결속 구조와 결속성을 갖춘 텍스트다운 텍스트를 구성해야 한다. 결속 구조에 있어 문법적인 것은 용인되나 비문법적인 것은 용인되지 아니한다. 월에 있어 비문법적인 구성은 토박이 말이라면 먼저 말할이에 의해서 걸러진다. 이 거름 장치(필터)는 말할이의 머릿속에 있는데 하나는 문법규칙을 걸러내는 필터1이고 다른 하나는 사회 언어학적 규칙을 걸러내는 필터2이다. 필터1에서는 문법적인 표현은 통과시키고 비문법적인 표현은 1차로 걸러낸다. 필터1을 통과한 표현은 다시 사회언어학적 규칙을 걸러내는 필터2를 통과하게 되는데 사회학적으로 타당한 표현은 통과시키고 타당하지 못한 표현은 다시 걸러낸다. 필터2를 통과한 표현이 들을이에게 텍스트로써 전달된다. 짧은 월인 경우는 말할이의 언어직관에 의해 자연스럽게 걸러진다. 이를 표로 보이면 〈표 6〉과 같다(황적윤, 1979, 355-357).

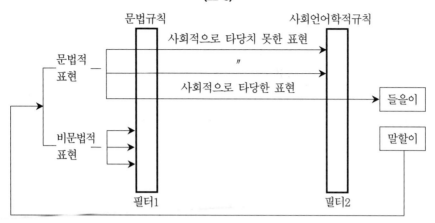

〈표 6〉

의사소통에 있어 들을이 입장에서 보면 먼저 사회언어학적 규칙을 통과해야 하는데 사회적으로 타당하지 못한 텍스트는 용인되지 아니한다. 들을이 자신이 높임의 대상이라도 생각하는데 '너는' 하고 말을 시작하면 '너⌒'하면서 곧바로 그 말을 받아 들지 아니하고 저지하는 경우를 흔히 본다. 필터2를 통과한 표현은 문법적 규칙을 걸러내는 필터1을 통과해야 하는데 이도 비문법적인 텍스트는 걸러 진다. 문법적이지 못한 텍스트는 용인성을 가지지 못한다. 결속성의 경우도 주제에서 벗어나는 개념의 연결은 용인되지 아니한다. '비가 오는 맑은 아침이다.' 이러한 텍스트는 용인되지 않는다. 텍스트의 주제가 무엇인지 알 수가 없다. 따라서 용인성은 결국 결속 구조와 결속성을 가진 텍스트를 말하는 것이라 할 수 있다. 짧은 하나의 월로 이루어진 텍스트는 개념과 개념의 관계 속에서 주제와의 연관성이 쉽게 파악되는데 두 마디 이상의 긴 텍스트에 있어서는 마디와 마디가 이어지는 맥락이 중요하다. 용인성의 관점에서 소통의 맥락은 1) 소통 참여하는 사람들 사이에 지식이 공유되고 있는가 2) 소통 참여하는 사람들은 각자 어떻게 상황을 점검하고 관리하는가 3) 소통에 쓰인 텍스트들은 어떤 상호 관계를 가지는가 하는 것들이 고려되어야 한다(이석규 편저, 2003, 56). 같은 시간에 서로 주고받는 말로써 의사소통할 때에는 말할이의 의도성과 들을이의 용인성이 비교적 쉽게 그때그때 파악되는데, 글로 쓰여 진 문학 작품을 받아들일 경우에는 글을 읽는 이가 텍스트의 맥락을 통해서 글쓴이의 텍스트 내용을 파악할 수밖에 없다. 이때에는 창조적으로 글쓴이의 의도를 찾아내어 인식하게 된다. 다시 말하면 글을 읽을 때는 글쓴이의 의도성과 다른 영역에서 글을 읽게 되므로 글을 읽고 받아들이는 것도 의도성과 다른 독자적인 영역에서 용인성을 가지게 된다.

④ 정보성

텍스트 언어학에서 정보성이란 제시된 텍스트의 자료가 예측된 것, 예측되지 않은 것, 알려진 것, 알려지지 않은 것의 정도 즉 들을이에게 제시된 텍스트의 자료가 얼마나 새로운가, 비예측적인 것인가 하는 정도를 나타내는 것이다(보그란데와 드레슬러(Beaugrande and Dressler, 1982, 김태옥, 이현호 공역, 1991, 55)). 문학 작품에서 보면 시의 경우는 정보성이 매우 높다. 함축적 표현이 내면에 숨어 있기도 하고 상징적 의미로 표현되기도 하여 매우 흥미롭다. 그러나 일반적인 경우는 들을이가 쉽게 이해될 수 있어야 하므로 잘 알려진 말을 선택하여 배열하게 된다. 이 경우는 정보성이 낮다. 정보성이 낮으면 들을이의 관심이 떨어지고 흥미를 갖지 못 한다. 반대로 정보성이 너무 높으면 이해의 혼란을 가져오기 쉽고 심지어는 그 텍스트가 거부당하는 원인이 되기도 한다. 그리고 들을이가 부담해야 할 정보 처리 양이 너무 많으면 통화를 해치게 되므로 정보의 양도 너무 많지 않도록 조절해야 한다. 텍스트의 목적은 말할이의 말하고자 하는 내용 즉 정보를 들을이에게 전달하고자 하는데 있다. 의사소통에 있어 말할이는 항상 자신의 정보를 들을이에게 어떻게 잘 전달할 것인가, 어떻게 관심을 끌도록 흥미롭게 전달할 것인가를 고민하게 된다. 자신의 정보를 잘 전달하기 위해서는 정보성이 낮아야 하고 흥미를 일으켜 관심을 갖게 하기 위해서는 정보성이 높아야 한다. 이석규 편저(2003, 70)에서는 텍스트 정보성 등급을 어떤 말을 선택할 가능성에 따라 셋으로 구분하고 있다. 들을이가 충분히 예측할 수 있는 잘 알려진 것을 제 1차 정보성이라 하고 어느 정도 예측되거나 생각하여 알 수 있을 정도의 것을 제 2차 정보성이라 하며 도무지 예측하기 어렵거나 전혀 알려지지 않은 것을 제 3차 정보성이라 한다. 제 3차 정보성은 들을이가 의의의 연속성을 찾기 어려운 것들이다. 제 1차 정보성을 갖는 말은 들을이가 이미 알고 있기에 새로운 것이 아니다. 그러면 관심을 끌기도 어렵고 말을 쉽게 예측할 수 있어 흥미를 끌기도 어렵다. 2차 정보성은 제 1차 정보성이 가지는 전형적인 지식에서 벗어나는 경우의 정보인데 텍스트는 일반적으로 제 2차 정보성을 유지하려 한다. 제 1차 정보성만으로는 들을이에게 관심과 흥미를 끌 수 없고, 예측하기 어려운 제 3차 정보성은 관심과 흥미는 끌 수 있으나 표현된 말의 의의 연속성을 찾기 어려워 자칫 텍스트성을 잃어버릴 수 있기 때문이다. 말할이는 이를 잘 조절해야 한다. 제 3차 정보성을 가진 말은 들을이가 받아들이기 어려우므로 정보 교환을 통한 탐색 과정을 거쳐 제 3차 정보성을 제 2차 정보성으로 끌어내려 문제를 해결해야 한다. 그러기 위해서는 들을이는 말할이가 왜 그러한 말을 하게 되었는지 말한 동기를 파악하고 확인하는 과정이 필요하다. 제 1차 정보성의 경우는 이와는 반대로 흥미를 일으키기 위하여 이어지는 말로써 제 2차 정보성을 갖도록 정보성을 끌어올려야 한다.

말에는 사람들의 생활 속에서 굳어진 기대가 있다. 말을 주고받을 때는 이 기대에 근거해서 말을 하게 된다. 말에 대한 이러한 기대는 현실 세계를 바탕으로 하고 현실 세계를 바탕으로 하여 굳어진 말에 대한 기대는 텍스트에 있어 기준치로 작용한다(보그란데와 드레슬러(Beaugrande and Dressler, 1982, 김태옥, 이현호 공역, 1991, 140)). 예를 들어 원인이 있으면 반드시 결과가 따르기 마련이라든가, 같은 환경에서는 참과 거짓이 함께 존재할 수 없다고 생각하는 것이라든가, 물체에는 반드시 질량과 무게가 있다고 여기는 것 등이다. 만약에 텍스트가 이러한 사실들을 어기고자 한다면 왜 규정된 지식을 어기게 되는가에 대한 분명한 신호가 있어야 한다(이석규 편저, 2003, 69).

이러한 사실들을 성경에 나타난 예수님과 니고데모의 대화에서 찾아 살펴본다.

[1] 바리새인 중에 니고데모라 하는 사람이 있으니 유대인의 지도자라.
[2] 그가 밤에 예수께 와서 이르되 '랍비여 우리가 당신은 하나님께로부터 오신 선생인 줄 아나이다.', '하나님이 함께 하시지 아니하시면 당신이 행하시는 이 표적을 아무도 할 수 없음이니이다.'
[3] 예수께서 대답하여 이르시되 '진실로 진실로 네게 이르노니 사람이 거듭나지 아니하면 하나님의 나라를 볼 수 없느니라.'
[4] 니고데모가 이르되 '사람이 늙으면 어떻게 날 수 있사옵니까?', '두 번째 모태에 들어갔다가 날 수 있사옵니까?
[5] 예수께서 대답하시되 '진실로 진실로 네게 이르노니 사람이 물과 성령으로 나지 아니하면 하나님의 나라에 들어갈 수 없느니라.', '육으로 난 것은 육이요 영

으로 난 것은 영이니 내가 네게 거듭나야 하겠다 하는 말을 놀랍게 여기지 말라.', '바람이 임의로 불매 네가 그 소리는 들어도 어디서 와서 어디로 가는지 알지 못하나니 성령으로 난 사람도 다 그러하니라.'

[6] 니고데모가 대답하여 이르되 '어찌 그러한 일이 있을 수 있나이까?.'

[7] 예수께서 그에게 대답하여 이르시되 '너는 이스라엘의 선생으로서 이러한 것들을 알지 못하느냐.', '진실로 진실로 네게 이르노니 우리는 아는 것을 말하고 본 것을 증언노라. 그러나 너희가 우리의 증언을 받지 아니하는도다.', '내가 땅의 일을 말하여도 너희가 믿지 아니하거든 하물며 하늘의 일을 말하면 어떻게 믿겠느냐.', '하늘에서 내려온 자 곧 인자 외에는 하늘에 올라간 자가 없느니라.'

[1]에서 보면 니고데모는 유대인의 지도자였다. 이 텍스트는 유대인의 지도자가 예수님과 나눈 대화 텍스트이다. [2]에서 보면 예수님이 하나님과 함께 하는 분임을 알고 있다. 그런데도 예수님이 [3]에서 사람이 거듭나야 하늘나라를 볼 수 있다는 말에 [4]와 같이 말하고 있다. [3]의 '거듭난다.'를 [4]에서 니고데모는 현실 세계에서 굳어진 자신의 신념대로 받아들이고 있다. 텍스트를 거부하고 있다. [3]의 '거듭난다.'는 예측하기 어려운 말이다. 제 3차 정보성을 가진 말이다. 이를 [4]에서 니고데모는 제 1차 정보성으로 받아들이고 있다. 이에 예수님은 [5]에서 '거듭난다.'는 제 3차 정보성을 제 2차 정보성으로 끌어내려 '거듭난다.'는 말은 육이 아니라 영으로 '거듭난다.'는 것이라는 사실을 설명하고 있다. 그러면서 왜 규정된 지식을 어겼는가를 설명함으로써 분명한 신호를 보내고 있다. 이쯤 되면 율법을 잘 아는 유대의 지도자라면 정보의 탐색 과정을 통하여 알만 한 일이다. 그런데도 니고데모는 자신이 현실 세계를 통하여 신념처럼 굳어진 말에 대한 인간적 기대에 머물며 제 1차 정보를 제 2차 정보로 끌어올리지 아니하고 여전히 제 1차 정보에 머물러 있다. 니고데모는 유대의 지도자이기에 성령으로 거듭나야 한다는 예수님의 설명을 듣고 이제는 알면서도 [6]에서는 자신이 잘못 알았다는 사실을 인정하지 않고 있다. 니고데모의 이러한 태도를 예수님이 보시고 [7]에서 니고데모를 꾸짖으면서 [3]에서의 말이 옳다는 사실을 니고데모의 태도에 빗대어 다시 한 번 강조함으로써 비예측적인 것을 예측 가능한 것으로 일치시키고 있다.

⑤ 상황성

상황성은 현재의 말하는 장면적 상황이나 복원 가능한 사회, 문화적 상황이 요인으로 작용하여 그 텍스트를 말하는 상황에 적합하도록 만드는 것에 관여한다. 말할이는 상황에 맞게 텍스트를 만들고 들을이는 상황에 따라 그 텍스트를 용인하게 된다. '개조심'이라는 텍스트가 대문에 붙어 있을 때 아주 어린 강아지일 경우에는 강아지가 아직 어리니 강아지를 조심하라는 뜻이 될 것이고 큰 개일 경우에는 개에게 물리지 않도록 조심하라는 뜻이 될 것이다. 텍스트는 상황에 따라 그 의의가 달라질 수 있다. 대화 텍스트의 경우에는 말할이의 의도가 들을이에게 용인되도록 하는 것이 매우 중요한 문제인데 들을이가 잘 받아들이지 않을 때는 받아들이지 못하는 문제가 무엇인지 파악하여 이를 조정할 수밖에 없다. 이를 중간 조정이라 한다. 중간 조정은 말할이에 의해서 이루어지는데 말하고자 하는 내용이 들을이에게 용인되지 않아 상황이 자신의 기대에 어긋났을 때 하게 된다. 맨 먼저 하게 되는 일이 상황 점검이다. 상황 점검은 말할이와 들을이 사이에서 생각이 일치되지 않거나 텍스트의 의의가 계속 이어지지 않을 때 이루어진다. 상황 점검이 끝나면 그 문제를 해결하기 위하여 즉 말할이는 자신이 의도하는 바가 들을이에게 용인 될 수 있도록 다시 대화를 이끌어가야 하는데 이를 상황 관리라 한다.85) 상황 관리는 궁극적으로 말할이가 자신이 의도한 목표점에 이르도록 하기 위한 한 방안이라 할 수 있다.

이러한 사실들을 성경에 나타난 예수님과 간음한 여자를 끌고 온 서기관과 바리새인의 대화에서 찾아 살펴본다.

[1] 다 각각 집으로 돌아가고 예수는 감람산으로 가시니라. 아침에 다시 성전으로 들어오시니 백성이 다 나아오는지라 앉으사 그들을 가르치시더니
[2] 서기관들과 바리새인들이 음행 중에 잡힌 여자를 끌고 와서 가운데 세우고 예수께 말하되 선생이여 이 여자가 간음하다가 현장에서 잡혔나이다.
[3] 모세는 율법에 이러한 여자를 돌로 치라 명하였거니와 선생은 어떻게 말하겠나이까?
[4] 그들이 이렇게 말함은 고발할 조건을 얻고자 하여 예수를 시험함이러라.

---

85) 여기에 대해서는 이석규 편저(2003, 74-80) 참조.

[5] 예수께서 몸을 굽히사 손가락으로 땅에 쓰시니

[6] 그들이 묻기를 마지아니하는지라

[7] 이에 일어나 이르시되 너희 중에 죄 없는 자가 먼저 돌로 치라 하시고

[8] 다시 몸을 굽혀 손가락으로 땅에 쓰시니

[9] 그들이 이 말씀을 듣고 양심에 가책을 느껴 어른으로 시작하여 젊은이까지 하나씩 하나씩 나가고 오직 예수와 그 가운데 섰는 여자만 남았더라.

이 텍스트는 예수님과 예수님의 죄를 찾아 고발하고자 하는 서기관과 바리새인과의 사이에서 나타난 대화 텍스트이다. [2]에서 보면 서기관들과 바리새인들이 음행 중에 잡힌 여자를 끌고 와서 성전 가운데 세웠다. 당시 서기관들은 바리새인의 랍비(선생님)로 유대교의 대표자(성경 마12:24, 막12:28)였으며 바리새인들은 유대교의 경건주의 분파였다. 서기관은 바리새인들로부터 랍비라는 칭호를 받으며 큰 권력과 명성을 얻고 있었다. 예수님은 이들의 권위를 인정하지 아니하셨고 예수님을 따르는 많은 유대인들 앞에서 그들의 잘못을 지적하므로 예수님을 고발하여 죽이고자 하였다. 이날도 간음한 여자를 데려와 예수님을 고발할 조건을 만들고자 하였다. 그리하여 [3]과 같이 말하고 있다. 이는 예수님의 기대에 어긋난다. 예수님은 '네 이웃을 네 자신 같이 사랑하라.'고 가르치셨다. 이는 성경 마태복음 23장 35-40절에 나타난다.

그 중의 한 율법사가 예수를 시험하여 묻되 '선생님 율법 중에 어느 계명이 크니이까?' 예수께서 이르시되 '네 마음을 다하고 목숨을 다하고 뜻을 다하여 주 너의 하나님을 사랑하라 하셨으니 이것이 크고 첫째 되는 계명이요, 둘째도 그와 같으니 네 이웃을 네 자신 같이 사랑하라 하셨으니 이 두 계명이 온 율법과 선지자의 강령이니라.'

그런데 서기관들과 바리새인들은 [3]과 같이 간음한 여자를 돌로 쳐 죽이고자 한다. 예수님의 기대에 어긋난다. 상황 점검이 필요하다.

상황 점검[1]

1) 여자가 간음 중에 잡혀 끌려 왔다.

2) 모세는 율법에 이러한 여자를 돌로 치라 명하였다.

3) 서기관들과 바리새인들은 율법에 따라 돌로 치려하고 있다.

4) 이들은 흥분하였고 누군가 먼저 돌로 치면 모두 돌로 치게 될 것이다.
5) 예수님께 '어떻게 할까?'를 묻고 있다. '돌로 치라.'하면 예수님이 율법사에게 가르치신 위 둘째 계명을 어기게 되고 '치지 말라.'하면 모세가 말한 율법을 어기게 된다.

이들과 예수님의 생각은 불일치를 이루고 있다. 이 불일치를 해소해야 한다. 상황 관리가 요구되는 상황이다. 예수님은 위 둘째 계명을 지키려는 의도가 있고 이 목표점에 도달하기 위하여 상황 관리를 하게 된다.

상황 관리[1]
[5]와 같이 예수님께서는 말없이 몸을 굽혀 손가락으로 땅에 뭔가 쓰셨다.

상황 점검[2]
1) 서기관들과 바리새인들이 재촉하듯 다시 묻고 있다.
2) 사람들에게는 양심이 있다.
3) 누구나 양심의 죄를 범하며 자신이 저지른 죄를 알고 있다.
4) 초막절의 마지막 날을 끝내고 집으로 돌아가는 길이었다. 초막절 끝날, 밤새도록 하나님께 '우리 죄를 용서해 주신 자비를 찬양하나이다.' 하고 외쳤다.

상황 관리[2]
1) [7]에서 일어나 이르시되 '너희 중에 죄 없는 자가 먼저 돌로 치라.' 하셨다.
2) [8]에서 다시 몸을 굽혀 손가락으로 땅에 또 뭔가 쓰셨다.

상황 관리 [2]를 통하여 예수님의 의도가 복표점에 이르게 되고 비로소 들을이에게 [9]에서와 같이 용인되고 있다.

대화 텍스트의 경우에는 이러한 중간의 상황 점검과 상황 관리가 있어야 할 것이나 시(詩)와 같은 문학 작품이나 다른 글쓰기의 경우에도 일방적인 경우에는 거의 나타나지 않는다. 이 경우의 상황성은 주로 현재의 말하는 장면적 상황이나 복원 가능한 사회, 문화적 상황이 주요인으로 작용한다.

⑥ 상호텍스트성

텍스트 언어학에서 상호텍스트성은 상황성과 함께 어떠한 정보를 잘 전달하기 위하여 그리고 간결하게 전달하기 위하여 말할이와 들을이가 사전에 경험한 텍스트를 끌어들여 새로운 텍스트를 만들 때 사용되는 텍스트성이다. 대개 말할이는 들을이와 함께 잘 알려진 기존 테스트를 끌어들여 텍스트를 만들게 되는데 이를 텍스트 인유(引喩)라 한다. 기존 텍스트를 인유할 때 텍스트의 말할이는 기존의 어떠한 텍스트를 다 사용할 수 있지만 잘 알려진 텍스트를 사용하는 것이 들을이 입장에서는 쉽게 받아들일 수 있다. 말할이가 기존 텍스트의 지식에 의존할 때에는 중간 조정의 처리 과정을 거치게 되는데 잘 알려진 것일수록 중간 조정의 작용이 적어지고 반대로 잘 알려지지 않은 것일수록 중간 조정의 작용이 많아진다. 말할이가 텍스트를 인유할 때 특히 조심해야 할 것은 인유 텍스트가 말하고자 하는 내용과 그 속뜻이 같아야 한다는 것이다. 이것이 서로 어긋날 때에는 들을이는 말할이의 텍스트를 거부하게 되고 그렇게 되면 새로운 텍스트는 텍스트성을 인정받지 못하게 된다.

상호텍스트성의 예를 남명 조식(1501~1572)과 명종과 나눈 대화에서 살펴본다.

명종은 명종 21년(1566년) 8월 28일 남명을 상서원판관에 임명하면서 지리산 아래 덕산(산청군 시천면 사리)에 살고 있는 남명을 불렀다. 이에 남명은 몇 번이고 벼슬을 내리면서 불렀으나 벼슬을 사양하고 가지 않다가 이번에는 어쩔 수 없이 가서 살펴보고 뜻이 맞지 않으면 사양하기로 마음먹고 그 해 명종 21년 10월 7일 명종과 만났다. 그 날 대화의 일부를 적으면 다음과 같다.

> [1] … 임금이 이르기를 '옛날 초가집으로 세 번이나 신하를 찾아간 임금이 있었는데, 그때의 상황이 어떠했길래 한 번 불렀을 때 나오지 않고 세 번이나 찾아간 다음에야 나온 것인가?'라고 하였다.
>
> [2] 조식이 아뢰기를
> '이것은 소열제(昭烈帝)의 일입니다. 당시에는 세상이 혼란스러워 반드시 영웅을 얻어서 그와 함께 일을 해야 도모하는 바를 성취할 수 있었습니다. 그러므로 세 번씩이나 찾아갔던 것입니다. 제갈량은 영웅입니다. 그가 일을 헤아리는 것 또한 어찌 우연한 것이었겠습니까? 그러나 한 번 불렀을 때 나아가지 않은 것은 반드시 당시의 형세가 그랬을 것입니다. 유비와 함께 한나라의 부

흥을 꾀한 것이 거의 삼십여 년이나 되도록 오랜 세월이었습니다만 천하를 회복할 수 없었으니, 그가 무엇 하러 나섰던 것인지 알 수 없습니다. … 신은 빈 이름을 훔친 사람으로 전하를 속일 수 없기 때문에 선뜻 나올 수 없었습니다.' 라고 하였다(명종실록 권33, 명종 21년 10. 7. 최석기 편역, 2009ㄱ, 128–129).

[1]의 물음은 중국 삼국시대 유비가 제갈량을 얻기 위하여 제갈량을 세 번이나 찾아간 사실을 두고 한 텍스트 인유이다. 명종은 남명에게 이러한 텍스트 인유를 통하여 속뜻으로는 '내가 몇 번이나 불렀는데 오늘에야 올라온 까닭이 무엇인가?' 하고 에둘러 묻고 있다. 대화에서 자기의 생각을 대놓고 직접 묻는 것보다 텍스트 인유를 통하여 에둘러 물을 때 상대의 미음을 누그러뜨릴 수 있어 효과적일 수 있다. 이러한 점에서는 상황 관리라 할 수 있다.

[2]에서 남명도 텍스트 인유를 통하여 상황 관리를 하고 있다. 속뜻은 제갈량이 한 번 불렀을 때 나가지 않은 것은 자기가 나가서 할 수 있는 일이 천하를 평정할 정도의 마땅한 일이 아니기에 나가지 않았을 것입니다. 세 번 불렀을 때는 나갔는데 천하를 제대로 평정하지도 못하면서 그가 무엇 하러 나섰던 것인지 알 수 없습니다. 그래서 '신도 나오지 않았습니다.' 하고 텍스트 인유를 통하여 에둘러 말하고 있다. 그러면서 전하께서는 신이 이 나라를 도가 성할 정도로 만들 수 있는 사람으로 보셔서 자꾸 부르시겠지만 이 시대가 그렇지 못 합니다. 그래서 '나올 수 없었습니다.' 하고 있다.

재갈량의 텍스트 인유는 남명의 시 텍스트에도 나타난다.

서쪽 집 늙은이에게 부침	寄西舍翁
만 겹의 푸른 산 온 데가 산 아지랑이,	萬疊靑山萬市嵐
이내 몸 하늘만 보이는 골짜기를 전적으로 사랑한다네.	一身全愛一天函
구구한 제갈량은 끝내 무슨 일을 하였나?	區區諸葛終何事
무릎 굽히고 손권에게 나아가 겨우 삼국이 되었다.	膝就好經郎僅得三

이러한 텍스트 언어학의 분석 방법을 원용하여 이 글에서는 남명의 언어를 분석하게 될 것이다.

남명의 글쓰기는 거의 일방적이다. 추상적이다. 주관적인 깨달음을 바탕으로 한 말할이 중심의 글쓰기이기 때문이다. 스스로 깨닫고 그 깨달은 사실을 남에게 전하고자 하기보다는 스스로 알기 위한 글쓰기이다. 그러기에 깨달은 사실을 길게 설명하지 않는다. 남명의 철학은 깨달음에 있다. 제자들에게도 자신의 깨달음을 자세히 설명하지 아니한다. 자신의 깨달음을 극히 줄인 추상적인 낱말로 표현한다. 들을이는 설명이 없으므로 말할이의 수준에 이르는 나름대로의 깨달음을 갖지 아니하고서는 이해하기가 어렵다. 남명의 언어는 상대를 의식하지 않는 말할이의 언어이다. 자신의 언어이다. 그래서 남명의 언어는 자유롭다. 한정하지 않는다. 들을이는 상상의 나래를 펼쳐 남명의 생각을 바탕으로 한 새로운 언어를 자유롭게 펼쳐갈 수가 있다. 한 폭의 추상화의 세계를 보는 것 같고, 하나의 음악 세계나 한 편의 시의 세계를 듣는 것 같다. 들을이의 입장에서는 얼마든지 자신의 세계를 펼쳐갈 수 있는 여유의 공간이 있다. 설명으로 움직일 수 없을 만큼 꽉 찬 것이 아니라 텅 빈 듯 하여 생각할 여유의 공간이 있다. 시(詩)는 원래 그러하다 하더라도 앞에서 살핀 신명사도도 그러하고 앞으로 살필 부(賦)나 명(銘) 또한 그러하다. 이 글의 대상은 아나 참고가 될 학기류편에서 스스로 그린 여러 도(圖)도 그러하다. 설명이 없다. 편지글이나 상소문은 그러지 아니한데 이도 다른 분들의 글과 비교하면 설명이 자세하지 아니하고 빈 공간이 많다. 남명은 고문(古文)을 써서 그러하다 한다.

남명은 이러한 언어의 특성을 가지고 있기에 이글에서는 텍스트 언어학의 분석 방법을 있는 그대로 적용하기보다는 이를 원용하여 ① 상황성에서는 텍스트 언어학의 주요인이 되는, 이 글이 나타나게 된 정치, 문화, 사회적 상황을 살피게 될 것이다. ② 의도성과 용인성에서는 이 글의 주제는 무엇이며 이 주제를 어떻게 들을이에 용인될 수 있도록 계획을 세워 전개시켜 가는가를 살피게 될 것이다. ③ 정보성에서는 이 글이 가지고 있는 정보를 나름대로 분석하여 글 전체를 어떻게 관심과 흥미를 갖게 하며 혼란스럽지 않게 유지시켜 나가는가를 살피게 될 것이다. 이는 글쓴이의 매우 주관적인 것이어서 대상 글 모두에 대하여 살피기보다는 시(詩)에 한정하여 살피게 될 것이다. ④ 상호텍스트성에서는 알 수 있는 모두를 대상으로 하여 상호텍스트성을 살피게 될 것이다. ⑤ 결속 구조에서는 월을 단위로 하여 통사 구조를 모두 살피되 이를 위해서는 월 속에 있는 마디와 마디의 관계나 낱말과 낱말의 관계를 낱낱이 살펴서 설명하고 구조화해야 할 것이나 이러한 설명은 매우 전문적인 것일 수밖에 없어 비전공자의 경우에는 설명을 듣고도 복잡하여 이해하기가 어려운 측면이 있다. 문법 전반을 아우르는 설명이 되어야 하기 때문이다. 따라서 이 글에서는 그 관계의 설명은 필요한 경우, 허웅의 국어학, 형태론, 통사론을 보아 들을이가 이해하는 것으로 하고 이 글에서는 문법 관계의 설명 없이 통사 구조를 그림으로 표시하는 것으로 하여 살피게 될 것이다. 대신 이은말이나 마디, 월이 뜻하는 바를 자세히 살피게 될 것이다. 그리고 남명의 언어는 모두 한문으로 되어 있는데 한문에 쓰인 한자는 문법 요소를 나타내는 허사가 있기는 하나 대부분 그 한 자 한 자가 낱말이므로 허사를 제하면 국어 문법으로 설명이 가능하다. 따라서 한문을 국어 문법으로 월의 각 요소의 연결 관계로 보아 통사 구조를 그림으로 나타내어 살피기로 한다. 문법 요소인 허사는 편의상 낱말이나 마디의 앞이나 뒤에 붙여 함께 허사 표시 없이 나타내기로 한다. ⑥ 결속성은 텍스트가 이루고 있는 개념들의 관계를 그물망을 이용하여 나타내게 되는데 월 이상의 개념들의 관계는 개념의 크기에 따라 층위를 구분하여 층위 별로 그물망을 형성하여 묶어가되 개념 구조가 모두 드러나는 미시 구조까지 살피게 될 것이다. 미시 구조 전 단계에서 표시되는 개념 관계를 거시 구조라 한다.

결속 구조에서 통사 관계를 표시할 때에는 준말을 쓰게 될 것이다. 원말과 준말을 표로 보이면 〈표 7〉과 같다.

〈표 7〉

월 조각 (월 성분)		씨갈래 (品詞)				마디(절)		이은말(구)	
원말	준말	원말	준말	원말	준말	원말	준말	원말	준말
임자말 (주어)	임	이름씨 (명사)	이씨	임자씨 (체언)	임씨	이름마디 (명사절)	이마	임자이은말 (명사구)	임이
풀이말 (서술어)	풀	대이름씨 (대명사)	대씨	풀이씨 (용언)	풀씨	풀이마디 (서술절)	풀마	풀이이은말 (서술구)	풀이
부림말 (목적어)	부	셈씨 (수사)	셈씨	꾸밈씨 (수식언)	꾸씨	어찌마디 (부사절)	어마		

월 조각 (월 성분)		씨갈래 (품사)				마디(절)		이은말(구)	
원말	준말	원말	준말	원말	준말	원말	준말	원말	준말
위치말 (위치어)	위	움직씨 (동사)	움씨	본디풀이씨 (본용언)	본풀	매김마디 (관형절)	매마		
방편말 (방편어)	방	그림씨 (형용사)	그씨	매인풀이씨 (보조용언)	매풀	따옴마디 (인용절)	따마		
견줌말 (비교어)	견	잡음씨 (지정사)	잡씨	본디움직씨 (본동사)	본움	이음마디 (접속절)	이음마		
어찌말 (부사어)	어	어찌씨 (부사)	어씨	매인움직씨 (보조동사)	매움	마침마디 (종결절)	마침마		
매김말 (관형어)	매	매김씨 (관형사)	매씨	본디그림씨 (본형용사)	본그	안음마디	안음마		
홀로말 (독립어)	홀	느낌씨 (감탄사)	느씨	매인그림씨(보조형용사)	매그	안김마디	안김마		
		토씨 (조사)	토씨						
		이음씨 (접속사)	이음						

2) 남명의 시(詩) 텍스트 분석

지금까지 남아 있는 남명의 시는 오언절구 54수, 육언절구 1수, 오언율시 19수, 칠언절구 109수, 칠언율시 25수, 고풍(古風) 7수, 칠언장편 3수가 있다. 합하여 모두 218수이다. 이는 모두 남명집(1982)과 교감 국역 남명집(1995)에 실려 있는데 이 글에서는 이를 대상으로 한다. 한시의 번역은 위 교감 국역 남명집을 참고하였으며 필요에 따라서는 글쓴이가 약간씩 고치기도 하였다. 월의 각 요소들의 문법적 관계를 분석하여 구조화해야 하기 때문이다. 이들 시를 텍스트 언어학적으로 분석해 보고자 하는데 남명의 시 전체를 분석하기에는 분량이 너무 많아 여섯 개의 주제 즉 1. 선비의 자부심, 2. 남명의 출처 의식, 3. 인욕을 끊음, 4. 자연과의 조화와 은일락도, 5. 백성에 대한 사랑, 6. 나라에 대한 사랑을 대상으로 이들 주제에 따른 몇 편의 시를 살펴보고자 한다.

(1) 선비의 자부심

남명은 선비로서의 자부심이 대단하였다. 이러한 사실은 '題德山溪亭柱(덕산 계정의 기둥에 씀)'의 시에 잘 나타난다.

이 시에 대하여 상촌(象村) 신흠(申欽, 1566~1628)이 평하기를 '시운이 호장하기도 하거니와 자부심 또한 대단하다.(不徒詩韻豪壯 亦自負不淺也)'고 하였다(김충열, 1992, 287). 이를 살펴보면 다음과 같다.

題德山溪亭柱	덕산 계정의 기둥에 씀
請看千石鍾	청컨대, 천 석들이 종을 보게나
非大扣無聲	크게 치지 않으면 소리 없다네.
爭似頭流山	어떻게 하면 두류산처럼,
天鳴猶不鳴	하늘이 울어도 오히려 울지 않을까?

① 상황성

이 시 텍스트는 남명이 명종 21년(1566년) 10월 7일 명종과 만난 뒤 지은 것으로 보인다(김충열, 1992, 287). 명종은 남명을 만나기 전 남명에게 상서원판관에[86] 임명하였다(명종 21년 8월 28일). 그리고 그 해 10월 7일 남명은 명종을 만났다. 그 날 대화의 일부를 적으면 다음과 같다. 앞에서 인용하고 설명한 바 있다.

> 임금이 이르기를 '옛날 초가집으로 세 번이나 신하를 찾아간 임금이 있었는데, 그 때의 상황이 어떠했길래 한 번 불렀을 때 나오지 않고 세 번이나 찾아간 다음에야 나온 깃인가?'라고 하였다.

> 조식이 아뢰기를 '이것은 소열제(昭烈帝)의 일입니다. 당시에는 세상이 혼란스러워 반드시 영웅을 얻어서 그와 함께 일을 해야 도모하는 바를 성취할 수 있었습니다. 그러므로 세 번씩이나 찾아갔던 것입니다. 제갈량은 영웅입니다. 그가 일을 헤아리는 것 또한 어찌 우연한 것이었겠습니까? 그러나 한 번 불렀을 때 나아가지 않은 것은 반드시 당시의 형세가 그랬을 것입니다. 유비와 함께 한나라의 부흥을 꾀한 것이 거의 30여 년이나 되도록 오랜 세월이었습니다만 천하를 회복할 수 없었으니, 그가 무엇 하러 나섰던 것인지 알 수 없습니다. … 신은 빈이름을 훔친 사람으로 전하를 속일

---

86) 상서원은 임금의 옥쇄, 부패, 절부 등을 관장하는 곳으로 상서원판관(尙書院判官)은 종5품이었다.

수 없기 때문에 선뜻 나올 수 없었습니다.'라고 하였다(명종실록 권33, 명종 21년 10월 7일, 최석기 편역, 2009ㄱ, 128-129).

이러한 상황을 두고 보면 이 시는 영웅을 만나 천하를 얻지도 못하면서 빈이름을 얻어 세상의 티끌과 같은 벼슬을 찾아 헤매는 사람에게 경종을 울리고 정작 자신은 더 높은 경지의 삶 즉 지리산처럼 하늘이 울어도 울지 않는 선비의 삶을 추구하고 있다.

② 의도성과 용인성

이 시 텍스트는 빈이름을 얻어 세상의 티끌과 같은 벼슬을 찾아 헤매는 세태 속에서 진정한 선비의 삶을 추구하고자 하는 시이다. 그렇다면 남명이 추구했던 삶은 무엇일까? 천석들이 종처럼, 두류산처럼 그 움직임이 가볍지 아니해야 한다는 것을 말하고 있다. 이를 위하여 남명은 천석들이 종과 두류산 프레임을 사용하여 크게 치지 않으면, 하늘이 울어도 울지 않는 선비의 모습의 말하고 있다 하겠다.

③ 정보성

1구와 2구에서는 천석들이 종이 있다. '크게 치지 않으면 소리가 나지 않는다.'는 누구나 예측할 수 할 수 있는 텍스트 자료로써 시작한다. 1차 정보성을 가지고 있다. 3구와 4구에서 이 정보성을 2차 정보성으로 끌어 올리고 있다. 하늘이 운다, 두류산이 울 수 있다는 전제는 일반적으로 예측하기 어려운 2차 정보성이다. 이들을 연결 시켜 텍스트의 의의의 연속성을 꾀하면서 텍스트가 2차 정보성을 가짐으로 들을이가 관심을 가질 수 있도록 하고 있다.

④ 상호텍스트성

1구와 2구의 '請看千石鍾 非大扣無聲(청컨대, 천 석들이 종을 보게나. 크게 치지 않으면 소리 없다네.)'은 예기(禮記) 학기(學記)에 보면, '질문에 잘 답하는 것은 종을 치는 일과 같다. 작게 치면 작게 울리고, 크게 치면 크게 울린다.(善待問者如撞鍾 叩之以小者 則小鳴 叩之以大者 則大鳴)'라는 말이 있는데 이의 인유로 보인다. 곧 선생은 종이고 학생은 종을 치는 사람이다. 따라서 질문을 잘 하면 좋은 대답을 들을 수 있다는 뜻으로 쓰인 말이다(교감 국역 남명집, 1995, 39, 주21). 남명의 시 '請看千石鍾 非大扣無聲'의 텍스트는 상호텍스트성을 갖는다. 빗대어 보면 세상이 남명 자신을 알아 크게 쓰면, 큰 일을 할 능력을 갖고 있다는 뜻으로 이해된다.

⑤ 결속 구조

이 시는 오언절구(五言絕句)로써 4구로 이루어져 있으나 월(文)로 보면 세 개의 월로 이루어져 있다. '請看千石鍾(청컨대, 천 석들이 종을 보게나.)'과 '非大扣無聲(크게 치지 않으면 소리 없다네.)'과 '爭似頭流山天鳴猶不鳴(어떻게 하면 두류산처럼, 하늘이 울어도 오히려 울지 않을까?)'의 월이다. 이 시 텍스트는 2구의 끝 '聲'과 4구의 끝 '鳴'으로 운을 맞추어 텍스트간의 연쇄를 이루고 있다. 여기에는 부분 회기법이 사용되고 있다. 2구의 끝 '無聲'이 4구의 끝에 '不鳴'으로 바뀌어 다시 사용되면서 또한 텍스트 간의 연쇄를 이룬다.

이들 월의 결속 구조를 살펴본다. 결속 구조는 통사 관계를 살펴 그 관계의 표시로써 나타내게 되는데 월의 통사 관계를 결속 구조 그림으로 그릴 때는 본디말에 대한 줄인말을 쓰기로 한다. 이는 〈표 7〉에 있다. ( )는 생략된 것을 나타낸 것이다.[87]

첫째 월 ; 請看千石鍾(청컨대, 천 석들이 종을 보게나)

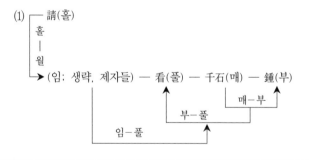

```
참고 : 請(청하다)
      看(보다), 千石(천석들이), 鍾(종)
```

---

87) 월의 요소 중 생략된 경우에는 ( )에 묶어 표시한다. 앞으로도 계속 ( )속에 묶어 표시하기로 한다.

둘째 월 ; 非大扣無聲(크게 치지 않으면 소리 없다네)

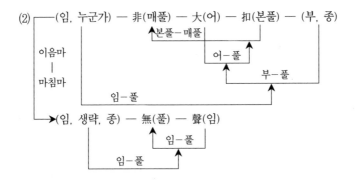

참고 : 非(없다), 大(크다), 扣(치다)
無(없다), 聲(소리)

셋째 월 ; 爭似頭流山天鳴猶不鳴(어떻게 하면 두류산처럼, 하늘이 울어도 오히려 울지 않을까)?

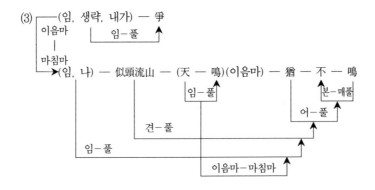

참고 : 爭(어떻게 하면)
似頭流山(두류산처럼), 天(하늘), 鳴(울다), 猶(오히려), 不(않다), 鳴(울다)

⑥ 결속성

이 시의 제목이 '題德山溪亭柱(덕산 계정의 기둥에 씀)'이다. 이를 보면 주된 들을이는 덕산 계정을 드나드는 남명의 제자들임을 추측할 수 있다. 스승으로서 제자들에게 말하고자 하는 바를 쓴 시 텍스트이다. 이 시에 나타나는 개념은 두 가지이다. 2구에서는 남명 자신이 가진 선비로서의 자부심을 나타내고 3, 4구에서는 남명 자신이 선비로서 추구하고자 하는 삶의 목표 즉 더 큰 포부를 제시하고 있다. 그러면서 1구로 돌아가 이러한 '나를 보아라.' 즉 '나를 본 받아라.'고 말하고 있다. 스승은 제자들의 본보기다. 좋은 스승은 제자들에게 과감히 '나를 본 받아라.' 하고 말할 수 있는 사람이다. 남명은 그러한 분이었다. 1구의 '千石鍾(천석들이 종)'은 남명 자신을 비유한 것이다. 제자들에게 과감히 '看千石鍾(천석들이 종을 보아라.)' 즉 '나를 보아라' 하고 말하고 있다. 그러면서 2구에서는 '千石鍾'은 '非大扣無聲(크게 치지 않으면 소리가 없다.)'고 말한다. 여기에서 '非大扣無聲'의 추상적 의미는 앞의 ① 상황성에서 살폈듯이 '영웅을 만나 천하를 얻을 수 있는 정도의 큰 일을 할 수 없다면 움직이지 않는다.'이라 할 수 있다. 제자들에게 '이러한 나를 본 받아라.'고 말하고 있다. 제자들에게 선비로서 가져야 할 출처의 분명함을 가르치고 있다. 1구와 2구는 의미로 보면 '천석들이 종은 크게 치지 않으면 소리가 없다. 이러한 종을 보아라.' 할 것을 '천석들이 종을 보아라.'를 먼저 두어 바꾸어 쓰기를 함으로써 제자들에게 '출처를 분명히 하는 자신을 본받기'를 강조하고 있다. 3, 4구에서는 '千石鍾(천석들이 종)'에서 나아가 남명 자신은 선비로서 추구하고자 하는 삶의 목표 즉 더 큰 포부를 제시하고 있다. 그것은 '天鳴猶不鳴(하늘이 울어도 울지 않는)', '頭流山(두류산)'과 같은 사람이다. 그리고 제자들에게도 그러하기를 가르치고 있다. 이제 이러한 관점에서 보면 이 시 텍스트의 제어 중심(control centre)은 '〈제자들아〉주체 → 〈請看(청컨대, 보아라)〉움직임'이다.

(4) 거시 구조 1

1차 개념

〈제자들아〉주체 ─────→ 〈請看〉움직임

(5) 거시 구조 2

1차 개념에서 주체가 보아야 할 대상이 활성화 된다. '請看'의 대상이 2구에서는 '千石鍾'이고 3, 4구에서는 '頭流山'이다. 결속성의 2차 개념이다.

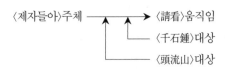

2차 개념

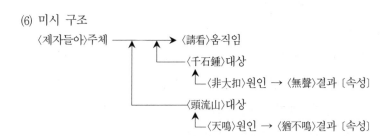

(6) 미시 구조

〈제자들아〉주체 ⟶ 〈請看〉움직임
〈千石鍾〉대상
〈非大扣〉원인 → 〈無聲〉결과 〔속성〕
〈頭流山〉대상
〈天鳴〉원인 → 〈猶不鳴〉결과 〔속성〕

⑦ **시 해석**

앞에서의 분석을 통하여 이 시 텍스트의 속뜻을 살펴보면 다음과 같이 해석할 수 있다.

(1) 청컨대, 제자들은 나를 본받아라.
(2) 나는 천하를 얻고자 하는 큰 포부와 능력을 지녔으나 나를 경영하는 영웅과 때를 얻지 못하여 움직이지 아니한다.
(3) 나아가 나는 늘 생각하는 것이 있으니 어떻게 하면 하늘이 울어도 조금도 움직이지 아니하는 두류산을 닮을 수 있을까 하는 것이다.

지금까지 살펴본 '題德山溪亭柱'의 시 텍스트에서는 남명이 선비로서 가지는 대단한 자부심을 느낄 수 있다. 남명이 이러한 자부심을 드러낼 수 있었던 것은 선비로서의 부끄럼 없는 실천적 삶이 있었기에 가능하였을 것으로 본다. 남명의 선비로서의 자부심은 다음의 '偶吟(우연히 읊음)- 高山如大柱(큰 기둥 같은 높은 산이)'의 시에서도 잘 나타난다.

遇吟	우연히 읊음
高山如大柱	큰 기둥 같은 높은 산이
撑却一邊天	하늘 한 쪽을 버티고 섰다.
頃刻未嘗下	잠시 예전에도 내린 적 없는데,
亦非不自然	역시 자연스러움 잃지 않네.

① 상황성

이 시의 중심 소제는 높은 산이다. 남명은 지리산을 특히 사랑하였다. 이러한 사실은 남명의 시 '德山卜居(덕산에 살 곳을 잡고서)'에 잘 나타난다.

德山卜居	덕산에 살 곳을 잡고서
春山底處無芳草	봄 산 어느 곳엔들 향기로운 풀 없으리오마는,
只愛天王近帝居	다만 천왕봉이 하늘나라에 가까운 걸 사랑해서라네
白手歸來何物食	맨손으로 돌아와 무얼 먹을 건가?
銀河十里喫有餘	은하 십리 먹고도 남겠네

이 시 텍스트에서 보면 하늘이 빌려준 육십 년의 나이를 다하고 인생의 막다른 길에 섰다고 생각되는[88] 예순한 살의 나이에 남명은 거처를 산청 덕산으로 옮겼다. '德山卜居(덕산에 살 곳을 잡고서)'의 시는 이 때 지은 시로 2구에서 그 옮긴 까닭을 말하고 있다. '只愛天王近帝居(다만 지리산 천왕봉이 하늘나라에 가까운 걸 사랑해서라네.)'라고 말하고 있다. 이 시 외에도 남명이 지리산을 말하는 곳은 여러 군데 있다.

- 頭流作(두류산에서 지음) : 高懷千尺掛之難 方丈干頭上上竿(고상한 마음 천 자라 걸기 어려우니, 방장 산 제일 높은 꼭대기에나 걸어 볼까?)

- 題方應賢茅亭(방응현의 풀로 이은 정자에 씀) : 盤面頭流食不窮(소반에 비친 두류산 먹어도 다함 없다네.)

- 又(다시 한 수; 遼鶴重來...) : 頭流十破黃牛脇(황소 옆구리 같은 두류산을 열 번 돌아 보았으니)

- 無題(제목 없이; 斯干日日...) : 智異三藏居彷佛(지리산 삼장의 거처 그럴 듯 하고)

---

88) 山中卽事 산 속에서 즉흥적으로 읊음

從前六十天曾假	이전의 육십 년은 일찍이 하늘이 빌려 준 것이고,
此後雲山地借之	앞으로 구름 낀 산에서 사는 건 땅이 빌려 준 거라네.
猶是窮塗還有路	막다른 길에도 또다시 길 있나니.
却尋幽逕採薇歸	그윽한 오솔길을 찾아 고사리 캐어 돌아온다네.

위 시 텍스트 '遇吟(우연히 읊음)'은 남명이 거처를 덕산으로 옮긴 뒤에 쓴 것이다. 남명의 거처에서는 지리산 천왕봉이 맑은 날이면 환히 보인다. 멀리서 보는 천왕봉은 늘 하늘에 닿은 듯 하다. '遇吟(우연히 읊음)'은 이러한 천왕봉의 모습을 바라보면서 지은 시다.

당시의 시대는 몹시 어두웠다. 1. 들어가기에서 살폈듯이 남명의 시대에 네 번의 사화가 있었다. 남명과 가장 가깝게 일어난 사화는 1545년(명종 즉위)에 일어난 을사사화다. 을사사화는 왕위의 계승을 둘러싼 갈등으로 빚어진 사화였다. 이 네 번의 사화를 통하여 뜻 있는 선비는 힘을 잃고 간신배들이 권력을 독점하면서 이를 바탕으로 갖가지 부정과 비리를 저질렀다. 뜻을 잃은 선비들은 시류를 좇아 이리저리 흔들리고 있었다.

이러한 때에 남명은 진정한 선비라면 어떠해야 하는가를 시를 통하여 잘 보여주고 있다.

② 의도성과 용인성

이 시 텍스트는 빈이름을 얻어 세상의 티끌과 같은 벼슬을 찾아 헤매는 세태 속에서 진정한 선비의 모습과 삶이 어떠해야 하는지를 자신이 추구하고자 하는 바를 통하여 제시하고 있는 시이다.

1구와 2구에서는 사람들이 시류를 좇아 이리저리 움직이는 세태 속에서도 묵묵히 제 사명을 아무 흔들림 없이 부담하는 지리산 천왕봉의 프레임을 사용하여 선비의 모습도 이러해야 한다는 사실을 말하고 있다. 3, 4구에서는 산은 하늘이 무거워 잠시 내려 두는 적 한 번도 없이 언제나 처음 그대로의 제 모습을 잃지 않는다고 함으로써 참된 선비라면 묵묵히 하늘을 받히고 서 제 사명을 아무 흔들림 없이 부담하는 지리산처럼 시류를 좇아 이리저리 움직이지 아니하고 이 세상 한쪽을 받치면서도 자연스러움을 잃지 않아야 한다는 사실을 말하고 있다.

③ 정보성

산과 하늘은 1차 정보성이다. 산은 우뚝 솟아 있고, 하늘은 평평하다. 누구나 예측할 수 있다. 이러한 산을 큰 기둥 같다고 표현한 것이나 하늘 한 쪽을 버티고 섰다는 것은 다 예측하기 힘들다. 1차 정보성을 2차 정보성으로 끌어 올리고 있다. 하늘 한 쪽을 버티고 섰다면 불안한 것은 당연하다. 그런데 자연스럽게 조화를 이룬다는 것이다. 이 또한 예측하기 어렵다. 역설적인 표현이다. 2차 정보성을 가지고 있다. 이 역설적인 표현으로 흥미를 불러일으킨다. 이 시 텍스트에는 자연이 주는 시공(時空)의 조화가 있다. 시간적으로 보면 자연이 가지는 시간의 무한성 속에 산은 무거운 하늘을 버티고 섰는데도 그리고 잠시도 내린 적이 없는데도 조화를 이루어 자연스럽다 한다. 역설적인 표현이다. 공간적 조화로움도 있다. 산이 주는 수직의 아름다움과 하늘이 주는 수평의 아름다움이 접점을 이루면서 역설적 조화를 이루고 있다. 이 역설이 오히려 자연 속에서 산과 하늘의 조화를 강조하면서 텍스트의 의의의 연속성을 꾀하고 있다.

④ 결속 구조

이 시는 오언절구(五言絶句)로써 4구로 이루어져 있으나 월(文)로 보면 두 개의 월로 이루어져 있다. '高山如大柱 撑却一邊天(큰 기둥 같은 높은 산이 하늘 한 쪽을 버티고 섰다.)'과 頃刻未嘗下亦非不自然(잠시 예전에도 내린 적 없는데, 역시 자연스러움 잃지 않네.)이다. 2구의 마지막 '天'과 4구의 마지막 '然'으로 운을 맞추어 텍스트 간의 연쇄를 이루고 있다.

첫째 월 ; 高山如大柱 撑却一邊天(큰 기둥 같은 높은 산이[89] 하늘 한 쪽을 버티고 섰다).

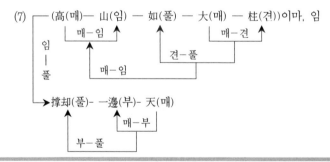

<hr />

89) '큰 기둥 같은 높은 산이'는 속뜻으로 보면 '높은 산이 큰 기둥 같다.'인데 월 성분 '높은 산이'가 뒤로 자리를 옮기면서 풀이말이 매김꼴로 바뀌어 '큰 기둥 같은'이 된 것이다. 이러한 매김마디를 '빠져나간 매김마디'라 한다(허웅, 1983, 273).

둘째 월 ; 頃刻未嘗下亦非不自然(잠시 예전에도 내린 적 없는데, 역시 자연스러움 잃지 않네)

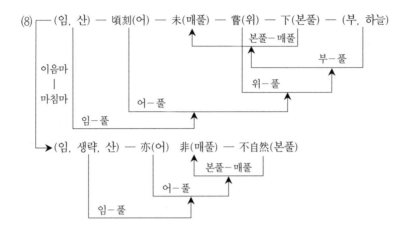

참고 : 頃刻(잠시), 未(없다), 嘗(예전에), 下(내리다)
　　　亦(역시), 非(않다), 不自然(자연스러움 잃다)

⑤ 결속성

위 ① 상황성에서도 살폈듯이 남명이 거처하던 산천재에서 바라본 지리산의 천왕봉은 늘 하늘에 닿은 듯, 그리하여 하늘을 받히고 서 있는 듯 하다. 남명은 이러한 지리산을 사랑하였고 또 닮고자 하였다. 위 시 텍스트 '題德山溪亭柱(덕산 계정의 기둥에 씀)'에서도 살폈듯이 '爭似頭流山 天鳴猶不鳴(어떻게 하면 두류산처럼, 하늘이 울어도 울지 않을 수 있을까?)'라고 하면서 남명은 선비로서 하늘이 울어도 울지 않는 두류산(지리산의 다른 이름)을 닮고자 하였고 또 이 시 텍스트처럼 하늘을 받히고 선 그러한 지리산을 닮고자 하였다. 남명은 지리산을 바라보면서 선비의 모습을 찾고 있다. 선비는 그러하여야 한다는 것이다. 시류를 좇아 가볍게 이리저리 움직이지 아니하는 그러면서 하늘 한 쪽을 버티고 선 지리산처럼 세상을 묵묵히 받히고 선 모습이 자연스러워야 한다는 것이다. 남명은 그러한 분이었다. 이러한 관점에서 보면 이 시 텍스트의 제어 중심(control centre)은 '〈高〉상태 ← 〈山〉주체'이다.

(9) 거시 구조 1

1차 개념

⟨高⟩상태 ◀──────── ⟨山⟩주체

(10) 거시 구조 2

2차 개념에서는 1차 개념의 '⟨高⟩상태 ← ⟨山⟩주체'을 활성화시키고 있다. '高山 (높은 산)'은 큰 기둥 같고(如大柱), '高山'은 하늘 한 쪽을 버티고 섰고(撑却一邊天), '高山'은 하늘을 예전에 내린 적이 없고(頃刻未嘗下天), '高山'은 자연스러움을 잃지 않는다(非不自然)고 한다.

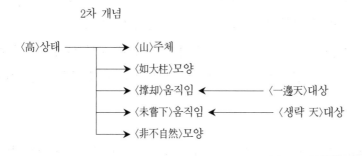

2차 개념

⟨高⟩상태 ──┬──▶ ⟨山⟩주체
           ├──▶ ⟨如大柱⟩모양
           ├──▶ ⟨撑却⟩움직임 ◀──────── ⟨一邊天⟩대상
           ├──▶ ⟨未嘗下⟩움직임 ◀──── ⟨생략 天⟩대상
           └──▶ ⟨非不自然⟩모양

(11) 미시 구조

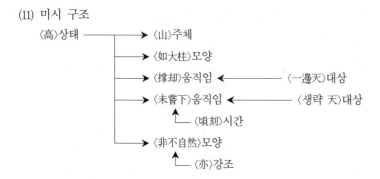

⟨高⟩상태 ──┬──▶ ⟨山⟩주체
           ├──▶ ⟨如大柱⟩모양
           ├──▶ ⟨撑却⟩움직임 ◀──────── ⟨一邊天⟩대상
           ├──▶ ⟨未嘗下⟩움직임 ◀──── ⟨생략 天⟩대상
           │   └── ⟨頃刻⟩시간
           └──▶ ⟨非不自然⟩모양
                  └── ⟨亦⟩강조

⑥ 시 해석

이상의 결속성을 바탕으로 이 시 텍스트에 나타난 개념들의 속뜻을 살펴보면 제어 중심이 되는 '高山(높은 산)'은 남명 자신을 빗대고 '天(하늘)'은 이 세상과 빗대고 있다. 이를 두고 이 시 텍스트를 해석한다면 1구 '高山如大柱(큰 기둥 같은 높은 산이)'는

'나는 선비로서 큰 기둥 같은 사람이다.', 2구 '撑却一邊天(하늘 한 쪽을 버티고 섰다.)'은 '高山(높은 산)이 '撑却一邊天(하늘 한 쪽을 버티고 섰다.)' 하듯이 '나는 이 세상 한쪽을 버티고 섰다.', 3구 '頃刻未嘗下((하늘을) 잠시 예전에도 내린 적 없는데)'는 '高山(높은 산)'이 하늘을 잠시도 내린 적 없듯이 '나도 이 세상을 잠시도 내린 적 없다.', '늘 생각하고 있었다.', 4구 '亦非不自然(역시 그대로 자연스러움 잃지 않네.)'은 '高山'이 역시 그대로 자연스러움 잃지 않듯이 '나도 역시 자연스러움을 잃지 않고 있다.'는 것이다. 이를 좀 더 적극적으로 살펴 이 시 텍스트를 해석한다면 다음과 같이 해석할 수 있겠다.

(1) 산이 언제나 그 자리에 기둥처럼 서서
(2) 하늘의 한 쪽을 받히며 제 사명을 다하듯 나는 선비로서 묵묵히 이 세상의 한쪽을 받힌 것처럼 나의 사명을 다한다.
(3) 산은 하늘이 무거워 잠시 내려 두는 적 한 번도 없이
(4) 언제나 처음 그대로의 제 모습처럼 자연스러운데 나도 선비로서 세상을 받힌 것처럼 그 부담을 한 번도 마다하지 아니하니 역시 처음 모습 그대로 자연스럽다.

선비로서의 사명감과 자부심을 느낄 수 있다. 이러한 사명감과 자부심이 남명으로 하여금 여러 어려움 속에서도 한 평생 끝까지 참된 선비로 남아 있게 한 원동력이며 뭇 사람들의 스승이게 한 원동력이기도 하다.
남명의 선비로서의 자부심이 나타나는 시 한 수를 더 살펴본다.

頭流作	두류산에서 지음
高懷千尺掛之難	고상한 마음 천 자라 걸기 어려우니,
方丈干頭上上竿	방장산 제일 높은 꼭대기에나 걸어 볼까?
玉局三生須有籍	옥국관에는 모름지기 삼세의 문적을 두나니,
他年名字也身看	다른 날 내 이름자를 직접 보겠지.

① 상황성

남명은 시 텍스트 1구와 2구에서 '高懷千尺掛之難 方丈干頭上上竿(고상한 마음 천 자라 걸기 어려우니, 방장산 제일 높은 꼭대기에나 걸어 볼까?)'이라 한다. 남명은 선비로서 늘 이 고상한 마

음을 얻기 위하여 노력한 분이다. 그리고 거기에 안주한 분이 아니었다. 깨달은 바를 실천한 선비였다. 주회(朱熹)가 말하는 신민(新民, 관료정치)보다는 왕양명(王陽明)이 주장하는 친민(親民, 위민정치)을 받아들여 늘 백성의 쪽에 서서 치자(治者)를 비판하고 청의(淸議)를 일으킨 분이었다(김충열, 2002, 57). 그리하여 자신의 안위를 돌보기보다 나라와 백성을 위하는 마음이 가득하였다. 남명이 자신의 목숨을 내 놓을 각오로 나라의 어려움과 백성의 어려움을 토로한 사실을 보아도 잘 알 수 있다. 그 실천의 예를 정묘년에 사직하면서 승정원에 올린 상소문(丁卯辭職呈承政院狀)을 통하여 살펴본다. 승정원에 올린 상소문은 1567년 12월에 올린 것으로 그 내용은 다음과 같다.

… 제가 엎드려 보건데, 나라 근본은 쪼개지고 무너져서 물이 끓듯 불이 타듯 하고, 여러 신하들은 거칠고 게을러서 시동(尸童) 같고 허수아비 같습니다. 기강이 씻어버린 듯 말끔히 없어졌고, 원기(元氣)가 온통 나른해졌으며, 예의가 온통 쓸어버린 듯 하고, 형정(刑政)이 온통 어지러워졌습니다. 선비의 습속이 온통 허물어졌고, 공공(公共)의 도리가 온통 없어졌고, 사람을 쓰고 버리는 것이 온통 뒤섞였고, 기근이 온통 갈 데까지 갔고, 창고는 온통 고갈되고, 제사를 지내는 것이 온통 더럽혀지고, 세금과 공물을 온통 멋대로 걷고, 변경의 방어가 텅 비었습니다. 뇌물을 주고받음이 극도에 달했고, 남을 헐뜯고 이기려는 풍조가 극도에 달했고, 원통함이 극도에 달했고, 사치도 극도에 달했고, 공헌(貢獻)이 통하지 않고, 이적(夷狄)이 업신여겨 쳐들어오니, 온갖 병통이 급하게 되어 하늘 뜻과 사람의 일도 또한 예측할 길이 없습니다. 이러한 폐단을 버려두고 구제하지 않으면서 한갓 헛된 이름만을 일삼고 의론만 독실한 사람을 따르고 있습니다. 아울러 산야에 버려진 사람을 찾아 어진 이를 구한다는 아름다운 이름만을 일삼으려 하는데, 헛된 이름으로는 실질적인 어려움을 구제할 수 없습니다. 이는 마치 그림의 떡으로 굶주림을 구제하지 못하는 것과 같으니, 발등에 떨어진 급한 일을 구제하는 데에는 전혀 보탬이 안 됩니다.

청하옵건대 완급(緩急)과 허실(虛實)을 다시금 분간해서 처리하시옵소서. 예부터 비록 태평한 세상이라도 옳고 그르고, 되고 안 되는 것을 따지는 일이 없지 않아 궁중 여자까지도 다 글을 올려서 나라의 일을 논하는 대열에 있었습니다. 그런데 지금은 나라의 형세가 엎어질 듯 위태로워 어찌할 수가 없습니다. 몸이 정승의 자리를 차지하고 있는 자도 좌우로 돌아보면서 구원하지 않으니, 반드시 손을 댈 수 없는 형편에 있는가 합니다. 시대의 변화를 알지 못하는 지각없는 늙은 백성이 제자리를 벗어나서 관청에서 할 일까지 범하면서, 임금님께 죽음을 무릅쓰고 올립니다. 처사가 함부로 나라 일을 논의한 죄에 대해서는 신이 당연히 벌을 받겠사오며 삼가 소장을 올리옵니다.

(교감 국역 남명집, 1995, 247-248.)

이와 같이 남명은 자신의 목숨을 내 놓을 각오로 나라의 어려움과 백성의 어려움을 임금께 아뢰어 고쳐지기를 바라는 마음 간절하였다. 이는 남명을 가까이에서 모셨던 제자면서 외손서(外孫壻)가 되는 동강(東岡) 김우옹(金宇顒)[90]이 지은 남명선생행장(南冥先生行狀)에도 나타난다.

> … 선생은 세상에 드문 영특하고 호걸스런 인물이라고 말 할 수 있다. 눈과 달처럼 희고 밝은 마음과 강과 호수 같은 성품과 기질로 만물의 바깥에서 우뚝 섰고, 한 시대를 위에서 내려다보았다. 높고 원대한 식견은 타고난 자질에서 나왔다. 어떤 계기에 맞추어 일을 논하는 것이 사람들의 생각보다 앞서나갔고, 시대를 걱정하고 세상에 대해서 분개하여 충성심이 격분하고 의리가 나타났는데, 임금님에게 올린 봉사(封事)와 임금님에게 아뢴 대답에 나타나 있으니, 볼 수 있다. 천성이 강개(慷慨)하여 속세에 비위를 맞추려고 하지 않았다. 늘 학자나 사대부들과 말을 하다가 당시 정치의 잘못이나 백성들의 고통상 등에 이르러서는 한쪽 손으로 다른 쪽 팔을 잡고 부르르 떨면서 흐느껴 목이 메지 않은 적이 없었고, 간혹 눈물을 흘리기까지 하였는데, 듣는 사람들이 이 때문에 주의를 기울여 들었다. 이 세상에 대해서 정성을 기울여 관심을 갖는 것이 이러하였다. … 선생은 재주와 기질이 매우 높았는데, 호걸스럽고 고상함이 보통 사람들보다 뛰어났고, 논의가 뛰어났고, 용모가 준엄하였다. 뛰어나고 굳센 기운은 얼굴에 나타났다. 매양 선생의 용모와 그 말씀을 접하게 되면, 방탕하고 안일한 마음과 거짓되고 나약한 기운이 가슴 속에서 저절로 감히 생겨나지 않게 되었다(허권수, 2010, 29-30).

동강(東岡)의 남명선생행장에도 나타나듯이 나라와 백성을 위하여 실천하는 그리고 평생 지향하는 이 고상한 마음이 천 자(千尺)나 된다는 것이다. 이 시의 중심 소재는 고상한 마음이다. 이 마음은 남명의 얻고자 하는 마음을 말하는 것인데 곧 고상한 마음은 선비로서 품은 큰 뜻을 상징한다(이상원, 2001, 325). 이것이 천 자나 되어 이 세속에는 둘 곳이 없어 방장산 꼭대기 높고 높은 곳에나 걸어두고 그곳에서 자연과 더불어 살다가 그러다 끝내 죽는다면 이 세상을 초월한 다른 세상에서나 내 이름자를 찾을 것이라고 하는 선비로서의 강한 자부심이 묻어나는 시이다.

---

90) 동강(東岡) 김우옹(金宇顒, 1540-1603)에 대해서는 이 글 2. 남명의 생애, 예순세 살 때 참조. 동강은 칠봉(七峰) 김희삼(金希參, 1507-1560)의 넷째 아들이다. 칠봉은 남명의 종유(從遊)로 서로 왕래가 있어 동강은 어린 시절부터 남명을 잘 알고 있었을 것으로 보인다.

② 의도성과 용인성

이 시 텍스트는 선비가 가진 고상한 마음이 때를 얻지 못하여 이 세상에서는 펼쳐 볼 수 없었으나 그 마음만은 다음 세상에서 인정받을 수 있을 것임을 말하고자 하는 시이다. 이 시 텍스트는 현재 이승에서의 일과 미래의 저승에서의 일로 나누어진다. 1, 2구는 현재 이승에서의 일이고, 3구와 4구는 죽은 뒤 미래 저승에서의 일이다. 남명이 이승에서 추구하는 마음은 무엇일까? 도(道)를 깨달은 마음일 것이다. 이것이 '高懷(고상한 마음)'이다. 남명이 품은 이 고상한 마음이 천 자나 되니 인간 세속에는 어디 걸어 두기가 어려우니 자연 속 깊은 방장산 꼭대기 높고 높은 곳에 걸어야겠다는 것이다.

남명은 선비로서 품은 큰 뜻이 있었다. 남명의 나이 서른한 살 때쯤의 일이다. 이때의 일은 이 시 텍스트를 이해하는 데 무척 중요하므로 2. 남명의 생애, 서른한 살때의 일을 다시 본다. 남명도 서른한 살 될 때까지는 과거(科擧)에 힘을 쏟았다.

> … 약관에 문과 한성시에 합격하고, 아울러 사마시의 복시에도 합격하였는데 춘관이 모두 유사(有司)로부터 쫓겨났다. '과거란 애초에 장부가 몸을 드러내는 바탕으로 삼기에 복하지 못하거늘 하물며 이런 소과이겠는가?'라고 생각하고, 마침내 사마시는 그만두고서 동당(문과)에만 나아갔으며, 세 번 일등 하였으나 더러는 나아가고 더러는 쫓겨나 나이가 이미 서른 남짓이 되었다 … (오이환, 2000ㄴ, 20-21).

그러다 나이 서른한 살에 문장이 과거에 적합하지 않다고 여기고 평이하고 간실(簡實)한 글을 쓰기 위하여 처음으로 성리대전(性理大全)을 읽게 되는데 성리대전을 읽다가 원나라의 학자 노재(魯齋) 허형(許衡, 1209-1281)의 글을 읽었다.

> 이윤(伊尹)의 뜻을 뜻으로 삼고, 안자(顏子)의 학문을 학문으로 삼아, 벼슬에 나아가서는 경륜을 펴서 업적을 이루고 초야에 있으면서는 지조를 지켜야 한다. 대장부라면 마땅히 이와 같이 해야 한다. 벼슬에 나아가 아무 하는 일도 없고 초야에 있으면서 아무런 지조도 지키지 않는다면 뜻을 세우고 학문을 닦아 장차 무었을 하겠는가?

남명은 이글을 통하여 크게 깨달아 실리(實利)를 위한 공부를 접고 위기지학(爲己之學)에 뜻을 두게 된다. 이러한 사실은 서른두 살 때 어릴 적부터 친구인 규암(圭庵)

송인수(宋麟壽)가 보내온 대학(大學)에 기록된 글을 통하여 알 수 있다.

… 또한 글을 짓는 것이 법식에 맞지 않음을 염려하여 다시금 평이하고 간실(簡實)한 책을 구해 읽다가 성리대전(性理大全)을 가지고 읽게 되었다. 하루는 읽다가 허 씨의 설에 이르렀는데 '나아가면 유위(有爲)함이 있고 처해서는 지키는 바가 없다면 뜻한 바 배운 바를 장차 무엇 하겠는가?'라는 말이 있었다. 문득 두려운 마음이 들어 스스로 반성해 보니, 부끄러워 오그라들고 스스로 아득하며, 배운 바가 돼먹지 않아 거의 한 평생을 그르칠 번하여, 인류의 일상적인 일들이 모두 본분 가운데서 나오는 것임을 애당초 몰랐던 것을 크게 탄식하였다. 마침내 과거 공부가 싫어졌으며, 그러다가 걷어치우고서 오로지 뜻을 학문에만 두어 점차 본래의 고향으로 들어가게 되었다 (오이환, 2000ㄴ, 20-21).

이렇게 노재(魯齋)의 말에서 자신의 학문과 처신의 방향을 찾아 결심하고 이때부터 공명을 위한 형식적이고 지엽적인 학문은 떨쳐버리고 유학의 정수를 공부하기에 온 힘을 쏟았다 한다. 이때부터 남명은 선비로서 추구해야 하는 가치 세계가 욕심으로 가득 찬 인간 세속에 있지 아니하다는 것을 깨닫게 된 것이다. 위 ①상황성에서도 밝혔듯이 남명이 살았던 시기는 이윤(伊尹)의 뜻을 뜻으로 삼아 펼치기에는 이미 틀려 있었다. 따라서 남명은 안자(顔子)의 학문을 학문으로 삼아 큰 뜻을 이루어 간 것이다.[91] 이에 남명은 이 시 텍스트를 통하여 선비가 가진 고상한 마음이 때를 얻지 못하여 이 세상에서는 펼쳐 보일 수 없었으나 그 마음만은 다음 세상에서 인정받아 자신의 이름자가 기록되어 있을 것이라 하고 있다.

③ 정보성

이 시 텍스트는 2차 정보성을 유지하면서 흥미를 불러일으키고 있다. 1구에서 고상한 마음이 천자나 된다고 한다. 마음을 길이의 단위인 자로 표현하는 것이 흥미롭다. 2차 정보성을 가진다. 그리고 2구에서는 그 마음을 방장산 제일 높은 꼭대기에 건다는 것도 2차 정보성을 유지하면서 의의의 연쇄를 이루고 있다. 3구는 예측이 몹시 어렵다. 옥국관은 중국 사천성에 있는 도교(道敎)의 사원이다. 후한의 장도릉(張道陵)이 여기서 도(道)를 얻었다는 곳인데 여기서는 다음 세상인 하늘나

---

91) 이윤(伊尹)의 뜻과 안자(顔子)의 학문에 대해서는 이 글 2. 남명의 생애, 서른한 살 때 주) 참조.

라를 뜻하고 있다(교감 국역 남명집, 1995, 82, 주174). 百尺竿頭(백 척의 장대 끝)에 걸린 도(道)를 얻고자 하는 남명의 마음이 장도릉(張道陵)이 도(道)를 얻었다는 옥국관과 걸린다는 것을 예측하기는 쉬운 일은 아니다. 3차 정보성을 갖는다. 4구에서는 이를 다시 2차 정보성으로 끌어내리고 있다. 하늘나라에는 인간 세상에서 있었던 잘잘못을 소상히 적어 둔다는 일반적인 생각이 있어 여기서 자신의 이름을 볼 수 있다는 것이니 여기서는 3차 정보성을 2차 정보성으로 끌어내려 전체적으로 2차 정보성을 유지하면서 의의의 연쇄를 이루고 있다.

④ 상호텍스트성

이 시 텍스트 1, 2구의 '高懷千尺掛之難 方丈干頭上上竿(고상한 마음 천 자라 걸기 어려우니, 방장산 제일 높은 꼭대기에나 걸어 볼까?)'은 불교 선사 장사경잠(長沙景岑, ?–868)의 시 백척간두송(百尺竿頭頌)의 인유로 보인다.

百尺竿頭坐底人	백 척의 장대 끝에 앉아 있는 사람이여
雖然得入未爲眞	그렇게 앉아 있어도 참된 것은 아니라네
百尺竿頭進一步	백 척의 장대 끝에서 한 걸음 더 나아가야
十方世界是全身	시방 세계가 온통 내 몸이라네

이 시는 〈전등록〉 10권과 〈종용록〉에 들어 있는데 1구 '百尺竿頭坐底人(백 척의 장대 끝에 앉아 있는 사람이여)'은 '백척간두의 장대 끝에 걸려 있는 도를 얻기 위해 어렵게 올라 그 깨달음의 세계에 이르러 거기에 안수하는 사람이여' 하는 뜻이다. 그리고 2구에서는 '그렇게 앉아 있어도 참된 것은 아니라(雖然得入未爲眞)' 한다. 거기서 한걸음 더 나아가야(百尺竿頭進一步) 무심의 시방세계를 얻는다(十方世界是全身)는 것이다. '頭流作(두류산에서 지음) 1구에서 '高懷(고상한 마음)'가 천척(千尺)이라 걸기 어렵다고 하는데 '백척간두송(百尺竿頭頌)'에서는 도(道)가 '百尺竿頭(백 척의 장대 끝)'에 걸렸다 하니 이들에서는 서로 의미의 연관성을 갖는다. 곧 '高懷(고상한 마음)'는 '百尺竿頭(백 척의 장대 끝)'에 올라 거기에 걸려 있는 도(道)를 찾아 앉은 사람의 마음이다. 그런데 도(道)를 얻었으면 그곳에 앉아 있어서는 안 되고 그곳에서 한 걸음 더 나가야 시방(十方)의 세계를 얻게 되듯이 '高懷(고상한 마음)'도 품고만 있어서는 안 되고 한 걸음 더 나아가 쓰임

을 얻어야 한다. 그래야 하는데, 쓰임을 얻지 못하고 방장산 깊고 깊은 꼭대기에 걸어두어야 하니 그 답답한 마음은 이루 헤아릴 수가 없었을 것이다. 이러한 관점에서 1, 2구는 백척간두송(百尺竿頭頌)과 상호텍스트성을 갖는다.

3구의 '玉局(옥국)'도 '도(道)'와 연관성을 갖는다. 옥국관은 중국 사천성(四川省) 성도(成都)에 있는 도교(道教) 사원인데 후한의 장도릉(張道陵)이 여기서 도(道)를 얻었다고 한다.92) 이 땅의 옥국관에는 장도릉(張道陵)의 이름이 보이듯이 하늘의 옥국관에서는 '이 땅에서 도(道)를 얻은 사람의 이름이 있지 않겠는가?' 하는 것으로 이도 상호텍스트성을 갖는다.

⑤ 결속 구조

이 시 텍스트는 칠언절구(七言絶句)로써 4구로 이루어져 있다. 1구의 맨 끝 '難'과 2구 맨 끝 '竿', 4구 맨 끝의 '看'으로 운을 맞추고 있다. 1, 2구와 4구의 끝으로 운을 맞추어 텍스트 간의 연쇄를 이루고 있다. 이 시 텍스트는 월로써 보면 1, 2구와 3, 4구가 각각 하나의 월로써 2개의 월로 이루어져 있다. 이들의 결속 구조를 살펴보면 다음과 같다.

첫째 월 ; 高懷千尺掛之難, 方丈干頭上上竿(고상한 마음 천 자라 걸기 어려우니, 방장산 제일 높은 꼭대기에나 걸어 볼까)

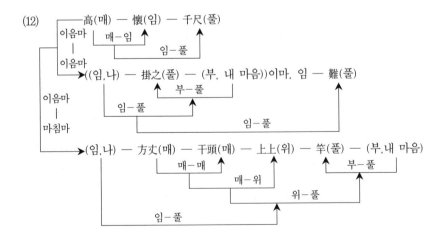

둘째 월 ; 玉局三生須有籍, 他年名字也身看(옥국관에는 모름지기 삼세의 문적을 두나니, 다른 날 내

   이름자를 직접 보겠지).

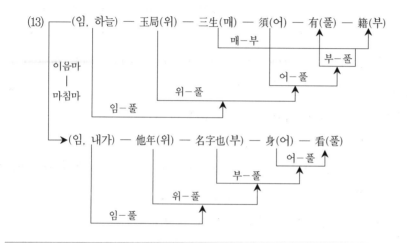

⑥ 결속성

남명은 '② 의도성과 용인성'에서도 밝혔듯이 나이 서른한 살에 실리(實利)을 위한 공부를 접고 위기지학(爲己之學)에 뜻을 두면서 육경(六經)과 사서(四書) 그리고 염계 주돈이(周敦頤), 명도(明道) 정호(程顥), 횡거(橫渠) 장재(張載), 회암(晦庵) 주희(朱熹) 등 송나라 때의 대표적인 성리학자들이 남긴 글을 정력을 다 해 공부하였다. 이러한 사실은 공부하는 가운데 핵심이 되는 것들을 정리한 학기류편(學記類編, 2002)을 보아도 잘 알 수 있다. 남명은 늘 품은 큰 뜻이 있었다. 자신에 대해서는 도(道)를 깨달아 그 도를 실천하고자 하였고 이 세상에 대해서는 요순의 시대처럼 도(道)가 넘쳐나기를 바라는 것이었다.

鳳鳴樓　　　　　　　　　봉명루
岐下遺音屬有樓　　　　기산 아래 남은 소리 이 누각에 이어 있으니,
親賢樂利迄悠悠　　　　친현락이가 마침내 유유하구나.
自從矗石新開宇　　　　촉석성에 새로 누각 세운 뒤부터는,
六六鳴隨上下流　　　　봉황새 울음소리 물길 따라 오르내리는구나.

　　그러나 남명의 생전에는 위 시 '鳳鳴樓(봉명루)'에서 보듯이 이와 같은 시대는 오지 않았다. 그러기에 지금 살피고 있는 시 '頭流作(두류산에서 지음)'에서는 이승에서의 희망을 포기하고 이제 저승에서의 일을 말하고 있다. 이러한 관점에서 이 시 텍스트의 결속성을 살펴보면 앞에서도 밝혔듯이 이승과 저승의 개념적 대립 구조를 가지고 있다. 1, 2구는 이승에서의 일이고 3, 4구는 저승에서의 일이다. 이승에서는 '걸기 어렵다.(掛之難)'하고 저승에서는 '직접 본다.(身看)'고 한다. 이승에서는 다시 1구와 2구 둘로 나뉜다. 1구에서는 세속을 말하고 2구에서는 자연을 말하고 있다. 세속에서 자연으로 옮겨가고 있다. 세속에서는 '高懷(고상한 마음)'를 걸어 둘 곳이 없고 자연에서는 걸 수 있다. 그래서 깊은 산 속 방장산 꼭대기 높고 높은 곳에 걸어 둔다는 것이다. 이것은 이승에서의 일이다. 3, 4구에서는 '他年(다른 날)'으로 옮겨 간다. 1구에서 2구는 자신의 마음을 두는 장소의 이동이라 한다면 1, 2구에서 3, 4구는 이승에서 저승으로의 시·공(時空)의 이동이다. 이렇게 두고 보면 이 시의 제어 중심(control centre)은 1, 2구에서는 '〈高懷(고상한 마음)〉대상 → 〈掛之難(걸기 어렵다)〉움직임'이고 3, 4구에서는 '〈名字(내 이름자)〉대상 → 〈身看(직접 보다)〉움직임'이다. 이는 서로 대립 구조를 이룬다.

　　(14) 거시 구조 1

　　1차 개념은 '高懷(고상한 마음)'를 세속에서는 '掛之難(걸기 어렵다.)'는 것과 '名字(내 이름자)'를 다른 날(他年) '身看(직접 본다.)'는 것이 시·공(時空)과 움직임의 상태가 '없다:있다'로 서로 대립하고 있다. 1차 개념이다.

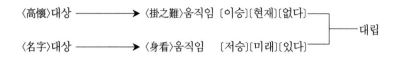

1차 개념

(15) 거시 구조 2

2차 개념은 1차 개념에서 '高懷(고상한 마음)'를 세속에서는 '掛之難(걸기 어렵다.)' 하니 그 래서 '高懷(고상한 마음)'를 자연 속 깊은 '方丈干頭上上(방장산 꼭대기 높고 높은 데)'에 건다는 것 이고, '名字(내 이름자)'는 '他年(다른 날)'에 '玉局(옥국관)'에서 본다는 것이다. 2차 개념이다.

2차 개념

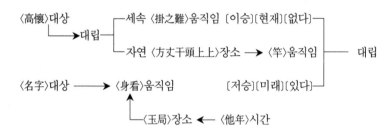

(16) 미시 구조

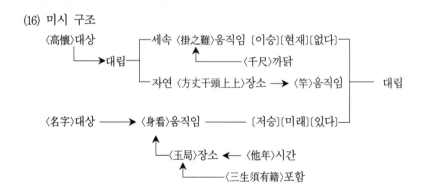

⑦ 시 해석

이상의 결속성을 바탕으로 이 시 텍스트에 나타난 개념들의 속뜻을 살펴보면 제어 중심이 되는 '高懷(고상한 마음)'는 남명이 선비로서 품은 마음이다. 구체적으로 는 도(道)를 깨달은 마음이다. 1구에서는 이러한 마음 즉 '高懷'가 너무 높아 '千尺(천재'이나 되므로 때가 이르지 않아 세속에서는 펼칠 수가 없다. 그리하여 2구에서는 '方丈干頭上上(방장산 제일 높은 꼭대기)'에 걸어 두고 자연과 더불어 살아가려 한다. 3구에서는 그러다 죽어 삼세의 문적을 두는 옥국관에 가면 '高懷(고상한 마음)'를 품었으나 때를 얻지 못하여 펼칠 수 없었던, 그러나 그 마음만은 인정하여 내 이름자는 써 두었을 것이다. 4구에서는 그날 문적에 쓰여 있는 내 이름자를 직접 볼 수 있겠지 하는 내용이다. 이러한 사실을 두고 보면 이 시 텍스트는 다음과 같이 해석될 수 있겠다.

(1) 나는 선비로서 도(道)를 깨달은 고상한 마음을 품었다. 그 마음이 너무 높아 천자나 되니 이 세속에서는 펼칠 수가 없다.

(2) 그리하여 나는 이 고상한 마음을 방장산 깊은 자연 속에 두고 자연과 더불어 살아가려 한다.

(3) 그러다 내가 죽어 옥국관에 가면 거기에는 삼세의 문적을 두는 곳이니

(4) 그날 그곳에서 '高懷(고상한 마음)'를 품었으나 때를 얻지 못하여 펼칠 수 없었던, 그러나 그 마음만은 인정하여 써 둔 내 이름자는 볼 수 있겠지.

이상으로 시 텍스트에 나타난 남명의 선비로서의 자부심을 살펴보았다. 한평생을 처사로 살면서 비록 경제적으로는 어려웠을 지라도 남명에게는 (1) 영웅을 만나 천하를 얻지도 못하면서 빈이름을 얻어 세상의 티끌과 같은 벼슬을 찾아 헤매는 사람들아 '나를 보아라'하고 자신 있게 외칠 수 있는 자부심과 (2) 나는 선비로서 묵묵히 이 세상의 한쪽을 받히고 섰다는 자부심과 (3) 나는 선비로서 품은 뜻이 너무 높고 커서 욕심으로 가득 찬 이 세상에는 펼쳐 보일 수가 없다고 하는 자부심이 남명이 아니고서는 감히 흉내조차 내기 어려울 만큼 높고도 크게 자리 잡고 있었다는 사실을 알 수 있다.

(2) 남명의 출처(出處) 의식

남명은 선비로서 일생 출처를 분명히 하면서 자연과는 조화를 이루었다. 지리산을 사랑하였고 덕천강을 사랑하였다. 그러나 외부와 단절된 삶은 아니었다. 단

지 도를 즐거워하여 인욕을 끊고자 하였고, 자연을 사랑하여 자연 속에서 자연과
더불어 살아간 선비였다. 이는 선비로서 가진 남명의 분명한 출처 의식에서 비롯
된다. 여기서는 남명의 출처 의식에 대해 살펴본다.

寄西舍翁	서쪽 집 늙은이에게 부침
萬疊靑山萬市嵐	만 겹의 푸른 산 온 데가 산 아지랑이,
一身全愛一天函	이내 몸 하늘만 보이는 골짜기를 온전히 사랑한다네.
區區諸葛終何事	구구한 제갈량은 끝내 무슨 일을 하였나?
膝就孫郞僅得三	무릎으로 손권에게 나아가 겨우 삼국을 얻었다.

① 상황성

남명은 출처(出處)를 선비가 지켜야 할 큰 절조(節操)로 매우 중요하게 생각하였다.
이런 사실은 김우옹(金宇顒, 1540-1604)이 지은 남명선생행록(南冥先生行錄)에 잘 나타난다.

> 선생께서 나에게 일러 말씀하시기를, '나는 평생 하나의 장점은 있나니, 죽어도 구
> 차하게 따르려하지 않는 것이다. 자네는 오히려 기억하겠지?'라고 하셨다. 또 정인홍
> (鄭仁弘, 1535-1623), 나 및 정구(鄭逑, 1543-1620)에게 일러서 말씀하시기를, '자네들
> 은 출처에 있어서는 조금 본 바가 있겠지. 내가 마음으로 인정한다. 사군자(士君子)의
> 큰 절조(節操)는 오직 출처(出處) 한 가지에 있을 따름이다.'라고 하셨다 (허권수,
> 2010, 197).

남명은 선비가 벼슬을 얻어 나아가 나라를 다스릴 때에는 두 가지가 분명해야
한다는 사실을 말한다. 이는 대학의 팔조목(八條目)에 나오는 것으로 하나는 수신(修
身)한 후에 나가야 한다는 것이고, 다른 하나는 평천하(平天下)할 수 있을 때 나간다
는 것이다.

> 사물의 이치가 궁구된 뒤에야 앎에 이르고 앎에 이른 뒤에야 뜻이 정성스러워지
> 고, 뜻이 정성스러워진 뒤에야 마음이 바르고, 마음이 바른 뒤에야 자신의 덕이 닦이
> 고, 자신의 덕이 닦인 뒤에야 집이 정돈 되고, 집이 정돈된 뒤에야 나라가 다스려지
> 고, 나라가 다스려진 뒤에야 천하가 평하게 된다(대학, 1982, 413).

이 둘에 대하여 남명은 1555년(명종 10년) 10월 11일 단성 현감에 임명된 뒤 이 해 11월 19일 올린 '乙卯辭職疏(을묘년에 사직하는 상소문)'에 벼슬에 나가기 어려운 두 가지를 들고 있는데 이는 그 뜻으로 보아 하나는 자신이 수신(修身)하지 못했다는 것이고 다른 하나는 평천하(平天下)할 수 없기 때문이라는 것이다.

> … 전하께서는 과연 저를 어떠한 사람이라 생각하십니까? 도를 지니고 있다고 생각하십니까? 문장에 능하다고 생각하십니까? 문장에 능한 사람이라고 해서 반드시 도를 지닌 사람은 아니며, 도를 지닌 사람이라 해서 반드시 저와 같은 것은 아닙니다. 이것은 다만 전하께서 아시지 못한 것일 뿐만 아니라 재상도 또한 알 수 없는 것입니다. 그 사람을 알지 못하면서 등용하여 다른 날 국가의 수치가 된다면, 어찌 죄가 보잘것없는 저에게만 있겠습니까? 헛된 이름을 바쳐 몸을 파느니, 알찬 곡식을 바쳐 벼슬을 사는 것이 낫지 않겠습니까? 제가 차라리 제 한 몸을 저버릴지언정 차마 전하는 저버릴 수 없습니다. 이것이 나아가기 어려운 첫 번째 까닭입니다.…
> … 자전께서 생각이 깊으시기는 하나 깊숙한 궁중의 한 과부에 지나지 않고, 전하께서는 어리시어 다만 선왕의 한 아드님이실 뿐이니, 천 가지 백 가지의 천재(天災)와 억만 갈래의 인심(人心)을 무엇으로 감당해내며 무엇으로 수습하시겠습니까? 냇물이 마르고 좁쌀비가 내리니, 그 조짐이 그 무엇이겠습니까? 노랫가락이 구슬프고 입는 옷이 흰색이니, 〈나라가 어지러울〉 형상이 이미 나타났습니다. 이런 때를 당해서는 비록 재주가 주공·소공을 겸하고, 지위가 정승 자리에 있다 하더라도 또한 어떻게 손을 쓰지 못할 것입니다. 하물며 한 보잘것없는 몸으로 초개와 같은 재주를 가진 제가 무엇을 할 수 있겠습니까? 위로는 만일의 경우에 위태로움을 부지할 수 없고, 아래로는 조그마한 일에도 백성을 비호할 수 없으니, 전하의 관작을 얻어 그 녹을 먹으면서도 그 녹에 맞는 일을 하지 않는 것은 또한 제가 원하는 바가 아닙니다. 이것이 나아가기 어려운 두 번째 까닭입니다. (교감 국역 남명집, 1995, 242-243.)

위 두 번째 까닭은 남명이 벼슬에 나가지 못하는 분명한 까닭이었겠으나 첫 번째 까닭은 겸손하게 말하며 벼슬에 나가지 아니하고자 하는 까닭으로 말하고 있는 것이다. 남명은 분명 집이 정돈되어 있었고 나라를 다스리기에 충분한 마음과 덕(德)을 지니고 있었다.[93] 이에 대하여 우암(尤庵) 송시열(宋時烈, 1607-1689)[94]은 남명 조 선생 신도비명(南冥曺先生神道碑銘)에 다음과 같이 적고 있다.

---

93) 남명 당시 좌의정을 지낸 임당(林塘) 정유길(鄭惟吉, 1515-1588)은 남명의 만장(挽章)을 지으면서 남명으로 하여금 '그 당시 등용되었더라면 형편없는 세상을 이상적인 세상으로 만들었을 것'이라 하였다(허권수, 2011, 133).
94) 우암(尤庵)은 숙종 때 서인(西人)의 영수(領袖)였으며 벼슬은 좌의정(左議政)에 이르렀다. 문집 '송자대전(宋子大全)'과 저서 주자대전차의(朱子大全箚疑) 등이 있다.

그 학문은 오로지 경(敬)과 의(義)를 요결(要訣)로 삼아서, 주변에 있는 물건에 명(銘)을 붙여 스스로 경계한 바가 모두 이 경(敬)과 의(義)였다. 그래서 선생의 풍채는 준엄하면서도 고결하고 용모는 빼어나고 대단하였다. 자신의 사욕을 이기는 데는 마치 단칼에 두 동강을 내 듯 하였고, 일을 처리하는 데 있어서는 물이 만 길 절벽에서 쏟아내리 듯 하였고, 우물쭈물하거나 구차한 의도가 조금도 없었다.… 평상시에 집안사람들이 감히 마음껏 지껄이거나 깔깔거리며 웃지 못 할 정도로 내외가 엄격하였다. 효도와 우애에 더욱 독실하였다. 어버이를 모실 적에는 온화하고 공손하였고 착한 행실로써 봉양하여 어버이의 마음을 기쁘게 해드리는 데 오로지 힘을 썼다(송시열 지은 남명 조선생 신도비명, 허권수, 2010, 148-149).

이러한 남명의 출처 의식을 두고 이 시 텍스트를 살펴보면 3, 4구에서 '區區諸葛終何事 膝就孫郎僅得三(구구한 제갈량은 끝내 무슨 일을 하였나? 무릎으로 손권에게 나아가 겨우 삼국을 얻었다.) 하였다는 것은 바른 마음과 덕을 가지고 벼슬을 얻어 나라를 다스렸으면 평천하(平天下)를 이루어야 할 터인데 그러지 못하고 결국 삼국이 되는 것을 얻었을 뿐이니 이러할 바에야 나가지 말았어야 한다는 남명의 출처 의식이 분명히 들어나 있다.

② 의도성과 용인성

이 시 텍스트는 선비가 출처를 분명히 해야 한다는 사실을 말하고 있다 하겠다. 벼슬을 얻어 나가 나라를 다스리고자 한다면 평천하(平天下)를 이룰 수 있어야 하고 그렇지 못하다면 머물러 지조(志操)를 지켜야 한다는 것이다. 이 시 텍스트 1, 2구에서 '萬疊靑山萬市嵐 一身全愛一天函(만 겹의 푸른 산 온 데가 산 아지랑이. 이내 몸 하늘만 뵈는 골짜기를 온전히 사랑한다네.)이라고 하는 것은 나아갈 때가 아니니 지조를 지켜 머문다는 것으로 단순히 나아가기 싫어 숨어 지낸다는 것이 아니다. 마음을 바르게 하고 덕을 쌓아 집을 정돈하고 때를 기다리는 것이다. 이러한 사실은 낙천(洛川) 배신(裵紳, 1520-1573)[95] 이 지은 남명선생행록(南冥先生行錄)에서도 발견할 수 있다.

---

95) 낙천(洛川) 배신(裵紳, 1520-1573)은 진사(進士)에 급제한 뒤, 추천으로 동몽교관(童蒙敎官)을 지냈다. 남명의 제자이자, 퇴계의 제자이다. 문집 낙천집(洛川集)이 있다.

어떤 사람이 질문하기를, '선생과 엄자릉(嚴子陵)[96]은 어떻습니까?'하니, 선생은, '무슨 말이오? 자릉의 기절(氣節)을 어찌 따라갈 수 있겠소. 그러나 자릉과 나는 도(道)를 같이 하지 않소. 나는 이 세상을 잊지 않은 사람이오. 원하는 바는 공자(孔子)를 배우는 것이오.'라고 하였다(배신 지은 남명선생행록, 허권수, 2010, 82-83).

여기에서 자릉과 도(道)를 같이 하지 않는다는 것은 자릉은 도를 이루고자 하는 사람이라고 한다면 나는 공자를 배워 도를 펼치고자 하는 사람이라는 뜻으로 받아들여진다.

머물러 있으면서 지조를 지키며 때를 기다리는 남명의 출처 의식이 3구에서 제갈량 플랜을 활성화시킴으로써 들어난다. 다시 말하면 1, 2구에서 '萬疊靑山萬市嵐 一身全愛一天函(만 겹의 푸른 산 온 데가 산 아지랑이, 이내 몸 하늘만 보이는 골짜기를 온전히 사랑한다네.)'의 까닭이 '區區諸葛終何事 膝就豼郞僅得三(구구한 제갈량은 끝내 무슨 일을 하였나? 무릎으로 손권에게 나아가 겨우 삼국을 얻었다.)'을 통하여 남명은 자연 속에서 지조를 지키며 평천하(平天下)의 때를 기다린다는 사실을 말하고 있다.

③ 정보성

남명은 지리산 천왕봉이 바라보이는 산청 덕산에 산천재를 짓고 그곳에서 제자들을 가르쳤다. 지리산 줄기가 뻗어내려 온통 산으로 둘러 싸여 있다. 이를 두고 남명은 '황소 옆구리 같은 두류산(지리산)(頭流黃牛脇, 남명집, 2001, 131, 다시 한 수(又))'이라고 표현하기도 한다. 덕산은 지금도 진주에서 34km나 더 들어간 산골이다. 산천재에서 천왕봉을 바라보면 산들이 겹겹이 쌓여 있는 모습이다. 그래서 1구의 '萬疊靑山萬市嵐(만 겹의 푸른 산 온 데가 산 아지랑이)'이라고 하는 것은 예측하기 어려운 새로운 정보라 하기 어렵다. 1차 정보성을 지닌다. 2구에서는 1차 정보성을 2차 정보성으로 끌어 올려 의의의 연속성을 꾀하고 있다. '一身全愛一天函(이내 몸 하늘만 보이는 골짜기를 온전히 사랑한다네.)'에서 '一天函(하늘만 보이는 골짜기)'은 남명의 시적(詩的) 상상력이 최대한 발휘된 것으로 예측하기 어려운 부분이 있다. 2차 정보성을 가진다. 3구 '區區諸葛終何事(구구한 제갈량은 끝내 무슨 일을 하였나?)'는 1, 2구와 의의의 연속성이 이루어지지 않는

---

96) 엄자릉(嚴子陵)은 후한(後漢)의 은자 엄광(嚴光)으로 '자릉'은 그의 자(字)다. 어려서 광무제(光武帝) 유수(劉秀)와 함께 공부하였다. 유수가 황제가 된 뒤에 불러 간의대부(諫議大夫)에 임명했으나, 사양하고 부춘산(富春山)에 들어가 세상을 잊고 숨어서 농사를 지으며 살았다(허권수, 2010, 82, 주10).

다. 예측이 무척 어렵다. 관심을 최고조로 끌어 올린다. 3차 정보성을 가진다. 이 것을 4구에서 '膝就孫郎僅得三(무릎으로 손권에게 나아가 겨우 삼국을 얻었다.)'이라고 제갈량이 한 일을 밝힘으로써 1, 2구와 3, 4구를 '머무름'과 '나아감'이라는 대립 구조를 만들어 비로소 3구가 1, 2구와 의의의 연속성을 갖도록 하고 있다. 그리고 4구가 3구의 3차 정보성을 2차 정보성으로 끌어내림으로써 의의의 불연속의 문제를 해결하면 서 비예측적인 것을 예측 가능한 것으로 일치시키고 있다.

④ 상호텍스트성

3구 '區區諸葛終何事(구구한 제갈량은 끝내 무슨 일을 하였나?)'는 이 글 (1) 선비의 사부심에 쓰인 시 '題德山溪亭柱(덕산 계정의 기둥에 씀)'의 ① 상황성에 나타난 명종과 남명의 대화 에서 인유한 것이다. 그 대화에서 3구 '區區諸葛終何事(구구한 제갈량은 끝내 무슨 일을 하였 나?)'를 알 수 있는 부분을 다시 살펴보면 다음과 같다.

'이것은 소열제(昭烈帝)의 일입니다. …유비와 함께 한나라의 부흥을 꾀한 것이 거 의 30여 년이나 되도록 오랜 세월이었습니다만 천하를 회복할 수 없었으니, 그가 무 엇 하러 나섰던 것인지 알 수 없습니다(명종실록 권33, 명종 21년 10월 7일. 최석기 편역, 2009ㄱ, 128-129).

이 대화를 통하여 3구 '區區諸葛終何事(구구한 제갈량은 끝내 무슨 일을 하였나)?'의 속뜻을 살 펴보면 '유비와 함께 한나라를 재건하기 위해 애쓴 것이 거의 30년 가까이 되었 지만 천하를 제대로 회복하지 못하고 말았으니 그가 무엇 하러 나섰던 깃인지 알 수 없습니다.'하는 말과 통한다. 이는 상호텍스트성을 갖는다.

4구 '膝就孫郎僅得三(무릎으로 손권에게 나아가 겨우 삼국을 얻었다.)'도 상호텍스트성을 갖는다. '무릎으로 손권에게 나아가'는 유비의 군대가 형주의 유표에게 의탁하고 있다가 조조에게 쫓겨 형주 백성 18만 명을 이끌고 강하로 도주하게 되었을 때의 일이 다. 강하에 이른 유비의 군대는 조조의 공격을 막을 수가 없었다. 이 때 유비의 책사 제갈량이 동오의 손권을 찾아가 연대하여 조조 군사와 맞서 싸우자고 하게 되는데 이를 두고 하는 말이다. 중국 삼국지에 나타난 이 사건을 인유하여 '膝就孫 郎僅得三(무릎으로 손권에게 나아가 겨우 삼국을 얻었다.)'이라고 표현하고 있는 것이다. '겨우 삼국을 얻었다'는 '동오'와 연대하여 적벽대전에서는 조조(曹操)의 군사 백만 명을 거의 전멸시키다시피 하여 크게 이기지만 결국에는 천하 통일을 하지 못하고 조조, 유비, 손권이 이끄는 삼국이 되고 말았다는 것이다. 중국 삼국지에 나타난 역사적 사실을 인유한 것이다.

⑤ 결속 구조

이 시 텍스트의 형식은 칠언절구(七言絶句)로써 1구의 맨 끝 '嵐'과 2구의 맨 끝 '函', 4구의 맨 끝 '三'으로 운을 맞추고 있다. 1구, 2구, 4구의 끝으로 운을 맞추어 텍스트 간의 연쇄를 이룬다. 한 구 한 구가 하나의 월이다. 모두 네 월로 이루어져 있다.

첫째 월 ; 萬疊靑山萬市嵐(만 겹의 푸른 산 온 데가 산 아지랑이(이다)).

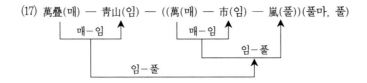

(17) 萬疊(매) — 靑山(임) — ((萬(매) — 市(임) — 嵐(풀))(풀마, 풀)

참고 : 萬疊(만겹), 靑山(푸른 산), 萬(온), 市(데), 嵐(아지랑이(이다))

둘째 월 ; 一身全愛一天函(이내 몸 하늘만 보이는 골짜기를 온전히 사랑한다네).

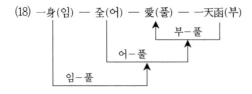

(18) 一身(임) — 全(어) — 愛(풀) — 一天函(부)

참고 : 一身(이내 몸), 全(온전히), 愛(사랑하다), 一天函(하늘만 보이는 골짜기)

셋째 월 ; 區區諸葛終何事(구구한 제갈량은 끝내 무슨 일을 하였나)?

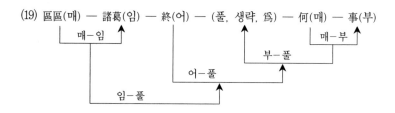

넷째 월 ; 膝就孫郞僅得三(무릎으로 손권에게 나아가 겨우 삼국을 얻었다).

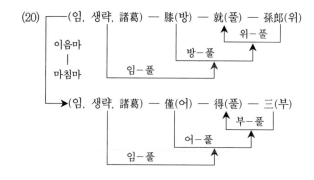

⑥ 결속성

이 시 텍스트는 남명의 머무름과 제갈량의 나아감의 대립 구조를 가진다. 1, 2구는 남명의 머무름을 말하고 3, 4구는 제갈량의 나아감을 말하고 있다. 남명은 머무르되 제갈량의 프레임을 활성화시켜 이 땅에 도(道)가 성(盛)하여 평천하(平天下)할 수 있다면 나아갈 것이나 그렇지 못하면 제갈량처럼 나아가지 아니하고 때를 기다리며 머무른다는 개념을 담고 있다.

이러한 사실은 남명이 쉰세 살 되던 해 동강(東岡) 김우옹(金宇顒, 1540-1604)이 배우러 왔을 때 이르는 말 속에서도 찾을 수 있다.

대장부의 거동은 무겁기가 산악과 같고 만길 절벽처럼 우뚝해야 한다. 때가 이르면 펼쳐서 많은 일을 해야 한다. 비유하자면 삼천 근 나가는 큰 쇠뇌는 한 번 발사하면 능히 만 겹의 단단한 성곽을 부순다. 그러나 날다람쥐를 잡기 위해서 발사하지는 않는다.

(丈夫動止 重如山岳 壁立萬仞. 時至而伸 方做出許多事業. 譬之, 千鈞之弩 一發能碎萬重堅壁. 固不爲鼷鼠發也) (김우옹, 남명선생행록, 허권수, 2010, 196).

여기에서 대장부는 선비와 다름 아니다. 남명은 평생을 선비로 살면서 자신을 산악이 만길 높이 솟아 오른 듯, 웅장하고 장엄하게 자신을 독려하며 나아갈 때를 기다렸으나 남명의 때는 학문이 끊어지고 도(道)를 잃어 나가지 아니 하였다. 그러면서 경(敬)과 의(義)를 이롭게 활용하여 몸을 편안하게 유지하며 '만 겹의 푸른 산 온 데가 산 아지랑이'가 피어오르는, '하늘만 보이는 골짜기(1, 2구)' 지리산 아래 덕산에서 살았다.

선생은, 학문이 끊어지고 도를 잃은 때에 태어나서, 확고하게 경과 의로써 근본으로 삼았다. 여러 가지 책을 비록 널리 다 보았지만 평생 자신에게 돌이켜서 요약하였다. 경과 의를 이롭게 활용하여 몸을 편안하게 유지한 지가 40여년이 되었다(정인홍(鄭仁弘), 남명 조 선생 신도비명(南冥曺先生神道碑銘), 허권수, 2010, 110-111).

이러한 관점에서 이 시 텍스트의 주제를 찾아보면 '선비가 도(道)를 얻어 평천하(平天下)할 수 있다면 나아가되 그렇지 못하다면 자연과 더불어 수신(修身), 제가(齊家)하며 때를 기다린다.'는 것이다. 이 시 텍스트는 '머무름'과 '나아감'의 대립 구조로 이루어져 있다. 제어 중심(control centre)은 1, 2구에서는 '〈一身(나)〉주체 → 〈全愛(온전히 사랑하다)〉움직임'이고 3, 4구에서는 '〈諸葛(제갈량)〉주체 → 〈就(나아가다)〉움직임'이다.

(21) 거시 구조 1

1차 개념은 1, 2구의 '〈一身(나)〉주체 → 〈全愛(온전히 사랑하다)〉움직임'과 3, 4구의 '〈諸葛(제갈량)〉주체 → 〈就(나아가다)〉움직임'이다. 이는 '머무름'과 '나아감'의 대립 구조를 가진다.

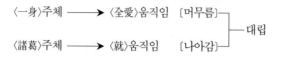

1차 개념

〈一身〉주체 ──────▶ 〈全愛〉움직임 〔머무름〕 ┐
                                      ├─ 대립
〈諸葛〉주체 ──────▶ 〈就〉움직임 〔나아감〕 ┘

(22) 거시 구조 2

　2차 개념은 1차 개념에서의 '〈一身〉주체 → 〈全愛〉움직임, [머무름]의 장소가 '萬疊靑山(만겹의 푸른산)'이고 '萬市嵐(온 데가 산 아지랑이)'가 피어오르는 곳이라는 것이고, 〈諸葛〉주체 → 〈就〉움직임, [나아감]에서는 나아가서 '終何事(끝내 무슨 일을 하였는가?)'를 묻는 것이다.

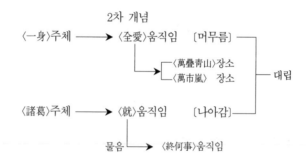

2차 개념

〈一身〉주체 ──────▶ 〈全愛〉움직임 〔머무름〕 ┐
                    │   │
                    └──▶ 〈萬疊靑山〉장소   │
                         〈萬市嵐〉 장소   ├─ 대립
                                           │
〈諸葛〉주체 ──────▶ 〈就〉움직임   〔나아감〕 ┘
                    물음 ──▶ 〈終何事〉움직임

(23) 거시 구조 3

　3차 개념은 내가 '萬疊靑山(만겹의 푸른산)'이고 '萬市嵐(온 데가 산 아지랑이)'이 피어오르는 곳에 사는 까닭을 말한다. 이곳에 사는 까닭이 '一身全愛一天函(이내 몸 하늘만 보이는 골짜기를 온전히 사랑한다네.)'하기 때문이라는 것이다. 그리고 재갈량이 '終何事(끝내 무슨 일을 하였나?)'에서는 그 결과를 말한다. '僅得三(겨우 삼국을 얻었다.)' 하였다는 것이다.

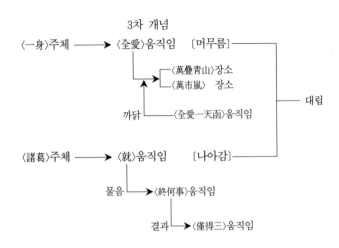

3차 개념

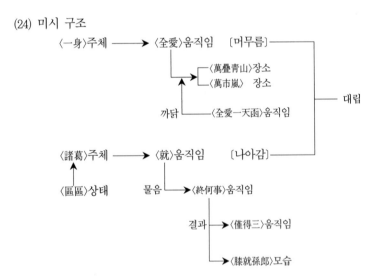

(24) 미시 구조

⑦ **시 해석**

이상의 결속성을 바탕으로 이 시 텍스트에 나타난 개념들의 속뜻을 살펴보면 제어 중심이 되는 '나'는 '세상에 도(道)가 성(盛)하여 나아가 평천하(平天下)할 수 있는 때를 기다리며 수신(修身), 제가(齊家)한다.' 그런데 '제갈량은 평천하(平天下)할 수 있는 때를 만난 것도 아닌데 급하게 나아가 무슨 일을 하였는가? 무릎으로 손권에게 나아가 한 일이 겨우 삼국이 되게 한 일밖에 없지 않는가?' 하는 내용이다. 이러한 사실을 두고 보면 이 시 텍스트는 다음과 같이 해석될 수 있겠다.

(1) 나는 만 겹의 푸른 산으로 둘러싸이고 곳곳에 산 아지랑이가 피어오르는 덕산에 산다.

(2) 이것은 내가 나의 도(道)를 펼쳐 평천하(平天下)하지도 못할 세상에 나아가기보다는 그 때를 기다리며 오히려 하늘만 보이는 골짜기를 온전히 사랑하여 이곳에 머무른다.

(3) 그런데 구구한 제갈량은 나아갈 때가 아닌 세상에 나아가 무슨 일을 하였는가?

(4) 손권에게 무릎으로 나아가 한 일이 겨우 삼국이 되게 한 일밖에 없지 않는가?

이 시 텍스트는 '선비가 도(道)를 얻어 평천하(平天下)할 수 있다면 나아가되 그렇지 못하다면 자연과 더불어 수신(修身), 제가(齊家)하며 때를 기다린다.'는 남명의 출처 의식이 잘 나타난 시이다. 이러한 남명의 출처 의식은 명종 21년 병인년(명종 21년 10월 7일)에 대곡(大谷)과 헤어지면서 준 시 '贈別大谷(대곡과 작별하면서 줌)'에도 나타난다. 여기서는 임금과 의사소통이 이루어지지 아니하는 현실 속에서는 도무지 출사할 수 없음을 나타낸다. 이를 살펴보면 다음과 같다.

贈別大谷	대곡과 작별하면서 줌[97]
出自北門同渡漢	북문으로 나와 함께 한강을 건넜다,
三同猶有姓非同	세 가지는 같은데 오직 성만 같지 않다네.
九皐鶴和曾心願	굽이진 골짜기에서 학이 화답하는 것 일찍 마음으로 바랐는데,
千里星分已道窮	천리의 별처럼 떨어져 이미 길이 막혔구나.
野水東流歸不返	들판의 물은 동쪽으로 흘러 끝내 돌아오지 않고,
塞雲南下去無從	변방의 구름은 남쪽으로 내려가 뒤쫓을 수 없구나.
丁寧白日相思意	한낮에 정녕코 서로 생각하는 뜻이,
魂夢慇懃他夜通	뒷날 밤 꿈속에서라도 은근히 통하겠지.

① 상황성

이 시 텍스트는 군신 간에 정의에 의한 소통이 이루어져야 하는데 그렇지 못함을 탄식하면서 뜻이 통하는 사람끼리라도 은근한 소통이 이루어지기를 바라는

---

97) 병인년에 함께 소명(召命)을 받았을 때 지은 것이다.

마음이 나타나는 시이다(정우락, 1997, 140).

　이 시의 제주(題注)에 '병인년에 함께 소명을 받았을 때 짓다.'라는 것을 보면 명종 21년 병인년(1566년)에 남명이 대곡(大谷)과 함께 명종의 부름을 받고 임금을 만난 뒤 바로 사직하고 한강을 건너 돌아오는 길에서 대곡과의 이별을 아쉬워하며 지은 시이다.[98] 대곡(大谷)은 성운(成運, 1497-1579)의 호다. 자는 건숙(健叔)이다. 남명과는 열일곱 살 정도에 만나 평생 벗으로 허물없이 지냈다. 많이 만나기도 하였지만 주고받은 시와 편지도 많이 남아 있다. 남명은 대곡(大谷)을 일러 '건숙은 정금미옥(精金美玉)과도 같아서 내가 미칠 수 있는 바가 아니다.'라고 하였고, 대곡은 남명이 세상을 떠나자 '나는 이 사람과 더불어 감히 벗하지 못하고 우뚝한 산악처럼 우러러보며 엄한 스승과 같이 공경하였다. 문득 대들보 꺾이니 내가 이제 장차 누구를 본받을고?' 하였다. 장사 지낼 때에는 만사(輓詞)와 제문을 지어 곡하였고 뒤에 남명의 묘갈명을 지었다. 대곡은 중종 신묘년(1531년)에 사마시에 입격했으며 두 번 참봉이 되었다. 관직에 임한 지 몇 일만에 벼슬을 버리고 돌아갔다. 그 뒤에도 여러 차례 소명이 있었으나 모두 글을 올려 사은하고 끝내 나아가지 아니하였다. 남명과 함께 부름 받은 이번에도 남명과 함께 관직을 사직하고 돌아가는 길이었다.

　남명이 서울에서 남쪽으로 돌아온 뒤 옥계(玉溪) 노진(盧禛, 1518-1578)이 서신을 보내 급히 돌아오게 된 사연을 물었다. 남명은 '내가 여러 번 임금님의 은혜로운 명을 받들었으니, 예의상 한 번 대궐로 나아가 절을 올려야 했다오. 서울에서 어정어정하여 다시 무엇 하겠소? 그대가 아침저녁으로 대궐에 출입하면서 도를 행하는 일이 없이 오래도록 머물러 물러나지 않는다면, 또한 구차하게 녹을 먹는 것에서 면하지 못할 것이오.' 하고 답장 하였다(김우옹, 남명선생행록, 허권수, 2010, 194).

② 의도성과 용인성

　이 시 텍스트는 1구에서 '出自北門(북문으로 나왔다.)'이라고 함으로써 지금의 임금과는 함께 정치를 할 수 없음을 말하고 있다.[99] 그래서 벼슬을 버리고 '同渡漢(함께 한강을 건넜다.)' 했다는 것이다. 나와 대곡은 뜻이 같다는 것이다. 2구에서는 대곡과 나

---

98) 이에 대한 자세한 내용은 이 책 '2. 남명의 생애 예순여섯 살이 되던 해' 참조.
99) 이 글 다음의 '④ 상호텍스트성' 참조.

는 '三同猶有姓非同(세 가지는 같은데 오직 성만 같지 않다.)'이라고 말함으로써 이번만 뜻이 같아 '同渡漢(함께 한강을 건넜다.)' 한 것이 아니고 성은 같지 않지만 다른 것, 특히 세 가지 즉 자란 데, 마음, 덕이 같아[100] 늘 함께 한 오랜 친구였음을 나타내고 있다. 그러면서 3구에서는 임금을 만날 때까지만 해도 '九皋鶴和曾心願(굽이진 골짜기에서 학이 화답하는 것 일찍 마음으로 바랐는데)'[101]이라고 하였는데 만나보니 '千里星分已道窮(천리의 별처럼 떨어져 이미 길이 막혔다.)' 하여 군신(君臣) 간에 소통이 도무지 이루어질 수가 없어 결국 우리는 그날로 출사(出仕)를 포기하고, 대곡은 동으로, 나는 남으로 내려간다는 것이다.[102] 군신 간에 소통이 이루어져야 한다는 사실은 남명이 대곡과 헤어지기 전 명종을 만난 자리에서도 밝히고 있다.

> 조식이 아뢰기를 '임금과 신하 사이에는 상하의 정에 틈이 없은 뒤에라야 성의가 서로 미덥게 됩니다. 전하께서 마음을 열고 간언을 받아들일 때 마음속에 아집이 없이 중문까지 활짝 열어놓은 듯이 하시면, 신하들도 마음을 극진히 하고 힘을 다하여 신하로서의 도리를 다할 것입니다. … 신하들도 전하의 생각이 발하는 것을 알아차리고서, 이것은 선한 생각이니 십분 열어 인도해서 확충해 나가야 하고, 이것은 불선한 생각이니 막고 끊어서 뻗어나가지 못하게 해야 한다고 생각하게 될 것입니다. 이와 같이 상하가 사리를 강론하고 밝혀서 정과 마음이 서로 통하게 되면, 그것이 곧 정치를 하는 근본인 것입니다.…'(명종실록 권33 명종 21년 10월 7일, 최석기, 2009ㄱ, 125.)

그런데 출사(出仕)를 포기하고 내려가는 것은 우리만 그러한 것이 아니고 '野水(들판의 물)' 즉 대곡과 같은 선비들은 동으로 먼저 가 돌아오지 않고 '塞雲(변방의 구름)' 즉 나와 같은 선비들은 이미 남쪽으로 내려가 뒤쫓을 수 없다는 것이다. 그러면서 마지막 7, 8구에서는 오늘 한낮에 서로 통하였던 우리의 뜻이 비록 헤어졌어도 뒷날의 꿈속에서라도 또 만나 서로 통하기를 바라는 친구와의 정을 담고 있다.

---

100) 남명은 명종 19년 청향당(淸香堂) 이원(李源)과 사귀면서 '청향당의 시에 화답함(和淸香堂詩)'의 시를 지었는데 이 시를 보면 '네 가지가 같아 응당 새로이 안 사람과는 달라서, 나를 일찍이 종자기에 견주었었지'라는 말이 나온다. 여기의 네 가지를 교감 국역 남명집(1995, 78 주162)에서는 '태어난 때, 태어난 곳, 마음, 덕'이 같은 것이라 해석하였다. 남명과 대곡은 태어난 때가 다르다. 대곡은 1497년에 태어났고, 남명은 1501년에 태어나 같지 않고, 태어난 곳도 같지 않다. 남명은 대곡을 17살에 한 동네에서 만나 같이 공부하였으니 어려서 자란 데가 같고 마음과 덕이 같다할 수 있겠다.
101) 이 글 다음의 '④ 상호텍스트성' 참조
102) 당시 대곡은 충청도 보은 속리산 자락에 있는 중곡리에서 살았다. 한강을 건너 내려오다 보면 대곡은 동으로 가게 되고 남명은 지리산 자락 산청 덕산에서 살았으므로 계속 남으로 내려오게 된다.

③ 정보성

이 시 텍스트의 1구에서 '同渡漢(함께 한강을 건넜다.)' 했다는 것은 이 시를 받은 대곡도 이미 알고 있는 사실이라 특별한 정보랄 수 없다. 그런데 '出自北門(북문으로 나왔다.)'은 예측할 수 없다. 두 사람 다 남으로 가기 위해 한강을 건넜다면 남문으로 나왔을 텐데 '북문으로 나왔다.' 하니 새로운 정보성을 갖는다. 이는 시경, 패풍(邶風)의 인유로 이 시는 어진 신하가 포악한 임금을 만나 훌륭한 정치를 할 수 없는 고충을 읊은(교감 국역 남명집, 1995, 93 주219) 것으로 이 시의 내용을 알지 못하면 일반적으로는 도무지 예측할 수 없는 3차 정보성을 가지고 있다. 따라서 1구는 3차 정보성으로 관심과 흥미를 일으킨 뒤 2구에서 '三同(세 가지는 같다.)'의 2차 정보성을 제시하며 안정적 텍스트성을 유지하고 있다. 2구는 어느 정도 예측이 가능한 2차 정보성을 가진다. 이를 다시 '姓非同(성은 같지 않다.)'이라고 함으로써 1차 정보성으로 끌어 내린다. 이것을 3, 4구에서는 다시 시경, 소아(小雅), 학명(鶴鳴)에 나오는 시구(詩句)를 인유하며 정보성을 끌어올려 흥미를 일으킨다. 이는 3차 정보성이다. 이를 5, 6구에서는 예측 가능한 2차 정보성으로 끌어내리고 있다. '野水東流(들판의 물은 동쪽으로 흐른다.)'와 '塞雲南下(변방의 구름은 남쪽으로 내려간다.)'는 대곡이 사는 곳이나 남명이 사는 곳을 알지 못하면 예측하기 어렵다. 2차 정보성을 가진다. 7, 8구에서는 그대로 2차 정보성을 유지함으로써 텍스트의 안정적 정보성을 제공한다.

④ 상호텍스트성

이 시 텍스트에서는 1구 '出自北門(북문으로 나와)'과 3구의 '九皐鶴和(굽으진 골짜기에서 학이 화답하는 것)'는 시경에 쓰인 시구(詩句)를 인유한 것으로 보인다. 1구 '出自北門(북문으로 나와)'은 시경, 패풍(邶風), 북문(北門)에 '북문으로 나오니 근심스러운 마음 견딜 수 없네.(出自北門 憂心殷殷)'라는 구절의 인유다. 이 시는 위에서도 말했듯이 어진 신하가 포악한 임금을 만나 훌륭한 정치를 할 수 없는 고충을 읊은 시로(교감 국역 남명집, 1995, 93 주219) 남명이 명종을 만나 군신(君臣) 간에 소통이 이루어져야 함을 말하기는 했으나 명종이 그렇게 할 것이라고 기대하기는 어렵다는 것을 남명 자신은 알고 있었다.[103] 그래서 대곡과 함께 남쪽으로 가기 위해 남문으로 나왔으면서도 '出自

---

103) 이는 옥계(玉溪) 노진(盧禛, 1518–1578)의 편지에 답한 내용으로도 알 수 있다. 남명은 임금에게 소통의 기대를 가지

北門(북문으로 나와)'이라고 표현하여 시경, 패풍(邶風)에서 북문(北門)을 읊은 신하와 같은 마음임을 표현하고 있는 것이다. 3구의 '九皐鶴和(굽으진 골짜기에서 학이 화답하는 것)'도 시경, 소아(小雅), 학명(鶴鳴)에 나타나는 것으로 '鶴鳴于九皐 聲聞于天(학이 굽이진 깊은 곳에서 울어, 그 소리가 하늘에까지 들린다.)'에서 인유한 것으로 보인다. 이 시는 언로(言路)가 열려 있음을 상징한 것으로 초야에 있는 선비의 말이 임금의 귀에까지 들린다는 뜻이다 (교감 국역 남명집, 1995, 93 주220). 이러한 사실을 두고 보면 남명은 명종과의 사이에서 언로가 열려 있기를 바랐는데 이것이 '千里星分已道窮(천리의 별처럼 떨어져 이미 길이 막혔다.)' 하였다는 것이다. 남명은 이들 인유를 통하여 군신 간에 성의에 의한 소통이 이루어져야 하는데 그렇지 못함을 탄식하고 있음을 알 수 있다.

⑤ 결속 구조

이 시 텍스트의 형식은 칠언율시(七言律詩)로 모두 8구로 이루어져 있다. 2구의 끝 '同', 4구의 끝 '窮', 6구의 끝 '從', 8구의 끝 '通'으로 운을 맞추어 텍스트 간의 연쇄를 이루고 있다. 이 시 텍스트는 모두 다섯 개의 월로 이루어져 있다.

첫째 월 ; 出自北門同渡漢(북문으로 나와 함께 한강을 건넜다).

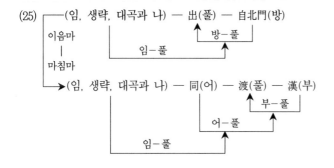

참고 : 出(나오다), 自北門(북문으로)
同(함께), 渡(건너다), 漢(한강)

둘째 월 ; 三同猶有姓非同(세 가지는 같은데 오직 성만 같지 않다네).

고 나간 것이 아니라 '내가 여러 번 임금님의 은혜로운 명을 받들었으니, 예의상 한 번 대궐로 나아가 절을 올려야 했다'는 것이다.

(26)

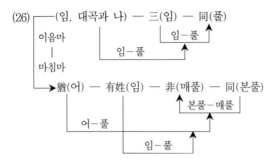

> 참고 : 三(세 가지), 同(같다)
> 猶(오직), 有姓(성만), 非(않다), 同(같다)

셋째 월 ; 九皐鶴和曾心願 千里星分已道窮(굽이진 골짜기에서 학이 화답하는 것 일찍 마음으로 바랐는 데 천리의 별처럼 떨어져 이미 길이 막혔구나).

(27)

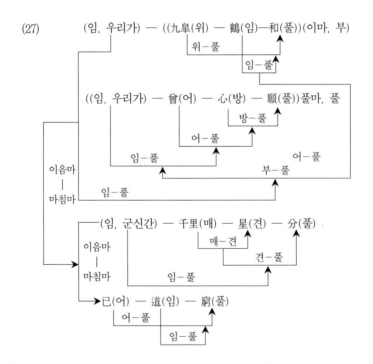

> 참고 : 九皐(굽어진 골짜기), 鶴(학), 和(화답하다)
> 曾(일찍), 心(마음), 願(바라다)
> 千里(천리), 星(별), 分(떨어지다)
> 已(이미), 道(길), 窮(막히다)

넷째 월 ; 野水東流歸不返 塞雲南下去無從(들판의 물은 동쪽으로 흘러 끝내 돌아오지 않고 변방의 구

름은 남쪽으로 내려가 뒤쫓을 수 없구나).

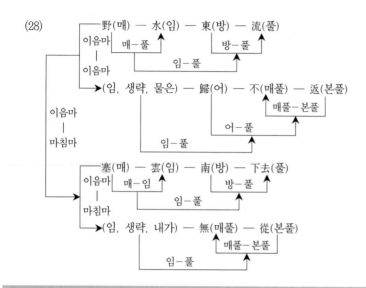

참고 : 野(들판), 水(물), 東(동쪽) – 流(흐르다)
　　　歸(끝내), 不(않다), 返(돌아오다)
　　　塞(변방), 雲(구름), 南(남쪽), 下去(내려가다)
　　　無(없다), 從(뒤쫓다)

다섯째 월 ; 丁寧白日相思意 魂夢慇懃他夜通(한낮에 정녕코 서로 생각하는 뜻이 뒷날 밤 꿈속에서라

도 은근히 통하겠지)

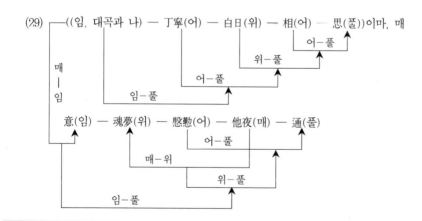

참고 : 丁寧(정녕코), 白日(한낮), 相(서로), 思(생각하다)
　　　意(뜻), 魂夢(꿈속), 慇懃(은근히), 他夜(뒷날 밤), 通(통하다)

⑥ 결속성

남명은 임금이 몇 번에 걸쳐 벼슬을 내렸으나 한 번도 나가지 않다가 1566년 8월 종5품직 상서원판관(尙瑞院判官)에 제수되었을 때는 서울로 올라가 임금을 만났다. 성렬대비(문정왕후)가 1561년 죽고 윤원형 일파가 조정에서 쫓겨났다. 새 시대가 열리는 듯, 어릴 때 친구 동고(東皐) 이준경(李浚慶, 1499~1572)이 1565년 영의정에 올랐다. 이준경은 남명이 거처를 김해 산해정으로 옮긴 다음 해인 1531년 10월에 심경(心經)을 보내 준, 어릴 적부터 친한 친구였다. 훌륭한 인품에 대해 알고 있는 친구였기에 이런 친구가 영의정이 되었으니 하고 조정에 대한 기대감도 어느 정도 가지고 있었다. 그해 10월 7일 대궐에 들어가 임금을 만나 숙배하고 사정전(思政殿)에서 치도의 방책을 아뢰었다. 이는 위 ② 의도성과 용인성에서 말하였다. 요지는 임금과 신하 사이에 소통이 잘 이루어져야 한다는 것이었다. 그런데 임금을 만나 보니 '함께하기 어렵다.'는 것을 확인했다. 10월 11일 벼슬을 사양하고 돌아왔다. 대곡도 같은 마음이었다. 두 사람은 함께 살던 곳으로 내려가면서 자신의 생각을 적은 시(詩) '贈別大谷(대곡과 작별하면서 줌)'을 써 주었다. 이렇게 두고 보면 이 시(詩) 텍스트의 제어 중심(control centre)은 〈대곡과 나〉이다. 이 시에서 〈대곡과 나〉는 함께 움직임을 보인다.

    (30) 거시 구조 1

1차 개념은 〈대곡과 나〉 → 〈出, 나왔다〉, 〈渡, 건넜다〉(1구), 〈同, 같다〉, 〈有非同, 같지 않다〉(2구), 〈願, 바랐다〉(3, 4구), 〈通, 통한다〉(7, 8구)와, 5구에서 〈野水(들판의 물, 대곡과 같은 이)〉 → 〈流, 흐른다〉, 6구에서 〈塞雲(변방의 구름, 나 같은 이)〉 → 〈下去, 내려 갔다〉의 개념 구조를 가진다.

1차 개념

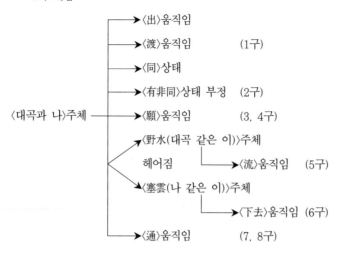

(31) 거시 구조 2

2차 개념은 1차 개념을 좀 더 구체화 시킨 것이다. 1구에서는 〈自北門, 북문으로〉
→ 〈出, 나왔다〉, 〈漢, 한강을〉 → 〈渡, 건넜다〉, 2구에서는 〈三, 세가지〉 → 〈同, 같다〉, 〈姓,
성은〉 → 〈有非同, 같지 않다〉, 3, 4구에서는 〈心, 마음으로〉 → 〈願, 바랐다〉, 5구에서는 〈野
水, 들판의 물〉 → 〈東, 동으로〉 → 〈流, 흐른다〉, 6구에서는 〈塞雲, 변방의 구름〉 → 〈南, 남으로〉
→ 〈下去, 내려 갔다〉, 7, 8구에서는 〈思意, 생각하는 뜻이〉 → 〈通, 통한다〉이다.

2차 개념

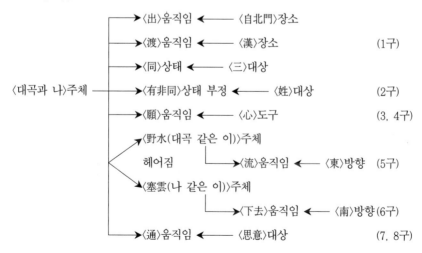

(32) 미시 구조

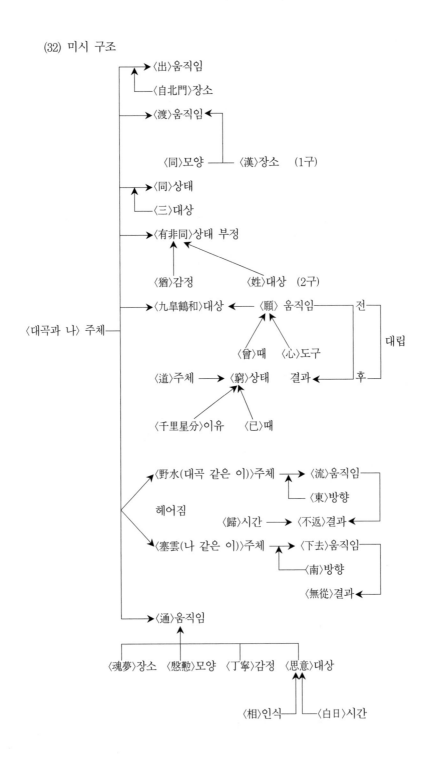

⑦ 시 해석

이상의 결속성을 바탕으로 이 시 텍스트에 나타난 개념들의 속뜻을 살펴보면 제어 중심이 되는 '대곡과 나'는 소통이 이루어지지 않는 옳지 못한 임금을 떠나 나와(북문으로 나와) 함께 한강을 건넜다. 대곡과 나는 성은 같지 않지만 다른 것, 특히 세 가지 즉 자란 데, 마음, 덕이 같은 오랜 친구다. 임금을 만날 때까지만 해도 소통이 이루어졌으면 하고 바랐는데 만나보니 임금과의 사이가 천리의 별처럼 떨어져 이미 길이 막혀 있어 도무지 소통할 수가 없다. 그래서 우리는 결국 출사(出仕)를 포기하고, 대곡은 대곡이 사는 동으로, 나는 내가 사는 남으로 내려가는데 대곡 같은 이는 이미 동으로 내려가 돌아오지 않고, 나 같은 이는 나보다 먼저 남으로 내려가 뒤쫓을 수가 없다는 것이다. 그리고 마지막 구에서는 내가 대곡과 헤어져 돌아와 보니 다시 그리워 대곡과 함께 하였던 한낮의 뜻이 뒷날 밤 꿈속에서라도 다시 만나 통하였으면 한다는 내용이다. 이러한 사실을 두고 보면 이 시 텍스트는 다음과 같이 해석될 수 있겠다.

(1) '대곡과 나'는 소통이 이루어지지 않는 옳지 못한 임금을 떠나 함께 한강을 건넜다.
(2) 대곡과 나는 성은 다르나 자란 데, 마음, 덕, 세 가지가 같은 오랜 친구다.
(3) 임금을 만날 때까지만 해도 소통이 이루어졌으면 하고 바랐는데
(4) 만나보니 임금과의 사이가 별처럼 천리나 떨어져 이미 소통의 길이 막혔구나.
(5) 그러니 대곡과 같은 뜻있는 선비는 동쪽으로 가 돌아오지 않고
(6) 나와 같은 이는 먼저 남쪽으로 내려가 뒤쫓을 수가 없구나.
(7) 헤어져 돌아와 보니 한낮에 정녕코 서로 통하였던 생각하는 뜻이
(8) 바로 그리워져 뒷날 밤 꿈속에서라도 다시 만나 통할 수 있겠지.

이 시는 앞에서도 밝혔듯이 임금과 소통이 이루어지지 아니하는 현실 속에서는 도무지 출사할 수 없음을 친구와의 이별을 아쉬워하면서 나타낸 것으로 여기서도 남명의 출처 의식을 살필 수 있었다. 남명의 출처 의식이 나타나는 시 한 수를 더 살펴본다.

斷俗寺政堂梅
寺破僧羸山不古
前王自是未堪家
化工正誤寒梅事
昨日開花今日花

단속사[104] 정당매
절 부서지고 중 파리하며 산도 예와 다르네.
전 왕조의 임금은 집안 단속도 스스로 잘하지 못했다네.
조물주는 정녕 추위 속에서 매화의 일 그르쳤나니
어제도 꽃을 피우고 오늘도 꽃을 피웠도다.

① 상황성

이 시 텍스트는 남명이 예순여섯 살 되던 해 2월에 순천부사로 있던 구암(龜巖) 이정(李楨)과 생질 이준민(李俊民)의 사위인 대소헌(大笑軒) 조종도(趙宗道), 그리고 여러 제자들과 함께 단속사를 찾게 되는데 그 때 계절을 잊고 피어난 매화를 보고 지은 것이다.

이 시 텍스트는 고려에서도 벼슬을 하고 조선에서도 벼슬을 한 강회백의 실절(失節)을 조롱한 시이다(이상원, 2001, 319).

이 시가 강회백의 실절을 조롱한 것이라는 것은 이 시의 제목인 단속사 정당매가 강회백과 관련을 가지고 있기 때문이다. 통정(通亭) 강회백(姜淮伯, 1357-1402)은 고려조 공양왕 때에는 세자전(世子傳), 밀직사사대사헌(密直司事大司憲), 정당문학(政堂文學)을 지냈고 조선 태조 때는 동북면 도순문사(都巡問使)를 지낸 사람이다. 그는 젊어서 단속사에서 공부하였는데 그때 매화를 심었다. 뒤에 강회백이 정당문학(政堂文學)의 벼슬을 하게 되자 이 매화를 정당매(政堂梅)라 하였다. 그 정당매가 때 아니게 2월에 피어난 것을 보고 이를 소제로 강회백의 실절(失節)을 말하고 있다.

② 의도성과 용인성

남명은 이 시 텍스트를 통하여 제자들에게 '충신은 두 임금을 섬기지 않는다.'는 것을 가르쳐 말하고 있다 하겠다. '충신은 두 임금을 섬기지 않는다.'는 말은 소학(小學), 명륜(明倫), 명군신지의(明君臣之義)에 나오는 말이다. 소학에 '王蠋曰, 忠臣, 不事二君. 烈女, 不更二夫(왕촉이 말하기를 충신은 두 임금을 섬기지 않고 열녀는 두 남편을 섬기지 않는다.)'가 나온다. 다음은 사기(史記) 전단열전(田單列傳)에 나오는 왕촉에 대한 고사이다.

---

104) 단속사는 경남 산청군 단성면 운리에 있던 절 이름이다. 신라 때 창건되었으나 지금은, 절은 없어지고 탑만 남아 있다. 솔거의 벽화가 있었던 곳으로 유명하다.

연나라가 처음 제나라에 들어왔을 때 획읍(畫邑) 사람 왕촉(王蠋)이 어질다는 말을 들은 연나라의 장수는 '획읍 둘레 삼십 리 안에 아무도 들어가지 말라.'고 명령했는데 왕촉 때문이었다. 이어 사람을 보내 왕촉에게 '많은 제나라 사람들이 그대의 의리를 높이 보고 있소. 내가 그대를 장수로 삼고 만호에 봉하려 하오.'라고 했다. 왕촉은 한사코 사양했다. 연나라 사람이 '그대가 말을 듣지 않겠다면 우리는 삼군을 이끌고 획읍을 도륙할 것이오.'라고 했다. 왕촉이 이렇게 말했다.

'충성스러운 신하는 두 군주를 섬기지 않으며, 정조를 지키는 여자는 남편을 바꾸지 않습니다. 제왕이 나의 말을 듣지 않았기에 물러나 밭을 갈고 있는 것입니다. 나라는 이미 망했고 내가 나라를 지키지 못했습니다. 그런데 지금 군대로 겁박하여 당신을 위해 장수가 되라 하니 이는 걸(桀)을 도와 포악한 짓을 하는 것입니다. 살아서 의리를 지키지 못한다면 삶겨 죽는 것이 낫습니다.'

마침내 나뭇가지에 목을 매고는 스스로 목을 졸라 죽었다.

남명은 이 시 텍스트를 통하여 '不事二君(두 임금을 섬기지 않는다.)'을 말하고 있다. 이를 위하여 2구와 3구에서 대립구조를 이루면서 전 왕조의 임금과 조물주를 대비시키고 있다. 2구에서는 전 왕조의 임금이 나라 단속도 잘 못했지만 집안(신하) 단속도 잘 못하여 이를 그르쳤다는 것이고 3구에서는 조물주가 자연의 섭리를 그르쳐 매화가 오늘도 꽃 피우고 내일도 꽃 피운다는 것이다.

③ 정보성

이 시 텍스트에서 1구는 단속사의 모습을 그대로 표현한 것으로 볼 수 있다. 함께 간 제자들도 그대로 볼 수 있는 내용이다. 새로운 정보라고 하기 어려운 1차 정보성을 가진다. 2구는 예측하기 어려운 정보를 담고 있다. 상회백이 젊은 시절 단속사에서 공부하면서 매화를 심었다는 것, 그리고 고려조에 벼슬을 지냈다는 것, 조선조에도 벼슬을 지냈다는 사실을 미리 알고 있어야 2구를 예측할 수 있다. 일반적인 정보라 하기는 어렵다. 2차 정보성을 가진 것으로 볼 수 있다. 3구는 도무지 예측하기 어렵다. 1, 2구와 의의의 연속성을 찾기 어렵다. 3차 정보성을 가지고 있다. 4구에서는 이 3차 정보성을 '어제도 꽃을 피우고 오늘도 꽃을 피웠도다' 하고 2차 정보성으로 끌어내림으로써 비로소 이 시 텍스트 전체는 정보의 안정성을 가지면서 의의의 연속성을 이룬다.

④ 상호텍스트성

이 시 텍스트의 제목이 단속사 정당매이다. 단속사에 있는 매화를 정당매라 하는 것은 강회백이 이 매화를 젊은 시절 심었고 고려조의 벼슬이 정당문학이었기에 붙여진 것이다. 정당매는 이에 대한 인유이다. 상호텍스트성을 갖는다.

⑤ 결속 구조

이 시의 형식은 칠언절구(七言絶句)이나 여기서는 2구의 끝 '家'와 4구의 끝 '花로 운을 맞추면서 텍스트 간의 연쇄를 이루고 있다. 이 시 텍스트는 1구, 2구, 3, 4구가 하나의 월로 이루어져 있다.

첫째 월 ; 寺破僧羸山不古(절 부서지고 중 파리하며 산도 예와 다르네).

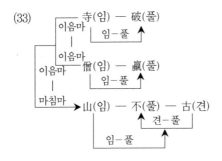

참고 : 寺(절), 破(부서지다)
　　　僧(중), 羸(파리하다),
　　　山(산), 不(다르다), 古(옛날)

둘째 월 ; 前王自是未堪家(전 왕조의 임금은 집안 단속도 스스로 잘하지 못했다네).

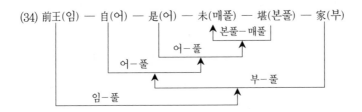

참고 : 前王(전 왕조 임금), 自(스스로), 是(절), 未(못), 堪(하다), 家(집안 단속)

셋째 월 ; 化工正誤寒梅事 昨日開花今日花(조물주는 정녕 추위 속에서 매화의 일 그르쳤나니 어제도
　　　　꽃을 피우고 오늘도 꽃을 피웠도다).

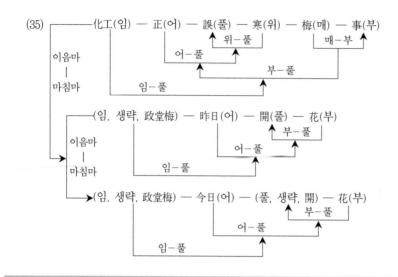

참고 : 化工(조물주), 正(정녕), 誤(그러치다), 寒(추위 속에서), 梅(매화), 事(일)
　　　 昨日(어제), 開(피우다), 花(꽃)
　　　 今日(오늘), 花(꽃)

⑥ 결속성

　이 시 텍스트는 전 왕조의 일과 조물주의 일이 대립하는 구조를 가지고 있다.
시간적으로는 과거와 현재가 대립한다. 1구는 전 왕조의 임금이 나라 단속을 못
한 결과를 나타내고 있다. 전 왕조의 임금이 나라 단속을 못한 결과 절이 부서지
고, 중은 파리하며, 산도 예와 다르게 되었다는 것이다. 2구에서는 전 왕조의 임
금이 나라 단속만이 아니라 집안 단속 즉 신하의 단속도 잘하지 못했다는 것이
다. 그 결과 정당문학을 지낸 강회백(姜淮伯)과 같은 신하가 나타나 어제도(고려 왕조에
서도) 꽃피우고(벼슬을 하고) 오늘도(조선 왕조에서도) 꽃피운다는 것이다. 이것은 현실에서
도 그대로 나타나 3구와 4구에서 제 주인을 닮은 매화가 어제도 꽃피우고 오늘도
꽃피운다는 것인데 이것이 정당문학의 경우는 전 왕조가 잘못한 것이겠지만 현
실 속에서는 조물주가 매화의 일을 그르쳤기 때문이라는 것이다. 이를 두고 보면
2, 3구에서는 전왕조의 임금과 조물주가 대립되고 정당문학(강회백)과 정당매가 대

립되는 구조를 가지고 있다. 이를 바탕으로 이 시 텍스트를 살펴보면, 제어 중심 (control centre)은 '⟨政堂梅(정당문학)⟩주체 → ⟨開花(꽃 피우다)⟩움직임'이다.

(36) 거시 구조 1

1차 개념

⟨政堂梅(정당문학)⟩주체 ⟶ ⟨開花(꽃피우다)⟩움직임

(37) 거시 구조 2

1차 개념의 ⟨開花⟩의 시기를 활성화시킨 것이 2차 개념이다. '昨日(어제)'도 꽃 피우고(開花), '今日(오늘)'도 꽃 피운다(開花)는 것이다.

2차 개념

⟨政堂梅(政堂文學)⟩주체 ⟶ ⟨開花⟩움직임

⟨昨日⟩때   ⟨今日⟩때

(38) 거시 구조 3

3차 개념은 2차 개념의 까닭이다. '정당문학(政堂文學)'의 프레임에서는 '⟨前王(전 왕조)⟩주체 → ⟨是未堪家(집안 잘하지 못했다)⟩움직임' 하였기 때문이고 ⟨化工(조물주)⟩의 프레임에서는 '⟨化工(조물주)⟩주체 → ⟨誤寒梅事(추위 속에서 매화의 일 그러치다)⟩움직임'를 하였기 때문이다.

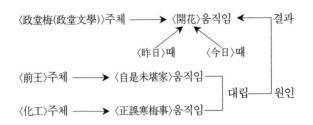

(39) 미시 구조

1구의 〈寺破(절 부서지고)〉 - 〈僧羸(중 파리하며)〉 - 〈山不古(산 예와 다르네)〉 한 것은 속뜻으로 보면 전 왕조의 임금이 나라 단속을 잘하지 못했기 때문이다. 2구에 대한 결과로 〈前王〉은 나라 단속을 잘하지 못해 1구의 결과를 가져오고 또 집안 단속도 잘하지 못해 4구의 결과도 가져온 것이다.

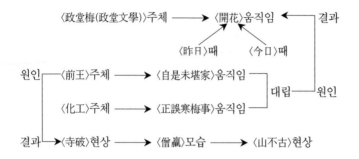

④ 시 해석

(1) 고려 왕조의 임금이 나라 단속을 잘하지 못해 절은 무너지고, 중은 파리해 졌으며 산도 고려 때와 같지는 않구나.

(2) 고려 왕조의 임금은 나라 단속만이 아니라 신하도 잘못 단속함으로써 결과, 정당문학을 지낸 강회백과 같은 신하가 나타나 고려 왕조에서도 벼슬하고, 조선 왕조에서도 벼슬하는 실절(失節) 인물이 나왔구나.

(3) 이것은 조물주가 추위 속에서 자연의 십리를 잘못 다스려 매화의 일을 그르친 것과 같은데

(4) 한겨울의 추위를 이기고 봄의 문턱에서 피워야 될 매화가 제 심은 주인처럼 때에 맞지 않게 어제도 꽃 피우고 오늘도 꽃 피웠구나.

이 시에도 남명의 출처 의식이 분명히 드러나는데 선비는 왕조가 다른 두 임금을 섬길 수 없다는 것이다.

이상 세 편의 시에 나타난 사실을 두고 살펴보면 남명은 1) 선비는 두 왕조를

섬길 수 없고(단속사 정당매) 2) 한 왕조를 섬긴다 해도 도가 시행되지 않아 임금과 소통이 이루어지지 아니하는 현실 속에서는 출사할 수 없으며(대곡과 작별하면서 줌) 3) 도(道)를 이루어 평천하(平天下)하지 못할 바에야 출사하지 아니한다(서쪽 집 늙은이에게 부침)는 뜻을 시를 통하여 분명히 나타내면서 유가(儒家)에서의 출처관 즉 '현실 세계에 도가 시행되어 마땅히 할 일이 있으면 출사(出仕)하고 그렇지 못하면 퇴처(退處)한다.'는 생각을 시를 통하여 드러내고 있다.

(3) 인욕을 끊음

남명은 현실 세계에 도가 시행되지 않음으로 출사하지 아니하고, 자신을 도의 세계로 더욱 확충해 가면서 자연과 조화를 이루게 되는데 이 때 방해가 되는 인욕(人慾)을 끊고자 무척 애쓰는 모습을 보인다. 여기에서는 남명의 이러한 모습에 대해 살펴본다.

浴川	냇물에 목욕하고서[105]
全身四十年前累	사십 년 동안 쌓인 온몸의 때를,
千斛淸淵洗盡休	천 섬 되는 맑은 못에 씻어 없애버린다.
塵土倘能生五內	만약 티끌이 능히 오장에서 생긴다면,
直今刳腹付歸流	지금 당장 배를 갈라 흐르는 물에 부쳐 보내리라.

① 상황성

이 시의 제주(題注)에 '기유년(1549) 팔월 초에 우연히 감악산 아래서 놀았다. 함양의 문사인 임회무와 박승원이 듣고서 달려와서 함께 목욕하였다'는 것을 보면 이 시는 남명의 나이 49세에 지은 것이다. 그리하여 1구에서 '40년 동안 쌓인 몸의 때'이라 표현하고 있다. 이 40년은 남명이 살아온 전 생애를 말하는데 전 생애를 통하여 온몸에 때가 쌓였다고 했으니 이는 인간으로서는 어찌할 수 없는 인욕때문일 것이다. 2구에서는 이를 '맑은 못에 씻어 없애버린다.'는 것이다. 그리고 3구에서는 이 인욕으로 말미암아 '만약 티끌'만한 것이라도 더러운 것이 능히 오장

---

105) 기유년(1549) 팔 월 초에 우연히 감악산 아래서 놀았다. 함양의 문사인 임희무(林希茂)와 박승원(朴承元)이 듣고서 달려와 함께 목욕하였다.

에서 생긴다면 '당장 배를 갈라 흐르는 물에 붙여 보낸다.'고 했으니 여기에서는 남명의 자아 성찰에 대한 비장한 각오와 그리하여 천리를 보존하고자하는 굳은 의지가 들어 있다 하겠다. 그런데 문제는 이 인욕이다. 이 인욕을 아예 끊어 버릴 수는 없을까? 남명은 그 방법으로 '경(敬)'을 제시한다. 이러한 일단(一端)을 남명의 무진 봉사(戊辰封事)에서 찾을 수 있다.

> … 이치를 궁구하고 몸을 닦으며, 가슴속에 본심을 간직하고 밖으로 자신의 행동을 살피는 가장 큰 공부는 곧 반드시 경(敬)을 위주로 해야 합니다. 이른바 경이란 것은 정제하고 엄숙히 하여, 항상 마음을 깨우쳐서 어둡지 않게 하는 것입니다. 한 마음의 주인이 되어 민사에 응하는 것은, 안은 곧게 밖은 방정하게 하는 것입니다. 공자께서 이른바 '경(敬)으로써 몸을 닦는다'는 것이 이것입니다. 그러므로 경을 주로 하지 않으면 이 마음을 간직할 수 없고, 마음을 간직하지 못하면 천하 이치를 궁구할 수 없으며, 이치를 궁구하지 못하면 사물의 변화를 다스릴 수가 없습니다.… (교감 국역 남명집, 1995, 249.)

이를 보면 경(敬)은 '정제하고, 엄숙히 하여 항상 마음을 깨우쳐서 어둡지 않게 하는 것이라.' 하니 경(敬)으로 인욕을 없애 늘 마음을 깨끗이 해야 한다.

이렇게 두고 보면 인욕으로 생긴 1, 2구의 '몸의 때'나 3, 4구의 '오장에 생긴 진토'를 씻는 물은 본연지성(本然之性)을 본연지성일 수 있게 하는 중요한 기능을 하는 것으로(정우락, 1997, 72) 이는 다름 아닌 '경(敬)'이라 할 수 있다. 인욕은 크게 두 가지로 나누어 질 수 있을 것이다. 하나는 자신도 어쩔 수 없이 또 알 수 없는 사이에 생기는 인욕일 것이고 또 하나는 자신이 의도적으로 가지는 인욕일 것이다. 위 시에서 1구의 '때'는 앞의 인욕으로 말미암아 생긴 것이라 한다면 3구의 '진토'는 뒤의 인욕으로 말미암아 생긴 것이라 할 수 있다. 앞의 것은 그냥 물로 씻으면 되겠으나 뒤의 것은 '배를 갈라' 끄집어 내지 않으면 안 된다. 남명이 더욱 경계하는 것은 3구에 나타나는 '진토가 오장에 생기는 것'인데 이것이 생기지 않게 하기 위하여 남명은 늘 허리춤에 칼과 방울을 차고서 '경(敬)'을 일깨운 것으로 보인다.

② 의도성과 용인성

이 시 텍스트의 주제는 인욕으로 생긴 더러운 것들을 씻어 늘 청징(淸澄)한 마음 상태를 유지하고 그리하여 천리를 보존하려는 굳은 의지를 나타낸 것이다(정우락. 1997, 72). 이 주제를 구현하기 위하여 '욕천(浴川)'의 프레임을 사용하고 있다. '욕천' 은 냇물에 몸의 때를 씻는 것으로 인욕으로 인해 쌓인 마음의 때를 씻는 것으로 상징한다. 1, 2구와 3, 4구는 서로 대립된다. 1, 2구의 몸의 때는 생활 속에서 어 쩔 수 없이, 자신도 모르게 겉으로 쌓인 인욕이라 한다면 3, 4구의 오장에 생긴 진토(塵土)는 자신이 의도적으로 가진 인욕으로 이는 속에 있는 인욕이다. 이는 물 로 씻을 수 없고 배를 갈라 끄집어 내 씻어야 하는 것이다. 겉과 속, 이 둘을 대 립시키고 있다. '욕천'의 프레임에서 '때'와 '티끌'을 활성화시켜 이를 제거함으로 써 늘 청징(淸澄)한 마음 상태를 유지하는 것이다. 천리를 보존코자 하는 남명의 의지를 이 시 텍스트를 통하여 나타내고 있다 하겠다.

③ 정보성

이 시 텍스트는 남명이 제자들과 함께 목욕하며 지은 것이다. 1, 2구의 '온몸의 때를 못에서 씻어 없애버린다.'는 말은 같이 목욕하는 제자들로써는 쉽게 예측할 수 있는 것이다. 정보의 가치가 매우 낮다. 1차 정보성을 가진다. 이를 3, 4구에 서의 정보는 예측하기 어렵다. 오장에 티끌이 생긴다는 정보도 예측하기 어렵고 이를, 배를 갈라 물에 부쳐 보낸다는 것도 쉽게 예측하기 어려운 정보이다. 2차 정보성을 가진다. 1, 2구의 1차 정보성을 2차 정보성으로 끌어 올림으로써 시의 흥미를 유지시키면서 의의의 연속성을 꾀하고 있다.

④ 결속 구조

이 시 텍스트 형식은 칠언절구(七言絕句)이다. 1구의 끝 '累'와 2구 끝 '休', 4구 끝 '流'로써 운을 맞추어 텍스트의 연쇄를 이루고 있다. 욕천(浴川)은 1, 2구와 3, 4구, 두 개의 월로 이루어져 있다.

첫째 월 ; 全身四十年前累 千斛淸淵洗盡休(사십 년 동안 쌓인 온몸의 때를 천 섬 되는 맑은 못에 씻어 없애버린다).

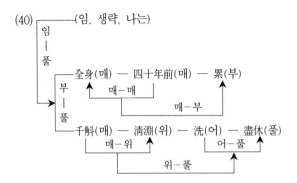

둘째 월 ; 塵土倘能生五內 直今剌腹付歸流(만약 티끌이 능히 오장에서 생긴다면 지금 당장 배를 갈라

흐르는 물에 부쳐 보내리라)

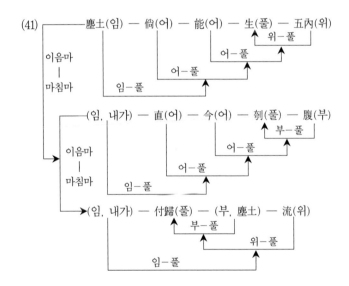

⑤ 결속성

이 시 텍스트는 1, 2구와 3, 4구, 두 개의 월로 되어 있다. 1, 2구의 월은 앞에서도 말했듯이 밖으로 쌓인 때를 씻는 현실적 행위를 보이고, 3, 4구의 월에서는 가정하여 만약 속에 티끌이 생긴다면 이렇게 하겠다는 각오를 보인다. 따라서 앞과 뒤의 월은 현실적 행위와 가정의 각오가 서로 대립하는 구조라 할 수 있다. 현실적 행위와 가정의 각오에서 보이는 〈累(때)〉와 〈塵土(티끌)〉는 인욕을 상징화한 것이다. 〈累(때)〉는 현실 생활 속에서 어찌할 수 없이 쌓인 무의식적인 인욕의 때(累)라고 한다면 〈塵土(티끌)〉는 의식적으로 가지는 인욕의 티끌(塵土)이다. 그리하여 이 시 텍스트에서는 〈累(때)〉는 쌓인 것이라 하고, 〈塵土(티끌)〉는 생긴 것이라 한다. 이들이 쌓이고, 생기는 곳도 서로 다르다. 〈累(때)〉는 온몸의 바깥에 쌓이고, 〈塵土(티끌)〉는 몸의 안 오장에 생긴다. 이 시 텍스트에서는 이를 씻는다는 것인데 이들을 씻어내는 도구는 물이다. 물은 경(敬)을 상징한다. 물로 몸을 씻듯이, 경(敬)으로써 마음에 있는 인욕을 씻는다. 씻는 방법도 서로 다르다. 온 몸에 쌓인 때(累)는 맑은 못에 씻어 없애는데 비하여 오장에 생긴 티끌(塵土)은 의(義)의 결단(決斷)을 통하여 배를 갈라 끄집어 내 다시 돌아올 수 없는 흐르는 물에 부쳐 보내야 한다는 것이다. 이러한 관점에서 이 시 텍스트의 결속성을 살펴본다. 이 시 텍스트의 제어 중심(control centre)은 1, 2구의 월에서는 '〈累(때)〉대상 → 〈洗(씻다)〉움직임'이라 할 수 있고 3, 4구의 월에서는 '〈塵土(티끌)〉대상 → 〈付歸(부쳐보내다)〉움직임'이라 할 수 있다. 이는 1차 개념이다.

(42) 거시 구조 1

```
                    1차 개념
        ┌─ 현실적 행위  〈累〉대상 ───────→ 〈洗〉움직임
  대립─┤
        └─ 가정의 각오  〈塵土〉대상 ──────→ 〈付歸〉움직임
```

(43) 거시 구조 2

1차 개념에서의 움직임과 움직임의 대상을 활성화 시킨 것이 2차 개념이다. 〈累(때)〉와 〈塵土(티끌)〉가 있는 장소와 〈洗(씻다)〉와 〈付歸(부쳐내다)〉의 도구로 활성화한

것이 2차 개념이다. 그 있는 곳은 〈累(때)〉 → 〈全身(온 몸)〉이고 〈塵土(티끌)〉 → 〈五內(오장)〉이다. 〈洗(씻다)〉와 〈付歸(부쳐보내다)〉의 도구는 물이다. 〈洗(씻다)〉 → 〈淸淵(맑은 못)〉의 물이고, 〈付歸(부쳐보내다)〉 → 〈流水(흐르는 물)〉이다.

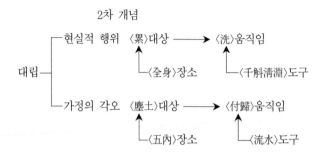

(44) 거시 구조 3

2차 개념에서의 움직임의 대상이 되는 〈累(때)〉와 〈塵土(티끌)〉가 있는 장소에서 없애는 방법을 말하는 것이 3차 개념이다. 〈累(때)〉 → 〈全身(온 몸)〉 → 〈盡休(없애버린다)〉하고, 〈塵土(티끌)〉 → 〈五內(오장)〉 → 〈刳腹(배를 가른다)〉한다.

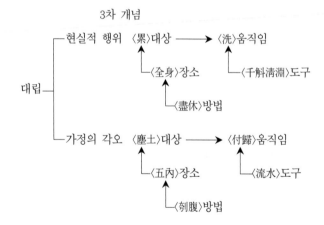

(45) 미시 구조

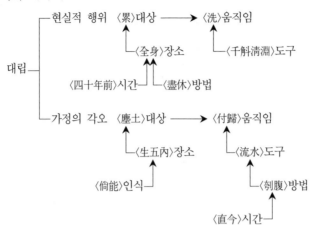

⑥ 시 해석

(1) 사십 년 동안 살아오면서 어쩔 수 없이 또는 나도 모르게 가졌던 인욕으로 말미암아 쌓인 온갖 더러운 것들을

(2) 지극한 경(敬)으로 다 없애 마음을 깨끗하게 한다.

(3) 만약 내가 의식적으로 가진 인욕이 있어 그 인욕으로 말미암아 내 마음속에 더러운 것이 조금이라도 생긴다면

(4) 지금 바로 그 마음을 찢어서라도 깨끗하게 하리라.

이 시에는 인욕을 끊고 마음에 천리를 보존하려는 뜻이 잘 드러난 시이다.[106] 이러한 노력은 다음의 '地雷吟(복괘를 두고 읊음)'에도 나타난다. 이를 살펴본다.

地雷吟	복괘를 두고 읊음
易象分明見地雷	역상은 분명 지뢰를 나타내는데,
人心何昧善端開	어찌 사람의 마음은 선(善)의 실마리 여는 데 어두울까?
祇應萌蘖如山木	다만, 응당 싹을 틔움이 우산의 나무 같나니
莫遣牛羊日日來	소나 양을 날마다 오게 하지 말게나.

---

106) 맹자가 일찍이 주장한 '인욕을 막고 천리를 보존해야 한다'는 것은 많은 성리학자들의 지지를 받아 주자에 이르러서는 '사람은 인욕과 천리가 있을 뿐인데 이것이 승하면 저것이 물러나고, 저것이 성하면 이것이 물러간다'고 하여 인욕과 천리가 상호 대립적 존재임을 천명하였다(정우락, 1997, 71).

① 상황성

이 시는 인욕을 끊고 본성을 보존해야 함을 강조한 시이다. 사람의 본성에 대한 이야기는 '맹자의 고자장(告子章) 상(上)'에서 벌린 맹자(孟子)107)와 고자(告子)108)와의 인생문답 속에 잘 들어나고 있다.

고자(告子)는 '사람의 본성은 선함도 없고 선하지 않음도 없다.'고 하고, 어떤 이는 '본성은 선하게도 만들 수 있고 선하지 않게도 만들 수 있다.(告子曰, '性, 無善無不善也.' 或曰, '性, 可以爲善, 可以爲不善')고 하였다. 이에 대하여 맹자는 다음과 같이 말하고 있다.

> 사람은 누구나 타고난 바탕대로만 따른다면 선하게 될 수가 있으니, 이것이 곧 내가 말하는 바의 본성이 선하다는 의미이다. 사람이 선하지 않게 되는 것은 타고난 재질의 잘못이 아니다. 측은하게 여기는 마음(惻隱之心)은 사람이라면 누구나 가지고 있고, 부끄러워하는 마음(羞惡之心)은 사람이라면 누구나 가지고 있고, 공경하는 마음(恭敬之心)은 사람이라면 누구나 가지고 있고, 옳고 그름은 판단하는 마음(是非之心)은 사람이라면 누구나 가지고 있다. 측은하게 여기는 마음은 인(仁)이고, 부끄럽게 여기는 마음은 의(義)이고, 공경하는 마음은 예(禮)이고, 옳고 그름을 판단하는 마음은 지(智)이다. 이러한 인의예지는 밖으로부터 나에게 주어진 것이 아니라 내가 본래부터 가지고 있는 것인데, 다만 사람들은 생각하지 않을 뿐이다. 그러므로 공자께서는 '찾으면 얻게 되고, 놓아버리면 잃게 된다.'고 했다. 때로는 사람들 간의 차이가 서로 두 배 또는 다섯 배가 되어 계산할 수도 없게 되는 것은 타고난 재질을 남김없이 실현하지 못했기 때문이다(맹자, 2005(개정판), 307-309).

이 시 텍스트에서는 이러한 본성을 보존해야 한다는 것이다. 이러한 사실은 남명이 선조에게 무진년(1568년, 선조 1년)에 올린 봉사(戊辰封事)에도 잘 나타나고 있다.

> 엎드려 보건대, 주상께서는 상지(上智)109)의 자질을 타고나셔서 백성을 다스리고자 하시는 마음이 있으니 이것은 진실로 백성과 사직(社稷)의 복입니다. 그런데 백성을 잘 다스리는 도는 다른 데에서 구할 것이 아니오라, 요점은 임금이 선을 밝히고 몸을

---

107) 맹자(孟子:BC 372~BC 289 추정)는 산동성 추현 지방 출생으로 이름은 가(軻), 자는 자여(子輿) 또는 자거(子車)다. 중국 전국시대의 유교 사상가. 전국시대에 배출된 제자백가의 한 사람.

108) 중국 전국시대 제(齊)나라의 사상가. 성 고(告). 이름 불해(不害). 맹자(孟子:BC 372~BC 289 추정)와 같은 시대의 사람이다.

109) 상지(上智)는 나면서부터 아는 '생이지지자(生而知之者)'를 말한다(교감 국역 남명집, 1995, 249, 주35)

정성되게 하는 데에 있을 뿐입니다. 이른바 선을 밝힌다는 것은 이치를 궁구함을 이름이요, 몸을 정성되게 한다는 것은 몸을 닦는 것을 말합니다. 천성 안에는 모든 이치가 다 갖추어 있으니, 인(仁), 의(義), 예(禮), 지(智)가 그 본체이고 모든 선(善)이 다 여기서부터 좇아서 나옵니다. 마음은 이치가 모이는 주체이고, 몸은 마음을 담는 그릇입니다. 그 이치를 궁구함은 장차 쓰려는 것이요, 그 몸을 닦음은 장차 도를 행하려는 것입니다. 그 이치를 궁구하는 바탕이 되는 것은 글을 읽으면서 의리를 강명하고, 일을 처리할 적에 그 옳고 그름을 찾는 것입니다. 몸을 닦는 요체가 되는 것은 예가 아니면 보지도 듣지도 말하지도 움직이지도 않는 것입니다.

(교감 국역 남명집, 1995, 249.)

여기에서 보면 남명은 '천성 안에는 모든 이치가 다 갖추어 있으니, 인(仁), 의(義), 예(禮), 지(智)가 그 본체이고 모든 선이 다 여기서부터 좇아서 나온다.'고 하면서 임금은 '백성을 잘 다스리는 도를 다른 데서 구할 것이 아니라 요점은 임금이 선을 밝히고 몸을 정성되게 하는 데에 있을 뿐이라.' 하였다. 사람이 선(善)의 본성을 보존하는 일은 비단 임금만이 가지는 것은 아니다. 모든 사람이 다 그러해야 할 일이다. 이에 남명은 이 시 텍스트를 통하여 인욕을 끊고 본성을 보존해야 함을 강조하고 있다 하겠다.

② 의도성과 용인성

이 시 텍스트의 주제는 '인욕을 끊고 본성을 보존해야 함을 강조하고 있는 것'이라 할 수 있다. 1구에서는 주역의 복괘(復卦)를 인유하면서 '역상으로는 분명 음의 기운이 축적되는 가운데 양의 기운이 싹트기 시작하는 봄을 나타내는데'하면서 자연의 이치를 설명한다. 2구에서는 이러한 자연의 이치를 아는 사람들이 어찌 선(善)의 실마리를 여는 데 어두울까? 즉 '선악을 분별하지 못하여 선을 이루지 못할까?' 하면서 인간의 본성을 보존해야 함을 강조한다. 그리고 3, 4구에서는 선의 실마리를 얻어 인간의 본성을 보존하는 방법을 제시하고 있는데 '맹자의 고자장(告子章) 상(上)'에 나오는 이야기를 인유하면서 '소나 양이 날마다 오게 하지 말라.'고 하고 있다. 즉 마음속의 인욕을 끊으라는 것이다. 이렇게 두고 보면 이 시는 1구에서는 자연의 이치에 대해, 2구에서는 묻는 형식을 취하면서 사람들이 가져야 할 마음 상태 즉 인간의 본성을 보존해야 함을 강조하고, 3, 4구에서는 물음에

답하는 형식으로 그것을 이루는 방법에 대해 말하고 있다.

③ 정보성

이 시 텍스트에서 1구는 주역의 복괘(復卦)를 인유하여 '역상은 분명 지뢰를 나타낸다.'고 하고 있다. 이는 주역의 복괘에 대하여 알지 못하면 이러한 정보를 예측하기란 쉽지 않다. 3차 정보성을 가진다. 이 3차 정보성을 2구에서는 '어찌 사람의 마음은 선(善)의 실마리 여는 데 어두울까?(人心何昧善端開)'라고 하면서 정보성을 한 단계 끌어내리고 있다. 이는 어느 정도 예측이 가능한 2차 정보성이다. 3구에서는 다시 예측하기 어려운 정보를 담고 있다. 이는 맹자의 고자장(告子章) 상에 나오는 우산의 나무 이야기를 담고 있는 것으로 맹자의 우산의 나무 이야기를 알지 못한다면 이 정보는 전혀 예측할 수 없는 정보로 텍스트성이 가져야할 의의의 연쇄를 발견하기 어렵다. 이도 3차 정보성을 가지고 있다. 4구에서는 그 속뜻은 알기 어려우나 나타난 겉 내용으로만 보면 쉽게 이해할 수 있다. 3구의 3차 정보성을 끌어 내리는 효과를 가지고 있다. 속뜻으로는 3차 정보성을 가진다고 할 수 있으나 겉으로는 쉽게 이해되어 예측이 어렵지 않다. 이러한 까닭에 3차 정보성을 끌어내린 2차 정보성을 가진 것으로 보아 둔다. 그리하여 시 텍스트 전체를 2차 정보성으로 유지시켜 의의의 연속성을 꾀하고 있다 하겠다.

④ 상호텍스트성

이 시 텍스트의 1, 3, 4구는 모두 상호텍스트성을 가진다. 1구는 주역(周易)에서의 인유(引喩)이고, 3, 4구는 맹자(孟子)에서의 인유이다. 지뢰(地雷)는 주역 '복(復)'괘의 괘상(卦象)이다. 주역(周易) 십익(十翼) 상사(象辭) 복괘(復卦)에 '雷在地中復(우뢰가 땅속에 있는 것이 복괘이다.)'이라 한다. 그리하여 복괘(復卦)를 '지뢰복(地雷復)'이라고도 하고 '지뢰(地雷)'는 '진하곤상(震下坤上, 아래는 진, 위는 곤)'으로 곤(坤)은 땅(地)이고, 진(震)은 우레(雷)이기 때문에 '지뢰(地雷)'라고도 한다. 우뢰가 땅 속에 있는 것이 복괘(復卦)이다(주역, 2011, 410). '복괘(復卦)'는 절기로 동지에 해당되고, 음의 기운이 축적된 가운데 양의 기운이 싹트기 시작하니 봄이 돌아오는 괘상이다(정우락, 1997, 73). 1구는 이에 대한 인유이다. 3, 4구 맹자에서의 인유는 '맹자의 고자장(告子章) 상(上)'에 나오는 맹자의 이야기를 인유한 것이다.

　　우산의 숲은 원래 아름다웠다. 그러나 큰 나라의 교통 요충지에 있어 사람들이 도끼로 베어내니 계속 본래의 아름다움을 그대로 간직할 수가 있었겠는가? 낮과 밤으로 자라나고 비와 이슬이 적셔 주어 새싹이 움터 나오지 않는 것은 아니지만, 또한 소와 양들을 그 곳에다 놓아먹이니 저렇게 반들반들한 민둥산이 된 것이다. 사람들이 그 반들반들한 것을 보고서 그곳에는 예전부터 나무들이 없었다고 생각하지만, 그것이 어찌 산의 본래 성질이겠는가(맹자, 2005(개정판), 307-309)?

이 이야기는 사람의 마음속에 돋아나는 양심의 싹이 성선(性善)에 의하여 돋아나는데 소와 양으로 표현된 인욕의 침입으로 말미암아 교란되거나 없어지는 일이 반복되면서 결국 양심의 싹을 키워주는 기운도 더 이상 존재할 수 없어 인간은 금수(禽獸)에 가까운 상태에 빠지게 된다(정우락, 1997, 73)는 것이다.

남명은 이를 인유하여 3구에서는 사람의 마음속에서의 싹틈이 소나 양에게 다 뜯어 먹히니 이 우산의 나무 같다고 표현하면서 그러니 소나 양이 날마다 오게 하지 말라고 하고 있다. 즉 마음속의 인욕을 끊으라는 것이다. 이도 상호텍스트성을 갖는다.

⑤ 결속 구조

이 시 텍스트의 형식은 칠언절구(七言絕句)이다. 1구 끝 '雷', 2구 끝 '開'와 4구 끝 '來'로써 운을 맞추어 텍스트의 연쇄를 이루고 있다. '地雷吟(복괘를 두고 읊음)'은 두 개의 월로 이루어져 있다. 1, 2구가 하나의 월이고 3, 4구가 하나의 월이다.

　　첫째 월 ; 易象分明見地雷 人心何昧善端開(역상은 분명 지뢰를 나타내는데, 어찌 사람의 마음은 선(善)의 실마리 여는 데 어두울까?)

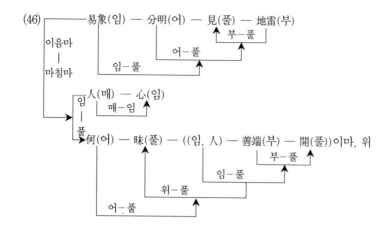

(46)

참고 : 易象(역상), 分明(분명), 見(나타내다), 地雷(지뢰)
人(사람), 心(마음)
何(어찌 -할까?), 昧(어둡다), 善端(선의 실마리), 開(열다)

둘째 월 ; 祗應萌蘖如山木 莫遣牛羊日日來(다만, 응당 싹을 틔움이 우산의 나무 같나니, 소나 양을 날

마다 오게 하지 말게나)

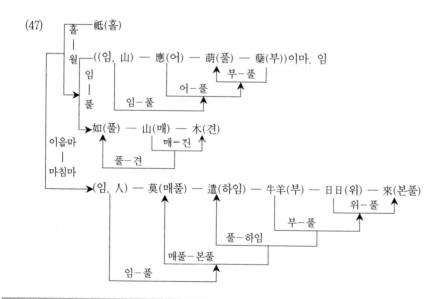

(47)

참고 : 祗(다만)
應(응당), 萌(싹틔우다), 蘖(싹)
如(같다), 山(우산), 木(나무)
莫(말다), 遣(하임, -게하다), 牛羊(소나 양), 日日(날마다), 來(오다)

⑥ 결속성

이 시 텍스트는 1, 2구와 3, 4구, 두 개의 월로 되어 있다. 두 개의 월이 네 개의 구로 나누어져 있는데 각 구의 속뜻을 살펴보면 1구의 때가 3구와 짝을 이룬다. 1구에서 역상은 분명 지뢰를 나타내는 때 즉 음의 기운이 축적된 가운데 양의 기운이 싹트기 시작하니 봄이 돌아오는 때라는 것이다. 이 때와 같은 것이 3구에서 맹자가 말한 우산(牛山)에서 새싹이 돋아나는 그러한 때이다. 2구에서는 이러한 때에 사람의 마음이 선(善)의 실마리(端) 즉 인(仁), 의(義), 예(禮), 지(智)의 사단(四端)을 여는데 어째서 이리 어두울까 하고 묻는다. 그리고 4구에서 스스로 답하기를 우산의 나무처럼 새싹이 돋아나는 대로 소나 양이 이를 뜯어 먹기 때문에 숲을 이루지 못하는 것과 같이 사람의 마음은 인욕이 일어나 선의 실마리를 여는 것을 막기 때문이라는 것이다. 그러니 우산에 소와 양이 날마다 오게 하지 말도록 해야 하는 것과 같이 마음에 인욕이 일어나지 않도록 경(敬)으로 막아야 한다는 것이다. 이러한 관점에서 이 시 텍스트의 결속성을 살펴보면 이 시 텍스트의 제어 중심(control centre)은 '〈善端(선의 실마리)〉대상 → 〈開(열다)〉움직임'이다. 이는 1차 개념이다.

(48) 거시 구조 1

1차 개념

〈善端(선의 실마리)〉대상 ⟶ 〈開(열다)〉움직임

(49) 거시 구조 2

1차 개념에서 움직임의 때를 표현한 것이 2차 개념이다. '〈開(열다)〉움직임'이 있을 때가 '〈易象(역상)〉주체 → 〈見地雷(지뢰를 나타내다)〉시간'의 때이다. 이것은 '〈如山木(우산의 나무 같이)〉대상 → 〈萌蘖(싹 트다)〉시간'의 때와 같다는 것이다.

2차 개념

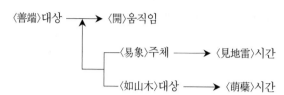

〈善端〉대상 ──────▶ 〈開〉움직임

　　　　　　　〈易象〉주체 ──────▶ 〈見地雷〉시간

　　　　　　　〈如山木〉대상 ──────▶ 〈萌蘗〉시간

　2차 개념에서 그런데도 '〈開(열다)〉움직임'이 '〈昧(어둡다)〉상태'라는 것이다. 그리고 이 어두움을 해소하고 '〈開(열다)〉움직임'으로 나가는 방법을 제시하는 것이 3차 개념이다. 그 방법을 4구에서 제시하는데 '莫遣牛羊日日來(소나 양을 날마다 오게 하지 말세나.)' 이다.

(50) 거시 구조 3

3차 개념

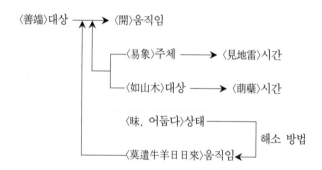

(51) 미시 구조

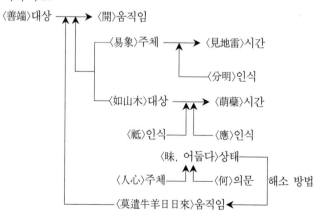

⑦ 시 해석

(1) 역상은 분명 지뢰를 나타내어 복(復)괘의 괘상(卦象)임을 알아 음의 기운이 축적된 가운데 양의 기운이 싹트기 시작하니 봄이 돌아온다는 자연의 이치를 알 터인데

(2) 사람들은 어찌하여 자신의 마음속에 있는 선의 실마리를 찾지 못하여 본성을 보존하지 못할까?

(3) 이것은 맹자 고자장(告子章) 상(上)에 나오는 나무의 이야기와 같은 것으로

(4) 우산의 나무처럼 새싹이 돋아나는 대로 소나 양이 이를 뜯어 먹으므로 숲을 이루지 못하기에 소와 양을 오지 말게 하듯이 사람의 마음은 인욕이 일어나 선의 실마리를 여는 것을 막으므로 경(敬)으로 날마다 이 인욕을 끊어야 할 것이다.

남명은 이 인욕을 끊고 인간의 본성이 보존되도록 해야 한다고 강조하는데 남명의 시대에는, 뿐만 아니라 인간 세상에는 이 인욕을 끊지 못하고 헛된 이름을 얻어 벼슬을 쫓는 사람들이 있으니 이러한 세상을 한탄하기도 하였다. 이러한 사실을 다음 '謾成(되는대로 이룸)'의 시에서 살펴본다.

謾成	되는대로 이룸
取舍人情不足誅	취했다 버렸다 하는 세상 인정 나무라기에도 부족하지만,
寧知雲亦獻深諛	구름마저 심히 아첨하여 바칠 줄 어찌 알았으랴?
先乘霽日爭南下	먼저는 개인 날을 틈 타 다투어 남쪽으로 내려 왔다가,
却向陰時競北趨	다시 날 흐려질 때에는 다투어 북쪽으로 내달으니.

① 상황성

이 글 1. 들어가기에서도 살폈듯이 남명은 매우 어려운 시대적 상황 속에서 살았다. 남명의 시대에 사화(士禍)가 네 번 있었는데 가까운 세 번의 사화에 남명이 직접 관련된다. 남명이 네 살 때인 1504년(연산군 10년) 갑자사화가 일어났을 때에는 외계에 속하는 조지서(趙之瑞, 1454-1504)가 화를 당하고, 열아홉 살 때인 1519년(중종 14년) 기묘사화가 일어났을 때에는 숙부 언경(彦卿)이 연루되어 숙부는 이조좌랑(吏曹佐

郞)에서 파직되고, 아버지는 몇 년 뒤 제주목사로 좌천 되었으며 45세 때인 1545
년(명종 즉위년) 을사사화가 일어났을 때에는 평소 친분이 두터웠던 이림(李霖, 1495-
1546), 곽순(郭珣, 1502-1545), 성우(成遇, 1497-1579), 송인수(宋麟壽, 1499-1547) 등이 연루되어 희
생당했다. 안으로는 가족이 연루되어 있었으며 밖으로는 친구와 외족이 연루되
었다. 이러한 사화를 통하여 훈구파는 비판적 사림(士林)을 살육하면서 권력을 독
점하고 이를 바탕으로 갖가지 부정과 비리를 저질렀다. 이러한 까닭에 나라는 피
폐할 대로 피폐해져 남명의 시대에는 도무지 손을 쓸 수조차 없게 되었다.

나라가 이러할 때에 뜻있는 선비들은 벼슬을 버리고 고향으로, 산으로 찾아들
고 거짓된 선비들은 벼슬을 찾아 힘 있는 사람에게 아부하여 세력을 형성하고 국
정을 농단하였다. 이러한 사실에 대해 정인홍 지은 남명조선생행장에서는 다음
과 같이 말하고 있다.

> 지금의 선비들의 습관은 거짓스러워 폐단이 있고, 이익을 얻으려는 욕심이 앞서서
> 의리를 잃고, 겉으로는 도덕을 가장했지만, 마음속으로는 실제적인 이익을 생각하고
> 있고, 시세에 따라 이름을 취하는 자들이 온 세상과 함께 휩쓸리는 것을 선생은 문제
> 점으로 삼았다. (정인홍 지은 남명조선생행장, 허권수, 2010, 57.)

이 시 텍스트는 이러할 때 지어진 것이다.

② 의도성과 용인성

이 시 텍스트의 주제는 나라는 뒷전이고 자신들의 권력만을 쫓는 조정의 현실
에도 불구하고 인욕을 끊지 못하고 벼슬을 쫓아 아첨하는 사람들에 대해 탄식함
을 나타낸 것이라 할 수 있다. 이를 위하여 날씨의 프레임을 사용하고 있다. 이를
활성화하여 구체적으로 나타낸 것이 구름, 갠 날, 흐린 날이다. 구름은 이 시에서
는 거짓 선비를 상징하고 있다. 갠 날은 올곧은 선비를 취한 바른 조정의 때를
상징하고, 흐린 날은 올곧은 선비를 버린 그릇된 조정의 때를 상징한다. 1구에서
'취했다 버렸다 하는 세상 인정'이란 선비들을 필요로 할 때는 취했다가 자신들의
권력을 유지하는데 걸림돌이 되면 버리는 것이 벼슬아치들이 가진 세상 인정이
라는 것이다. 그리고 1구 뒷부분의 '나무라기에도 부족하지만'은 '취했다. 버렸다.'

하는 것은 권력에 눈이 어두운 사람들이 원래 하는 일이라 새삼 나무라는 것도 부족하다는 것이다. 2구에서 '구름마저 심히 아첨하여 바칠 줄 어찌 알았으랴?'하는 것은 구름을 의인화하면서 1구에서의 그런 사람들은 그렇다 치고 세상일에는 관심이 없는 양 자연 속에서 유유자적(悠悠自適)하던 너마저, 1구의 사람들처럼 그렇게 세상 인정에 아첨할 줄 몰랐다는 것이다. 그리고 3구에서 '먼저는 갠 날' 즉 올곧은 선비를 취하여 그래도 세상 인정이 바르게 되어 있을 때에는, 그런 곳에서는 버틸 수 없으니 벼슬에 뜻이 없는 양 그들을 피하여 벼슬길과는 먼 남쪽으로 내려 왔다간, 4구에서 다시 날 흐려질 때 즉 올곧은 선비가 버려지고 인욕을 쫓아 벼슬이나 차지하고자 하는 사람들로 가득 찬 조정이 되었을 때에는 얼른 힘 있는 자에게 아첨하여 벼슬을 찾아 벼슬길이 있는 북쪽으로 간다는 것이다.

이렇게 두고 보면 1구는 세상 인정 즉 당시 조정의 상황을 표현한 것이라 할 수 있겠고, 2구에서는 거짓된 선비의 모습을 잘못 알았다는 사실을 나타내고 있으며, 3구와 4구에서는 그 거짓 선비의 행동을 구체적으로 나타내고 있는데 3구에서는 갠 날에 보이는 거짓 선비의 행동과 4구에서는 흐린 날 보이는 거짓 선비의 행동을 구체적으로 나타내고 있다. 따라서 이 시 텍스트는 1구와 2, 3, 4구로 나누어 볼 수 있는데 1구는 당시 조정의 현실적 상황을 나타내고 2, 3, 4구는 거짓 선비의 행동을 나타내면서 인욕을 끊지 못하고 벼슬을 쫓아 아첨하는 사람들에 대해 탄식함을 나타내고 있다.

이 시에 쓰인 주요 시어(詩語)들이 상징하는 바를 살펴보면 다음과 같다.

구름은 이 시에서는 거짓 선비를 상징하고 있다. 갠 날은 올곧은 선비를 취한 바른 조정의 때를 상징하고, 흐린 날은 올곧은 선비를 버린 그릇된 조정의 때를 상징한다.

> 1구 세상 인정 – 조정의 벼슬아치 인정 ; 원래 그런 것이라 나무라기에도 부족하다.
>
> 2구 구름 – 거짓 선비 ; 그처럼 세상 인정에 아첨하여 바칠 줄 몰랐다.
>
> 3구 갠 날 – 선비를 취한 바른 조정의 때 ; 거짓 선비는 남쪽(벼슬과 먼 곳) 즉 세상 인정을 벗어나 자연 속으로 내려 옴.

4구 흐린 날 - 선비를 버린 그릇된 조정의 때 ; 다투어 얼른 북쪽(벼슬 길이 있는 곳) 즉 아첨하여 벼슬을 얻을 수 있는 곳으로 내 닫는다.

③ 정보성

이 시 텍스트에서 1구는 매우 일반적인 표현들이다. 텍스트의 자료들을 쉽게 예측할 수 있다. 시의 함축성을 가지고 있으나 잘 알려진 말들이기에 새로운 정보라 하기 어렵다. 1차 정보성을 가지고 있다. 2구에서도 잘 알려진 말들을 사용하고는 있으나 1구에 비하여 매우 함축적이다. 구름을 의인화시키고 있어 그 상징성을 찾기가 쉽지 않다. 1구의 정보성을 한 단계 끌어 올려 흥미를 더해 준다. 2구는 2차 정보성을 가진 것으로 볼 수 있다. 3구에서도 2구의 흥미성을 그대로 유지하고 있다. 갠 날, 남쪽은 잘 알려진 말들을 사용하고 있어 새로운 정보는 아니나 이도 그 상징적 의미를 발견하기가 쉽지 않다. 2차 정보성을 가지면서 2구의 흥미성을 그대로 유지시켜 준다. 3구에서도 마찬가지다. 3구의 갠 날과 4구의 흐린 날을 대비시키고, 3구의 남쪽과 4구의 북쪽을 대비시키면서 정보성을 그대로 유지하고 있다. 이도 2차 정보성을 가지고 있다 하겠다. 그러면서 의의의 연속성을 이루어 텍스트 상호간의 연쇄를 꾀하고 있다.

④ 결속 구조

이 시 텍스트의 형식은 칠언절구(七言絶句)이다. 1구 끝 '誅', 2구 끝 '諛'와 4구 끝 '趨'로써 운을 맞추어 텍스트의 연쇄를 이루고 있다. 이 시는 뜻으로 보아 두 개의 월로 이루어진다. 1, 2구와 3, 4구가 각각 하나의 월이다.

첫째 월 ; 取舍人情不足誅 寧知雲亦獻深諛(취했다 버렸다 하는 세상 인정 나무라기에도 부족하지만, 구름마저 심히 아첨하여 바칠 줄 어찌 알았으랴)?

(52)

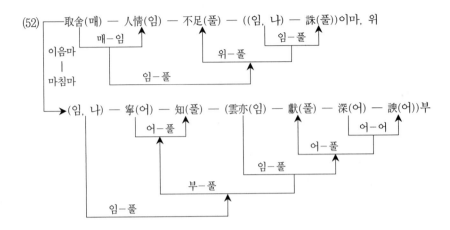

참고 : 取舍(취했다 버렸다), 人情(세상 인정), 不足(부족하다), 誅(나무라다)
寧(어찌), 知(알다), (雲亦(구름마저), 獻(바치다), 深(심히), 諛(아첨하다)

둘째 월 : 先乘霽日爭南下 却向陰時競北趨(먼저는 갠 날을 틈 타 다투어 남쪽으로 내려 왔다가 다시 날 흐
려질 때에는 다투어 북쪽으로 내달으니)'

(53)

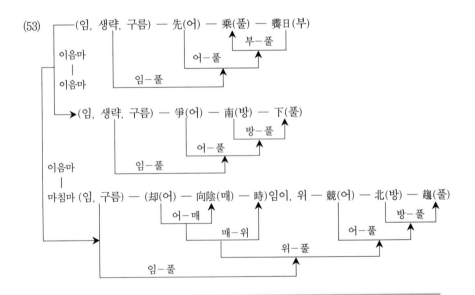

참고 : 先(먼저), 乘(틈타다), 霽日(갠 날)
爭(다투다), 南(남쪽), 下(내려오다)
却(다시), 向陰(날 흐려지다), 時(때), 競(다투다), 北(북쪽), 趨(내닫다)

⑤ 결속성

이 시 텍스트는 1, 2구와 3, 4구, 두 개의 월로 되어 있다. 두 개의 월이 네 개의 구로 나누어져 있는데 각 구의 속뜻을 살펴보면 1구는 세상 인정 즉 당시 조정의 상황을 표현한 것이라 할 수 있겠고, 2구에서는 거짓된 선비의 모습을 잘못 알았다는 사실을 나타내고 있으며, 3구와 4구에서는 그 거짓 선비의 행동을 구체적으로 나타내고 있는데 3구에서는 갠 날에 보이는 거짓 선비의 행동과 4구에서는 흐린 날 보이는 거짓 선비의 행동을 구체적으로 나타내고 있다. 따라서 이 시 텍스트는 1구와 2, 3, 4구로 나누어 볼 수 있는데 1구는 당시 조정의 현실적 상황을 나타내고 2, 3, 4구는 거짓 선비의 행동을 나타내면서 인욕을 끊지 못하고 벼슬을 쫓아 아첨하는 사람들에 대해 탄식함을 나타내고 있다. 이러한 관점에서 시 텍스트의 제어 중심(control centre)을 살펴보면 '〈人情(세상 인정)〉대상 → 〈誅(나무라다)〉움직임'이다. 이는 1차 개념이다.

(54) 거시 구조 1

1차 개념

〈人情(세상 인정)〉대상 ──────→ 〈誅(나무라다)〉움직임

(55) 거시 구조 2

1차 개념에서 움직임의 대상을 구체화 시킨 것이 2차 개념이다. '〈誅(나무라다)〉'의 대상이 구체화 된 것이 〈雲亦(구름)〉이다. 구름이 한 움직임은 〈諛(아첨)〉이다.

2차 개념

〈人情〉대상 ──────→ 〈誅〉움직임
           └──────→ 〈雲亦〉대상 ──────→ 〈諛〉움직임

(56) 거시 구조 3

2차 개념에서 〈雲亦(구름)〉 → 〈諛(아첨)〉의 사례가 3차 개념이다. 〈霽日(갠 날)〉은 〈南

下(남쪽으로 내려오고)〉, 〈陰時(날흐릴 때)〉는 〈北趨(북쪽으로 내닫는다)〉이다. 이 둘은 대립 구조를 가지고 있다.

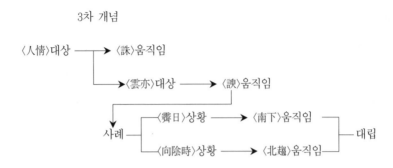

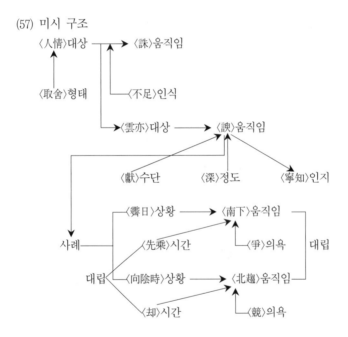

⑥ 시 해석

(1) 선비들을 필요로 할 때는 취했다가 자신들의 권력을 유지하는데 걸림돌이 되면 버리는 것은 권력에 눈이 어두운 조정 벼슬아치들이 원래 하는 일이라 새삼 나무라는 것도 부족하지만

(2) 그래 그런 사람들은 그렇다 치고 세상일에는 관심이 없는 양 자연 속에서 유유자적(悠悠自適)하던 유일(遺逸)의 선비, 너(구름)마저 조정 벼슬아치들처럼 권

력을 쫓아 심히 아첨하여 바칠 줄 내 어찌 알았겠는가?

(3) 너 하는 짓을 보니 조정에 그래도 올곧은 선비들이 있을 때에는 버틸 수 없으니 벼슬에 뜻이 없는 양 그들을 피하여 벼슬길과는 먼 남쪽으로 내려 왔다간

(4) 조정에 올곧은 선비가 물러나고, 인욕을 쫓아 벼슬이나 차지하고자 하는 사람들로 가득 찬 세상이 되었을 때에는 너도 얼른 세상에 아첨하며 벼슬을 찾아 북쪽으로 가는구나.

이상 세 편의 시에 나타난 사실을 두고 살펴보면 남명은 1) 인욕을 끊지 못하고 벼슬을 쫓아 아첨하는 사람들에 대해 탄식하면서(護成, 되는대로 이룸) 2) 인욕으로 더러운 것들이 생긴다면 이를 씻어 늘 청징(淸澄)한 마음 상태를 유지함으로 인욕을 끊고(浴川, 냇물에 목욕하고서) 3) 그리하여 본성을 회복함으로 천리를 보존해야함(地雷吟, 복괘를 두고 읊음)을 분명히 하고 있다.

(4) 자연과의 조화와 은일락도(隱逸樂道)

남명은 위에서 살폈듯이 인욕을 끊고 본성을 회복하여 천리를 보존해야 함을 분명히 하는데 이를 위하여 남명은 자연과 조화를 이루며 은일락도의 생활을 추구한다. 이에 대하여 살펴본다.

山中卽事	산 속에서 즉흥적으로 읊음
從前六十天曾假	이전의 육십 년은 일찍이 하늘이 빌려 준 것이고,
此後雲山地借之	앞으로 구름 낀 산에서 사는 건 땅이 빌려 준 거라네.
猶是窮塗還有路	막다른 길에도 또다시 길 있나니,
却尋幽逕採薇歸	그윽한 오솔길을 찾아 고사리 캐어 돌아온다네.

① 상황성

이 시는 남명이 예순한 살(1961년)에 합천 삼가에서 지리산 밑 덕산으로 거처를 옮긴 후에 지은 것이다. 글쓴이는 남명의 생애를 네 시기로 구분하였다.[110] 제 1기는 한양에서의 수학기(修學期, 1–29살), 제 2기는 산해정 시대(30–45살), 제 3기는 뇌룡

---

110) 조일규(2013) '남명 조식의 생애 연구' 참조

정 시대(46-60살), 제 4기는 산천재 시대(61-72)이다. 제 1기에서는 과거에 뜻을 두고 세상 쓰임에 응하는 공부를 하다가 제 2기에서는 실리(實利)를 위한 공부를 접고 위기지학(爲己之學)에 뜻을 두게 된다. 제 3기에서는 처가 곳에서의 생활을 접고 본가에서의 생활을 하면서 이곳에서 뇌룡정(雷龍亭)을 짓고 많은 제자들을 받아들여 가르치게 된다. 뇌룡정이라 이름한 것은 초야에 은거하면서 도를 추구하겠다는 의지를 새롭게 다짐하는 의미에서 붙여진 것으로 보인다(최석기, 1991, 73). 이러는 데에는 1545년 일어난 을사사화의 영향이 크다. 이 사화로 말미암아 남명과 친하게 지내던 성우(成遇)와 이림(李霖), 곽순(郭珣), 송인수(宋麟壽)가 화를 입어 이를 주도한 성렬대비(문정왕후)와 윤원형, 이기 등을 비롯한 조정과 이들이 행하는 정치 현실에 환멸을 느끼고 새로운 의지를 다짐하게 된 것이다. 그리고 육십 갑년을 다 지난 지금, 마음으로는 이 땅에서의 삶을 정리하면서 늘 그리던 지리산 아래 덕산으로 삶의 터전을 옮기게 된다. 이곳에서 본격적으로 제자들을 가르치면서 제 4기의 산천재 시대를 열어간 것이다. '山中卽事(산 속에서 즉흥적으로 읊음)'는 이 시기에 지은 것이다.

② 의도성과 용인성

이 시 텍스트는 자연 속에서 자연과 조화를 이루며 은일락도(隱逸樂道)하고자 하는 선비의 모습을 나타낸 시이다.

1구의 '從前六十天曾假(이전의 육십 년은 일찍이 하늘이 빌려 준 것이고)'는 남명이 덕산으로 오기 전의 삶에 대한 표현이다. 2구에서는 하늘이 준 육십 년을 정리하고 이제는 구름 낀 지리산자락에서 자연과 더불어 산다는 것인데, 이는 하늘이 준 천수(天壽)는 다 누렸고, 이제는 땅이 더하여 주는 삶이기에 자연과 함께 고사리 캐며 살겠다는 것이다. 삶의 갈림길이다. 3구는 이 삶의 갈림길에 대한 표현이다. '막다른 길'이라는 것은 천수(天壽)를 다 누린 막다른 길이요, '또다시 있는 길'은 땅이 더하여 주는 삶의 길이다. 그리고 이 길에서는 지금까지와는 또 다른 삶을 살겠다는 의지를 보이는데 이는 4구의 '그윽한 오솔길을 찾아 고사리를 캐어 돌아오는' 일이다. 이러한 삶을 표현하고자 하는 시이다.

③ 정보성

이전의 육십 년이란 텍스트 자료를 육십갑자(甲子)와 연결시켜 예측하는 것은 그리 어렵지 않은 일이다. 예측 가능한 정보이다. 그리고 육십갑자(甲子)가 천간(天干)과 지지(地支)의 결합으로 이루어지고 이를 1구에서는 천간(天干)과 연결시켜 하늘이 빌려 준 것이라 하고 2구에서는 지지(地支)와 연결시켜 땅이 빌려 준 것이라 하는데 이들까지 연결시키는 것은 쉽지 않으나 텍스트에서 사용되고 있는 정보는 매우 일반적이다. 따라서 1구와 2구를 정보의 일반성으로 보아 이 글에서는 1차 정보성을 가진 텍스트 자료로 보아 둔다. 3구에서 이전 육십의 끝 년을 막다른 길이라 하고 다시 시작하는 회갑 년(回甲年)을 또 다시 시작하는 길이라 하는 것은 예측이 쉽지만은 않은 정보이다. 1차 정보를 끌어올린 2차 정보이다. 4구에서 새로운 이 길에서는 자연과 더불어 살겠다는 뜻을 중국 사기(史記) '백이열전(伯夷列傳)'에 나오는 '백이(伯夷)와 숙제(叔齊)'의 고사를 들어 표현하고 있는데 이 고사를 알 지 못하면 예측이 쉽지 않다. 그러나 이 고사는 많이 알려져 있어 전혀 예측할 수 없는 것은 아니다. 이도 2차 정보성을 가지는 정보이다. 3구에서의 2차 정보성을 그대로 유지하면서 의의의 연속성을 꾀하고 있다.

④ 상호텍스트성

4구의 '고사리 캐어 돌아온다.'는 상호텍스트성이 나타난 것으로 이는 '사기(史記) 권61, 백이열전(伯夷列傳)'에 나타나는 백이(伯夷)와 숙제(叔齊) 텍스트의 인유다.

백이, 숙제에 관한 사기(史記)의 기록을 살펴보면 다음과 같다.

> 백이와 숙제는 고죽군의 아들이다. 아버지가 숙제를 후계로 세우려고 했지만, 아버지가 죽자 숙제는 백이에게 양보하였다. 백이가 '아버지의 명령이다.'라고 말하고는 마침내 도망하여 떠나버렸다. 숙제 역시 즉위하지 않으려 하여 나라의 사람들은 가운데 아들을 세웠다. 이때에 백이와 숙제는 서백 희창이 노인을 잘 공경한다는 소리를 듣고서 함께 그곳으로 갔다. 그러나 막상 도착하였을 때, 서백은 죽었고 아들인 무왕이 나무로 만든 부왕의 신주를 싣고 문왕이라 칭하며 동쪽으로 은의 주(紂)를 벌하려고 하였다. 백이와 숙제는 말을 두드리며 간하기를 '부모가 돌아가셨는데 장례는 치르지 않고 이내 전쟁을 일으키는 것을 가히 효라고 말할 수 있습니까? 신하로서 주군을 시해하는 것을 가히 인이라 말할 수 있습니까?'라고 하였다.… 무왕이 이윽고 은의 난리를 평정하고 나니, 천하가 모두 주나라를 종실로 받들었지만, 그러나 백이, 숙제는 그를 부끄럽게 여기고 의에 따라 주의 곡식을 먹지 않고, 수양산에 은거하여 고사리를 캐 먹으며 살았다.…

이러한 사실을 두고 보면 위 시에서 '그윽한 오솔길을 찾아 고사리 캐어 돌아온다.'는 것은 자연 속에서, 백이, 숙제와 같이 고사리 등을 캐면서 자연과 더불어 도를 즐기겠다는 뜻이 담겨 있다 하겠다.

⑤ 결속 구조

이 시 텍스트의 형식은 칠언절구(七言絶句)이다. 1구의 끝 '假'와 2구의 끝 '之', 4구의 끝 '歸'로써 운을 맞추어 텍스트의 연쇄를 이루고 있다. '假'는 통운(通韻)이다. 이 시는 뜻으로 보아 두 개의 월로 이루어져 있다. 1, 2구가 하나의 월이고 3, 4구가 하나의 월이다.

첫째 월 ; 從前六十天曾假 此後雲山地借之(이전의 육십 년은 일찍이 하늘이 빌려 준 것이고 앞으로 구름 낀 산에서 사는 건 땅이 빌려 준 거라네)

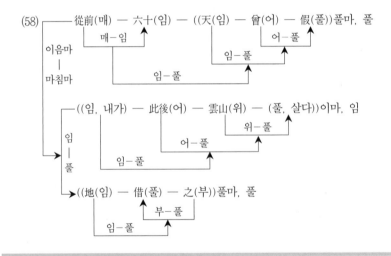

참고 : 從前(이전), 六十(육십 년), 天(하늘), 曾(일찍이), 假(빌려주다)
此後(앞으로), 雲山(구름낀 산)
地(땅), 借(빌려주다), 之(허사)

둘째 월 ; '猶是窮途還有路 却尋幽逕採薇歸(역시 이 막다른 길에도 또다시 길 있나니, 마침내 그윽한 오솔길을 찾아 고사리 캐어 돌아온다네)

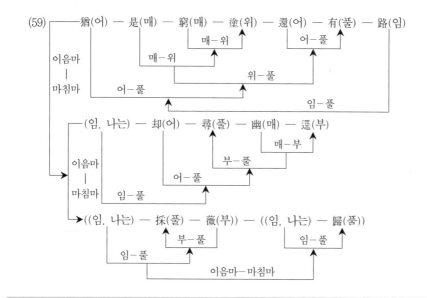

참고 : 猶(역시), 是(이것), 窮(막다르다), 塗(길), 還(또다시), 有(있다), 路(길)
却(마침내), 尋(찾다), 幽(그윽하다), 逕(오솔길)
採(캐다), 薇(고사리), 歸(돌아오다)

⑥ 결속성

내용으로 보면 1구와 2구가 과거와 현재의 대립을 이루고 있다. 1구에서 '從前六十(이전의 육십 년)'은 과거의 삶이고, '此後雲山(앞으로 구름 낀 산에서 사는 것)'은 현재부터의 삶이다. 과거와 현재를 이어 주는 것은 3구의 길이다. 과거의 길은 '窮塗(막다른 길)'였고, 현재의 길은 '還有路(또다시 있는 길)'이다. '還有路(또다시 있는 길)'에서 남명은 새로운 삶을 시작한다. 삶의 방식을 바꾸어 사연과의 조화를 이루는 삶이다. 남명에 있어서의 자연과의 조화는 자아 성찰을 통하여 인욕을 끊고 천리를 보존하여 도를 이루는 구체화된 모습이다. '길'을 활성화하여 1, 2구와 3, 4구를 이어 텍스트 간의 의의의 연속성을 꾀하고 있다. 이 길은 과거와 현재의 삶을 이어주는 길이며 세상 밖에서 자연 속으로 들어오는 조화의 길이다. 여기에서 남명은 '採薇(고사리 캐다)'하며 살겠다는 것이다. 이러한 관점에서 이 시 텍스트의 결속성을 살펴보면 이 시 텍스트의 제어 중심(control centre)은 '〈내가〉주체 → 〈산다〉움직임'이다. 이는 1차 개념이다.

(60) 거시 구조 1

1차 개념

〈내가〉주체 ──────▶ 〈산다〉움직임

(61) 거시 구조 2

1차 개념에서 움직임의 수단을 나타낸 것이 2차 개념이다. 과거의 삶은 '天曾假(하늘이 일찍이 빌려 준 것)' 한 것이고 현재의 삶은 '地借之(땅이 빌려 준 것)' 한 것이다. 이것이 2차 개념이다.

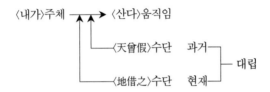

(62) 거시 구조 3

2차 개념에서 그 상황을 나타낸 것이 3차 개념이다. 과거의 삶은 '窮塗(막다른 길)'이고, 현재의 삶은 '還有路(또다시 있는 길)'이다. '還有路(또다시 있는 길)'에서의 구체적 모습은 '採薇歸(고사리 캐어 돌아온다)' 하는 것이다. 이것이 3차 개념이다.

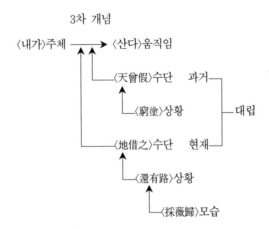

(63) 미시 구조

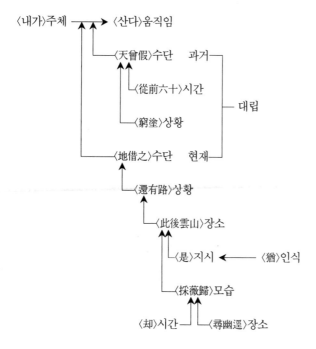

⑦ 시 해석

(1) 내가 지리산을 찾아 덕산으로 오기 이전의 육십 년은 일찍이 하늘이 빌려
준 천수를 누린 것이고,

(2) 이제 천수를 다 누렸으니 앞으로 얼마나 더 살지는 모르겠으나 땅이 더하
여 준 삶은 구름 낀 지리산자락에서 자연과 더불어 살아갈 것이다.

(3) 천수를 다 누린 이 막다른 길에도 또다시 땅이 준 새로운 삶의 길이 있나니,

(4) 이제 새로운 길에서도 아무 욕심 없이 자연과 더불어 고사리나 캐면서 백
이, 숙제처럼 은거하여 도를 즐기며 살아가련다.

이처럼 남명은 자연 속에서 자연과 조화를 이루며 아무 욕심 없이 도를 즐기며
살기를 원하였다. 다음의 시 '遊女陰玉山洞(안음 옥산동에서 놀며)'에서도 남명의 이러한
모습을 찾을 수 있다.

遊安陰玉山洞
白石雲千面
靑蘿織萬機
莫敎摸寫盡
來歲採薇歸

안음 옥산동에서 놀며
하얀 바위는 구름같은 천 가지 모습,
푸른 넝쿨은 만 개의 베틀로 짠 듯.
다 묘사하여 전해주지 말게나.
장차 고사리 캐러 돌아올테니.

① 상황성

이 시 텍스트는 남명이 예순여섯 살 되었을 적에 친구 갈천(葛川, 임훈의 호, 1500–1584)과 옥계(玉溪, 노진의 호, 1518–1578), 개암(介庵, 강익의 호, 1523–1567) 등과 함께 3월에 안음111) 삼동을 유람하면서 아름답기로 이름난 화림동, 일명 옥산동 비단내(錦川)을 바라보면서 지은 것이다. 비단내(錦川)는 물이 바위를 타고 내려가는 모습이 비단처럼 아름답다하여 이름 붙여진 곳이다. 남명은 이곳을 유람하기 전, 제자와 그곳 많은 선비들이 모인 가운데 심·성·정(心性情)의 분변에 대해 강론하시고 이튿날 갈천(葛川)에게 '지난 번 여기 왔을 때 삼동(三洞)의 경치가 빼어나다고 말하는 사람들이 많아 마음에 잊지 못하고 있었소.'라고 말하자 갈천(葛川)이 '나도 또한 흥취가 적지 않소.' 하고 답하여 함께 유람하게 된 것이다(남명선생편년, 2011, 89). 여기에서 남명이 지난 번 왔을 때를 말하는 것은 삼 년 전 갈천(葛川)이 상(喪)을 당하여 찾아 위문하였을 때를 말하는 것이다. 위문할 때 어떤 사람이 '삼동(三洞)의 산수가 맑고 아름다워 구경할 만 하다.'고 하자 남명은 '이번 걸음은 오로지 주인을 위로하기 위해서이니, 다른 날 그와 함께 유람하여도 늦지 않을 것이다.' 하였다(남명선생편년, 2011, 80). 이리하여 남명은 친구 갈천(葛川)과 제자로 여겨지는 옥계(玉溪), 개암(介庵)과 함께 원학동(猿鶴洞)에서 장수동(長水洞)을 거쳐 옥산동(玉山洞)까지 갔다가 갈천정사(葛川精舍)에 모여 하루를 더 묵고 돌아갔다. 남명은 유람하면서 오언절구(五言絕句) 1수, 칠언절구(七言絕句) 2수를 지었는데 이 시 텍스트는 그 중 한 수인 오언절구(五言絕句)이다.

② 의도성과 용인성

이 시 텍스트는 자연의 아름다움을 노래하면서 그 속에서 은일락도(隱逸樂道)하고

---

111) 안음은 경상남도 안의(安義)의 옛 이름이다. 안의면에서 산수가 가장 빼어난 세 곳을 안의 삼동이라 하는데 화림동(花林洞), 심진동(尋眞洞), 원학동(猿鶴洞)이다. 화림동을 일명 옥산동(玉山洞)이라 한다.

자 하는 선비의 마음을 드러낸 시이다.

1, 2구는 옥산동의 산수를 노래한 것이다. 1구의 '白石雲千面(하얀 바위는 구름처럼 천 가지 모습)'은 남덕유산에서 발원한 물줄기가 바위와 바위 사이를 구비구비 아름답게 돌아드는 다양한 모습을 그린 것이고, 2구의 '靑蘿織萬機(푸른 넝쿨은 만 개의 베틀로 짠 듯)'는 '비단내(錦川)'의 이름을 생각하면서 푸른 넝쿨이 산수(山水)와 어울려 수많은 베틀이 비단을 짜 놓은 듯 한 모습을 하고 있다는 표현이다. 그리고 3구의 '莫敎摸寫盡(다 묘사하여 전해주지 말게나.)'에서는 1, 2구의 이러한 자연에 몰입하여 가지는 남명 자신과 자연과의 교섭 상태(정우락, 1987, 162)를 나타내면서 4구의 '來歲採薇歸(장차 고사리 캐러 돌아올테니.)'에서는 자신이 은일낙도(隱逸樂道)의 삶을 표현하고 있다. 4구의 '고사리'는 앞의 시 '山中卽事(산 속에서 즉흥적으로 읊음)'에서도 살폈듯이 이는 '백이(伯夷)와 숙제(叔齊)' 텍스트의 인유다. '고사리 캐러 돌아온다'는 여기에서도 자연 속에 은거하여 자연과 조화를 이루며 도를 즐기겠다는 뜻이 담겨 있다.

③ 정보성

1구의 '白石(하얀 바위)'은 물줄기가 바위와 바위 사이, 그리고 넓고 큰 바위 위를 흘러가면서 바위와 부딪쳐 일어나는 물방울이 하얗게 보인 것을 표현한 것이다. 이것이 넓고 길게 이어지면서 '雲千面(하얀 구름처럼 천 가지 모습)'을 하고 있다는 것이다. 보고 느낀 그대로의 표현이다. 어렵게 예측될 수 있는 정보는 아니다. 이는 1차 정보성을 가졌다 하겠다. 2구는 비단내(錦川)와 연결지어 푸른 물 흘러가는 靑蘿(푸른 넝쿨)가 하얀 바위와 어우러진 모습의 방대함을 '織萬機(만 개의 베틀로 짠 듯)' 하다 하니 비단내를 생각하지 않고는 그 연결이 쉽지 않다. 1구의 1차 정보성을 2차 정보성으로 끌어 올려 흥미를 더 한다. 3구에서, 이 아름다움을 다 묘사하여 나에게 전해주지 말라고 하는 것은 깊은 뜻을 가지기는 하나 그 정보가 일반적이다. 1차 정보성을 가진다. 4구에 가서는 다시 정보성을 끌어 올린다. '來歲採薇歸(장차 고사리 캐러 돌아올테니.)'는 '백이(伯夷)와 숙제(叔齊)'의 고사를 들어 표현하고 있는 것으로 이는 2차 정보성을 가지는 정보다. 전체적으로 2차 정보성을 유지케 함으로써 의의의 연속성을 꾀하면서 흥미를 더한다.

④ 상호텍스트성

4구의 '來歲採薇歸(장차 고사리 캐러 돌아올테니.)'는 앞의 시 '山中卽事(산 속에서 즉흥적으로 읊음)'에서 살핀 중국 '사기(史記) 권61, 백이열전(伯夷列傳)'에 나타나는 백이(伯夷)와 숙제(叔齊) 텍스트의 인유와 같다. 여기서도 자연 속에서, 백이, 숙제와 같이 고사리 등을 캐면서 자연과 더불어 도를 즐기겠다는 뜻이 담겨 있다 하겠다.

⑤ 결속 구조

이 시 텍스트의 형식은 오언절구(五言絶句)이다. 2구 끝 '機'와 4구의 끝 '歸'로써 운을 맞추어 텍스트의 형식상 연쇄를 이루고 있다. 이 시는 뜻으로 보아 두 개의 월로 이루어져 있다. 하나는 1, 2구의 '白石雲千面 靑蘿織萬機(하얀 바위는 구름같은 천 가지 모습. 푸른 넝쿨은 만개의 베틀로 짠 듯)'이고 다른 하나는 3, 4구의 '莫敎摸寫盡 來歲採薇歸(다 묘사하여 전해주지 말게나 장차 고사리 캐러 돌아올테니.)'이다. 이는 3구와 4구가 자리바꿈을 하고 있다. '來歲採薇歸 莫敎摸寫盡(장차 고사리 캐러 돌아올테니 다 묘사하여 전해주지 말게나.)'을 '莫敎摸寫盡 來歲採薇歸(다 묘사하여 전해주지 말게나 장차 고사리 캐러 돌아올테니.)'로 바꾸고 있다. 그리고 3구에서도 마디 '莫敎(전해주지 말게나)'와 '摸寫盡(다 묘사하여)'이 자리바꿈을 하고 있다.

첫째 월 ; 白石雲千面 靑蘿織萬機(하얀 바위는 구름같은 천 가지 모습. 푸른 넝쿨은 만개의 베틀로 짠 듯(하다)).

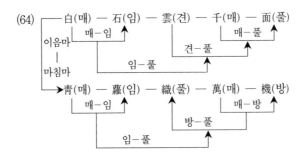

참고 : 白(희다), 石(바위), 雲(구름같다), 千(천 가지), 面(모습이다)
　　　靑(푸르다), 蘿(넝쿨), 織(짜다), 萬(만 개), 機(베틀)

둘째 월 : 莫敎摸寫盡 來歲採薇歸(다 묘사하여 전해주지 말게나. 장차 고사리 캐러 돌아올테니)

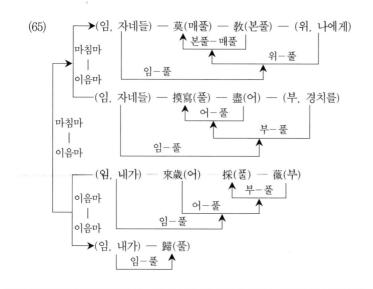

참고 : 莫(말다), 敎(전해주다)
      摸寫(묘사하다), 盡(다)
      來歲(장차), 採(캐다), 薇(고사리)
      歸(돌아오다)

⑥ 결속성

내용으로 보면 1, 2구와 3, 4구로 나누어 볼 수 있다. 1, 2구는 자연을 객관적으로 바라본 모습이고, 3, 4구는 객관적인 자연 속으로 자신을 몰입시킴으로써 자연과의 교섭 상태를 이루어 자연과 조화를 이루는 구조로 되어 있다. 이렇듯 자연과 나와의 관계에서 보면 이 시는 자연과의 교섭, 조화의 구조를 가지고 있다. 시간으로 보면 1, 2, 3구는 현재의 시간이고 4구는 미래의 시간이니 1, 2, 3구와 4구가 서로 시간으로 대립하는 구조를 가진다. 3, 4구에서는 자리바꿈을 사용하고 있다. '장차 고사리 캐러 돌아올 테니, 지금 다 묘사하지 말도록 하라.'는 것이다. 그리고 1, 2구와 3, 4구는 의의의 불연속성을 이루는데 이는 '고사리' 프레임의 활성화를 통하여 텍스트 사이에 의의의 연속성을 꾀하고 있다. 이러한 관점에서 이 시 텍스트의 결속성을 살펴보면 이 시 텍스트의 제어 중심(control centre)은 '〈摸寫(묘사한 것)〉 대상 → 〈莫敎(전해주지 말라.)〉 움직임'이다. 이는 1차 개념이다.

(66) 거시 구조 1

1차 개념

〈摸寫(묘사한 것)〉대상 ──────▶ 〈莫教(전해주지 말라.)〉움직임

(67) 거시 구조 2

1차 개념에서 〈摸寫(묘사한 것)〉의 내용과 〈莫教(전해주지 말라.)〉의 까닭이 2차 개념이다. 〈摸寫〉의 내용이 1구에서는 〈白石千面(하얀 바위는 천 가지 모습)〉이고 2구에서는 〈青蘿織萬機(푸른 넝쿨은 만 개의 베틀로 짠 듯)〉이다. 그리고 〈莫教〉의 까닭은 4구에 나타나는데 그 까닭이 〈來歲採薇歸(장차 고사리 캐러 돌아올테니.)〉이다.

2차 개념

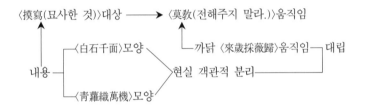

(68) 미시 구조

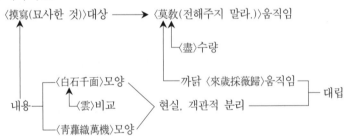

⑦ 시 해석

(1) 남덕유산에서 발원한 물줄기가 옥산동 비단내에 이르러 바위와 바위 사이를 아름답게 돌아드는 모습이 구름처럼 다양하여 천 가지 모습을 하고 있고,

(2) 푸른 넝쿨은 산수와 잘 어울려 만 개의 베틀로 짜 널어놓은 비단처럼 아름답구나.

(3) 이렇듯 산수가 아름다워 우리의 마음이 그 속에 완전히 **빠져들어도** 자네들 다 묘사하여 내게 전해주지 말게나.

(4) 장차 나는 이 곳 자연 속에서 모든 욕심 다 버리고 고사리나 캐면서. 백이, 숙제처럼 은거하여 도를 즐기며 살아 갈 테니.

여기서도 남명은 자연 속에서 자연과 조화를 이루며 아무 욕심 없이 도를 즐기며 살기를 원하였다. 이러한 사실은 남명의 시 곳곳에 나타나는데 '遊女陰玉山洞 又(안음 옥산동에서 놀며 다시 한 수)'에서는 또 다른, 남명의 이러한 모습을 살필 수 있다.

又	다시 한 수
春風三月武陵還	봄바람 이는 삼월 무릉도원에 돌아오니,
霽色中流水面寬	개인 하늘빛 속에 흐르는 물 수면도 넓구나.
不是一遊非分事	이렇게 한 번 노는 것 내 분수에 넘치는 일은 아니라도,
一遊人世亦應難	인간 세상에서는 한 번 놀기도 응당 어려우리.

① 상황성

이 시 텍스트는 위에서 살핀 시 遊女陰玉山洞(안음 옥산동에서 놀며)과 상황성이 같다. 남명이 친구 갈천(葛川)과 제자로 보이는 옥계(玉溪), 개암(介庵) 등과 함께 안음 삼동을 유람하면서 지은 시 3수(오언절구 1수 −遊女陰玉山洞−, 칠언절구 2수) 중 두 번째의 것이다.

여기서도 1, 2구는 옥산동의 산수를 노래한 것인데 여기서는 산수의 아름다움과 자연 속에서의 즐거움을 무릉도원(武陵桃源)에서 노는 것으로 표현하고 있다.

② 의도성과 용인성

이 시는 현실 세계에 도를 펼쳐 도가 이루어지기를 바라나 그것이 어려워 자연과 더불어 은일락도하는 선비의 모습을 자연의 아름다움과 함께 그려낸 시이다.

남명은 1구에서 친구, 제자와 함께 안음 옥산동에서 노는 것을 현실 세상과는 구별되는 낙도의 세상인 무릉도원에 돌아와 노는 것이라 하였다. '봄바람 이는 삼월'은 남명이 안음 옥산동을 찾은 때가 3월 봄이었기에 이를 표현한 것이다. 1구의 '봄바람 이는 삼월 무릉도원에 돌아오니'는 '삼월 봄바람 속에 현실 세상과 구별되는, 낙도의 세상인 무릉도원에 돌아오니' 하고 헤아릴 수 있다. 남명의 낙도의 세계가 자연을 통하여 나타나고 있음을 볼 수 있다. 2구는 도화원기(桃花源記) 텍스트에 나타난 무릉도원과 같은 옥산동의 모습이다. 3구에서 남명은 이것이 내 분수에 넘치는 일은 아닌가 하고 생각해 본다. 남명의 안분(安分) 사상이 나타난다. 안분 사상은 분수에 맞게 편안하고자 하는 사상인데 이는 유가(儒家) 정신의 출발점이기도 하다. 유가 정신은 그 출발점에서부터 즐거움(樂)의 문제와 밀접한 관련을 가지는데 논어 술이편(述而編)에 나타나는 '나물 밥 먹고 물 마시며 팔을 굽혀 베더라도 즐거움이 또한 그 속에 있다.(子曰, 飯蔬食飮水, 曲肱而枕之, 樂亦在其中矣)'도 어려운 가운데서도 안분하는 태도가 있으면 즐거움이 또한 그 속에 있다는 것이니 즐거움은 안분하는 태도의 바탕 위에서 이루어짐을 알 수 있다. 안분 사상은 유가의 실천적 삶을 살아온 남명의 마음속에 깊이 뿌리 박혀 있었다. 이러한 사실은 남명이 노수민(盧秀民)의 묘지명에 '한결같이 곤궁하게 살면서도 자식에게 시와 예를 가르쳐 유독 안분의 도를 남겨 주었다.(남명집, 2012, 302)'며 칭송한 것을 보아도 알 수 있다.

이렇듯 안분사상은 남명의 인식 속에 깊이 자리 잡고 있었는데 1구와 2구의 무릉도원에서와 같은 하루가 3구에서는 혹시나 내 분수에 넘치는 것은 아닌가 하고 되돌아보고 있다. 무릉도원과 같은 곳에서 이렇게 한 번 노는 것은 내 분수에 넘치는 일은 아니라 한다. 그러면서 남명은 선비로서의 자신이 이 사회의 현실 속에서는 어떠한가를 생각해 본다. 무릉도원과 같은 자연 속에서 노는 것과 선비로서 사회 현실 속에서 큰 일 하고자 하는 것이 마음에서 겹쳐지면서 이 세상에 도가 널리 펼쳐져 있다면 선비로서 이러한 세상에서 한 번 정도 큰 일을 하는 것이 분수에 넘치는 것은 아닌데도 4구에서는 현실 속 '인간 세상에서는 이렇게 한 번 큰 일 하기가 응당 어렵다.'는 것이다. 즉 현실 세계에 도가 시행될 때 나아가 자신이 가진 지성(至聖)의 도를 펼쳐 천하에 큰 일을 이룰 수 있겠으나 끝내, 때가 이르지 않아 은일낙도하고 있으니 '인간 세상에서는 한 번 놀기도 응당 어렵다.'는 것이다.

③ 정보성

1구의 '春風三月(삼월 봄바람)'은 들을이가 쉽게 예측할 수 있는 정보이나 '武陵還(무릉도원에 돌아온다)'은 도화원기(桃花源記) 텍스트를 알지 못하고서는 예측하기 어렵다. 도화원기(桃花源記) 텍스트는 일반에도 어느 정도 알려진 정보로 이는 2차 정보성을 가진다. 2구는 자연 속에서 보고 느낀 그대로의 정보성을 가지고 있다. 예측할 수 있는 일반적 정보이다. 1차 정보성을 가진다. 1구의 2차 정보성이 2구에서는 한 단계 내려지고 있다. 3구의 '一遊(한 번 노는 겠)'는 두 가지가 겹쳐 있다. 하나는 1, 2구에서 처럼 자연 속에서 노는 것이고 다른 하나는 현실 세계에 도가 시행될 때 나아가 자신이 가진 지성(至聖)의 도를 펼쳐 천하에 큰 일을 이루는 것이다. 이 두 가지가 내 분수에 넘치는 것이 아니라는 것이다. 4구가 아니면 뒤의 뜻을 예측하기가 일반적이지 않다. 2차 정보성을 가진다. 4구는 3구와 연결되어 2차 정보성을 유지하면서 의의의 연속성을 꾀하고 있다.

④ 상호텍스트성

1구의 무릉도원은 도연명집(陶淵明集)에 수록된 도화원기(桃花源記) 텍스트의 인유다. 상호텍스트성을 갖는다. 이를 살펴보면 다음과 같다.

진(晉)의 태원(太原, 孝武帝) 때, 무릉(武陵=湖南省)에 한 어부가 있었다. 어느 날 고기를 잡으러 강을 따라 자꾸 올라갔다가 복사꽃의 숲을 만났다. 수백 정보나 되는 넓은 숲인데 잡목은 하나도 없고 복숭아나무만이 감미로운 향기를 풍기고 있었다. "아니, 이 근방에 이런 곳이 있었던가? 그런데, 어찌하여 아직껏 세상 사람에게 알려지지 않았던고?"

어부는 다소 의아해 하면서 아름다움에 끌려 자꾸 들어갔더니 물줄기가 다하는 곳에 산이 나오고, 산에는 작은 굴이 있었다. 희미한 빛이 있기에 수십 보 들어가니 환해지며 평평한 땅에 집들이 늘어섰고 전답과 일하는 사람들이 보였다.

어부를 본 그들은 환대하면서 이야기하였다. "우리 조상은 진(秦)나라의 혼란을 피해 이 절경(絕景)에 들어온 후 한 번도 세상에 나가 보지 못했습니다. 지금 세상은 어떠한가요?" 어부는 한(漢), 위(魏) 등에 관한 이야기를 해주며 4-5일 푸짐한 대접을 받고 돌아왔다.

그는 다시 찾아가리라 하고 도중에 군데군데 표시를 해두며 돌아와 태수에게 모든 것을 고했다. 태수는 크게 기뻐하며 사람을 보내 알아보라 하기에 어부가 다시 찾아 나섰으나 표시는 보이지 않고, 또한 그 선경(仙境)이 있는 동굴을 찾지도 못하였다 한다.

⑤ 결속 구조

이 시 텍스트의 형식은 칠언절구(七言絶句)이다. 1구의 끝 '還'과 2구의 끝 '寬', 4구의 끝 '難'으로써 운을 맞추어 텍스트의 형식상 연쇄를 이루고 있다. 이 시 텍스트는 두 개의 월로 이루어져 있다. 1, 2구가 하나의 월이고 3, 4구가 하나의 월이다.

첫째 월 ; 春風三月武陵還 霽色中流水面寬(봄바람 이는 삼월 무릉도원에 돌아오니 개인 하늘빛 속에 흐르는 물 수면도 넓구나).

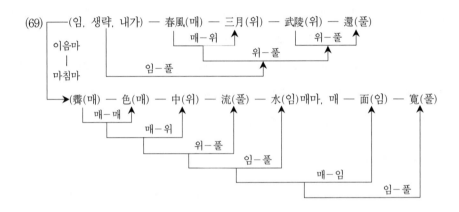

참고 : 春風(봄바람), 三月(삼 월), 武陵(무릉도원), 還(돌아오다)
霽(개이다), 色(하늘 빛), 中(속), 流(흐르다), 水(물), 面(수면), 寬(넓다)

둘째 월 : 不是一遊非分事 一遊人世亦應難(이렇게 한 번 노는 것 내 분수에 넘치는 일은 아니라도, 인간 세상에서는 한 번 놀기도 응당 어려우리)

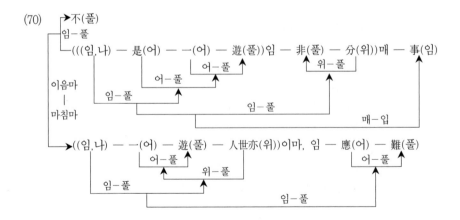

참고 : 不(아니다), 是(이렇게), 一(한 번), 遊(놀다), 非(넘치다), 分(내 분수), 事(일)
    一(한 번), 遊(놀다), 人世(인간세상), 亦(허사), 應(응당), 難(어렵다)

⑥ 결속성

내용으로 보면 1, 2구와 3구 그리고 4구로 나누어 볼 수 있다. 1, 2구는 무릉도원(武陵桃源)에서 노는 것과 같은 자연 속에서의 즐거움을 표현한 것이고 3구는 다시 현실로 돌아와 현재의 자신을 살피고 4구에서는 무릉도원과 구별되는 지난 인간 세상을 돌아보면서 그 인간 세상의 어려움을 표현하고 있다. 이렇게 두고 보면 이 시는 자연과 내가 조화를 이루는 무릉도원과 같은 세상과, 한번 노는 것도 어려운 인간 세상이 대립되는 구조를 가지면서 앞에 것은 긍정되고 뒤에 것은 부정되는 구조를 이루고 있다. 그리고 1, 2구와 3, 4구는 의의의 불연속성을 이루는데 이는 '놀기' 프레임의 활성화를 통하여 의의의 연속성을 꾀한다. 3구의 '不是一遊非分事(이렇게 한 번 노는 것 내 분수에 넘치는 일 아니라도)'에서 '不非分事(내 분수에 넘치는 일은 아니다.)'는 두 가지의 겹쳐진 뜻을 가진다. 하나는 1, 2구의 무릉도원에 돌아와 한 번 노는 것이 '不非分事(내 분수에 넘치는 일은 아니다.)'라는 것이고 다른 하나는 인간 세상에서 한 번 노는 것이 '不非分事(내 분수에 넘치는 일은 아니다.)'라는 것이다. 이렇게 두고 보면 이 시 텍스트의 제어 중심(control centre)은 1, 2구와 4구의 중심이 되는 '〈不(아니다)〉 상태 부정 ← 〈非分事(분수에 넘치는 일)〉대상'이다. 이는 1차 개념이다.

(71) 거시 구조 1

1차 개념

〈不(아니다)〉상태 부정 ◀────── 〈非分事(분수에 넘치는 일)〉대상

(72) 거시 구조 2

1차 개념에서 〈非分事(분수에 넘치는 일)〉의 구체적인 내용이 2차 개념이다. 1, 2구의 자연 속에서는 〈武陵還(무릉도원에 돌아와 노는 것)〉이고 4구의 인간 세상에서는 〈一遊人世(인간 세상에서 한 번 노는 것)〉이다.

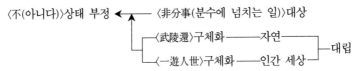

(73) 거시 구조 3

 2차 개념에서 〈武陵還(무릉도원에서 돌아와 노는 것)〉에서의 모습과 〈一遊人世(인간 세상에서 한 번 노는 것)〉의 상황이 3차 개념이다. 〈武陵還〉에서의 모습은 〈霽色(개인 하늘 빛)〉과 〈流水面寬(흐르는 물의 수면도 넓다)〉이고 〈一遊人世〉의 상황은 〈應難(응당 어렵다)〉이다.

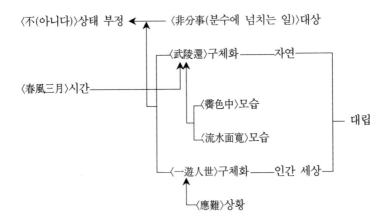

(74) 미시 구조

⑦ 시 해석

(1) 봄바람 이는 삼월, 현실 세상과 구별되는 무릉도원과 같은 안음 옥산동에 돌아와 노니나니

(2) 개인 하늘빛 속에 흐르는 시냇물도 넓구나.

(3) 이렇게 한번 노는 것은 나 개인으로 보아도 나의 분수에 넘치는 일이 아니어서 무릉도원 같은 자연 속에서는 한번 놀아보지만은

(4) 이 세상에서는 내가 지성(至聖)의 도를 펼쳐 천하에 큰 일을 한번 해 보고 싶어도 아직도 때가 이르지 않아 끝내 나갈 수 없으니 이 세상에서는 뜻을 한번 펼치기가 정말 어렵구나.

이상 세 편의 시 텍스트에 나타난 사실을 두고 살펴보면 남명은 이 세상에서 지성(至聖)의 도를 펼칠 수 있는 때가 이르지 않아 아직 뜻을 펼쳐보기는 어렵고(又, 다시 한 수), 하여 모든 욕심 다 버리고 산 속으로 돌아가(遊安陰玉山洞, 안음 옥산동에서 놀며) 고사리나 캐면서 살았던 백이와 숙제처럼 자연 속에서 살면서 자연과 더불어 조화를 이루는 도를 즐기며 살겠다(山中卽事, 산 속에서 즉흥적으로 읊음)는 뜻을 나타내고 있다.

(5) 백성에 대한 사랑

남명은 백성을 매우 사랑하였다. 백성의 곤궁함을 염려하다 병을 얻기까지 하였으며 회포가 쌓여 목에 메이고 이어 눈물까지 흘리기도 하였다 한다. 또 벼슬살이하는 자와 함께 말할 때는 조금이라도 백성에게 이익이 되는 것이 있다면 힘을 다해 알려서 혹시라도 실행되기를 바랐다고 한다.[112]

이렇듯 남명은 자신의 건강을 돌보지도 아니하고 백성을 걱정하고 사랑하였는데 이러한 남명의 백성 사랑의 정신은 시 '황강에게 줌(贈 黃江)'에 잘 나타난다. 이를 살펴보면 다음과 같다.

贈 黃江	황강에게 줌
思君霜月正離離	서리 내리는 밤 달빛 속에 그대 생각 정말 깊은데,
新鴈時兼旅燕歸	기러기 새로 돌아올 때 겸하여 나그네 제비는 돌아가네.

---

112) 남명집(1982, 182) 言行總錄 참조.

紅葉滿山全有色	붉은 나뭇잎 산에 가득하여 온통 붉은 색이고,
靑松留壑半無枝	골짜기에 남은 푸른 솔은 가지 반쯤 없구나.
侵陵白髮愁爲橫	달려든 백발로 근심은 뒤얽히고,
嗚咽蒼生稔益飢	목메어 우는 백성들은 풍년에도 더욱 굶주린다.
果腹壹懷書不得	배에 가득한 답답한 생각 적어 이르지 못하지만,
黃芚老子[113]爾能知	황강 노인 그대야 응당 알리라.

① 상황성

황강(黃江)의 이름은 이희안(李希顔, 1504~1559)이다. 황강은 호다. 자는 우옹(愚翁)이다. 경상도 합천 초계(草溪) 출신이다. 남명은 일찍이 대곡 성운(成運, 1497~1579), 송계 신계성(申季誠, 1499~1562), 황강 이희안과 벗이 되어 서로 왕래하며 지냈다. 남명이 지은 황강의 비문에 '나는 그대에게 의리로는 형제와 같았다.'고 적고 있다(남명학 관련 문집 해제ㅣ, 2006, 150). 남명과 한강은 세종조 좌의정을 지냈던 정열공(貞烈公) 최윤덕(崔閏德, 1376~1445)의 증손자들로 가까운 친척간이기도 하다. 남명의 외할머니는 최윤덕의 따님이고 황강의 어머니는 최윤덕의 손녀이다(허권수, 2001, 205). 서로 이러한 사이였기에 학문적 토로는 물론 세상 돌아가는 이야기며 고달픈 백성들의 이야기가 같은 뜻을 가지고 수없이 오갔을 것이 분명하다. 이러한 사실은 이 시 텍스트의 마지막 구에서 '黃芚老子爾能知(황강 노인 그대야 응당 알리라.)'하는 것으로도 알 수 있다.

남명이 관리들의 가렴주구(苛斂誅求)에 대한 비판이나 또 이로 말미암아 목메어 우는 백성들에 대한 사랑은 앞에서 살핀 정묘년에 사직하면서 승정원에 올린 상소문 '丁卯辭職呈承政院狀'이나 음식을 내려 주신 은혜에 감사드리는 상소문 '謝宣賜食物疏'에도 잘 나타나 있으나 1568년 무진년에 올린 봉사(封事)나 '유두류록(遊頭流錄)'에도 나타나고 있다.

> … 군민에 대한 모든 정사와 국가의 기밀이 모두 서리의 손에서 나오므로, 포목과 곡식을 관청에 바치는 데에도 뒷길로 돌려 바치지 않으면 통하지 아니합니다. 안으로 재물이 모이면 백성은 밖으로 흩어져, 열 명 가운데 한 명도 남아 있지 않을 것입니다. 심지어는 각자 맡고 있는 고을을 자기 물건처럼 생각하여, 문서를 만들어서 교활하게 자기의 자손 대대로 전합니다.… (교감 국역 남명집, 1995, 251~252.)

---

113) 황강(黃江) 이희안(李希顔, 1504—1559)은 황둔강(黃芚江)의 하류 절벽 위에 황강정(黃江亭)을 짓고 그곳에서 학문을 강마(講磨)하였다. 이 시에서 '黃芚老子'는 황강(黃江) 이희안(李希顔)을 이르는 말이다.

…쌍계사와 신응사 두 절이 모두 두류산 한복판에 있어 푸른 산봉우리가 하늘을 찌르고 흰 구름이 문을 잠근 듯 하여 마치 사람의 연기가 드물게 이를 듯 한데도 이곳 절까지 관과의 부역이 폐지되지 않아 양식을 싸들고 무리를 지어 왕래함이 계속 잇달아서 모두 흩어져 떠나가는 형편에 이르렀다. 절의 중이 고을 목사에게 편지를 써서 세금과 부역을 조금이라도 완화해 주기를 빌었다. 그들이 하소연할 데가 없음을 안타깝게 생각해서 편지를 써 주었다. 산에 사는 중의 형편이 이러하니 산촌의 무지렁이 백성들의 사정은 알 만하다 하겠다. 행정은 번거롭고 세금은 과중하여 백성과 군졸이 유망하여 아버지와 아들이 서로 보호하지 못하고 있다. 조정에서 바야흐로 이를 크게 염려하고 있는데 우리가 그들의 등 뒤에서 여유작작하게 한가로이 노닐고 있으니 이것이 어찌 참다운 즐거움이겠는가(교감 국역 남명집, 1995, 285)?

이 시 텍스트는 이러한 상황 속에서 지어진 것이다.

② 의도성과 용인성

이 시 텍스트는 관리들의 가렴주구(苛斂誅求)로 말미암아 굶주리는 백성들에 대한 자신의 근심을 친구 황강에게 들어낸 시이다.

1구에서 남명은 '서리 내리는 밤 달빛 속에 그대 생각 정말 깊다.(思君霜月正離離)'고 말하고 있다. 그 까닭은 2구에서 7구에 나타난 사실을 8구에 나타난 '황강 노인 그대야 응당 알 것(黃芚老子爾能知)'이기 때문이라는 것이다. 2, 3, 4구는 백성들이 굶주리는 시간적 상황과 정도를 나타내는데 굶주리는 시기가 '기러기가 돌아올 때(2구)', '제비가 돌아갈 때(2구)', '붉은 나뭇잎이 산에 가득하여 온통 붉은 색일 때(3구)'이다. 이 시기는 일 년 중 가장 풍요로운 가을걷이의 시기이다. 그런데도 굶주려 4구에서 보면 백성들은 소나무 가지의 껍질을 벗겨 먹어 연명함으로써 가까운 곳에 있는 소나무는 이제 없고 골짜기에 남아 있는데 그 곳마저도 '골짜기에 남은 푸른 솔은 가지가 반쯤밖에 없다.'는 것이다. 그리고 6구에서는 '평소 굶주림으로 목메어 우는 백성들은 관리들의 가렴주구로 말미암아 풍년인데도 더욱 굶주리고(嗚咽蒼生稔益飢)' 있으니 이러한 백성들을 보고 있는 남명은 조정에 기회 있을 때마다 상소를 올려도 안 되고 끝내는 죽음을 무릅쓰고 '자전(慈殿)[114]께서 생각이 깊으시기는 하나 깊숙한 궁중의 한 과부에 지나지 않고, 전하께서는 어리시어 다

---

[114] 명종의 어머니 성렬대비(문정왕후(文定王后)를 일컫는다.

만 선왕의 한 아드님이실 뿐'이라[115] 비판 하여도 조금도 고쳐지지가 않으니 5구에서는 '달려든 백발로 근심은 뒤얽힌다.(侵陵白髮愁爲橫)'고 하고 있다. 자신의 백발이 근심이 아니다. 이미 백발이 되어 목메어 우는 백성을 어찌할 수 없으니 더욱 근심이 쌓여 얽힌다는 것이다. 답답할 노릇이다. 그리하여 7구에서는 '배에 가득한 답답한 생각을 글로 적을 수 없을 만큼 답답하다.(果腹噎懷書不得)'는 것이다. 이러한 나의 마음을 8구에서 '황강 노인 즉 이희안 그대는 응당 알 것(黃芚老子爾能知)'이기에 다시 1구로 돌아가 그러기에 '나는 서리 내리는 밤 달빛 속에 그대 생각이 정말 깊다.(思君霜月正離離)'는 것이다[116].

이 시 텍스트는 이러한 사실들을 표현하고 있다.

③ 정보성

1구의 '霜月(서리 내리는 달빛)'이나 '思君正離離(그대 생각 정말 깊다.)'는 들을이가 쉽게 예측할 수 있는 정보들이다. 1차 정보성을 가진다. 2구의 '新鴈時(기러기 새로 돌아올 때)'와 '旅燕歸(나그네 제비는 돌아가네)'는 정보로써 보면 쉽게 예측할 수 있는 것들이다. 그러나 이들이 가을걷이가 있는 때와 연결 짓기가 쉽지 않다. 2차 정보성을 가진 것으로 볼 수 있다. 1구의 '霜月(서리 내리는 달빛 속에)'과 시기로써 텍스트 사이의 연쇄를 꾀하고 있다. 3구도 마찬가지다. 3구의 '紅葉滿山全有色(붉은 나뭇잎 산에 가득하여 온통 붉은 색이고)'도 정보는 쉽게 예측할 수 있으나 가을걷이가 있는 때와 연결 지어 예측하기가 쉽지 않다. 이도 2차 정보성을 가진다. 1, 2, 3구 모두 같은 시기라는 것으로 텍스트 사이의 연쇄를 꾀하고 있다. 4구의 '青松留壑半無枝(골짜기에 남은 푸른 솔은 가지 반쯤 없구나.)'는 앞의 정보들과 비교할 때 그 정보를 예측하기가 쉽지 않다. 앞의 정보들과의 의의의 연속성을 찾기 어렵다. 3차 정보성을 가진다. 5구도 마찬가지다. 5구의 '侵陵白髮愁爲橫(달려든 백발로 근심은 뒤얽히고)'은 4구와 의의의 연속성을 찾기 힘들다. 이 정보도 예측이 어렵다. 3차 정보성을 가진다. 4구와 5구는 6구 '嗚咽蒼生稔益飢 (목메어 우는 백성들은 풍년에도 더욱 굶주린다.)'를 통하여 비로소 그 의의를 예측할 수 있다.

---

115) 남명이 1555년(명종 10년) 11월 19일 올린 을묘년에 올린 사직 상소문(乙卯辭職疏)(교감 국역 남명집, 1995, 241 -246) 참조.
116) 현실에 대한 관심을 늦추지 않았던 남명은 나라를 근심하고 백성의 곤폐에 대해 가슴 아파하며 달 밝은 밤을 맞이하면 홀로 슬픈 노래를 부르며 눈물을 흘리기도 했다 한다. (남명집, 1982, 182, 言行總錄 ; 先生不能忘世 憂國傷民 每值淸宵皓月獨坐 悲歌 歌竟涕下. 정우락, 1997,168)

가을에 풍년이 들었는데도 굶주리고 그리하여 많은 사람들이 소나무 가지의 껍질을 벗겨 먹으므로 가지가 반쯤 없고, 또 그리하여 근심은 뒤얽힌다는 사실을 알 수 있다. 이로써 의의의 연속성을 찾을 수 있다. 그런데 6구에서 풍년인데 왜 굶주릴까? ①의 상황성에 나타난 지독한 관리들의 가렴주구(苛斂誅求)를 알지 못하고는 정보의 예측이 쉽지 않다. 관리들의 가렴주구(苛斂誅求)가 당시로써는 일반적인 면이 있어 이는 2차 정보성을 가지고 있다 하겠다. 4, 5구의 3차 정보성을 2차 정보성을 끌어 내림으로써 텍스트의 연속성을 꾀하면서 시 텍스트의 흥미를 유지하고 있다. 7, 8구에서는 다시 1구의 그대와 연결시킴으로써 전체 텍스트를 하나로 묶어 의의의 순환 구조를 만들고 있다.

④ 결속 구조

이 시 텍스트의 형식은 칠언율시(七言律詩)로 2구의 끝 '歸', 4구의 끝 '枝', 6구의 끝 '飢', 8구의 끝 '知'로써 운을 맞추어 텍스트의 형식상 연쇄를 이루고 있다. 모두 8구로 이루어진 율시이다. 이 시 텍스트는 1, 2구, 3, 4구, 5, 6구, 7, 8구가 짝이 되어 모두 4개의 월을 이루고 있다.

첫째 월 ; 思君霜月正離離 新鴈時兼旅燕歸(서리 내리는 밤 달빛 속에 그대 생각 정말 깊은데, 기러기 새로 돌아올 때 겸하여 나그네 제비는 돌아가네)

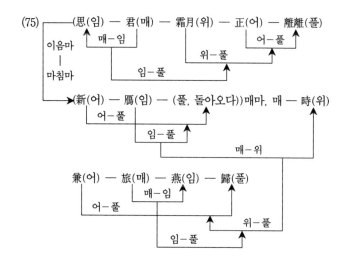

둘째 월 ; 紅葉滿山全有色 靑松留壑半無枝(붉은 나뭇잎 산에 가득하여 온통 붉은 색이고, 골짜기에 남은 푸른 솔은 가지 반쯤 없구나).

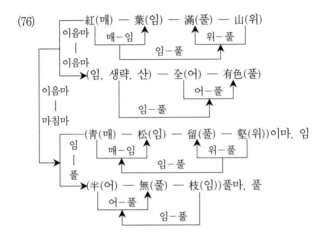

셋째 월 ; 侵陵白髮愁爲橫 鳴咽蒼生稔益飢(달려든 백발로 근심은 뒤얽히고 목메어 우는 백성들은 풍년에도 더욱 굶주린다).

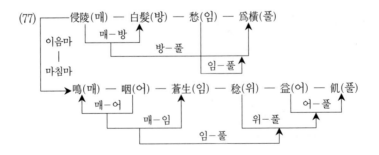

넷째 월 : 果腹噎懷書不得 黃芚老子爾能知(배에 가득한 답답한 생각 적어 이르지 못하지만, 황강 노인

그대야 응당 알리라)

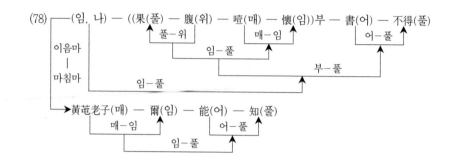

⑤ 결속성

내용으로 보면 1구와 8구, 2구와 3구, 4구와 6구, 5구와 7구가 서로 댓구를 이루고 있다. 1구와 8구는 시를 써 친구 황강에게 보내는 까닭을, 2구와 3구에서는 백성들이 어려움을 겪는 때를, 4구와 6구에서는 백성들의 어려운 처지를, 5구와 7구에서는 어려운 백성들을 바라보는 자신의 처지를 말하고 있다. 시를 써 친구 황강에게 보내는 까닭은 1구 '思君正離離(그대 생각이 정말 깊다.)' 하기 때문이다. 그리고 1구의 까닭은 8구에 있다. 자신의 처지를 '黃芚老子爾能知(황강 노인 그대야 응당 알리라.)' 하기 때문에 '思君正離離(그대 생각이 정말 깊다.)' 하다는 것이다. 2구와 3구에서 백성들이 어려움을 겪는 때를 말하고 있는데 때는 '新鴈時(기러기 새로 돌아올 때)'와 '旅燕歸(나그네 신세인 제비는 돌아가네)'의 때, 그리고 '紅葉滿山(붉은 나뭇잎 산에 가득하다.)'의 때이다. 가을걷이의 때이다. 4구와 6구에서는 백성들의 어려운 처지를 나타내는데 4구에서는 먹을 것이 없어 소나무 껍질을 벗겨 먹어 4구에서는 '靑松留堅半無枝(골짜기에 남은 푸른 솔은 가지 반쯤 없구나.)' 하고 6구에서는 '嗚咽蒼生稔益飢(목메어 우는 백성들은 풍년에도 더욱 굶주린다.)' 한다는 것이다. 5구와 7구에서는 어려운 백성들을 바라보는 자신의 처지를 말하고

있는데 5구에서는 '侵陵白髮愁爲橫(달려든 백발로 근심은 뒤얽히고)' 하고 7구에서는 다 적을 수 없을 만큼 '果腹噎懷(배에 가득한 답답한 생각)'가 있다는 것이다. 이러한 사실을 바탕으로 이 시 텍스트의 결속성을 살펴보면 제어 중심(control centre)은 8구의 '〈爾(그대)〉주체 → 〈知(알리라)〉움직임'이다. 이는 1차 개념이다.

(79) 거시 구조 1

1차 개념

〈爾(그대)〉주체 ⟶ 〈知(알리라)〉움직임

(80) 거시 구조 2

1차 개념에서 〈爾(그대)〉의 구체적인 내용과 〈知(알리라)〉의 구체적 내용이 2차 개념이다. 〈爾〉의 구체적인 내용은 8구의 〈黃芚老子(황둔노자)〉이고 〈知〉의 구체적 내용은 5구의 〈愁爲橫(근심이 뒤얽히다)〉과 7구의 〈果腹噎懷(배에 가득한 답답한 생각)〉이다.

2차 개념

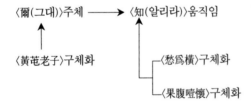

(81) 거시 구조 3

2차 개념에서 〈愁爲橫(근심이 뒤얽히다)〉의 까닭과 〈果腹噎懷(배에 가득한 답답한 생각)〉의 까닭이 3차 개념이다. 〈愁爲橫〉의 까닭은 〈侵陵白髮(달려든 백발)〉이고 〈果腹噎懷〉의 까닭은 〈靑松半無枝(푸른 솔은 가지 반쯤 없구나.)〉인 것과 〈稔益飢(풍년에도 더욱 굶주린다.)〉한 것이다.

3차 개념

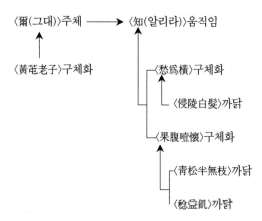

(82) 거시 구조 4

3차 개념에서 〈靑松半無枝(푸른 솔은 가지 반쯤 없구나)〉의 때가 4차 개념이다. 때는 〈新鴈時(기러기 새로 돌아올 때)〉와, 〈兼旅燕歸(겸하여 나그네 제비 돌아갈 때)〉와, 〈紅葉滿山(붉은 나무 잎 산에 가득할 때)〉의 때이다.

4차 개념

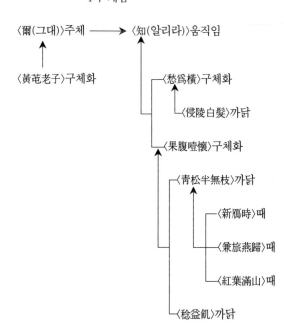

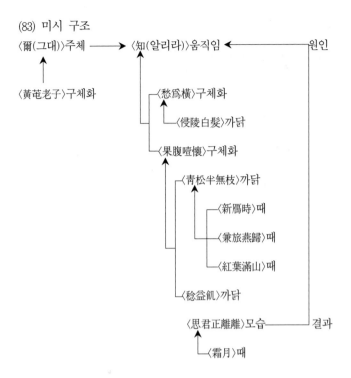

(83) 미시 구조

⑥ **시 해석**

(1) 서리 내리는 밤 달빛 속에, 이 땅에서 굶주리는 백성들을 생각할 때마다 나와 마음이 통하는 그대 생각 정말 깊다.

(2) 때는 기러기가 새로 돌아오고 나그네 신세인 제비는 돌아가는 가을이라

(3) 산은 붉은 나뭇잎으로 가득하여 온통 붉은 색이다.

(4) 때는 이렇게 가을이 찾아왔건만 굶주린 백성들은 소나무 껍질을 벗겨 연명하였으니 가까운 데는 솔이 이미 없고 골짜기에 남은 푸른 솔도 가지가 반쯤이나 없구나.

(5) 백성들의 어려움이 이렇듯 심하여 근심인데 나는 이미 나이가 들어 어찌할 수 없으니 근심이 더욱 쌓여 뒤얽힌다.

(6) 목메어 울며 소나무 껍질을 벗겨 연명하던 백성들은 가을 풍년이 들었는데도 관리들의 가렴주구로 다 빼앗기고 더욱 굶주리니

(7) 이리 저리 배에 가득한 답답한 생각 다 적을 수는 없지만,

(8) 황강 노인 그대야 나의 이러한 마음을 응당 알리라.

백성들을 향한 남명의 사랑이 구구절절히 묻어난다. 남명은 이러한 백성들을 바라보면서 가슴 아파하며 달 밝은 밤이면 홀로 슬픈 노래를 부르며 눈물을 흘리기도 했다 한다. 백성들을 향한 남명의 사랑은 다음의 시 '有感(느낌이 있어)'에서도 잘 나타난다.

有感	느낌이 있어
忍飢獨有忘飢事	굶주림 참는 데는 굶주림 잊을 수밖에 없는데,
摠爲生靈無處休	모든 백성들은 쉴 곳조차 없구나.
舍主眠來百不救	집주인은 잠만 자고 전혀 구제하지 않으니,
碧山蒼倒暮溪流	푸른 산 푸르름이 흐르는 지녁 시내에 드리워져 있다.

① 상황성

남명 당시의 나라는 군주의 실정으로 말미암아 이미 돌이킬 수 없을 만큼 잘못되어 있었다. 나라에 주인이 없는 형국이었다. 이러한 사실은 남명이 1571년 5월 15일 임금께서 내려주신 음식을 받고 그 은혜에 감사드리는 상소문 '謝宣賜食物疏'에 잘 나타난다.

… 엎드려 살펴보니, 전하의 나라일이 이미 글러 한 가닥도 손댈 곳이 없는데, 모든 관원은 둘러서서 보기만 하고 구원하지 않습니다. 이미 어떻게 할 수 없음을 알고 '어떻게 해야 할까?'라고 생각도 하지 않은 지가 오랩니다. 만약 전하께서 보고서도 알지 못하신다면 밝음이 가리운 데가 있는 것이고, 알고서도 혁파할 생각이 없으시면 나라에 주인이 없는 것입니다. 지난해에 신이 두 번이나 거친 글을 올려서, 헤아릴 수 없이 커다란 임금의 위엄으로써 진작시키지 않으면 백 가지도 헝클어져서 싸라기죽 같이 된 형세를 구제할 방법이 없으며, 큰 장마 비로 적셔 주지 않으면 칠년 가뭄에 시들어진 풀을 윤기가 나게 할 방법이 없다고 말씀드렸습니다. 지금 말씀드린 지 여러 해가 지났습니다만, 전하께서 바삐 은혜와 위엄을 내리셔서 기강을 세웠다는 것은 듣지 못했습니다. … 엎드려 바라옵건데, 저는 절하옵고 머리 조아리며 죽음을 무릅쓰고 사은 하나이다(교감 국역 남명집, 1995, 256-257).

이렇듯 남명은 군주의 실정을 3구에서 '舍主眠來百不救(집주인은 잠만 자고 전혀 구제하지 않으니)'라고 표현하고 있다. 이를 통해서 보면 이 시 텍스트의 제목이 '有感(유감)'으로 되어 있으나 속뜻으로 보면 이는 군주에 대한 '遺憾(유감)'을 나타낸 것이라 할 수 있다.

② 의도성과 용인성

이 시는 군주의 실정으로 말미암아 굶주리는 백성들의 어려움을 표현한 시이다. 1구에서는 백성들의 어찌할 수 없는 어려움을 말하고 있다. 굶주리는 백성들은 그 굶주림을 스스로 어찌할 방법이 없다. 그 방법이 굶주림을 잊을 수밖에 없는데 그나마 2구에서는 쉴 곳조차 없다는 것이다. 쉴 집도 먹을 것도 없는 백성들의 극한적인 어려움을 말하고 있다. 3구에서는 그런데도 집주인 즉 임금은 백성을 구제할 생각도 없이 잠만 자고 있으니 남명 자신이라도 어찌 해보고 싶지만 어찌 할 수 없으니 시내에 드리워진 푸른 산의 푸르름만 물끄러미 바라본다는 것이다. 백성에 대한 연민의 정을 애타는 마음으로 표현하고 있다.

③ 정보성

1구에서 '굶구림을 참는 데는' 하고 시작하고 있다. 예측되는 말은 더 강할 것이라는 것이다. 그러나 그 예측을 뒤집어 '굶주림을 잊는 수밖에 없다.' 한다. 반전을 이룬 느낌이다. 백성들의 어려움이 더욱 강하게 다가온다. 2차 정보성을 가진다. 2구에서는 1구와 정보성 연결이 쉽지 않다. 내용을 예측하기가 쉽지 않다. 그 어려움이 한층 더해진다. 이도 2차 정보성을 가지고 있다 하겠다. 3구에서는 백성들이 어려움을 겪게 된 까닭을 말하고 있는데 이는 1, 2구의 연결로 볼 때 충분 예측될 수 있는 정보이다. 백성들의 어려움이 임금이 잘못이라는 것은 일반적인 생각이다. 1차 정보성을 가진다. 2차 정보성을 1차 정보성으로 끌어내리고 있다. 4구에서는 자신이 어려운 백성을 어찌 할 수 없음을 나타내는데 정보성의 예측이 쉽지 않다. 3구의 임금에서 4구에서는 자신으로 바꾸어 자신이 가지는 연민의 정을 자연에 실어 표현하고 있다. 2차 정보성으로 끌어 올려 흥미를 더하고 있다.

④ 결속 구조

이 시 텍스트의 형식은 칠언절구(七言絕句)이나 2구의 끝 '歸', 4구의 끝 '流'로써 운을 맞추어 텍스트의 형식상 연쇄를 이루고 있다.

이 시 텍스트는 1, 2구와 3, 4구가 짝이 되어 하나의 월을 이루고 있다. 1, 2구와 3, 4구가 하나의 월이다.

첫째 월 ; 忍飢獨有忘飢事 摠爲生靈無處休(굶주림 참는 데는 굶주림 잊는 수밖에 없는데 모든 백성들

은 쉴 곳조차 없구나).

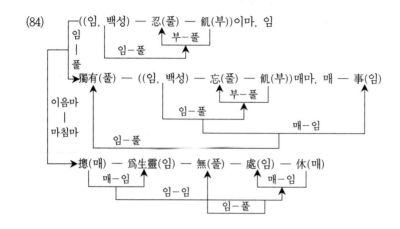

참고 : 忍(참다), 飢(굶주림)
　　　獨有(~밖에 없다), 忘(잊다), 飢(굶주림), 事(일)
　　　摠(모든), 爲生靈(백성들), 無(없다), 處(곳), 休(쉬다)

둘째 월 ; 舍主眠來百不救 碧山蒼倒暮溪流(집주인은 잠만 자고 전혀 구제하지 않으니, 푸른 산 푸르름

이 흐르는 저녁 시내에 드리워져 있다)

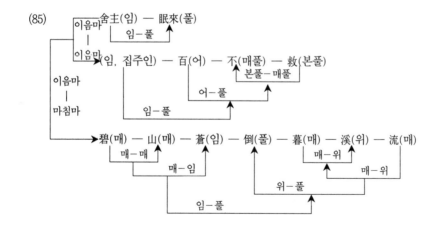

참고 : 舍主(집주인), 眠(잠만 자다), 來(허사)
　　　百(전혀), 不(않다), 救(구제하다)
　　　碧(푸르다), 山(산), 蒼(푸르름), 倒(드리워져 있다), 暮(저녁), 溪(시내), 流(흐르다)

⑤ 결속성

1, 2구에 나타난 백성의 어려움 즉 '굶주림을 참는 것'이나 '쉴 곳조차 없는 것'은 3구에 그 원인이 있다. 집주인이 백성들을 구제하지 않기 때문이다. 4구의 원인도 3구에 있다. 집주인이 백성을 구제하지 않으니 그리하여 백성들의 어려움이 한계에 다다르니 남명으로서는 어찌할 수 없어 저녁 시내에 드리운 푸른 산 푸르름만 물끄러미 쳐다본다는 것이다. 1, 2구의 백성들의 어려움과 4구의 남명의 심정이 대비를 이루고 있다. 이러한 사실을 바탕으로 이 시 텍스트의 결속성을 살펴보면 제어 중심(control centre)은 3구의 '〈舍主(집주인)〉주체 → 〈不救(구제하지 않는다)〉움직임'이다. 이는 1차 개념이다.

(86) 거시 구조 1

1차 개념

〈舍主〉주체 ──────→ 〈不救〉움직임

(87) 거시 구조 2

1차 개념에서 〈不救(구제하지 않는다.)〉의 결과가 2차 개념이다. 〈不救(구제하지 않는다.)〉의 결과로 나타난 것이 백성들의 경우는 〈忍飢(굶주림을 참다.)〉와 〈無處休(쉴 곳이 없다.)〉이고 남명에게 있어서는 〈蒼倒暮溪(푸르름이 저녁 시내 드리워져 있다.)〉로 나타난다. 이는 2차 개념이다.

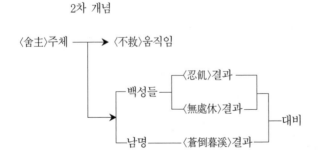

(88) 거시 구조 3

2차 개념에서 〈忍飢(굶주림을 참다.)〉의 방법과 〈不救(구제하지 않는다.)〉의 까닭이 3차 개념이다. 〈忍飢〉의 방법은 〈獨有忘飢事(굶주림을 잊는 수밖에 없다.)〉하는 것이고 〈不救(구제하지 않는다.)〉의 까닭은 〈舍主眠(집주인이 잠만 자다.)〉 하기 때문이다.

3차 개념

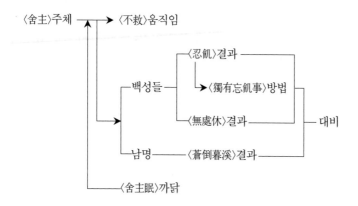

(89) 미시 구조

3차 개념

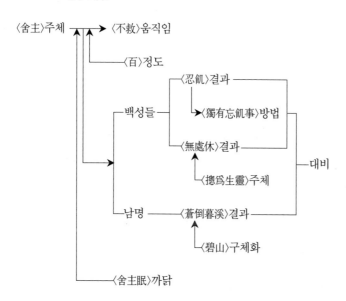

⑥ 시 해석

(1) 굶주림을 참는 데는 굶주림을 잊는 수밖에 없는데,

(2) 모든 백성들은 굶주림을 잊기 위하여 쉬고자 하나 쉴 곳조차 없다.

(3) 그런데도 임금은 백성을 구제할 생각은 하지 않고 잠만 자고 있으니,

(4) 어찌 할 수 없는 나는 흐르는 저녁 시내에 드리워진 푸른 산의 푸르름만 물 끄러미 쳐다본다.

아무도 돌보는 이 없는 백성을 바라보며 안타까워하는 남명 자신도 백성의 굶 주림에 대하여 어찌하지 못하고 저녁 시내에 드리워진 푸른 산의 푸르름만 물끄 러미 쳐다볼 수밖에 없는 것이 한탄스럽다. 다음 '庭梨(뜰의 배)'의 시 텍스트에는 남 명의 이런 심정이 잘 나타난다.

庭梨	뜰의 배
半庭梨樹兩三株	뜰 가운데 배나무 두세 그루,
遮爲東暘擬木奴	동쪽 햇볕 가리니 귤나무 같구나.
無味一生全類我	덤덤한 한평생 꼭 나와 비슷해.
世人應道學楊朱	세상 사람들이야 양주를 배웠다고 응당 말하겠지.

① 상황성

백성들은 먹을 것이 없어 굶주린다. 위에서 살핀 시 '贈 黃江(황강에게 줌)'에서는 소 나무 껍질을 벗겨 먹어 '靑松留壑半無枝(골짜기에 남은 푸른 솔은 가지 반쯤 없구나.)'하고 '有感(느 낌이 있어)'에서는 굶주림을 잊고자 하나 '摠爲生靈無處休(모든 백성들은 쉴 곳조차 없구나.)' 한 다. 그런데도 舍主眠來百不救(집주인은 잠만 자고 전혀 구제하지 않으니)하니 남명 자신이 먹을 것을 얼마만이라도 만들어 주고 싶으나 그러지도 못하고(半庭梨樹兩三株 遮爲東暘擬木奴(뜰 가운데 배나무 두세 그루, 동쪽 햇볕 가리니 귤나무 같구나.) 벼슬에 나아가 백성들을 잘 돌보고 싶 으나 이마저도 나라일이 이미 글러서 그럴 수도 없다. 이 시 텍스트는 이러한 상 황 속에서 쓰여진 것이다.

② 의도성과 용인성

이 시는 자신이 쌓은 학문이 백성을 구제하는 데 쓰이지 못하는 안타까움을 뜰

에 있는 배나무에 빗대 토로한 시이다.

1구의 배나무는 남명의 집 뜰에 있는 배나무로써 남명 자신에 비유된다.

배나무는 본래 사람들에게 음식을 제공하는 것이지만 그렇지 못하고 뜰 가운데 늘어져 단지 동쪽 햇볕만 가리고 있듯이 남명 자신도 높은 학문을 쌓아 당시 굶주린 백성을 구제하는 데 쓰일 수 있겠으나 그렇지 못하고 그냥 덤덤하게 한평생을 살아 안타깝다는 것이다. 안타까움으로 말하면 제 기능을 못하고 뜰 가운데 늘어진 배나무나 한평생 제 역할을 하지 못하고 덤덤하게 살아온 자신이나 서로 비슷하다는 것이 3구의 표현이다. 여기에는 어려운 백성들을 바라보면서도 그 백성을 구제하기 위해 나서야 할 것이나 그러지 못하는 선비의 애달픈 마음이 서려있다.

③ 정보성

1구의 '뜰 가운데 배나무 두세 그루'는 매우 일반적인 정보를 담고 있다. 쉽게 예측할 수 있는 정보이다. 1차 정보성을 가지고 있다. 2구의 정보는 예측이 쉽지 않다. 여기에 나타난 귤나무는 '삼국지(三國志) 오지(吳志) 손휴전(孫休傳) 주(注)'에 나타난 귤나무의 인유로 이 내용을 알지 못하면 그 정보를 예측하기 어렵다. 2차 정보성을 가진다. 1구의 1차 정보성을 2차 정보성으로 끌어 올림으로써 흥미를 끈다. 3구는 다시 쉽게 예측할 수 있는 일반적인 정보를 담고 있다. 1차 정보성이다. 4구에서는 이 1차 정보성을 다시 2차 정보성으로 끌어 올려 흥미를 더한다. 4구의 양주는 중국 전국 시대의 사상가로 '천하라는 큰 이로움을 준다 해도 자신의 삶과 바꾸지 않겠다고 선언하고 모든 사람은 자기 삶을 위해야 한다.'는 주장을 펼친 사람이다(장원태, 2013, 34). '자기본위' 즉 '위아설(爲我說)'을 주장한 인물이다. 이를 알지 못하면 '양주를 배웠다고 말하겠지?'하는 정보성을 예측하기 힘들다. 이는 2차 정보성을 가진다. 따라서 이 시 텍스트는 1구의 1차 정보성을 2구에서 2차 정보성으로 끌어 올리고 3구의 1차 정보성을 4구에서 다시 2차 정보성으로 끌어 올림으로써 텍스트 전체를 2차 정보성으로 유지시켜 의의의 연속성을 꾀하고 있다.

④ 상호텍스트성

2구의 귤나무는 상호텍스트성을 가진다. '삼국지(三國志) 오지(吳志) 손휴전(孫休傳) 주

(注)'의 인유(引喩)다. 삼국에서 오(吳)나라의 단양태수(丹陽太守) 이형(李衡)은 자손대대로 음식 공급물로 삼기 위하여 귤나무 천 그루를 심었다. 귤나무는 당연히 세상 사람들에게 맛있는 음식으로 제공되어야 하지만 그렇지 못하고 단지 햇볕을 가리는 역할만 하고 있었다는 것이다.

4구의 양주(楊朱)도 상호텍스트성을 가진다. 양주는 중국 전국 시대의 사상가로 제자백가(諸子百家)의 한사람이다. 자는 자거(子居)다. 그의 저작이 전해지는 것은 없고 다른 사람들의 저작 속에 그의 주장이 전해지는데 그의 핵심적 사상은 '천하라는 큰 이로움을 준다 해도 자신의 삶과 바꾸지 않겠다고 선언하고 모든 사람은 자기 삶을 위해야 한다.'는 주장을 펼친 사람이다. '자기본위' 즉 '위아설(爲我說)'을 주장했다. 맹자는 이를 극단적인 이기주의라 하여 맹렬히 비난했다. 4구의 양주는 이 인물의 인유다. 따라서 4구 '세상 사람들이야 양주를 배웠다고 말하겠지?'는 '나를 잘 알지 못하는 세상 사람들이야 내가 쌓은 학문으로, 능히 어려운 백성들을 위해 큰 일을 할 수 있을 것임에도 불구하고 세상에 나아가지 아니하고 그저 한평생 덤덤하게 사는 것은 양주처럼 자기본위로 사는 것이라 말하겠지?' 하는 뜻이다.

⑤ 결속 구조

이 시 텍스트의 형식은 칠언절구(七言絶句)이다. 1구의 끝 '株', 2구의 끝 '奴'와 4구의 끝 '朱'로써 운을 맞추어 텍스트의 형식상 연쇄를 이루고 있다.

이 시 텍스트는 1, 2구와 3, 4구가 하나의 월을 이루고 있다.

첫째 월 ; 半庭梨樹兩三株 遮爲東陽擬木奴(뜰 가운데 늘어진 배나무 두세 그루. 동쪽 햇볕 가리니 귤나무 같구나)

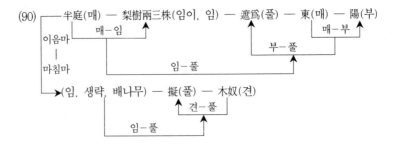

둘째 월 ; 無味一生全類我 世人應道學楊朱(덤덤한 한평생 꼭 나와 비슷해, 세상 사람들이야 양주를 배

웠다고 응당 말하겠지).

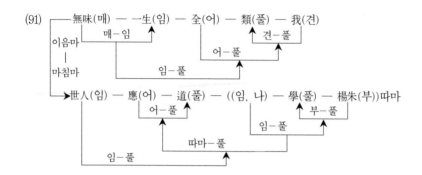

(91)

⑤ 결속성

1, 2구에서는 자연물인 배나무와 귤나무를 대비시키면서 자신의 집에 있는 배
나무가 중국 오(吳)나라의 단양태수(丹陽太守) 이형(李衡)이 심었다는 귤나무와 같이 제
역할을 하지 못한다고 하고 있다. 3구에서는 이러한 배나무를 또 자신과 대비시
키면서 자신과 비슷하다 한다. 4구에서는 이러한 까닭으로 자신을 잘 알지 못하
는 사람들은 극단적인 이기주의자로 알려진 중국의 양주와 같다고 말할 것이라는
것이다. 이러한 관점을 바탕으로 이 시 텍스트의 결속성을 살펴보면 제어 중심
(control centre)은 3구의 '〈一生(한 평생)〉주체 → 〈類(비슷하다)〉상태'이다. 이는 1차 개념이다.

(92) 거시 구조 1

1차 개념

〈一生〉주체 ⟶ 〈類〉상태

(93) 거시 구조 2

1차 개념에서 〈類(비슷하다)〉의 대상이 2차 개념이다. 〈類(비슷하다)〉의 대상은 두 가지다. 하나는 〈梨樹(배나무)〉 - 〈木奴(귤나무)〉대상 이고 다른 하나는 〈梨樹(배나무)〉 - 〈我(나)〉대상 이다. 이는 2차 개념이다.

2차 개념

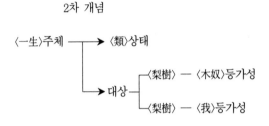

(94) 거시 구조 3

2차 개념에서 〈梨樹(배나무)〉 - 〈木奴(귤나무)〉와 〈梨樹(배나무)〉 - 〈我(나)〉가 〈類(비슷하다)〉의 대상인 까닭이 3차 개념이다. 〈梨樹〉 - 〈木奴〉가 〈類(비슷하다)〉의 대상인 까닭은 〈遮爲東陽(동쪽 햇볕 가리다)〉이고 〈梨樹(배나무)〉 - 〈我(나)〉가 〈類(비슷하다)〉의 대상인 까닭은 〈無味一生(덤덤한 한 평생)〉이기 때문이다. 이는 3차 개념이다.

3차 개념

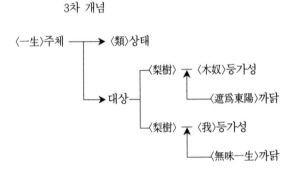

(95) 미시 구조

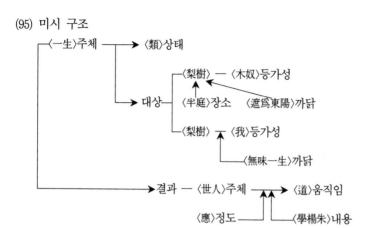

⑥ 시 해석

(1) 우리 집 뜰 가운데 배나무 두세 그루가 있다.

(2) 이는 본래 사람들에게 음식으로 제공되어야 하는 것이지만 그렇지 못하고 동쪽 햇볕만 가리고 있으니 이는 중국 오나라 단양태수 이형이 심었다는 귤나무와 같구나.

(3) 배나무의 그러한 것이 한평생 학문을 쌓아 이 학문이 백성을 잘 살 수 있도록 해야 하는 것이지만 그렇지 못하고 덤덤하게 살아온 나와 비슷하다.

(4) 이를 두고 나를 잘 모르는 사람들은 내가 '천하라는 큰 이로움을 준다 해도 자신의 삶과 바꾸지 않겠다.'고 말한 극단적인 이기주의자 양주를 배워 높은 학문을 쌓았음에도 세상에 나아가 백성을 구제하지 않는다고 말하겠지?

(6) 나라에 대한 사랑

(5)에서 남명의 백성에 대한 사랑을 살폈다. 이는 나라에 대한 사랑과 크게 다르지 않다. 따져보면 결국 백성이 곧 나라요, 나라가 곧 백성이기 때문이다. 이를 친민사상(親民思想)이라 한다. 지금으로 말하면 민주사상(民主思想)이다. 그러나 이 글에서는 이들 관계를 단순하게 보아 시 텍스트 속에 백성에 대한 사랑이 나타나면 백성에 대한 사랑, 나라에 대한 사랑이 나타나면 나라에 대한 사랑으로 구분하였다.

남명은 나라에 대한 사랑도 극진하였다. '한평생 백성과 나라만을 걱정하였다.' 하여도 지나친 말이 아닐 것이다. 이를 위하여 때로는 목숨을 걸고 왕께 상소를 올리기도 하였다. 1571년 5월 15일 임금께서 내려주신 음식을 받고 그 은혜에 감사드리는 상소문 '사선사식물소(謝宣賜食物疏)'의 끝에 '엎드려 바라옵건대, 잘 살피소서. 저는 절하옵고 머리 조아리면서 죽음을 무릅쓰고 사은하나이다.(교감 국역 남명집, 1995, 257)'하는 말이 빈말이 아니다. 여기서는 남명의 나라에 대한 사랑을 살펴본다.

無題	제목 없이
魯野麟空老	노나라 들판에서 기린은 헛되이 늙어 가고,
岐山鳳不儀	기산엔 봉황새도 날아오지 않네.
文章今已矣	문물도 이제 끝나니,
吾道竟誰依	우리 도는 마침내 누굴 의지해야 하나?

① 상황성

남명 당시의 나라 사정은 위기라 할 만큼 어려웠다. 이러한 위기적 상황은 남명이 명종 10년(1555년) 을묘년에 올린 사직 상소문(乙卯辭職疏)[117]과 선조 1년(1567년) 정묘년에 승정원에 올린 사직 상소문(丁卯辭職呈承政院狀)에 잘 나타난다.

　…또 전하의 나라일이 이미 그릇되어서, 나라의 근본이 이미 망했고, 하늘의 뜻은 가버렸으며, 인심도 이미 떠났습니다. 비유하자면, 큰 나무가 백 년 동안 벌레가 속을 먹어 진액이 이미 말라버렸는데 회오리바람과 사나운 비가 어느 때에 닥쳐올 지 까마득하게 알지 못하는 것과 같으니, 이 지경에 오른 지가 오랩니다. 조정에 있는 사람들 가운데 충성되고 뜻있는 신하와 일찍 일어나 밤늦도록 공부하는 선비가 없지는 않습니다. 하지만 이미 그 형세가 극도에 달하여 지탱할 수 없고 …(교감 국역 남명집, 1995, 243).

　…그러므로 '구급(救急)'이라는 두 글자로써 나라를 부흥시키는 한마디로 삼아, 제가 몸바치는 일을 대신하길 청합니다. 제가 엎드려 보건대, 나라 근본은 쪼개지고 무너져서 물이 끓듯 불이 타듯 하고, 여러 신하들은 거칠고 게을러서 시동(尸童) 같고 허수아비 같습니다. 기강이 씻어버린 듯 말끔히 없어졌고, 원기(元氣)가 온통 나른해졌으며, 예의가 온통 쓸어버린 듯 하고, 형정(刑政)이 온통 어지러워졌습니다.…(교감 국역 남명집, 1995, 247.)

이 시 텍스트에는 이렇듯 어려운 나라의 위기 상황 속에서 쓰여졌다.

---

117) 이 상소는 남명이 명종 10년(1555년) 10월 11일에 단성 현감에 임명된 뒤 그 해 11월 19일 사직하고자 올린 것이다.

② 의도성과 용인성

이 시 텍스트는 나라의 위기를 바라보며 걱정하는 선비의 절망적인 모습을 나타낸 것이다. 곧 기린이 나타나고 봉황이 우는 것은 성스러운 임금이 나타날 상스러운 징조다(다음 ④ 상호텍스트성 참조). 그런데 1구에서는 '기린이 노나라 들판에서 헛되이 늙어간다.' 하니 성스러운 임금은 오지 않았고, 또 2구에서는 '기산엔 봉황새도 날아오지 않는다.' 하니 도무지 성스러운 임금은 나타날 징조조차 보이지 않는다는 것이다.

여기에서 노나라나 기산은 중국을 말하는 듯 하나 이는 숨긴 간접적인 표현이고 사실은 우리나라로써 남명 당시로 보아야 한다. 따라서 1, 2구에서는 이 나라에 제대로 된 임금이 없다는 것을 중국 고사를 인유하여 간접적으로 말하고 있다 하겠다. 그리하여 3구에서는 이 나라는 지금 위 두 상소문처럼 도무지 어찌할 수 없을 만큼 피폐해지고 거기에다 문물마저 이제 끝나니 나라는 돌이킬 수 없는 위기에 휩싸이게 되었다는 것이다.

4구에서는 나라가 이 지경까지 이르러 이제 나라의 근본마저 흔들리니 '우리 도(근본)는 마침내 누구를 의지해야 하겠는가?' 하는 걱정을 담고 있다.

③ 정보성

1구는 노(魯)나라 애공(哀公) 텍스트의 인유이고 2구는 주(周)나라 문왕(文王) 때 봉황이 기산에서 울었다고 하는 이야기 텍스트의 인유이다(아래 ④ 상호텍스트성 참조) 이 두 텍스트의 내용을 알지 못하면 그 정보를 예측하기 어렵다. 2차 정보성을 가진다. 3구는 비교적 쉽게 예측할 수 있는 일반적인 정보를 담고 있다. 1차 정보성을 가지고 있다. 4구는 3구의 1차 정보성을 2차 정보성으로 다시 끌어 올려 흥미를 더한다. 도가 누구를 의지해야 한다는 사실은 예측하기 어려운 2차 정보를 담고 있다 하겠다.

④ 상호텍스트성

1구의 '노나라 기린'이나 2구의 '기산의 봉황새'는 상호텍스트성을 가진다. 1구의 '노나라 기린'은 노(魯)나라 애공(哀公) 14년 봄에 애공이 사냥하다가 노나라 서쪽에서 기린(麒麟)을 잡았다. 기린은 성스러운 임금이 나오면 출현하는 짐승인데, 성스러운 임금이 나오지도 않았는데도 나타났다가 잡혔다. 공자가 그 때 '춘추(春秋)'

를 집필하고 있다가 이 소식을 듣고 절필(絶筆)하고 말았다고 하는(교감 국역 남명집, 1995, 43 주34) 중국 고사의 인유(引喩)이다. 2구 '기산의 봉황새'는 주(周)나라 문왕(文王) 때 봉황이 기산에서 울었다고 하는(교감 국역 남명집, 1995, 43 주35) 고사의 인유다. 둘 다 상호텍스트성을 갖는다.

⑤ 결속 구조

이 시 텍스트의 형식은 오언절구(五言絶句)로 모두 4구로 이루어졌다. 2구의 끝 '儀'와 4구의 끝 '依'로써 운을 맞추어 텍스트의 형식상 연쇄를 이루고 있다. 이 시 텍스트는 1, 2구와 3, 4구가 하나의 월을 이루고 있다.

첫째 월 ; 魯野麟空老 岐山鳳不儀(노나라 들판에서 기린은 헛되이 늙어 가고, 기산엔 봉황새도 날아오지 않네).

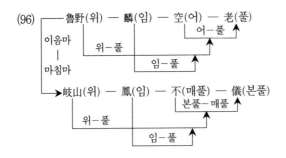

둘째 월 ; 文章今已矣 吾道竟誰依(문물도 이제 끝나니, 우리 도는 마침내 누굴 의지해야 하나).

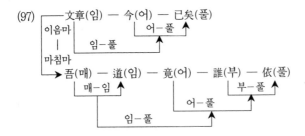

⑥ 결속성

1, 2구에서는 중국의 고사를 끌어와 우리나라의 임금이 성스럽지 못하다는 것을 밝히고 있다. 그 증거가 기린이 헛되이 늙어가고 봉황새가 날아오지 않는다는 것이다. 그리하여 3구에서는 성스럽지 못한 임금으로 말미암아 우리의 문물이 끝났다고 한다. 1, 2구가 원인이 되어 3구의 결과로 나타난 것이다. 나라의 형편을 말하고 있다. 이러한 나라의 형편으로 말미암아 4구에서는 우리의 근본인 도(道)노 의지할 데 없이 방황하게 되어 나라 전체가 위기에 처했다는 것이다. 3구가 다시 원인이 되어 4구의 결과를 가져온 것이다. 이러한 관점에서 이 시 텍스트의 결속성을 살펴보면 제어 중심(control centre)은 4구의 '〈吾道, 우리의 도〉주체 → 〈誰依(누구를 의지하나)〉움직임'이다. 이는 1차 개념이다.

(98) 거시 구조 1

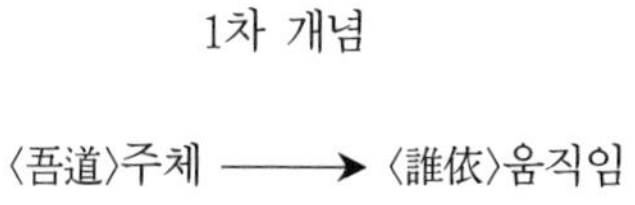

　　　　　　1차 개념

　　〈吾道〉주체 ——→ 〈誰依〉움직임

(99) 거시 구조 2

1차 개념에서 '〈吾道(우리의 도)〉주체 → 〈誰依(누구를 의지하나)〉움직임'의 원인이 되는 '〈文章(문물)〉주체 → 〈已矣(끝났다)〉움직임'이 2차 개념이다.

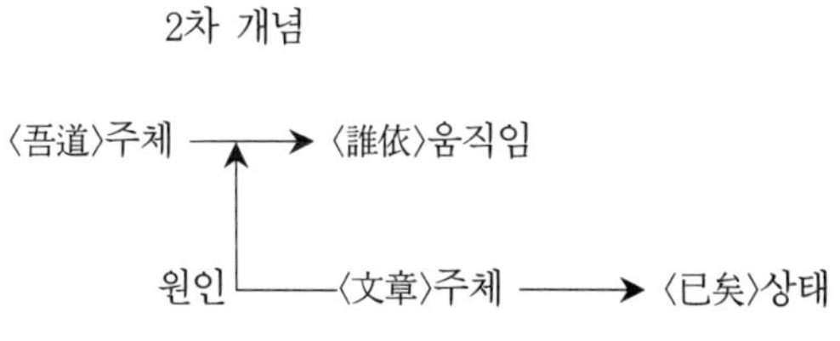

　　　　　2차 개념

　〈吾道〉주체 ——→ 〈誰依〉움직임
　　　　　　↑
　원인——〈文章〉주체 ——→ 〈已矣〉상태

(100) 거시 구조 3

2차 개념에서 '〈文章(문물)〉주체 → 〈已矣(끝났다)〉상태'의 원인이 되는 것이 3차 개념이다. 그 원인이 '〈麟(기린)〉주체 → 〈空老(헛되이 늙어가고)〉움직임'과 '〈鳳(봉황)〉주체 → 〈不儀(날아오지 않는다)〉움직임'이다.

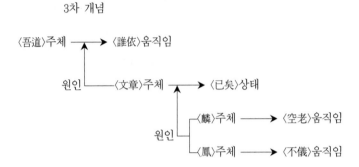

3차 개념

(101) 미시 구조

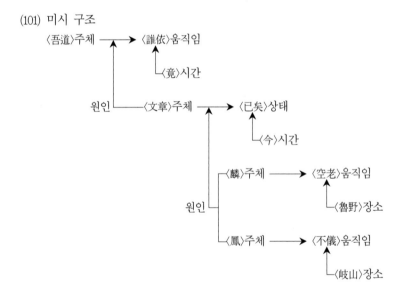

⑦ **시 해석**

⑴ 성군이 나오면 나타나는 기린은 성군이 나오지 않았는데도 나타났다가 노나라 들판에서 헛되이 늙어가고

⑵ 문왕의 시절엔 기산에 문왕이 성군이었기에 나타났던 봉황새가 이젠 성군

이 없으니 날아오지도 않는다.

(3) 그러기에 이 나라에 빛나던 문물도 끝이 났으니

(4) 우리의 근본이 되는 도는 마침내 누굴 의지해야 하나?

성군이 나와 이 땅에 왕도 정치가 이루어지기를 바라는 마음이 잘 나타나 있다. 왕도 정치는 남명이 꼭 바라는 바이다. 왕도 정치가 이 땅에 이루어지기를 바라는 마음은 다음의 시 텍스트 '鳳鳴樓(봉명루)'에도 잘 나타난다.

鳳鳴樓	봉명루[118]
岐下遺音屬有樓	기산 아래 남은 소리 이 누각에 이어 있으니,
親賢樂利迄悠悠	친현락이가 마침내 유유하구나.
自從矗石新開宇	촉석성[119]에 새로 누각 세운 뒤부터는,
六六鳴隨上下流	봉황새 울음소리 물길 따라 오르내리는구나.

① 상황성

앞에서 우리는 남명이 을묘년에 올린 사직 상소문(乙卯辭職疏)과 정묘년에 승정원에 올린 사직 상소문(丁卯辭職呈承政院狀)을 통하여 당시의 어려운 나라 사정을 보았고 위에서 살핀 시 텍스트를 통하는 문물이 끝나고 나라의 근본마저 흔들리는 위기 상황임을 보았다. 나라가 이렇게 된 까닭을 남명은 이 나라에 제대로 된 임금 즉 성군이 없었기 때문으로 보았다. 따라서 남명은 성군이 나타나 이 나라를 다스려 주기를 바라는 마음 간절하였다. 이 시 텍스트는 남명이 1558년(명종 13년) 진주목사 김홍(金泓)과 함께 지리산 유람[120]을 마치고 가는 길에 진주 객사에서 쉬면서 객사에서 남쪽으로 100보쯤에 있는 봉명루에 올라 지은 것으로 보인다. 봉명루는 봉황새의 울음소리가 들리는 누각이라는 뜻을 가진 것으로 성군이 나타나 왕도 정치가 펼쳐지기를 바라던 남명은 누각의 이름을 인유하여 자신의 바람을 시를 통

---

118) 봉명루는 경남 진주에 있었던 누각으로 봉황새의 울음 소리가 들린다는 뜻을 가진 누각이다. 지금은 그 흔적을 찾기 어려우나 진주 객사에 따른 누각이었다.

119) 촉석성(矗石城)은 진주성(晉州城)의 다른 이름이다. 여기서는 진주(晉州)를 나타낸다(남명집, 2001, 94, 주 170).

120) 남명은 쉰여덟 살 때인 1558년(명종 13년) 4월 11일부터 25일까지 진주목사 김홍(金泓), 자형(姊兄)인 안분당(安分堂) 이공량(李公亮, 1500~1565), 고령현감을 지낸 친구 황강(黃江) 이희안(李希顔), 청주목사를 지낸 구암(龜巖) 이정(李楨, 1512~1517) 등과 함께 지리산을 유람하였다.

하여 나타내고 있다. 이 시 텍스트는 이러한 상황 속에서 쓰여 진 것이다.

② 의도성과 용인성

이 시 텍스트는 성군이 나타나 이 나라를 다스려 왕도 정치가 실현되기를 간절히 바라는 마음이 나타난 시이다.

그리하여 1구에서는 '기산[121] 아래 남은 소리가 이 누각에 이어 있다.' 한다. '기산 아래 남은 소리는' 위에서 살폈듯이 주나라 문왕 때 기산에서 울었다고 하는 봉황새의 울음소리다.

중국 고사에 '성군이 나타났을 때 운다.'는 그 봉황새의 울음소리가 남아 지금 우리가 있는 '이 누각에 이어 있다.' 하니 이 나라에 문왕과 같은 성군이 나타나기를 간절히 바라는 마음이다. 2구에서는 성군이 나라를 다스리니 마침내 친현락이(親賢樂利)가 유유(悠悠)하다는 것이다. 이도 그러기를 바라는 마음이다. 3, 4구에서는 '촉석성에 새로 누각을 세운 뒤부터는, 봉황새 울음소리 물길 따라 오르내린다.'고 한다. 남명이 추구하던 이상 세계가 마침내 이루어지고부터는 그 이상 세계가 위 임금으로부터 아래 백성에 이르기까지 오르락내리락한다는 것이다. 남명의 강한 바람이다.

③ 정보성

1구는 주나라 문왕 때 기산에서 울었다는 '봉황새의 울음소리가 이 누각에 이어 있다.' 하니 이 텍스트를 알지 못하고서는 정보의 예측이 어렵다. 이는 2차 정보성을 가진다. 2구도 마찬가지다. 2구에 나타난 '親賢樂利'는 뒤 ④ 상호텍스트성에서 보듯이 대학에 나타난 '君子賢其賢而親其親 小人樂其樂而利其利(군자는 그 어진 사람을 어질게 여기고 그 친한 사람을 친하게 여긴다. 소인은 그 즐거움을 즐겁게 여기고 그 이로움을 이롭게 여긴다.)'의 인유다. 이도 이 텍스트를 알지 못하고서는 정보의 예측이 어렵다. 이도 2차 정보성을 가진다. 3구는 매우 일반적인 정보를 담고 있다. 들을이가 쉽게 예측할 수 있다. 1차 정보성을 가진다. 4구는 1구에 나타난 문왕 때의 봉황새 울음소리가 2구에서 '親賢樂利(친현락이)가 유유(悠悠)'한 것처럼 물길 따라 오르내린다 하니 이도

---

121) 기산은 중국 섬서성(陝西省) 기산현(岐山縣) 동북쪽에 있는 산 이름이다. 주나라 문왕(文王)이 기산에서 거문고를 타자 봉황이 와서 춤을 추었다 한다(남명집, 2001, 94).

대학에 나타난 이 텍스트를 알지 못하고서는 정보를 예측하기 어렵다. 이도 2차 정보성을 가진다. 3구의 1차 정보성을 4구에서는 한 단계 끌어올려 2차 정보성을 가지게 함으로써 시의 흥미를 더하면서 텍스트의 연쇄를 이루고 있다.

④ 상호텍스트성

1구에 나타난 '기산 아래 남은 소리가 이 누각에 이어 있다.'는 앞의 시 텍스트 '無題(제목 없이, 魯野麟空老)에서도 밝혔듯이 중국 고사의 인유로 상호텍스트성을 가진다. 즉 '기산의 봉황새'는 주(周)나라 문왕(文王) 때 봉황이 기산에서 울었다고 하는(교감 국역 남명집, 1995, 43 주35) 고사의 인유다.

2구의 '친현락이(親賢樂利)'도 상호텍스트성을 가지는 것으로 이는 대학(大學) '君子賢其賢而親其親 小人樂其樂而利其利'의 인유다. 즉 '군자는 그 어진 사람을 어질게 여기고 그 친한 사람을 친하게 여긴다. 소인은 그 즐거움을 즐겁게 여기고 그 이로움을 이롭게 여긴다.'는 것이다. 여기에서 군자는 다스리는 사람들과 어진 사람이며 소인은 일반 백성들이다. 그러므로 '친현락이(親賢樂利)'는 다스리는 사람은 어진 사람을 어질게 여기고 일반 백성들은 편안하게 살면서 하는 일에 만족하는 것이니 유가(儒家)들이 추구했던 이상 세계라 할 만 하다(정우락, 1997, 122). 따라서 2구의 '친현락이가 마침내 유유하다'는 것은 남명이 추구하던 이상 세계 즉 왕도 정치가 이 땅에 마침내 이루어졌다는 말이다.

⑤ 결속 구조

이 시 텍스트의 형식은 칠언절구(七言絶句)로 모두 4구로 이루어졌다. 1구의 끝 '樓', 2구의 끝 '悠'와 4구의 끝 '流'로써 운을 맞추어 텍스트의 형식상 연쇄를 이루고 있다. 이 시 텍스트는 1, 2구와 3, 4구가 하나의 월을 이루고 있다.

첫째 월 ; '岐下遺音屬有樓 親賢樂利迄悠悠(기산 아래 남은 소리 이 누각에 이어 있으니, 친현락이가 마침내 유유하구나).

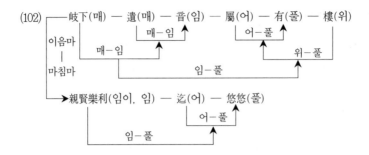

참고 : 岐下(기산 아래), 遭(남다), 音(소리), 屬(잇다), 有(있다), 樓(누각)
　　　親賢樂利(친현락이), 迄(마침내), 悠悠(유유하다)

둘째 월 : 自從矗石新開宇 六六鳴隨上下流(촉석성에 새로 누각 세운 뒤부터는, 봉황새 울음 소리 물길 따라 오르내리는구나).

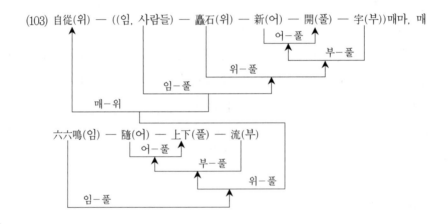

참고 : 自從(뒤부터), 矗石(촉석성), 新(새로), 開(세우다), 宇(누각)
　　　六六鳴(봉황새 울음소리), 隨(따르다), 上下(오르내리다), 流(물길)

⑥ 결속성

1, 2구에서는 주나라 문왕 때 기산에서 울었다고 하는 봉황의 울음소리 고사를 인유하여 이 땅에 문왕과 같은 성군이 나타나 '친현락이(親賢樂利)'의 이상세계를 실현해 주기를 간절히 바라는 마음을 나타내고 있다. 1구가 원인이 되어 2구의 결과가 나타난 것이다. 3, 4구에서는 1구의 고사를 다시 인유하면서 봉황새의 울음소리가 들린다는 뜻을 가진 봉명루를 세운 뒤부터는 봉황새 울음소리가 물길 따

라 오르내린다는 것이다. 1, 2구의 내용을 3, 4구에서 다시 한 번 언급함으로써 그렇게 되기를 간절히 바라는 마음을 강조하고 있다. 이 시 텍스트는 는 1, 2구와 3, 4구가 의미상 대립구조를 이루고 있다. 이러한 관점에서 이 시 텍스트의 결속성을 살펴보면 제어 중심(control centre)은 1, 2구에서는 '⟨親賢樂利(친현락이)⟩주체 → ⟨悠悠(유유하다)⟩움직임'라 하겠고, 3, 4구에서는 '⟨六六鳴(봉황새 울음소리)⟩주체 → ⟨上下(오르내리다)⟩움직임'이라 하겠다. 이는 1차 개념이다.

(104) 거시 구조 1

1차 개념

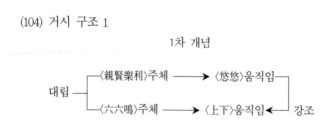

(105) 거시 구조 2

1차 개념 '⟨親賢樂利(친현락이)⟩주체 → ⟨悠悠(유유하다)⟩움직임'와 '⟨六六鳴(봉황새 울음소리)⟩주체 → ⟨上下(오르내리다)⟩움직임'의 원인이 되는 것이 2차 개념이다. 그 원인은 '⟨親賢樂利⟩주체 → ⟨悠悠⟩움직임'의 경우는 '⟨岐下遺音(기산 아래 남은 소리)⟩주체 → ⟨有樓(누각에 있다)⟩상태'에 있고, '⟨六六鳴⟩주체 → ⟨上下⟩움직임'의 경우는 '⟨矗石(촉석성)⟩위치 → ⟨新開宇(새로 누각을 짓다)⟩움직임'에 있다.

2차 개념

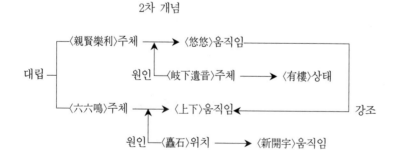

(106) 미시 구조

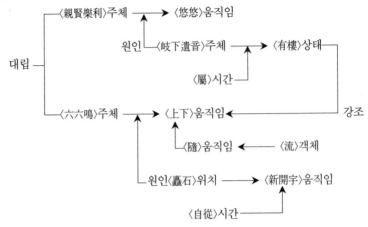

⑦ **시 해석**

(1) 문왕 때 성군이 나서 울었다는 봉황새의 남은 울음소리가 지금 이 누각에 이어 있으니

(2) 다스리는 사람은 어진 것을 어질게 여기고 백성은 편안하게 살면서 하는 일에 만족하는 이상 세계가 이 땅에 마침내 이루어졌구나.

(3) 이상 세계가 마침내 이루어지고부터는,

(4) 봉황새 울음소리가 남강의 물길 따라 오르내리는구나.

남명이 그토록 간절히 바라던 이상세계는 끝내 남명의 바람으로만 끝나고 이 땅에는 여전히 어두운 현실만이 존재하며 남명을 괴롭혔다. 거기다 전운마저 감돌고 있었으니 나라를 걱정하는 선비로서는 참으로 견디기 어려웠을 것이라 짐작된다. 이 모습을 시 '山海亭偶吟(산해정에서 우연히 읊음)'에서 살펴본다.

山海亭偶吟	산해정에서 우연히 읊음
十里降王界	왕이 탄강한 곳과 십 리 거리,
長江流恨深	긴 강물에 흐르는 한이 깊도다.
雲浮黃馬島	구름은 누른 대마도에 떠 있고,
山尊翠鷄林	산은 푸른 계림으로 뻗어 있네.

① 상황성

남명은 서른 살 때인 중종 25년(1530년), 아버지의 상을 치르고 잠시 거처하였던 삼가와 의령을 떠나 처가 곳인 김해로 어머니를 모시고 이주하면서 김해 신어산 아래 있는 탄동에 작은 언덕 하나를 구하여 산해정(山海亭)을 지었다. 산해정은 면우(俛宇) 곽종석(郭鍾錫)이 찬한 '묘지명서(墓誌銘序)'에서 말한 대로 '태산에 올라 바다를 굽어본다.'는 뜻을 담고 있다. 남명은 이곳에서 매일 책을 읽었다(이종묵, 2001, 215-216). 이 시 텍스트는 남명이 산해정에서 생활하던 그 때 지은 것으로 보인다.

산해정이 있던 김해는 고대 가락국의 도성이었다. 산해정에서 가락국의 수로왕이 탄강했다고 전해지는 구지봉(사)시는 10여리 거리에 있다. 수로왕의 가락국은 탈해 세력을 격퇴하면서 그 기반을 공고히 하였고 이를 바탕으로 변한제국(弁韓諸國)을 결집해 그 맹주자리에 올랐다. 이후 철을 생산하여 철 상품을 일본, 중국을 비롯한 동북아시아 등과 무역을 함으로써 동북아시아의 철 시장에서 큰 힘을 발휘하였다. 가락국은 수로왕(42년-199년)부터 구형왕(521년-532년)까지 10대 491년 동안 존속하다가 532년 신라에 병합되었다.

남명은 1530년부터, 어머니가 돌아가셔 삼 년 시묘살이를 위해 선영이 있는 삼가로 옮긴 1545년까지 15년을 김해에서 살았다. 남명은 15년을 김해에서 살면서 그곳이 가락국의 도성이었으니 가락국의 흥망성쇠(興亡盛衰)에 대해 많은 생각을 하였을 것이 분명하다. 그리고 이 시기에 김해지역을 중심으로 이 나라를 수시로 침범하는 왜인들을 보면서 이 나라에 전운(戰運)이 감돌고 있다는 것을 알았을 것이다. 이 시 테스트는 이리한 상황 속에서 쓰여 진 것이다.

② 의도성과 용인성

이 시 텍스트는 지난 나라들의 흥망성쇠(興亡盛衰)를 생각하면서 오늘 왜구로부터 다가오는 이 나라의 위기를 근심하는 시이다.

1구 '왕이 탄강한 곳과 십 리 거리'는 산해정에서 가락국의 수로왕이 탄강한 구지봉(龜旨峰)까지가 십 리 거리밖에 되지 않는다는 것이다. 그곳까지의 거리가 십 리밖에 되지 않으니 남명은 가락국의 자취에서 나타나는 흥망성쇠를 생각하면서 2구에서는 긴 강물에 흐르는 역사의 한(恨) 즉 나라가 영속하지 못하고 망한 한이 깊다는 것이다. 이는 지난 일이다. 그런데 3구에서는 현실로 돌아온다. '구름이 누른 대마도에 떠 있다.'고 하니 전운이 감도는 좋지 못한 기운(구름)이 대마도에 떠 있다는 것이다. 대마도는 실제 대마도이기도 하고 일본의 상징적인 의미를 담고 있기도 하다.

이러한 남명의 생각은 을묘년(명종 10년, 1555년)에 올린 사직 상소문(乙卯辭職疏)에도 나타난다.

> …평소에 조정에서 재물로 사람을 임용하니, 재물만 모이고 백성은 흩어져 버렸습니다. 그래서 마침내 장수의 자격에 합당한 사람이 없고 성에 군졸이 없어서, 외적이 무인지경에 들어오듯 했으니 이것이 어찌 괴이한 일이겠습니까? 이번에도 대마도(對馬島) 왜노(倭奴)가 향도(向導)와 남몰래 짜고 만고에 끝없이 치욕스러운 짓을 하였건만, 왕의 신령한 위엄은 마치 한 모퉁이가 무너지듯 떨치지 못했습니다. …(교감 국역 남명집, 1995, 244.)

나라의 위기 상황이다.

4구에서는 그런데도 조정은 부패하고 혼란스럽기만 하니 이는 신라가 망할 때와 흡사하여 이러다가는 이 나라도 결국 위기를 넘기지 못하고 계림에서 시작한 김 씨 왕조의 신라[122]가 망한 것처럼 되지 않을까 근심하는 마음으로 미래를 본다. 4구의 '산은 푸른 계림으로 뻗어 있네.'는 이 나라의 혼탁함이 과거 망할 때의 신라와 닿아 있다는 뜻으로 해석 된다. 이러한 남명의 상황 인식은 남명의 시 텍스트 '鮑石亭(포석정)'에 잘 표현되어 있다.

鮑石亭	포석정
楓葉鷄林已改柯	단풍 든 계림은 벌써 가지가 변했으니,
甄萱不是滅新羅	견훤이 신라를 멸망시킨 것 아니라네.

---

122) 신라는 BC 57년부터 935년까지 992년 간 존속한 나라로 박, 석, 김의 세 성 씨가 번갈아 왕이 되었다. 박 씨는 박혁거세를 시조로 하는 7왕조, 석 씨는 석탈해를 시조로 하는 8왕조, 김 씨는 김알지를 시조하는 37왕조를 이루었다. 삼국유사(三國遺事) 기이 제 1(記異第1) 김알지, 탈해왕 대에 의하면 '김알지는 탈해왕이 태자로 책봉했으나 나중에 5대 파사왕(破娑王, 80~112)에게 양보하고 왕에 오르지 않았다.' 한다. 김 씨가 왕이 된 것은 알지의 6대 손(孫) 미추(未鄒, 262~284)로 이는 신라 13대 왕이다. 14대부터 16대까지는 다시 석 씨 왕조로 갔다가 알지의 후손인 김 씨 왕조로 계속 이어진 것은 17대 내물왕(356~402) 이후이다. 김 씨의 왕조는 55대 경애왕(924~927) 때 대궐을 비우고 포석정에서 연회를 하다 527년 후백제 견훤(867~936)의 습격을 받고 자결함으로써 무너진 뒤, 견훤이 세운 56대 경순왕(927~935)은 당시 왕건(918~943)이 궁예(?~918)를 꺾고 만든 고려에 항복함으로써 삼국을 통일하였던 신라는 이로써 끝나고 말았다.

鮑亭自召宮兵伐　　　　포석정에서 대궐의 군사가 망하도록 자초한 것이니,
到此君臣無計何　　　　이 지경에 이르면 임금과 신하 어쩔 계책 없는 법.

남명의 이러한 생각은 남명이 세상을 떠난 이십 년 뒤 임진왜란이 일어남으로
써 그대로 현실이 되어 나타난다. 남명은 이때를 예측하고 제자들을 잘 가르쳐
임진왜란이 일어났을 때 그 제자들은 한결같이 나라를 구하기 위해 의병을 일으
키게 되는데 의병장의 대부분이 남명의 제자였음은 이미 잘 알려진 사실이다. 남
명의 제자로써 의병을 일으킨 사람은 지금 기록으로 확인되는 사람만도 68명에
이른다.[123] 임진왜란에 참전한 의병장 대부분이며 남명 제자의 반 이상이다.

③ 정보성

1구는 가락국 왕이 탄강한 곳이 십 리 거리에 있다 한다. 이는 일반적으로 예
측할 수 있는 정보가 아니다. 남명이 김해에 산해정을 짓고 그 곳에서 학문을 닦
고 제자를 가르쳤다는 사실과 구지봉의 신화를 알지 못하고서는 정보의 예측이
어렵다. 이는 2차 정보성을 가진다. 2구도 마찬가지다. 가락국의 흥망성쇠(興亡盛
衰)를 알지 못한다면 이 또한 정보의 예측이 어렵다. 이도 2차 정보성을 가진다.
3구는 구름이 누른 대마도에 떠 있다는 것은 그 표면적인 정보는 일반적이다. 누
구나 쉽게 이해하고 예측할 수 있는 정보다. 1, 2구의 2차 정보성을 누구나 쉽게
예측할 수 있는 1차 정보성으로 끌어 내리고 있다. 4구는 이를 다시 2차 정보성
으로 끌어 올려 흥미를 더한다. 계림은 신라 김 씨 왕조를 이룬 시조 김알지가
탄강한 곳이다. 계림의 김알지 신화를 알지 못하고서는 정보의 예측이 어렵다. 2
차 정보성을 가진다.

④ 상호텍스트성

1구의 '왕이 탄강한 곳'은 '삼국유사 제 2권, 기이(紀異) 제 2, 가락국기(駕洛國記)에
나타난 수로왕의 탄강 신화(神話)를 인유한 것이다.

---

123) 남명 문하의 의병장 이름은 2. 남명의 생애, 예순아홉 살 때 참조.

천지가 개벽한 이후로 이 땅에 아직 날의 칭호가 없었고, 군신의 칭호도 없었다. 이때 아도간(我刀干), 여도간(汝刀干), 피도간(彼刀干), 오도간(五刀干), 유수간(留水干), 유천간(留天干), 신천간(神天干), 오천간(五天干), 신귀간(神鬼干) 등 9간(九干)이 있었다. 이 추장들이 백성을 아울러 다스렸으니, 모두 100호[124]에 7만 5,000명이었다. 대부분이 저마다 산과 들에 모여 살았고 우물을 파서 마시고 밭을 갈아 먹었다. 후한의 세조 광무제(光武帝) 건무(建武) 18년 임인년(42년) 3월 계욕일(禊浴日)에 그들이 살고 있는 북쪽 구지봉(龜旨峯)에서 사람들을 부르는 것 같은 이상한 소리가 났다. 그래서 무리 이삼백 명이 이곳으로 모여들었다. 사람의 소리 같았지만 그 형체는 보이지 않고 소리만 들렸다. '여기에 사람이 있는가?' 9간 등이 말하였다. '우리들이 있습니다.' 또 소리가 들려왔다. '내가 있는 곳이 어디인가?' 9간 등이 다시 대답하였다. '구지봉입니다.' 또 소리가 들려왔다. '하늘이 나에게 이곳에 내려와 새로운 나라를 세워 임금이 되라고 명하셨기 때문에 내가 일부러 온 것이다. 너희들이 모름지기 봉우리 꼭대기의 흙을 파내면서 '龜何龜何. 首其現也. 若不現也. 燔灼而喫也(거북아, 거북아, 네 목을 내밀어라. 만약 내밀지 않으면 구워 먹겠다.)'라고 노래 부르며 춤을 추면, 대왕을 맞이하여 (너희들은) 기뻐 춤추게 되리라.'

9간 등은 그 말과 같이 하면서 모두 기쁘게 노래하고 춤을 추었다. 얼마 후 하늘을 우러러보니 자줏빛 새끼줄이 하늘에서 드리워져 땅에 닿았다. 줄 끝을 살펴보니 붉은 색 보자기로 싼 금합이 있었다. 그것을 열어보니 해처럼 둥근 황금알 여섯 개가 들어 있었다. 사람들은 모두 놀라고 기뻐서 허리를 굽혀 백 번 절하고, 얼마 후 다시 금합을 싸안고 아도간(我刀干)의 집으로 가져와 탑 위에 두고 제각기 흩어졌다. 12일이 지나고 이튿날 새벽에 여러 사람들이 다시 모여 합을 열어보니 여섯 개의 알은 어린아이로 변해 있었는데, 용모가 매우 빼어났다. 그들을 평상에 앉혀 절하며 축하하고 지극히 공경하였다. 그들은 나날이 자라서 열흘 남짓 되자 신장이 9척이나 되어 은(殷)나라의 탕왕(湯王)같았고, 얼굴은 용과 같은 것이 한(漢)나라의 고조(高祖)와 같았고, 눈썹의 여덟 색채가 요(堯)임금과 같았고, 눈동자가 겹으로 된 것이 순(舜)임금 같았다.

그 달 보름에 즉위했는데 세상에 처음으로 나타났다고 하여 이름을 수로(首露) 혹은 수릉(首陵)이라 하였다. 나라를 대가락(大駕洛) 또는 가야국(伽耶國)이라 부르니, 바로 6가야 중 하나이다. 나머지 다섯 사람도 각각 다섯 가야의 임금이 되었다.… (삼국유사, 2002, 238-240.).

4구의 '계림'도 삼국유사 제 1권, 기이(紀異) 제 1, 김알지, 탈해왕 대에 나타난 김알지 탄강 신화(神話)를 인유한 것이다.

---

124) '호(戶)'는 하나의 고을과 비슷한 규모이니 마을이나 씨족 집단을 뜻한다(삼국유사, 2002, 238, 주4.)

영평(永平) 3년 경신년(60년) 8월 4일에 호공(瓠公)이 밤에 월성(月城) 서리(西里)를 지나다 시림(始林, 탈해왕 9년 계림(鷄林)이라 고침) 속에서 커다란 빛이 밝게 빛나는 것을 보았다. 자줏빛 구름이 하늘에서 땅까지 드리워지고 구름 속으로 보이는 나뭇가지에 황금 상자가 걸려 있었다. 그 상자 속에서 빛이 나오고 있었고 나무 밑에서는 흰 닭이 울고 있었다. 호공(瓠公)은 이것을 왕에게 보고하였다. 왕이 숲으로 가 상자를 열어 보니 사내아이가 누워 있다가 곧장 일어났는데, 마치 혁거세의 고사와 같았기 때문에 알지(閼智)라는 이름을 붙였다. 알지(閼智)는 향언(鄕言)으로 아린아이라는 뜻이다. 왕이 수레에 싣고 대궐로 돌아오는데, 새와 짐승이 서로 뒤따르면서 춤을 추었다.

왕이 길일을 가려 태자로 책봉했으나, 나중에 파사왕(破娑王)에게 양보하고 왕위에 오르지 않았다. 그는 금궤에서 나왔다 하여 성을 김 씨(金氏)로 하였다. 알지가 세한(勢漢)을 낳고, 세한이 아도(阿都)를 낳고, 아도가 수류(首留)를 낳고, 수류가 욱부(郁部)를 낳고, 욱부가 구도(俱道)를 낳고, 구도가 미추(未鄒)를 낳았다. 미추(未鄒)가 왕위에 오르니 신라의 김 씨는 알지(閼智)로부터 비롯되었다(삼국유사, 2002, 81.)

이들 모두는 상호텍스트성을 갖는다.

⑤ 결속 구조

이 시 텍스트의 형식은 오언절구(五言絕句)로 모두 4구로 이루어졌다. 2구의 끝 '深'와 4구의 끝 '林'으로써 운을 맞추어 텍스트의 형식상 연쇄를 이루고 있다. 이 시 텍스트는 1구와 2구, 3, 4구가 하나의 월을 이루고 있다.

첫째 월 ; 十里降王界(왕이 탄강한 곳과 십 리 거리(이다)).

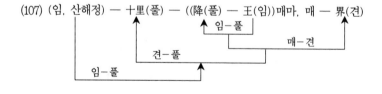

참고 : 十里(십리이다), 降(탄강하다), 王(왕), 界(곳)

둘째 월 ; 長江流恨深(긴 강물에 흐르는 한이 깊도다).

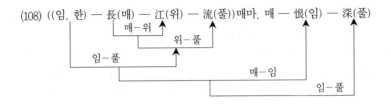

(108) ((임, 한) — 長(매) — 江(위) — 流(풀))매마, 매 — 恨(임) — 深(풀)

참고 : 長(길다), 江(강), 流(흐르다), 恨(한), 深(깊다)

셋째 월 : 雲浮黃馬島 山導翠鷄林(구름은 누른 대마도에 떠 있고, 산은 푸른 계림으로 뻗어 있네)

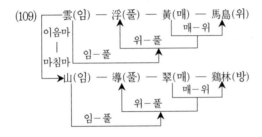

(109) 雲(임) — 浮(풀) — 黃(매) — 馬島(위)

山(임) — 導(풀) — 翠(매) — 鷄林(방)

참고 : 雲(구름), 浮(떠 있다), 黃(누렇다), 馬島(대마도)
山(산), 導(뻗어 있다), 翠(푸르다), 鷄林(계림)

⑥ 결속성

이 시 텍스트는 남명이 산해정에서 바라보는 바를 과거, 현재, 미래의 시간으로 대립시켜 구조화하고 있다. 1구는 현재의 사실을 말하고 있다. 산해정이 과거 가락국의 수로왕이 탄강한 곳과 십 리 거리에 있다는 것이다. 그리하여 산해정에서 가락국을 바라보건데 융성했던 지난날을 이어가지 못하고 결국 신라에 멸망하게 되는 한을 보게 된다. 2구에서 긴 강물에 흐르는 한이 깊다는 것은 이를 두고 하는 표현일 것이다. 그렇다면 지금 이 나라의 처지는 어떠한가? 구름이 누른 대마도에 떠 있는 현실을 보게 된다. 일본이 이 나라를 대대적으로 침범할 준비를 하고 있어 전운이 감돌고 있다는 것이다. 나라의 위기가 눈앞에 있다. 그런데도 조정은 부패하고 혼란스럽기만 하니 이 나라의 미래가 신라가 망할 때와 흡사하여 4구에서 '산이 푸른 계림으로 뻗어 있다.'는 것이다. 이러한 관점에서 이 시 텍스트의 결속성을 살펴보면 제어 중심(control centre)은 1구의 '〈降王界(왕이 탄강한 곳)〉장소 → 〈十里(십리이다)〉사실'이다. 이는 1차 개념이다.

(110) 거시 구조 1

1차 개념

〈降王界〉장소 ⟶ 〈十里〉사실

(111) 거시 구조 2

1차 개념의 사실을 바탕으로 과거, 현재, 미래를 바라보는 것이 2차 개념이다. 과거는 '〈恨(한)〉주체 → 〈深(깊다)〉상태'이고, 현재는 '〈雲(구름)〉주체 → 〈浮(떠 있다)〉움직임'이며, 미래는 '〈山(산)〉주체 → 〈導(뻗어 있다)〉움직임'이다. 이들이 서로 대립한다.

2차 개념

〈降王界〉장소 ⟶ 〈十里〉사실
     과거 〈恨〉주체 ⟶ 〈深〉상태
     현재 〈雲〉주체 ⟶ 〈浮〉움직임
     미래 〈山〉주체 ⟶ 〈導〉움직임

(112) 거시 구조 3

2차 개념의 상태나 움직임의 장소를 나타내는 것이 3차 개념이다. 과거의 '〈恨(한)〉주체 → 〈深(깊다)〉상태'의 장소는 '〈長江(긴 강)〉'이고, 현재 '〈雲(구름)〉주체 → 〈浮(떠 있다)〉움직임'의 장소는 '〈馬島(대마도)〉'이며 미래의 '〈山(산)〉주체 → 〈導(뻗어 있다)〉움직임'의 장소는 '〈鷄林(계림)〉'이다.

3차 개념

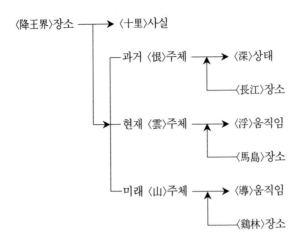

(113) 미시 구조

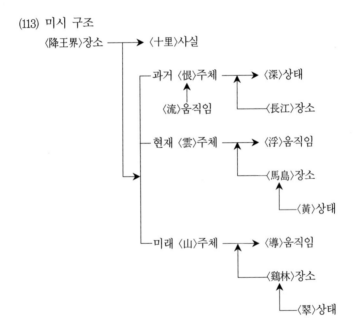

⑦ 시 해석

(1) 산해정은 가락국 수로왕이 탄강한 구지봉과 십 리 거리에 있다.

(2) 그리하여 가락국의 흥망성쇠를 생각하게 되는데 그때에도 흘렀을 긴 강물을 바라보니 강물에 흐르는 그 역사의 한이 깊도다.

(3) 또 오늘 우리의 현실을 바라보니 대마도 왜구가 세력을 키워 좋지 못한 전

란의 기운이 감돌고 있구나.

(4) 이 나라의 미래는 어찌될까? 보니 우리 지금의 모습은 계림에서 시작한 김 씨
   왕조가 포석정에서 망하도록 자초한 신라의 모습을 닮아 그곳까지 뻗어 있다.

이러한 나라의 사정을 남명은 임금에게 올린 '을묘사직소(乙卯辭職疏)'에서 비유하기
를 '큰 나무가 백 년 동안 벌레가 속을 먹어 진액이 이미 말라버렸는데 회오리바람
과 사나운 비가 어느 때에 닥쳐올 지 까마득하게 알지 못하는 것과 같다.'고 하였다.

백성은 굶주려 목메어 울며 소나무 껍질을 벗겨 먹다가 풍년을 맞았어도 관리
들의 가렴주구로 디 빼앗겨 더욱 굶주리게 되고(황강에게 줌 贈 黃江) 그리하여 굶주림
을 잊고자 쉬고자 하여도 마땅히 쉴 곳조차 없는데 임금은 백성을 구제할 생각은
하지 아니하고 잠만 자고 있다(느낌이 있어 有感). 이러니 글만 읽던 선비가 무엇을 할
수 있겠는가? 임금은 아무리 깨워도 일어나지 않으니 달뜨는 밤이면 굶주리는
백성을 생각하며 눈물 흘리고 성군이 나타나면 날아든다는 기산의 봉황새나 기
다릴 수밖에. 나라는 이미 기울어 포석정에서 마지막을 맞이한 신라의 계림에 닿
아 있는 것을(산해정에서 우연히 읊음 山海亭偶吟).

그러나 남명은 나라와 백성을 어떻게든 구하기 위해 애쓴 흔적이 뚜렷하다. 그
어려운 가운데서도 제자를 키워 훗날 임진왜란이 일어났을 때 많은 의병장들이
그의 문하에서 나왔으며(박승용, 2002, 252) 일편단심으로 이 세상을 소생시키고자 노
력하였다. 이것이 이 땅의 선비가 갖는 사명이리라.

3) 남명의 부(賦) 텍스트 분석

남명의 부(賦)는 원천부(原泉賦), 민암부(民巖賦), 군법행주부(軍法行酒賦) 셋이 남아 있다.
원천부(原泉賦)는 학문을 하여 세상의 온갖 이치에 밝도록 하는 것을, 근원이 있
는 샘물이 끊임없이 흐르는 것에 비유하여 쓴 글이고(남명집, 2001, 149, 주 1), 민암부(民
巖賦)는 백성을 통치하는 임금이 백성을 사랑하여 편안이 살도록 해야 하는데 그
렇지 않으면 백성이 나라를 엎을 수도 있다는 것을 경계하는 글이다(교감 국역 남명집,
1995, 112, 주15). 그리고 군법행주부(軍法行酒賦)는 한(漢)나라의 고조(高祖)와 혜제(惠帝)가 죽

고, 고조의 비(妃)인 여 태후(呂太后)가 정권을 마음대로 할 때, 고조의 손자 유장(劉章)이 여러 여 씨들과의 연회석상에서 주리(酒吏)를 맡아 음주(飮酒)를 군법(軍法)에 의거, 실행한 것을 두고 쓴 글이다(교감 국역 남명집, 1995, 116, 주26). 이 글에서는 원천부(原泉賦)와 민암부(民巖賦)를 대상으로 텍스트를 분석하여 남명의 생각을 구체적으로 살펴보기로 한다. 이 두 텍스트를 분석의 대상으로 삼은 것은 여기에 나타난 남명의 생각이 앞에서 살핀 시(詩) 텍스트나 다음에 살필 명(銘) 텍스트와 맥을 같이하고 있다고 여겼기 때문이다.

(1) 原泉賦125)　　　원천부

01	惟地中之有水	오직 땅 속에 물이 있는 것은,
02	由天一之生北	천일이 북쪽에서 생기기 때문이다.
03	本於天者無窮	하늘에 근본한 것은 무궁하니,
04	是以行之不息	이 때문에 쉬임 없이 흐른다.
05	徵一泉之騰沸	솟아오르는 한 샘물의 모습은,
06	異杯水之坳覆	오목한 땅에 고인 잔의 물과는 다르다.
07	縱初原之涓涓	애초에는 물이 졸졸 솟구치지만,
08	委天地而亦足	천지에 다 넉넉하다.
09	非有本則不然	근본이 없다면 곧 그렇지 아니하리니,
10	類人身之運血	사람 몸에 피가 도는 것과 같다.
11	或一暫之止息	혹여 잠시라도 멈추면,
12	天地亦有時而潰裂	천지가 때로는 역시 파괴되기도 하겠지만,
13	同不死於谷神	곡신과 같이 죽지 않으니,
14	實氣母之沉潏	실로 기모의 항해이다.
15	故祀典之崇本	그러므로 제사의 법전에서도 근본을 숭상하여,
16	必先河而後海	반드시 황하가 먼저이고 바다는 뒤였다.
17	思亞稱於宣尼	공자가 자주 (물을) 일컬었음을 생각하니,
18	信子輿之心迪	맹자가 (근본이 있다는 뜻으로 이해하고) 인도한 마음을 믿겠구나.
19	推洊水於習坎	미루어보건대, 물이 웅덩이에 흘러와 채우고 흘러가니,
20	宣德行之素積	평소에 덕행을 쌓는 것이 마땅하리라.
21	究人事之下行	일상생활에서 실천할 수 있는 일을 궁구함이,
22	根天理之上達	천리에 도달하는 근본이다.
23	萬理具於性本	온갖 이치가 본성에 갖춰져 있어,

---

125) 각 행 앞에 붙여진 번호는 글쓴이가 이 글의 분석을 위하여 임의로 붙인 것이다.

24	混潑潑而活活	다 활발하고 생기가 돈다.
25	隨取用而有餘	따라서, 필요로 하여 취하여도 남음이 있는 것이,
26	猶窟宅之生出	마치 (물이) 지하에서 솟아나오는 것과 같다.
27	合川流而敦化	흐르는 냇물과 무궁한 조화를 아우르는 것은,
28	皆大本之充實	모두가 근본에 충실한 위대함이다.
29	配悠久於博厚	길고 오랜 것과 넓고 두터운 것이 짝지으니,
30	歸萬殊於一極	만물의 다양함이 한 가지 이치로 귀결이 된다.
31	是誠者之自然	이는 성실함이 자연스레 나타나는 것으로,
32	河漢浩而莫測	은하수처럼 아득하여 헤아릴 수 없도다.
33	濬不喻於天淵	그 깊이를 하늘 연못으로도 비유할 수 없어,
34	但魚躍之洋洋	다만 물고기가 큰물에서 뛰는 것으로 비유하였다.
35	發大原於崑崙	큰 근원이 곤륜산에서 발원하여,
36	彌六合其無方	온 천지 사방에 가득 퍼진다.
37	巨浸稽天而漫汗	큰 물결이 하늘에 닿을 듯이 도도히 흘러가면,
38	曾不撓以使濁	결코 물길을 바꾸거나 흐리게 할 수 없으며,
39	火輪燋土而爀烈	태양이 땅을 태울 듯이 강열해도,
40	庸詎殺其一勻	어찌 그 한 바가지 물인들 줄이랴!
41	而君子之致曲	또한 군자가 극진함에 이르는 것은,
42	尤有大於立本	근본을 세우는 것이 특히 중요하다.
43	學不積則不厚	학문이란 쌓지 않으면 두터워지지 않으니,
44	等聚溲而海問	비유컨대 오줌을 받아 바다를 묻는 것과 (같다).
45	苟靈根之不渴	진실로 신령한 뿌리가 마르지 않으면,
46	沃九土其難涸	천하를 적시고도 마르기 어려우리.
47	見寒泉之勿幕	덮지 않은 샘의 차가운 물을 보라.
48	人百樺其猶若	사람들이 온갖 두레박으로 (퍼내어도) 여전하다.
49	戒曰	경계하여 말한다.
50	心以應事	마음으로 세상만사에 대응하면,
51	百感搖挑	온갖 미혹의 감정이 (마음을) 흔들고 돋운다.
52	學以爲本	학문으로 근본을 삼으면,
53	感罔能擾	미혹의 감정이 (마음을) 능히 어지럽히지 못한다.
54	可泪則無本	(미혹의 감정에) 가히 빠지면 근본이 없어지고,
55	可擾則用熄	(미혹의 감정에) 가히 어지럽혀지면 쓰임이 없어진다.
56	敬以涵源	경으로써 근원을 함양하고,
57	本乎天則	하늘의 법칙에 근본해야 하리라.

① 상황성

남명을 비롯한 당시 성리학자들은 명(命)과 성(性)에 대하여 많은 관심을 가졌다. 하늘이 사람에게 준 것을 명(命)이라 하고 사람이 하늘로 부터 받은 것을 성(性)이라 한다.

> 장자가 말하였다. '하늘이 사람에게 준 것은 명(命)이 되고, 사람이 하늘로 부터 받은 것은 성(性)이 된다. 도는 성명의(性命)의 이치이다' – '도는' 이하는 구산(龜山)의 말이다. (張子曰. 天授於人則爲命 人受於天則爲性. 道則性命之理. – 道則以下龜山語.)
>
> (학기류편, 같은 책, 129.)

이는 남명의 학기류편(學記類編)에 나타난 글이다. 학기류편(學記類編)은 남명이 평소에 책을 읽으면서 공부에 꼭 필요하다고 생각되거나 공감하는 말이 있을 때 이를 가려 뽑아 적어 둔 것으로 이를 제자 정인홍(鄭仁弘)이 근사록(近思錄)의 체제에 맞추어 분류 편집한 책이다. 학기류편(學記類編)에는 명(命)과 성(性)을 빗대어 살피는 경우가 많은데 이를 살펴보면 다음과 같다.

> 마음에 한량이 없음은 천지가 무한하고, 해와 달이 무한한 것과 같다. 만약 마음에 한량이 있다면 이 성 이외에 비로소 그것을 얻는 사물이 있을 것이다. – 이하 이천.
> (心無限量 猶天地無限, 日月之光無限 若有限量 除是性外 有物是得 – 以下伊川)
>
> (학기류편, 같은 책, 129.)

> 주자가 말하였다. 원·형·이·정은 천도의 정상이고 인·의·예·지는 인성의 기강이다.
> (朱子曰. 元亨利貞 天道之常 仁義禮智 人性之綱.) (학기류편, 같은 책, 128.)

> 임천 오 씨가 말하였다. '원·형·이·정이 사계절에 유행하는 것을 명(命)이라 하고 인·의·예·지가 한 마음에 모두 갖추어진 것을 성이라 한다.'
> (臨川吳氏曰. 元亨利貞 流行四時 謂之命 仁義禮智 備具一心 謂之性.) (학기류편, 같은 책, 128.)

> 천(天)은 자연에 나아가서 말한 것이고, 명(命)은 천리(天理)가 유행하여 만물에 부여된 측면에서 말한 것이고, 성(性)은 전체적으로 만물이 함께 얻어 태어나는 측면에서 말한 것이고, 이(理)는 하나하나 사물마다 각각 그 법칙을 가지고 있는 측면에서

말한 것이다. – 어떤 이가 물은 말이다.

(天則就自然者言之 命則就流行而賦於物者言之 性則就全體而萬物所同得以爲生者言之 理則就事事物 物各有其則者言之. – 或問辭.) (학기류편, 같은 책, 131.)

정자가 말하였다. '심·성·천은 하나의 이치이다.' 또 말하였다. '이는 천에서 나오고 천은 이에서 나온다.' (程子曰. 心也性也天也 一理也. 又曰, 理出於天 天出於理) (학기류편, 같은 책, 95.)

사람이 자고 깨는 것이 있는 것은 낮과 밤, 음과 양이 있는 것과 같다. 움직임과 고요함, 열림과 닫힘의 이치는 모름지기 음양에 순응해야 비로소 얻을 수 있다. 사람이 잘 때는 마치 피가 간으로 돌아가듯이 혈기가 모두 안으로 모이게 된다.

(人之有寤寐 猶天之有晝夜陰陽. 動靜開闔之理 須順陰陽 始得. 人之寐時 血氣皆聚於內 如血歸肝之類) (학기류편, 같은 책, 103.)

봄을 시작으로 하여 그 근원을 추구해 보면 끝에는 반드시 겨울이 있다. 죽고 사는 것도 이와 같을 것이다. – 이천. (以春爲始而原之 其必有冬. 死生者 其與是類 –伊川) (학기류편, 같은 책, 106.)

말하고 침묵하는 것은 낮·밤과 같고 낮과 밤은 죽음·삶과 같으며 죽음과 삶은 옛날·지금과 같다. (語默猶晝夜 晝夜猶生死 生死猶古今.) (학기류편, 같은 책, 106.)

남명은 이와 같이 선현들의 말을 모아 체계화 시켜 알기 쉽게 그림으로 나타내기도 하였는데 학기류편(學記類編)에서 명(命)과 성(性)의 관계를 들어낸 그림이 학기류편 13의 그림, 천명도(天命圖)이다.

(114) 천명도(天命圖)

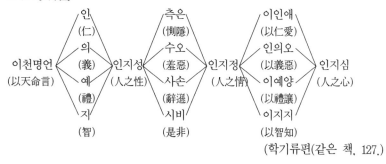

(학기류편(같은 책, 127.)

이와 같이 남명을 비롯한 성리학자들은 명(命)과 성(性)에 많은 관심을 갖고 그 이치가 어떠한 지를 따져 묻고 특히 남명은 그 이치에 따라 실천하기에 힘썼다. 남명의 생각을 드러낸 원천부(原泉賦) 텍스트도 명(命)의 현상에 빗대어 인간 성(性)의 실천 방안들을 말하고 있다.

② 의도성과 용인성

이 부(賦) 텍스트의 논리 전개 방식은 시작과 끝에 말하고자 하는 바를 배치하고 있다. 처음은 하늘에 근본을 둔 물에 대해서 말하고 있다.

05	솟아오르는 한 샘물의 모습은	徵一天之鬐沸
07	애초에는 물이 졸졸 솟구치지만,	縱初原之涓涓
08	천지에 다 넉넉하다.	委天地而亦足
09	근본이 없다면 그렇지 아니하리니,	非有本則不然

끝에서는 다시 사람이 하늘의 법칙에 근본해야 함을 말하고 있다 (57. 하늘의 법칙에 근본해야 하리라. 本乎天則).

앞부분에서는 먼저 하늘에 근본을 둔, 땅 속의 물(05)과 하늘에 근본을 두지 않은, 길가에 고인 물(06)을 대비시켜 이들은 서로 다르다고 말하고 있다. 그리고 01, 02에서는 땅 속에 물이 있는 것은 천일이 북쪽에서 생기기 때문에[126] 땅 속의 물은 하늘의 명(命)을 따른, 근본이 있는 물이라는 것이다. 하늘에 근본을 둔 물은 03, 04, 07, 08, 13.에서 길가에 고인 물과 달리 무궁하여 쉬임 없이 흘러, 애초에는 졸졸 솟구치는 물에 불과하지만 천지를 다 적셔도 넉넉하다 한다. 곡신과 같이 영원히 죽지 않는다 한다. 이에 빗대어 뒷부분에서는 57.에서 사람이 하늘의 법칙에 근본해야 한다는 것을 말하면서 그 방법과 결과에 대해 말하고 있다. 방법은 경으로써 그 근원을 함양하고(56), 학문을 쌓아(43) 그 학문으로 근본을 삼고(52) 또 일상생활에서 실천할 수 있는 일을 연구하는 것(21)이 오묘한 이치에 도달

---

126) 남명의 학기류편(學記類編) 그림6. 삼재일태극도(三才一太極圖)에는 오행(五行), 수,화,목,금,토를 계절과 오상(五常)과 관계시키고 있다. 수(水); 동(冬), 지(智), 화(火); 하(夏), 예(禮), 목(木); 춘(春), 인(仁), 금(金); 추(秋), 의(義), 토(土); 신(信)으로 관계한다(학기류편, 같은 책, 48). 나아가 이 오행은 방위(方位)와도 관계하는데 수는 북(北), 화는 남(南), 목은 동(東), 금은 서(西), 토는 중앙과 관계한다. 북쪽은, 오행(五行)으로 보면 수(水)에 해당되므로 이렇게 말한 것이다.

하는 근본(22)이라는 것이다. 그리고 사람이 하늘의 법칙에 근본하면 작은 덕은 흐르는 냇물 같고(27) 큰 덕은 무궁한 조화를 이루어(27) 만물의 다양함이 한 가지 이치로 귀결되어(30) 지극한 정성이 자연스레 나타나는(31)는 결과를 갖는다는 것이다.

이렇듯 원천부(原泉賦) 텍스트는 하늘에 근본을 둔 물과 하늘의 법칙에 근본을 둔 사람을 빗대면서 사람은 반드시 하늘의 법칙에 근본해야 한다는 것을 말하고 있다 하겠다.

③ 정보성

앞의 4. 1), (1)의 ④ 정보성에서 살폈듯이 텍스드 언어학에서 정보성이란 제시된 텍스트의 자료가 예측된 것, 예측되지 않은 것, 알려진 것, 알려지지 않은 것의 정도를 나타내는 것으로 시 텍스트의 경우는 발화체를 어떻게 안정시켜 가는가를 살피는데 많은 도움을 주었다. 그러나 앞으로 살필 부(賦), 서(書), 소(訴) 텍스트의 경우는 정보의 양이 너무 많기도 하거니와 운문인 시(詩)에서 처럼 정보성을 낱낱이 살필 이유가 크지 않다. 따라서 필요한 경우에는 정보성을 ② 의도성과 용인성 속에 넣어 살피기로 하고 이후는 따로 항목을 두지 않기로 한다.

④ 상호텍스트성

02.의 '天一之生北(천일(天一)이 북쪽에서 생긴다.)'이라고 한 것은 학기류편(같은 책, 93)에서 '천일이 물을 낳아 만물이 처음 생기는 것을 백(魄)이라 한다.'와 오행(五行)에서 방위와 관련하여, 수(水)-북(北), 화(火)-남(南), 목(木)-동(東), 금(金)-서(西), 토(土)-중앙(中央)에 있다고 여긴 데에서 '천일(天一)이 북쪽에서 생겼다.'고 말하고 있는 것이다. 상호텍스트성을 갖는다.

13.의 '同不死於谷神(곡신과 같이 죽지 않으니'은 노자(老子) 상편(上篇) 제 6장 성상(成象)에 나오는 말의 인유(引喩)다. 노자는 '谷神不死, 是謂玄牝, 玄牝之門, 是渭天地根, 綿綿若存 用之不勤(곡신은 죽지 않는다. 이를 현빈이라 한다. 현빈의 문이 바로 천지의 근원이다. 면면히 이어지는 것이 있는 듯. 작용만은 무궁무진하다.)'이라 하였다(노자, 1982, 42). 13.은 03. 本於天者無窮(하늘에 근본한 것은 무궁하니)에서 이어지고 있는데 이는 노자의 '玄牝之門, 是渭天地根(현빈의 문이 바로 천지의 근원이

다.)'과 통한다. 여기에서 '현빈(玄牝)'은 유현(幽玄)하고 현묘(玄妙)한 여성을 말하는 것으로 곡신(谷神)이 영원히 죽지 않고 만물을 창조한다는 것을 뜻한다. '곡신은 죽지 않는다.(谷神不死)'는 말은 남명의 학기류편(같은 책, 422)에도 '장자가 도체를 형용한 부분도 비록 좋은 곳이 있지만, 노자가 말한 '곡신은 죽지 않는다.'는 말이 가장 좋다(莊子形容導體 儘有好處 老子谷神不死最佳)'고 써두고 있다. 상호텍스트성을 갖는다.

14. '實氣母之沉罋(실로 기모의 항해이다.)'에서 '기모(氣母)'는 장자(莊子) 대종사(大宗師)에 나오는 말의 인유(引喩)다. 장자(莊子)는 대종사(大宗師)에서 대도(大道)를 얻은 사람들이 어떠했나를 밝히면서 '狶韋氏得之, 以挈天地, 伏戱得之, 以襲氣母, · · · 堪坏得之, 以襲崐崘, 馮夷得之, 以遊大川 · · · (희위 씨는 이 도를 얻어 천지를 헤아렸고, 복희는 이를 얻어 원기(元氣)의 모체를 취하였으며 · · · . 감배는 이를 얻어 곤륜산으로 들어갔고, 풍이는 큰 강에서 놀았으며, · · ·)' 하였다고 한다(장자, 1982, 240). 여기서 기모(氣母, 원기의 모체)는 만물을 창조하는 기운을 말하는 것으로 '實氣母之沉罋(실로 기모의 항해이다.)'는 '만물을 창조하는 기운이 가장 활발한 깊은 밤중(항해, 沉罋)이다.' 하는 뜻으로 해석된다.

그리고 35.에서는 '發大原於崑崘(큰 근원이 곤륜산에서 발원한다.)'이라고 하였는데 이는 장자의 글에 나오는 '堪坏得之, 以襲崐崘(감배는 이를 얻어 곤륜산으로 들어갔다.)'는 것과 통한다. 곤륜산은 황하강(黃河江)의 발원점이라고 믿는 전설 속의 산이며 산중에 불사(不死)의 물이 흐르고 선녀인 서왕모(西王母)가 살고 있다는 산이다. 서왕모(西王母)는 장자의 위 같은 글에도 나오는데 '西王母得之, 坐乎少廣, 莫知其始莫知其終(서왕모는 이를 얻어 소광산에 앉아 그 태어남도 알지 못하고 그 끝맺음도 알지 못했다.)' 한다(장자, 1982, 240).

14. '實氣母之沉罋(실로 기모의 항해이다.)'와 35. '發大原於崑崘(큰 근원이 곤륜산에서 발원한다.)'는 상호텍스트성을 갖는다.

17. 思亟稱於宣尼(공자가 자주 (물을) 일컬었음을 생각하니)와 18. 信子輿之心迪(맹자가 (근본이 있다는 뜻으로 이해하고) 인도한 마음을 믿겠구나.), 19. 推洊水於習坎(미루어보건대, 물이 웅덩이에 흘러와 채우고 흘러가니)도 상호텍스트성을 갖는다. 17. 思亟稱於宣尼(공자가 자주 (물을) 일컬었음 생각하니)는 맹자(孟子) 이루장 구하(離婁章句下) 십팔(十八)에 '徐子曰, 仲尼亟稱於水曰, 水哉水哉, 何取於水也(서자가 말하였다. 공자께서 자주 물을 일컬으시면서, '물이여, 물이여', 하시니 물에서 어떤 것을 취하신 것입니까?)'에

서 인유한 것으로 보인다. 여기에서 공자께서 물에 대해 일컬었다는 것은 논어(論語) 자한 제 구(子罕第九) 범십육장(凡十六章)에서의 말 즉 '子在川上日, 逝者如斯夫, 不舍晝夜 (공자께서 내 위에 계시면서, 말씀하시기를 가는 것이 이와 같구나. 밤낮 그치지 않는구나.)'를 두고 한 말이다. 18.과 19.의 말은 서자(徐子)의 물음에 대한 맹자의 대답에서 나온 말인데 맹자의 대답은 위 논어(論語) 자한 제 구(子罕第九) 범십육장(凡十六章)의 말을 두고 한 것이다. 맹자의 대답은 맹자(孟子) 이루장 구하(離婁章句下) 범십팔장(凡十八章)에 나온다. 맹자는 '孟子日 源泉混混, 不舍晝夜, 盈科而後進 放乎四海, 有本者如是, 是之取爾(맹자께서 말씀하셨다. 근원인 샘이 솟아올라 밤낮으로 그치지 아니하여 웅덩이를 채우고 난 뒤에 나아가서 바다에 이른다. 근본이 있는 자는 이와 같다. 이것을 취한 것이다.)'라고 하였다. 여기에 대하여 남명은 18.에서 '信子輿之心迪(맹자가 (근본이 있다는 뜻으로 이해하고) (서자를) 인도한 마음을 믿겠구나.)'이라는 것이고, 19. '推洊水於窒坎(미루어보건대, 물이 웅덩이에 흘러와 채우고 흘러가니)'은 위 맹자의 말에서 인유(引喩)한 것이다.

27. '合川流而敦化(흐르는 냇물과 무궁한 조화를 아우르는 것)'는 중용(中庸) 장구(章句) 삼십(三十)에 나타난 '萬物幷育而不相害, 道幷行而不相悖, 小德川流, 大德敦化, 此天地之所以爲大也(만물이 아울려 자라면서 서로 해치지 않으며 도가 아울려 행하여 서로 어긋나지 않나니 작은 덕은 흐르는 냇물 같고 큰 덕은 무궁한 조화를 이룬다. 이것이 천지의 위대함이다.)'라는 말에서 인유한 것으로 '川流(흐르는 냇물)'는 '小德川流(작은 덕은 흐르는 냇물 같다.)'에서 '小德(작은 덕)'을 생략한 것이고 '敦化(무궁한 조화)'는 '大德敦化(큰 덕은 무궁한 조화를 이룬다.)'에서 '大德(큰 덕)'을 생략한 것이다. 이도 상호텍스트성을 갖는다.

29. 配悠久於博厚(길고 오랜 것과 넓고 두터운 것이 짝지으니)에서 '悠久(길고 오랜 것)'와 '博厚(넓고 두터운 것)'는 중용(中庸) 장구(章句) 이십육(二十六)에 주로 나타난다. 이를 보면 다음과 같다.

▶ 넓고 두터운 것은 만물을 실은 것이요, 높고 밝은 것은 만물을 덮는 것이요, 길고 오랜 것은 만물을 이루는 것이다(博厚所以載物也, 高明所以覆物也 悠久所以成物也) (중용, 1982, 407).
이 말에 대하여 주자(朱子)가 주해(註解)하기를 '悠久(유구)'는 곧 길고 먼 것이니, 안과 밖을 겸하여 말한 것이다. 근본이 길고 먼 것으로써 높고 두터운 것을 이룬 것인데 높고 두터운 것이 또 길고 오랜 것이니, 이것은 성인이 천지와 더불어 쓰는 것이 같다는 것을 말씀하신 것이다(悠久卽悠遠, 兼內外而言之也, 本以 悠遠, 致高厚

而高厚又悠久也, 此言聖人, 與天地同用) 하였다(중용, 1982, 407-408).

▸ 넓고 두터운 것은 땅을 짝하고, 높고 밝은 것은 하늘을 짝하고 길고 오랜 것은 끝이 없는 것이다(博厚配地, 高明配天, 悠久無彊) (중용, 1982, 407-408).

▸ 하늘과 땅의 도는 넓고, 두텁고, 높고, 밝고, 길고, 오랜 것이다(天地之道, 博也厚也高也明 也悠也久也). (중용, 1982, 408).

29. 配悠久於博厚(길고 오랜 것과 넓고 두터운 것이 짝지으니)에서의 '悠久(길고 오랜 것)'와 '博厚(넓고 두터운 것)'는 중용에 나타난 이러한 것들을 한 데 모아 인유한 것이다. 이는 상호텍스트성을 갖는다.

31. 是誠者之自然(이는 성실함이 자연스레 나타난 것)에서 '誠(성실함, 정성)'은 주로 중용(中庸) 장구(章句) 이십오(二十五)에 나타난다. 이는 위 29.의 '悠久(길고 오랜 것)'와 '博厚(넓고 두터운 것)과 통한다. 이들을 살펴본다.

▸ 성은 스스로 이루어지는 것이요, 도는 스스로 인도하는 것이다(誠者自成也, 而道自道也) (중용, 1982ㄴ, 406).

▸ 성은 만물의 마침과 시작이다. 성실하지 않으면 만물이 존재하지 않는다. 이런고로 군자는 성실한 것을 귀중하게 여긴다(誠者物之終始, 不誠無物, 是故君子誠之爲貴) (중용, 1982, 406).

▸ 성실한 것은 스스로 자기를 이룰 뿐만 아니라 만물을 이루는 것이다(誠者非自成己而已, 所以成物也)(중용, 1982, 406).

▸ 그런고로 지극한 정성은 쉬는 것이 없는 것이니, 쉬지 아니하면 오래고 오래면 징험이 있을 것이고, 징험이 있으면 길고 멀며, 길고 멀면 넓고 두터우며, 넓고 두터우면, 높고 밝은 것이다(故至誠無息, 不息則久, 久則徵, 徵則悠遠, 悠遠則博厚, 博厚則高明) (중용, 1982, 407).

31. 是誠者之自然(이는 성실함이 자연스레 나타나는 것)에서 '誠(성실함, 정성)'은 중용에 나타난 이러한 것들을 한 데 모아 인유한 것이다. 이는 상호텍스트성을 갖는다.

34. 但魚躍之洋洋(다만 물고기가 큰물에서 뛰는 것으로 비유하였다.)은 중용(中庸) 장구(章句) 십이(十二)에 나타난 말 '詩[27]云 鳶飛戾天, 魚躍于淵, 言其上下察也(시경에 이르기를 '솔개는 날아서 하늘에 다다르고 물고기는 못에서 뛴다.' 하니 그 위와 아래에 나타나는 것을 말하는 것이다.)'에서 인유(引喩)한 것이

다. 이 시구에 대하여 주자(朱子)가 주해(註解)하기를 '以明化育流行, 上下昭著, 莫非此理之用, 所謂費也(화육이 흘러 행하여 위와 아래에 밝게 나타나는 것이 이 이치가 쓰이지 않는 것이 없음을 밝히신 것이다.)라고 하였다. 이도 상호텍스트성을 갖는다.

⑤ 결속 구조

이 부(賦) 텍스트는 대개 여섯 자로 한 구를 이루고 다섯 군데를 제외하고는 두 구가 한 월을 이루고 있다. 부 텍스트가 대체로 그러하듯이 이도 격구(隔句)로 압운(押韻)하고 있으나 운(韻)에 얽매이지 않고 있어 형식에 따른 텍스트성을 찾는 것은 별 의미가 없다. 따라서 여기서는 한 월을 대상으로 통사적 결속 구조를 살피기로 한다.

01, 02.의 월 ; 惟地中之有水, 由天一之生北(오직 땅 속에 물이 있는 것은, 천일이 북쪽에서 생기기 때문이다).

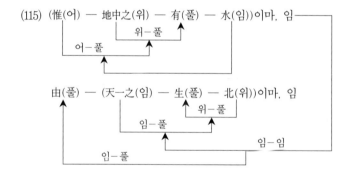

참고 : 惟(오직), 地中(땅 속), 之(허사), 有(있다), 水(물)
由(때문이다), 天一(천일), 生(생기다), 北(북쪽)

02.에서 '천일(天一)이 북쪽에서 생긴다(天一之生北)'고 한 것은 '천일(天一)이 물을 낳고', 오행(五行)에서 '물은 방위와 관련하여 북쪽에 있다.'고 여겼기 때문으로 보인다. '천일(天一)이 물을 낳는다.'는 것은 학기류편(같은 책, 93)의 다음에서 비롯된다.

---

127) 이 시는 시경을 말하는 것으로 여기에 나타난 '鳶飛戾天, 魚躍于淵(솔개는 날아 하늘에 다다르고, 물고기는 못에서 뛴다)'은 시경 대아(大雅) 한록(旱麓)편에 나오는 시구 중 하나이다.

'천일이 물을 낳아 만물이 처음 생기는 것을 백(魄)이라 한다. 백(魄)은 항상 주(主)가 되고 간(幹)이 된다. 장자(莊子)가 '해와 불은 밖이 그늘지고, 쇠와 물은 안이 밝다'고 한 것이 이것이다.(天一生水 物始生曰魄. 旣常魄. 魄常爲主爲幹. 莊子云 日火外影 金水內明 始也)'

여기에서 보면 '天一生水 物始生曰魄(천일이 물을 낳아 만물이 처음 생기는 것을 백(魄)이라 한다.)'이라 한다. 천일(天一)이 물을 낳는다(天一生水). 그리고 02.에서는 '천일(天一)이 북쪽에서 생겼다.(天一之生北)'고 하는 것은 오행(五行)에서 물(水)이 북쪽과 관련 있기 때문이다. 오행(五行)에서 수(水), 화(火), 목(木), 금(金), 토(土)가 방위와 관련해서는 수(水)-북(北), 화(火)-남(南), 목(木)-동(東), 금(金)-서(西), 토(土)-중앙(中央)에 있다고 여긴다. 이렇게 두고 보면 02.에서 '천일(天一) 북쪽에서 생겼다(天一之生北)'고 하는 것은 '천일(天一)'이 북쪽에서 생겨 그곳에서 물을 낳아 땅 속에 물이 있다고 하는 것이다. 하늘에 근본을 둔 물은 만물 생성의 근원이 된다.

03, 04의 월 ; 本於天者無窮, 是以行之不息(하늘에 근본한 것은 무궁하니. 이 때문에 쉬임없이 흐른다).

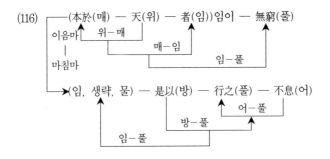

참고 : 本(근본하다), 於(허사), 天(하늘), 者(것), 無窮(무궁하다)
是以(이로써), 行(흐르다), 之(허사), 不息(쉬지 않다)

03에서 '本於天者無窮(하늘에 근본한 것은 무궁하니)'은 '천일(天一)이 북쪽에서 물을 낳아 땅 속에 있기에 땅 속의 물은 하늘에 근본한 것이요, 하늘에 근본한 것이기에 무궁하다는 것이다. 그래서 쉬임 없이 흐른다는 것이다. 이것은 13.의 '同不死於谷神(곡신과 같이 죽지 않으니)'과 통한다. '천일(天一)'에서 '일(一)'은 '성(誠)'을 말하는 것이다. 학기류편(같은 책, 180)에 '程子曰, 主一者, 謂之敬, 一者, 謂之誠 - 伊川(정자가 말하였다. 한결같음을 위주로 하는 것을 경(敬)이라고 하는데 한결같음이란 성실함을 말하는 것이다. - 이천.)'이라고 적고 있는데 '천일
(天一)'에서의 '일(一)'과 이천이 말한 '한결같음(一)'이란 성실함(誠)을 말하는 것이다'에
서의 '일(一)'은 같다. 중용(中庸) 장구(章句) 이십오(二十五)에서는 '성(誠)'에 대하여 다음
과 같이 말하고 있다.

> 그런고로 지극한 정성은 쉬는 것이 없는 것이니, 쉬지 아니하면 오래고 오래면 징
> 험이 있을 것이고, 징험이 있으면 길고 멀며, 길고 멀면 넓고 두터우며, 넓고 두터우
> 면, 높고 밝은 것이다.(故至誠無息, 不息則久, 久則徵, 徵則悠遠, 悠遠則博厚, 博厚則高明) (중
> 용, 1982, 407.)

이렇듯 '천일이 물을 낳아(天一生水) 땅속에 있는 물은 '하늘에 근본한 것(本於天者)'
이어서 위 예에서 보듯이 '성(誠)'으로 말미암아 무궁(無窮)하고 이 때문에 04.에서
말하듯이 '쉬임 없이 흐른다(行之不息)'는 것이다.

05, 06의 월 ; 徵一泉之觱沸, 異杯水之坳覆(솟아오르는 한 샘물의 모습은[128], 오목한 땅에 고인 잔의
물과는 다르다).

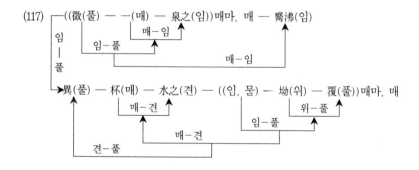

참고 : 徵(솟아오르다), 泉之(샘물의), 觱沸(샘물이 솟는 모습)
異(다르다), 杯(잔), 水之(물과), 坳(오목한 땅), 覆(고이다)

07, 08의 월 ; 縱初原之涓涓, 委天地而亦足(애초에는 물이 졸졸 솟구치지만, 천지에 다 넉넉하다).

---

128) '솟아오르는 한 샘물'은 '한 샘물이 솟아오르다'에서 임자말 '한 샘물이' 뒤로 자리를 옮기면서 '솟아오르다'가 '솟아오
르는'으로 꼴이 바뀐 것이다. 이러한 매김마디를 허웅(1983, 273)에서는 '빠져나간 매김마디'라 한다.

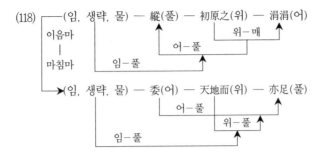

참고 : 縱(솟구치다), 初原之(애초에는), 涓涓(물이 졸졸 흐르는 모양)
      委(다), 天地而(천지에), 亦足(넉넉하다)

07.에서의 물은 03.에서 말한 '本於天者無窮(하늘에 근본한 것은 무궁하니)'의 물이다. 그리고 '行之不息(쉬임 없이 흐른다)'의 물이다. 이 물은 '애초에는 물이 졸졸 솟구치지만(07. 縱初原之涓涓)', '쉬임 없이 흘러(04. 行之不息)', '천지를 다 적시고도 넉넉하여 바다로 흐른다는 것이다(08. 委天地而亦足縱).'

09, 10.구의 월 ; 非有本則不然, 類人身之運血(근본이 없다면 곧 그렇지 아니하리니, 사람 몸에 피가
                                        도는 것과 같다).

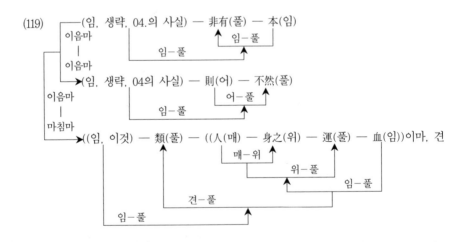

참고 : 非有(없다), 本(근본)
      則(곧), 不然(그렇지 않다)
      類(같다), 人(사람), 身之(몸에), 運(도는 것), 血(피)

11, 12, 13, 14.의 월 ; 或一暫之止息 天地亦有時而潰裂 同不死於谷神 實氣母之沈潜(혹여 잠시라도 멈추면 천지가 때로는 역시 파괴되기도 하겠지만 곡신과 같이 죽지 않으니 실로 기모의 항해이다).

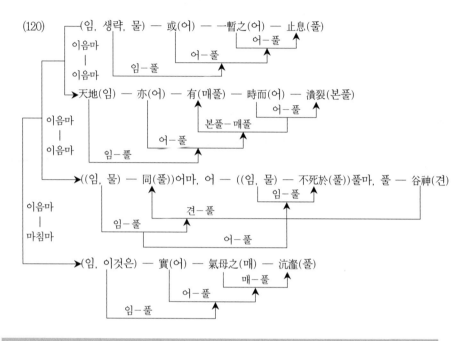

참고 : 或(혹시), 一暫之(잠시라도), 止息(멈추다)
天地(천지), 亦(역시), 有(하다), 時而(때로는), 潰裂(파괴되다)
同(같이), 不死於(죽지 아니하다), 谷神(곡신)
實(실로), 氣母之(기모의), 沈潜(항해이다)

물이 쉼 없이 흘러가는 것이 10.ㄱ에서는 '사람의 몸에 피가 도는 것과 같다.(類人身之運血)'고 한다. 사람의 몸에 피가 끊임없이 흘러 산소를 공급하고 이로 말미암아 세포들을 생성하여 우리 몸을 유지하는 것과 같이 물이 끊임없이 흘러 천지를 생성하며 유지하게 된다는 것이다. 노자(老子) 상편(上篇) 제 8장 역성(逆成)에서 '최고의 선은 물과 같다. 물은 만물을 좋게, 이롭게 하지만 다투지 않는다.(上善若水, 水善利萬物而不爭)'고 한다. 그러므로 천지를 유지하게 된다. 이러한 물이 09.에서 잠시라도 멈추게 되면 천지가 때로는 역시 파괴되기도 하겠지만(或一暫之止息. 天地亦有時而潰裂), '곡신과 같이 죽지 않는다.(同不死於谷神)'고 한다. '곡신(谷神)'은 노자(老子) 상편(上篇) 제 6장 성상(成象)에 나오는 말로 '영원히 죽지 않고 만물을 창조해 내는 골짜기의 여신

(女神)이다. 그리하여 노자(老子)는 이를 '현빈(玄牝)'이라 한다고 했다(不死谷神 是謂玄牝). 하늘에 근본한 물은 실로 이와 같아 '기모의 항해(實氣母之沆瀣'라는 것이다. 기모(氣母)는 '원기(元氣)의 모체(母體)'라는 뜻으로 장자(莊子) 내편(內篇) 육(六) 대종사(大宗師)에 나온다. 이를 보면 '희위 씨(狶韋氏)는 도(道)를 얻어 천지를 바로 잡았고, 복희(伏戲)는 도(道)를 얻어 원기(元氣)의 모체(母體)를 움켜쥐었다.(狶韋氏得之(道), 以挈天地, 伏戲得之, 以襲氣母)' 한다. 그리고 '항해(沆瀣)'는 '북방의 한밤중의 기운(氣運)'으로 '이슬 기운(露氣)'이라고도 한다(남명집, 2001. 150. 주6). 이렇듯 하늘에 근본한 물은 원기(元氣)의 모체(母體)가 되는 한 밤중의 기운(氣運)과 같아 이로써 만물을 생성케 한다는 것이다.

15, 16.의 월 ; 故祀典之崇本, 必先河而後海(그러므로 제사의 법전에서도 근본을 숭상하여, 반드시 황하가 먼저이고 바다는 뒤였다).

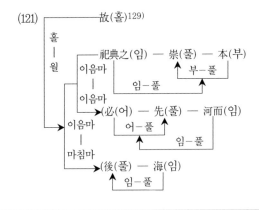

```
(121) ┌─────── 故 (홀)129)
      홀
      │
      월
            ┌── 祀典之(임) ─ 崇(풀) ─ 本(부)
            │                  ↑ 부-풀
      이음마 │
        │  이음마
      이음마 │
        │  └─→(必(어) ─ 先(풀) ─ 河而(임)
      이음마        어-풀 ↑    ↑ 임-풀
        │
      마침마
        └─→ 後(풀) ─ 海(임)
               ↑ 임-풀
```

┌───┐
│ 참고 : 故(그러므로)   │
│   祀典之(제사의 법전에서), 崇(숭상하다), 本(근본) │
│   必(반드시), 先(먼저이다), 河而(황하)   │
│   後(뒤이다), 海(바다)   │
└───┘

17, 18.의 월 ; 思亟稱於宣尼, 信子輿之心迪(공자가 자주 (물을) 일컬었음을 생각하니, 맹자가 (근본이 있다는 뜻으로 이해하고) 인도한 마음을 믿겠구나).

---

129) 허웅(2000. 고친판. 232~424)에서는 씨가름하면서 이음씨를 한 씨갈래로 세웠다. '그러므로(故)'는 앞 월의 뜻을 뒤로 이어 주는 것으로, 월조각(문장성분)으로는 '홀로말'이다.

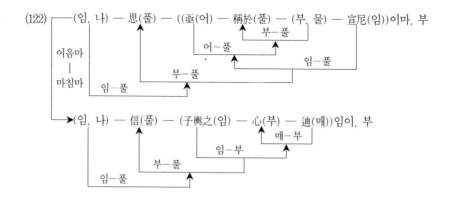

```
(122) ┬─(임, 나) ─ 思(풀) ─ ((亞(어) ─ 稱於(풀) ─ (부, 물) ─ 宣尼(임))이마, 부
    이음마                              부─풀
     │                        어─풀
    마침마            부─풀              임─풀
             임─풀

    └→(임, 나) ─ 信(풀) ─ (子輿之(임) ─ 心(부) ─ 迪(매))임이, 부
                                    매─부
                        임─부
             부─풀
       임─풀
```

참고 : 思(생각하다), 亞(자주), 稱(일컫다), 於(허사), 宣尼(공자)
       信(믿나), 子輿之(맹자가), 心(마음), 迪(인도하다)

17, 18.은 서자(徐子)가 맹자(孟子)에게 물은 물음과 맹자가 답한 말을 두고 한 말이다. 이는 맹자(孟子) 권지팔(卷之八) 이루장 구하(離婁章句下) 십팔(十八)에 나타난다. '서자가 말하였다. 공자께서 자주 물을 일컬으시면서, '물이여, 물이여' 하시니 물에서 어떤 것을 취하신 것입니까?(徐子曰, 仲尼亞稱於水曰, 水哉水哉, 何取於水也)' 하였다. 이에 대하여 맹자가 대답하기를 '맹자께서 말씀하셨다. 근원인 샘이 솟아올라 밤낮으로 그치지 아니하여 웅덩이를 채우고 난 뒤에 나아가서 사방의 바다에 이른다. 근본이 있는 자는 이와 같다. 이것을 취한 것이다.(孟子曰 源泉混混, 不舍晝夜, 盈科而後進 放乎四海, 有本者如是, 是之取爾)' 하였다. 17, 18.은 이 문답을 두고 맹자가 서자를 인도한 이 말을 믿겠다고 하는 것이다.

19, 20.의 월 ; 推洿水於習坎, 宣德行之素積(미루어보건대, 물이 웅덩이에 흘러와 채우고 흘러가니, 평소에 덕행을 쌓는 것이 마땅하리라).

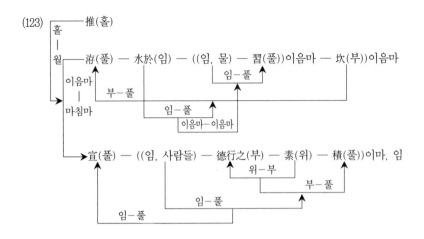

참고 : 推(미루어 보건대)
　　　 洿(채우다), 水於(물이), 習(거듭 흐르다), 坎(웅덩이)
　　　 宣(마땅하다), 德行之(덕행을), 素(평소), 積(쌓는 것)

19.의 '洿水於習坎(물이 웅덩이에 흘러와 채우고 흘러가니)'은 위 18.에서 살폈듯이 서자(徐子)의 물음에 대한 맹자의 대답에서 나온 말이다. '근원인 샘이 솟아올라 밤낮으로 그치지 아니하여 웅덩이를 채우고 난 뒤에 나아가서 사방의 바다에 이른다. 근본이 있는 자는 이와 같다.(源泉混混, 不舍晝夜, 盈科而後進 放乎四海, 有本者如是)'는 것인데 19.는 이를 두고 한 말이다. 그리하여 뒤에, 근본이 있는 물이 이러하듯이 근본이 있는 사람도 '평소에 덕행을 쌓아 남이 부족한 부분을 채워 주는 것이 마땅하다.'고 하고 있는 것이다.

21, 22.의 월 ; 究人事之下行, 根天理之上達(일상생활에서 실천할 수 있는 일을 궁구함이, 천리에 도달하는 근본이다).

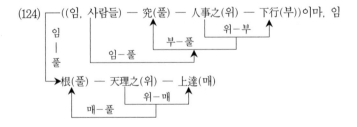

참고 : 究(궁구하다), 人事之(일상생활), 下行(실천할 수 있는 일)
根(풀), 天理之(천리에), 上達(도달하다)

21, 22.에서는 공부하는 요령을 말하는 것이다. 공부의 목표가 천리에 도달하는 것인데 이는 먼저 일상생활에서 실천할 수 있는 있는 일을 궁구하는 것에서부터 시작해야 한다는 것이다. 이러한 사실은 남명의 신명사명(神明舍銘)에서 '밖에서는 백규가 살핀다.(外百揆省)'의 주석, '배우고 묻고 분별하는 것이다. 사물에 나아가 이치를 궁구(窮寇)하는 것이 명덕(明德)을 밝히는 첫 번째 공부이다.(學問思辨 卽事物上窮理 明明德第一工夫)'에도 나타난다. 명덕을 밝히는(明明德) 첫 번째 공부는 격물(格物), 치지(致知)이다. 이는 대학(大學) 장구(章句)의 삼강령(三綱領), 팔조목(八條目)에 나온다. 대학의 도(大學之道)에서 삼강령(三綱領)은 명명덕(明明德), 친민(親民), 지어지선(止於至善)이고 팔조목(八條目)은 격물(格物), 치지(致知), 성의(誠意), 정심(正心), 수신(修身), 제가(齊家), 치국(治國), 평천하(平天下)이다. 공부의 목표가 되는 천리는 '지어지선(止於至善, 선에 이르러 그 곳에 머무르다.)'인데 이는 '격물치지(格物致知, 사물을 살펴 앎에 이른다.)'에서 시작해야 한다. 학기류편(같은 책, 172)에는 이와 관련하여 다음과 같이 써 두고 있다.

> 남헌 장 씨가 말하였다. 학문에는 반드시 순서가 있다. 그러므로 물 뿌리고 쓸고 응대하고 대답하고 나아가고 물러나는 것에서부터 그 후의 일들이 모두 학문의 순서에 의한 것이다. 가까운 곳에서부터 먼 곳으로 나아가고 거친 것에서부터 정밀한 것에 이름은 학문을 하는 방법이다.
> (南軒張氏曰, 學必有序 故自洒掃應對進退而往 皆序也. 由近以及遠 自粗以至精 學之方也)

남명도 경부(敬夫)에게 답한 편지에 다음과 같이 썼다.

> 배우는 사람은 먼저 일의 시작과 끝을 살피고 난 뒤에 마음을 기르는 공력을 더해야 한다고 하는데, 나는 이 의견에 의심이 없을 수 없다. '물뿌리고 청소하고 대답하고 나아가고 물러나는 일은 마음을 기르는 일이다. 처음부터 마음을 기르지 않고 일을 따라 살피려고 하면 아마도 막막하여 손을 댈 데가 없게 될 것이다. - 경부에게 답한 편지.'
> (學者, 先須察識端倪之發 然後可加存養之功 熹於此 不能無疑. 灑掃應對進退, 此存養之事. 從初不曾存養. 使欲隨事察識 竊恐浩浩茫茫 無下手處. - 答敬夫書) (학기류편, 같은 책, 279-280.)

이렇듯 일상생활에서 실천할 수 있는 일을 먼저 궁구하는 것이(21. 究人事之下行)천리에 도달하는 근본(22. 根天理之上達)이라는 것이다.

23, 24.의 월 ; 萬理具於性本, 混潑潑而活活(온갖 이치가 본성에 갖춰져 있어, 다 활발하고 생기가 돈다).

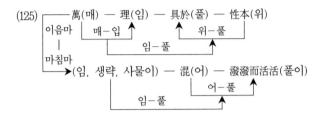

참고 : 萬(온갖), 理(이치), 具於(갖추어져 있다), 性本(본성)
混(다), 潑潑而活活(활발하고 생기가 돈다)

이(理, 이치)는 사물의 당연한 법칙이다(理, 事物上當然之則, 학기류편, 같은 책, 162). 만물은 각각 하나의 이치를 갖추고 있으며 모든 이치는 하나의 근원에서 함께 나온다(萬物各具一理, 萬里同出一原, 학기류편, 같은책, 158). 사물마다 다 이치가 있으니 이치를 궁구하면 하늘이 하는 바를 알 수 있고 하늘이 하는 바를 알면 하늘과 하나가 될 수 있다. 하늘과 하나가 되면 어디를 가더라도 이치에 맞지 않는 것이 없다.(物物皆有理 窮理 則能知天之所爲 知天之所爲 則與天爲一 與天爲一 無往而非理也, 학기류편, 같은 책, 260). 그래서 배우는 사람은 모름지기 이치를 궁구해야 한다.(學者須是窮理, 학기류편, 같은 책, 260)고 한다. 23, 24.에서는 이러한 이치가 만물의 본성에 갖추어져 있다는 것이고, 본성에 이치를 갖추고 있는 만물은 운용에 따라 다 활발하고 생기가 돈다는 것이다. 본성에 갖추어진 이치는 곧 성(誠)이다. 성(誠)에 대하여 학기류편(같은 책, 181)에서는 성(誠)과 신(信)을 빗대어 말하면서 다음과 같이 써 두고 있다.

북계 진 씨가 말하였다. '성실은 저절로 그러한 것이며, 믿음은 인위적으로 힘쓰는 것이다. 성실은 자연의 이치이며, 믿음은 사람의 마음이다. 성실은 하늘의 도이며, 믿음은 사람의 도이다. 성실은 하늘로부터 받은 명을 말하며, 믿음은 사람의 본성을 말한다. 성실은 도리를 말하며, 믿음은 덕성을 말한다.'

(北溪陳氏曰, 誠是自然, 信是用力. 誠是理, 信是心. 誠是天道, 信是人道. 誠以命言, 信以性言. 誠以道言, 信以德言)

이렇듯 하늘의 명(誠以命言)으로 본성에 갖추어진 이치(誠是理)가 곧 성(誠)인데 이 성(誠)은 다음 25. 26.의 월에서 '필요로 하여 취하여도 남음이 있다.(隨取用而有餘)'고 하면서 이것은 '마치 물이 지하에서 끊임없이 솟아나오는 것과 같다.(猶窟宅之生出)'고 하고 있다.

25, 26.의 월 ; 隨取用而有餘, 猶窟宅之生出(따라서, 필요로 히여 취하여도 남음이 있는 것이 마치 (물이) 지하에서 솟아나오는 것과 같다).

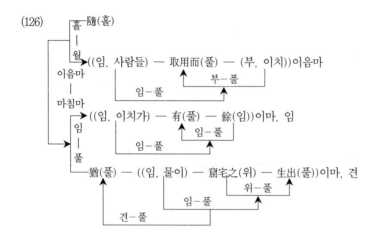

참고 : 隨(따라서)
　　　取用而(필요로 하여 취하다)
　　　有(있다), 餘(남음)
　　　猶(마치 ~같다), 窟宅之(지하에서), 生出(솟아나오다)

27, 28.의 월 ; 合川流而敦化 皆大本之充實(흐르는 냇물과 무궁한 조화를 아우르는 것은 모두가 근본에 충실한 위대함이다).

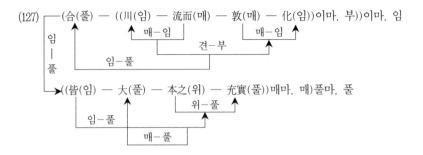

(127) ─(合(풀) ─ ((川(임) ─ 流而(매) ─ 敦(매) ─ 化(임))이마, 부))이마, 임

참고 : 合(아우르는 것), 川(냇물), 流而(흐르다), 敦(무궁하다), 化(조화)
皆(모두가), 大(위대함이다), 本之(근본에), 充實(충실하다)

27.의 '合川流而敦化(흐르는 냇물과 무궁한 조화를 아우르는 것)'는 위 ④ 상호텍스트성에서도 밝혔듯이 중용(中庸) 장구(章句) 삼십(三十)에 나오는 말, '萬物幷育而不相害, 道幷行而不相悖, 小德川流, 大德敦化, 此天地之所以爲大也(만물이 아울러 자라면서 서로 해치지 않으며 도가 아울러 행하여 서로 어긋나지 않나니 작은 덕은 흐르는 냇물 같고 큰 덕은 무궁한 조화를 이룬다. 이것이 천지의 위대함이다.)'에서 인유한 것으로 '川流(흐르는 냇물)'는 '小德川流(작은 덕은 흐르는 냇물 같다.)'에서 '小德(작은 덕)'을 생략한 것이고 '敦化(무궁한 조화)'는 '大德敦化(큰 덕은 무궁한 조화를 이룬다.)'에서 '大德(큰 덕)'을 생략한 것이다. 그리고 이러한 것들이 아울러 만물을 자라게 하는데 이것을 28.에서는 '근본에 충실한 위대함(大本之充實)'이라 하고 있다.

29, 30.의 월 ; 配悠久於博厚, 歸萬殊於一極(길고 오랜 것과 넓고 두터운 것이 짝지으니, 만물의 다양함이 한 가지 이치로 귀결이 된다).

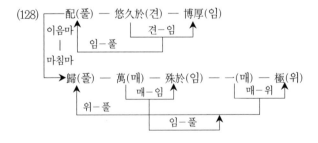

(128) ─配(풀) ─ 悠久於(견) ─ 博厚(임)

참고 : 配(짝짓다), 悠久於(길고 오랜 것), 博厚(넓고 두터운 것)
歸(귀결되다), 萬(만물), 殊於(다양함), 一(하나), 極(이치)

29.에서 '配悠久於博厚(길고 오랜 것과 넓고 두터운 것이 짝지으니)'는 하늘의 도(道)와 땅의 도 (道)가 짝지은 것이다. 이러한 사실은 중용(中庸) 장구(章句) 이십육(二十六)에 나타나는 데 '하늘과 땅의 도는 넓고, 두텁고, 높고, 밝고, 길고, 오랜 것이다.(天地之道, 博也厚也 高也明也悠也久也)(중용, 1982, 408)'라고 한다. 그리고 같은 책(407)에서 '길고, 오랜 것은 만 물을 이루는 것(悠久所以成物也)'이라 한다.

넓고 두터운 것은 만물을 실은 것이요, 높고 밝은 것은 만물을 덮는 것이요, 길고 오랜 것은 만물을 이루는 것이다.(博厚所以載物也, 高明所以覆物也, 悠久所以成物也). (중용, 1982, 407.)

그리하여 29.에서는 '길고 오랜 것과 넓고 두터운 것이 짝지어짐으로써(配悠久於博 厚)' 다양한 만물(萬殊)을 이루게 되는데 이것은 '한 가지 이치로 귀결이 된다.(歸一極)' 는 것이다. 29.에서 이렇게 말하고 있는 것은 학기류편(같은 책, 158)에 '만물은 각각 하나의 이치를 갖추고 있으며 모든 이치는 하나의 근원에서 함께 나온다.(萬物各具 一理, 萬里同出一原)'고 하기 때문이다.

31, 32.의 월 ; 是誠者之自然, 河漢浩而莫測(이는 성실함이 자연스레 나타나는 것으로, 은하수처럼 아 득하여 헤아릴 수 없도다).

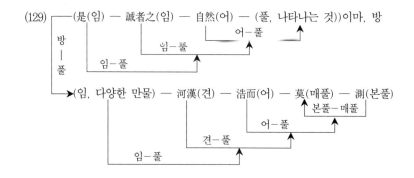

참고 : 是(이것은), 誠者之(성실이), 自然(자연스럽다),
河漢(은하수), 浩而(아득하다), 莫(없다), 測(헤아리다)

31.에서 '이것(是)'은 29.와 30.에서 말한 것, 즉 '길고 오랜 것과 넓고 두터운 것이

짝은 것(配悠久於博厚)과 '만물의 다양함이 한 가지 이치로 귀결되는 것(歸萬殊於一極)'을 말하는 것으로 이렇게 되면 31.에서 '성(誠, 성실함)'이 자연스럽게 나타난다는 것이다. 이 '성(誠, 성실함)'이 자연스럽게 나타난다는 것'이 28.에서 말한 '길고 오랜 것과 넓고 두터운 것이 짝지어짐으로써(配悠久於博厚)' 가지는 이치며 이 '성(誠)'이 다양한 만물이 갖추고 있는 이치다. 그리고 이 '성(誠)'으로 말미암아 만물이 이루어지는데130) 그 이루어진 것이 32.에서는 '은하수처럼 아득하여 헤아릴 수 없다.(河漢浩而莫測)'고 한다.

33, 34.의 월 ; 濬不喩於天淵, 但魚躍之洋洋(그 깊이를 하늘 연못으로도 비유할 수 없어, 다만 물고기가 큰물에서 뛰는 것으로 비유하였다).

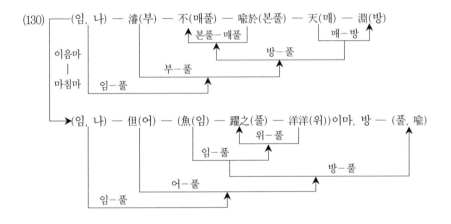

```
참고 : 濬(그 깊이), 不(없다), 喩於(비유하다), 天(하늘), 淵(연못)
       但(다만), 魚(물고기), 躍之(뛰다), 洋洋(큰물)
```

34. '但魚躍之洋洋(다만 물고기가 큰물에서 뛰는 것으로 비유하였다.)'은 31.에서의 '길고 오랜 것과 넓고 두터운 것이 짝지은 것(配悠久於博厚)'을 두고 한 말인데 이들이 서로 짝하여 화육이 흘러 이치가 쓰이는 것을 두고 한 말이다. 34.는 위 상호텍스트성에서도 밝혔듯이 이는 중용(中庸) 장구(章句) 십이(十二)에 나타난 말 '詩云 鳶飛戾天, 魚躍于淵, 言其上下察也(시경에 이르기를 '솔개는 날아서 하늘에 다다르고 물고기는 못에서 뛴다' 하니 그 위와 아래에 나타나는 것을 말하는 것이다.)'에서 인유(引喩)한 것이다. 이 시구에 대하여 주자(朱子)가 주해(註解)하기를 '以明化育流行, 上下昭著, 莫非此理之用, 所謂費也(화육이 흘러 행하여 위와 아래에 밝게 나타

---

130) 여기에 대한 자세한 내용은 위 ④ 상호텍스트성 참조

나는 것이 이 이치가 쓰이지 않는 것이 없음을 밝히신 것이다.'라고 하였다. 이렇듯 '길고 오랜 것과 넓고 두터운 것이 서로 짝하여 화육이 흘러 이치가 쓰이면 '솔개는 날아서 하늘에 다다르고(鳶飛戾天), 물고기는 못에서 뛰듯이(魚躍于淵)' 은하수처럼 아득하여 헤아릴 수 없는(32. 河漢浩而莫測) 사물들이 스스로의 양식에 따라 '다 활발하고 생기 있게 (24. 混潑潑而活活) 존재한다'는 것이다.

그리하여 학기류편(같은 책, 54)에서는 '북계 진 씨가 말하였다. … 천지의 만물이 각각 이 이치를 갖추었으며, 각각 하나의 태극을 가지고 있다.(北溪陳氏曰, … 天地萬物各具此理 是各有一太極)'고 써 두고 있다. 이는 만물의 형화(形化)를 가리키는 말이다.

35, 36.의 월 ; 發大原於崑崙 彌六合其無方(큰 근원이 곤륜산에서 발원하여, 온 천지 사방에 가득 퍼진다).

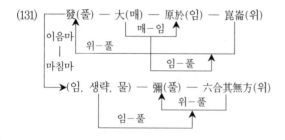

참고 : 發(발원하다), 大(크다), 原於(근원), 崑崙(곤륜산)
彌(가득 퍼지다), 六合其無方(온 천지 사방)

35.에서는 '發大原於崑崙(큰 근원이 곤륜산에서 발원한다)'이라고 하였는데 곤륜산은 황하강(黃河江)의 발원점이라고 믿는 전설 속의 산이며 산중에 불사(不死)의 물이 흐르고 선녀인 서왕모(西王母)가 살고 있다는 산이다. 이 산에서 큰 근원이 발원하여 근원 있는 물이 죽지 않고 끊임없이 흘러 온 천지 사방에 퍼진다는 것이다.

37, 38, 39, 40.의 월 ; 巨浸稽天而漫汙 曾不撓以使濁 火輪燋土而燄烈 庸詎殺其一勺(큰 물결이 하늘에 닿을 듯이 도도히 흘러가면 결코 (물길을) 바꾸거나 흐리게 할 수 없으며 태양이 땅을 태울 듯이 강열해도 어찌 그 한 바가지 물인들 줄이랴!)

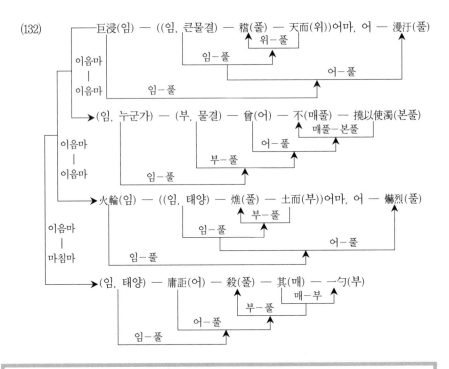

(132)

참고 : 巨浸(큰 물결), 稽(닿다), 天而(하늘에), 漫汙(도도히 흐르다)
曾(결코), 不(없다), 撓以使濁(바꾸거나 흐리게 하다)
火輪(태양), 燋(태우다), 土(땅), 而(접속 허사), 爀烈(강열하다)
庸詎(어찌 ~하랴), 殺(줄이다), 其(그), 一勺(한 바가지 물)

35.에서 '큰 근원이 곤륜산에서 발원하여(發大原於崑崙)' 36.에서 황하강(黃河江)처럼 큰 물결을 이루어 하늘을 닿을 듯이 도도히 흘러가면(37. 巨浸稽天而漫汙), 결코 물길을 바꾸거나 흐리게 할 수 없으며(38. 曾不撓以使濁) 태양이 땅을 태울 듯이 강열해도(火輪燋土而爀烈) 한 바가지 물도 줄일 수 없다(庸詎殺其一勺)는 것이다. 이를 우리 사람의 마음에 빗대어 본다면, 마음에 경(敬)을 이루어 성(誠)이 나타나, 신명사도에 쓰인 천덕(天德)으로 나아가는 성인이 되면 그 덕을 바꾸거나 흐리게 할 수 없으며 누구도 그 덕을 조금도 줄일 수 없다는 것으로 이해된다.

41, 42.의 월 ; 而君子之致曲, 尤有大於立本(또한 군자가 극진함에 이르는 것은, 근본을 세우는 것이 특히 중요하다).

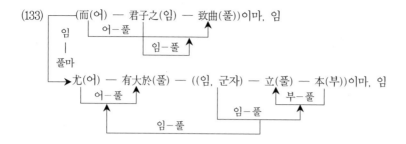

参考 : 而(또한), 君子之(군자가), 致曲(극진함에 이르다)
　　　尤(특히), 有大於(중요하다), 立(세우다), 本(근본)

41.에서 '군지가 극진함에 이른다(君子之致曲)'는 것은 중용(中庸) 장구(章句) 이십이(二十二)와 이십삼(二十三)에 나오는 말을 두고 한 말이다.

　　오직 천하에 지극히 성실한 사람이라야 자기의 성품을 다할 것이니 자기의 성품을 다하면 남의 성품을 다할 것이며 남의 성품을 다하면 사물의 성품을 다할 것이며 사물의 성품을 다하면 천지의 화육을 돕고 천지의 화육을 도우면 천지와 더불어 대등하게 될 것이다. 그 다음은 간곡한 지경에 이르는 것이니 간곡하면 성실한 것이 있는 것이니 성실하면 나타나고 나타나면 뚜렷해지고 뚜렷해지면 밝아지고 밝아지면 동하고 동하면 변하고 변하면 남을 교화할 것이니 오직 천하에서 지극히 성실한 사람이라야 남을 교화시킬 수 있을 것이다.
　　(惟天下至誠 爲能盡其性 能盡其性則能盡人之性 能盡人之性則能盡物之性 能盡物之性則可以贊天地之化育 可以贊天地之化育則可以與天地參矣. 其次致曲 曲能有誠 誠則形 形則著 著則明 明則動 動則變 變則化 惟天下至誠 爲能化) (중용, 1982, 403-495.)

여기에서 보면 '오직 천하에 지극히 성실한 사람이라야(惟天下至誠) … 천지의 화육을 돕고 천지의 화육을 도우면 천지와 더불어 대등하게 될 것이다.(贊天地之化育 可以贊天地之化育則可以與天地參矣)131)'라고 하면서 '그 다음이 간곡한 지경에 이르는 것(其次致曲)'이라 하고 있다. 그리고 '간곡하면 성실한 것이 있는 것이니(曲能有誠) … 오직 천하에서 지극히 성실한 사람이라야 남을 교화시킬 수 있을 것이다.(惟天下至誠 爲能化)'라고 한다.
　사람이 군자(君子)가 되고 성인(聖人)이 되고자 하는 것은 자기 자신을 위한 것도

---

131) 이러한 사람을 성인(聖人)이라고 한다. 남명집(2001, 152, 주11)에서는 중용에 나타난 주자(朱子)의 주해(註解)를 근거로 이미 성인의 경지에 오른 사람은 저절로 정성이 있어서 천지의 화육(化育)에 동참할 수 있지만, 아직 그 경지에 오르지 못한 사람은 '이미 드러나 있는 선의 단서에서부터 미루어 극진히 함(致曲)으로써 그 지극한 경지에 이를 수 있다'.고 주(註)하고 있다.

있겠지만 세상에 쓰임을 얻고자 하는 것인데 성인(聖人)이 되어 천지의 화육을 도와 천지와 더불어 대등하게 되면 좋겠지만(可以贊天地之化育則可以與天地參矣) 아니면, 그 다음으로 극진함에 이르러(致曲) 군자(君子)로서 남을 교화시킬 수 있어야(爲能化) 할 것이다. 이러한 까닭에 군자는 극진함(致曲)에 이르러야 하는데(41), 그러기 위해서는 42.에서 '근본을 세우는 것이 특히 중요하다.(尤有大於立本)'고 말하고 있는 것이다.

43, 44.의 월 ; 學不積則不厚, 等聚溲而海問(학문이란 쌓지 않으면 두터워지지 않으니, 비유컨대 오줌을 받아 바다를 묻는 것과 (같다)).

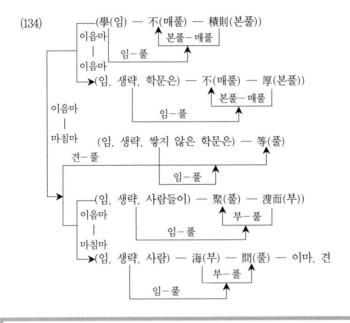

참고 : 學(학문), 不(않다), 積(쌓다), 則(허사)
不(않는다), 厚(두텁다)
等(비유컨대 ~같다)
聚(받다), 溲(오줌), 而(이음 허사)
海(바다) 問(묻다)

43.의 '學不積則不厚(학문이란 쌓지 않으면 두터워지지 않으니)'는 위 29.의 '配悠久於博厚(길고 오랜 것과 넓고 두터운 것이 짝지으니)'와 통한다. 29.에서는 이로써 다양한 만물을 이루는데 쓰임이 있듯이 학문도 그 쓰임을 얻기 위하여서는 두터워져야 하는데 '학문이란 쌓지 않으면 두터워지지 않는다.(學不積則不厚)'는 것이다. 그런데 사람들은 학문이 쓰

임을 얻기까지 두텁게 쌓지 아니하고 글귀 정도만 익힌 공력으로 이것이 학문인
냥 '쓰임에 어떠하냐?'고 물으니 '비유컨대 자기 오줌을 받아 바다를 묻는 것과
같다.(44. 等聚溲而海問)'는 것이다.

45, 46.의 월 ; 苟靈根之不渴, 沃九土其難涸(진실로 신령한 뿌리가 마르지 않으면, 천하를 적시고도
그가 마르기 어려우리).

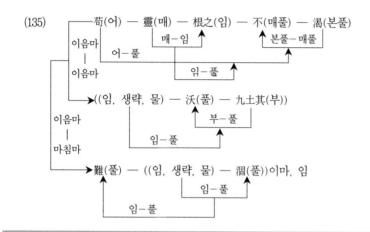

참고 : 苟(진실로), 靈(신령하다), 根之(뿌리), 不(않다), 渴(마르다)
　　　沃(적시다), 九土(천하), 其(허사)
　　　難(어렵다), 涸(마르다)

45. '苟靈根之不渴(진실로 신령한 뿌리가 마르지 않으면)'에서 '신령한 뿌리(靈根)'는 가장 근본
이 되는 것을 비유하여 표현한 것으로 명선(明善)·성신(誠身)을 나타낸 것이다(남명집,
2001, 152, 주12). 이 뿌리가 마르지 않으면 46.에서는 '천하를 적시고도 마르기 어렵
다.(沃九土其難涸)고 하는데 이는 명선(明善)·성신(誠身)에 지극히 성실하면 대학의 도(大
學之道), 삼강령(三綱領)에서 신민(新民)으로 어렵지 않게 나아갈 수 있다는 것이다.

47.의 월; 見寒泉之勿幕(덮지 않은 차가운 샘물을 보라).

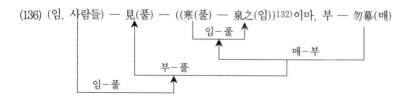

48. 의 월 ; 人百橰其猶若(사람들이 온갖 두레박으로 (퍼내어도) 여전하다).

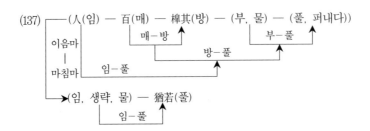

49. 의 월 ; 戒曰(경계하여 말한다).

(138) (임, 생략, 나) ― 戒(어) ― 曰(풀)
　　　　　　　　　　　　어―풀
　　　　　　임―풀

50, 51. 의 월 ; 心以應事, 百感搖挑(마음으로 세상만사에 대응하면, 온갖 미혹의 감정이 (마음을) 흔들고
　　　　　　　　돋운다).

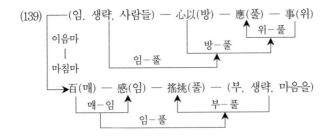

132) '寒(풀) ― 泉(임)'은 임자말이 자리를 옮겨 풀이말의 수식을 받고 있다. 임자말의 자리 옮김에 대해서는 허웅(1983,
273) 참조.

50.의 마음은 근본이 되는 천심(天心), 천도(天道)에 대립되는 인심(人心)을 말하는 것으로 이 마음이 가는대로, 감정으로 세상만사에 대응하면(50. 心以應事), 온갖 미혹의 감정이 마음을 흔들고 돋우게 된다(百感搖挑)는 것이다. 그리하여 다음 52. 53.에서는 학문으로 근본을 삼아(52. 學以爲本), 경(敬)을 이루면 미혹의 감정이 마음을 능히 어지럽히지 못한다(53. 感罔能擾)는 것이다.

52, 53.의 월 ; 學以爲本, 感罔能擾(학문으로 근본을 삼으면, 미혹의 감정이 (마음을) 능히 어지럽히지 못한다).

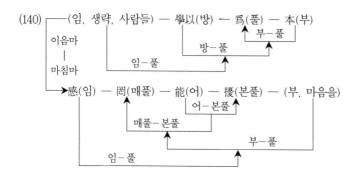

참고 : 學以(학문으로), 爲(삼다), 本(근본)
感(미혹의 감정), 罔(못하다), 能(능히), 擾(어지럽히다)

54, 55.의 월 ; 可泪則無本, 可擾則用熄(미혹의 감정에) 가히 빠지면 근본이 없어지고, (미혹의 감정에) 가히 어지럽혀지면 쓰임이 없어진다).

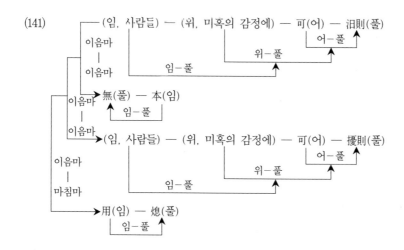

54. 55.는 50.-53.에서 이어져 온 것이다. 52. 53.에서 말하듯이 학문으로 근본을 삼아(學以爲本) 경(敬)을 이루지 못하여 54.에서 '미혹의 감정에 가히 빠지면' 성(誠)이 나타나지 아니 하므로 '근본이 없어지고', 그리하여 '미혹의 감정에 마음이 어지럽혀지면 성(誠)의 쓰임이 없어진다.(55. 可擾則用熄)'는 것이다.

56. 57.의 월 ; 敬以涵源 本乎天則(경으로써 근원을 함양하고, 하늘의 법칙에 근본하라).

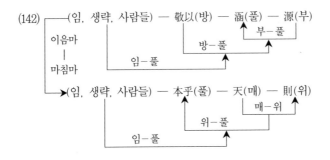

56.과 57.의 월은 위 54.와 55.의 월에서 이어진 것이다. 54. 55.에서 '(미혹의 감정에) 가히 빠지면 근본이 없어지고, (미혹의 감정에) 가히 어지럽혀지면 쓰임이 없어진다.(可汩則無本, 可擾則用熄)'고 한다. 이 '미혹의 감정'을 없애야 하는데 이는 경(敬)으로써 가능하다. 그리하여 56.에서 '경(敬)으로써 근원을 함양하라.' 한다. 경(敬)이 마음에서 일어나는 사악함과 사욕을 이길 수 있는 길이다. 이에 대하여 학기류편(같은 책, 189)에서는 '생각을 사악하게 하지 않는 것이 마음속에 갖추어야 할 준칙(無邪者, 心之則)'이라고 하면서 '경(敬)이 사특함을 막는 길(敬, 是閑邪之道)'이라고 적고 있다. 남명의 신명사명(神明舍銘), 태일진군(太一眞君)의 주석에 '閑邪則一 無欲則一(사악(邪惡)함을 막으면 마음이 한결같아지고, 사욕(私欲)이 없으면 마음이 한결같아진다.)'이라고 적고 있는데 여기에서 '한결같음(一)'

은 경(經)으로써 사악함과 사욕을 없앤 뒤 나타나는 성(誠)을 가리키는 말이다. 이러한 사실은 학기류편(같은 책, 180)에 '정자가 말하였다. 하나를 위주로 하는 것을 경(敬)이라고 하는데 그 하나란 성실함을 말한다. - 이천.(程子曰, 主一者 謂之敬 一者 謂之誠 - 伊川)'을 통하여 알 수 있다. 성(誠)은 마음의 근원이며 또 하늘의 법칙이다. 따라서 마음에 경(敬)으로써 성(誠)이 드러나도록 해야 하는 것인데 56, 57.의 월, '경으로써 근원을 함양하고, 하늘의 법칙에 근본하라.(敬以涵原 本乎天則)'는 이를 두고 하는 말이다. 학기류편에 경(敬)과 성(誠)의 관계에 대하여 적은 것들을 살펴보면 다음과 같다.

> ▸ 성실하면 공경하지 않음이 없다. 성실에 이르지 못했다면 먼저 공경한 후에 성실하게 될 것이다.
> (誠則無不敬 未至於誠 則敬然後誠 主一非也)(학기류편, 같은책, 180.)

> ▸ 주자가 말하였다. 성실이라는 것은 도리의 측면에서는 실제로 존재하는 이치이고 인간의 입장에서는 모든 일을 성실하게 대하려는 마음가짐이다. 성실함을 유지하고 주재하는 것은 오로지 공경함에 달려 있다.
> (朱子曰, 誠字在道 則爲實有之理 在人 則爲實然之心 其維持主宰 專在敬字)(학기류편, 같은책, 180.)

> ▸ 남헌 장 씨가 말하였다. 성실함은 하늘의 도리이며 공경은 인간이 하는 모든 일들의 근본이 된다. 공경하는 도리가 갖추어진다면 성실해져서 곧 하늘의 도리를 얻게 된다.
> (南軒張氏曰, 敬者天之道 敬者人事之本. 敬道之成 則誠而天矣)(학기류편, 같은책, 180.)

⑥ 결속성

하늘과 땅 그리고 그 가운데 사물이나 사람은, 무엇이나, 누구나 하늘의 명(命)을 받는다. 하늘의 명(命)에는 반드시 법칙이 있다. 움직임 있는 모든 것들은 이 하늘의 법칙에 근본해야 한다는 것인데 이 부 텍스트는 사람에 맞추어 하늘의 법칙에 근본해야 한다는 것을 말하고 있다. 57.에 '本乎天則(하늘의 법칙에 근본해야 하리라.)' 하는 것이 중심이다. 이를 맨 끝에 두고 있다. 이는 사람이 이러해야 한다는 것으로 이 부 텍스트의 주제라 할 수 있다. 사람만 하늘의 법칙에 근거해야 하는 것은 아니다. 사물도 하늘의 법칙에 근본해야 하는데 이는 첫 부분에서 말하고 있다. 하늘의 법칙에 근본을 둔 물과 그렇지 아니한 물을 빗대어 05, 06.에서 '徵一

泉之觱沸, 異杯水之坳覆(땅 속에서 솟아오르는 한 샘물의 모습은, 오목한 땅에 고인 잔의 물과는 다르다.)'이라고 함으로써 사물도 하늘의 법칙에 근본 해야 한다는 사실을 말하고 있다. 그러면서 17, 18.에서는 '思亟稱於宣尼, 信子輿之心迪(공자가 자주 (물을) 일컬었음을 생각하니, 맹자가 (근본이 있다는 뜻으로 이해하고, 서자를) 인도한 마음을 믿겠구나.)'이라 언급함으로써 선현들, 즉 공자나 맹자 같은 분들도 근본에 충실해야 한다는 사실을 말하고 있음을 강조한다. 이러한 관점에서 이 부 텍스트의 결속성을 살펴보면 제어 중심(control centre)은 57.에 나타난 '〈天則(하늘의 법칙)〉대상 → 〈本(근본하라)〉움직임'으로로 볼 수 있다. 이는 1차 개념이다.

(143) 거시 구조 1

1차 개념

〈天則(하늘의 법칙)〉대상 ————▶ 〈本(근본하라)〉움직임

1차 개념의 사실을 바탕으로 2차 개념에서는 '〈天則〉대상 → 〈本〉움직임'에 따르는 사물인 물과 사람으로 나누어 1) 1차 개념에 충실한 물의 현상에 대해 말하고 2) 1차 개념에 충실하고자 하는 사람의 행위에 대해 말하며 3) 1차 개념에 충실했을 때 나타나는 사물의 현상과 4) 사람이 어떻게 1차 개념에 충실할 수 있는지 등을 말하고 있다. 먼저 1)에 대한 2차 개념을 살펴본다. 1)에 대한 2차 개념에서는 하늘에 근본을 둔 물의 위치와 근본 있는 까닭을 말하고 있다. 01, 02.의 '惟地中之有水, 由天一之生北(오직 땅 속에 물이 있는 것은, 천일이 북쪽에서 생기기 때문이다.)'에서 보면 하늘에 근본을 둔 물은 땅 속에 있고(地中之有水) 땅 속에 있는 물이 근본이 있는 까닭은 천일이 북쪽에 생기기 때문(由天一之生北)이라는 것이다. 이는 성리학(性理學)에서 말하는 음양오행(陰陽五行)에 바탕을 둔 것이다. 학기류편(같은 책, 49)에서는 주자(周子)의 말을 기록해 두었다. 태극이 있다. 태극이 움직여서 양을 낳고, 고요하여 음을 낳는다. 양의(兩儀)가 성립된다. 양이 변하고 음이 합하여 오행, 수(水), 화(火), 목(木), 금(金), 토(土)를 낳는다. 오행은 방위(方位)와도 관계하는데 수는 북(北), 화는 남(南), 목은 동(東), 금은 서(西), 토는 중앙과 관계한다. 북쪽은, 오행(五行)으로 보면 수(水)에 해당된다. 이에 01, 02.와 같이 말하고 있는 것이다. 이렇게 하늘의 법칙에

근본한 것은 무궁하니(03, 本於天者無窮) 솟아오르는 한 샘물의 모습은(05, 徵一泉之驚沸), 애초에는 물이 졸졸 솟구치지만(07, 縱初原之涓涓) 쉬임 없이 흘러(04, 是以行之不息) 천지에다 넉넉하며(08, 委天地而亦足) 곡신과 같이 죽지 않는다(13, 同不死於谷神)고 한다. 비유하자면 사람의 몸에 피가 도는 것과 같다(10, 類人身之運血)고 한다. 이에 땅 속의 물은, 근본이 없는(09, 非有本則不然) 오목한 땅에 고인 물과는 다르다(06, 異杯水之坳覆)는 것이며 이로 말미암아 제사의 법전에서도 근본을 숭상하여(15, 故祀典之崇本) 반드시 황하에 먼저 제사하고, 바다는 뒤로하였다(16, 必先河而後海)는 것이다. 이것이 1) 1차 개념에 충실한 물의 현상에 대해 말한 것으로 이들은 2차 개념이다.

먼저 이들의 결속성 구조를 살펴본다.

(144) 거시 구조 2

2차 개념(1차 개념에 충실한 물의 현상)

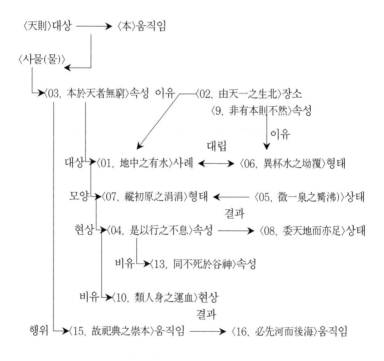

다음으로 2) 1차 개념에 충실하고자 하는 사람의 행위에 대한 2차 개념을 살펴본다. 2)에 대한 2차 개념에서는 1차 개념에 충실하기 위한 방법에 대해 말하고 있다. 먼저 경(敬)으로써 근원을 함양해야 한다(56, 敬以涵原). 그리고 평소에 덕행을

쌓아야 한다(20. 宣德行之素積). 그 까닭은 물이 웅덩이에 흘러와 채우고 흘러가지 때문이다(19. 推洊水於習坎). 또 일상생활에서 실천할 수 있는 일을 궁구해야 한다(21. 究人事之下行). 그래야만 천리에 도달할 수 있고(22. 根天理之上達), 천리에 도달하면 온갖 이치가 본성에 갖춰져 있으므로(23. 萬理具於性本) 그것을 깨달아 다 활발하고 생기가 돌게 된다(24. 混潑潑而活活)는 것이다. 필요로 하여 취하여도 남음이 있는 것이, 마치 (물이) 지하에서 솟아나오는 것과 같다(25. 26 隨取用而有餘 猶窟宅之生出) 한다. 그래서 공자는 자주 물을 일컬었고(17. 思亟稱於宣尼) 맹자는 공자의 말을 근본이 있다는 뜻으로 이해하고 서자(徐子)를 인도한 마음을 믿겠구나(18. 信子輿之心迪) 하고 있다. 이것이 2) 1차 개념에 충실하고자 하는 사람의 행위에 대한 2차 개념이다.

이들의 결속성 구조를 살펴본다.

(145) 거시 구조 2

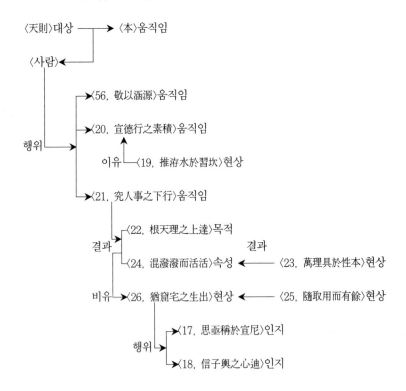

2차 개념(1차 개념에 충실하고자 하는 사람의 행위)

다음으로 3) 1차 개념에 충실했을 때 나타나는 사물의 현상에 대한 2차 개념을 살펴본다. 이는 1차 개념, 하늘의 법칙에 근본하면 결과로 흐르는 냇물과 무궁한 조화를 아우르게 된다(27. 合川流而敦化)는 것이다. 이는 중용(中庸) 장구(章句) 삼십(三十)에서 인유한 것으로 이에 의하면 흐르는 냇물은 작은 덕이고(小德川流) 무궁한 조화는 큰 덕이니(大德敦化) 이들이 아우러지면서 서로 해치지 않는 가운데 만물이 자라게 된다는 것이다.[133] 그리고 하늘의 법칙에 근본하면 길고 오랜 것과 넓고 두터운 것이 짝짓게 되는데(29. 配悠久於博厚) 여기에 성실함이 자연스레 있어(31. 是誠者之自然) 이런 이치로 만물의 다양함이 나타난다(30. 歸萬殊於一極)는 것이다. 그 다양함이 은하수처럼 아득하여 헤아릴 수 없고(32. 河漢浩而莫測) 그 다양함의 깊이가 하늘 연못으로도 비유할 수 없이(33. 潛不喩於天淵) 다만 물고기가 큰물에서 뛰는 것으로 비유하였다[134] (34. 但魚躍之洋洋)고 한다. '길고 오랜 것과 넓고 두터운 것'은 중용(中庸) 장구(章句) 이십육(二十六)에서 인유한 것인데 여기에서 보면 '넓고 두터운 것은 만물을 실은 것이요, 높고 밝은 것은 만물을 덮는 것이요, 길고 오랜 것은 만물을 이루는 것(博厚所以載物也, 高明所以覆物也, 悠久所以成物也, 중용. 1982, 407)'이라 한다. 그러니 '길고 오랜 것과 넓고 두터운 것이 짝짓는다.(29. 配悠久於博厚)'는 것은 만물을 실은 땅과 만물을 이루는 것이 짝지어졌다는 것으로 이로써 만물을 이루게 되니 여기에 성(誠, 성실함)이 자연스레 있게 되는 것이다. 이 성(誠, 성실함)도 중용(中庸) 장구(章句) 이십오(二十五)에서는 스스로 자기를 이룰 뿐만 아니라 만물을 이루는 것(誠者非自成己而已, 所以成物也, 중용. 1982, 406)이라 하니 만물이 이루어진 데에는 이 성(誠, 성실함)이 자연스레 있기 마련이다. 또 하늘의 법칙에 근본하면 큰 근원이 곤륜산에서 발원하여 온 천지 사방에 퍼지는 것(35. 36. 發大原於崑崙, 彌六合其無方)과 같은 결과를 가지게 되는데 이것이 큰 물결이 되어 하늘에 닿을 듯이 도도히 흘러가면(37. 巨浸稽天而漫汗) 결코 물길을 바꾸거나 흐리게 할 수 없고(38. 曾不撓以使濁), 태양이 땅을 태울 듯이 강열해도(39. 火輪燋土而爀烈) 한 바가지의 물도 줄일 수 없다(40. 庸詎殺其一勺)는 것이다. 이것이 3) 1차 개념에 충실했을 때 나타나는 사물의 현상에 대한 2차 개념이다.

이들의 결속성 구조를 살펴본다.

---

133) 여기에 대해서는 이글 위 ④ 상호텍스트성 참조.
134) 여기에 대해서는 이글 위 ④ 상호텍스트성 참조.

(146) 거시 구조 2

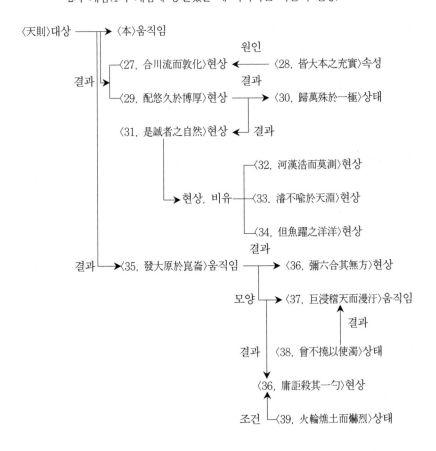

2차 개념(1차 개념에 충실했을 때 나타나는 사물의 현상)

마지막으로 4) 사람이 어떻게 1차 개념에 충실할 수 있는지에 대한 2차 개념을 살펴본다. 군자는 위에서 말한 사물의 천지 화육을 도와 천지와 더불어 참여하여야 될 터인데[135] 그러기 위하여 군자는 극진함에 이르러야 한다는 것이다. 군자가 극진함에 이르는 것은(41, 而君子之致曲) 근본을 세우는 것이 특히 중요하다(42, 尤有大於立本) 한다. 이는 사람이 어떻게 1차 개념에 충실할 수 있는지에 대해 말하는 것으로 먼저 학문을 쌓아 두텁게 해야 한다는 것이다. 학문이란 쌓지 않으면 두터워지지 않는 것이기에(43, 學不積則不厚) 학문을 쌓아 두텁게 하지 않고 하늘의 법칙과

---

135) 이는 중용(中庸) 장구(章句) 이십이(二十二)에 나오는 말이다. 여기에서 '오직 천하에 지극히 성실한 사람이라야 능히 자기의 성(性)을 다할 것이니(惟天地下至誠) … 천지의 화육을 도우면 천지와 더불어 참여하게 될 것이라(可以贊天地之化育則可以與天地參矣) 한다.

근본 등을 말하는 것은 비유컨대 오줌을 받아 바다를 묻는 것과 같다(44, 等聚溲而海問)고 한다. 쌓이고 두터워진 학문은 신령한 뿌리가 마르지 않으면(45, 苟靈根之不渴) 천하를 적시고도 마르기 어려운(46, 沃九土其難涸), 덮지 않은 샘의 차가운 물처럼(47, 見寒泉之勿幕) 온갖 두레박으로 퍼내어도 여전한 것(48, 人百樺其猶若)과 같다고 한다. 그러므로 군자는 학문으로 근본을 삼아야 하는데 학문으로 근본을 삼아(52, 學以爲本) 경(敬)을 이루면 미혹의 감정이 마음을 능히 어지럽히지 못하나(53, 感罔能擾) 그렇지 아니하고 마음으로 세상만사에 대응하면(50, 心以應事) 온갖 미혹의 감정이 마음을 흔들고 돋우게 된다(51, 百感搖挑)고 한다. 만약 미혹의 감정에 빠지게 되면 근본인 성(誠)이 없어지고(51, 百感搖挑), 미혹의 감정에 마음이 어지럽혀지면 성(誠)의 쓰임이 없어진다(55, 可擾則用熄)는 것이다. 이것이 4) 사람이 어떻게 1차 개념에 충실할 수 있는지에 대한 2차 개념이다. 이들의 결속성 구조를 살펴본다.

(147) 거시 구조 2
2차 개념(사람이 어떻게 1차 개념에 충실할 수 있는지)

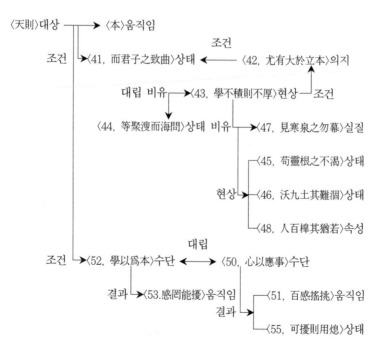

(148) 미시 구조

〈天則〉대상 → 〈本〉움직임

〈사물(물)〉
└→ 〈03. 本於天者無窮〉속성 이유 ←〈02. 由天一之生北〉장소

〈9. 非有本則不然〉속성
대립 ↓이유

대상 →〈01. 地中之有水〉사례 ↔ 〈06. 異杯水之坳覆〉형태
모양 〈07. 縱初原之涓涓〉형태 ← 〈05. 徵一泉之驚沸〉상태
결과

현상 →〈04. 是以行之不息〉속성 → 〈08. 委天地而亦足〉상태
비유 →〈13. 同不死於谷神〉속성
비유 →〈10. 類人身之運血〉현상
결과

행위 └→〈15. 故祀典之崇本〉움직임 → 〈16. 必先河而後海〉움직임

〈사람〉
〈56. 敬以涵源〉움직임
〈20. 宣德行之素積〉움직임
행위 이유 →〈19. 推洊水於習坎〉현상
〈21. 究人事之下行〉움직임
└→〈22. 根天理之上達〉목적
결과 결과
〈24. 混潑潑而活活〉속성 ← 〈23. 萬理具於性本〉현상
비유 〈26. 猶窟宅之生出〉현상 ← 〈25. 隨取用而有餘〉현상
행위 →〈17. 思亞稱於宣尼〉인지
→〈18. 信子輿之心迪〉인지
원인

〈현상〉
〈27. 合川流而敦化〉현상 ← 〈28. 皆大本之充實〉속성
결과 결과
└→〈29. 配悠久於博厚〉현상 → 〈30. 歸萬殊於一極〉상태
〈31. 是誠者之自然〉현상 결과
〈32. 河漢浩而莫測〉현상
현상, 비유 〈33. 濬不喩於天淵〉현상
〈34. 但魚躍之洋洋〉현상
결과

결과 → 〈35. 發大原於崑崙〉움직임 → 〈36. 彌六合其無方〉현상
모양 〈37. 亘浸稽天而漫汗〉움직임
결과
결과 〈38. 曾不撓以使濁〉상태
〈36. 庸詎殺其一勺〉현상
조건 〈39. 火輪燋土而爀烈〉상태

〈충실〉 → 조건 → 〈41. 而君子之致曲〉상태 ← 〈42. 尤有大於立本〉의지
대립 비유 →〈43. 學不積則不厚〉현상 ┐조건
〈44. 等聚溲而海間〉상태 비유 〈47. 見寒泉之勿幕〉실질
〈45. 苟靈根之不渴〉상태
현상 〈46. 沃九土其難涸〉상태
〈48. 人百樺其猶若〉속성
대립

조건 → 〈52. 學以爲本〉수단 ↔ 〈50. 心以應事〉수단
결과 〈53. 感罔能援〉움직임 〈51. 百感搖挑〉움직임
결과
〈55. 可援則用熄〉상태

(2) 民巖賦[136] 민암부

01.	六月之交	유월 즈음에는
02.	灩澦如馬	염예퇴(灩澦堆)가 말과 같아
03.	不可上也	올라갈 수도 없고,
04.	不可下也	내려갈 수도 없다.
05.	吁嘻哉	아아!
06.	險莫過焉	험함이 이보다 더한 데가 없으리니
07.	舟以是行	배가 이로써 가기도 하고
08.	亦以是覆	또한 이로써 엎어지기도 한다.
09.	民猶水也	백성이 물과 같다는 것은
10.	古有說也	예로부터 있어온 말이니
11.	民則戴君	백성은 임금을 받들기도 하지만,
12.	民則覆國	백성은 나라를 엎어버리기도 한다.
13.	吾固知可見者水也	내 진실로 알거니와, 눈으로 볼 수 있는 것은 물이니,
14.	險在外者難狎	험함이 밖에 나타난 것은 만만하게 보기 어렵지만,
15.	所不可見者心也	소위 눈으로 볼 수 없는 것은 마음이니,
16.	險在內者易褻	험함이 안에 감추어진 것은 만만하게 보기 쉽다.
17.	履莫易於平地	걷기에는 평지보다 쉬운 곳이 없지만
18.	跣不視而傷足	맨발이면서 살피지 않으면 발을 다치고,
19.	處莫安於袵席	거처함이 이부자리보다 편안한 곳은 없지만
20.	尖不畏而觸目	바늘을 겁내지 않으면 눈을 다친다.
21.	禍實由於所忽	재앙은 실로 소홀함에서 말미암는다.
22.	巖不作於溪谷	험함이 계곡에서만 일어나는 것은 아니다.
23.	怨毒在中	원독이 마음속에 있을 적엔
24.	一念甚銳	한 사람의 생각이라 몹시 미세하다.
25.	匹婦呼天	필부가 하늘에 호소해도
26.	一人甚細	한 사람일 적엔 매우 보잘 것 없다.
27.	然昭格之無也	그러나 밝은 감응이란 (다른 데) 있지 않으니
28.	天視聽之在此	하늘의 보고 들으심이 이들에게 있다네.
29.	民所欲而必從	(하늘은) 백성이 원하는 것을 반드시 따라주니
30.	寔父母之於子	이는 부모가 자식에 대해서와 같다.
31.	始雖微於一念一婦	한 사람의 원독, 한 필부의 하소연이 처음엔 비록 하찮은 것이나,
32.	終責報於皇皇上帝	끝내 거룩하신 상제께서 보답하시니
33.	其誰敢敵我上帝	그 누가 감히 우리 상제를 대적하리?

---

136) 각 행 앞에 붙여진 번호는 글쓴이가 이 글의 분석을 위하여 임의로 붙인 것이다.

34.	實天險之難濟	실로 하늘이 내린 험함은 건너기가 어렵도다.
35.	亘萬古而設險	(하늘이) 만고에 걸쳐 험함을 보였는데
36.	幾帝王之泄泄	얼마나 많은 제왕들이 (이를) 예사로 보았던가.
37.	桀紂非亡於湯武	걸·주가 탕·무에게 망한 것이 아니다.
38.	乃不得於丘民	이와 같은 것은, 많은 백성을 얻지 못했기 때문이다.
39.	漢劉季爲小民	한의 유방은 말단의 작은 백성이었고
40.	秦二世爲大君	진의 이세는 대단한 임금이었다.
41.	以匹夫而易萬乘	필부로서 천자의 자리를 바꾸었으니
42.	是大權之何在	이처럼 큰 권한은 어디에 있는가?
43.	只在乎吾民之手兮	다만 우리 백성의 손에 있으니
44.	不可畏者甚可畏也	가히 겁내지 않아도 될 만한 것이 몹시 겁낼 만하도다.
45.	噫噓哉 蜀山之險	아아, 촉산의 험함이
46	安得以僨君覆國也哉	어찌 또 임금을 넘어뜨리고 나라를 엎을 수 있으리오?
47.	究厥巖之所自	그 암험함의 근원을 찾아보면,
48.	亶不外乎一人	진실로 임금 한 사람에게서 벗어나지 않는다.
49.	由一人之不良	한 사람의 불량함으로 말미암아
50.	危於是而甲仍	여기에 위험이 가장 크게 따른다.
51.	宮室廣大	궁실이 넓고 큼은
52.	巖之輿也	암험함의 수레다.
53.	女謁盛行	여알이 성행함은
54.	巖之階也	암험의 계단이다.
55.	稅斂無藝	세금을 기준 없이 거두어들임은
56.	巖之積也	암험함을 쌓음이다.
57.	奢侈無度	도에 넘치는 사치는
58.	巖之立也	암험함을 일으켜 세움이다.
59.	掊克在位	부극이 자리에 있음은
60.	巖之道也	암험으로의 길이다.
61.	刑戮恣行	형벌을 마음 내키는 대로 행함은
62.	巖之固也	암험을 견고하게 함이다.
63.	縱厥巖之在民	비록 그 암험함이 백성에게 있다지만
64.	何莫由於君德	어찌 임금의 덕에서 말미암지 않겠는가?
65.	水莫險於河海	물은 하해보다 험한 것이 없지만
66.	非大風則安帖	큰 바람이 아니면 고요하다.
67.	險莫危於民心	암험함이 민심보다 위태로운 것이 없지만,
68.	非暴君則同胞	포악한 임금이 아니면 동포다.
69.	以同胞爲敵讐	동포를 원수로 생각하니

70.	庸誰使而然乎	누가 그렇게 하도록 하였는가?
71.	南山節節	남산은 우뚝하나
72.	維石巖巖	돌이 험하게 붙어 있고,
73.	泰山巖巖	태산은 험준하나
74.	魯邦所瞻	노나라가 우러러본다.
75.	其巖一也	그 암험함은 하나인데,
76.	安危則異	안위는 다르도다.
77.	自我安之	나로 말미암아 편안하기도 하고
78.	自我危爾	나로 말미암아 위태롭기도 하니
79.	莫曰民巖	백성이 암험하다 말하지 말라.
80.	民不巖矣	백성은 암험하지 않느니라.

① 상황성

민암부(民嚴賦)는 백성을 통치하는 임금이 백성을 사랑하여 편안히 살도록 해야 하는데 그렇지 않으면 백성이 나라를 엎을 수도 있다는 것을 경계하는 글이다(교감 국역 남명집, 1995, 112, 주15). 남명은 서른한 살에 성리대전(性理大全)을 읽고 크게 깨달아 실리(實利)를 위한 과거 공부를 접고 위기지학(爲己之學)에 뜻을 두었으나 서른세 살에 어머니의 간청을 물리치지 못하고 향시에 응시하게 된다. 여기서 장원을 하였고 이듬해 서른네 살에 회시에 나가게 되는데 이 부(賦)는 이 때 과거장에서 쓴 것으로 보인다. 남명집(2001, 153, 주14)에서는 1534년 문과시험 가운데 '민암부'를 쓰는 것이 있었고, 남명도 그때 응시했으므로 남명의 이 '민암부'는 아마 그때 지은 것으로 보인다고 한다. 그런데 이 '민암부'의 내용을 보면 과거시험에 입격하기 위한 깃이라고 보기 어려울 정도이다. 과거에 입격하기 위한 것이 아니라 당시 백성들의 민심을, 채점하는 관리들이나 나아가 임금에게 알려 경고하는데 초점을 맞추고 있는 듯이 보인다. 당시 백성들은 목숨을 부지하고 살아가기조차 어려운 지경에 빠져 있었다. 민심은 나빠질 대로 나빠져 있었다. 1506년 일어난 중종반정 이후의 처리 문제가 하나의 원인이었다. 중종반정은 이 글 1. 들어가기에서도 밝혔듯이 박원종(朴元宗), 성희안(成希顏), 유순정(柳順汀) 등 소위 삼대장이 중심이 되어 일으킨 반정이었다. 이 세 사람의 중심인물들이 반정에 성공하자 조정은 삼대장의 손에서 좌우되었다. 절대 권력을 쥐었다. 이들은 부패했다. 104명의 많은 정국 공신(靖國功臣)들을 뇌물의 액수에 따라 등급을 매겨(이덕일, 1998, 356) 천거하였고 중종으로 하여금 이를 책봉케 하였다. 처음 104명의 정국공신은 이런저런 경로로 거쳐 13명이 더 늘어나 117명이나 되었다. 117명이나 되는 정국공신들을 책봉하다 보니 그 중에는 반정에 별다른 공로도 없는 사람이나 연산군에 깊이 협력했던 사람들이 다수 들어가게 되었는데[137] 이들에게 토지와 노비들을 나누어 주기 위하여 조정에서는 많은 토지를 백성들에게서 빼앗았다. 훈구파는 거듭된 공신 책봉으로 많은 토지를 가지게 되었는데 이로 말미암아 토지를 잃은 소 농민들은 살길이 막막해지면서 각지로 흩어졌다. 이에 조광조를 중심으로 한 사림파는 토지를 농민들에게 다시 돌려주기 위하여 중종 10년 정전법(井田法)에 대하여 논의하기 시작하였다. 이는 토지를 농민들에게 균등하게 나누어주는 제도로 훈구파들에게는 치명적일 수 있었다. 훈구파의 심한 반대로 실현될 수 없었다. 그러자 사림파는 중종 12년에 정전법이 어렵다면 한전법(限田法)이라도 실시하자고 하였고, 중종 13년에는 다시 한전법과 더불어 균전법(均田法)을 시행하자고 하였다. 이들 모두는 토지를 많이 가진 자들에게서 토지 일부를 몰수해 소 농민들에게 분배하자는 것으로 훈구파를 겨냥한 것이었으나 민생을 살리기 위한 부득이 한 토지 개혁법이었다고 할 수 있다. 이를 위하여 대사헌 조광조와 대사간 이성동(李成童)을 중심으로 한 삼사는 1519년(중종 14년) 10월 25일에 공신 삭훈 문제를 제기했다. 11월 11일 삼사의 주청은 윤허되었다. 정국공신 117명 중 76명의 공신 녹훈(錄勳)이 삭제되었다. 녹훈이 삭제된 공신들은 공신 책봉의 대가로 받았던 전답과 노비들을 모두 국가에 다시 내 놓아야 했다. 공신들은 반발했다. 공신들의 반란으로 추대된 중종에게는 훈구파의 반발이 실제적 위협으로 다가왔다. 훈구파의 남곤과 심정, 홍경주 등은 사화를 모의했다. 그리고 중종을 압박했다. 압박에 못이긴 중종은 이들이 모의한 사화를 재가했다. 1519년(중종 14년) 11월 15일 밤 2고(二鼓, 20~22시)에 조광조를 비롯한 사림의 주요 인사들을 전격적으로 하옥시켰다. 그들의 죄목은 당파를 만들어 자신들을 따르는 사람은 천거하고 그러지 않는 사람은 배척했으며 서로 연합해 권력을 장악함으로써 국정을 어지럽혔다는 것이었다. 이들의 형량은 한 달 만에 확정되었다. 조광조는 사사(賜死)되고 김정(金淨), 김식(金湜), 김구(金絿), 윤자임, 기준(奇遵), 박세희(朴世熹) 박훈(朴薰) 등은 외딴 섬이나 변방에 유배되었다. 남곤과 이유청이 좌

---

137) 여기에 대해서는 이 글 주) 3 참조.

의정과 우의정에 발탁되었다. 훈구파의 세력으로 조정이 다시 구성되고 삭훈(削勳)되었던 정국공신은 원래대로 회복되었다. 중종 때 일었던 정치 개혁은 이 기묘사화로 말미암아 끝나고 말았다. 훈구파들에게 땅을 빼앗긴 백성들이나, 노역과 세금으로 피폐해질 대로 피폐해진 백성들은 다시 훈구파들과 그들이 세운 지방 관리들의 수탈로 더욱 시달리게 되면서 그 불만은 하늘을 찔렀다. 백성들의 삶이 이러할 때 남명은 이 민암부를 지어 백성들은 임금을 받들기도 하지만 백성들은 나라를 엎어버리기도 한다(10.11. 民則戴君, 民則覆國)고 경고하고 있는 것이다.

② 의도성과 용인성

이 부(賦) 텍스트에서는 백성을 배를 띄우는 물에 비유하여 배가 물로 인해 가기도 하고(07. 舟以是行) 또한 물 때문에 엎어지기도 하듯이(08. 亦以是覆) 백성은 임금을 받들기도 하지만(11. 民則戴君) 나라를 엎어 버리기도 한다(12. 民則覆國)고 쓰고 있다. 01.에서 04.까지는 물에 뜬 배가 처해진 상황을 말하고 있다. 이는 백성이 처한 상황이다. 물살이 세게 소용돌이치기로 유명한 염예퇴(灩澦堆)[138]를 지나는 상황이다. 어디로 어떻게 가야할 지 알 수 없는 상황이다. 6월 장마에 물이 불어 자칫 잘못 가다가는 배가 뒤집히는 상황이다. 유월 즈음의 염예퇴(灩澦堆)는 아래가 물에 잠겨 말처럼 생겨 보이는데 이때에는 배가 올라갈 수도 없고, 내려갈 수도 없는 상황이 된다. 백성에 대한 지금의 임금이 처한 상황이다. 백성들의 마음에는 원독(怨毒)이 잔뜩 쌓여 있다. 과도하게 책정된 정국공신들에게 땅을 빼앗기고, 과도한 세금에, 노역에, 부패한 관리들의 가렴주구(苛斂誅求)에, 어디 한 곳도 기댈 데가 없는 매우 암험한 상황이다. 남명의 시 '황강에게 줌(贈 黃江)'에서도 나왔듯이 '붉은 나뭇잎 산에 가득하여 온통 붉은 색일 때, 골짜기에 남은 푸른 솔은 가지 반쯤 없는(紅葉滿山全有色, 靑松留壑半無枝)' 상황이다. 가을걷이가 있는 가을인데도 소나무 껍질을 벗겨 먹고 연명하는데 가까운 곳에서는 이마저도 찾기 어렵고 골짜기에 남아 있는 푸른 솔도 가지가 반쯤 없다는 것이다. 그런데도, 남명의 시 '느낌이 있어(有

---

138) 염예퇴(灩澦堆)는 중국의 사천성(四川省)을 흐르는 양자강(揚子江)의 구당협(瞿塘峽) 어구에 있는 거대한 바위인데 이 바위 주변에 맹렬히 소용돌이치는 물결 때문에 배가 지나가기 매우 위험한 곳이다(남명집, 2001, 153, 주15). 자칫 잘못 지나가다가는 배가 뒤집히는 곳이다. 유월 장마철에 아랫부분이 물에 잠기면 말의 모습과 비슷하다 한다. 지금은 중국 정부에서 폭파해 버려 없다고 한다.

感)'에서는 '집주인은 잠만 자고 전혀 구제하지 않으니, 푸른 산 푸르름이 흐르는 저녁 시내에 드리워져 있다.(舍主眠來百不救 碧山蒼倒暮溪流)'고 한다. 그래서 백성들의 마음에는 원독(怨毒)이 쌓인 상황이다. 이를 전제로 이 부(賦)는 시작하고 있다. 물살이 빠르고 소용돌이치는 물은 눈으로 볼 수 있어 만만하게 보기 어렵지만(13. 吾固知可見者水也) 험함이 백성들의 마음에 감추어져 있는 것은 만만하게 보기 쉬워(16. 險在內者易褻) 이를 소홀히 함으로써 재앙이 올 수 있는(21. 禍實由於所忽) 이런 위기의 상황이다. 남명은 이러한 상황을 알지 못하는 임금이 너무나 답답하다. 이런 위기의 상황을 만만하게 보고 그대로 나가서는 안 된다는 사실을 백성이 움직이는 상제의 마음과 함께, 증거가 될 수 있는 역사적 인물을 통하여 거듭 설파(說破)하고 있다. 그러면서 끝에 가서는 백성이 암험하다 말하지 말라(79. 莫曰民巖), 백성이 암험한 것이 아니고(80. 民不巖矣) 임금 스스로가 나라를 위태롭게 만든 것이다(78. 自我危爾) 하고 결론짓고 있다.

남명집(2001. 153. 주14)에서 밝힌 대로 이 부(賦)가 과거 시험의 답안으로 쓰여 진 것이라고 한다면 이미 입격하고자 하는 뜻을 접은 것이라고 밖에 볼 수 없다. 시험관은 당시 부패하기로 짝이 없고, 나라의 안위보다는 자신의 잇속만을 챙기는, 조광조의 개혁을 반대한 훈구파들이 장악하고 있었기에 자신들의 잘못을 아무런 거리낌 없이 지적하고 있는 이 부(賦)에 높은 점수를 주었겠는가? 남명도 분명 이를 알았을 것이다. 거짓 없이 나라를 걱정하고, 백성을 생각하는 선비로서의 곧은 마음을 이 부(賦)에 담아 부패한 관리들에게, 임금에게 경고하고 있는 것이다.

③ 상호텍스트성

01, 02.의 '六月之交 灩澦如馬(유월 즈음에는 염예퇴(灩澦堆)가 말과 같아)'에서 '염예퇴(灩澦堆)'는 이백(李白)의 시 장간행(長干行) 15, 16.행에 '十六君遠行 瞿塘灩澦堆(열여섯 살에 그대는 먼 길을 떠났으니, 구당 염예퇴로)'가 나온다. 그리고 유우석(劉禹錫)의 시 죽지사(竹枝詞)에도 염예퇴(灩澦堆)가 나온다. 시 죽지사(竹枝詞)를 보면 '城西門前灩澦堆(도성 서문 앞 염예퇴), 年年波浪不能堆(해마다 몰아치는 파랑 능히 밀쳐내지 못한다.), 懊惱人心不如石(괴로워라 사람 마음은 돌과 같지 않아), 少時東去復西來(잠시 동으로 갔다가 다시 또 서로 온다.)'라고 한다. 부(賦) 02.의 '灩澦如馬(염예퇴가 말 같아서)'는 이들에서 인유한 것으로 보인다. 염예퇴가 유월 장마철에는 바위 아래가

더욱 잠겨 말같이 보인다고 한다. 01, 02.는 상호텍스트성을 갖는다.

09, 10. '民猶水也 古有說也(백성이 물과 같다는 것은 예로부터 있어온 말이니)'는 순자(荀子) 왕제(王制)와 서경(書經) 소고(召誥) 세주(細註)에 나오는 말을 두고 인유(引喩)한 것으로 보인다. 순자(荀子) 왕제(王制)에서는 '임금은 배이고 서민은 물이다. 물은 배를 띄우기도 하고 배를 엎기도 한다.(君子舟也 庶民者水也 水則載舟 水則覆舟)'고 하였다. 남명의 학기류편(같은 책, 346), 다스리는 도(治道)에 '對哀公曰, 夫君子舟也, 庶民者水也, 水所以載舟, 亦所以覆舟(애공에게 답하여 이렇게 말하였다. 무릇 임금은 배와 같고 서민은 물과 같습니다. 물은 배를 띄우기도 하지만, 배를 전복시키기도 합니다.)'라고 싣고 있다. 서경(書經) 소고(召誥) 세주(細註)에서는 '백성은 물과 같다. 물은 배를 실을 수도 있지만 또한 배를 엎을 수도 있다. 세상에는 백성보다 더 암험한 것은 없다.(蘇氏曰 民猶水也 水能載舟 亦能覆舟 物無險於民者矣)'고 하였다. 상호텍스트성을 갖는다.

25. '匹婦呼天(필부가 하늘에 호소해도)'에서 '필부(匹婦)'는 한나라 동해의 주청(周靑)이라는 효부(孝婦)의 고사에서 인유한 것이다. 이에 구체적 이야기가 여러 곳에서 다르게 나타나 여기서는 남명집(2001, 154, 주 18)에서 밝힌 것을 인용하여 둔다. 동해 효부 주청은 시어머니를 살해했다는 누명을 쓰고 억울하게 죽었는데, 그 뒤로 삼 년 간 가물어 그 무덤에 치제(致祭)하니 비로소 비가 왔다는 고사이다. 이도 중국 고사에서 인유한 상호텍스트성을 갖는다.

28. '天視聽之在此(하늘의 보고 들으심이 바로 이들에게 있다네.)'는 맹사(孟子) 만장(萬章) 장구상오(章句上五)에 나타난 '天視自我民視 天聽自我民聽(하늘이 보심은 우리 백성들이 보는 것을 따르고 하늘이 들으심은 우리 백성들이 듣는 것을 따른다.)'의 인유(引喩)이다. 그런데 28.에서의 '此(이들)'는 구체적으로는 23.에서의 원독을 품은 한 사람, 25.에서 말한 한나라 효부 주청(周靑)인 '匹婦(필부)'로서 '이 한 사람의 백성이라도'의 뜻을 갖는다. 이도 상호텍스트성을 갖는다.

37. '桀紂非亡於湯武(걸·주가 탕·무에게 망한 것이 아니다.)'는 고대 중국의 역사적 사실에서 인유(引喩)한 것이다. '걸(桀)'과 '주(紂)'는 중국 역사에 나오는 대표적인 폭군이다. '걸(桀)'은 하(夏)나라의 마지막 왕으로 '상(商)나라 탕왕(湯王)'에게 멸망을 당했고 '주(紂)'는

'상(商)나라'의 마지막 왕으로 주(周)의 무왕(武王)에게 멸망을 당했다. 사마천(司馬遷)의 사기(史記)에 의하면 걸주(桀紂)는 폭군으로서 주색에 빠져 충신들의 간언(諫言)을 짓밟았다고 한다. '걸(桀)'왕은 매희, '주(紂)'왕은 달기라는 미희에 빠져 술로 연못을 만들고 고기로 숲을 이루는 '주지육림(酒池肉林)'의 나날을 보냈다 한다. 36. '桀紂非亡於湯武(걸·주가 탕·무에게 망한 것이 아니다.)'는 고대 중국의 이러한 역사적 사실을 바탕으로 한 말이다. 이도 상호텍스트성을 갖는다.

39, 40, 41. '漢劉季爲小民 秦二世爲大君 以匹夫而易萬乘(한의 유방은 말단의 작은 백성이었고 진의 이세는 대단한 임금이었다. 필부로서 천자의 자리를 바꾸었으니)'도 중국의 역사적 사실에서 인유(引喩)한 것이다. '유방(劉邦, BC.256–BC195)'은 '한(漢)나라'의 개국황제(재위, BC.202–BC.195)이다. 유방은 진나라 말기에 군사를 일으켜 진왕으로부터 항복을 받았고, 5년에 걸친 항우와의 초한쟁패에서 승리하여 천하통일의 위업을 이루었다. 유방은 농가에서 태어나 진(秦)나라 말에는 하급관리인 사수정장(泗水亭長)이 되어 여산 황제릉 조영 공사에 부역하는 인부의 호송책임을 맡았던 사람이다. 진(秦)의 이세황제(二世皇帝)는 호해왕(胡亥王)이다. 진(秦)나라 시황제(始皇帝, BC.259–BC.210, 재위 BC.246–BC.210)의 둘째 아들이다. 시황제가 죽자 이세황제(二世皇帝, 재위 BC.210–BC. 207)가 되었다. 이는 대규모 토목 사업을 벌이고 환관 조고의 전횡을 방임하여 민심을 잃었고 유방과 항우에게 주력군이 패하면서 진(秦)나라를 패망의 길로 가게 한 사람이다. 39.–41.은 고대 중국의 이러한 역사적 사실을 바탕으로 한 말이다. 이도 상호텍스트성을 갖는다.

71, 72. '南山節節 維石巖巖(남산은 우뚝하나 돌이 험하게 붙어 있고)'과 73, 74. '泰山巖巖 魯邦所瞻(태산은 험준하나 노나라가 우러러본다)'은 시경(詩經)에서 인유(引喩)한 것이다. 71, 72.의 '南山節節 維石巖巖(남산은 우뚝하나 돌이 험하게 붙어 있고)'은 시경(詩經) 소아(小雅) 절피남산(節彼南山)에서 인유한 것이다.139) 이 시는 '節彼南山 維石巖巖 赫赫師尹 民具爾瞻 憂心如惔 不敢戱談 國旣卒斬 何用不監…(우뚝한 저 남산엔 돌이 험하게 붙어 있고 빛나는 태사 윤 씨여, 백성들이 너를 보네. 속이 타도 농담 한번 못하고 나라가 이미 망하거늘 살펴보지 않는가? …)'으로 되어 있는데 임금이 태사 윤

---

139) 이는 대학에도 나온다. 대학(大學) 본론(本論) 십(十)에 '시운, 節彼南山 維石巖巖 赫赫師尹 民具爾瞻 有國者不可以不愼 辟則爲天下, 戮矣(우뚝한 저 남산엔 돌이 험하게 붙어 있고 빛나는 태사 윤 씨여, 백성들이 너를 보네' 하니 '나라를 가진 사람이 삼가지 않을 수 없는 것이니 편벽되면 천하를 죽이게 될 것이다' 한다.

씨를 등용했는데 나라가 이미 망해가도 살펴보지 않으니 주나라 대부 가부(家父)가 태사 윤 씨를 비꼬아 가며 풍자하고 있다. 우뚝한 남산에 바위가 험하게 붙어 있다는 것은 백성들이 암험하다는 사실을 드러낸 말이다. 73, 74. '泰山巖巖 魯邦所瞻(태산은 험준하나, 노나라가 우러러본다.)'은 시경(詩經) 노송(魯頌) 비궁(閟宮)에서 인유한 것이다. 비궁은 주나라 후직의 어머니 강원의 사당이다. 노나라 희공이 제나라에 빼앗겼던 옛 땅을 되찾자 노나라 사람들이 노래를 지어 칭송했다. 노나라는 주공의 후손이 다스렸으므로 강원은 노나라의 윗대 어른이 된다. 이 비궁에 나타나는 '…泰山巖巖 魯邦所詹…(태산은 험준하나 노나라가 우러러본다.)'은 노나라 주공(周公)이 나라를 잘 다스렸으므로 백성들이 험준한 태산을 보면서 임금을 태산처럼 우러러 본다는 뜻을 담고 있다. 이들은 상호텍스트성을 갖는다.

④ 결속 구조

이 부(賦) 텍스트는 넉 자와 여섯 자가 중심이 되어 한 구를 이루고 있으나 일곱 자, 여덟 자, 아홉 자가 한 구를 이루고도 있어 자 수나 운에 크게 얽매이지 않고 있다. 부(賦)가 운문성이 중심이기는 하나 산문성도 가지고 있어 시처럼 형식에 크게 얽매이지 않는 특성을 가지고 있다. 따라서 여기서도 한 월을 대상으로 통사적 결속 구조를 살피기로 한다.

01, 02, 03, 04.의 월 ; 六月之交 灩澦如馬 不可上也 不可下也(유월 즈음에는 염예퇴(灩澦堆)가 말과 같아 올라갈 수도 없고 내려갈 수도 없다).

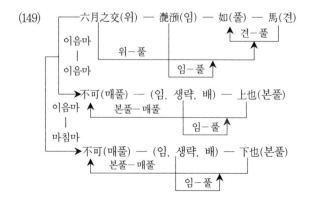

염예퇴(灩澦堆)는 중국 사천성(四川省)을 흐르는 양자강(揚子江)의 구당협(瞿塘峽) 어구에 있는 거대한 바위다. 이 바위 주변에는 늘 맹렬히 소용돌이치는 물결 때문에 배가 지나가기가 매우 위험한 곳이다. 특히 6월 장마철에 물이 불어 바위가 말처럼 생길 때에는 더욱 위험해 자칫 잘못 지나가다가는 배가 뒤집히는 곳이다. 배는 11, 12.에서 보듯이 임금을 비롯한 조정을 비유한 것이고, 물은 09.에서와 같이 백성을 비유한 말이다. 지금 나라 사정이 6월 장마철에 염예퇴(灩澦堆)를 지나는 배처럼 매우 위험하다는 것이다. 당시 나라 사정이 이러하였다. 기묘사화(己卯士禍, 중종 14년, 1519년, 11월)가 일어난 지 10여 년이 지난 때였다. 기묘사화는 위 ① 상황성에서도 밝혔듯이 훈구 대신들이 백성들에게 빼앗은 땅과 노비들을 돌려주지 않기 위해 일으킨 사화였다. 중종반정에 성공한 훈구 대신들과 이들이 마음대로 정한 소위 정국공신(靖國功臣, 당시 117명)들은 백성에게서 뺏은 엄청난 양의 땅과 노비를 하사받았다. 이에 조광조(趙光祖, 1482~1519)를 비롯한 사림파에서는 잘못 책봉된 정국공신들의 수를 없애, 백성들에게서 뺏은 토지를 다시 돌려주기 위해, 토지 개혁을 실시하고자 하였다. 훈구파들이 반발하였다. 중종을 윽박질러 조광조를 죽이고 많은 사림파를 몰아낸 것이 기묘사화다. 이후에는 훈구파의 전횡(專橫)과 백성들에 대한 수탈(收奪)은 더욱 심해져 남명이 민암부(民巖賦)를 쓸 당시에는 백성들의 분노가 하늘을 찌르고 있었다. 이러한 상황을 두고 01.~04.의 월에서 '유월 즈음에는 염예퇴(灩澦堆)가 말과 같아 올라갈 수도 없고 내려갈 수도 없다.(六月之交 灩澦如馬 不可上也 不可下也)'고 표현하고 있는 것이다.

05, 06, 07, 08.의 월 ; 吁嘻哉 險莫過焉 舟以是行 亦以是覆(아아! 험함이 이보다 더한 데가 없으리니 배가 이로써 가기도 하고 또한 이로써 엎어지기도 한다).

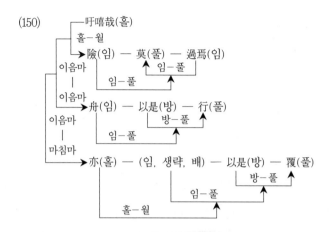

(150)

참고 : 吁嘻哉(아아, 감탄)
　　　險(험함), 莫(없다), 過(이보다 더한 데), 焉(허사)
　　　舟(배), 以是(이로써), 行(가다)
　　　亦(또한), 以是(이로써), 覆(엎어지다)

06.에서 '험함이 이보다 더한 데가 없으리니(險莫過焉)'는 염예퇴의 험함이 이보다 더한 데가 없다는 것이나, 속뜻으로 보면 백성들의 분노가 이보다 더한 때가 없었다는 것이다. 연산군 때를 거치면서 폭정에 시달렸고, 중종 때 기묘사화를 겪으면서 백성들은 희망을 잃고 분노만 쌓였으니 이보다 더 험한 때는 없었다는 것이다. 그리하여 08.에서는 '배가 엎어지기도 한다.'는 것이니 '백성이 나라를 엎을 수도 있다.'고 말한다. 이러한 사실을 11, 12.에서는 '백성은 임금을 받들기도 하지만, 백성은 나라를 엎어버리기도 한다.(民則戴君 民則覆國)'고 하면서 직설적으로 말하고 있다.

09, 10, 11, 12.의 월 ; 民猶水也 古有說也 民則戴君 民則覆國(백성이 물과 같다는 것은 예로부터 있어온 말이니 백성은 임금을 받들기도 하지만, 백성은 나라를 엎어 버리기도 한다).

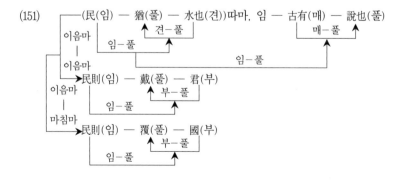

(151)

참고 : 民(백성), 猶(~과 같다), 水(물), 也(허사), 古有(예부터 있었다), 說(말)
　　　民(백성), 則(허사), 戴(받들다), 君(임금)
　　　民則(백성), 覆(엎어버리다), 國(나라)

09.-12.의 월에서 배는, 임금으로 대표되는 나라에 비유되고 물은 백성에 비유
될 때 물과 백성의 같은 성질을 말하고 있다. 물이 배를 띄울 수도 있고 엎을 수
도 있듯이 백성도 '임금을 받들기도 하지만, 백성은 나라를 엎어 버리기도 한다.
(民則戴君 民則覆國)'는 것이다. 그리고 이것은 '예로부터 있어온 말(民猶水也 古有說也)'이라
는 것을 밝히고 있다. '예로부터 있어온 말'이라는 것은 위 ③ 상호텍스트성에서
밝혔듯이 순자(荀子)는 '임금은 배이고 서민은 물이다. 물은 배를 띄우기도 하고 배
를 엎기도 한다.(君子舟也 庶民者水也 水則載舟 水則覆舟)'고 하고 학기류편(같은 책, 346)에서는
'애공에게 답하여 이렇게 말하였다. 무릇 임금은 배와 같고 서민은 물과 같습니
다. 물은 배를 띄우기도 하지만, 배를 전복시키기도 합니다.(對哀公日, 夫君子舟也, 庶民者
水也, 水所以載舟, 亦所以覆舟)'라고 적고 있으며, 서경(書經)에서는 '백성은 물과 같다. 물은
배를 실을 수도 있지만 또한 배를 엎을 수도 있다. 세상에는 백성보다 더 암험한
것은 없다.(蘇氏日 民猶水也 水能載舟 亦能覆舟 物無險於民者矣)'고 한 사실을 두고 한 말이다. 또
가까이에서는 연산군이 악정(惡政)을 일삼다가 나라가 엎어지기도 하였다.

　13, 14, 15, 16.의 월 ; 吾固知可見者水也 險在外者難狎 所不可見者心也 險在內者易褻(내
　　　　　　　　　진실로 알거니와, 눈으로 볼 수 있는 것은 물이니 험함이 밖에 나타난 것은 만만
　　　　　　　　　하게 보기 어렵지만 소위 눈으로 볼 수 없는 것은 마음이니 험함이 안에 감추어
　　　　　　　　　진 것은 만만하게 보기 쉽다).

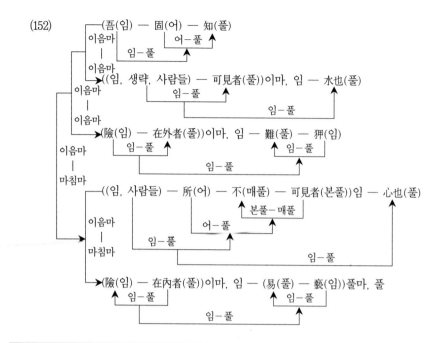

(152)

참고 : 吾(나), 固(진실로), 知(알다)
可見者(눈으로 볼 수 있다), 水(물), 也(허사)
險(험함), 在外者(밖으로 나타난 것), 難(어렵다), 狎(만만하게 보다)
所(소위), 不(없다), 可見者(눈으로 볼 수 있다), 心(마음), 也(허사)
險(험함), 在內者(안에 감추어져 있는 것), 易(쉽다), 狎(만만하게 보다)

13.-16.에서는 물과 백성의 다른 점을 말하고 있다. 물은 험함이 밖으로 나타나 만만하게 보기 어렵고(在外者難狎), 백성은 험함이 눈으로 볼 수 없는 마음속에 있어 만만하게 보기 쉽다(險在內者易狎)는 것이다. 다음 17.-20.에서는 눈에 보이지 않는 것들을 만만하게 보다가는 재앙을 입게 된다는 것을 말하고 있다.

17, 18, 19, 20.의 월 ; 履莫易於平地 跣不視而傷足 處莫安於衽席 尖不畏而觸目(걷기에는 평지보다 쉬운 곳이 없지만 맨발이면서 살피지 않으면 발을 다치고, 거처함이 이부자리보다 편안한 곳은 없지만 바늘을 겁내지 않으면 눈을 다친다).

(153)

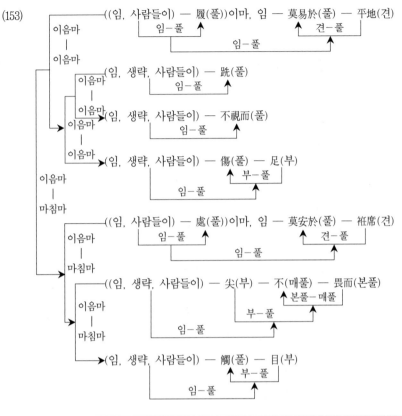

참고 : 履(걷다), 莫易於(쉬운 곳이 없다), 平地(평지)
跣(맨발이면서)
不視而(살피지 않으면)
傷(다치다), 足(발)
處(거처함), 莫安於(편안 곳은 없다), 袵席(이부자리)
尖(바늘), 不(않다), 畏而(겁내다), 而(허사)
觸(다치다), 目(눈)

21. 의 월 : 禍實由於所忽(재앙은 실로 소홀함에서 말미암는다).

(154) 禍(임) ─ 實(어) ─ 由於(풀) ─ 所忽(위)
              위-풀
         어-풀
    임-풀

참고 : 禍(재앙), 實(실로), 由(말미암다), 於(허사), 所忽(소홀함)

22.의 월 ; 巖不作於溪谷(험함이 계곡에서만 일어나는 것은 아니다).

(155) 巖(임) ─ 不(매풀) ─ 作於(본풀) ─ 溪谷(위)

본풀─매풀

위─풀

임─풀

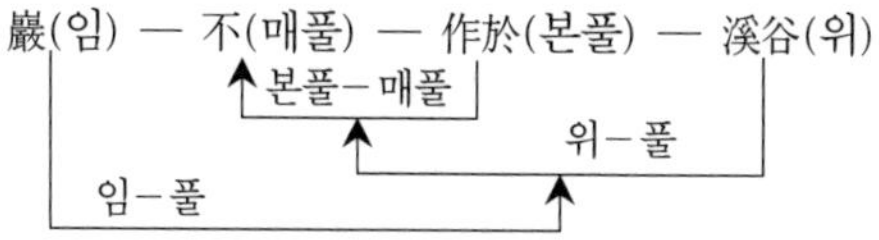

참고 : 巖(험함), 不(아니다), 作(일어나다), 於(허사), 溪谷(계곡)

이 월은 위 17.부터 이어져 온 것이다. 험함이 눈에 보이는 계곡에만 있는 것이 아니라 눈에 보이지 않는, 일상적인 생활 속에서도 있을 수 있다. 이를 소홀히 하여(21. 禍實由於所忽) '맨발이면서 살피지 않으면 발을 다치고(跣不視而傷足) 바늘을 겁내지 않으면 눈을 다친다.(尖不畏而觸目)'고 한다. 임금부터 나라의 모든 관료들은 늘 백성들을 두렵게 생각하여 조심하며, 소홀함 없이 보살펴야 한다는 것을 말하고 있다. 아무리 작고 보잘 것 없는 것이라 할지라도 소홀히 하다가는 재앙이 있을 수 있다는 것이다.

23. 24.는 한 월이다. '怨毒在中 一念甚銳(원독이 마음속에 있을 적엔 한 사람의 생각이라 몹시 미세하다)'

(156) (怨毒(임) ─ 在(풀) ─ 中(위))이마, 임 ─ 一念(방) ─ 甚(어) ─ 銳(풀)

위─풀

어─풀

임─풀

방─풀

임─풀

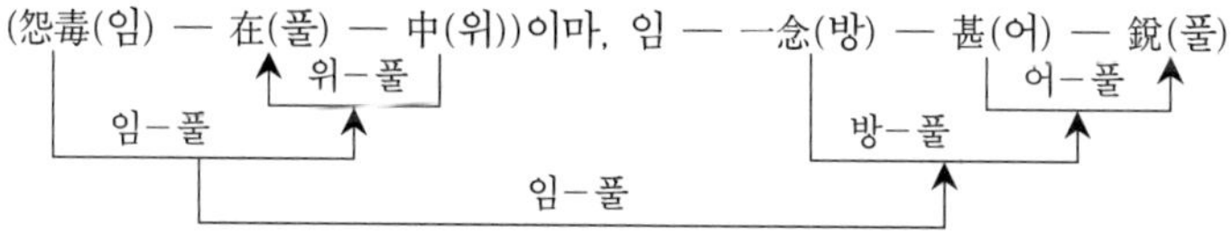

참고 : 怨毒(원독, 원망하고 미워함), 在(있다), 中(마음속), 一念(한 사람의 생각), 甚(몹시), 銳(미세하다)

25, 26.의 월 ; 匹婦呼天 一人甚細(필부가 하늘에 호소해도 한 사람일 적엔 매우 보잘 것 없다).

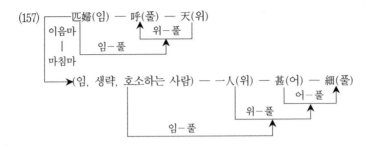

25. '匹婦呼天(필부가 하늘에 호소해도)'에서 '필부(匹婦)'는 한나라 동해의 주청(周靑)이라는 효부(孝婦)의 고사에 나오는 인물이다(남명집, 2001, 154, 주18). 동해 효부 주청은 시어머니를 살해했다는 누명을 쓰고 억울하게 죽었는데, 그 뒤로 삼 년 간 가물어 그 무덤에 치제(致祭)하니 비로소 비가 왔다는 고사이다. 이 필부가 한 사람일 적에는 왕이나 관리들의 눈으로 보아서는 매우 보잘 것 없이 보인다는 것이다.

27, 28.의 월 ; 然昭格之無也 天視聽之在此(그러나 밝은 감응이란 (다른 데) 있지 않으니 하늘의 보고 들으심이 이들에게 있다네).

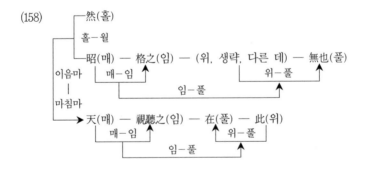

27, 28.의 월은 23, 24.의 월과 25, 26.의 월에서 이어진 것이다. 23, 24.에서 '원

독이 마음속에 있는 한 사람의 생각(怨毒在中 一念)'이나 25.에서 '필부가 하늘에 호소해도 한 사람일 적에는(匹婦呼天 一人)' 매우 보잘 것 없어 보이지만 하늘은 이 보잘 것 없어 보이는 한 사람의 억울함이라 할지라도, 삼 년 간 가물었다가 필부인 주청의 무덤에 치제(致祭)하니 비로소 비가 오는 것처럼 감응하여 들어 주신다는 것이다. 하늘이, '원독이 마음속에 있는 한 사람의 생각(怨毒在中 一念)'이나 필부(匹婦)의 호소'까지도 '보고 들으신다.'는 것이다. 이러한 생각은 맹자에도 나타난다. 맹자(孟子) 만장(萬章) 장구 상오(章句上五)에 '하늘이 보심은 우리 백성들이 보는 것을 따르고 하늘이 들으심은 우리 백성들이 듣는 것을 따른다.(天視自我民視 天聽自我民聽)'고 하고 있다. 그리하여 다음 월 29, 30.에서는 '하늘은 백성이 원하는 것을 반드시 따라주니 마치 부모가 자식에 대해서와 같다.(民所欲而必從 寔父母之於子)'고 하는 것이다.

29, 30.의 월 ; 民所欲而必從 寔父母之於子((하늘은) 백성이 원하는 것을 반드시 따라주니 이는 부모가
  자식에 대해서와 같다)'

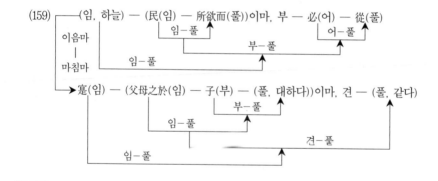

참고 : 民(백성), 所欲(원하는 것), 而(허사), 必(반드시), 從(따라주다)
  寔(이는), 父母之(부모가), 於(허사), 子(자식)

31, 32, 33.의 월 ; 始雖微於一念一婦 終責報於皇皇上帝 其誰致敵我上帝(한 사람의 원독, 한 필
  부의 하소연이 처음엔 비록 하찮은 것이나, 끝내 거룩하신 상제께서 보답하시니, 그 누
  가 감히 우리 상제를 대적하리).

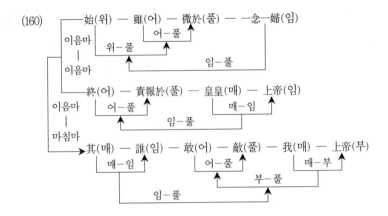

(160)

참고 : 始(처음), 雖(비록), 微(하찮은 것), 於(허사), 一念一婦(한 사람의 원독, 한 필부의 하소연)
終(끝내), 責報(보답하다), 於(허사), 皇皇(거룩하다), 上帝(상제)
其(그), 誰(누구), 敢(감히 ~하라), 敵(대적하다), 我(우리), 上帝(상제)

31.-33.에서 하늘은, 한 사람의 원독이나 한 필부(匹婦)의 호소라도 하늘의 상제께
서는 그 억울함을 들어 보답하신다 하니 이는 하늘의 뜻이 백성에게 있다는 것이다.
여기에서 우리는 남명의 천명사상(天命思想)과 친민사상(親民思想)에서 비롯된 민본주의(民
本主義)와 민주주의(民主主義)의 정치사상을 엿볼 수 있다. 즉 백성의 뜻에 따르는 정치(民
本主義), 백성을 위한 정치(民主主義)여야 한다는 것이다. 임금은 이런 정치를 통하여 백
성을 풍요롭게 살게 하되 특히 억울한 사람이 있지 않도록 해야 한다는 것이다. 만
약 그렇지 못하여 하찮게 여겨지는 한 사람의 원독, 한 필부의 억울한 하소연도 하
늘이 들어주시어 보답하시는데 그럴 때는 아무도 상제를 대적할 수 없어 다음 34.
에서는 '실로 하늘이 내린 험함은 건너기가 어렵다.(實天險之難濟)'는 것이다.

34.의 월 ; 實天險之難濟(실로 하늘이 내린 험함은 건너기가 어렵도다).

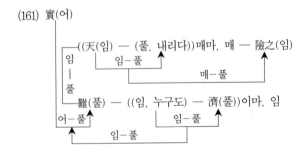

(161)

참고 : 實(실로)
　　　天(하늘), 險之(험함을)
　　　難(어렵다), 濟(건너다)

35, 36.의 월 ; 亙萬古而設險 幾帝王之泄泄(하늘이) 만고에 걸쳐 험함을 보였는데 얼마나 많은 제왕들
　　　　　　이 (이를) 예사로 보았던가'

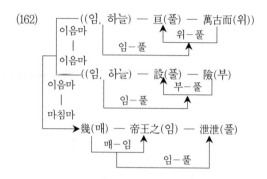

(162)

참고 : 亙(걸치다), 萬古(만고), 而(허사)
　　　設(보이다), 險(험함)
　　　幾(얼마나 많은), 帝王之(제왕들이), 泄泄(예사로 보다)

　백성들의 험함을 하늘이 보고 들어 험함을 보였는데도 이를 예사로 보다가 나
라를 잃은 경우는 동서고금(東西古今)을 통하여 무수히 많다. 가깝게는 연산군이 폭
정으로 말미암아 백성들의 원망이 하늘을 찌르자 중종반정이 일어나 나라를 잃
었다. 고려의 멸망도 마찬가지이고 신라가 견훤에게 멸망하게 된 것도 마찬가지
였다. 여기에 대해서는 남명이 시를 남겨 둔 것이 있다.

鮑石亭	포석정
楓葉鷄林已改柯	단풍 든 계림은 벌써 가지가 변했으니,
甄萱不是滅新羅	견훤이 신라를 멸망시킨 것 아니라네.
鮑亭自召宮兵伐	포석정에서 대궐의 군사가 망하도록 자초한 것이니,
到此君臣無計何	이 지경에 이르면 임금과 신하 어쩔 계책 없는 법.

　이를 보면 견훤이 신라를 멸망시킨 것이 아니라 견훤의 군사가 서울 경주를 함
락시킬 때까지 포석정에서 연회(宴會)를 베풀면서 백성들을 돌보지 아니한 왕과 그

신하들에게 그 책임이 있다는 것이다. 하늘은 반드시 백성들의 어려움과 원망의 소리를 보고, 들어준다는 것이다. 이러한 생각을 다음 월에서는 중국의 고사를 들어 말하고 있다.

37.의 월 ; 桀紂非亡於湯武(걸·주가 탕·무에게 망한 것이 아니다).

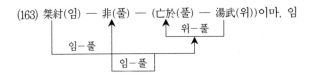

참고 : 桀紂(걸·주), 非(아니다), 亡(망하다), 於(허사), 湯武(탕·무)

37.의 '걸(桀)'과 '주(紂)'는 중국 역사에 나오는 대표적인 폭군이다. '걸(桀)'은 하(夏)나라의 마지막 왕으로 '상(商)나라' 탕왕(湯王)에게 멸망을 당했고, '주(紂)'는 '상(商)나라'의 마지막 왕으로 주(周)의 무왕(武王)에게 멸망을 당했다. 사마천(司馬遷)의 사기(史記)에 의하면 걸주(桀紂)는 폭군으로서 주색에 빠져 충신들의 간언(諫言)을 짓밟았다고 한다. '걸(桀)'왕은 매희, '주(紂)'왕은 달기라는 미희에 빠져 술로 연못을 만들고 고기로 숲을 이루는 '주지육림(酒池肉林)'의 나날을 보냈다 한다. 36. '桀紂非亡於湯武(걸·주가 탕·무에게 망한 것이 아니다.)'는 고대 중국의 이러한 역사적 사실을 바탕으로 한 말이다. 그 까닭은 다음 월에 나오는데 왕이 폭군으로 주색에 빠져 많은 백성을 얻지 못하고 잃었기 때문이라는 것이다.

38.의 월 ; 乃不得於丘民(이와 같은 것은, 많은 백성을 얻지 못했기 때문이다).

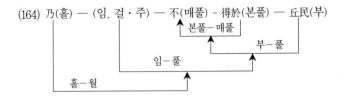

참고 : 乃(이와 같은 것은 ~ 때문이다), 不(못하다), 得(얻다), 於(허사), 丘民(많은 백성)

39, 40.의 월 ; 漢劉季爲小民 秦二世爲大君(한의 유방은 말단의 작은 백성이었고 진의 이세는 대단한
임금이었다).

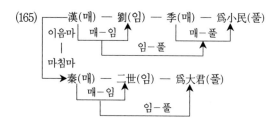

참고 : 漢(한, 한나라), 劉(유방), 季(말단), 爲小民(작은 백성이었다)
秦(진, 진나라), 二世(이세), 爲大君(대단한 임금이었다)

'유방(劉邦, BC.256~BC195)'은 '한(漢)나라'의 개국황제(재위, BC.202~BC.195)이다. 유방은 진
나라 말기에 군사를 일으켜 진왕으로부터 항복을 받았고, 5년에 걸친 항우와의
초한쟁패에서 승리하여 천하통일의 위업을 이루었다. 유방은 농가에서 태어나
진(秦)나라 말에는 하급관리인 사수정장(泗水亭長)이 되어 여산 황제릉 조영 공사에
부역하는 인부의 호송책임을 맡았던 사람이다. 진(秦)의 이세황제(二世皇帝)는 호해왕
(胡亥王)이다. 진(秦)나라 시황제(始皇帝, BC.259~BC.210, 재위 BC.246~BC.210)의 둘째 아들이다.
시황제가 죽자 이세황제(二世皇帝, 재위 BC.210~BC. 207)가 되었다. 이는 대규모 토목 사
업을 벌이고 환관 조고의 전횡을 방임하여 민심을 잃었고 유방과 항우에게 주력
군이 패하면서 진(秦)나라를 패망의 길로 가게 한 사람이다.140)

41, 42.의 월 ; 以匹夫而易萬乘 是大權之何在(필부로서 천자의 자리를 바꾸었으니, 이처럼 큰 권한은
어디에 있는가)?

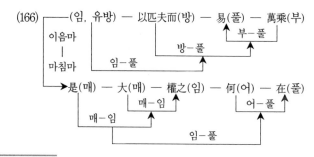

140) 이 글 위 ③ 상호텍스트성 참조

43, 44.의 월 ; 只在乎吾民之手兮 不可畏者甚可畏也(다만 우리 백성의 손에 있으니 가히 겁내지 않

아도 될 만한 것이 몹시 겁낼 만하도다).

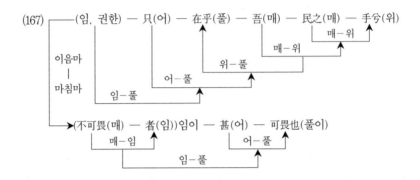

41, 42.에서 유방이 '필부로서 천자의 자리를 바꾸었으니, 이처럼 큰 권한은 어
디에 있는가?(以匹夫而易萬乘 是大權之何在)' 하였다. 백성의 손에 있다는 것이다. 임금이
백성을 잘 살피고 염려한다면 백성을 가히 겁내지 않아도 될 것이나 나라에서 하
는 일이 백성의 마음에 원한으로 쌓이고, 억울함으로 쌓인다면 겁내지 않아도 될
백성이 가히 두려운 존재가 되어 겁내야 할 대상으로 바뀐다는 것이다. 이렇게
되면 필부로서도 천자의 자리를 바꿀 수 있다는 것인데 이것은 백성의 권한이라
는 것이다.

45, 46.의 월 ; 噫噓哉, 蜀山之險 安得以僨君覆國也哉(아아, 촉산의 험함이 어찌 또 임금을 넘어뜨
리고 나라를 엎을 수 있으리오)?

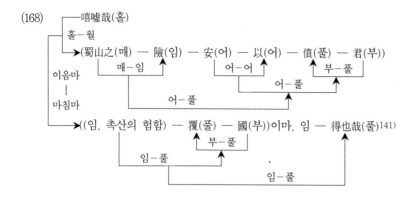

(168)

참고 : 嘻噓哉(아아)
蜀山之(촉산의), 險(험함), 安(어찌), 以(또), 傾(넘어뜨리다), 君(임금)
覆(뒤엎다), 國(나라), 得(~수 있다), 也(허사), 哉(불음의 허사)

촉산(蜀山)은 중국 사천(四川) 지방에 있는 험한 산악이다. 이백(李白)의 시 '촉도난(蜀道難)'에서는 '푸른 하늘 오르기보다 더 어렵고(難於上靑天), 황학도 날아 넘지 못했다.(黃鶴之飛尙不得過)'고 하는 험한 산이다. 촉산(蜀山)의 이러한 험함도 임금 한 사람의 암험함에 비할 수 없다는 것이다. 임금의 암험함은 나라도 엎을 수 있는데 촉산(蜀山)의 암험함은 그러지는 못한다는 것이다. 세상 어떠한 험함도 임금의 암험함에 비할 바 아니라는 것이다. 다음 월에서 임금을 넘어뜨리고 나라를 엎을 수 있는 암험함의 근원을 찾아보면 촉산(蜀山)의 암험함보다 더한 임금 한 사람에게서 벗어나지 않는다고 한다.

47, 48.의 월 ; 究厥巖之所自 亶不外乎一人(그 암험함의 근원을 찾아보면, 진실로 임금 한 사람에게서 벗어나지 않는다).

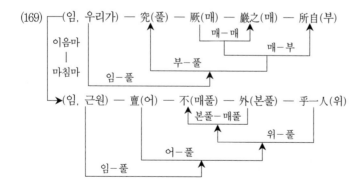

(169)

141) 월의 가운데 있는 '得((~수 있다)'을, 결속 구조를 간단히 그리기 위하여 편의상 뒤로 옮겨 두었다.

49, 50. 의 월 ; 由一人之不良 危於是而甲仍(한 사람의 불량함으로 말미암아 여기에 위험이 가장 크게
        따른다).

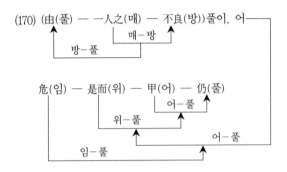

임금 한 사람이 불량하면 백성들이 암험해지고 백성들이 암험하면 임금과 나
라를 엎을 수 있기에 매우 위험해진다는 것을 말하고 있다. 임금 한 사람의 불량
함으로 백성들이 암험해지게 되는 까닭을 다음에서 말하고 있다.

▶ 궁실(宮室)이 넓고 큼 - 백성의 암험함을 싣는 수레다.

▶ 여알(女謁)이 성행함 - 백성이 암험해지는 계단이다.

▶ 세금을 끝없이 거둠 - 백성의 암험함을 쌓는 것이다.

▶ 도에 넘치는 사치 - 백성의 암험함을 일으켜 세움이다.

▶ 부극(掊克)이 자리함 - 백성이 암험으로 치닫는 길이다.

▶ 형벌을 자행(恣行)함 - 백성의 암험함을 돌이킬 수 없게 견고하게 한다.

51, 52. 의 월 ; 宮室廣大 巖之輿也(궁실이 넓고 큼은 암험함의 수레다).

(171) (宮室(임) ― 廣大(풀))이마, 임 ― 嚴之(매) ― 輿也(풀)

임―풀

임―풀

매―풀

참고 : 宮室(궁실), 廣大(넓고 크다), 嚴之(암험함의), 輿(수레), 也(허사)

53, 54.의 월 ; 女謁[142]盛行 嚴之階也(여알이 성행함은 암험의 계단이다).

(172) (女謁(임) ― 盛行(풀))이마, 임 ― 嚴之(매) ― 階也(풀)

임―풀

임―풀

매―풀

참고 : 女謁(여알), 盛行(성행하다), 嚴之(암험함의), 階(계단), 也(허사)

55, 56.의 월 ; 稅斂無藝 嚴之積也(세금을 기준 없이 거두어들임은 암험함을 쌓음이다).

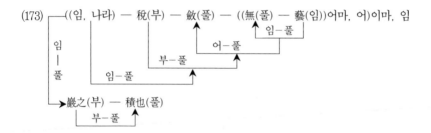

(173) ((임, 나라) ― 稅(부) ― 斂(풀) ― ((無(풀) ― 藝(임))어마, 어)이마, 임

임
│
풀

임―풀

부―풀

어―풀

임―풀

嚴之(부) ― 積也(풀)

부―풀

참고 : 稅(세금), 斂(거두어들이다), 無(없다), 藝(기준)
嚴之(암험함이), 積(쌓다), 也(허사)

57, 58.의 월 ; 奢侈無度 嚴之立也(도에 넘치는 사치는 암험함을 일으켜 세움이다).

(174) (奢侈(임) ― 無度(매))임이, 임 ― 嚴之(부) ― 立也(풀)

임―매

임―풀

부―풀

참고 : 奢侈(사치), 無度(도에 넘치다), 嚴之(암험함을), 立(일으켜 세우다), 也(허사)

59, 60.의 월 ; 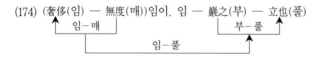掊克在位 嚴之道也(부극이 자리에 있음은 암험으로의 길이다).

142) 女謁(여알)은 임금의 총애를 빌미로 비빈(妃嬪)이나 궁녀(宮女)가 정치에 참여하는 것을 말한다(남명집, 2001, 156, 주22).

(175) (掊克(임) ― 在(풀) ― 位(위))이마, 임 ― 巖之(매) ― 道也(풀)

참고 : 掊克(부극)[143], 在(있다), 位(자리), 巖之(암험함으로의), 道(길), 也(허사)

61, 62.의 월 ; 刑戮恣行 巖之固也(형벌을 마음 내키는 대로 행함은 암험을 견고하게 함이다).

(176) ((임, 나라) ― 刑戮(부) ― 恣行(풀))이마, 임 ― 巖之(부) ― 固也(풀)

참고 : 刑戮(형륙, 형벌), 恣行(마음 내키는 대로 행하다), 巖之(암험함을), 固(견고하게 하다), 也(허사)

63, 64.의 월 ; 縱厥巖之在民 何莫由於君德(비록 그 암험함이 백성에게 있다지만, 어찌 임금의 덕에서
말미암지 않겠는가)?

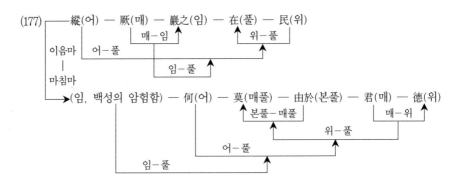

참고 : 縱(비록), 厥(그), 巖之(암험함이), 在(있다), 民(백성)
何(어찌 ~하랴), 莫(않다), 由(말미암다), 於(허사), 君(임금), 德(덕)

백성의 암험함은 임금의 부덕(不德)함으로 말미암은 것이라고 한다. 임금의 부덕
(不德)함을 구체적으로는 51.에서 '궁실이 넓고 큰 것(宮室廣大)', 53.에서 '여알이 성행
하는 것(女謁盛行)', 55.에서 '세금을 기준 없이 거두어들이는 것(稅斂無藝)', 57.에서 '도

143) '掊克(부극)'은 백성을 수탈(收奪)하는 데 혈안(血眼)이 된 사람을 일컫는 말이다(남명집, 2001, 156, 주23)

에 넘치는 사치(奢侈無度)', 59.에서 '부극이 자리에 있는 것(棓克在位)', 61.에서 '형벌을 마음 내키는 대로 행하는 것(刑戮恣行)' 등을 제시하고 있다. 이로 말미암아 백성들이 암험하게 된다는 것이다.

65, 66.의 월 ; 水莫險於河海 非大風則安帖(물은 하해보다 험한 것이 없지만 큰 바람이 아니면 고요하다).

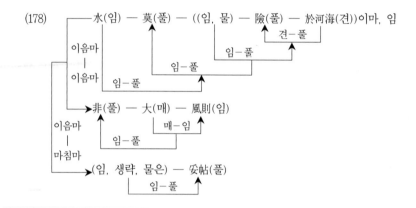

참고 : 水(물), 莫(없다), 險(험한 것), 於河海(하해보다)
　　　非(아니다) ― 大(크다) ― 風(바람), 則(허사)
　　　安帖(고요하다)

67, 68.의 월 ; 險莫危於民心 非暴君則同胞(암험함이 민심보다 위태로운 것이 없지만 포악한 임금이 아니면 동포다).

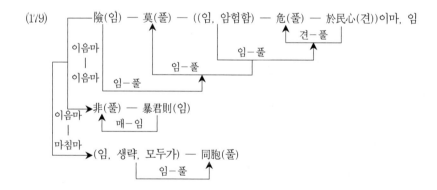

참고 : 險(암험함), 莫(없다), 危(위태롭다), 於民心(민심보다)
　　　非(아니다), 暴君(포악한 임금), 則(허사)
　　　同胞(동포다)

65, 66. '물은 하해보다 험한 것이 없지만 큰 바람이 아니면 고요하다.(水莫險於河海 非大風則安帖)'와 67, 68. '암험함이 민심보다 위태로운 것이 없지만 포악한 임금이 아니면 동포다.(險莫危於民心 非暴君則同胞)'는 짝을 이룬다. 하해(河海)는 큰 바람이 아니면 고요하듯이 민심은 포악한 임금이 아니면 임금을 비롯한 모두가 같은 동포(同胞)라는 것이다. 여기서 우리는 남명의 만인(萬人) 평등사상(平等思想)을 엿볼 수 있다. 하해(河海)가 아무리 넓어도 물은 물이듯이 임금과 관리들의 지위가 아무리 높아도 하늘 아래 같은 사람이라는 것이다.

69, 70.의 월 ; 以同胞爲敵讐 庸誰使而然乎(동포를 원수로 생각하니 누가 그렇게 하도록 하였는가)?

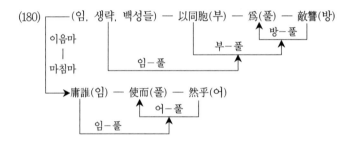

참고 : 以同胞(동포를), 爲(생각하다), 敵讐(원수)
庸誰(누가), 使(하도록 하다), 而(허사), 然(그렇게), 乎(의문의 허사)

71, 72, 73, 74.의 월 ; 南山節節 維石巖巖 泰山巖巖 魯邦所瞻(남산은 우뚝하나 돌이 험하게 붙어 있고, 태산은 험준하나 노나라가 우러러본다).

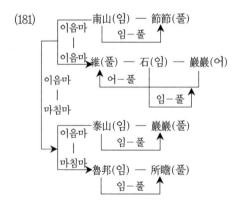

69, 70.의 월과 71.-74.의 월은 내용으로 보아 이어진다. 69, 70.의 월에서는, 조광조를 비롯한 사림파의 토지 개혁이 기묘사화로 말미암아 실패로 돌아가고 훈구파가 다시 절대 권력을 쥐게 되자 관리들은 백성들을 바르게 섬기는 것이 아니라 수탈의 대상으로 보았다. 이는 앞에서 살핀 바 있다. 관리들은 백성의 원수가 되었다. 남명은 69, 70.의 월을 통하여 '동포를 원수로 생각하도록 누가 그렇게 하였나?(以同胞爲敵讐 庸誰使而然乎)'하고 묻고 있다. 임금이 그러한 관리들을 세운 것이 아닌가 하고 있는 것이다. 그리하여 71, 72.에서는 남산은 우뚝하나 돌이 험하게 붙어 있다(南山節節 維石巖巖)고 하고 있다. 이는 ③ 상호텍스트성에서도 밝혔듯이 시경(詩經) 소아(小雅) 절피남산(節彼南山)에서 인유한 것이다. 이를 보면 '節彼南山 維石巖巖 赫赫師尹 民具爾瞻 憂心如惔 不敢戲談 國旣卒斬 何用不監 …(우뚝한 저 남산엔 돌이 험하게 붙어 있고 빛나는 태사 윤 씨여, 백성들이 너를 보네. 속이 타도 농담 한번 못하고 나라가 이미 망하거늘 살펴보지 않는가? …)'으로 되어 있다. 이는 임금이 태사 윤 씨를 등용했는데 나라가 이미 망해가도 살펴보지 않으니 주나라 대부 가부(家父)가 태사 윤 씨를 비꼬아 풍자한 것이다. 이를 통해서 보면 '우뚝한 남산에 바위가 험하게 붙어 있다.'는 것은 백성들이 태사 윤 씨와 같은 관리들로 말미암아 암험하게 되었다는 사실을 드러낸 말이다. 그리고 73, 74.의 '태산은 험준하나 노나라가 우러러본다.(泰山巖巖 魯邦所瞻)'는 시경(詩經) 노송(魯頌) 비궁(閟宮)에서 인유한 것이다. 비궁은 주나라 후직의 어머니 강원의 사당이다. 노나라 희공이 제나라에 빼앗겼던 옛 땅을 되찾자 노나라 사람들이 노래를 지어 칭송했다. 노나라는 주공의 후손이 다스렸으므로 강원은 노나라의 윗대 어른이 된다. 이 비궁에 나타나는 '…泰山巖巖 魯邦所詹…(태산은 험준하나 노나라가 우러러본다.)'는 노나라 주공(周公)이 나라를 잘 다스렸으므로 백성들이 험준한 태산을 보면서 임금을 태산처럼 우러러 본다는 뜻을 담고 있다. 그리하여 다음 월에서는 '남산과 태산이 그 암험함은 하나인데 안위는 다르도다.' 하고 있다.

75,76.의 월 ; 其巖一也 安危則異(그 암험함은 하나인데 안위는 다르도다).

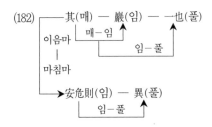

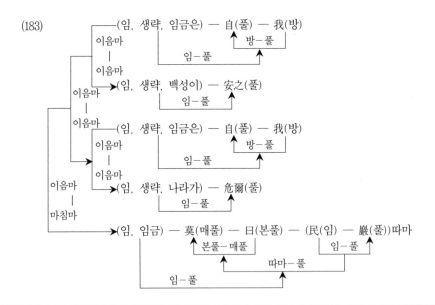

77, 78, 79.의 월 ; 自我安之 自我危爾 莫曰民巖(나로 말미암아 편안하기도 하고 나로 말미암아 위태롭기도 하니 백성이 암험하다 말하지 말라).

77.-79.의 월에서는 임금이 생략되어 있다. 임금은 나로 말미암아 백성이 편안하기도 하고(77. 自我安之), 나로 말미암아 나라가 위태롭기도 하니(78. 自我危爾), 백성이

암험하다 말하지 말라(莫日民嚴)고 하면서 다음 80.에서는 '백성은 암험하지 않느니라(民不嚴矣) 하고 결론짓고 있다.

80.의 월 ; 民不嚴矣(백성은 암험하지 않느니라).

(184) 民(임) ― 不(매풀) ― 嚴矣(본풀)
　　　　　　　　　　 ↑본풀―매풀
　　　　 └─임―풀─┘ ↑

참고 : 民(백성), 不(않다), 嚴(암험하다), 矣(허사)

⑤ 결속성

이 부(賦) 텍스트는 말할이가 들을이를 상대로 하는 말이다. 말할이나 들을이는 구체성이 있다. 말할이는 충성스런 선비다. 구체적으로는 남명이다. 들을이는 임금이다. 구체적으로는 중종이다. 이 부(賦) 텍스트가 과거 시험장에서 쓴 글일 것이라 앞에서 추측하고 또 내용이나 상황을 보아도 그럴 가능성이 충분하다. 임금에게 지금 백성의 사정을 물에 빗대 말하면서 몹시 암험한 상황이라는 것을 말하고 있다. 그러면서 백성의 암험함이, 백성의 근본이 암험하기 때문이 아니라 그 백성이 암험하도록 만든 임금 자신에게 있다는 사실을 알아야 한다는 것이다.

이러한 관점에서 이 부 텍스트의 결속성을 살펴보면 제어 중심(control centre)은 77, 78, 79, 80.에 나타난 '〈君, 임금〉주체 → 〈莫日民嚴, 백성이 암험하다 말하지 말라〉행위 → 〈自我安之自我危爾, 스스로에게 있다〉원인'으로 볼 수 있다. 이는 1차 개념이다.

(185) 거시 구조 1

1차 개념

〈君〉주체 ―――→ 〈莫日民嚴〉행위 ―――→ 〈自我安之 自我危爾〉원인

1차 개념을 바탕으로 2차 개념에서는 다음 다섯 가지의 사실을 말하고 있다. 그 다섯 가지는 1) 백성의 현재 상황을 물에 빗대 말한다(01-12). 2) 임금이 백성을

어찌 대해야 할 지 그 사리(事理)를 밝혀 말한다(13-34). 3) 사리(事理)에 따르지 않은 임금들에게 있었던 역사적 사실을 지적한다(35-44). 4) 백성이 암험하게 된 까닭은 임금에게 있고 임금이 어떻게 했을 때 백성이 암험하게 되는지를 말한다(45-64). 5) 백성의 암험함이 백성의 근본이 아니다(65-80) 하는 것이다. 이들을 거시 구조 2차 개념으로 하여 살펴본다.

먼저 1)에 대한 2차 개념을 살펴본다. 1)은 백성의 현재 상황을 물에 빗대 말한 것이다(01-12). 백성의 현재 상황은, 6월 즈음 말같이 생길 때의 염예퇴(灩澦堆)와 같다(02, 灩澦如馬)는 것이다. 염예퇴 주변은 항상 물살이 세다. 더욱이 염예퇴가 말같이 생길 때인 6월 즈음에는 장마로 물이 불어 물살이 더욱 거세 사나운 말처럼 올라 갈 수도 없고 내려갈 수도 없는 상황이라는 것이다. 물로 인해 배가 가기도 하지만(07, 舟以是行) 멋모르고 가다가는 엎어질 수 있는(08, 亦以是覆) 암험한 상황이다. 이러한 염예퇴에서의 상황이 오늘의 우리 백성의 상황이라는 것이다. 백성은 임금을 받들기도 하지만(11, 民則戴君) 백성은 나라를 엎어버리기도 한다(12, 民則覆國)는 데서 알 수 있다. 여기에서 초점은 '백성은 나라를 엎어버리기도 한다.'에 있다. 오늘의 백성은 험함이 이보다 더할 데가 없는(06, 險莫過焉) 염예퇴처럼 험함이 이루 말할 수 없는 지경에 처해져 있다는 것이다. 중종반정 이후 임금은 공신들에게 땅을 나누어 주기 위해 백성들에게서 땅을 빼앗았다. 백성의 분노는 하늘을 찔렀다. 희망도 사라졌다. 백성들에게 빼앗긴 땅을 찾아 주기 위해 애쓰던 조광조를 비롯한 삼사 관리들을 사화를 일으켜 죽이거나 귀양 보냈기 때문이다.144) 백성들의 험함은 더욱 심해져 원한을 품고 고향을 떠나는 백성들도 많았다 한다. (01-12)에서는 이러한 백성의 험함을 염예퇴 주변을 소용돌이치는 암험한 물에 비유해 말하고 있다.

이러한 사실을 바탕으로 1)에 대한 2차 개념의 거시 구조를 살펴보면 (186)과 같다.

---

144) 이 글 위 ① 상황성 참조.

(186) 거시 구조 2

2차 개념(1차 개념을 바탕으로 한 현재 상황)

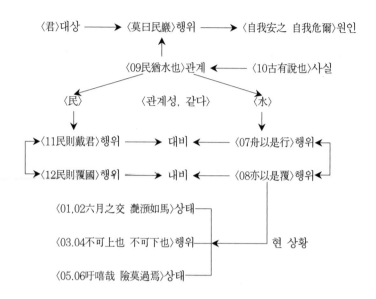

　다음으로 2)에 대한 2차 개념을 살펴본다. 2)는 임금이 백성을 어찌 대해야 할
지 그 사리(事理)를 밝혀 말한다(13-34). 여기에서는 눈으로 볼 수 있는 암험함과 눈
에 보이지 않는 암험함을 대비시키고 있다. 물은 험함이 밖으로 나타나 눈으로
볼 수 있는 것이고(13. 吾固知可見者水也), 백성의 마음은 눈으로 볼 수 없다(15. 所不可見者心
也). 물처럼 험함이 밖으로 나타난 것은 만만하게 보기 어렵지만(14. 險在外者難狎) 마음
처럼 험함이 안에 감추어진 것은 만만하게 보기 쉽다(16. 險在內者易褻). 그래서 소홀
하기 쉬운데 이를 소홀히 하다가는 재앙을 맞게 된다는 것이다(21. 禍實由於所忽). 개
인도 소홀하기 쉬운 것을 소홀히 하면 재앙이 올 수 있다. 맨발로 걸으면서 평지
를 만만하게 보고 살피지 않으면 발을 다치고(18. 跣不視而傷足), 이부자리를 편하게
여기고 바늘을 겁내지 않으면 눈을 다친다(20. 尖不畏而觸目)고 한다. 그러하듯이 임금
이 백성을 쉽게 여기고 살피지 않으면 하늘이 백성의 말을 듣고 부모처럼 따라
주어 재앙을 내리게 되는데(29. 民所欲而必從) 이 경우에는 임금이라 할지라도 대적할
수도(33. 其誰敢敵我上帝) 건널 수도 없다는 것이다(34. 實天險之難濟). 하늘이 감응하는 경우
가 크고 많은 사람이 원할 때만 있는 것이 아니고 마음에 원독을 가진 한 사람,
한 필부(匹婦)처럼 억울한 한사람의 마음도 하늘이 들어주니 조심해야 한다는 것이

다. 사리가 그러하다고 말하고 있다. 이를 바탕으로 2)에 대한 2차 개념의 거시 구조를 살펴보면 (187)과 같다.

(187) 거시 구조 2
2차 개념(1차 개념을 바탕으로 임금이 백성을 대하는 사리(事理))

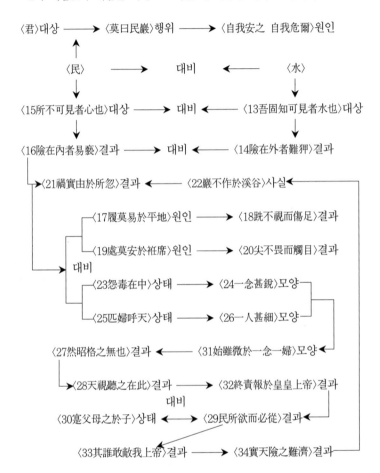

다음으로 3)에 대한 2차 개념을 살펴본다. 3)은 사리(事理)에 따르지 않은 임금들에게 있었던 역사적 사실을 지적한다(35-44). 하늘이 만고에 걸쳐 백성들의 험함을 보였다(35. 亘萬古而設險). 그런데도 많은 제왕들이 이를 예사로 보았다(36. 幾帝王之泄泄). 그 결과 대표적으로 하(夏)나라의 마지막 왕, '걸(桀)'과 '상(商)나라'의 마지막 왕, '주(紂)'를 들 수 있다. '걸(桀)'은 '상(商)나라'의 '탕왕(湯王)'에게 멸망을 당했고 '주(紂)'는 주(周)나라의 무왕(武王)에게 멸망을 당했다. 그러나 그 망한 원인을 자세히 살펴보면

이들은 백성들이 험함을 보였는데도 이를 예사로 보아 계속 충신들의 간언(諫言)을 짓밟고, '걸(桀)'은 '매희'에게, '주(紂)'는 '달기'에게 빠져 '주지육림(酒池肉林)'의 나날을 보내, 많은 백성을 얻지 못했기 때문이었다(38. 乃不得於丘民) 한다. 한나라의 유방(劉邦)과 진나라 이세황제(二世皇帝) 호해(胡亥)의 관계를 보아도, 유방(劉邦)은 사수정장(泗水亭長)이라는 말단 관리에 불과한 작은 백성이었고(39. 漢劉季爲小民) 호해(胡亥)는 임금으로 대단한 사람이었다. 그런데 이세황제(二世皇帝) 호해(胡亥)는 백성을 얻지 못함으로 유방(劉邦)에게 패하였고 유방(劉邦)은 백성을 얻어 결국에는 '한(漢)나라'의 개국황제(開國皇帝)가 되었다(41. 以匹夫而易萬乘). 천자의 자리가 바뀐 것이다(41. 以匹夫而易萬乘). 이런 권한은 어디에 있는가(42. 是大權之何在)? 다만 우리 백성의 손에 달려 있다는 것이다(43. 只在乎吾民之手兮). 험하다고 해서 임금을 넘어뜨리고 나라를 엎을 수 있는 것은 아니다. 촉산은 험하기는 하나 그렇지 아니하다(45, 46. 嘻噓哉 蜀山之險, 安得以債君覆國也哉). 이러고 보니 백성들처럼 가히 겁내지 않아도 될 만한 것이 가히 겁낼만하다(44. 不可畏者甚可畏也)는 것이다. 이를 바탕으로 3)에 대한 2차 개념의 거시 구조를 살펴보면 (188)과 같다.

(188) 거시 구조 2
2차 개념(1차 개념을 바탕으로 사리에 따르지 않은 임금들의 역사적 사실)

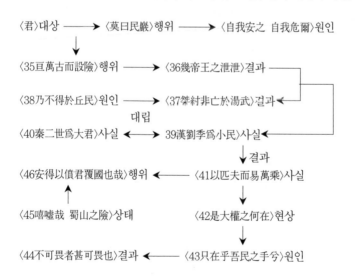

다음으로 4)에 대한 2차 개념을 살펴본다. 4)는 백성이 암험하게 된 까닭은 임금에게 있고 임금이 어떻게 했을 때 백성이 암험하게 되는지를 말한다(45~64). 백

성이 암험하게 된 근본적인 원인은 임금에게 있다(48, 亶不外乎一人). 임금이 불량함으로 말미암아 위험이 가장 크게 따른다(50, 危於是而甲仍). 임금의 불량함과 이에 따른 백성의 암험함은 다음과 같다. 궁실의 넓고 큼(51, 宮室廣大)은 암험함의 수레다(52, 巖之輿也). 여알이 성행함은(53, 女謁盛行) 암험함의 계단이다(54, 巖之階也). 세금을 기준 없이 거두어들임은(55, 稅斂無藝) 암험함을 쌓음이다(56, 巖之積也). 도에 넘치는 사치는(57, 奢侈無度) 암험함을 일으켜 새움이다(58, 巖之立也). 부극이 자리에 있음은(59, 㨤克在位) 암험으로의 길이다(60, 巖之道也). 형벌을 마음 내키는 대로 행함은(61, 刑戮恣行) 암험을 견고하게 함이다(62, 巖之固也). 나라가 지금 이러고 있지 않는가. 임금이 불량하기 때문이다. 그래서 백성들이 암험하게 된 것이다. 비록 암험함이 백성에게 있다고 하지만 이것은 결국 임금의 덕이 부족하기 때문이라는 것이다(64, 何莫由於君德). 이를 바탕으로 4)에 대한 2차 개념의 거시 구조를 살펴보면 (189)와 같다.

(189) 거시 구조 2
2차 개념(1차 개념을 바탕으로 백성이 암험하게 된 까닭)

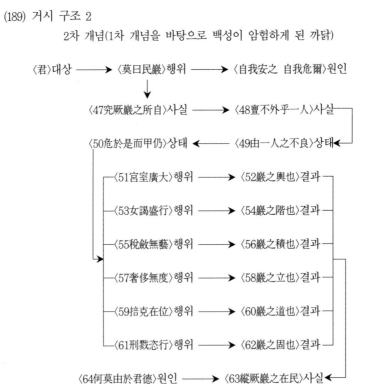

끝으로 5)에 대한 2차 개념을 살펴본다. 5) 백성의 암험함이 백성의 근본이 아니

다(68~80)라고 하는 것이다. 백성의 암험함은 백성의 근본이 아니다. 물은 하해보다 험한 것이 없지만(65. 水莫險於河海) 큰바람이 아니면 고요하다(66. 非大風則妥帖)고 한다. 이 것은 물의 근본이 험한 것이 아니라 큰바람 때문에 험해진 것이듯이 암험함이 민심보다 더 위태로운 것이 없지만(67. 險莫危於民心) 포악한 임금이 아니면 같은 동포라는 것이다(68. 非暴君則同胞). 위태로운 것이 백성의 근본은 아니라는 것이다. 백성들이 동포를 원수로 생각하게 된 것은 누구 때문인가(70. 庸誰使而然乎)? 포악한 임금 때문이라는 것이다(68. 非暴君則同胞). 우뚝 솟은 산처럼 임금들은 다 우뚝 솟아 있지만 남산에는 돌이 붙어 있듯이(71. 72. 南山節節 維石巖巖) 백성의 암험함이 붙어 있는 경우도 있고 태산처럼 험준하게 우뚝 솟아 있으나 백성들이 노나라 주공(周公)을 보듯이 우러러 보는 경우도 있다(73. 74. 泰山巖巖 魯邦所瞻). 우뚝 솟아 암험함은 하나이나(75. 其巖一也) 안위는 다르다(76. 安危則異). 백성들이 암험하게 붙어 있을 경우에는 위태로우나 우러러 볼 때에는 편안하다는 것이다. 이렇듯 편안한 것도 백성이 아니라 임금인 나로부터 오고(77. 自我安之) 위태로움도 임금인 나로부터 온다(78. 自我危爾). 그러니 백성이 암험하다 말하지 말라(79. 莫曰民巖) 백성은 암험하지 않다(80. 民不巖矣)고 말하고 있다. 이를 바탕으로 5)에 대한 2차 개념의 거시 구조를 살펴보면 (190)과 같다.

(190) 거시 구조 2

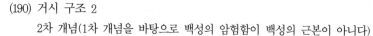

2차 개념(1차 개념을 바탕으로 백성의 암험함이 백성의 근본이 아니다)

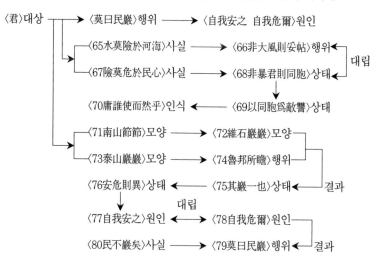

(191) 미시 구조

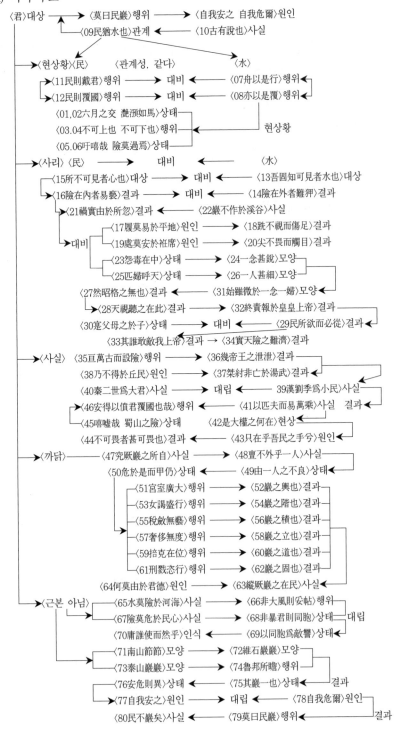

4) 남명의 명(銘) 텍스트 분석

남명이 남긴 명(銘)은 좌우명(座右銘), 패검명(佩劍銘), 혁대명(革帶銘), 신언명(愼言銘), 금인명(金人銘), 신명사명(神明舍銘) 등이 있다.

> 좌우명 ; 언행(言行)을 신의 있게 하고 삼가며, 사악(邪惡)함을 막고 정성(精誠)을 보존하라. 산처럼 우뚝하고 못처럼 깊으면, 움 돋는 봄날처럼 빛나고 빛나리라(庸信庸謹 閑邪存誠 岳立淵中 燁燁春榮).
>
> 패검명 ; 안으로 마음을 밝히는 것은 '경(敬)'이요, 밖으로 행동을 결단하는 것은 '의(義)'다(內明者敬 外斷者義).
>
> 혁대명 ; 혀는 (말을) 내는 것이요, 가죽은 묶는 것이니, 살아 있는 용을 묶어서, 깊은 곳에 감추어라(舌者泄 革者結 縛生龍 藏莫中).
>
> 신언명 ; 연못에 물이 없으면 곤란하니, 물고기와 용이 등을 들어내게 된다.
> 구름 낀 둑이 만발이나 되어도, 개미집으로 해서 무너진다.
> 시동처럼 있으면서 용처럼 나타나고, 연못처럼 고요하면서도 우레처럼 큰 소리를 낸다.
> 언어의 표현을 다듬어 정성을 세우고 병마개를 닫듯 입을 닫아 말을 조심하라.
> 문제는 게으르고 소홀한 데 있으니, 충신(忠信)을 주로 해서 완성하라.
> (澤無水因 魚龍背背. 雲堤萬丈 由蟻穴潰. 尸龍 淵雷. 修辭立誠 守口如甁. 在庸在忽 主忠信誠)
>
> 금인명 ; 굳세고도 장중하니, 그 덕을 아무도 당할 수 없도다.
> 이미 말이 없거늘, 게다가 세 번이나 봉하였도다.
> 이상은 정성과 공경을 극진히 하는 것을 말한 것이다.
> 태묘(太廟) 앞에 있으면서, 참사(參祀)하는 사람들은 엄숙하게 한다.
> 이상은 아무도 알지 못하는 곳에서도 조심함을 말한 것이다.
> (剛而重 德莫戡. 已無言 緘復三. 極其誠敬. 在太廟, 肅鬼參 謹獨)

신명사명은 앞으로 살필 것이다. 이 명들을 살펴보면 그 중심은 신명사명(神明舍銘)이다. 신명사명(神明舍銘)이 그 중심에 있다는 것은 다른 명(銘)들이 가지고 있는 뜻이 위에서 보듯이 그대로, 또는 그 중심된 뜻이 신명사명의 본문이나 주석에 포함되어 있다는 뜻에서 하는 말이다. 따라서 여기서는 신명사명만을 대상으로 하여 살펴보기로 한다.

신명사명(神明舍銘)은 신명사도(神明舍圖)와 짝을 이루고 있다. 신명사도에 대해서는 이 글 3. 남명의 신명사도(神明舍圖)와 언어 구조에서 자세히 살폈으므로 여기서는 신명사명을 주로 살펴보도록 한다. 신명사명에는 본문이 있고 주석이 있다. 이들은 서로 이질적인 텍스트여서 함께 다루어 분석하기가 어렵다. 본문에 대해서는 텍스트 언어학적 분석 방법을 원용하여 분석하고 주석에 대해서는 본문을 살핀 뒤 항목을 달리 하여 살펴보도록 한다. 이들을 살필 때 필요에 따라서는 신명사도에 대해서도 언급하게 될 것이다.

(1) 신명사명(神明舍銘) 본문 분석

신명사도(神明舍圖)

神明舍銘[145]   **신명사명**

01. 太一眞君   태일진군(太一眞君)이
    閑邪則一 無欲則一 禮必本於太一 無邪其則 事以忠孝
    - 사악(邪惡)함을 막으면 마음이 한결같아지고, 사욕(私欲)이 없으면 마음이 한
      결같아진다. 예의(禮義)는 반드시 태일(太一)에 근본해야 한다. 사악한 마음을
      없애는 것이 그 법칙이니 충효(忠孝)로써 섬겨야 한다.-

02. 明堂布政   명당(明堂)에서 정사(政事)를 편다.

03. 內冢宰主   안에서는 총재(冢宰)가 관장하고,
    存   -마음을 보존하는 것이다-

04. 外百揆省   밖에서는 백규(百揆)가 살핀다.
    學問思辨 卽事物上窮理 明明德第一工夫 總體
    - 배우고 묻고 생각하고 분별하는 것이다. 사물에 나아가 이치를 궁구하는 것
      이 명덕(明德)을 밝히는 첫 번째 공부이다. 총체(總體)이다.-

05. 承樞出納   승추(承樞)는 (말의) 출납을 (맡아)
    細分 擇善致知 -세분한 것이다. 선(善)과 치지(致知)한 것을 가려낸다.-

06. 忠信修辭   충신, 수사한다.
    忠信 五常實理 無一毫自欺 食料
    修辭 修身之修 固執力行 途轍 洞洞流轉
    - 오상(五常)의 실제 이치이다. 털끝만큼도 스스로를 속이지 말아야 한다. 식료
      에 해당한다.〈'충신(忠信)'에 대한 주석이다.〉-
    - '수(修)'는 '수신(修身)'의 '수(修)'이다. 고집(固執)과 역행(力行)이 이에 해당된다.
      도철(途轍)이다. 도철은 막힘이 없이 끊임없이 유전(流轉)된다.〈'수사(修辭)'에
      대한 주석이다.〉-

07. 發四字符   네 글자의 부절(符節)을 발부하고,
    和恒直方 禮之用和 和中節 庸信謹恒 恒悠 久 謹獨直絜矩方
    - 화(和)·항(恒)·직(直)·방(方)이다. 예(禮)의 쓰임은 화(和)가 귀하니, 화(和)는
      중절(中節)이다. 언행(言行)을 항상 신의 있게 하고 삼가는 것이 항(恒)이니,
      항(恒)은 오래도록 변하지 않는 것이다. 아무도 알지 못하는 곳에서도 조심
      함(謹獨)이 직(直)이며, 자로 챈 듯이 행동함(絜矩)이 방(方)이다.-

08. 建百勿旂   백가지 금지(禁止)의 깃발을 세운다.
    仁之方 知行存省 命脉
    - 인(仁)에 이르는 방법이다. 지(知)와 행(行) 및 존심(存心)과 성찰(省察)을 아울
      러 행하는 것이다. 명맥(命脉)에 해당한다.-

09. 九竅之邪   아홉 구멍의 사악(邪惡)함도,

---

10. 三要始發   세 군데 요처(要處)에서 처음으로 나타난다.

    己 – 사사로운 욕심이다 –

11. 動微勇克   움직이는 낌새를 용감하게 이겨내고,

    幾 – 기미(幾微)가 있다 –

    閑邪 – 사악함을 막는 것이다. –

12. 進敎厮殺   나아가 반드시 시살(厮殺)한다.

    克 –이겼다.–

13. 丹墀復命   (승리를) 단지(丹墀)에서 복명하니,

    存誠 止至善 – 성실함을 존재시켜 두는 것이며, 지극한 선에 이르러 머무는 것이다. –

14. 堯舜日月   요순(堯舜)의 세월이로다.

    物格知至 復禮

    – 사물의 이치를 두루 알아 앎이 지극한 경지에 이르게 되는 것이며 예(禮)로
되돌아간 것이다. –

15. 三關閉塞   세 관문을 닫아 두니,

16. 淸野無邊   맑은 들판이 끝이 없다.

    涵 –함양(涵養)하는 것이다 –

17. 還歸一   하나에로 되돌아오니

    宿 – 돌아가 묵는다 –

18. 尸而淵   시동(尸童)과 연못이다.

- •養 – 함양(涵養)하는 것이다. –
- •忠信 便是有這心 方會進德 忠信一貫 盡己體物 自裏面出 見於事物 誠有是心 至誠無息
- •破釜甑 燒盧舍 焚舟楫 持三日粮 示士卒必死無還 心如此 方會厮殺
- •須於心地 收汗馬之功

  – 충신(忠信):이 마음이 있어야 덕(德)에 나아갈 수 있다. 충신(忠信)은 진기(盡
己)·체물(體物)과 함께 하나로 꿰어진다. 이면(裏面, 마음)에서부터 나와 사
물에 나타난다. 참으로 이러한 마음이 있으면, '지극한 정성은 쉼이 없는(至
誠無息)' 것과 같은 경지에 이르게 된다. –

  – 밥해 먹던 솥도 깨부수고 주둔하던 막사도 불사르고 타고 왔던 배도 불지른
뒤, 사흘 먹을 식량만 가지고 사졸(士卒)들에게 죽지 않고는 결코 돌아오지
않으리라는 의지를 보여 주어야 하는데, 이와 같아야 바야흐로 반드시 섬멸
(厮殺)할 수 있다. –

  – 모름지기 마음 안에서 엄청난 전공을 거두어야 한다. –

19. 國無二君   나라에는 두 임금이 없듯이,

20. 心無二主   마음에는 두 주인이 없다.

21. 三千惟一   삼천 명이 한 마음이면,

22. 億萬則仆   억만의 군사도 도리어 쓰러뜨린다.

23. 閑邪存   사악함을 막아 (정성을) 보존하며,

24. 修辭立	말을 닦아 (정성을) 세우라.
25. 求精一	정밀하고 한결같음을 추구하려거든,
26. 由敬入	경(敬)으로 들어가라.
27. 心聲如響	마음의 소리는 메아리와 같고
28. 其跡如印	그 자취는 인장(印章)과 같으니라.

右三銘 皆無題 - 이상의 세 명(銘)은 모두 제목이 없는 것이다.-

① 상황성

신명사명(神明舍銘)은 신명사도(神明舍圖)와 함께 쓰인 명(銘)이다. 서로 관련지어져 있다. 이 신명사도와 신명사명은 남명 사상의 핵심이라 할 수 있는데(허권수, 2001, 211) 이는 남명이 삼가현 토동(현, 합천군 삼가면)에서의 삶을 정리하고 지리산 천왕봉이 보이는 덕산 사륜동(현, 산청군 시천면)으로 옮겨갈 즈음인 1560년경에 지은 것으로 보인다. 이는 퇴계가 1561년 금계(錦溪) 황준량(黃俊良, 1517-1563)의 편지에 답하면서 '계부당명(鷄伏堂銘)을 베껴 보내 주심에 감사하다.'고 한 사실을 통하여 알 수 있다. 신명사명을 계부당명이라 한 것은 아마도 삼가현 토통에 있었던 계부당에 걸려 있었기 때문으로 보인다. 이즈음의 남명은 공부가 완숙하게 되고 큰 근본이 확립되어 일상에서의 응수가 점점 더 호활(浩活)해졌다. 그리고 자신의 사욕을 이겨내는 엄격함에 있어서는 구규(九竅)의 간악함을 섬멸하여 간특한 소리와 어지러운 색상이 혹시라도 감히 범접하지 못하게 했다 한다(남명선생편년, 2011, 74). 이러할 때 1559년 5월에 함께 학문을 토로하며 나라를 걱정했던 친구 황강(黃江) 이희안(李希顔)이 쉰여섯의 나이로 세상을 떠났다. 두 사람의 사이를 잘 알 수 있는 시가 있다. 이 시는 앞에서 논의한 바 있다.

贈 黃江	황강에게 줌
思君霜月正離離	서리 내리는 밤 달빛 속에 그대 생각 정말 깊은데,
新鴈時兼旅燕歸	기러기 새로 돌아올 때 나그네 신세인 제비는 돌아가네.
紅葉滿山全有色	붉은 나뭇잎 산에 가득하여 온통 붉은 색이고,
靑松留壑半無枝	골짜기에 남은 푸른 솔은 가지 반쯤 없구나.
侵陵白髮愁爲橫	달려든 백발로 근심은 뒤얽히고,
鳴咽蒼生稔益飢	목메어 우는 백성들은 풍년에도 더욱 굶주린다.
果腹懷書不得	배에 가득한 답답한 생각 적어 이르지 못하지만,
黃芚老子爾能知	황강 노인 그대야 응당 알리라.

그리고 이듬해인 1560년 역시 매우 친하게 지냈던 친구 칠봉(七峯) 김희삼(金希參)이 세상을 떠났다. 곡(哭)하고 만사(輓詞)를 지었다. '머리가 허연 친구인 나는 삼백 리 밖에 있는데, 그대 생각나면 어디서 훌륭한 그 기상을 보겠는가?' 하였다. 이렇게 친구들이 세상을 떠나자 남명은 자신도 인생의 막다른 길에 들어선 듯 하여 거처를 늘 그리던 지리산 천왕봉이 보이는 지금의 산청 덕산으로 옮기게 된다. 그 때의 심정을 시로 표현한 것이 있다.

山中卽事	산 속에서 즉흥적으로 읊음
從前六十天曾假	이전의 육십 년은 일찍이 하늘이 빌려 준 게고,
此後雲山地借之	앞으로 구름 낀 산에서 사는 건 땅이 빌려 준 거라네.
猶是窮途還有路	막다른 길에도 또다시 길 있나니,
却尋幽逕採薇歸	그윽한 오솔길을 찾아 고사리 캐어 돌아온다네.

선·후 관계가 어떻게 된 것인지는 잘 알 수는 없으나 인생의 막다른 길에 들어선 느낌을 받으면서 남명은 그 때까지 공부한 것들을 바탕으로 핵심적인 생각을 정리할 필요성을 느껴 이 신명사명을 신명사도와 함께 지어 정리한 것이 아닌가 한다. 1561년 남명은 나이 예순 한 살에 산청 덕산에 산천제(山天齊)를 짓고 거처를 옮기게 되는데 산천제 창문과 벽 사이에 경(敬)과 의(義) 두 글자를 크게 써 붙이고 자신이 그린 사명사도(神明舍圖)와 함께 신명사명(神明舍銘)을 항상 옆 자리에 걸어두고 마음을 수양하였다 한다(남명선생편년, 2011, 73).

② 의도성과 용인성

신명사도(神明舍圖)는 마음의 구조와 그 마음을 어떻게 보존해야 하는가를 하나의 그림으로 나타낸 것이고 신명사명(神明舍銘)은 마음의 구조와 그 구조 속에 나타나는 인물들이 실제 어떻게 마음을 보존해야 하는가를 말로 표현한 것이라 할 수 있다.

01, 02.에서는 태일진군(太一眞君)이 명당(明堂)에서 정사(政事)를 편다고 한다. 이는 이 글 3. 남명의 신명사도(神明舍圖)와 언어 구조에서 보듯이 마음을 대궐에 비유하여 나타낸 것으로 명당(明堂, 임금이 조회를 받던 정전)은 신명사도(神明舍圖)에서 보면 신명사

(神明舍, 마음의 집)이다. 여기에서 태일진군이 정사를 편다는 것이니 태일진군은 임금에 빗대어 있다. 임금이 대궐 안팎을 다 다스리듯이 태일진군도 신명사도에서 보면 대궐이 있는 성곽의 안과 밖 모두를 다스린다. 성곽의 안은 마음이고 성곽의 밖은 사물의 세계이다. 안에서는 총재(冢宰)가 관장하고(03. 內冢宰主) 밖에서는 백규(百揆)가 살핀다(04. 外百揆省). 승추(承樞)는 신명사도에서 보면 구관(口關)에서 말의 출납을 맡아 충신(忠信), 수사(修辭)한다(05. 06. 承樞出納, 忠信修辭). 화(和)·항(恒)·직(直)·방(方) 네 글자의 부절을 발부하고(07. 發四字符) 마음에 백가지 금지(禁止)의 깃발을 세운다(08. 建百勿旂). 이는 성곽 안, 마음에서의 일이다. 총재(冢宰)가 관장하는 일이다. 09.–12.는 성곽 밖 즉 마음 밖의 일을 말하고 있다. 신명사도에서 사물의 세계이다. 사사로운 욕심이 세군데 요처, 입(말하는 것), 귀(듣는 것), 눈(보는 것) 근처에서 처음 나타나(10. 三要始發) 아홉 구멍, 온 데로 퍼져 나타난다(09. 九竅之邪). 이를 막아야 한다. 이는 백규(百揆)가 살펴 할 일이다(04. 外百揆省). 삼천의 군사를 동원하되 억만의 군사도 쓰러뜨릴 수 있도록(22. 億萬則仆) 한 마음이 되며(21. 三千惟一) 밥해 먹던 솥도 깨부수고 주둔하던 막사도 불사르고 타고 왔던 배도 불 지른 뒤, 사흘 먹을 식량만 가지고 사졸(士卒)들에게 죽지 않고는 결코 돌아오지 않으리라는 의지를 보여주어 반드시 시살(厮殺)한다(12. 進教厮殺). 이겼다(克. 12의 주석). 신명사도에는 승리의 깃발, 대장기를 세우고 있다. 다시 임금이 있는 성곽 안, 마음으로 들어와 단지(丹墀)에서 임금에게 승리의 보고를 올린다(13. 丹墀復命). 사악함을 막았다. 안으로는 승추(承樞)를 통해 백가지 금지 깃발을 세우고 총재(冢宰)는 경(敬)을 통해 사악함이 일어나지 못하게 했다. 밖으로는 백규(百揆)를 통해 승리하니 실로 마음에 요순의 세월이 온 것이다(14. 堯舜日月). 이제 문단속을 철저히 하여 세 관문을 닫아둔다(15. 三關閉塞). 맑은 들판이 끝없이 펼쳐지듯 경(敬)의 상태가 유지되니 마음이 한결같아져 하나로 되돌아온다(17. 還歸一). 시동(尸童)과 연못과 같다(18. 尸而淵). 군자의 마음이 되었다. 19. 이후는 일반적인 이치(理致)를 말하고 있다. 나라에는 두 임금이 없듯이(19. 國無二君) 마음에는 두 주인이 없다(20. 心無二主). 마음에는 또 다른 마음이 있어 마음이 마음을 다스리는 것이 아니다(20. 心無二主)[146]. 태일진군이 다스린다. 무슨 일이든지 마음이 정밀하고 한결

---

146) 학기류편(2002, 199)에 '주자가 말하였다. 마음은 다만 하나의 마음일 뿐, 하나의 마음을 가지고 다른 하나의 마음을 다스리는 것이 아니다. 이른바 '보존한다' '거둔다' 하는 것은 마음을 각성시킨다는 의미이다(朱子曰. 心. 只是一個心. 非是以一個心. 治一個心. 所謂存. 所謂收. 只是喚醒 (性理大全 제 47권 學五 省察 755장))'.

같아지면(25. 求精一) 삼천 명의 군사가 억만의 군사도 쓰러뜨리듯이(22. 億萬則仆) 사악한 마음을 막을 수 있다(23. 閑邪存). 그리하여 말을 다듬어 정성스러운 마음을 세우고(24. 修辭立) 이를 보존한다(23. 閑邪存). 경(敬)을 통하여야 한다(26. 由敬入). 마음의 소리는 메아리와 같고(27. 心聲如響), 그 자취는 인장(印章)과 같다고 한다(28. 其跡如印).

③ 상호텍스트성

01, 02. 太一眞君 明堂布政(태일진군이 명당에서 정사를 편다.)에서 태일진군(太一眞君)은 상호텍스트성을 갖는다. 태일진군은 신명(神明)한 마음을 가리키는 말로, 동강집(東岡集)의 '천군전(天君傳)'에 나오는 천군(天君)이다(남명집, 2001, 162 주3).

'태일(太一)'은 장자(莊子) 천하(天下)에 나온다. 장자는 '關尹老耼聞其風而說之 建之以常無有 主之以太一(관윤과 노담(노자)은 이 학설을 듣고서 기뻐하며 허무의 도를 세우고 태일이라는 절대의 도를 주인으로 하였다.)'이라고 한다. 그리고 본문의 주석에 '예의(禮義)는 반드시 태일(太一)에 근본해야 한다.'고 한다. 이는 공자가어(孔子家語) 예운(禮運)에 나오는 말인데 여기에서도 태일(太一)을 말하고 있다. 진군(眞君)은 소식(蘇軾) 고오악문(告五岳文)에 '天爲眞君 帝爲眞宰'라는 말이 있다. 하늘을 진군이라 하였다. 태일진군(太一眞君)은 이들의 인유이다. 상호텍스트성을 갖는다.

05. 承樞出納(승추는 말의 출납을 맡아)에서 '出納(말의) 출납'은 시경(詩經) 대아(大雅) 증민(烝民)에 '出納王命 王之喉舌(왕명을 출납하니 왕의 목소리 되고)'에서 인유한 것으로 보인다. 승추(承樞)는 왕명을 출납하는 승지(承旨)와 같은 의미다(최석기, 1994, 170). 상호텍스트성을 갖는다.

06. 충신(忠信)과 수사(修辭)는 주역에 나오는 말이다. 주역(周易), 문언전(文言傳) 건괘(乾卦) 문언(文言), 구삼효에 '君子進德修業 忠信所以進德也 修辭立其誠 所以居業也(군자는 덕에 나아가 업(業)을 닦으니 충신(忠信)은 덕에 나아가기 위함이요, 말을 닦고 그 정성을 세우는 것은 업(業)에 있기 위함이다.)라 하는데 충신(忠信)과 수사(修辭)는 여기에서 인유한 것이다. 상호텍스트성을 가진다.

18. 尸而淵(시동(尸童)과 연못이다.)은 장자(莊子) 재유(在宥)에 '故君子苟能無解其五臟 無擢其聰明 尸居而龍見 淵默而雷聲(그러므로 군자는 오장을 풀어헤침이 없고 그 총명을 휘두름이 없으면 시동처럼 있다가 용처럼 나타나고 연못처럼 묵묵히 있다가 우뢰처럼 소리친다.)'에서 인유한 것이다. 여기서는 다 줄이고 시동(尸)과 연못(淵)으로만 나타내고 있다. '尸居而龍見 淵默而雷聲(시동처럼 앉아 있어도 용처럼 나타나고 연못처럼 묵묵히 있다가 우뢰처럼 소리친다.)'은 학기류편(같은 책, 305)에도 쓰여 있는데 여기에는 '尸居龍見 淵默雷聲 - 明道(시동처럼 있다가 용처럼 나타나고 연못처럼 묵묵히 있다가 우뢰처럼 소리친다. - 명도.)'라고 써 두고 있다. 상호텍스트성을 가진다.

④ 결속 구조

이 명(銘) 텍스트는 남명이 자신과 제자들이 보고 늘 경계토록 하기 위해 지은 것으로 명(銘)이 주로 그러하듯이 넉자를 중심으로 한 구를 이루고 있다. 눈으로 보고 쉽게 그 뜻을 새길 수 있도록 하기 위해서 일 것이다. 이 명(銘)은 신명사도(神明舍圖)와 함께 쓰여져 있어 그림을 보고 쉽게 마음에 새기며 명(銘)을 보고 그 뜻을 자세히 알 수 있도록 하고 있다. 명(銘)은 주로 그 뜻을 새기기 위한 것이기에 시(詩)나 부(賦)처럼 운을 맞춘다거나 하는 형식에 얽매이지 않는다. 그리고 그 말의 뜻을 쉽게 이해할 수 있도록 한 월을 길게 하지 않는다. 이 명(銘) 텍스트도 두 구를 한 월로 하고 있다. 월을 대상으로 이 텍스트의 결속 구조를 살펴보면 다음과 같다.

01, 02.의 월 ; 太一眞君 明堂布政(태일진군이 명당에서 성사를 편다).

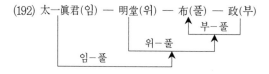

(192) 太一眞君(임) ― 明堂(위) ― 布(풀) ― 政(부)

부-풀

위-풀

임-풀

참고 : 太一眞君(태일진군), 明堂(명당), 布(펴다), 政(정사)

신명사명은 신명사도를 설명하기 위한 글이다. 따라서 신명사명에 나타난 월의 의미는 신명사도의 그림을 통하여 살펴야 한다. 신명사명에서 01, 02.에서 '태일진군이 명당에서 정사를 편다.(太一眞君 明堂布政)'고 한다. 이것은 신명사도에서 ○안이 임금이 있는 대궐에 비유되고 있기 때문이다. 정사를 펴는 명당(明堂)은 신명사(神明舍)이고 임금은 태일진군(太一眞君)인데 그림(圖)에는 태일군(太一君)이라 한다. 이 태일진군이 신명사인 명당에서 정사를 편다는 것이다. 신명사는 이 글 3. 남명의 신명사도와 언어구조에서도 밝혔듯이 '마음의 집'이라는 뜻이다. 따라서 01, 02.는 임금이 명당에서 나라를 다스리는 정사를 펴듯이 태일군이 마음의 집에서 마음을 다스린다는 뜻이다.

03, 04.의 월 ; 內冡宰主 外百揆省(안에서는 총재가 관장하고, 밖에서는 백규가 살핀다).

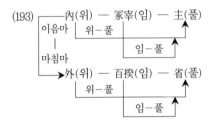

참고 : 內(안), 冡宰(총재), 主(관장하다)
　　　外(밖), 百揆(백규), 省(살핀다)

총재는 태일군의 명을 받아 내정(內政)을 총괄하는 관직을 가진 사람이고, 백규는 외정(外政)을 총괄하는 관직을 가진 사람이다(남명집, 2001, 164 주8, 9).[147] 그리하여 03, 04.에서는 안에서는 총재가 관장한다(內冡宰主) 하고, 밖에서는 백규가 살핀다(外百揆省)고 한다. 안은 신명사도에서 성곽 안을 말하고 밖은 성곽 밖을 말한다. 정치 구조에서 총재는 내직(內職)으로 왕의 명을 받아 ○안에서 다스리고, 백규는 외직(外職)으로 ○밖에서 할 일을 하듯이 이를 다시 비유하는 심성 구조에서 보면 총재는 경(敬)으로 안을 다스리고 백규는 경(敬)으로 다스려진 그 마음으로 밖을 살핀다는 것이

147) 세종실록, 권72 (세종 18년 4월 12일)에 세종이 문물제도를 정비하고자 하는 과정에서 교서(敎書)를 내리기를 '당우(唐虞) 시대에는 백규(百揆)가 9관(九官)과 12목(十二牧)을 거느렸고, 성주(成周) 시대에는 총재(冡宰)가 6경(六卿)과 60속(六十屬)을 거느렸는데 총재의 실임은 3공(三公)이 겸직하였더… '는 기록이 있다. 총재와 백규는 대신의 관직 이름이다. 서경(書經)에서는 총재를 '나라의 정치를 장악하고, 여러 관리들을 거느려 온 세상을 고르게 한다'고 하고 복암집(腹菴集)에서는 '총재는 육관(六官)의 장으로 백직(百職)을 통솔한다'고 한다.

다. 이러한 사실은 1568년(선조 1년) 남명이 선조에게 올린 무진봉사에도 나타난다.

> …안으로 마음을 보존해서 혼자 있을 때도 삼가는 것이 큰 덕(大德)이고 밖으로 성찰(省察)하여 그 행동에 힘쓰는 것이 왕의 도리(王道)입니다. 그 이치를 궁구하여 몸을 닦으며, 존양과 성찰의 지극한 공부는 곧 반드시 경(敬)을 위주로 해야 합니다. 이른바 경이란 것은 정제하고 엄숙히 하여, 항상 마음을 깨우쳐서 어둡지 않게 하는 것입니다. 한 마음의 주인이 되어 만사에 응하는 것은 안은 곧게, 밖은 방정하게 하는 것입니다. 공자께서 이른바, '경으로써 몸을 닦는다.'라는 것이 이것입니다 ….
> (存心於內 而謹其獨者 天德也 省察於外 而力其行者 王道也 其所以爲窮修存省之極功 則必以敬爲主 所謂敬者 整齊嚴肅 惺惺不昧 主一心而應萬事 所以直內而方外 公子所謂修己以敬者 是也) (남명집, 2001, 321-322.)

여기에서 보면 '존양과 성찰의 지극한 공부는 반드시 경(敬)을 위주로 해야 한다.'고 하면서 이 경(敬)으로 안은 곧게, 밖은 방정하게 하는 것이라 한다. 이를 통해서 보면 경(敬)으로 안은 곧게 하는 일은 총재가 하는 일이고, 밖을 방정하게 하는 일은 백규가 하는 일이다. 이러한 뜻에서 03, 04.에서 '內冢宰主 外百揆省(안에서는 총재가 관장하고, 밖에서는 백규가 살핀다.)'이라고 하고 있는 것이다.

05, 06.의 월 ; 承樞出納 忠信修辭(승추는 (말의) 출납을 (맡아), 충신과 수사한다).

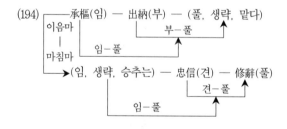

```
참고 : 承樞(승추), 出納(출납)
      忠信(충신), 修辭(수사하다)
```

승추(承樞)도 관직의 이름으로[148] 왕명을 출납하는 승지(承旨)와 같은 인물이다.

---

[148] 승추는 조선 태종 실록 2권에 나오는데 하륜(河崙)이 개정된 관제(官制)를 올리자 태종이 '승추(承樞)와 사평(司平)이 된 자가 혹은 겸하고 혹은 겸하지 못하고 하니(태종 1년 7월 13일)'라 하고 있다.

왕명의 출납(出納)은 시경(詩經) 대아(大雅) 증민(蒸民)에 '出納王命 王之喉舌(왕명을 출납하니 왕의 목소리된다.)'이라는 말이 있어 신명사도에서는 승추를 구관(口關)에 두고 있다(남명집, 2001, 165, 주15). 05, 06.에서 구관(口關)에 있는 이 승추가 왕명을 받들어 충신과 수사한다(忠信修辭)고 한다. 충신은 학기류편(2002, 186)에 다음과 같이 기록되어 있다.

　　자기에게 극진히 하는 것(盡己)을 충(忠)이라 하고, 남에게 극진히 하는 것(盡物)을 신(信)이라 한다. 극단적으로 말하자면 자기에게 극진히 하는 것은 자기의 본성(本性)을 잘 발휘하는 것이요, 남에게 극진히 하는 것은 남의 본성(本性)을 잘 발휘하게 해 주는 것이다. 믿음이란 거짓이 없는 것일 뿐이다. 하늘로부터 받은 본성에 대하거나 모자람이 있으면 곧 거짓이 되는 것이다. – 이천.
　　(盡己爲忠, 盡物爲信. 極言之, 則盡己者, 盡己之性也, 盡物者, 盡物之性也. 信者, 無僞而已, 於天性, 有所損益, 則爲僞矣 – 伊川)

　　수사(修辭)는 주역(周易), 문언전(文言傳), 건괘(乾卦) 문언(文言), 구삼효에서 볼 수 있다. 여기에는 충신과 함께 말하고 있는데 이를 보면 '공자가 말씀하시를 군자는 덕(德)에 나아가 업(業)을 닦으니 충신(忠信)은 덕(德)에 나아가기 위함이라.(君子進德修業. 忠信所以進德也)'하고 수사(修辭)는 '말을 닦아 그 성(誠)을 세운다.(修辭立其誠)'고 한다. 그리고 이 것은 군자가 업(業)에 있기 위함(所以居業也)이라 한다. 이렇듯 승추(承樞)는 자기에게 극진히 함으로써 자기의 본성인 선(善)을 잘 발휘할 수 있도록 하고, 남에게 극진히 함으로써 남의 본성도 잘 발휘하게 해 주면서 말을 닦아(修辭) 그 성(誠)을 세워 군자(君子)가 업(業)에 있도록 한다는 것이다.

　　07, 08.의 월 ; 發四字符 建百勿旂(네 글자의 부절(符節)을 발부하고, 백가지 금지의 깃발을 세운다).

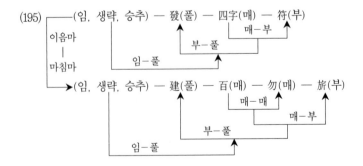

07, 08.도 승추(承樞)가 하는 일이다. 마음이 말로써 밖으로 나갈 때는 말에 네
가지 부절을 발부하고(發四字符), 또 안으로는 백 가지 금지의 깃발을 세운다(建百勿旆)
는 것이다. 부절(符節)은 사신(使臣)이 몸에 늘 지니고 다녔던 신표(信標)이다(우리말 큰 사
전, 1992, 1879). 네 글자는 이 본문에 따른 주석에서 보면 화(和)・항(恒)・직(直)・방(方)이
다. 화(和)는 조화로움을 말하는 것으로 주석에서는 '중절(中節)'이라 하고, 항(恒)은
'언행(言行)을 항상 신의 있게 하고 삼가는 것'이라 하며, 직(直)은 '아무도 알지 못하
는 곳에서도 조심함(謹獨)'이라 하고, 방(方)은 '자로 챈 듯이 행동함(絜矩)'이라 한다.
이 네 글자는 매우 중요하다. 그리하여 마음이 안에 있을 때는 경(敬)으로써 이 네
글자를 이루어 간직해야 하고 마음이 말로써 밖으로 나갈 때도 말에 이 네 글자
의 부절을 승추가 발부하여 늘 지니고 있도록 해야 한다는 것이다. 또 승추(承樞)
는 마음에 백 가지 금지의 깃발을 세우는 일을 한다(建百勿旆). 그리고 이 본문의 주
석에 '仁之方(인(仁)에 이르는 방법)'이라 써 두었다. 이것은 논어(論語) 안연(顏淵) 범1장(凡一章)
에서 안연이 공자(孔子)에게 인(仁)의 조목(目, 조건)을 물었을 때, 공자의 대답을 두고
서 한 말이다. 안연의 물음에 공자가 대답하기를 '非禮勿視, 非禮勿聽, 非禮勿言, 非禮
勿動(예가 아니거든 보지 말며, 예가 아니거든 듣지 말며, 예가 아니거든 말하지 말며, 예가 아니거든 움직이지 말
라.)'이라 하였다. 여기에 깃발 같은 금지의 뜻을 가진 '물(勿)'자가 있는 것을 보고서
마음에 이 깃발 같은 물(勿)자를 백가지나 될 정도로 온전히 세우면 인(仁)에 이르
게 된다는 것이다. 이들은 승추(承樞)가 하는 일이다.

09, 10.의 월 ; 九竅之邪 三要始發(아홉 구멍의 사악(邪惡)함도, 세 군데 요처(要處)에서 처음으로 나타
난다).

(196) 九竅之(매) ― 邪(임) ― 三(매) ― 要(위) ― 始(방) ― 發(풀)

'아홉 구멍의 사악함(九竅之邪)'은 온몸을 말하는 것으로 내 몸의 모든 곳에서 일어나는 사악함을 말하는 것이다. 세군데 요처는 '보고, 듣고, 말하는' 곳이다. 눈으로 보는 것과 귀로 듣는 것, 말하는 것에서 사악함이 처음 나타난다는 것으로 이를 잘 살펴야 한다. 그리하여 신명사도에서는 이 세 곳, 즉 목관(目關), 이관(耳關), 구관(口關) 옆에 대장기가 있고 그 아래 심기(審幾)를 적어두고 있다.

11, 12.의 월 ; 動微勇克 進教厮殺(움직이는 낌새를 용감하게 이겨내고, 나아가 반드시 시살(厮殺)한다).

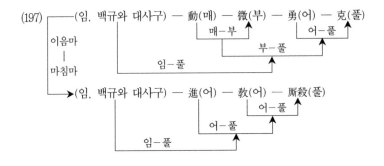

참고 : 動(움직이다), 微(낌새), 勇(용감하다), 克(이겨내다)
進(나아가다), 教(반드시), 厮殺(시살하다)

11, 12.는 성곽 밖에서의 일이다. 04.에서 밖에서는 백규가 살핀다(外百揆省)고 했으니 바깥을 살피는 일은 백규(百揆)가 할 일이다. 신명사도에서 보면 백규는 사물(事物)의 세계에 있다. 성곽 밖은 사물의 세계라는 뜻으로 신명사도에서는 사물(事物)이라 써 두었다. 백규 오른 쪽에는 대사구(大司寇)149)가 있다. 백규 옆에는 치찰(致察)이라 쓰여 있고, 대사구 옆에는 극치(克治)라 쓰여 있다. 백규는 치찰하고 대사구는 극치한다는 뜻이다. 치찰은 바깥 사물을 성찰한다는 뜻이다. 경(敬)으로 성찰하고 의(義)에 따라 결단하여 극치(克治) 해야 한다는 것이다. 이러한 사실을 두고 11, 12.의 월을 살펴보면 움직이는 낌새(動微)를 살피는 일은 치찰(致察) 즉 경(敬)으로 성찰(省察)하

---

149) 대사구는 주로 주(周)나라 시대에 형벌을 맡던 사람으로 형옥(刑獄)을 관장하였다 한다(전병윤, 1991, 52). 이러한 사실은 서전(書傳)과 복암집(復菴集) 권4에 잘 나타나 있다. 서전(書傳)에서는 사구(司寇)를 '나라의 금조(禁條)를 관장하고 사악한 사람을 심문하며 난폭한 사람을 벌주는 것(司寇掌邦禁 詰姦慝刑暴亂)'이라 하고 복암집 권4에서는 '사구(司寇)는 병권(兵權)을 장악하는 관'이라 하였다. 대사구(大司寇)는 사구(司寇)들 중에서 우두머리를 말한다.

는 것으로 백규가 살피고(外百揆省), 기미(幾微)를 살펴(審幾) 만약 사념(邪念), 사욕(私欲)이 일어난다면 대사구(大司寇)가 용감하게 싸워 이겨내고(克治) 나아가 반드시 시살해야 한다(進敎廝殺)는 것이다. 신명사명에는 대사구에 대한 것은 나타나 있지 않다.

13, 14.의 월 ; 丹墀復命 堯舜日月((승리를) 단지(丹墀)에서 복명하니 요순(堯舜)의 세월이로다).

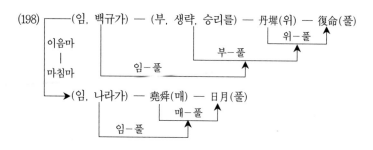

```
참고 : 丹墀(단지), 復命(복명하다)
       堯舜(요순), 日月(세월이다)
```

11, 12.의 월에서 백규가 치찰(致察)한 결과 사념(邪念), 사욕(私欲)이 일어난 것을 발견하고 이를 대사구(大司寇)에게 알리자 대사구가 용감하게 싸워 이겨내고(克治) 모두를 시살하였다(進敎廝殺). 이겼다. 그리하여 신명사도에서는 승리의 대장기를 꽂아두었고, 신명사명에서는 승리를 단지에서 임금에게 복명하니(丹墀復命) 나라가 요순(堯舜)의 세월처럼 되었다(堯舜日月)는 것이다. 이는 마음이 일월(日月)처럼 밝아졌다는 것을 말한다.

15, 16.의 월 ; 三關閉塞 淸野無邊(세 관문을 닫아 두니, 맑은 들판이 끝이 없다).

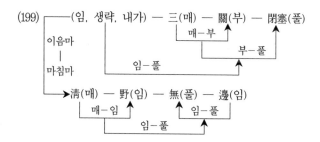

11, 12.에서는 마음에 침범하는 사념과 사욕을 없애 '마음이 일월처럼 밝아졌다.' 하였다. 그 밝아진 상태에서 15, 16.에서는 세 관문, 즉 보고, 듣고, 말하는 목관(目關), 이관(耳關), 구관(口關)을 닫아 청정(淸淨)한 마음이 되니 맑은 들판이 끝없이 펼쳐진 것과 같은 마음이 되었다는 것이다. 이는 사람이 하늘로부터 받은 처음의 선(善)한 마음이 되었다는 것을 의미한다.

17, 18.의 월 ; 還歸一 尸而淵(하나에로 되돌아오니 시동(尸童)과 연못이다).

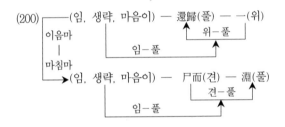

17.의 '還歸一(하나에로 되돌아오니)'에서 '일(一)'은 학기류편(2002, 17) '경도(敬圖)'에 쓰인 '주일무적(主一無適)'에서의 '일(一)'이나 01. 太一眞君(태일진군)의 주석, '閑邪則一 無欲則一(사악(邪惡)함을 막으면 마음이 한결같아지고, 사욕(私欲)이 없으면 마음이 한결같아진다.)'에서의 '일(一)'과 같다. 경(敬)으로써 이룬 한결같은 마음으로 하늘의 이치(理)인 성(誠)이 들어난 마음이다. '還歸一'은 이 한결같은 마음으로 되돌아간다는 것이다. 군자(君子)의 마음이다. 그리하여 18.에서는 군자의 마음인 '尸而淵(시동(尸童)과 연못이다.)'을 이룬다는 것이다. '尸而淵'은 장자(莊子) 재유(在宥)에 나타난 말, '故君子苟能無解其五臟 無擢其聰明 尸居而龍見 淵默而雷聲(그러므로 군자는 오장을 풀어헤침이 없고 그 총명을 휘두름이 없으면 시동처럼 있다가 용처럼 나타나고 연못처럼 묵묵히 있다가 우뢰처럼 소리친다.)'에서 '尸而淵'만 인유하여 쓴 것이다. 이것은 15, 16.에서 '세 관문을 닫아 두니, 맑은 들판이 끝이 없다.(三關閉塞 淸野無邊)'고 하기 때문

이다. 이러면 용처럼 나타나거나 우뢰처럼 소리칠 일이 없다. 그리하여 '尸而淵(시동과 연못)'만 써 둔 것으로 보인다.

19, 20.의 월 ; 國無二君 心無二主(나라에는 두 임금이 없듯이, 마음에는 두 주인이 없다).

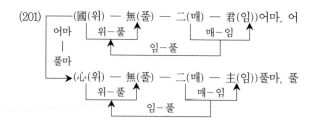

참고 : 國(나라), 無(없다), 二(두), 君(임금)
　　　心(마음), 無(없다), 二(두), 主(주인)

20. '마음에는 두 주인이 없다.(心無二主)'는 마음은 다만 하나뿐이라는 사실을 말하고 있는 것이다. 이에 대하여 학기류편(같은 책, 194)에서는 '주자가 말하였다, 마음이란 사람 몸의 주인이 되는 것이다.(朱子曰, 心者, 人之所以主於身者也)'라고 하면서 같은 책(학기류편, 199)에서 '주자가 말하였다. 마음은 다만 하나의 마음일 뿐 하나의 마음을 가지고 다른 마음을 다스리는 것이 아니다. 이른바 '보존한다.', '거둔다.' 하는 것은 마음을 각성시킨다는 의미이다.(朱子曰, 心, 只是一箇心, 非是以一箇心, 治一箇心, 所謂存, 所謂收, 只是喚醒)'라고 한다. 19, 20.의 월, '나라에는 두 임금이 없듯이, 마음에는 두 주인이 없다.(國無二君 心無二主)'는 이러한 바탕 위에서 쓰여진 것이다.

21, 22.의 월 ; 三千惟一 億萬則仆(삼천 명이 한 마음이면, 억만의 군사도 도리어 쓰러뜨린다).

(202)
三千(임) — 惟一(풀)
이음마　　임-풀
　│
마침마
　→(임, 생략, 우리 군사가) — 億萬(부) — 則(어) — 仆(풀)
　　　　　　　　　　　　　　　　　어-풀
　　　　　　　　　　　　　부-풀
　　　　　　임-풀

21, 22.의 월은 마음의 중요성을 나타낸 말이다. 삼천 명이 한 마음이면 억만의 군사도 쓰러뜨리듯이 경(敬)으로 한결같은 마음을 이루면 어떤 사악한 마음이나 사욕도 다 물리칠 수 있다는 것으로 이해된다.

23, 24.의 월 ; 閑邪存 修辭立(사악함을 막아 (정성을) 보존하며, 말을 닦아 (정성을) 세우라).

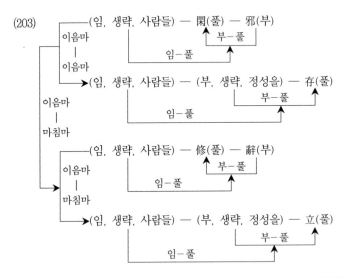

閑邪存(사악함을 막아 (정성을) 보존한다.)과 修辭立(말을 다듬어 (정성을) 세운다.)은 주역(周易) 문언전(文言傳) 건괘(乾卦) 문언에는 '한사존기성(閑邪存其誠, 사악함을 막아 그 성(誠)을 보존하다)'과 '수사립기성(修辭立其誠, 말을 닦아 그 성(誠)을 세운다.)이라고 한다.

'한사존기성(閑邪存其誠, 사악함을 막아 그 성(誠)을 보존하다)'은 본문 01. 태일진군(太一眞君)의 주석에 쓰인 '閑邪則一(사악함을 막으면 한결같아진다)'과 크게 다르지 않다. 학기류편(같은책, 189)에서는 '생각을 사악하게 하지 않는 것이 마음속에 갖추어야 할 준칙(無邪者, 心之

則)’이라고 하면서 ‘경(敬)이 사특함을 막는 길(敬, 是閑邪之道)’이라고 적고 있다. 그리고 다시 학기류편(같은 책, 180)에 ‘程子曰, 主一者, 謂之敬, 一者, 謂之誠 − 伊川(정자가 말하였다. 한결같음을 위주로 하는 것을 경(敬)이라고 하는데 한결같음이란 성실함을 말하는 것이다. − 이천)’이라고 적고 있다. 경(敬)으로써 사악함을 막으면(閑邪) 한결같아지는데 이 한결같음(一)은 ‘성(誠)’이니 ‘閑邪則一(사악함을 막으면 한결같아진다.)’은 주역에서 말한 ‘한사존기성(閑邪存其誠, 사악함을 막아 그 성(誠)을 보존하다.)’과 크게 다르지 않다는 것이다. 따라서 23.의 ‘閑邪存(사악함을 막아 (정성을) 보존한다.)’은 경(敬)으로써 사악함을 막아 ‘성(誠)’을 보존한다는 것으로 이해된다.

‘수사립기성(修辭立其誠, 말을 닦아 그 성(誠)을 세운다.)’에서 ‘수사(修辭)’의 ‘수(修)’는 본문 06.의 주석에 ‘수신(修身)’의 ‘수(修)’라 한다. ‘수신(修身)’은 중용(中庸) 장구(章句) 이십(二十)에서는 ‘수신(修身)하면 도가 선다.(修身則道立)’하고 대학(大學) 장구(章句) 팔조목(八條目)에서는 ‘그 집을 정돈하려고하는 사람은 먼저 그 몸을 닦는다.(欲齊其家者, 先修其身)’고 한다. 이렇게 두고 보면 ‘수사(修辭)’는 ‘수신(修身)’과 다르지 않다. 말은 곧 그 사람이다. 학기류편(같은 책, 270)에서는 ‘임천 오 씨가 말하였다. 말은 마음의 소리이다. 그러므로 말을 아는 사람은 말을 살펴 그 마음을 안다.(臨川吳氏曰, 言, 心聲也, 故知言者, 觀言以知其心)’고 쓰고 있다. 그리고 같은 책(학기류편, 130)에서는 ‘마음은 바로 그 사람이다.(心則其人也)’라고 쓰고 있다. 이렇듯 마음은 말로써 이루어지고 마음이 곧 그 사람이니 그 사람의 말을 닦는다(修辭)는 말은 바로 그 사람의 몸, 즉 마음을 닦는다(修身)는 말이다. 그리하여 주역에서는 ‘수사립기성(修辭立其誠, 말을 닦아 그 성(誠)을 세운다.)’이라 하고 24.에서는 ‘말을 닦아 (정성을) 세우라.(修辭立)’고 한다.

25, 26.의 월 ; 求精一 由敬入(정밀하고 한결같음을 추구하려거든, 경(敬)으로 들어가라).

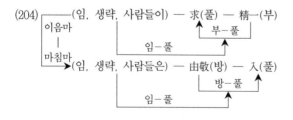

```
참고 : 求(추구하다), 精一(정밀하고 한결같음)
      由敬(경으로), 入(들어가다)
```

25.의 정밀하고(精) 한결같음(一)이 학기류편(같은 책, 219)에서는 지극함(至)과 성실함(誠)과 같은 의미라 한다. 이를 살펴보면 다음과 같다.

성현이 서로 전수하여 후학들을 깨우친 말씀을 보면, 앎에 대해 말할 때는 반드시 '지극하게' 할 것을, 뜻에 대해 말할 때는 반드시 '성실하게' 할 것을 가르쳤다. '지극하면' 사물의 이치가 통하지 않음이 없고, '성실하면' 생각의 발로가 진실하지 않음이 없다. 지극함과 성실함은 '서경'에서 말한 '정밀하고 한결같다'는 의미가 아니겠는가? 앎과 실천은 배움의 길이요, 이를 지극히 함과 성실히 함은 배움의 목적지이니, 어찌 부지런히 힘써 이런 경지에 도달하기를 추구하지 않을 수 있겠는가?

(聖賢相傳, 啓悟後學, 言知必日至, 言意必日誠, 至則事物之理無不通, 誠則念慮之發無不實, 日至與誠, 其精一之謂歟. 知與行者 學之途轍 至與誠者 學之歸宿 可不孜孜求至於是歟)

한결같음(一)이 성실함(誠)으로 경(敬)을 통하여야 함은 위 23.에서 살핀 바 있고 정밀함(精)에 대해서는 학기류편(같은 책, 184)에 '오봉 호 씨가 말하였다. 경건한 마음가짐을 가지는 것은 의로움을 정밀하게 하는 바탕이 된다.(五峯胡氏日, 居敬, 所以精義也)'고 함으로써 이도 경(敬)을 통하여야 함을 밝히고 있다. 이러한 사실로 말미암아 25, 26.에서 '정밀하고 한결같음을 추구하려거든, 경(敬)으로 들어가라.(求精一 由敬入)고 말하고 있는 것이다. 성실함(誠)과 정밀함(精密)의 관계에 대해서는 학기류편(같은 책, 182)에 다음과 같이 써두고 있다.

단지 뜻을 성실하게 하는 것만 알고 마음이 올바른지 않은지를 정밀하게 살필 수 없다면 마음을 곧게 할 수 없다. 마음 바탕이 완전히 밝지 못하면 그 마음의 쓰임새가 성실하지 못하게 된다. 그러나 마음의 바탕이 이미 밝아졌다 하더라도 뜻이 성실하지 못하면 그 마음의 밝음도 나의 소유가 아니게 된다. 학문의 순서를 바꿀 수 없는 것이 이와 같다.

(但知誠意. 而不能密察此心之存否 則無以直內. 心體之明 未盡則所發不誠. 然, 已明 而意不誠 則明非已有. 序不可亂如此)

27, 28.의 월 ; 心聲如響 其跡如印(마음의 소리는 메아리와 같고 그 자취는 인장(印章)과 같으니라).

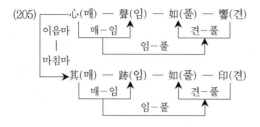

참고 : 心(마음), 聲(소리), 如(같다), 響(메아리)
　　　其(그), 跡(자취), 如(같다), 印(인장)

　어떠한 생각을 할 때에는 마음에 소리가 일어 그것이 이어져 하나의 월이 된다. 생각할 때 일어난 마음의 소리를 음운(音韻)이라 하고 그 월을 마음속 말이라 한다. 이에 비하여 밖으로 나온 소리를 음성(音聲)이라 하고 음성으로 연결된 그 월을 공기 중의 말, 부려쓰인 말이라 한다. 이러한 말은 곧 그 사람이다. 이러한 사실에 대하여 학기류편(같은 책, 270)에서는 다음과 같이 써두고 있다.

　　임천 오 씨가 말하였다. 말은 마음의 소리이다. 그러므로 말을 아는 사람은 말을 살펴 그 마음을 안다. 세상에는 또한 교묘하고 거짓된 말이 있다. 험하면서도 말은 쉽고, 조급하면서도 말은 담담하며 욕심내고 마음이 끌리면서도 말은 조용하다. 그러나 그 쉽고 담담하고 조용한 말을 살펴 그 험하고 조급하고 욕심내고 끌리는 마음을 환히 비추어 본다면 남들이 속일 수 없을 것이다.
　　(臨川吳氏曰, 言, 心聲也, 故知言者, 觀言以知其心. 世亦有巧僞之言. 險也而言易 躁也而言澹 貪戀也而言閑適. 然觀其易澹閑適之言 而洞照其險躁貪戀之心 則人不可欺也)

　말을 살펴보면 그 마음을 알 수 있다. 입 밖으로 나온 내 말도 마찬가지이고 내 귀에 들리는 남의 말도 그 말로써 그 사람을 알 수 있다. 생각할 때 나타나는 내 마음의 소리로 이루어진 말도 이로써 내 마음을 알 수 있는 것인데 이 마음에 일어난 소리는 메아리처럼 흩어질 것이나 그 말 자체, 생각 자체는 인장처럼 마음에 그 자취를 남겨 다시 내 마음에 저장된다. 그리하여 학기류편(같은 책, 196)에서는 '노재 허 씨가 말하였다. 사람의 마음은 글을 새겨 찍어내는 판목과 같다.(魯齋許氏曰, 人心猶印板)'고 써두고 있다. 이러한 까닭으로 27, 28.에서는 '마음의 소리는 메아리와 같고 그 자취는 인장(印章)과 같으니라.(心聲如響 其跡如印)'라고 한 것으로 이해된다.

⑤ 결속성

이 명(銘) 텍스트는 마음을 정사(政事)를 펴는 대궐과 비유하여 마음의 구조와 어떻게 마음을 보존해야 할 것인가에 대해 말하고 있다. 마음의 구조는 01.에서 08.까지에서 말하고 있다. 대궐에 임금이 있어 대궐의 안과 밖을 살피듯이 마음에는 태일진군(太一眞君)이 있어 마음의 안과 밖을 살핀다. 정사(政事)를 펼치는데 총재(冢宰)와 백규(百揆), 승추(承樞)가 있듯이 마음에도 이러한 것들이 있다. 대궐에서의 인적 구조를 정치(政治) 구조라고 한다면 마음에서의 구조는 심성(心性) 구조이다. 물론 정치 구조도 이보다는 훨씬 복잡하고 심성 구조도 이보다는 훨씬 복잡하겠으나 이 명(銘)에서는 눈에 들어난 정치 구조를 바탕으로 빗대어 눈에 들어나지 않은 심성 구조를 언급하고 있다. 신명사명에서는 태일진군, 총재, 백규, 승추를 말하고 있고 신명사도에서는 여기에 더하여 대사구(大司寇)를 넣고 있다. 나라도 이런 벼슬 가진 자들이 다스리듯이 마음에도 이러한 것들이 있어 마음을 다스린다는 것이다. 마음으로 마음을 다스리는 것이 아니다(학기류편, 같은 책, 199). 총재는 마음 안을 관장하고, 백규는 마음 밖을 살핀다. 그리고 승추는 말의 출납을 맡는다. 그렇다면 이들이 마음에서 하는 일은 무엇인가? 정치가 백성들이 아무 걱정 없이 편안하게 살 수 있도록 하는 것이라면 마음에서 이들이 하는 일은 결국 23, 24.에서 말하고 있는 '閑邪存 修辭立(사악함을 막아 정성(誠)을 보존하며, 말을 닦아 정성(誠)을 세운다.)' 하는 것이다. 이러한 관점에서 이 명(銘) 텍스트의 결속성을 살펴보면 제어 중심(control centre)은 23, 24.에 나타난 '〈閑邪(사악함을 막는다)〉행위 → 〈誠存(성을 보존한다)〉상태'와 '〈修辭(말을 닦는다)〉행위 → 〈誠立(성을 세운다)〉상태'로 볼 수 있다. 이는 1차 개념이다.

    (206) 거시 구조 1

           1차 개념

        〈閑邪〉행위 ——————▶ 〈誠存〉상태
        〈修辭〉행위 ——————▶ 〈誠立〉상태

1차 개념을 바탕으로 2차 개념에서는 심성 구조에 있는 태일진군(太一眞君)과 총재(冢宰), 백규(百揆), 승추(承樞)가 1차 개념을 이루기 위해 하는 일들을 말하고 있다. 태일진군은 명당에서 정사를 편다(01, 02, 太一眞君 明堂布政). 총재는 대궐 안을 관장한다(03, 內冢宰主). 백규는 대궐 밖을 살핀다(04, 外百揆省). 승추는 말의 출납을 맡아 충신(忠信), 수사(修辭)한다(05, 06, 承樞出納 忠信修辭). 그리고 화(和)·항(恒)·직(直)·방(方) 네 글자의 부절(符節)을 발부하고, 백가지 금지(禁止)의 깃발을 세운다(07, 08, 發四字符 建百勿旃). 승추가 하는 일은 마음 안(대궐 안)에서 하는 일이다. 09부터 12까지는 마음 밖, 신명사도에서는 사물의 세계에서 백규가 하는 일이다. 아홉 구멍의 사악(邪惡)함도 세 군데 요처(要處)에서 처음으로 나타난다(09, 10, 九竅之邪 三要始發). 움직이는 낌새를 용감하게 이겨내고 나아가 반드시 시살(廝殺)한다(11, 12, 動微勇克 進敎廝殺). 이겼다(12 주석, 克). 13.에서는 다시 마음 안(대궐 안)으로 들어간다. 승리를 단지(丹墀)에서 복명하였다(13, 丹墀復命). 이것이 1차 개념을 이루기 위한 것으로 2차 개념이다.

(207) 거시 구조 2
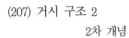
2차 개념

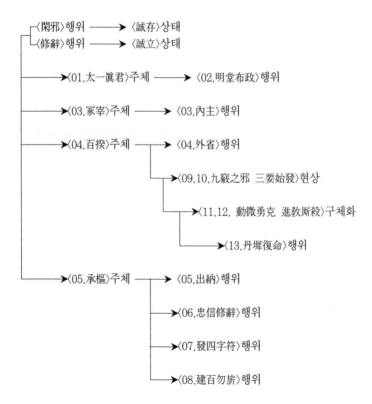

14부터 18까지는 2차 개념에서 각자 맡은 일을 한 결과, 그 나타나는 마음의 현

상에 대해 말하고 있다. 3차 개념이다. 마음 안과 밖을 잘 다스려 마음이 일(日), 월(月)처럼 밝은 요순(堯舜)의 세월이다(14. 堯舜日月). 맑은 들판이 끝이 없다(16. 淸野無邊). 성스러운 임금이 나타나 왕도(王道)와 천덕(天德)이 이루어져(신명사도) 맑은 들판에서는 기린(麒麟)이 뛰놀고, 봉황(鳳凰)이 날아와 우는, 남명이 꿈꾸던 세상이 되었다.150) 하나에로 되돌아와(17. 還歸一) 마음이 한결같아 지면서 시동(尸童)처럼 앉아 있어도 용(龍)처럼 나타나고 연못(淵)처럼 묵묵히 있다가 우뢰처럼 소리치는 군자의 마음이 되었다(18. 尸而淵). 이것이 2차 개념에 충실한 결과로 나타난 3차 개념이다.

(208) 거시 구조 3

3차 개념

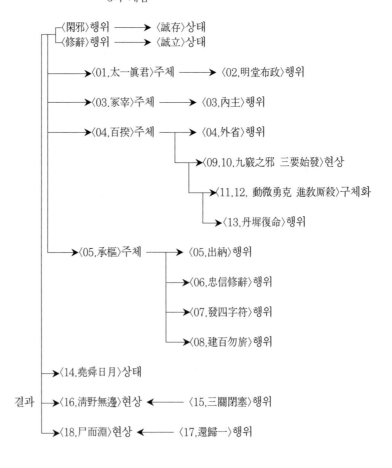

---

150) 이 글 2). (6).의 시, 제목 없이와 봉명루 참조.

미시 구조에는 거시 구조 3에 19.에서 28.에 나타난 일반적 이치가 들어가게 되는데 이들은 벼슬 맡은 사람들에 관한 일반적인 이치들과 결과로 나타난 마음의 이치이다.

(209) 미시 구조

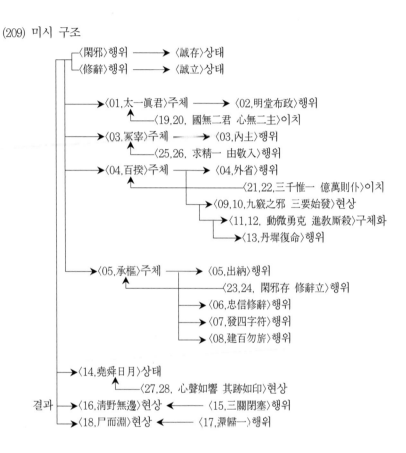

(2) 신명사명(神明舍銘) 주석 분석

신명사명(神明舍銘)에는 본문이 있고 본문에 따른 주석이 있다. 이 주석은 본문에만 따른 것이 아니라 본문과 관련 있는 이치를 주로 말한 것으로 신명사도(神明舍圖)와도 관련된 주석이다. 여기서는 이 셋을 아울러 남명이 가진 생각을 살펴보고자 한다.

먼저 이 셋의 관계 즉 신명사도와 신명사명의 본문과 주석의 관계를 살펴보면 신명사도는 심성론과 수양론을 한 그림 속에 간단하게 써 두었고 신명사명은 본문을 통해서는 주로 심성론의 심성 구조를 말하고 있으며 수양론은 주석을 통하여 구체적으로 말하고 있다 하겠다. 신명사도는 '3. 남명의 신명사도(神明舍圖)와 언어 구조'에서 살폈고 신명사명의 본문에 대해서는 바로 위 (1)에서 살폈으므로 여기서는 셋을 아울러 살피되 명(銘)의 주석을 중심으로 수양론의 구체적 사실들을 살펴보고자 한다.

본문 01. 태일진군(太一眞君)에 주석이 있다. '閑邪則一 無欲則一 禮必本於太一 無邪其則 事以忠孝(사악(邪惡)함을 막으면 마음이 한결같아지고, 사욕(私欲)이 없으면 마음이 한결같아진다. 예(禮)는 반드시 태일(太一)에 근본해야 한다. 사악한 마음을 없애는 것이 그 법칙이니 충효(忠孝)로써 섬겨야 한다.)라고 한다.

사악함이나 사욕은 마음 안에서나 밖에서 다 일어난다. 이를 태일진군이 명(命)을 내려 다 없애야 한다. 그리하여 한결같은 마음(一)을 이루어야 한다는 것이 주석에서 말하는 '閑邪則一 無欲則一(사악(邪惡)함을 막으면 마음이 한결같아지고, 사욕(私欲)이 없으면 마음이 한결같아진다.)'이다. 그렇다면 어떻게 사악함을 막고(閑邪), 사욕이 없도록(無欲) 할 것인가? 이는 경(敬)으로써 가능하다. 그리하여 학기류편(같은책, 189)에서는 '생각을 사악하게 하지 않는 것이 마음속에 갖추어야 할 준칙(無邪者, 心之則)'이라고 하면서 '경(敬)이 사특함을 막는 길(敬, 是閑邪之道)'이라고 적고 있다. 남명은 이를 위하여 부단(不斷)한 노력을 기울이는데 늘 차고 다니던 칼에 '內明者敬, 外斷者義(안으로 마음을 밝히는 것이 경이요, 밖으로 행동을 결단하는 것은 의다.)'를 새겨 마음의 경계로 삼았다. 이는 남명 수양론의 핵심이라 할 만하다. 경(敬)으로써 사악함을 막고(閑邪), 사욕이 없도록(無欲)하면 주석에서는 마음이 한결같아진다는 것이다. 바꾸어 말하면 마음이 한결같다는 말은 마음에 경(敬)이 자리하고 있다는 말이다. 그렇다면 마음의 한결같음(一)은 무엇을 말하는 것인가? 남명은 학기류편 17. 경도(敬圖)를 그리면서 ○안 한가운데 경(敬)이라 적고 그 위에 '主一之謂敬 無適之謂一(한결같음을 주로 하는 것이 경이고 (어디 다른 곳에) 적응하지 않는 것이 한결같음이다.)'라고 적고 있다. 그리고 학기류편(같은 책, 180)에 '程子曰, 主一者, 謂之敬, 一者, 謂之誠 - 伊川(정자가 말하였다. 한결같음을 위주로 하는 것을 경(敬)이라고 하는데 한결같음이란 성실함을 말하는 것이다. - 이천)'이라고 적고 있다. 또 남명은 경도(敬圖)에 이어 18. 성도(誠圖)을 그려두고 있는데 가운데 ●부분 한 가운데에는 성(誠)이라 쓰고 위에 극태일(極太一)이라 적었다. 극태일(極太一)에서 극(極)은 학기류편(같은 책, 53)에 '心之理是 太極-朱, 只是理之至, 故曰極-眞(마음의 이치는 태극이고-주자, 다만 이 이치가 지극하기 때문에 극(極)이라고 한다. -진 씨.)'이라는 데서 인유(引喩)하여 적은 것으로 보인다. ●부분 아래에는 큰 글씨로 '경이직내(敬以直內, 경으로써 마음 안을 곧게 한다.)'라고 적고 그 옆에 조금 작은 글씨로 '의이방외(義以方外, 의로써 마음 밖을 방정하게 한다..)'라고 적어 두었다.151) 이에 대하여 학기류편(같은 책, 185)에서는 '운봉 호 씨가 말하였다. 홀로 있을 때에 삼가는 것은 경(敬)으로 내 마음을 곧게 하는 것이고, 법도(矩)에 근거하여 살피는 것은 의(義)로 세상의 일을 방정하게 처리하는 것이다. -법도란 사람의 마음과 하늘 이치의 당연한 법칙이다.(雲峯胡氏曰 謹獨是敬以直內, 絜矩是義以方外 -矩是人心天理當然之則)'라고 하면서 '경(敬)과 성(誠)의 관계를 역시 학기류편(같은 책, 180)에 '성실하면 공경하지 않음이 없다. 성실에 이르지 못했다면 먼저 공경한 후에 성실하게 될 것이다.(誠則無不敬, 未至於誠, 則敬然後誠)'라고 적고 있다. 이렇게 두고 보면 주석에 '일(一, 한결같다)'은 '성(誠)'을 두고 한 말이다. 즉 경(敬)으로 사악함과 사욕을 없애면 하늘의 이치인 성(誠)이 나타난다는 것이다. '誠(성실함, 정성)'은 주로 중용(中庸) 장구(章句) 이십오(二十五)에 나타난다. 이들을 다시 한 번 살펴보면 다음과 같다.152)

  ▶ 성은 스스로 이루어지는 것이요, 도는 스스로 인도하는 것이다(誠者自成也, 而道自道也, 중용, 1982, 406).
  ▶ 성은 만물의 마침과 시작이다. 성실하지 않으면 만물이 존재하지 않는다. 이런고로 군자는 성실한 것을 귀중하게 여긴다(誠者物之終始, 不誠無物, 是故君子誠之爲貴, 중용, 1982, 406).
  ▶ 성실한 것은 스스로 자기를 이룰 뿐만 아니라 만물을 이루는 것이다(誠者非自成己而已, 所以成物也, 중용, 1982, 406).
  ▶ 그런고로 지극한 정성은 쉬는 것이 없는 것이니, 쉬지 아니하면 오래고 오래면 징험이 있을 것이고, 징험이 있으면 길고 멀며, 길고 멀면 넓고 두터우며, 넓고 두터우면, 높고 밝은 것이다(故至誠無息, 不息則久, 久則徵, 徵則悠遠, 悠遠則博厚, 博厚則高明, 중용, 1982, 407).

'誠(성실함, 정성)'이 이렇게 '스스로 이루어지는 것이요', '만물의 마침과 시작이요', '성실하지 않으면 만물이 존재하지 않고', '만물을 이루는 것'이기에 태일(太一)에

---

151) 남명의 경도(敬圖)와 성도(誠圖)에 대해서는 학기류편(같은 책, 178-179) 참조.
152) 여기에 대해서는 이 글 3) 남명의 부(賦) 텍스트 분석, (1) 원천부(原泉賦) '31, 32. 是誠者之自然 河漢浩而莫測(이는 성실함이 자연스레 나타나는 것으로, 은하수처럼 아득하여 헤아릴 수 없도다)'에 대한 상호텍스트성을 살피면서 설명한 바 있다.

근본한다.153) 태일(太一)은 학기류편(같은 책, 55)에 '석량 왕 씨가 말하였다. 예를 연구하는 사람들이 역(易)에 태극이란 글자가 있는 것을 보고서, 하나의 태일(太一)이라는 말을 만들어냈다.(石梁王氏曰, 禮家見易太極字, 飜出一箇太一)'라고 적어 둔 것으로 보면 태일(太一)은 예(禮)와 관련 있는 것이 분명하다. 그리하여 주석에 '예(禮)는 반드시 태일(太一)에 근본해야 한다.(禮必本於太一)'고 적고 있다. 이 말은 예기(禮記), 예운(禮運)에 나오는 말이다. 이를 보면 '예는 반드시 태일에 근본하니 나누어져 천지가 된다.(禮必本於太一, 分以爲天地)'고 하였다. 그리고 주석의 끝에 사악한 마음을 없애는 것이 그 법칙이니 충효(忠孝)로써 섬겨야 한다(無邪其則 事以忠孝)고 적고 있다. 자식이 어버이게 효도하는 것이나 신하가 임금에게 충성하는 것은 그 이치가 같다. 따라서 군자는 예의 근본이 되는 태일을 공경해야 할 터인데 그러기 위해서는 먼저 경(敬)으로써 마음에 사악함을 없애는 것이 그 법칙이라는 것이다. 주석은 이를 적어 둔 것이다.

글쓴이는 '3. 남명의 신명사도(神明舍圖)와 언어 구조'에서 태일군(太一君)을 스위스의 언어학자 소쉬르(Fendinand de Saussure)가 말한 랑가주(langage)라 한 바 있다. 그렇다면 태일군(太一君)이 다스린 이 마음의 상태는 무엇인가? 언어학적으로 보다면 이는 말이 순화된 상태라 할 수 있고 그 과정은 말의 순화 과정이라 할 수 있다. 말과 마음의 관계는 어떠한가? 이 둘의 관계를 밝히기 위한 노력은 끊임없이 이루어져 왔다. 대개 셋으로 구분된다(하치근, 2007, 9). 하나는, 말은 마음에서 실현된 생각이 말을 도구로 하여 사회적 교섭을 한다고 생각하는 관점이다. 이를 도구관이라 한다. 둘은, 말과 마음은 일원적이라는 관점이다. 말이 뜻을 낳는 동시에 뜻이 마음의 모습을 낳는다고 보는 관점이다. 이를 일체관이라 한다. 전통적인 철학이나 종교에서는 대체로 일체관을 취하면서 말보다는 마음을 앞세운다(하치근, 같은 글, 9). 셋은, 말이 마음을 이끌어 생각을 형성해 간다고 보는 관점이다. 이를 형성관이라 한다. 글쓴이는 세 번째 관점에 선다. 그래서 마음이 경(敬)으로써 한결같아진 상태를 말이 순화된 상태로 보는 것이다. 마음은 본래 형체가 없다. 학기류편(같은 책, 192)에 '주자가 말하였다. 텅 비어 있으면서도 영묘한 것이 바로 마음의 본체다. 그러나 내가 의도적으로 비어 있게 할 수 있는 것은 아니다. 눈과 귀가 보고

---

153) 학기류편(같은 책, 63)에서는 '성(城)'에 대하여 '주자가 말하였다. 성(誠)은 태극이 되니 성(性)이고, 기(幾)는 음양이 되니 정(情)이다(朱子曰, 誠爲太極 性也, 幾爲陰陽 情也)'라고 적어두고 있다.

들을 수 있는 것이 곧 마음의 작용이지만 마음이 어찌 형체가 있겠는가?(朱子曰, 虛靈, 自是心之本體, 非我所能虛也, 耳目之視聽, 即其心也, 豈有形象)'라고 기록하고 있다. 이와 마찬가지로 소쉬르(Fendinand de Saussure)는 말의 본질에 대하여 다음과 같이 밝히고 있다.

　심리적으로는, 말로써 표현하지 않고서는, 우리의 생각은 꼴 없고 불분명한 덩어리에 지나지 않는다. 기호의 도움 없이는 우리가 두 생각을 똑똑히 그리고 한결같이 구별하지 못하리란 것은 철학자나 언어학자나 다 같이 인정하는 일이다. 그 자체로 본다면, 생각이란 것은 꼭 한정된 것이라고는 아무 것도 없는 성운과 같은 것이다. 미리 형성된 관념이라곤 있는 것이 아니며, 언어가 나타나기 전에는 똑똑한 것이라곤 아무것도 없다(허웅, 1981, 48-49).

이러한 관점에서 글쓴이는 실현된 마음의 존재를 갈무리된 말, 랑그(langue)로 보며, 사물의 세계 즉 신명사도에서 구관(口關)을 통하여 밖으로 나온 공기 중의 말을 부려쓰인 말, 즉 빠롤(parole)로 보았다.[154]

본문 03. '안에는 총재(冢宰)가 관장하고(內冢宰主)'에 주석이 있다. '存(마음을 보존하는 것)'이다. 이는 성리학의 수양론에서 존양(存養)에 관련된 문제이다. 사람이 타고난 선(善)의 마음 즉 본성을 보존하라는 것이다(조창섭, 2017ㄱ, 17). 맹자(孟子) 진심장구 상(盡心章句上) 범일(凡一)에 '마음을 보존하고 그 본성을 키우는 것은 하늘을 섬기기 위함이다.(存其心, 養其性, 所以事天也)'라고 하였다. 사람은 태어나면서 하늘로 부터 받은 마음과 그 속에 본성(本姓)이 있다. 선(善)한 것들이다. 이 마음을 보존하고(存心)하고 그 본성을 키우는 것은 이를 준 하늘을 섬기는 것이라는 뜻으로 이해된다. 이를 총재(冢宰)가 관장하는데 마음을 보존(存) 하는 일이라는 것이다. 그러기 위해서는 역시 경(敬)으로써 인욕(人慾) 끊어야 한다. 이러한 사실은 학기류편(같은 책, 194)에 '정자가 말하였다. 마음은 곧 하늘의 덕이다. 인욕에 가리워지면 하늘의 덕은 없어지게 된다.(程子曰, 心是天德, 蔽於人欲, 則天德, 亡矣)'고 적고 있다. 마음을 보존(存)해야 한다는 것은 남명이 1568년 무진년(선조 1년)에 선조에게 올린 무진봉사(戊辰封事)에도 잘 나타난다.

---

154) 이에 대해서는 이 글 3. 신명사도(神明舍圖)와 언어 구조 참조.

엎드려 보건대, 주상께서는 상지(上智)의 자질을 타고나셔서 백성을 다스리고자 하시는 마음이 있으니 이것은 진실로 백성과 사직(社稷)의 복입니다. 그런데 백성을 잘 다스리는 도는 다른 데에서 구할 것이 아니오라, 요점은 임금이 선을 밝히고 몸을 정성되게 하는 데에 있을 뿐입니다. 이른바 선을 밝힌다는 것은 이치를 궁구함을 이름이요, 몸을 정성되게 한다는 것은 몸을 닦는 것을 말합니다. 천성 안에는 모든 이치가 다 갖추어 있으니, 인(仁), 의(義), 예(禮), 지(智)가 그 본체이고 모든 선(善)이 다 여기서부터 좋아서 나옵니다. 마음은 이치가 모이는 주체이고, 몸은 마음을 담은 그릇입니다. 그 이치를 궁구함은 장차 쓰려는 것이요, 그 몸을 닦음은 장차 도를 행하려는 것입니다. 그 이치를 궁구하는 바탕이 되는 것은 글을 읽으면서 의리를 강명하고, 일을 처리할 적에 그 옳고 그름을 찾는 것입니다. 몸을 닦는 요체가 되는 것은 예가 아니면 보지도 듣지도 말하지도 움직이지도 않는 것입니다.

(경상대 남명학 연구소 편역, 1995, 249.)

여기에서 보면 남명은 '천성 안에는 모든 이치가 다 갖추어 있으니, 인(仁), 의(義), 예(禮), 지(智)가 그 본체이고 모든 선이 다 여기서부터 좋아서 나온다.'고 하면서 임금은 '백성을 잘 다스리는 도를 다른 데서 구할 것이 아니라 요점은 임금이 선을 밝히고 몸을 정성되게 하는 데에 있을 뿐이라.' 하였다. 사람이 선(善)의 본성을 보존하는 일은 비단 임금만이 가지는 것은 아니다. 모든 사람이 다 그리해야 할 일이다. 남명은 인욕을 끊고 선의 본성을 보존해야 함을 강조한다. 본문 03.의 주석 '存(마음을 보존하는 것)'은 이를 두고 한 말이다.

본문 04. '밖에서는 백규(百揆)가 살핀다(外百揆省).'에 주석이 있다. '學問思辨 卽事物上窮理 明明德第一工夫 總體(배우고 묻고 생각하고 분별하는 것이다. 사물에 나아가 이치를 궁구하는 것이 명덕(明德)을 밝히는 첫 번째 공부이다. 총체(總體)이다.)'라고 한다. 이는 수양론에서 수양하는 방법에 대해 말하고 있는 것이다. 경(敬)을 통하여 마음에서 일어나는 사악함과 사욕을 막아 마음이 한결같아지고 본성이 보존되었다고 해서 그러한 마음의 상태가 계속 유지되는 것은 아니다. 이를 위해서는 공부(工夫)를 해야 하는데 이 주석에서는 공부하는 방법에 대해 말하고 있다. 먼저 '배우고 묻고 생각하고 분별하라.(學問思辨)'는 것이다. 이는 중용(中庸) 장구(章句) 이십(二十)에 나오는 공자의 말, '博學之, 審問之, 愼思之, 明辯之, 篤行之(널리 배우며, 살펴서 물으며, 삼가서 생각하며, 분명하게 분별하며, 독실하게 행할 것이다.)'에서 인유(引喩)한 것으로 보인다. 이 공부를 통하여 마음이 한결같이 유지되도록 해야 한다는 것이다. 마음이 이 같이 유지되도록 하는 데는 마음의 안과 밖을 다스려야 한다. 위에서도 말했듯이 안으로는 '敬以直內(경으로써 마음 안을 곧게 한다.)'하고 밖으로는 '義以方外(의로써 마음 밖을 방정하게 한다.)' 해야 하는데 이것이 공부를 통하여 이루어져야 한다. 주석에서는 '사물에 나아가 이치를 궁구하는 것이 명덕을 밝히는 첫 번째 공부라.(卽事物上窮理 明明德第一工夫)' 하고 있다. 이는 공부하는 요령을 말하는 것이다. 남명은 학기류편(같은 책, 279-280)에서 공부하는 요령으로 '물뿌리고 청소하고 대답하고 나아가고 물러나는 일은 마음을 기르는 일이다. 처음부터 마음을 기르지 않고 일을 따라 살피려고 하면 아마도 막막하여 손을 댈 데가 없게 될 것이나. - 경부에게 답한 편지.(灑掃應對進退. 此存養之事. 從初不曾存養. 使欲隨事察識 竊恐浩浩茫茫 無下手處 - 答敬夫書)'라고 쓰고 있다. 먼저 잘 알 수 있는 사물에 나아가 그 이치를 극진히 궁구함으로써 마음을 기르는 것, 즉 '격물치지(格物致知, 사물을 궁구하여 앎에 이른다.)' 하는 것이 매우 중요한 공부의 요령인데 다음 주석에서 이것이 대학(大學)의 중심과제인 '명명덕(明明德, 명덕을 밝힌다.)'을 이루는 첫 번째 공부라는 것이다(明明德第一工夫). '명명덕(明明德, 명덕을 밝힌다.)'은 대학(大學) 장구(章句) 일, 강령(一. 綱領)에 나오는 말이다. 이를 보면 '대학의 도는 밝은 덕을 밝히는데 있으며, 백성을 새롭게 하는데 있으며, 지극한 선(善)에 머무르는 데 있다.(大學之道 在明明德 在親民 在止於至善)'고 한다(대학, 1982, 411). 여기에 이어 대학(大學) 장구(章句) 이, 팔조목(二. 八條目)에서는 위 대학의 도(大學之道) 삼강령(三綱領) 즉 명명덕(明明德), 신민(新民), 지어지선(止於至善)과 관련하여 이를 다시 잘게 나누어 격물(格物), 치지(致知), 성의(誠意), 정심(正心), 수신(修身), 제가(齊家), 치국(治國), 평천하(平天下), 팔조목(八條目)을 말하고 있다. 이를 살펴보면 다음과 같다.

사물의 이치가 궁구된 뒤에야 앎에 이르고, 앎에 이른 뒤에야 뜻이 정성스러워지고, 뜻이 정성스러워진 뒤에야 마음이 바르고, 마음이 바른 뒤에야 자신의 몸이 닦이고, 자신의 몸이 닦인 뒤에야 집이 정돈되고, 집이 정돈된 뒤에야 나라가 다스려지고, 나라가 다스려진 뒤에야 천하가 평하게 된다.

(物格以后知至, 知至以后意誠, 意誠以后心正, 心正以后身修, 身修以后家齊, 家齊以后國治, 國治以后天下平). (대학, 1982, 413.)

이 팔조목(八條目)에서 명명덕(明明德)에 관련한 것은 '격물(格物), 치지(致知), 성의(誠意), 정심(正心), 수신(修身)'인데155) 이 중에서 '격물(格物), 치지(致知)'가 '명명덕(明明德, 명덕을 밝힌다.)'의 첫 번째 공부라는 것이다(明明德第一工夫). 이에 대하여 학기류편(같은 책, 173)에서는 '운봉 호 씨가 말하였다. 사물에 나아가 이치를 궁구하는 것이 명덕을 밝히는 첫 번째 공부다.(雲峯胡氏曰, 即事而窮理, 明明德第一工夫)'라고 적어 두고 있는데 주석은 이에 대한 인유이다. 그리고 뒤에 '총체(總體)'라고 주석하고 있다. 이것은 '격물치지(格物致知, 사물을 궁구하여 앎에 이른다.)'함으로써 '명명덕(明明德, 명덕을 밝힌다.)'에 이르는 것이 대학에서 말하는 '지선(至善)에 머물며 존양(存養)해야 한다는 것'의 총체라는 것이다. 이들 주석을 04. '밖에서는 백규(百揆)가 살핀다(外百揆省).'에 두고 있다. 이것은 백규(百揆)가 마음 밖의 세계, 신명사도에서 보면 사물의 세계를 살피는 일을 하기 때문인데 주석의 일들은 대개 마음 밖에서 이루어지는 일들이기도 하나 '격물치지(格物致知, 사물을 궁구하여 앎에 이른다.)'를 강조하는 의미도 있다 하겠다. 이것은 격물치지(格物致知)하여 마음에서 먼저 선(善)을 밝혀야, 생각하는 뜻이 마음의 선(善)에서 벗어나지 아니하는 성의(誠意)를 이루게 되고, 또 마음이 선(善)에 맞는 정심(正心)을 이루어 수신(修身)하게 됨으로써 신명사도에 나타나는 왕도(王道)와 천덕(天德)을 이룰 수 있기 때문이다.

본문 05. '承樞出納(승추는 (말의) 출납을 (맡아))'에 주석이 있다. '細分 擇善致知(세분한 것이다. 선(善)과 치지(致知)한 것을 가려낸다.)'라고 한다. 앞에 '細分(세분한 것이다.)'은 마음 안에서는 총재(家宰)가 다스린다. 그러나 말이 밖으로 나갈 때의 중요성을 생각하여 세분하여 '承樞(승추)'를 둔 것이라는 것이다. 학기류편(같은 책, 130)에서는 '마음은 바로 그 사람이다.(心則其人也)'라고 쓰고 있고, 같은 책(학기류편, 270)에서는 '臨川吳氏曰, 言, 心聲也, 故知言者, 觀言以知其心(임천 오 씨가 말하였다. 말은 마음의 소리이다. 그러므로 말을 아는 사람은 말을 살펴 그 마음을 안다.)'고 쓰고 있다. 이 둘을 함께 보면 '말을 살펴 그 사람을 알 수 있다.'는

---

155) 최석기(2005, 28)에서는 대학의 삼강령(三綱領)과 팔조목(八條目)을 다음과 같이 도표화 하고 있다.

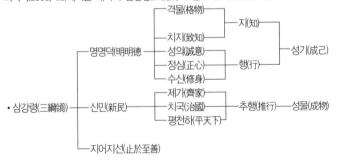

것이다. 내가 남을 볼 때 그 사람의 말로써 그 사람을 알 수 있는 것은 그 사람의 말이 곧 그 사람이기 때문이다. 바꾸어 말하면 내 말은 곧 나이다. 공자의 말은 공자이고 맹자의 말은 맹자이다. 오늘 우리는 남명의 말을 대하고 있다. 곧 남명을 만나고 있는 것이다. 이렇듯 말은 자기 자신이기에 매우 중요하다. 승추(承樞)를 지나면 말이 밖으로 나가게 된다. 마음이 밖으로 나가는 것이다. 곧 내가 밖으로 나가게 되니 매우 중요할 수밖에 없다. 이러한 사실은 17세기(조선 숙종조)의 우리나라 정치가이며 소설가인 김만중(1637-1692)의 서포만필(西浦漫筆)에서도 찾아볼 수 있다.

> 사람의 마음이 입으로 나오면 밀이 되고, 말에 가락이 붙으면 가시문부(歌詩文賦)가 된다. 사방의 말이 비록 같지 않으나, 진실로 말 잘하는 사람이 있어 각각 그 말에 따라서 가락을 붙이면 족히 천지를 움직이며 귀신에도 통할 수 있는 것이니, 이것은 오직 중국에서만 있을 수 있는 일이 아니다. (허웅, 1988, 51).

이를 보면 말과 마음(생각)은 뗄 수 없는 밀접한 관계에 있다는 사실을 알 수 있다. 마음은 말로써 밖으로 나간다. 주석 '細分(세분)'은 그래서 따로 말의 출납을 맡는 '承樞(승추)'를 세분(細分)하여 두었다는 것으로 이해된다. 다음의 주석 '擇善致知(선과 치지(致知)한 것을 가려낸다.)'는 '承樞(승추)'가 '선(善)'에 맞는 것과 '格物致知(사물을 궁구하여 앎에 이른다.)'하여 이치(理致)에 맞는 것을 가려낸다는 것이다. 그리고 이러한 것들은 밖으로 내보내고 그렇지 아니한 것은 '承樞(승추)'에 의해서 저지(沮止)된다는 것이다. 그리하여 글쓴이는 이 글 '3. 남명의 신명사도(神明舍圖)와 언어 구조'에서 '承樞(승추)'를 말이 밖으로 나올 때, 언어 환경으로 보아 적확한 말은 통과시키고 적확하지 아니한 말은 통과되지 못하도록 저지하는 필터와 같은 존재라 한 바 있다.

본문 06. 忠信修辭(충신, 수사한다.)에 주석이 있다. '忠信, 五常實理 無一毫自欺 食料, 修辭, 修身之修 固執力行 途轍 洞洞流轉(충신: 오상(五常)의 실제 이치이다. 털끝만큼도 스스로를 속이지 말아야 한다. 식료에 해당한다. 수사; '수(修)'는 '수신(修身)'의 '수(修)'이다. 고집(固執)과 역행(力行)이 이에 해당된다. 도철(途轍)이다. 도철은 막힘이 없이 끊임없이 유전(流轉)된다.)'이다. 이는 '忠信(충신)'과 '修辭(수사)'에 대한 설명이다. 먼저 '忠信(충신)'은 '五常實理(오상(五常)의 실제 이치)'라는 것이다. 이는 학기류편(같은 책, 188)에 '사람의 본성 중 인(仁), 의(義), 예(禮), 지(智)의 네 가지에서 선(善)이 나온다. 충(忠)과 신(信)은 오상(五常)의 실질적인 이치가 발현되는 것으로 대상과 접촉하고 말할 때의 상태를 통해 그 이름을 얻은 것이다.(忠信, 性中只有仁義禮智四位, 萬善皆從此出, 如忠信, 是五常實理之發, 且到那附妾物發言處, 方是名之)'라고 적고 있다. 이러한 사실은 주역(周易), 문언전(文言傳), 건괘(乾卦) 문언(文言), 구삼효에서도 볼 수 있는데 '공자가 말씀하시를 군자는 덕(德)에 나아가 업(業)을 닦으니 충신(忠信)은 덕(德)에 나아가기 위함이다.(君子 進德修業, 忠信所以進德也)'라고 한다. 여기에서 보면 군자(君子)는 덕(德)에 나아가 업(業)을 닦는데, 오상(五常)의 덕(德)으로 나아가는 진실된 이치(理致)가 충신(忠信)이라는 것이다. 이를 두고 주석에서는 충신을 '오상의 실제 이치(五常實理)'라고 적고 있다. 그리고 그 뒤에 '無一毫自欺(털끝만큼도 스스로를 속이지 말아야 한다.)'가 주석되어 있다. 이에 대하여는 주역(周易), 문언전(文言傳), 건괘(乾卦) 문언(文言), 구삼효, 주자본의(朱子本義)에서 주자(朱子)는 '충신(忠信)은 마음에 주로 하는 것이 한 생각도 성(誠)하지 않음이 없는 것이어서(최석기, 1994, 17) 털끝만큼도 스스로를 속이지 말아야 한다.'고 한다. 또 학기류편(같은 책, 180)에서는 '면재 황 씨가 말하였다. 성실은 말을 거짓되게 하지 않음으로부터 생겨난다. 말을 거짓되게 하지 않음은 단지 자신의 내면을 속이지 않는 것으로, 구체적인 행위가 일어나기 전의 말이다.(勉齋黃氏曰, 誠自不妄語入, 不妄語, 只是不欺裏面一路, 未及行底語)'라고 적어 두고 있고, 같은 책(학기류편, 155~156)에서는 '충(忠)은 털끝만큼도 스스로를 속이지 않는 것이다.(忠是無一 毫自欺處)'라고 적어 두고 있다. 주석 '無一毫自欺(털끝만큼도 스스로를 속이지 말아야 한다.)는 이들을 두고 적은 것이다. 그리고 그 뒤 주석에는 '食料(식료에 해당한다.)'라고 써 두고 있는데 이는 마음에서의 충신(忠信)은 우리 몸의 식료에 해당할 정도로 매우 중요하다는 뜻으로 쓰인 것으로 보인다. 다음 수사(修辭)의 주석을 보면 '修辭, 修身之修 固執力行 途轍 洞洞流轉(수사, '수(修)'는 '수신(修身)'의 '수(修)'이다. 고집(固執)과 역행(力行)이 이에 해당된다. 도철(途轍)이다. 도철은 막힘이 없이 끊임없이 유전(流轉)된다.)'이라고 적고 있다. '수사(修辭)'도 위 충신(忠信)과 함께 주역(周易), 문언전(文言傳), 건괘(乾卦) 문언(文言), 구삼효에서 볼 수 있다. '공자가 말씀하시를 군자는 덕(德)에 나아가 업(業)을 닦으니 충신(忠信)은 덕(德)에 나아가기 위함이라.(君子進德修業, 忠信所以進德也)' 하고 수사(修辭)는 '말을 닦아 그 성(誠)을 세운다.(修辭立其誠)'고 한다. 그리고 이것은 군자가 업(業)에 있기 위함(所以居業也)이라 한다. 이를 통해서 보면 수사(修辭)는 '군자가 업(業)에 있기 위하여(所以居業也) 말을 닦아 그 성(誠)을 세우는 것(修辭立其誠)'이라 할 수 있다. 그리고 주석에서는 '수사(修辭)'에서의 '수(修)'는 '수신(修身)'의 '수(修)'라 한다. '수신(修身)'은 중용(中庸) 장구(章句) 이십(二十)에서는 '수신(修身)하면 도가 선다.(修身則道立)' 하고 대학(大學) 장구(章句) 팔조목(八條目)에서는 '그 집을 정돈하려고하는 사람은 먼저 그 몸을 닦는다.(欲齊其家者, 先修其身)'고 한다. 이를 자세히 보이면 다음과 같다.

> 예전에 밝은 덕을 천하에 밝히려고 하는 사람은 먼저 그 나라를 다스리고, 그 나라를 다스리려고 하는 사람은 먼저 그 집을 정돈하고, 그 집을 정돈하려고 하는 사람은 먼저 그 몸을 닦고, 그 몸을 닦으려고 하는 사람은 먼저 그 마음을 바르게 하고, 그 마음을 바르게 하려고 하는 사람은 먼저 그 뜻을 정성스럽게 하고, 그 뜻을 정성스럽게 하려고 하는 사람은 그 아는 것을 극진히 해야 할 것이니 아는 것을 극진히 하는 것은 사물의 이치를 연구하는 데 있다(古之欲明明德於天下者, 先治其國, 欲治其國者, 先齊其家, 欲齊其家者, 先修其身, 欲修其身者, 先正其心, 欲正其心者, 先誠其意, 欲誠其意者, 先致其知, 致知, 在格物). (대학, 1982, 412.)

'수사(修辭)'에서의 '수(修)'는 여기에 나오는 '수신(修身)'의 '수(修)'라는 것이다. 그렇다면 '수사(修辭)'에서 말을 닦는 것과 '수신(修身)'에서 몸을 닦는 것은 크게 다르지 않다. 말이 곧 그 마음이고, 말이 곧 그 사람이기에 말을 닦는 것은 곧 그 사람의 몸을 닦는 것과 같고 몸을 닦는다는 말은 곧 그 사람의 말을 닦는 것과 같기 때문이다. 그리고 주석에 '고집(固執)과 역행(力行)이 이에 해당된다.(固執力行)고 한다. 공자(孔子)는 위에서 말했듯이 주역(周易), 문언전(文言傳), 건괘(乾卦) 문언(文言), 구삼효를 통하여 수사(修辭)는 '말을 닦아 그 성(誠)을 세운다.(修辭立其誠)'고 하였는데 성(誠)을 세운 사람은 중용(中庸) 장구(章句) 이십(二十)에서는 선을 선택하여(擇善) 굳게 잡은(固執) 사람이라는 것이다.

> 성실한 것은 하늘의 도요, 성실케 하는 것은 사람의 도이니, 성실한 사람은 힘쓰지 않아도 맞으며 생각하지 않아도 터득하며, 종용히 정도에 맞는 것이니, 이것은 성인이다. 성을 세운 사람은 선(善)을 선택하여 굳게 잡은(固執) 사람이다(誠者天之道也, 誠之者人之道也, 誠者不勉而中, 不思而得, 從容中道, 聖人也. 誠之者, 擇善而固執之者也). (중용, 1982, 400.)

군자는 덕(德)에 나아가 업(業)을 닦으니 '충신(忠信)은 덕(德)에 나아가기 위함이고(君

子進德修業, 忠信所以進德也)' 말을 닦아(修辭) 성실함(誠)을 세우는 것은 업(業)에 있기 위함(修辭立其誠, 所以居業也)인데 이에 성(誠)을 세운 사람은 '택선(擇善)'하고 이를 '고집(固執, 굳게 잡는다.)'한다는 것이다. 학기류편(같은 책, 187)에도 '고집(固執, 굳게 잡는다.)'에 대하여 적어 두고 있는데 학기류편에서는 주역(周易), 문언전(文言傳), 건괘(乾卦) 문언(文言), 구삼효에 나타난 공자(孔子)의 말에 대하여 기록하면서 '경으로 안을 곧게 하고 의로 밖을 바르게 하는 일은 굳게 잡으려는 의도가 있으니, 이것은 대개 굳게 잡아(固執) 이를 지키고자 하는 것이다.(如敬以直內, 義以方外, 未免緊貼把捉, 盖是固執持守)'라고 한다. 이러한 까닭에 수신(修身)의 주석으로 '고집(固執)'을 적고 있다. 그리고 이를 위해서는 힘써 행하여야 할 터인데 이를 역행(力行)이라 한다. 실천의 중요성을 말하는 것이다. 이도 중용(中庸) 장구(章句) 이십(二十)에서 '擇善固執(택선하고 이를 굳게 잡는다.)' 다음에 구절을 달리하여 말하고 있다. '널리 배우며, 살펴서 물으며, 삼가서 생각하며, 분명하게 분별하며, 독실하게 행할 것이라.(博學之, 審問之, 慎思之, 明辯之, 篤行之)' 한다. 이에 대하여 주자(朱子)가 주(註)하기를 '이것은 성(誠)하게 하는 조목(此誠之之目也)'이라 하면서 '독실히 행하는 것은 굳게 잡아서(固執) 인(仁)을 하려고 하는 까닭이다. 이롭게 행하는 것이다.(篤行, 所以固執而爲仁, 利而行也)'라고 하였다. '篤行(독실히 행하는 것)'은 '성(誠)하게 하는 조목'이다. '힘써 행하는 것(力行)이 인(仁)에 가깝다.'는 것도 중용(中庸) 장구(章句) 이십(二十)에 나온다. '공자가 말씀하시기를 배우기를 좋아하는 것은 지(知)에 가깝고 힘써 행하는 것은 인(仁)에 가깝고 부끄러움을 아는 것은 용(勇)에 가깝다.(子曰 好學近乎知, 力行近乎仁, 知恥近乎勇)'고 한다. 이렇듯 '力行(힘써 행하는 것)'은 '성(誠)하게 하는 조목(此誠之之目也)'이기에 '수신(修身)'에 주석하고 있다. 그리고 '수신(修身)'의 주석에 '途轍 洞洞流轉(도철(途轍)이다. 도철은 막힘이 없이 끊임없이 유전(流轉)된다.)'고 되어 있다. 도철(途轍)은 순도수철(循途遂轍, 길을 좇아 바퀴자국을 따른다.)을 줄인 말로 옛 성현을 따른다는 것이다. 이에 대하여 학기류편(같은 책, 241)에 '무릇 사람들은 모름지기 성현이 되는 것을 자신의 소임으로 삼아야 하는데, 세상 사람들은 성현을 높게 여기고 스스로를 낮게 여겨 기꺼이 성인의 경지에 나아가려 하지 않는다.(凡人須以聖賢爲己任, 世人多以聖賢爲高而自視爲卑, 故不肯進)'라고 적고 있다. 성현의 길을 따라 그 흔적을 좇아 나아가라는 것이다. '수신(修身)'함에 있어서도 마찬가지라는 사실을 학기류편(같은 책, 215)에는 다음과 같이 적고 있다.

성현이 서로 전수하여 후학들을 깨우친 말씀을 보면, 앎에 대해 말할 때는 반드시 '지극하게' 할 것을, 뜻에 대해 말할 때는 반드시 '성실하게' 할 것을 가르쳤다. '지극하면' 사물의 이치가 통하지 않음이 없고, '성실하면' 생각의 발로가 진실하지 않음이 없다. 지극함과 성실함은 '서경'에서 말한 '정밀하고 한결같다.'는 의미가 아니겠는가? 앎과 실천은 배움의 길이요, 이를 지극히 함과 성실히 함은 배움의 목적지이니, 어찌 부지런히 힘써 이런 경지에 도달하기를 추구하지 않을 수 있겠는가?

(聖賢相傳, 啓悟後學, 言知必曰至, 言意必曰誠, 至則事物之理無不通, 誠則念慮之發無不實, 曰至 與誠, 其精一之謂歟, 知與行者 學之途轍 至與誠者 學之歸宿 可不孜孜求至於是歟)

그리고 '途轍(도철)'은 위 인용문에서 보듯이 '知與行者 學之途轍(앎과 실천은 배움의 길)'이 기에 '洞洞流轉(마힘이 없이 끊임없이 유전(流轉)된다.)' 되도록 해야 한다는 것이다.

본문 07. 發四字符(네 글자의 부절(符節)을 발부하고)에 주석이 있다. '和恒直方 禮之用和 和中 節 庸信謹恒 恒悠 久 謹獨直絜矩方(화(和)·항(恒)·직(直)·방(方)이다. 예(禮)의 쓰임은 화(和)가 귀하니, 화(和) 는 중절(中節)이다. 언행(言行)을 항상 신의 있게 하고 삼가는 것이 항(恒)이니, 항(恒)은 오래도록 변하지 않는 것이다. 아무도 알지 못하는 곳에서도 조심함(謹獨)이 직(直)이며, 자로 챈 듯이 행동함(絜矩)이 방(方)이다.'이다.

이는 신명사명(神明舍銘)에서 승추(承樞)가 하는 일이다. 승추가 하는 일은 본문에서 보면 '화(和)·항(恒)·직(直)·방(方)' 네 글자의 부절(符節)을 발부하는 일과 백 가지 금지의 깃발을 세우는 일이다. 그런데 이것은 총재(冢宰)의 일에서 세분된 일이다.[156] 총재의 일은 본문 03. '안에는 총재(冢宰)가 관장하고(內冢宰主)'의 주석 '存(마음을 보존하는 것)'에서 설명하였듯이 사람이 타고난 선(善)의 마음 즉 본성을 보존하기 위해서 경(敬)으로써 인욕(人慾)을 끊는 것이었다. 총재(冢宰)가 경으로써 인욕을 끊고 한결같은 마음을 이루었을 때 승추(承樞)는 세분된 일, 즉 '화(和)·항(恒)·직(直)·방(方)' 네 글자의 부절(符節)을 발부하는 일과 백 가지 금지의 깃발을 세우는 일을 한다는 것이다. 곧 이 일들은 경(敬)을 통하여 이루어진 세분된 일들이다. 부절(符節)은 사신(使臣)이 몸에 늘 지니고 다녔던 신표(信標)이다(우리말 큰 사전, 1992, 1879). 승추(承樞)가 화(和)·항(恒)· 직(直)·방(方) 네 글자로 된 부절을 발부한다는 것이니 마음이 말을 통하여 밖, 즉 사물의 세계에 나갈 때는 사신(使臣)에게 부절을 발부하는 것처럼 이 네 글자를 발

---

156) 위 05. '承樞出納(승추는 (말의) 출납을 (맡아)'의 주석 '細分(세분한 것이다)'에서 '마음 안에서는 총재(冢宰)가 다스린 다. 그러나 말이 밖으로 나갈 때의 중요성을 생각하여 세분하여 '承樞(승추)'를 둔 것이라는 것' 참조

부한다는 것이다. 그러기 위해서는 먼저 마음속에서 경(敬)을 통하여 이 네 가지를 갖추고 있어야 한다. 이 네 가지는 매우 중요하여 마음속에서도 갖추어져 있어야 하고 또 이 마음이 말로써 밖으로 나갈 때는 꼭 지니고 나가야 한다는 것이다. 이 네 글자는 중용에 나오는 것들인데 쌍봉 요로(雙峯饒魯)[157]가 중용(中庸)의 주요한 것들을 간단하게 정리하면서 나온 글자들이다. 주석은 이를 인유(引喻)하여 이 중에서 마음이 꼭 간직해야할 네 가지를 써 둔 것이다. 쌍봉 요로(雙峯饒魯)의 말은 학기류편(같은 책, 217)에 기록되어 있다. 이를 보면 다음과 같다.

쌍봉 요 씨가 말하였다. 중용은 처음에 중(中)과 화(和)를 말하며 이 도(道)가 내 마음속에 갖추어져 있음을 보시고, 다음으로 중(中)과 용(庸)을 말하여 이 도(道)가 사물 속에 드러남을 보이고, 다음으로 비(費)와 은(隱)을 말하여 이 도(道)가 천지에 가득함을 보여준다. 도(道)가 내 마음속에 갖추어져 있음을 알면 존양(存養) 성찰(省察)의 공부를 극진히 하지 않을 수 없으므로 홀로 있을 때도 말을 경계하고 조심하여 삼가라고 한 것이다. 도(道)가 사물 속에 드러남을 알면 앎을 극진히 하고(致知) 실천에 힘쓰는(力行) 공부를 더욱 더 하지 않을 수 없으므로 지(知)와 인(仁)과 용(勇)을 말한 것이다. 도(道)가 천지에 가득함을 알면, 앎을 극진히 함(致知)과 실천에 힘쓰는(力行) 공부를 두루 하지 않을 수 없으므로 충서(忠恕)가 도에서 멀리 떨어져 있지 않음부터 시작하여 달효(達孝)의 경지까지 이른다. 또 말하였다. 이른바 도(道)를 떠나서는 잠시도 살 수 없다 함은 그렇지 않은 때가 없음을 말한 것이요, 군자의 도(道)가 널리 드러나면서도 은미(隱微)하다 함은 어느 사물이건 도(道)가 없는 것이 없음을 말한 것이다. 도(道)가 없는 때가 없으므로 덕(德)은 꾸준히 오래 지속하고자 하며(欲其久) 도(道)가 없는 사물이 없으므로 업(業)은 꾸준히 넓혀가고자 하는 것이다. 덕(德)은 꾸준히 오래 지속하고자 하므로(欲其久) 경(敬)으로 안을 곧게 하는(敬以直內) 공부를, 움직임(動)과 고요함(靜), 고요함(靜)과 움직임(動)을 넘나들며 계속해야 하는 것이다. 업(業)은 꾸준히 넓혀가고자 하므로 의(義)로써 밖을 방정하게 하는(義以方外) 공부를 가까이로부터 멀리까지 확대해나가되, 작든 크든 조금도 소홀히 할 수 없는 것이다.

(雙峯饒氏曰, 始言中和, 以見次道管攝於吾心, 次言中庸, 以見此道著見於事物, 次言費隱, 以見此道充塞乎天地. 知道之管攝於吾心, 則存養省察之功, 不可以不盡, 故以戒愼謹獨言之. 知道之著見於事物, 則致知力行之功, 不可以不加, 故以知仁勇言之. 知道知充塞乎天地, 則致知力行之功, 不可以不周, 故自忠恕違道不遠, 以極於達孝. 又曰, 道不可須臾離, 是無時不然, 君子之道費而隱, 是無物不有, 無時不然, 故德欲其久, 無物不有, 故業欲其廣. 德欲其久, 故敬以直內之功, 由動而靜, 由靜而動, 業欲其廣, 故義以方外之功, 自近而遠, 若小若大, 不可毫髮放過.)

---

157) 중국 송나라의 학자로 자는 중원(仲元)이며, 호가 쌍봉(雙峯)이다. 면재 황간의 문인이다(학기류편, 같은 책, 174, 주13).

이를 통하여 보면 경(敬)을 통하여 마음속에 갖추어져야 할 것은 먼저 화(和)다. 이는 경(敬)을 통하여 내 마음 속에 갖추어진 도(道)로 사람 본성의 중심을 이루는 예(禮)의 쓰임 즉 보고, 듣고, 말하고 행동하는 것들에서 귀하다는 것이다. 이에 대하여 학기류편(같은 책, 205)에서는 '공자가 안자에게 말한, 예가 아니면 보지도 말고 듣지도 말고 말하지도 말고 행동하지도 말라는 것이야말로 바로 힘써 실천해야 할 부분이다.(顔子非禮勿是聽言動. 便是有用力處)'라고 적어두고 있다. 화(和)의 주석으로 보인 '禮之用和(예의 쓰임은 화(和)가 귀하니)'는 논어(論語) 학이(學而) 십이장(十二章)에 있는 유자(有子)의 말에서 인유(引喩)한 것으로 보인다. 이를 보면 '유자가 말하였다. 예를 행하는데 화(和)가 귀중하니, 선왕의 도가 이처럼 아름다워 작고 큰 모든 일이 다 이에서 나왔다.(有子曰. 禮之用. 和爲貴. 先王之道. 斯爲美. 小大由之)'고 하는데서 주석에 '禮之用和(예의 쓰임은 화(和)가 귀하니)'를 적은 것으로 보인다. 다음 주석 '和中節(화(和)는 중절(中節)이다'은 위 논어에 쓰인 유자(有子)의 말에 대하여 주자(朱子)가 주(注)하면서 '예(禮)는 하늘 이치의 절문(禮者. 天理之節文)'이라 한데서 비롯된 것이다. '중절(中節)'은 과함도 모자람도 없는 하늘 이치의 절문(節文)이요, 절도(節度)다. 반드시 실천해야 할 예절(禮節)이다. 예(禮)에서 귀한 것이 화(和)이니 그래서 화(和)를 중절(中節)이라 한 것이다. 또 '和中節(화(和)는 중절(中節)이다.)'에는 역시 논어(論語) 학이(學而) 십이장(十二章)에서 말하듯이 예(禮)를 실천함에 있어, '행하지 못할 바가 있으니 조화(和)만 알아서 조화만 하고 예(禮)로써 절제(節制)하지 않으면 또한 행치 못할 것이다.(有所不行. 知和而和. 不以禮節之. 亦不可行也)'라고 하는데서 '절제(節制)'의 의미도 담고 있다 하겠다. 다음으로 '항(恒)'에 대한 주석이다. 위 힉기류편(쌍봉 요로의 말)의 기록에서 보면 '도(道)가 내 마음속에 갖추어져 있음을 알면 존양(存養) 성찰(省察)의 공부를 극진히 하지 않을 수 없으므로 홀로 있을 때도 말을 경계하고 조심하여 삼가라고 한 것이다.(知道之管攝於吾心. 則存養省察之功. 不可以不盡. 故以戒愼謹獨言之)'라고 한다. 이를 두고 주석에서는 '庸信謹恒(언행(言行)을 항상 신의 있게 하고 삼가는 것이 항(恒)'이라 하였다. 그리고 항은 오래도록 변하지 않는 것(恒悠 久)이라 하였다. 이는 주역(周易) 십익(十翼) 단사(彖辭) 항괘(恒卦)에 나온다. 여기에서 '항은 장구하다는 뜻이다. 항구(恒久)한 것은 형통한다. 허물이 없고 마음을 곧고 바르게 가져야 이롭다는 것은 그 도에 영원토록 있기 때문이요, 천지의 도가 항구하여 마지않음이다.(恒久也. 恒亨. 无咎利貞. 久於其道也. 天地之道. 恒久而不已也)'라고 하였다. 이를 두고

'항(恒)', 오래도록 변하지 않는 것(恒悠 久)이라 주석한 것이라 하겠다. 다음으로 직 (直)에 대한 주석이다. 위 학기류편(쌍봉 요로의 말)에서는 직(直)에 대하여 '덕(德)은 꾸준 히 오래 지속하고자 하므로(欲其久) 경(敬)으로 안을 곧게 하는(敬以直內) 공부를, 움직 임(動)과 고요함(靜), 고요함(靜)과 움직임(動)을 넘나들며 계속해야 하는 것이다.(德欲其 久, 故敬以直內之功, 由動而靜. 由靜而動)'라고 하였다. 그리고 방(方)에 대해서는 '업(業)은 꾸준 히 넓혀가고자 하므로 의(義)로써 밖을 방정하게 하는(義以方外) 공부를 가까이로부터 멀리까지 확대해나가되, 작든 크든 조금도 소홀히 할 수 없는 것이다.(業欲其廣, 故義 以方外之功, 自近而遠, 若小若大, 不可毫髮放過)'라고 하였다. 직(直)과 방(方)에 대하여 학기류편(같 은 책, 185)에서는 '운봉 호 씨가 말하였다. 홀로 있을 때에 삼가는 것은 경(敬)으로 내 마음을 곧게 하는 것이고 법도(矩)에 근거하여 살피는 것은 의로 세상의 일을 정 당하게 처리하는 것이다. - 법도란 사람 마음과 하늘 이치의 당연한 법칙이다.(雲 峯胡氏曰, 謹獨是敬以直內, 絜矩是義以方外 - 矩是人心天理當然之則)'라고 써두고 있다. 이를 두고 보 면 '직(直)'은 '아무도 알지 못하는 곳에서도 조심(謹獨)하며 경(敬)으로 내 마음을 곧 게 하는 것이고', '방(方)'은 '자로 챈 듯이 행동함(絜矩)으로써 밖을 방정하게 하는 것'이라 할 수 있겠는데 주석은 이를 적어둔 것이다.

이와 같이 07. 發四字符(네 글자의 부절(符節)을 발부하고)에 있는 주석은 마음에 화(和)·항 (恒)·직(直)·방(方)이 매우 중요하니 경(敬)을 통하여 마음에 늘 가지고 있어야 한다 는 것을 말하고 있는 것이다.

본문 08. 建百勿旂(백가지 금지(禁止)의 깃발을 세운다.)에 주석이 있다. '仁之方 知行存省 命脉 (인(仁)에 이르는 방법이다. 지(知)와 행(行) 및 존심(存心)과 성찰(省察)을 아울러 행하는 것이다. 이는 명맥(命脉)에 해 당한다.)'이다.

이도 신명사명(神明舍銘)에서 보면 승추(承樞)가 하는 일이다. 총재(冢宰)가 경으로써 인욕을 끊고 한결같은 마음을 이루었을 때 승추(承樞)는 세분된 일, 즉 백 가지 금 지의 깃발을 세우는 일을 하는데 뒤에 있는 '仁之方'부터는 이에 대한 주석이다. 본문에서 '建百勿旂(백가지 금지(禁止)의 깃발을 세운다.)'라고 할 때 이 깃발은 신명사도(神明舍 圖)에서 사물의 세계에 세워진 대장기(大壯旂)와는 차이가 있다. 대장기(大壯旂)는 전쟁 을 할 때 제후(諸侯)가 군사를 이끌고 나아가 싸워 이겼을 때 승리의 표시로 점령지에 꽂아 두는 깃발인데 비하여 금지(禁止)의 깃발은 실제의 깃발이라기보다는 금지의 뜻을 가진 '물(勿)'자를 두고 한 말이다. 이것은 주자(朱子)가 '설문(說文)에 물(勿)자는 깃발과 같다.'고 한 데서 취한 것이다.[158] 이 금지의 뜻을 가진 물(勿)자의 깃발을 마음에 백가지나 세우라(建百勿旆)는 것이다. 그리고 이 본문의 주석에 '仁之方(인(仁)에 이르는 방법)'이라 써 두었다. 이것은 논어(論語) 안연(顔淵) 범1장(凡一章)에서 안연이 공자(孔子)에게 인(仁)의 조목(目, 조건)을 물었을 때, 공자의 대답을 두고서 한 말이다. 안연의 물음에 공자가 대답하기를 '非禮勿視, 非禮勿聽, 非禮勿言, 非禮勿動(예가 아니거든 보지 말며, 예가 아니거든 듣지 말며, 예가 아니거든 말하지 말며, 예가 아니거든 움직이지 말라.)'이라 하였다. 여기에 금지의 깃발과 같은 '물(勿)'이 있는 것을 보고서 마음에 이 같은 물(勿)을 백가지가 될 정도로 온전히 세우면 인(仁)에 이르게 된다는 것이다. 공자의 대답에서 '勿視(보지 말고), 勿聽(듣지 말고), 勿言(말하지 말고), 勿動(움직이지 말고)'의 것들은 다 사욕(私慾)에 대한 것이다. 이를 경(敬)으로써 모두 끊고 한결같은 마음으로 돌아가면 마음은 다시 예(禮)로 돌아가게 되고 예(禮)는 인(仁)의 바탕이 되므로 결국 마음은 그 본성이 되는 인(仁)을 이루게 된다는 것이다. 이것은 마음 안에서의 일이다. 그런데 마음 안에서만 지킨다고 사람이 누구나 처음 가졌던 선(善)의 마음을 보존할 수 있는 것은 아니다. 마음 밖 사물의 세계에서는 때도 없이 사악한 것들이 일어나 사람의 마음을 유혹하고, 뒤흔든다. 이것도 막아야 한다. 이는 백규(百揆)가 맡는다. 신명사도(神明舍圖)에서는 대사구(大司寇)도 그려져 있는 것으로 보아 이 둘이 싸워 이겨서 막고 대장기를 꽂아 다시는 이러한 것들이 일어나지 않도록 살펴야 한다. 이는 이 글 뒤에서 다시 살피게 될 것이다. 이렇게 마음 안과 밖을 살펴 사악한 것과 사욕을 막아야 선(善)의 마음을 지킬 수 있다. 사람이 처음 가졌던 선(善)의 마음을 지키는 일을 존심(存心)이라 한다. '仁之方(인에 이르는 방법)' 뒤에 '知行存省 命脈(지(知)와 행(行) 및 존심(存心)과 성찰(省察)을 아울러 행하는 것이다. 명맥(命脉)에 해당한다.)'이 주석되어 있다. '지(知)와 행(行)', '존심(存心)과 성찰(省察)'은 모두 공부를 통하여 인(仁)을 찾아가는 방법이다. 이에 대하여 학기류편(같은 책, 216)에서는 다음과 같이 적고 있다.

---

158) '勿'자를 금지의 깃발이라 한 것은 남명집(2001, 167, 주 25)에서 논어(論語) 안연(顔淵) 극기복예(克己復禮)장의 세주(細註)에 주자(朱子)가 한 말, '설문(說文)에 물(勿)자는 깃발과 같다고 한데서 취한 것'이라 한다. 이는 학기류편(같은 책, 204)에도 '주자가 말하였다. 논어의 '하지 말라'는 의미의 물(勿)자는 깃발과 같다. 이 기를 한 번 흔들면 삼군이 모두 물러간다(朱子曰, 勿字, 似旗脚, 此旗一揮, 三軍盡退)'라고 적고 있다.

주자가 말하였다. 대학(大學)에서 '사물을 궁구하여 앎을 지극히 한다' 함과 중용에서 '배우고 묻고 생각하고 변별하며 실천에 힘쓴다' 한 말이 모두 인(仁)을 찾아가는 방법이다(朱子曰, 大學格致, 中庸學問思辨力行, 皆所以求仁).

여기에서 '사물을 궁구하여 앎을 지극히 한다.'는 것은 지(知)를 말하는 것이고 '배우고 묻고 생각하고 변별하며 실천에 힘쓴다.'는 것은 행(行)을 말하는 것이다. 이들이 모두 인(仁)을 찾아가는 방법이라는 것이다. '존심(存心)과 성찰(省察)'도 마찬가지다. 학기류편(같은 책, 216)에서는 '중용은 가르치는 사람의 일이다. 보존하고(存心) 수양함(養性)을 중시하며 배움은 그 가운데 있다.(中庸, 敎者事, 學在其中)'라고 적고 있다. '보존한다.'는 것은 사람이 처음 가지고 태어난 선(善)의 본성인 인(仁)의 마음을 보존한다는 것이고 '수양(修養)한다.'는 것은 마음을 보존한다(存心)는 것(存養)과 성찰(省察)159)하는 것을 함께 말하는 것으로 마음을 보존한다(存心)는 것(存養)은 앞에서 말했으므로 여기서는 성찰(省察)을 말하는 것이다. 성찰(省察)도 인(仁)의 마음을 보존하기 위한 것이다. 이렇게 두고 보면 '지(知)와 행(行)'은 짝을 이루며 인(仁)으로 나아가는 것이고 '존심(存心)과 성찰(省察)'도 짝을 이루며 인(仁)으로 나아가는 것이다. '지(知)'는 마음 밖, 사물의 세계를 궁구하여 마음 안에서 이루는 것이라고 한다면 행(行)은 이를 실천하는 것으로 마음 안에서 이루어진 지(知)를 사물의 세계에서 실천하는 것이다. 이 둘의 관계를 학기류편(같은 책, 176)에서는 다음과 같이 적고 있다.

주자가 말하였다. 학문하는 목적은 실천에 있다. 다만 알기만 하고 실천하지 못한다면 진실로 배우지 않은 것과 같다. 그러나 실천하려고 하지만 그 이치를 이해하지 못한다면 그 실천 또한 올바른 결실을 맺을 수 없다(朱子曰, 爲學之實, 固在踐履, 徒知而不行, 誠與不學同, 然, 欲行而未明於里, 則所踐履者, 又不知其果何事).

이를 보면, 지(知)는 행(行)에 그 목적이 있고 행(行)은 지(知)에 바탕을 두어야 한다는 것으로 이해된다. '존심(存心)과 성찰(省察)'의 경우도 마찬가지다. 존심(存心)은 마음 밖, 사물의 세계를 성찰(省察)함으로써 마음 안에서 이루어지는 것이고 성찰(省察)은 마음 안에 있는 경(敬)을 통하여 밖을 살피는 것이다. 이런 까닭으로 '仁之方(인에

---

159) 존양(存養)은 타고난 본연의 마음을 흩어지지 않도록 보존해 함양하는 것이고 성찰(省察)은 마음이 외부의 사물과 접촉할 때 미혹되지 않도록 인식을 정밀화하는 것이다.

이르는 방법' 뒤에 주석 '知行存省(지(知)와 행(行) 및 존심(存心)과 성찰(省察)을 아울러 행하는 것이다.)'을 써 둔 것으로 이해된다. 주석 '知行存省(지행존성)' 뒤에는 주석 명맥(命脉)이 있다. 이는 앞의 '知行存省(지행존성)'이 '명맥(命脉)에 해당한다.'는 것이다. 즉 '지(知)와 행(行) 및 존심(存心)과 성찰(省察)'이 마음의 본성이 되는 '인(仁)'을 이루는 데 있어서는 몸의 명맥(命脉)과 같이 매우 중요하고, 필요한 것이라는 뜻에서 쓰인 것으로 보인다(남명집, 2001, 167 주26).

본문 09, 10. 九竅之邪 三要始發(아홉 구멍의 사악(邪惡)함도, 세 군데 요처(要處)에서 처음으로 나타난다)에 주석이 있다. '己(사사로운 육신이다.)'이다.

'九竅之邪(아홉 구멍의 사악함)'은 우리 몸에서 나타나는 모든 사악(邪惡)함을 말하는 것으로 본문 08. 建百勿旂(백가지 금지(禁止)의 깃발을 세운다.)와 통하는 말이다. 우리 몸에서 나타날 수 있는 모든 곳에 이것이 나타난다. 그래서 사악함이 나타나지 못하도록 백가지 금지(禁止)의 깃발을 세우라 하였는데 이것도 보고 듣고 말하는 세 군데 요처에서 나타나므로 공자는 위에서 인용했듯이 '非禮勿視, 非禮勿聽, 非禮勿言(예가 아니거든 보지 말며, 예가 아니거든 듣지 말며, 예가 아니거든 말하지 말라.)'이라 한 것이다. 이것은 마음 안에서의 일이다. 승추(承樞)가 맡아 하는 일이다. 사악함이나 인욕이 마음 안에서만 일어나는 것이 아니다. 마음 밖, 사물의 세계에서도 일어난다. 이도 세 군데 요처 즉 보고, 듣고, 말하는 데서 처음 나타나므로 공자는 논어(論語) 학이 제 일(學而第一) 범삼(凡三)에서 '子曰, 巧言令色, 鮮矣仁(공자께서 말씀하셨다. 말을 교묘하게 하며 얼굴빛을 좋게 하는 자는 인(仁)한 사람이 드물다.)'이라고 하여 보고 듣고 말하는 것을 경계하고 있다. 이를 막아야 한다. 이 일은 마음 밖, 사물의 세계에서 일어나는 일이므로 백규(百揆)가 맡아서 하는 일이다. 신명사도(神明舍圖)에서는 백규(百揆) 옆에 대사구(大司寇)를 써 두었는데 밖에서 일어나는 사악함은 두 사람이 함께 막는 것으로 이해된다.[160] 그러나 이 명에서는 안의 일은 총재(冢宰)가 맡고 밖의 일은 백규(百揆)가 맡는다고 하니 밖의 일을 주도하는 것은 백규(百揆)라 보는 것이 타당하겠다. 밖에서 일어나는 사악함도 세 군데 요처(要處)에서 처음으로 나타난다 하겠는데 신명사도(神明舍圖)에서 보면 세 군데 요처 즉 구관, 이관, 목관에 사악한 것들과 싸워 이겨 대장기(大壯旂)를 세워 두고 있

---

160) 이들이 맡아하는 자세한 일이나 이들에 관한 것들은 이 글 '3. 남명의 신명사도(神明舍圖銘)와 언어 구조' 참조.

다. 이를 보아 밖에서 일어나는 사악함이나 인욕도 이 세 군데 요처(要處)에서 처음으로 나타나므로 이 세 군데 요처에 대장기를 세운 것이 아닌가 한다.

본문 11. 動微勇克(움직이는 낌새를 용감하게 이겨내고)에 주석이 있다. '幾(기미(幾微)가 있다.)'와 '閑邪(사악함을 막는 것이다.)'이다. '기(幾)'는 낌새라는 뜻으로 '기미(幾微)'라고도 한다. 이는 본문 12. '進敎厮殺(나아가 반드시 시살(厮殺)한다.)'에 있는 주석 '克(이겼다.)'을 살필 때 같이 살피기로 한다. 주석 '閑邪(사악함을 막는 것이다.)'는 사물의 세계에서 일어나는 사악함을 막아야 한다는 뜻으로 쓰인 것이다. 백규(百揆)가 할 일이다. 그래야 처음 가졌던 마음이 보존된다. 이를 위하여 성찰(省察)해야 한다. 즉 사물로 말미암아 일어나는 모든 사념(邪念), 사욕(私欲)을 없이 하고 또 일어나지 아니하도록 해야 한다. 그래서 기미(幾微)를 살피는 것이다. 사악함이 나타나는 기미(幾微)가 있으면 싸워서 이겨야 한다. 남명은 이를 위하여 일생동안 온 힘을 다 쏟았다 해도 지나친 말이 아니다. 이러한 사실은 남명의 나이 열일곱 살쯤 만나 세상 떠날 때까지 가장 친한 벗으로 살아온 대곡(大谷) 성운(成運)이 지은 문정공 묘갈명 병서(文貞公墓碣銘 幷序)에 잘 나타난다. 이에 의하면 남명은 '학문은 욕심을 적게 하는 것보다 앞서는 것이 없다고 하여 자신의 사욕을 이겨 찌꺼기를 싹 씻어내고 하늘의 이치를 함양하기에 힘을 다하였다. 남이 보지 않고 듣지 않는 곳에서 늘 조심하고 두려워하였으며 남이 보지 않는 혼자 있을 때 자신을 성찰하였다.(以爲學莫先於寡欲 故致力於克己 瀇淨査滓 涵養天理 戒懼乎不覩不聞 省察乎隱微幽獨)' 한다(남명선생편년, 2011, 133). 밖에서 일어나는 사악함을 없애야 한다는 것은 남명이 시(詩) '복괘를 두고 읊음(地雷吟)'에서도 말하고 있다.

地雷吟	복괘를 두고 읊음
易象分明見地雷	역상은 분명 지뢰를 나타내는데,
人心何昧善端開	어찌 사람의 마음은 선(善)의 실마리 여는 데 어두울까?
祇應萌蘗如山木	다만, 응당 싹을 틔움이 우산의 나무 같나니
莫遣牛羊日日來	소나 양을 날마다 오게 하지 말게나.

(1) 역상은 분명 지뢰를 나타내어 복(復)괘의 괘상(卦象)임을 알아 음의 기운이 축적된
   가운데 양의 기운이 싹트기 시작하니 봄이 돌아온다는 자연의 이치를 알 터인데
(2) 사람들은 어찌하여 자신의 마음속에 있는 선의 실마리를 찾지 못하여 본성을

보존하지 못할까?

(3) 이것은 맹자 고자장(告子章) 상에 나오는 나무의 이야기와 같은 것으로

(4) 우산의 나무처럼 새싹이 돋아나는 대로 소나 양이 이를 뜯어 먹으므로 숲을 이루지 못하기에 소와 양을 오지 말게 하듯이 사람의 마음은 인욕이 일어나 선의 실마리를 여는 것을 막으므로 날마다 이 인욕을 끊어야 할 것이다.

시(詩) 마지막 구에서 선의 실마리를 열기 위해서는 '소와 양을 날마다 오게 하지 말게나.(莫遣牛羊日日來)' 하는데 이는 '인욕을 끊어라.' 하는 것으로 이해된다.[161]

본문 12. '進敎廝殺(나아가 반드시 시살(廝殺)한다.)'에 주석이 있다. '克(이겼다.)'이다. 이것은 사악한 것들이 일어나, 모두 시살(廝殺)하고 이겼다는 뜻이다. 그리고 신명사도(神明舍圖)에서 보면 그곳에 승리의 대장기(大壯旂)를 세우고 그 아래 심기(審幾)라 적어두고 있다. 이는 완전히 이겼다는 뜻이다. 이겨 기(旂)를 세웠는데 이 기(旂)는 제후(諸侯)들이 전쟁에서 이겼을 때 점령지(占領地)에 세우는 것으로 땅에서 하늘로 오르는 용(龍)과 하늘에서 내려오는 용이 그려진 기(旂)이다. 이 기(旂)에 대장(大壯)이라 새긴 대장기(大壯旂)이다. 대장(大壯)은 주역(周易) 십익(十翼) 상사(象辭) 대장괘(大壯卦)에서 말하는 것으로 우뢰가 하늘에 있는 괘상(卦象)이다. 주역(周易, 2011, 427)에 '우뢰가 하늘에 있는 것이 대장괘이다. 군자는 그것으로 예(禮)가 아니면 이행하지 않는다.(雷在天上, 大壯, 君子以, 非禮弗履)'고 한다. 그리고 주역(周易, 같은 책, 334) 단사(彖辭) 대장괘(大壯卦)에서는 '대장괘는 큰 것이 장성한다는 뜻이다. 강하므로 움직인다. 그러므로 장성한 것이다. 크게 장성한 것은 바르고 곧아야 이롭다 하는 것은 큰 것이 바르기 때문이다. 바르고 커서 천지의 정(情)을 볼 수 있다.(大壯, 大者壯也, 剛以動, 故壯, 大壯利貞, 大者正也, 正大, 而天地之情, 可見矣)'라고 한다. 그리고 이에 대한 해설에서는 '대장괘는 큰 것, 즉 양기가 성장한다는 뜻이다. 네 개의 양기가 큰 세력을 얻는 것이다.'라고 하였다. 이를 종합해 보면 대장(大壯)은 '우뢰가 하늘에 있는 것, 큰 것, 강한 것, 양기가 성장하는 것, 예(禮)가 아니면 이행하지 않는 것' 등이다. '강하다.'하는 것은 논어(論語) 공야장 제 오(公冶長 第五), 범십(凡十) 주자 주해에 '강(剛)은 굳고 강하여 굴하지 않는 뜻이니 가장 사람이 하기 어려운 것이다.(剛, 堅強不屈之意, 最人所難能者)'라고 하였다. 이

---

161) 여기에 대해서는 이 글 2) 남명의 시 텍스트 분석. (3) 인욕을 끊음. 地雷吟(복괘를 두고 읊음) 참조.

것은 대장기(大壯旂)에서 용(龍)이 하늘에서 내려오는 그림과 같다. 용(龍)이 땅에서 올라가는 것은 주역(周易)의 복괘와 같다. 주역 십익(十翼) 상사(象辭) 복괘(復卦)에서는 '雷在地中復(우뢰가 땅속에 있는 것이 복이다.)'이라고 하고, 단사(彖辭)에서는 '復亨, 剛反動而以順行(복괘가 형통하다는 것은 강한 양기가 되돌아오기 때문이다.)'이라고 한다. 남명의 시 '地雷吟(복괘를 두고 읊음)'에서는 사물의 세계에 나타난 사악함을 막고 선의 실마리를 여는 것으로 복괘(復卦)를 인유(引喻)하고 있다(본문 11.의 주석 참조). 이러한 뜻에서 사악함을 물리친, '克(이겼다.)'하는 자리에 대장기(大壯旂)를 세운 것으로 이해된다. 그리고 대장기(大壯旂) 아래에 심기(審幾)를 적어두고 있는데 이는 '기미(幾微, 낌새)를 살핀다.'는 뜻이다. 기미(幾微, 낌새)는 선과 악이 갈라지는 부분, 또는 그 낌새라는 뜻으로(남명집, 2001, 168 주 29), '기미(幾微, 낌새)'에 대하여 학기류편(같은 책, 302–303)에서는 '주역에서 말하였다. 기미를 알면 신묘하게 된다.(易曰, 知幾其神)', '이를 데를 알아서 이르면 기미를 알 수 있게 된다.(知至至之, 可與幾也)', '천리와 인욕은 기미의 사이이다.(天理人欲, 幾微之間)'라고 적고 있다. 이 기미(幾微)를 대장기 아래에 두어 늘 살핀다는 것이다. 이겼다고 해서 '이제 됐다.'하는 것이 아니라 사악함이 언제 다시 일어날지 모르는 일이니 늘 그 낌새(幾微)를 살피라는 것이다.

　　본문 13. 丹墀復命(승리를) 단지(丹墀)에서 복명하니)에 주석이 있다. '存誠 止至善(성실함을 존재시켜 두는 것이며, 지극한 선에 이르러 머무는 것이다.)'이다. 이 앞의 명(銘), 11, 12.에서는 '사악함이 움직이는 낌새를 알아 용감하게 나아가 시살하고 이겼다.'고 하였다. 이것은 '存誠(성실함을 존재시켜 두는 것)'하는 일이다. 그래서 13. 丹墀復命(승리를) 단지(丹墀)에서 복명하니)의 주석에 '存誠'을 써 둔 것으로 이해된다. '성(誠, 성실함)'은 사악함을 막으면(閑邪) '성(誠, 성실함)'이 스스로 존재하게 되는 것이기에 사악함을 시살(弑殺)하고 이긴 것이 바로 존성(存誠)케 하는 것이다. 이에 대하여 학기류편(같은 책, 188)에서는 '정자가 말하였다. 사악함을 막으면 성실함(誠)이 스스로 존재하게 되는 것이지 밖으로부터 하나의 성실함(誠)을 가져와 보존하는 것이 아니다.(程子曰, 閑邪則誠自存, 不是外面捉一箇誠將來存着)'라고 기록해 두고 있다. 그리고 그 다음 주석에서는 '성실함이 보존되면(存誠)', '止至善(지극한 선에 이르러 머무는 것이다.)' 한다는 것이다. 이는 대학(大學) 장구(章句) 강령(綱領)에 나오는 말이다. 여기에서 공자는 '대학의 도는 밝은 덕을 밝히는데(明明德) 있으며, 백성을 새롭게 하는데(親民) 있으며, 지극한 선(善)에 머무르는 데(止於之善) 있다.(大學之道, 在明明德, 在親民, 在止於之善)'고 한다. 공자가 말한 '在止於之善(지극한 선(善)에 머무르는 데 있다.)'을 정자(程子)가 주해(註解)하기를 다음과 같이 하였다.

지극히 선(善)하다는 것은 사리의 당연함이 지극한 것이다. 밝은 덕을 밝히는 것과 백성을 새롭게 하는 것은 다 지극한 선(善)의 위치에 그쳐서 옮기지 않는 것이다. 반드시 그 천리(天理)의 지극함을 다하여 조금도 인욕의 사사로움이 없는 것이다.
(至善則事理當然之極也, 言明明德, 新民, 皆當止於至善之地, 而不遷, 蓋必其有以盡夫天理之極, 而無一毫人欲之私地) (대학, 1982, 411.)

이를 보면 사악함이 움직이는 낌새를 알아 용감하게 나아가 시살하고 이겨 '存誠(성실함을 존재시켜 두는 것)'하게 되면 지극한 선(善)의 위치에 그쳐서 거기에 머무르게 된다는 것이다. 주석 '止至善(지극한 선에 이르러 머무는 것이다.)'은 이를 두고 한 말이다.

본문 14. '堯舜日月(요순(堯舜)의 세월이로다.)'에 주석이 있다. '物格知至 復禮(사물의 이치를 두루 알아 앎이 지극한 경지에 이르게 되는 것이며 예(禮)로 되돌아간 것이다.)'이다.

본문에서 보면 안에서는 총재(冢宰)가, 밖에서는 백규(百揆)가 사악함과 사욕을 막아내고 물리치니 대궐 안팎이 요순(堯舜)의 세월처럼 되었다는 것이다. 남명이 늘 꿈꾸는 세상이다. 남명은 이러한 세상을 시(詩)로 표현하기도 하였다.

鳳鳴樓	봉명루
岐下遺音屬有樓	기산 아래 남은 소리 이 누각에 이어 있으니,
親賢樂利迄悠悠	친현락이가 마침내 유유하구나.
自從矗石新開宇	촉석성에 새로 누각 세운 뒤부터는,
六六鳴隨上下流	봉황새 울음소리 물길 따라 오르내리는구나.

(1) 문왕 때 성군이 나서 울었다는 봉황새의 남은 울음소리가 지금 이 누각에 이어 있으니
(2) 다스리는 사람은 어진 것을 어질게 여기고 백성은 편안하게 살면서 하는 일에 만족하는 이상 세계가 이 땅에 마침내 이루어졌구나.
(3) 이상 세계가 마침내 이루어지고부터는,
(4) 봉황새 울음소리가 남강의 물길 따라 오르내리는구나.

이 시에서 바라는 세상처럼 성군이 나와 왕도 정치가 이루어지고 온 세상에 도(道)가 성하여 기산에서 울었다는 봉황새 울음소리가 들리는 이러한 요순(堯舜)의 세월처럼 마음이 일(日), 월(月)처럼 밝아져 '物格知至 復禮(사물의 이치를 두루 알아 앎이 지극한 경지에 이르게 되는 것이며 예(禮)로 되돌아간 것이다.)' 하였다는 것이다. 앎이 지극한 경지(知至)에 이르기 위해서는 사물의 이치를 두루 알아야(物格) 한다. '物格知至(사물의 이치를 두루 알아 앎이 지극한 경지에 이르게 된다.)'는 이러한 뜻에서 쓰인 것이다. 그렇게 되면 머물 곳을 알아 공자가 대학(大學) 장구(章句) 강령(綱領)에서 말한 '止於之善(지극한 선(善)에 머무르다.)' 한 그 곳에 머무르게 된다. 이러한 사실을 학기류편(같은 책, 175)에서는 '주자가 말하였다. 사물의 이치를 두루 알아 앎이 지극한 경지에 이르게 되는 것이 바로 머물 곳을 아는 것이다.(朱子曰, 格物知至, 則知所至矣)'라고 적고 있다. 이 때문에 남명은 학기류편(같은 책, 173)에 다시 다음과 같이 적고 있다.

대학을 처음 가르칠 때에 반드시 배우는 학생들로 하여금 세상의 여러 사물들에 나아가, 이미 자신이 알고 있는 이치들을 근거로 더욱 궁구하게 한다. 그래서 궁구의 성과가 완전해지도록 오랜 시간 계속 노력하여 마침내 사물의 이치를 완전히 깨닫게 되면 여러 사물들의 속성이 온전히 이해되고 내 마음의 완전한 작용이 이루어지게 된다.
(大學始敎, 必使學者, 卽凡天下之物, 莫不因其已知之理, 而益窮之, 以求至乎其極, 至於用力之久, 而一旦豁然貫通焉, 則衆物之表裏精粗, 無不到, 而吾心之全體大用, 無不明矣)

그 뒤의 주석 '復禮(복예, 예로 되돌아간다.)'는 논어(論語) 안연 제 십이(顔淵 第十二) 범일(凡一)에 나온다. '안연이 인(仁)을 물으니 공자께서 말씀하셨다. 몸을 이기고 예(禮)에 돌아가는 것이 인(仁)을 하는 것이다.(顔淵問仁, 子曰, 克己復禮爲仁)' 하였다. 이에 주자는 인(仁)과 예(禮)에 대하여 다음과 같이 주해(註解)하고 있다.

예(禮)라는 것은 하늘 이치의 절문(節文)이다.162) 인(仁)을 한다는 것은 그 마음의 덕을 온전히 하는 바이다. 대개 마음의 온전한 덕(德)이 하늘의 이치 아닌 것이 없어서, 또한 능히 사람의 욕심에 무너지지 아니하는 것이 없다. 그런 까닭에 인(仁)을 하는 자는 반드시 사사로운 욕심을 이겨서 예(禮)에 돌아가게 되면 곧 일이 다 하늘의 이치로써 본심의 덕(德)이 다시 나에게 온전하게 돌아올 것이다.

---

162) '예(禮)는 하늘의 절문(節文)이라는 말은 논어(論語) 학이(學而) 십이장(十二章)에 있는 유자(有子)의 말. '예를 행하는데 화(和)가 귀중하니…'의 주해(註解)에서도 나온 말이다.

(禮者, 天理之節文也, 爲仁者, 所以全其心之德也, 蓋心之全德, 莫非天理, 而亦不能不壞於人欲, 故, 爲仁者, 必有以勝私欲, 而復於禮, 則事皆天理, 而本心之德, 復全於我矣) (논어, 1982, 215.)

이 주해(註解)에서 보면, 사사로운 욕심을 이겨 예(禮)로 되돌아가면 이로써 일이 다 하늘의 이치에 따라 본심의 덕(德)이 다시 나에게로 온전하게 돌아오게 된다는 것이다. 주석 '復禮(복예, 예로 되돌아간다.)'는 이러한 까닭으로 쓰인 것이다. 이렇게 되면 마음이 일(日), 월(月)처럼 밝게 빛나게 된다.

본문 15, 16. 三關閉塞 淸野無邊(세 관문을 닫아 두니, 맑은 들판이 끝이 없다.)에 주석이 있다. '涵(함양(涵養)하는 것이다.)'이다. 경으로써 사사로운 욕심을 이겨서 예(禮)로 되돌아가니 도(道)가 성한 세상처럼 경(敬)으로 맑은 들판과 같은 마음이 되었다. '涵(함양(涵養)하는 것이다.)'은 이러한 마음이 계속될 수 있도록 함양(涵養)해야 한다는 것이다. 마음을 함양하기 위해서는 '경(敬)'에 더욱 힘을 쏟아야 한다. 이러한 사실은 학기류편(같은 책, 225)에서도 '마음을 함양하려면 모름지기 경(敬)에 힘쓸 것이요, 배움을 진취시키려면 앎을 극진히 해야 한다. – 이상 이천.(涵養須用敬, 進學則在致知 –以上 伊川)이라고 적어두고 있다. 그리고 학기류편(같은 책, 200)에서는 마음을 함양하는 것을 어린 아이를 기르는 것에 비유하여 다음과 같이 말하고 있다.

이 마음을 함양하려면 반드시 공경에 힘써야 한다. 이것은 마치 어린아이 기르는 것에 비유할 수 있다. 아직 어려서 혈기가 왕성하지 않을 때는 어린아이가 반드시 때에 맞게 기거하고 먹고 마시도록 해서, 집안에 두고 살 길러서 유가의 수칙을 잘 따르면 올바른 성장을 기대할 수 있다. 그러나 젖 먹여 잘 돌보아야 할 때에 매일 바람 불고 햇볕이 내리쬐는 곳에 내버려두고 무심하게 돌아보지 않으면 어찌 아이가 병들지 않겠으며, 어찌 그 생명을 해치지 않도록 할 수 있겠는가?

(涵養此心, 須用敬, 此之養赤子, 方血氣未壯實之時, 且須時其起居飮食, 養之於屋室之中, 謹固守之, 則有向成之期, 纔方乳保, 却每日暴露於風日之中, 優然不顧, 豈不致疾而害其生耶)

주석의 '涵(함양(涵養)하는 것이다.)'은 이렇게 경(敬)으로써 마음을 함양해야 한다는 뜻으로 써 둔 것이다.

본문 17. 還歸一(하나에로 되돌아오니)에 주석이 있다. '宿(돌아가 묵는다.)'이다. 본문 16.에서 '경으로써 사사로운 욕심을 이겨서 예(禮)로 되돌아가니 도(道)가 성한 세상처럼 경(敬)으로 맑은 들판과 같은 마음이 되었다.'고 하였다. 이는 한결같은 마음이다. 여기에서 '일(一)'은 한결같은 마음이다. 그 한결같은 마음으로 되돌아왔다는 것이다. 본문 '還歸一(하나에로 되돌아오니)'은 이를 두고 한 말이다. 여기에 대하여 학기류편(같은 책, 198)에서는 다음과 같이 적어 두고 있다.

어떤 이가 심사가 혼란한 까닭을 물어 다음과 같이 답하였다. 정 선생이 이르기를 '엄숙하고 위엄 있고 정숙하면 마음이 한결같아지고, 마음이 한결같아지면 스스로 잘 못됨이나 편벽됨이 없어진다. 정돈한 마음으로 나오는 것이 곧 하늘의 이치요, 이외에 다른 하늘의 도리는 없다. 다만 항상 마음을 정돈하면, 생각이 절로 한결같아진다고 하였다.
(問, 心思擾擾, 日, 鄭先生云, 嚴威整肅, 則心便一, 一則自無非僻之干, 只纔整頓起處, 便是天理, 別無天理, 但常常整頓起, 思慮自一)

주석 '宿(돌아가 묵는다.)'은 한결같은 이러한 마음에 돌아가 오랫동안 묵는다는 것으로 이는 이러한 마음을 유지하도록 해야 한다는 것으로 이해된다.

본문 18. 尸而淵(시동(尸童)과 연못이다)에 주석이 있다. '養(함양(涵養)하는 것이다.)'.

• 忠信 便是有這心 方會進德 忠信一貫 盡己體物 自裏面出 見於事物 誠有是心 至誠無息
(충신(忠信): 이 마음이 있어야 덕(德)에 나아갈 수 있다. 충신(忠信)은 진기(盡己)·체물(體物)과 함께 하나로 꿰어진다. 이면(裏面, 마음)에서부터 나와 사물에 나타난다. 참으로 이러한 마음이 있으면, '지극한 정성은 쉼이 없는(至誠無息)'것과 같은 경지에 이르게 된다.)

• 破釜甑 燒盧舍 焚舟楫 持三日粮 示士卒必死無還 心如此 方會廝殺
(밥해 먹던 솥도 깨부수고 주둔하던 막사도 불사르고 타고 왔던 배도 불 지른 뒤, 사흘 먹을 식량만 가지고 사졸(士卒)들에게 죽지 않고는 결코 돌아오지 않으리라는 의지를 보여 주어야 하는데, 이와 같아야 바야흐로 반드시 섬멸(廝殺)할 수 있다.)

• 須於心地 收汗馬之功
(모름지기 마음 안에서 엄청난 전공을 거두어야 한다.)

본문 18. 尸而淵(시동(尸童)과 연못이다.)에는 위에서 보듯이 본주(本注) 하나와 부주(附注) 셋이 있다. 본주 '養(함양(涵養)하는 것이다.)'은 본문 15, 16. '三關閉塞 淸野無邊(세 관문을 닫아 두니, 맑은 들판이 끝이 없다.)'의 주석 '涵(함양(涵養)하는 것이다.)'과 연결된다. 앞의 '涵'과 뒤의 '養'이 합해져야 '涵養'이 된다. 이것은 본문이 서로 연결되고 있음을 보여 주는 것이다. 연결시켜 보면 '마음이 끝없는 들판처럼 맑아져(淸野無邊) 한결같은 마음의 되돌아오니(還歸→) 마음이 시동(尸童)과 연못 같다.(尸而淵)'는 것이다. '尸而淵(시동(尸童)과 연못이다.)'은 위 (1) 본문 분석과 ③ 상호텍스트성에서도 밝혔듯이 장자(莊子) 재유(在宥)에 '그러므로 군자는 오장을 풀어헤침이 없고 그 총명을 휘두름이 없으면 시동처럼 앉아 있어도 용처럼 나타나고 언못처럼 묵묵히 있다가 우뢰처럼 소리친다.(故君子苟能無解其五臟 無擢其聰明 尸居而龍見 淵默而雷聲)'에서 인유한 것이다. 여기서는 다 줄이고 시동(尸)과 연못(淵)으로만 나타내고 있다. 이는 군자의 마음이다. 군자는 시동(尸)과 연못(淵)같은 마음을 가지고 있어도 용처럼 나타나고, 우뢰처럼 소리치는데 여기서는 그 마음의 상태만을 말하고 있어 '尸而淵(시동(尸童)과 연못이다.)'으로만 표현해 두고 있는 것으로 이해된다.

부주(附注) 셋이 있다. 첫 번째 부주는 본문 06. 忠信修辭(충신, 수사한다.)에서의 주석 '忠信(충신)'을 더 보충하여 설명한 것이고 나머지 부주(附注) 둘은 공부하는 사람들의 마음가짐을 전쟁터에 나가는 장수에 빗대어 말하고 있는 것이다. 첫째 부주에서 '忠信, 便是有這心 方會進德 忠信一貫 盡己體物 自裏面出 見於事物 誠有是心 至誠無息(충신(忠信): 이 마음이 있어야 덕(德)에 나아갈 수 있다. 충신(忠信)은 진기(盡己)·체물(體物)과 함께 하나로 꿰어진다. 이면(裏面, 마음)에서부터 나와 사물에 나타난다. 참으로 이러한 마음이 있으면, 지극한 정성(誠)은 쉼이 없는(至誠無息)것과 같은 경지에 이르게 된다.)'이라고 하고 있다. 여기에서 보면 '충신(忠信), 이 마음이 있어야 덕(德)에 나아갈 수 있다.(忠信, 便是有這心 方會進德)'고 한다. 이는, 위 본문 06. 忠信修辭(충신, 수사한다.)의 주석 충신(忠信)에서도 말했듯이 주역(周易), 문언전(文言傳), 건괘(乾卦) 문언(文言), 구삼효에 나타난 말, '공자가 말씀하시를 군자는 덕(德)에 나아가 업(業)을 닦으니 충신(忠信)은 덕(德)에 나아가기 위함이다.(君子進德修業, 忠信所以進德也)'라고 한 데서 인유(引喩)한 것이다. 그리고 충신(忠信)은 진기(盡己)·체물(體物)과 함께 하나로 꿰어진다. 이면(裏面, 마음)에서부터 나와 사물에 나타난다(忠信一貫 盡己體物 自裏面出 見於事物)고 한다. 이에 대하여 학기류편(같은책, 186)에서는 다음과 같이 적어 두고 있다.

자기에게 극진히 하는 것(盡己)을 충(忠)이라 하고, 남에게 극진히 하는 것(盡物)을 신(信)이라 한다. 극단적으로 말하자면 자기에게 극진히 하는 것은 자기의 본성(本性)을 잘 발휘하는 것이요, 남에게 극진히 하는 것은 남의 본성(本性)을 잘 발휘하게 해주는 것이다. 믿음이란 거짓이 없는 것일 뿐이다. 하늘로부터 받은 본성에 대하거나 모자람이 있으면 곧 거짓이 되는 것이다. - 이천.

(盡己爲忠, 盡物爲信. 極言之, 則盡己者, 盡己之性也, 盡物者, 盡物之性也. 信者, 無僞而已, 於天性, 有所損益, 則爲僞矣 - 伊川)

여기에서 보면 '자기에게 극진히 하는 것(盡己)을 충(忠)이라 하고, 남에게 극진히 하는 것(盡物)을 신(信)이라 한다.'고 한다. 나를 중심으로 본 세계는 둘이 있다. 하나는 나의 세계로 이것은 내 마음의 세계이다. 다른 하나는 남의 세계이다. 내 마음 밖의 세계, 신명사도(神明舍圖)에서 보면 사물의 세계이다. 사람(남)과 사물(事物)이 다 포함된다. 나의 세계 즉 내 마음의 세계는 형체가 없으나 사물의 세계에 있는 것은 다 그 형체가 있다. 이것을 주석에서는 체물(體物)이라 하고 있다. 나를 중심으로 보면 남이 사물의 세계에 있고 남을 중심으로 보면 내가 사물의 세계에 있다. 하나로 꿰어진다. 주석에서 '하나로 꿰어진다.(一貫)' 하는 말은 이러한 사실을 두고 한 말이라 이해된다. 그리하여 학기류편(같은 책, 187)에서는 '신(信)은 충(忠)의 결과로 나타나는 증거(信者, 忠之驗)'라 하고 '충(忠)은 마음(裏面)으로부터 나오는 것이며, 신(信)은 일을 좇아 말하는 것(忠, 自裏面發出, 信, 取事上設)'이라 한다. 이를 다시 말하면 자기에게 극진히 하는 것은 자기의 본성을 잘 발휘하는 것이요(則盡己者, 盡己之性也), 자기에게 극진히 하는 것이 마음속(裏面)에서 나와 남에게 극진히 하는 것은 남의 본성을 잘 발휘하게 해주는 것인데 이것은 자기에게 극진히 한 결과요 증거라는 것이다. 나에게 참으로 이러한 마음이 있으면 그 다음 주석에서는 '지극한 정성(誠)은 쉼이 없는(至誠無息) 것과 같은 경지에 이르게 된다.'는 것이다. '至誠無息(지극한 정성(誠)은 쉼이 없다.)'은 중용(中庸) 장구(章句) 이십육(二十六)에 나오는 말이다. 공자가 장구(章句) 이십오(二十五)에서 '성(誠)은 스스로 이루어지는 것이요(誠者, 自成也), 성(誠)은 만물의 마침과 시작이요(誠者, 物之終始), 성(誠)은 스스로 자기를 이룰 뿐만 아니라 만물을 이루는 것이다.(誠者, 非自成己而已也, 所以成物也)'라고 하면서 장구(章句) 이십육(二十六)에서 '그런 까닭으로 지극한 정성은 쉬는 것이 없는 것이다.(故, 至誠無息)'라고 하였다. 자기에게 지극히 하는 것(盡己)으로 사물의 세계에 있는 남에게도 극진히 하는(眞物), 참으로 이러한 마음이 있으면, 지극한 정성(誠)은 쉼이 없는 것(至誠無息)과 같은 경지에 이르게 된다는 것이다.

두 번째 부주 '破釜甑 燒盧舍 焚舟楫 持三日粮 示士卒必死無還 心如此 方會厮殺(밥해 먹던 솥도 깨부수고 주둔하던 막사도 불사르고 타고 왔던 배도 불 지른 뒤, 사흘 먹을 식량만 가지고 사졸(士卒)들에게 죽지 않고는 결코 돌아오지 않으리라는 의지를 보여 주어야 하는데, 이와 같아야 바야흐로 반드시 섬멸(厮殺)할 수 있다.)'은 본문 11, 12. '動微勇克, 進教厮殺(움직이는 낌새를 용감하게 이겨내고, 나아가 반드시 사살(厮殺)한다.)'과 관련이 있다. 백규(百揆)가 밖에서 움직이는 낌새를 알아 사악함을 막고 나아가 시살(厮殺)하고 이기기 위해서는 '밥해 먹던 솥도 깨부수고 주둔하던 막사도 불사르고 타고 왔던 배도 불 지른 뒤, 사흘 먹을 식량만 가지고 사졸(士卒)들에세 죽지 않고는 결코 돌아오지 않으리라는 의지를 보여 주어야 한다.(破釜甑 燒盧舍 焚舟楫 持三日粮 示士卒必死無還)'는 전쟁터의 장수의 마음가짐이 있어야 한다는 것이다. 이것은 공부하는 사람들이 학문을 대하는 마음가짐이기도 하다.

그리하여 공부하는 사람들은 세 번째 부주, '모름지기 마음 안에서 엄청난 전공을 거두어야(須於心地 收汗馬之功) 한다.'는 것이다. 이는 반드시, 본문 18. '尸而淵(시동과 연못)'과 같은 군자의 마음을 가질 수 있도록 해야 한다는 것으로 이해된다.

이 명(銘)의 맨 뒤에 주석이 있다. '右三銘 皆無題(이상의 세 명(銘)은 모두 제목이 없는 것이다.)이다. 이것은 이 명(銘)의 끝에 있는 19.-28.의 본문을 두고 한 말이다. 세 명(銘)이란 것은, 본문 19.-22., '國無二君(나라에는 두 임금이 없듯이) - 億萬則仆(억만의 군사도 도리어 쓰러뜨린다.)'와 본문 23.-26., '閑邪存(사악함을 막아 (본성을) 보존하며) - 有敬入(경(敬)으로 들어가라.)'와 본문 27.-28., '心聲如響(마음의 소리는 메아리와 같고) - 其跡如印(그 자취는 인장(印章)과 같으니라.)'을 두고 한 말인데 이들에는 모두 제목이 없다고 한 것이다. 제목이 없다는 말은 어떠한 마음의 구조를 설명한 것이 아니라 19. 이후는 일반적인 이치(理致)를 담은 명(銘)이라는 뜻으로 이해된다.

이상으로 신명사명(神銘舍銘)의 본문과 주석을 살펴보았다. 이는 앞에서도 밝혔듯이 마음의 구조와 그 구조 속에 있는 것들이 마음에서 어떤 일들을 하는가, 또 실제 어떻게 마음을 보존하는가에 대해 말로 표현한 것들이다. 이를 현대 언어학에 비추어 보면 보존된 마음을 언어학에서는 순화된 언어라 하고 마음을 가꾸어가는 과정을 언어 순화 과정이라 할 수 있다. 글쓴이가 아직 부족하여 그런지 모르겠지만 언어학에서는 이와 같이 체계적이고 논리적으로 밝혀 언어 순화를 설명한 것을 보지 못하였다. 남명의 신명사도와 신명사명에서 보인 순화된 마음이 곧 순화된 언어이고 그 과정이 언어 순화의 과정이라 한다면 남명의 신명사도·명은 언어학에 있어서도 매우 탁월한, 그리고 선구적인 학문의 성과라 할 수 있겠다.

5) 남명의 서(書) 텍스트 분석

남명의 서(書, 편지)는 남명집(2001)에 수록되어 있는 것으로 보면 열아홉 사람에게 마흔일곱 편의 편지를 보냈다. 그 내용을 보면 친구들에게는 어떤 일에 대한 감사나 안부를 묻거나 전하는 것들이고, 제자들에게는 감사와 격려, 안부를 묻거나 전하는 것이 대부분이다. 이 중에서 그 관계로 보나 내용으로 보아 다른 편지들과는 다르게 눈에 띄는 편지는 당시 성리학의 큰 스승으로 인정받던 남명이 또 그러한 퇴계에게 쓴 편지 두 편이다. 하나는 퇴계가 남명에게 쓴 편지에 대한 답장이고 다른 하나는 남명이 퇴계에게 먼저 보낸 편지이다. 두 사람은 다 같이 영남학파를 이끈 두 줄기의 큰 스승이었다. 남명은 경남 진주 지역을 중심으로 하여 김해, 합천, 산청에서 많은 제자들을 길러내었고 퇴계는 안동 지역을 중심으로 널리 많은 제자들을 길러내었다. 당시 사람들은, 또 오늘날까지 남명을 중심으로 한 그 제자들을 남명학파라 하고 퇴계를 중심으로 한 그 제자들을 퇴계학파라 부르고 있다. 이러한 두 사람이 주고, 받은 편지는 사료(史料)적 가치도 크다. 따라서 여기서는 남명이 퇴계에게 보냈던 편지 두 편의 텍스트를 분석해 자세히 살펴보고자 한다. 편의상 퇴계에게 답장으로 보냈던 편지를 답신(答信)이라 하고 뒤에 퇴계에게 먼저 보낸 편지를 서신(書信)이라 한다.

(1) 답신(答信) 분석

答退溪書[163]
01. 平生景仰 有同星斗于天.

퇴계에게 답하다.
평소 하늘에 있는 북두성 같이 우러러 사모 하였습니다.

---

163) 각 월 앞에 붙여진 번호는 글쓴이가 이 글의 분석을 위하여 임의로 붙인 것이다.

02. 曠世難逢 長似卷中人.　　오랜 책속의 성현과 같이 긴 세월 지나도록 만나기 어려웠습니다.

03. 忽蒙賜喩勸懇.　　문득 간절하고 진지하게 주신 깨우침을 받았습니다.

04. 撥藥弘多 曾是朝暮之遇也.　　쓸 약이 넓고도 많아 일찍이 아침저녁으로 만난 것 같았습니다.

05. 植之愚蒙 寧有所靳耶.　　식(植)처럼 어리석은 사람이 어찌 아끼는 것이 있겠습니까?

06. 只以構取虛名 厚誣一世.　　단지 헛된 이름을 꾸며 얻음으로써 한 세상을 크게 속였습니다.

07. 以誤聖明.　　그럼으로써 성명(聖名)에까지 잘못 알려졌습니다.

08. 盜人之物 猶謂之盜 況盜天之物乎.　　남의 물건을 훔치는 것도 역시 도둑이라 말하는데, 하물며 하늘의 물건을 훔치는 것이겠습니까?

09. 用是踖踖無地 日俟天誅.　　이 때문에, 곧 몸 둘 바를 모르고 구부려 두려워하며 날마다 하늘의 꾸지람을 기다렸습니다.

10. 天譴果至.　　하늘의 꾸지람이 과연 이르렀습니다.

11. 忽於去年冬 腰脊刺痛月餘 右脚輒蹇.　　지난해 겨울에 돌연 허리와 등이 한 달 남짓 쑤시고 아프더니, 갑자기 오른쪽 다리를 절게 되었습니다.

12. 已不得齒行人列, 雖欲踏襲平地上 寧可 得耶.　　이제는 행인들 무리에 나란히 설 수도 없게 되었는데, 비록 평지를 걷고자 한들 어찌 그럴 수 있겠습니까?

13. 於是, 人皆知吾之所短, 而僕亦不能藏吾之短於人矣.　　이에 남들이 모두 저의 단점을 알게 되었고, 저 또한 남들에게 저의 단점을 숨길 수 없게 되었습니다.

14. 堪可笑嘆.　　심히 비웃고 탄식할 일입니다.

15. 第念, 公有燃犀之明, 而植有戴盆之嘆.　　다만 생각건대, 공에게는 서각(犀角)을 태우는 듯한 명철함이 있지만 식(植)에게는 동이를 인 듯 한 탄식이 있습니다.

16. 猶無路承敎於懿文之地.　　또한, 아름다운 문장이 있는 곳에서 가르침을 받을 길이 없습니다.

17. 更有眸病, 眯不能視物者有年.　　게다가 눈병까지 있어 앞이 흐릿하여 사물을 바로보지 못한 지가 여러 해입니다.

18. 明公寧有撥雲散以開眼耶.　　명공(明公)께서 발운산(撥雲散)으로 눈을 열어
　　　　　　　　　　　　　　　주시지 않겠습니까?
19. 伏惟鑑察.　　　　　　　　　　삼가 헤아려 주십시오.
20. 遙借紙面, 詎能稍展蕉葉乎.　　멀리서 지면을 빌리니 파초 잎 같은 마음을
　　　　　　　　　　　　　　　어찌 조금이나마 드러낼 수 있겠습니까?
21. 謹拜.　　　　　　　　　　　　삼가 절합니다.

① 상황성

남명은 1552년(명종 7년), 나이 쉰두 살에 전생서주부(典牲署主簿, 종6품직)에 제수되었
다. 성수침(成守琛), 이희안(李希顔), 성제원(成悌元), 조욱(趙昱) 등과 함께 이조(吏曹)에서 유
일(遺逸)로 천거하여 제수된 것이다. 나가지 않았다. 그러자 퇴계는 남명에게 편지
로써 여러 가지의 이유를 들어 출사하기를 권유하면서 그럼에도 출사하지 않으
신다면 자신도 그러하듯이 선비로서 학문에 뜻을 두고 있는 것이니 학자로서 서
로 교류하면서 지내고 싶다는 뜻을 분명히 하고 있다. 당시 영남학파의 두 줄기
큰 학맥을 이어가는 나라의 큰 스승으로 두 사람만이 서로를 알고 인정하는 모습
이 퇴계의 편지 속에 그리고 남명의 답장 속에 고스란히 녹아 있다. 남명에게 보
낸 퇴계의 편지는 내용으로 보아 앞부분과 뒷부분으로 크게 둘로 나누어진다. 앞
부분은 남명이 산림에 은거하며 학문을 함께 토로하여 온 친구 성수침(成守琛)과 이
희안(李希顔) 등과 함께 유일(遺逸)의 선비로 천거되어 임금의 특명으로 품계를 뛰어
넘어 육품직에 서임(敍任) 되었는데 왜 나오지 않는지 모르겠다는 내용이다. 이를
살펴보면 다음과 같다.

　　나는 재배(再拜)합니다. 요즈음 이조(吏曹)에서 숨어 사는 쓰이지 않은 인제를 천거
하여 쓰니, 곧 임금께서 어진 인제를 얻어서 등용하기를 즐거워하시기 때문입니다.
임금께서 품계를 뛰어넘어 6품직에 임명하라고 특별히 명령하시니, 이는 우리나라에
서 이전에 보기 드문 조처입니다. 제가 가만히 생각해보니 벼슬하러 나오지 않는 것
은 임금에 대한 의리가 없는 것 같습니다. 임금과 신하 사이의 큰 의리를 어찌 팽개
칠 수 있겠습니까? 그러나 선비가 벼슬하러 나가기를 어려워하는 이유는, 과거 제도
는 사람을 더럽게 만들고, 또 잡진(雜進)의 길은 더욱 비천하므로, 자기 몸을 깨끗이
간직하려는 선비들이 자취를 감추고 숨어 살면서 벼슬에 나가기를 탐탁하게 여기지
않는 것입니다.
　　지금 이 조치는 산림에 숨은 선비를 천거하는 것이니, 과거처럼 몸을 더럽히는 일

도 아니요 6품직에 바로 임명하니 잡진처럼 더러운 것도 아닙니다. 그대와 같이 천거를 받은 성수침은 토산군수에 이미 부임하였고, 이희안도 고령현감에 부임하였습니다. 이 두 사람은 모두 전날에 벼슬을 마다하고 초야에 느긋하게 묻혀 살며 한세상을 마치려 했던 사람들입니다. 이 사람들은 전날에 벼슬길에 나오지 않다가 지금은 나왔는데 이것이 어찌 그들의 지조가 변해서 그런 것이겠습니까? 그들은 반드시 '내가 지금 벼슬하러 나가면 위로는 훌륭한 조정의 아름다움을 이루게 될 것이고 아래로는 내 한 몸의 쌓아온 경륜을 펼칠 수 있겠구나.'라고 생각하여 그렇게 한 것일 따름입니다.

그대에게 전생서 주부를 제수하니 사람들이 모두 말하기를 '조남명의 뜻이 곧 성(成)·이(李) 두 사람의 뜻이라, 이제 두 사람 모두 벼슬하러 나왔으니 조남명도 나오지 않을 리 없을 것이다.'라고 하는데, 그대는 끝내 나오지 않으니 어째서입니까? (허권수, 2001, 131-133)

남명이 벼슬길에 나서지 않은 데 대한 아쉬움이 드러나 있다.

당시의 조정은 을사사화를 주도했던 성렬대비(聖烈大妃, 문정왕후)와 그 동생 윤원형 등에 의해 주도되고 있었다. 이들의 횡포는 이루 말할 수 없는 지경이었다. 윤원형의 첩인 정난정을 정경부인으로 올리기도 하고 승려 보우(普雨)는 문정왕후를 등에 업고 불교를 중흥시키려는 뜻을 펼쳐나가기도 하였다. 이러한 때 당시 성균관 대사성으로 있던 퇴계는 남명이 출사하지 않은 사실이 아쉽다는 편지를 보낸 것이다(허권수, 2001, 131). 퇴계의 입장에서 보면 사림의 대표적인 학자로 높이 칭송 받는 남명이 조정에서 함께 일하며 성렬대비(문정왕후)와 윤원형 일파의 독단을 막고, 성렬대비를 등에 업고 불교를 중흥시키려는 보우(普雨)와 맞서 이를 억제하고 싶은 생각도 간절했을 것으로 여겨진다. 이러한 사실은 1552년(명종7년) 홍문관시독관(弘文館侍讀官)이 왕에게 —이때는 성렬대비(聖烈大妃)가 대리 청정을 하고 있을 때이다. — 불교를 배척해야 한다는 것을 건의하고 있는 것으로 보아 추정이 가능하다.[164]

임금이 힘써야 할 일은 경술(經術)을 택하고 왕도(王道)를 높이고 패공(霸功)을 억제하는 것일 뿐인데, 조금만 잡되어도 패도로 흐르게 됩니다. 지금은 정신을 가다듬어 다스려지기를 도모할 때여서 바야흐로 왕도가 행해지려 하고 있습니다. 그런데 불교(佛敎)가 조금이라도 섞이게 되면, 비록 왕도에 마음을 다하더라도 마침내는 불교에 빠지고 맙니다. 지금 성학(聖學)이 고명(高明)하기는 하나 격물 치지(格物致知)의 도에는 미진한 점이 있는 듯 싶습니다. 그 설(說)에 '백성들의 고통을 없애고 나라의 복을 연

---

164) 인터넷 검색. 위키 백과 사전. 퇴계 이황. 사원 건립과 후학 양성 참조

장하는 것은 이 가르침을 통하여 얻을 수 있다.'고 하였는데, 참으로 격치(格致)의 학문에 밝아 그 거짓됨을 환히 안다면 권하더라도 하지 않을 것입니다.

남명은 결국 전생서주부(典牲署注簿)직을 마다하고 조정에 나가지 않았다. 이에 퇴계는 그 아쉬움을 뒤로 하고서 편지의 뒷부분에서는 자신이 조정에 나간 경위를 설명하면서 이제 자신도 벼슬을 그만두고 학문에 매진할 뜻을 밝히고 있다. 그러면서 남명의 출처관을 인정하고 학자로써 서로 교류하기를 바라고 있다. 퇴계의 편지에서 이 부분을 살펴보면 다음과 같다.

그렇다 하더라도 내가 어찌 그대를 깊이 의심하겠습니까. 그대의 처신에는 반드시 그 까닭이 있을 것입니다. 저는 영남에서 생장했고 집은 예안(禮安)에 있습니다. 남쪽 지방을 왕래하면서 그대의 거처가 삼가(三嘉) 혹은 김해(金海) 등지에 있다는 사실을 들은 적이 있습니다. 일찍이 두 곳을 지난 적이 있으면서 그대가 은거하고 있는 집에 나아가 그 훌륭한 모습을 마주하지 못하였습니다. 이는 실로 제가 덕이 있는 이를 사모하는 데 게으르기 때문입니다.

저는 타고난 자질이 촌스럽고 고루한데다 스승이나 친구의 지도를 받지 못했습니다만 어려서부터 괜히 옛것을 좋아하는 마음만은 있었습니다. 몸에는 병이 많은지라 친구들 가운데 마음을 느긋하게 갖고 노닐면 병을 고칠 수 있다고 권하는 사람들이 많이 있었습니다. 그렇지만 집안은 가난하고 어머니는 연세가 많아 마지못해 과거를 통해서 녹을 얻어먹게 되었습니다. … 중간 생략 … 이럴 때에 절의를 지키며 고상하게 살아가는 그대의 생활을 멀리서 듣고서 그 풍모를 그리워하니 제 나약함이 힘을 얻어 떨쳐 일어날 것 같습니다. 훌륭한 그대는 무슨 일로 스스로 쌓아 올려 능히 명리(名利)를 잊을 수 있습니까? 거기에는 반드시 일삼는 바가 있을 것이고, 반드시 얻는 바도 있을 것이며, 반드시 지키며 편안히 마음 가진 바도 있을 것이며, 다른 사람들이 모르는 가슴속에 간직한 즐거움도 있을 줄 압니다. 그러니 저같이 학문에 뜻을 두었으면서도 벼슬길에서 허둥대느라 고향에 돌아가 학문에만 전념하지 못하는 사람이 발뒤꿈치를 들고서 그대의 한마디 좋은 말을 목마른 듯이 기다리는 것 아니겠습니까? 천리나 멀리 떨어져 살며 정신적으로 사귀는 것을 옛 사람들이 귀하게 여겼으니, 어찌 꼭 서로 만나본 뒤에라야 절친한 친구가 되겠습니까? 경솔하게 자진해서 벼슬길에 나왔다가 여러 차례 낭패를 당한 것은 저의 식견 없는 처신 때문입니다만 반면에 벼슬길에 나오기를 매우 신중히 하여 평소 지키던 절의(節義)를 잘 보전하신 것은 훌륭히도 앞길을 멀리 내다보는 그대의 식견 덕택입니다. 그대와 저의 차이가 어찌 천 리 만 리에만 그치겠습니까? 제 지난날의 잘못을 너그러이 보시고, 지금 늦었지만 드리는 간절한 부탁을 동정하여 외면하지 않으신다면 제게는 이보다 더 큰 기쁨이 없을 것입니다. 나는 재배합니다. (허권수, 2001, 133-136)

이 글을 통하여, 또 여기에서 살피고자하는 남명의 답 글을 통하여, 글쓴이가 알 수 있는 것은 한 시대를 이끌어가는, 그리하여 누구라도 인정할 수 있는 경지에 있는 학자들끼리는 멀리 있어도, 만나지 않아도, 그 학문적 깊이와 넓이를 둘만이 알 수 있는 것으로 교류할 수 있다는 것이다.

② 의도성과 용인성

이 서(書) 텍스트는 1553년에 쓴 퇴계의 편지에 대한 답신이다. 그 내용을 보면 첫인사, 본문, 끝인사로 크게 세 부분으로 나누어진다. 01.–04.가 첫인사에 해당하고 05.–19.가 글쓴이가 하고 싶은 말, 즉 본문에 해당하며 20.–21.이 끝인사에 해당한다. 첫인사에서는 01.에서처럼 퇴계를 북두성 같이 우러러 사모하였다(平生 景仰 有同星斗于天)고 하면서 02.에서는 오랜 책속의 성현과 같이 긴 세월 지나도록 만나기 어려웠다고 한다(曠世難逢 長似卷中人). 퇴계에 대한 평소의 생각과 어젠가 꼭 한번 만나고 싶다는 뜻을 전하고 있다. 그러면서 주신 편지 속에는 '쓸 약이 넓고도 많아(04. 撥藥弘多)', '문득 간절하고 진지하게 주신 깨우침을 받았다.(03. 忽蒙賜喩勤懇)'고 한다. 그리하여 매우 친한 벗처럼 '일찍이 아침저녁으로 만난 것 같았다.(04. 曾是朝 暮之遇也)'고 하고 있다. 여기까지가 첫인사이다.

여기까지는 퇴계와 남명의 생각이 일치한다. 그러나 본문 05.에서 부터는 서로의 생각이 다르다. 이를 일치시켜야 용인될 수 있다. 퇴계는 지금이 출사할 때라는 것이고 남명은 출사할 때가 아니라는 것이다. 출사해도 지금의 조정의 현실 속에서는 아무 것도 할 수 없어 어쩔 수 없이 하늘을 속이고 히늘 물건을 도적질할 수밖에 없다는 인식이다. 05.부터는 이러한 인식의 차이를 해소하기 위하여 노력하고 있음을 볼 수 있다.

05.에서부터 19.까지는 본문에 해당하는데, 05.에서 남명은 '식(植)처럼 어리석은 사람이 어찌 아끼는 것이 있겠습니까?(植之愚蒙 寧有所靳耶)'라고 한다. 이는 퇴계가 출사의 명분을 여러 가지로 들어 말한 것에 대한 대답이다. 퇴계가 출사의 명분으로 제시된 것들을 보면, '당신은 이조(吏曹)에서 인재(人才)로 천거 받은 분이다. 사사로운 것이 아니다', '임금의 의리를 팽개칠 수 없다', '품계를 뛰어넘은 조처이다', '같이 인재로 천거 받은 친구 성수침과 이희안은 이미 출사하였다', '지금 벼슬하

러 나가면 위로는 훌륭한 조정의 아름다움을 이루게 될 것이고 아래로는 내 한 몸의 쌓아온 경륜을 펼칠 수 있다. 때가 되었다.' 하는 것이다. 이를 텍스트 언어학에서는 상황 점검이라 한다. 상황 점검이 끝나면 용인성을 위하여 상황 관리를 하게 되는데 다음부터가 남명이 하는 첫 번째 상황 관리이다.

퇴계의 이야기에 남명은 속뜻으로 보아 '좋습니다.', 그렇다면 이제 남은 것은 '내가 내 한 몸 아끼자고 안 나간다.'고 혹 오해하실 수 있는 것인데 그것은 아닙니다. '식(植)처럼 어리석은 사람이 어찌 아끼는 것이 있겠습니까?(05. 植之愚蒙 寧有所靳耶)'하고 있다. 그리고 출사하지 않은 까닭을 06. 이하로 설명하고 있다. 이조(吏曹)에서 나를 인재로 천거한 것은 내가 '단지 헛된 이름을 꾸며 얻음으로써 한 세상을 크게 속였기(06.只以橫取虛名 厚誣一世)' 때문이라는 것이다. 그리고 임금이 6품 벼슬을 내린 것도 이 때문이니 내가 출사하지 아니하는 것은 임금의 의리를 저버리는 것이 아니라는 것이다(07. 以誤聖明). 그러고 보니 세상은 하늘이 낸 것인데 세상을 속이는 것은 곧 하늘을 속이는 것이고 세상을 속여 벼슬을 받는 것은 하늘의 물건을 훔치는 것과 같아 08.에서 '남의 물건을 훔치는 것도 역시 도둑이라 말하는데, 하물며 하늘의 물건을 훔치는 것이겠습니까?(盜人之物 猶謂之盜 況盜天之物乎)' 하고 말하고 있다. 남명의 이와 같은 생각은 남명의 나이 서른한 살에 성리대전에서 '이윤(伊尹)의 뜻을 뜻으로 삼고, 안자(顔子)의 학문을 학문으로 삼아, 벼슬에 나아가서는 경륜을 펴서 업적을 이루고 초야에 있으면서는 지조를 지켜야 한다. 대장부라면 마땅히 이와 같이 해야 한다. 벼슬에 나아가 아무 하는 일도 없고 초야에 있으면서 아무런 지조도 지키지 않는다면 뜻을 세우고 학문을 닦아 장차 무엇을 하겠는가?'라는 글을 읽고 위기지학(爲己之學)에 뜻을 둔 이후 세상을 떠날 때까지 한결같이 지켜온 것이다. 이러한 생각은 남명의 글 곳곳에 나타난다. 1555년의 을묘사직소(乙卯辭職疏)에서는 '헛된 이름을 바쳐 몸을 파느니, 알찬 곡식을 바쳐 벼슬을 사는 것이 낫지 않겠습니까?', '조그만 헛된 이름을 팔아서 전하의 관작을 얻어 그 녹을 먹으면서 그 녹에 맞는 일을 하지 않는 것은 또한 신이 원하는 바가 아닙니다.' 하고, 1564년 퇴계에게 보낸 남명의 편지에서도 '요즘 공부하는 자들을 보건대 손으로 물 뿌리고 비질하는 절도도 모르면서 입으로 천리를 담론합니다. 헛된 이름을 훔쳐서 남들을 속이려 하고 있습니다.' 하고 있다. 이 외에도 여러 곳에서 이러한 생각을 발견할 수 있다. 이를 보면 남명의 출사에 있어 문제의 초점은 자신이 '벼슬에 나아가서 경륜을 펴서 업적을 이룰 수 있는가?' 하는 것인데 남명의 생각으로는 도무지 그럴 수 없다는 판단이다. 퇴계 같은 분과 아무리 뜻을 함께 하더라도 성렬대비(문정왕후)와 윤원형 같은 무리가 있는 조정에서는 도무지 그럴 수 없다는 것이다. 이러할 때 조정에서 준 벼슬자리를 받은 것 자체가 남명은 이미 하늘의 물건을 훔치는 것이라 보고 있는 것이다. 이 때문에, 곧 몸 둘 바를 모르고 구부려 두려워하며 날마다 하늘의 꾸지람을 기다렸는데(09. 用是踢踏無地 日俟天誅) 하늘의 꾸지람이 과연 이르러(10. 天譴果至) 지난해 겨울에 돌연 허리와 등이 한 달 남짓 쑤시고 아프더니, 갑자기 오른쪽 다리를 설게 되었다(11. 忽於去年冬 腰脊刺痛月餘 右脚輒塞)는 것이다. 그리고 그 아픈 정도가 '누가 보아도 알 수 있는 정도이고(13. 人皆知吾之所短, 而僕亦不能藏吾之短於人矣)', '이제는 행인들 무리에 나란히 설 수도 없고(12. 已不得齒行人列)', '평지를 걷는 것은 더더욱 힘들게 되었다.(12. 雖欲蹈履平地上 寧可得耶)'는 것이다. 그리하여 남들은 심히 비웃고 스스로는 탄식하고 있는데(14. 堪可笑嘆) 어찌 조정에 나가 일을 하며 또 일을 한다 할지라도 경륜을 펼쳐 업적을 남길 수가 없는데, 이렇게 되면 더욱 하늘을 속이고 계속 도둑질하는 결과를 가지게 되어 도무지 출사할 수 없었다고 말하고 있는 것이다.

이로써 남명은 자신이 출사할 수 없음이 퇴계에게 전달되었을 것으로 여기고 자신의 출사문제에서 말을 바꾸어 처음 인식을 같이 했던 학문적인 부분으로 되돌아가면서 명철함과 발운산을 이야기한다. 텍스트 언어학적으로 보면 두 번째 상황 관리를 하는 것이다. 그리하여 남명은 학문을 함에 있어 '다만 생각건대, 공에게는 서각(犀角)을 태우는 듯 한 명철함이 있지만 식(植)에게는 동이를 인 듯 한 탄식이 있습니다.(15. 第念, 公有燃犀之明, 而植有戴盆之嘆)'라고 하면서 '또한, 아름다운 문장이 있는 곳에서 가르침을 받고 싶다.(16. 猶無路承敎於懿文之地)'는 뜻을 분명히 하고 있다. 학자로써 서로 교류하면서 학문적 성과를 이루어가자는 뜻으로 받아들여진다. 그리하여 퇴계에게 먼저 '눈병까지 있어 앞이 흐릿하여 사물을 바로보지 못한 지가 여러 해입니다(17. 更有眸病, 眜不能視物者有年). 명공(明公)께서 발운산(撥雲散)으로 눈을 열어주시지 않겠습니까?(18. 明公寧有撥雲散以開眼耶)' 하고 청하고 있다. 이는 은유적 표현이다. 즉 퇴계에게는 사리를 정확하게 분별할 수 있는 명석한 판단력이 있지만 자신에게는 세상을 바로 읽는 눈이 없으니 발운산으로 눈을 열어 달라는 것이다. 이는 그 시대를 이끌어가는 두 학파의 스승으로서 보이는 공경(恭敬)의 태도로, 예(禮)를 실천하는 모습을 보인 것이다. 이는 맨 처음에 쓰인 '평소 하늘에 있는 북두성 같이 우러러 사모하였습니다.(01. 平生景仰 有同星斗于天)'와 통하는 말이다. '삼가 헤아려 주십시오.(19. 伏惟鑑察)'도 마찬가지 표현이다.

20, 21.은 끝인사에 해당한다. 20.에서 '멀리서 지면을 빌리니 파초 잎 같은 마음을 어찌 조금이나마 드러낼 수 있겠습니까?(遙借紙面, 詎能稍展蕉葉乎)'는 학문을 토로함에 있어 아직도 못 다한 이야기가 많다는 것으로 계속 교류하고 싶다는 뜻을 전하고 있는 것으로 이해된다.

③ 상호텍스트성

15. '공에게는 서각(犀角)을 태우는 듯 한 명철함이 있지만, 식(植)에게는 동이를 인 듯 한 탄식이 있습니다.(公有燃犀之明, 而植有戴盆之嘆)'에서 '서각을 태우다.'는 '진서(晉書), 온교열전(溫嶠列傳)'에 나오는 이야기에서의 인유(引喩)다. 온교열전(溫嶠列傳)에 '온교(溫嶠)가 무창(武昌)에서 돌아오다 우지기(牛渚磯)에 이르렀는데 수심(水深)을 헤아릴 수가 없었다. 세상 사람들은 그 물속에 괴물이 많다고 하였다. 그러자 온교가 서각(犀角)을 태워 물속을 비추어 보았는데, 괴물의 기이한 형상이 마치 수레를 타고 붉은 옷을 입은 것 같았다.'고 한다(남명집, 2001, 180, 주4). 이 이야기를 통해서 볼 때 '공에게는 서각(犀角)을 태우는 듯 한 명철함이 있지만'은 '공에게는 상황에 맞게 빠르게 판단하는 명철함이 있다.'는 것으로 이해된다. 그리고 '식(植)에게는 동이를 인 듯 한 탄식이 있습니다.(而植有戴盆之嘆)'는 '한서(漢書) 사마천 열전(司馬遷列傳)'에 나오는 말, '저는 생각건대 동이를 이고 있는 것과 같으니, 어떻게 하늘을 바라볼 수 있겠습니까?'에서 인유(引喩)한 것(남명집, 2001, 180, 주5)으로 보인다. 이는 '바른 판단력을 가지지 못했다.'는 뜻으로 쓰인 것으로 이해된다. 이들은 상호텍스트성을 가진다.

④ 결속 구조

서(書) 텍스트는 편지 글로써 일반적으로 글쓴이의 생각을 상대에게 가능한 정확하게 전달하고자 한다. 그러기 위해서는 한 월이 짧을수록 좋은데 이 텍스트가 한문으로 되어 있어 그 형식으로 보아서는 어디까지가 한 월인지 알기 어렵다. 따라서 여기서는 그 내용이 흐트러지지 않는 범위에서 짧게 끊어 그 결속 구조를 살피기로 한다.

01.의 월 ; 平生景仰 有同星斗于天(평소 하늘에 있는 북두성 같이 우러러 사모하였습니다).

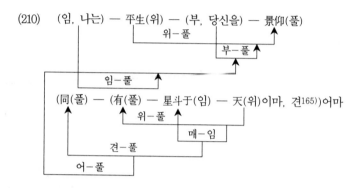

참고 : 平生(평소), 景仰(우러러 사모하다)
　　同(같이), 有(있다), 星斗于(북두성), 天(하늘)

이는 편지의 첫인사이다. 04.의 월까지 이어진다. 첫인사에서 남명은 퇴계에 대해 평소에 가지고 있었던 생각을 말하고 있다. 북두성 같이 우러러 사모하였다 (平生景仰 有同星斗于天)고 한다. 북두성은 뭇별들을 거느리며 북극성을 싸고도는 밝은 별이다. 별들의 지배자라 불리는 별이다. 사람들에게는 방향과 시간을 알려준다. 퇴계는 남명에게 편지하면서 '고상하게 살아가는 그대의 생활을 멀리서 듣고서 그 풍모를 그리워하니 제 나약함이 힘을 얻어 떨쳐 일어날 것 같습니다.(於是而邈聞 高義, 懦風起儒)'라고 하였고 남명은 퇴계에게 평소에 이러한 북두성처럼 우러러 사모하였다(平生景仰 有同星斗于天) 하니 같은 학문을 하는 학자로서 늘 서로의 길잡이가 되었다는 것을 알 수 있다. 학자로서 마주하는 두 큰 산봉우리처럼 우뚝 솟은 모습이다.

---

165) '有星斗于天(하늘에 있는 북두성)'은 풀이말 '同(같다)'에 대한 이름마디, 견줌말이다. 이는 속뜻 '북두성이 하늘에 있다'에서 임자말과 풀이말이 자리바꿈을 하여 '하늘에 있는 북두성'처럼 풀이말이 임자말을 꾸미는 매김말로 바뀌었다(허웅, 1983, 273).

02. 의 월 ; 曠世難逢 長似卷中人(오랜 책속의 성현과 같이 긴 세월 지나도록 만나기 어려웠습니다).

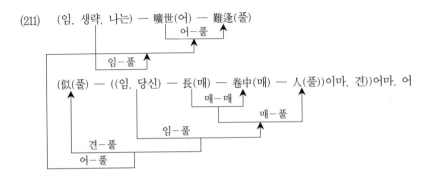

참고 : 曠世(긴 세월 지나다), 難逢(만나기 어렵다)
似(같이), 長(오래다), 卷中(책 속), 人(성현)

　　02.에서는 늘 가까이 있는 책 속의 성현과 같이 이야기는 들어왔으나 긴 세월 동안 만나보지는 못하고 서로 마주보기만 했다는 안타까움이 강하게 묻어나온다. 그러는 가운데 편지를 받았으니 얼마나 반가웠을까, 상상이 간다. 특히 퇴계가 편지를 통하여 자신이 학문을 뒤로하고 과거에 나간 까닭을 진솔하게 설명하면서 이제라도 성균관 대사성이라는 높은 벼슬자리도 마다하고 학문에 매진하겠다는 말을 들었을 때에는 뜻을 같이하는 벗을 만난 것 같은 반가움이 분명 있었을 것이다. 그리하여 다음 03.과 04.에서 '문득 간절하고 진지하게 주신 깨우침을 받았다.(忽蒙賜諭勤懇)'고 하고 '쓸 약이 넓고도 많다.(撥藥弘多)'고도 하면서 오랜 벗처럼 '일찍이 아침저녁으로 만난 것 같았습니다.(曾是朝暮之遇也)'라고 인사하고 있다.

　　남명은 제자들에게 늘 '출처(出處)를 분명히 하라.'고 가르쳤고 자신도 이를 실천해오고 있었다. 그렇지 못한 경우에는 매우 비판적이었다. 이러한 사실은 그의 시 '謾成(되는대로 이룸)'에 잘 나타난다.[166]

謾成	되는대로 이룸
取舍人情不足誅	취했다 버렸다 하는 세상 인정 나무라기에도 부족하지만,
寧知雲亦獻深諛	구름마저 심히 아첨하여 바칠 줄 어찌 알았으랴?

166) 이 시에 대한 자세한 내용은 이 글 4. 2). (3) 인욕을 끊음. 謾成(되는대로 이룸) 참조.

先乘霽日爭南下　　먼저는 개인 날을 틈 타 다투어 남쪽으로 내려 왔다간,
却向陰時競北趨　　다시 날 흐려질 때에는 다투어 북쪽으로 내달으니.

(1) 선비들을 필요로 할 때는 취했다가 자신들의 권력을 유지하는데 걸림돌이 되면
　　버리는 것은 권력에 눈이 어두운 조정 벼슬아치들이 원래 하는 일이라 새삼 나
　　무라는 것도 부족하지만
(2) 그래 그런 사람들은 그렇다 치고 세상일에는 관심이 없는 양 자연 속에서 유유
　　자적(悠悠自適)하던 너(구름)마저 조정 벼슬아치들처럼 권력을 좇아 심히 아첨하
　　여 바칠 줄 내 어찌 알았겠는가?
(3) 너 하는 짓을 보니 조정에 그래도 올곧은 선비들이 있을 때에는 버틸 수 없으
　　니 벼슬에 뜻이 없는 양 그들을 피하여 벼슬길과는 먼 남쪽으로 내려 왔디긴
(4) 조정에 올곧은 선비가 물러나고, 인욕을 좇아 벼슬이나 차지하고자 하는 사람
　　들로 가득 찬 세상이 되었을 때에는 너도 얼른 세상에 아첨하며 벼슬을 찾아
　　북쪽으로 가는구나.

　퇴계는 편지에서 말했듯이 이 해 관직을 사임하고 청량산이 있는 고향으로 내
려가 학문을 연마하였다. 이후에도 퇴계는 출처(出處)를 거듭하게 되나 정인홍이
지은 남명조선생행장(南冥曺先生行狀)에서는 '근세에 군자로 자처하는 사람이 많지 않
은 것이 아닌데, 출처가 의리에 맞는 사람은 내가 들은 바가 없도다. 요즈음 오직
경호(景浩, 퇴계)만이 옛 사람에 가깝다.(허권수, 2010, 59)'고 하고 있어 퇴계의 출처를 남
명은 분명 높이 평가하고 있었음을 알 수 있다.

03. 의 월 ; 忽蒙賜喻勤懇(문득 간절하고 진지하게 주신 깨우침을 받았습니다).

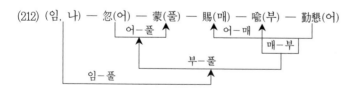

참고 : 忽(문득), 蒙(받다), 賜(주다), 喻(깨우침), 勤懇(간절하고 진지하다)

04. 撥藥弘多 曾是朝暮之遇也(쓸 약이 넓고도 많아 일찍이 아침저녁으로 만난 것 같았습니다).

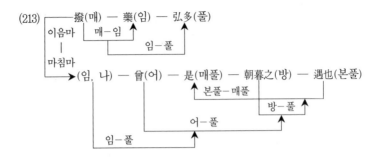

05. 의 월 ; 植之愚蒙 寧有所靳耶(식(植)처럼 어리석은 사람이 어찌 아끼는 것이 있겠습니까?

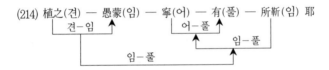

이 월은 위 ② 의도성과 용인성에서도 살폈듯이 퇴계의 편지에서 '출사를 거부할 명분이 없지 않느냐?'고 하는 물음에 대한 대답으로 속뜻으로 보면 '출사하여 할 일이 있다면 이 한 몸 나라를 위해 바친다고 해서 무엇이 아깝겠습니까?' 하는 뜻을 담고 있다. 그러면서 나갈 때가 아니라는 사실을 말하고 있다. 위 ① 상황성에서도 말했듯이 당시의 조정은 을사사화를 주도했던 성렬대비(聖烈大妃)와 그 동생 윤원형 등에 의해 주도되고 있었다. 이들의 횡포는 이루 말할 수 없는 지경이었다. 남명에게 벼슬을 내린 것도, 남명에게 벼슬을 내려 나라를 위해 일할 수 있는 자리를 내어주기 위한 것이라기보다는 을사사화 이후 불만이 가득 찬 사림(士林)을 달래기 위한 술수에 지나지 않는다는 사실을 알았기에 더욱 이렇게 말하고 있는 것이다.

남명과 함께 유일로 천거되어 고령현감이 되어 나갔던 황강(黃江) 이희안(李希顔)은 얼마 안 있어 관찰사와 뜻이 맞지 않아 곧바로 사직하고 고향으로 내려왔다. 이희안이 고향으로 내려왔다는 소식을 들은 남명은 당시 조정의 술수에 넘어간 이희안에 대하여 그 안타까운 심정을 시에 담아 다음과 같이 말하고 있다.

이 우옹이 고향으로 돌아왔다는 소식을 듣고서　　　　　**聞李愚翁還鄉**
산해정에서 꾼 꿈이 몇 번이던가?　　　　　　　山海亭中夢幾回
황강 노인 뺨에 흰 눈이 가득한 모습을.　　　　黃江老叟雪盈腮
금마문에 세 번 이르렀지만,　　　　　　　　　半生金馬門三到
임금님은 만나 뵙지 못하고 돌아왔다지.　　　　不見君王面目來

3구와 4구에서 보면 '그 사람들 원래 그런 사람들 아닌가?' 함께 일하고자 해서 부른 것이 아니고 자기의 필요에 따라, 사림을 달랠 술수를 부리느라 부른 것인데 세 번이나 나갔다가 제대로 할 일도 못하고 그냥 돌아왔으니 '실로 안타까운 일이 아닌가?' 하고 있는 것이다.

이희안이 고령현감 자리를 사직하고 고향으로 내려가자 조정에서 임금은 그를 잡아 추국하기를 명하였고 대신들이 간언하여 추국은 간신히 면하였다. 이에 대한 기록은 명종실록 권 19(명종 10년)에서 찾아볼 수 있다.

　사신은 논한다. 이희안은 한 시대 유일의 선비이다. 닭을 잡는 데 소를 잡을 칼 솜씨를 시험하였으니, 그는 자신의 뜻을 행할 수 없어 벼슬을 버리고 집으로 돌아간 것이다. … 그런데 경상감사 정언각(鄭彦慤)이 도리어 처벌을 주청하자, 임금이 그를 잡아다가 추국하도록 명하였다. 유일의 선비를 대우하는 의리가 여기서부터 어긋나기 시작했다. 만약 대신들이 간언하여 중지시키지 않았다면 형틀을 씌우는 모욕이 유일의 선비에게까지 미칠 뻔하였으니, 어찌 밝은 시대의 큰 허물이 아니겠는가? … (명종실록 권19, 명종 10년 11월 20일, 최석기 편역, 2009ㄱ, 30).

당시 조정의 사정이 이러하였으니 남명이 벼슬에 나가 무엇을 할 수 있었겠는가? 그리하여 남명은 05.의 월을 통하여 '출사하여, 내가 할 일이 있다면 이 한 몸 나라를 위해 바친다고 해서 무엇이 아깝겠습니까'라고 하면서 그렇지 못하니 나갈 수 없다는 뜻을 전하고 있다.

　06.의 월 ; 只以構取虛名 厚誣一世(단지 헛된 이름을 꾸며 얻음으로써 한 세상을 크게 속였습니다).

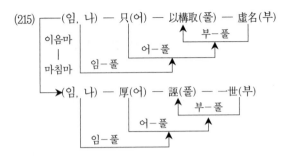

참고 : 只(단지), 以構取(꾸며 얻음으로써), 虛名(헛된 이름)
厚(크게), 誣(속이다), 一世(한 세상)

위 05.에서 말한 조정의 사정이 이러한데도 임금은 '내가 무엇인가 할 수 있을 것'으로 여기고 벼슬을 내려 부르는 것은 06.에서 '내가 헛된 이름을 꾸며 얻음으로써 한 세상을 크게 속였기 때문'이라는 것이다. 이것은 남명 자신에게 한 말이기도 하지만 당시 이러한 풍조가 만연되어 있어 이를 걱정하는 마음을 퇴계에게 말하는 것이기도 하다. 이러한 사실은 명종실록 권 19(명종 10년)에 나타난 사신의 말, '세상이 쇠미해지고 도가 희미해져서 염치가 다 없어지고 기개와 절개가 땅을 쓸어버린 듯이 사라졌다. 유일(遺逸)로 알려져서 공명(功名)을 탐하는 자들이 참으로 많다.'고 한 것으로 보아 알 수 있다(최석기 편역, 2009ㄱ, 18).

07.의 월 ; 以誤聖明(그럼으로써 성명에까지 잘못 알려졌습니다).

참고 : 以(그럼으로써), 誤(잘못 알려지다), 聖明(성명, 임금의 덕)

남명은 사람들 스스로가 자신의 이름을 팔아 벼슬을 얻는 것을 매우 경계하였다. 그리하여 위 ② 의도성과 용인성에서도 밝혔듯이, 1555년의 을묘사직소(乙卯辭職疏)에서 '헛된 이름을 바쳐 몸을 파느니, 알찬 곡식을 바쳐 벼슬을 사는 것이 낫지 않겠습니까?', '조그만 헛된 이름을 팔아서 전하의 관작을 얻어 그 녹을 먹으면서 그 녹에 맞는 일을 하지 않는 것은 또한 신이 원하는 바가 아닙니다.(남명집, 2001, 313, 315)'라고 하는 것이다. 관작에 맞는 일을 하기 위해서는 무엇보다 임금과 소통이 이루어져야 할 터인데 성렬대비(聖烈大妃)가 어린 왕을 앞세워 수렴청정(垂簾聽政)을 하고 있고 그 동생 윤원형이 가진 악행을 저지르고 있는 상황에서는 도무지 그럴 수 없다는 것이다. 이러한 상황인데도 불구하고 임금이 '내가 나가서 무슨 일을 할 수 있을 것'으로 생각했다는 것은 07.에서 내 이름이 성명에까지 잘못 알려졌기 때문이라는 것이다.

08.의 월 ; 盜人之物 猶謂之盜 況盜天之物乎(남의 물건을 훔치는 것도 역시 도둑이라 말하는데, 하물며 하늘의 물건을 훔치는 것이겠습니까?)

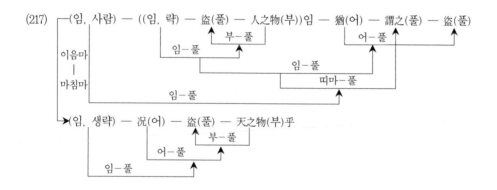

남명의 출사는 '벼슬에 나아가서 경륜을 펴서 업적을 이룰 수 있는가?'하는 데 초점이 맞추어져 있다. 그럴 수 없는데도 벼슬을 얻어 나가는 것은 06.에서와 같이 '단지 헛된 이름을 꾸며 얻음으로써 한 세상을 크게 속이는 것(只以構取虛名 厚誣一世)'으로 보아 이를 08.에서 하늘의 물건을 훔친 도둑이라 하고 있다. 남명의 이러한 생각은 조창섭(2017ㄴ, 35)에서 밝힌 '남명의 물아 일체적 천인합일(物我一體的 天人合一)' 사상167)에서 나온 것으로 세상을 속인 것이 바로 하늘을 속인 것이라 보고 있

는 것이다. 더욱이 남명은 벼슬에 나가지 않았음에도 불구하고 임금이 자신도 모르는 사이에 벼슬을 내린 것 자체가 벌써 임금과 세상을 속이고 하늘을 속인 것이라 보고 있다. 그리하여 다음 월 09.에서는 '이 때문에, 곧 몸 둘 바를 모르고 구부려 두려워하며 날마다 하늘의 꾸지람을 기다렸습니다.(用是跼蹐無地 日俟天誅)'라고 하고 있다. 남명은 자신도 모르는 사이에 일어난 이러한 것들까지도 매우 철저하게 경계하고 있다.

09.의 월 ; 用是跼蹐無地 日俟天誅(이 때문에, 곧 몸 둘 바를 모르고 구부려 두려워하며 날마다 하늘의 꾸지람을 기다렸습니다).

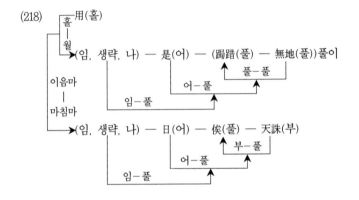

참고 : 用(이 때문에)
　　 是(곧), 跼蹐(구부려 두려워하다), 無地(몸 둘 바를 모르다)
　　 日(날마다), 俟(기다리다), 天誅(하늘의 꾸지람)

10.의 월 ; 天譴果至(하늘의 꾸지람이 과연 이르렀습니다).

(219) 天譴(임) ― 果(어) ― 至(풀)
　　　　　　　　　　　어-풀
　　　　　임-풀

참고 : 天譴(하늘의 꾸지람), 果(과연), 至(이르다)

---

167) 여기에 대한 자세한 내용은 조창섭(2017ㄴ) 참조.

11. 의 월 ; 忽於去年冬 腰脊刺痛月餘 右脚輒蹇(지난해 겨울에 돌연 허리와 등이 한 달 남짓 쑤시고
아프더니, 갑자기 오른쪽 다리를 절게 되었습니다).

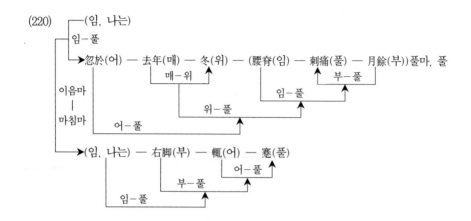

참고 : 忽(돌연), 於(허사), 去年(지난해), 冬(겨울), 腰脊(허리와 등), 刺痛(쑤시고 아프다), 月餘(한 달 남짓)
右脚(오른쪽 다리), 輒(갑자기), 蹇(절게 되다)

12. 의 월 ; 已不得齒行人列, 雖欲蹈履平地上 寧可得耶(이제는 행인들 무리에 나란히 설 수도 없게
되었는데, 비록 평지를 걷고자 한들 어찌 그럴 수 있겠습니까)?

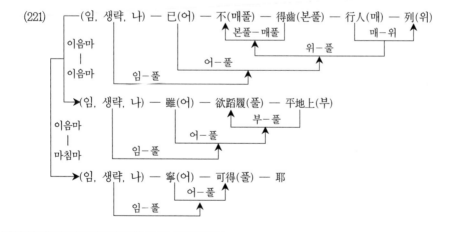

참고 : 已(이제는), 不(없다), 得齒(나란히 설 수 있다), 行人(행인), 列(무리)
雖(비록), 欲蹈履(걷고자 하다), 平地上(평지)
寧(어찌 ~하다), 可得(그럴 수 있다), 耶(의문의 허사)

13. 의 월 ; 於是, 人皆知吾之所短, 而僕亦不能藏吾之短於人矣(이에 남들이 모두 저의 단점을 알게 되었고, 저 또한 남들에게 저의 단점을 숨길 수 없게 되었습니다).

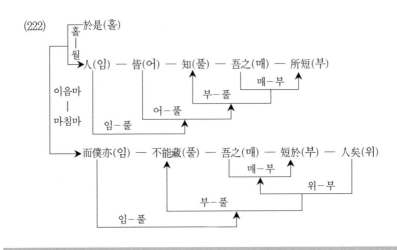

참고 : 於是(이에)
    人(남들), 皆(모두), 知(알다), 吾之(나의), 所短(단점)
    而(이음의 허사), 僕亦(저 또한), 不能藏(숨길 수 없다), 吾之(나의), 短於(단점), 人(남)
    矣(마침의 허사)

11.~13.은 임금을 속이고 세상을 속여 하늘이 내린 꾸지람의 결과라고 말하고 있다. 11.에서는 오른쪽 다리를 절게 되었고(右胝輒蹇), 12.에서는 행인들 무리에 나란히 설 수도 없을 정도여서 평지도 걷기 어려워(已不得齒行人列, 雖欲蹈履平地上), 13.에서는 모든 사람들에게 이러한 단점을 숨길 수 없게 되었다(而僕亦不能藏吾之短於人矣)는 것이다. 이로 말미암아 결국에는 벼슬에 나오라고 하는 당신의 청을 들어드릴 수가 없게 되었다는 사실을 말하고 있다. 이러한 하늘의 꾸지람으로 14.에서는 남들은 나를 심히 비웃게 되었고 나는 탄식하게 되었다고 한다.

14. 의 월 ; 堪可笑嘆(심히 비웃고 탄식할 일입니다).

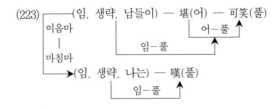

15. 의 월 ; 第念, 公有燃犀之明, 而植有戴盆之嘆(다만 생각건대, 공에게는 서각(犀角)을 태우는 듯 한
명철함이 있지만 식(植)에게는 동이를 인 듯 한 탄식이 있습니다).

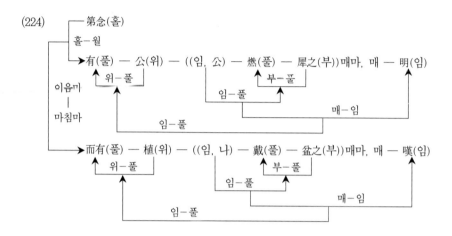

15. 의 월은 두 내용이 서로 짝을 이루고 있다. 공(퇴계)에게는 '서각을 태우는 듯
한 명철함'이 있고, 나(남명)는 '동이를 인 듯 한 탄식'이 있다는 것이다. '서각을 태
우는 듯 한 명철함(燃犀之明)'은 위 ③ 상호텍스트성에서도 밝혔듯이 공에게는 '상황
에 맞는 빠른 판단력을 가진 명철함이 있다.'는 것이고 나는 '동이를 인 듯이 하
늘의 깨우침을 바라볼 수도 없는 처지에 있어' 자신에게는 세상사를 바르게 볼
수 있는 명철한 판단력이 없다는 것이다. 상황이 이러한데도 다음 16.에서는 공
의 아름다운 문장이 있는 곳에서 가르침을 받을 길이 없으니(無路承敎於懿文之地) 더욱
안타깝다는 겸손한 마음을 예를 갖추어 전하고 있다.

16. 의 월 ; 猶無路承敎於懿文之地(또한, 아름다운 문장이 있는 곳에서 가르침을 받을 길이 없습니다).

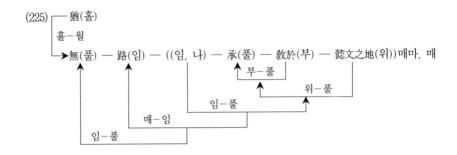

참고 : 猶(훌)
　　　無(없다), 路(길), 承(받다), 敎於(가르침을), 懿文之地(아름다운 문장이 있는 곳)

17. 의 월 ; 更有眸病, 眸不能視物者有年(게다가 눈병까지 있어 앞이 흐릿하여 사물을 바로 보지 못한 지가 여러 해입니다).

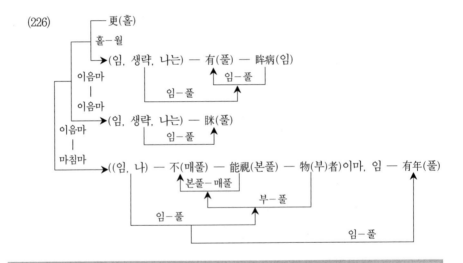

참고 : 更(게다가)
　　　有(있다), 眸病(눈병)
　　　眸(앞이 흐릿하다)
　　　不(못하다), 能視(바로 보다), 物(사물), 者(~지), 有年(여러 해이다)

18. 의 월 ; 明公寧有撥雲散以開眼耶(명공(明公)께서 발운산(撥雲散)으로 눈을 열어주시지 않겠습니까)?

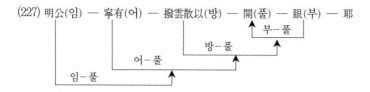

(227) 明公(임) ― 寧有(어) ― 撥雲散以(방) ― 開(풀) ― 眼(부) ― 耶

발운산(撥雲散)은 눈이 흐릿하여 잘 안 보이고 눈물이 많이 흐르는 데에 쓰이는 약으로 18.의 월에서는 벼슬에 나갈 수 없음을 은유적으로 표현하고 있다. 이 월은 15.와 16.의 월과 연결된다. 나는 동이를 인 듯 하여 세상사를 바르게 판단할 수 없으나 공은 빠른 판단력을 가진 명철함이 있으니(15. 公有燃犀之明) 그 명철함으로 가르침을 주어(16. 無路承敎於懿文之地) 흐릿한 내 마음의 눈을 열어 달라는 것이다. 남명의 이러한 요청에 퇴계는 이 편지의 답신을 통하여 다음과 같이 말하고 있다.

> 발운산(撥雲散 안약(眼藥))을 찾아 달라고 하셨으니, 감히 애써 보지 않겠습니까마는, 저 자신은 당귀(當歸)를 찾는데도 얻지 못하니, 어찌 공을 위하여 발운산을 모색해 보겠습니까? 공은 북쪽으로 올 뜻이 없지만, 나는 조만간 반드시 남쪽으로 갈 것입니다. 그러나 기일은 지정할 수 없어서 연모하는 마음만 간절할 뿐이니, 잘 알아주십시오.
> 示索撥雲散. 敢不欲勉. 但僕自索當歸而不能得. 何能爲公謀撥雲耶? 公則無北來之志. 僕之南行 早晩必可得也. 而未有指期 徒切慕用之私 惟照察.

이 편지를 통하여 퇴계는 '공이 발운산을 찾아 달라고 하니 나는 당귀를 찾는 데도 얻지 못하고 있으니 어찌 공을 위하여 발운산을 모색하겠느냐?'고 하고 있다. 당귀는 한자(漢字)가 '當歸'이므로 이는 '당연히 돌아간다(돌아온다)'의 뜻을 가져 중국에서는 전쟁에 나가는 남편이나 자식들에게 반드시 살아서 돌아오라는 뜻으로 당귀를 품속에 넣어 주었다고 하는 약재이다. 퇴계는 이러한 당귀를 찾는다고 했으니, 자신도 기일을 정할 수는 없으나 벼슬을 버리고 곧 고향으로 돌아갈 것이라는 뜻을 전하기도 하였다. 서로가 출처(出處)에 대하여 뜻을 함께 하고 있음을 알 수 있다.

19.의 월 ; 伏惟鑒察(삼가 헤아려 주십시오).

(228) (임, 생략, 당신) — 伏惟(어) — 鑒察(풀)

어—풀

임—풀

20.의 월 ; 遙借紙面 詎能稍展蕉葉乎(멀리서 지면을 빌리니 파초 잎 같은 마음을 어찌 조금이나마 드러
낼 수 있겠습니까)?

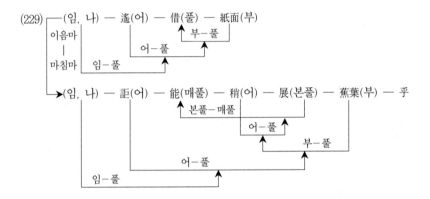

20.의 월과 다음 21.의 월은 끝인사에 해당한다. 지면을 통하여 다 말할 수 없
는 공을 향한 마음이 겹겹이 쌓여 있다는 것으로 끝인사를 하고 있다.

21.의 월 ; 謹拜(삼가 절합니다).

(230) (임, 생략, 나는) — 謹(어) — 拜(풀)

어—풀

임—풀

⑤ 결속성

이 서(書) 텍스트는 퇴계가 먼저 보내온 편지에 대한 답신이다. 답신은 편지의 형식을 따르면서 말하고자 하는 부분, 즉 본문은 받은 편지의 내용에 따라 답하는 것이 일반적인 것이어서 내용에 일정한 한계가 있을 수밖에 없다. 이 텍스트도 마찬가지다. 편지의 일반적 형식에 따라 먼저 첫인사를 하고, 본문을 말하고 있으며 끝인사를 하고 있다. 편지글의 중심은 본문에 있다. 본문은 두 가지다. 하나는 앞에서도 말했듯이 퇴계가 출사의 명분을 제시하면서 '출사할 때가 되었는데 왜 나오지 않는지 이해가 가지 않는다.'고 한 말에 대해 이해를 구하는 답신이고, 다른 하나는 퇴계가 다음과 같이 말한 데 대한 답신이다.

> 거기에는 반드시 일삼는 바가 있을 것이며, 반드시 얻는 바가 있을 것이며, 반드시 지켜서 편안한 바가 있을 것이며, 반드시 마음에 즐거운 바가 있어서 남들이 함께 알지 못할 것이 있을 것입니다. 그렇다면 나와 같이 뜻은 여기에 있으면서도 갈팡질팡하며 돌아갈 곳이 없는 자가 어찌 조급하게 한마디 언급하여 주시기를 갈망하지 않을 수 있겠습니까?

남명의 답신을 자세히 살펴보면 '공께서 출사의 명분으로 제시한 것들' 즉 '당신은 이조(吏曹)에서 인제로 천거 받은 분이다. 사사로운 것이 아니다.', '임금의 의리를 팽개칠 수 없다.', '품계를 뛰어넘은 조처이다.', '같이 인재로 천거 받은 친구 성수침과 이희안은 이미 출사하였다.', '지금 벼슬하러 나가면 위로는 훌륭한 조정의 아름다움을 이루게 될 것이고 아래로는 내 한 몸의 쌓아온 경륜을 펼칠 수 있다. 때가 되었다.'는 다 인정하겠습니다. 예, 좋습니다. 그렇다면 '내가 내 한 몸 아끼자고 안 나간다.'고 혹 오해하실 수 있을 것인데 그것은 아닙니다. '식(植)처럼 어리석은 사람이 어찌 아끼는 것이 있겠습니까(植之愚蒙 寧有所斳耶)?', '내가 나가서 할 일이 있다면 내 이 한 몸 나라를 위해 바친다고 해서 무엇이 아깝겠습니까?' 단지 내가 출사하지 않은 것은 나 자신이 모자라기 때문입니다. 나는 평생을 '이윤(伊尹)의 뜻을 뜻으로 삼고, 안자(顔子)의 학문을 학문으로 삼아, 벼슬에 나아가서는 경륜을 펴서 업적을 이루고 초야에 있으면서는 지조를 지켜야 한다.'고 생각했습니다. 지금 내가 나가서 무엇을 할 수 있겠습니까? 아직도 내가 할 수 있는 일은 아무 것도 없습니다. 때가 아닙니다. 그리고 몸도 아픕니다. 더 공부해야 할 터이니 '명공(明公)께서 발운산(撥雲散)으로 눈을 열어주시지 않겠습니까?' 하고 있다. 속뜻으로는 출사할 때가 아니라는 것이다. 이러한 관점에서 이 서(書) 텍스트의 결속성을 살펴보면 제어 중심(control centre)은 18.에 나타난 '〈明公, 퇴계〉주체 → 〈撥雲散以開眼, 발운산으로 눈을 밝히다〉행위'로 볼 수 있다. 이는 1차 개념이다.

(231) 거시 구조 1

1차 개념

〈明公, 퇴계〉주체 ——→ 〈撥雲散以開眼〉행위

1차 개념을 바탕으로 2차 개념에서는 첫인사와 끝인사 그리고 '〈明公, 퇴계〉주체 → 〈撥雲散以開眼〉행위'을 위하여 출사할 수 없는 까닭을 말하면서 먼저는 이해를 구하고 다음으로는 부탁을 하고 있다. 이해를 구하는 것은 05.부터 14까지이고, 부탁은 15.부터 19.까지이다. 이해를 구하는 부분에서는 출사할 수 없는 까닭을 말하는 것으로 이해를 구하고 있다. 모두 세 가지를 말하고 있다. 첫째가 05.에서 보듯이 '나는 나를 아끼는 것 없습니다(寧有所靳耶). 나갈 때가 아니어서 그렇습니다.' 하는 것이고, 둘째는 06, 07, 08.에서 보듯이 '헛된 이름을 꾸며 얻음으로써 한 세상을 크게 속였으므로(06. 只以構取虛名 厚誣一世) 그 결과로 성명(聖名)에까지 잘못 알려졌습니다(07. 以誤聖明). 그리하여 내가 받은 벼슬은 하늘의 물건을 훔친 것입니다(08. 況盜天之物乎). 나갈 수가 없었습니다.' 하는 것이고 셋째는 11, 12.에서 보듯이 '나는 지난해부터 다리를 절게 되어(11. 右脚輒蹇) 행인들 무리에 나란히 설 수도 없고, 평지를 걸을 수도 없습니다(12. 已不得齒行人列, 雖欲蹈履平地上 寧可得耶). 몸이 아파 나갈 수가 없었습니다.' 하고 있다. 그러니 '이해해 주십시오.' 하는 것이다. 그리고 부탁을 하게 되는데 부탁하는 것은 16.과 18.과 같이 '아름다운 문장이 있는 곳에서 가르침을 받을 길이 없습니다(16. 猶無路承敎於懿文之地). 명공(明公)께서 발운산(撥雲散)으로 눈을 열어주시지 않겠습니까?(18. 明公寧有撥雲散以開眼耶)' 하는 것이다.

이러한 것들이 거시 구조, 2차 개념이라 할 수 있다.

(232) 거시 구조 2

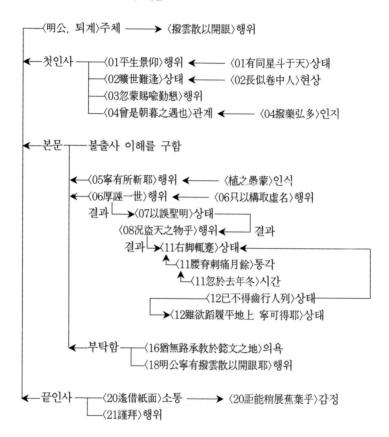

2차 개념

〈明公, 퇴계〉주체 ──────▶〈撥雲散以開眼〉행위

┌── 첫인사 ──┬─〈01平生景仰〉행위 ◀─────〈01有同星斗于天〉상태
│   ├─〈02曠世難逢〉상태 ◀──────〈02長似卷中人〉현상
│   ├─〈03忽蒙賜喩勤懇〉행위
│   └─〈04曾是朝暮之遇也〉관계 ◀──〈04撥藥弘多〉인지
│
├── 본문 ──┬── 불출사 이해를 구함
│   │
│   ├─〈05寧有所靳耶〉행위 ◀─────〈植之愚蒙〉인식
│   ├─〈06厚誣一世〉행위 ◀──〈06只以構取虛名〉행위
│   │ 결과 └─▶〈07以誤聖明〉상태──┐
│   │   〈08況盜天之物乎〉행위 ◀─┘ 결과
│   │   결과 └─▶〈11右脚輒蹇〉상태 ◀──────┐
│   │   ▲〈11腰脊刺痛月餘〉통각   │
│   │   ▲〈11忽於去年冬〉시간   │
│   │   ┌─〈12已不得齒行人列〉상태   │
│   │   └─▶〈12雖欲蹈履平地上 寧可得耶〉상태
│   │
│   └── 부탁함 ──┬─〈16猶無路承教於謦欬之地〉의욕
│   └─〈18明公寧有撥雲散以開眼耶〉행위
│
└── 끝인사 ──┬─〈20遙借紙面〉소통 ──────▶〈20詎能稍展蕉葉乎〉감정
             └─〈21謹拜〉행위

(233) 미시 구조

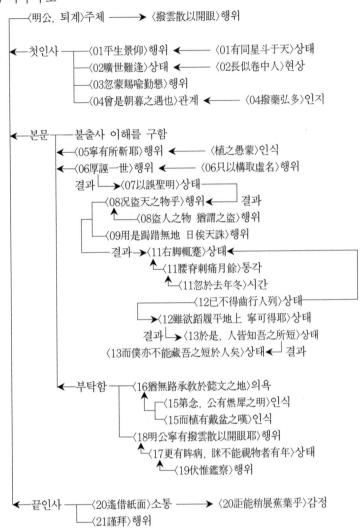

(2) 서신(書信) 분석

與退溪書[168]	퇴계에게 드림.
01. 百年神交, 直今違面.	평생 마음으로만 사귀면서 지금까지 만나지 못했습니다.
02. 從今住世, 應無幾矣.	(나는) 앞으로 이 세상에 머무름이 아마도 얼마 없을 것입니다.

---

168) 각 월 앞에 붙여진 번호는 글쓴이가 이 글의 분석을 위하여 임의로 붙인 것이다.

03. 竟作神道交耶.　　　　　결국 (우리는) 정신적인 사귐만을 이루는 것인
　　　　　　　　　　　　　가요?

04. 人間無限不好事, 不足介懷. 獨此第一 含恨事也.　사람에게는 좋지 못한 일이 끝이 없지만, (나
　　　　　　　　　　　　　는) 가히 마음에 둘 것이 없는데, 유독 이것이
　　　　　　　　　　　　　제일 한스러운 일입니다.

05. 每念先生一向宜春, 猶有解蘊之日, 尙今未焉.　선생께서 한 번 의춘에 오시면 마땅히 쌓인
　　　　　　　　　　　　　것을 풀 날이 있을 것으로 매번 생각하였는데
　　　　　　　　　　　　　지금까지 그러하지 못했습니다.

06. 斯亦幷付之命物者處分矣.　이 또한 하늘의 처분에 모두 맡겨야겠습니다.

07. 近見學者.　　　　　　　　요즘 공부하는 자들을 봅니다.

08. 手不知洒掃之節 而口談天理.　손으로 물 뿌리고 비질하는 절도도 모르면서
　　　　　　　　　　　　　입으로 천리를 담론합니다.

09. 計欲盜名 而用以欺人.　헛된 이름이나 훔치고자 꾀하여 남들을 속이
　　　　　　　　　　　　　는데 씁니다.

10. 反爲人所中傷. 害及他人.　(그러나) 도리어 남에게서 상처를 입게 되고,
　　　　　　　　　　　　　그 피해가 다른 사람에게까지 미칩니다.

11. 豈先生長老無有以呵止之故耶.　아마 선생 같은 장로(長老)께서 꾸짖어 그만두
　　　　　　　　　　　　　게 하지 않기 때문일 것입니다.

12. 如僕則所存荒廢. 罕有來見者.　저와 같은 사람은 마음을 보존한 것이 황폐하
　　　　　　　　　　　　　여 배우러 찾아오는 사람이 드뭅니다.

13. 若先生則身到上面.　　　선생 같은 분은 몸소 상등의 경지에 도달하였
　　　　　　　　　　　　　습니다.

14. 固多瞻仰. 十分抑規之如何?　그리하여 우러러 따르는 사람이 많으니 십분
　　　　　　　　　　　　　억제하고 타이르심이 어떻겠습니까?

15. 伏惟量察.　　　　　　　삼가 헤아려주시기 바랍니다.

16. 不宣.　　　　　　　　　이만 줄입니다.

① 상황성

이 서신은 남명이 1564년(명종 19년) 퇴계에게 보낸 서신이다. 남명학파와 퇴계학
파를 함께 말할 때는 영남학파라 한다. 인조반정 이후에는 퇴계학파로 기울어졌
으나 당시에는 그 세가 팽팽하여 쌍벽을 이루고 있었다(이수건, 2002, 79). 남명과 퇴
계는 같은 성리학자였으나 여러 면에서 서로 달랐다. 우선 글쓰기부터 달랐다.
남명은 말할이 위주의 주관적 글쓰기라 한다면 퇴계는 들을이 위주의 객관적 글
쓰기라 할 수 있다. 이러한 사실은 남명의 학기도(學記圖)와 퇴계의 성학십도(聖學十圖)

를 빗대어 보아도 잘 알 수 있다. 둘 다 선현(先賢)의 말씀에서 요지를 뽑아 그림으로 그린 것이다. 남명의 학기류편에 나타난 학기도는 모두 24도이다. 이를 보면 1. 용마도(龍馬圖), 2. 낙서도(洛書圖), 3. 제3도(第三圖), 4. 팔괘차서도(八卦次序圖) 5. 팔괘방위도(八卦方位圖), 6. 삼재일태극도(三才一太極圖), 7. 태극여통서표리도/임은도(太極與通書表裏圖/林隱圖), 8. 이기도(理氣圖), 9. 천리기도(天理氣圖), 10. 인리기도(人理氣圖), 11. 심통성정도(心統性情圖), 12. 천도도(天道圖), 13. 천명도(天命圖), 14. 인설도(仁說圖), 15. 충서일관도(忠恕一貫圖), 16. 소학대학도(小學大學圖), 17. 경도(敬圖), 18. 성도(誠圖), 19. 성현논심지요도(聖賢論心之要圖), 20. 박문약례도(博文約禮圖), 21. 부동심도(不動心圖), 22. 역서학용어맹일도도(易書學庸語孟一道圖), 23. 심위엄사도(心爲嚴師圖), 24. 기도(氣圖) 등이다. 이 중에서 남명이 그린 그림은 3, 6, 8, 9, 10, 11, 12, 13, 15, 16, 17, 18, 20, 21, 22, 23, 24도(圖)로써 모두 17도(圖)이다.[169] 이들 그림은 한결같이 그림만 있고 그 그림에 대한 설명이 없다. 그림을 유일하게 설명하고 있는 것은 학기도가 아닌, 남명의 생각을 따로 그린 신명사도(神明舍圖)이다. 신명사도에는 신명사명(神明舍銘)이 있어 그림을 어느 정도 설명하고 있다. 그러나 이도 자세하지 않고 그 설명이 매우 추상적이다. 이는 도설(圖說)이 아니라 그림과 관계하는 도명(圖銘)이다. 이렇듯 남명의 글쓰기는 말할이 중심으로 들을이를 염두에 두지 않고 있다. 남명 자신에 맞추어 주관적 글쓰기를 할 뿐만 아니라 그나마도 요점만 추려 축약하고 상징화하고 있어 빈 곳이 아주 많다. 이에 비하여 퇴계의 글쓰기는 들을이 중심으로 들을이가 잘 알 수 있도록 친절하게 설명한다. 빈틈이 없다. 비유해서 말하자면 남명의 글쓰기는 빈 곳이 많아 생각할 것이 있는 동양화 같다고 한다면 퇴계의 글쓰기는 빈 곳이 전혀 없이 서로 잘 어울리게 그린 서양화 같다고 할 수 있다. 퇴계의 성학십도를 보면 여기에는 그림 열 개가 있다. 이를 보면 1. 태극도(太極圖), 2. 서명도(西銘圖), 3. 소학도(小學圖), 4. 대학도(大學圖), 5. 백록동규도(白鹿洞規圖), 6. 심통성정도(心統性情圖), 7. 인설도(仁說圖), 8. 심학도(心學圖), 9. 경재잠도(敬齋箴圖), 10. 숙흥야매잠도(夙興夜寐箴圖) 등이다. 이 중에서 퇴계가 그린 그림은 3, 5, 6의 하도, 10도(圖)이다. 이들 모두에는 도(圖)와 설(說) 그리고 그것에 대한 선현의 설명과 퇴계의 보충 설명으로 이루어져 있다. 도(圖)와 설(說)의 작자부터 제시한 다음 차례대로 그 내용을 설명하려고

---

169) 여기에 대한 자세한 내용은 금장태(2002ㄷ, 220) 참조.

한다(이광호, 2001, 119). 들을이 입장에서 보면 매우 친절하다.

남명과 퇴계는 문체에 있어서도 서로 달랐다. 남명은 말할이 위주의 주관적 글쓰기였기에 자신이 좋아하는 문체의 글을 쓸 수 있었는데 비하여 퇴계의 글쓰기는 들을이 위주의 객관적 글쓰기였기에 남들이 쉽게 알아볼 수 있는 문체의 글을 썼다. 문체와 관련하여 남명이 자신의 문체와 퇴계의 문체를 비교하여 말한 적이 있다.

> 나는 고문(古文)을 배웠으나 이루지 못했다. 퇴계의 문장은 금문(今文)인데 도리어 성숙되어 있다. 비유하자면, 나는 비단을 짰지만 한 필을 이루지 못했으니, 세상에 쓰이기 어렵게 되었고, 퇴계는 명주를 짜서 필을 이루었으니 쓸 수가 있도다.
> (吾學古文而不能成. 退溪之文 本是今文 然却成熟. 譬之 我織錦而未成匹 難於世用 渠織綢成匹而可用也) (김우옹, 남명선생행록. 허권수, 2010, 193.)

남명의 문체에 대하여 퇴계도 말한 적이 있는데, 남명이 찬(撰)한 구암(龜巖) 이정(李楨)[170]의 아버지, 참판 이담(李湛)의 신도비문(神道碑文)을 수정하여 보내면서 '남명의 글이 예스럽고 웅장하여 매우 훌륭하나 왕왕 격식을 따르지 않는 곳이 있다.(蒼古俊偉甚可尙 但往往有不循格例處)'라고 하였다(오이환, 2002ㄴ, 470).

남명의 이러한 글쓰기에 대하여 제자인 김우옹은 다음과 같이 말하고 있다.

> 그 학문하는 방법은 지엽적인 것은 생략해 버리고 요점을 잡아 마음에서 터득하는 것을 귀하게 여기고, 실제에 쓰이게 되고 실천하는 것을 급선무로 삼았다. 그래서 강론하고 분변하는 말을 좋아하시 않았다. 대개 한갓 공허한 말만 일삼아 몸소 실천하는 데 도움이 되지 않기 때문이다.
> (其爲學也 略去枝葉 要而得之於心爲貴, 致用踐實爲急 而不善爲講論辨析之言. 蓋以爲徒事空言而無益於躬行也.,) (김우옹, 남명선생행장. 허권수, 2010, 31,)

이렇듯 남명과 퇴계의 글쓰기는 서로 달랐는데 선현들에 비교하여 말한다면 퇴계의 경우는 들을이 위주로 설명이 매우 친절한 정자(程子)와 주자(朱子)를 많이

---

170) 구암(龜巖) 이정(李楨, 1512-1571)은 남명과 친하게 지냈다. 함께 지리산을 유람하기도 하였고(1556년) 1563년 2월에는 남명을 찾아와 며칠 동안 강론을 듣기도 하였다. 뒤에 진주 음녀 사건으로 말미암아 남명이 절교하였다. 관직은 부제학에 이르렀다.

닮았고, 남명의 경우는 말할이 위주로 생략과 축약, 상징적으로 표현하는 노자(老子)와 장자(莊子)를 많이 닮았다고 할 수 있다. 이러한 까닭에 배우는 사람의 입장에서 보면 퇴계에게서는 배우기가 쉽고 남명에게서는 배우기가 어려울 수밖에 없었다. 이러한 사실은 한강(寒岡) 정구(鄭逑)171)가 창녕 현감에 제수되었을 때(1578년) 선조의 물음, '이황과 조식의 학문이 어떠한가?'에 대한 대답에서 찾을 수 있다. 한강이 아뢰었다.

> '황은 덕이 두텁고 학문이 순수하여 배우는 자가 쉽게 찾아들어갈 수 있고, 식은 초연히 자득하고 우뚝하게 특별히 서서 홀로 행하므로, 배우는 자가 따라가기 어렵게 여깁니다(滉德厚而學純, 學者可而易尋入, 植特立獨行, 學者難以爲要也).'. (한강집(寒岡集), 문집총간(文集叢刊) 53. 정우락, 1998, 350.)

남명과 퇴계는 글쓰기만 다른 것이 아니었다. 두 분은 다 같이 성리학을 바탕으로 하면서 그 지향하는 바도 서로 달랐다. 퇴계는 인(仁)을 숭상하였고 남명은 의(義)를 앞세웠다. 이러한 사실은 성호(星湖) 이익(李瀷, 1579-1624)의 성호사설(星湖僿說), 동방인문(東方人文)에서 지적하고 있다.

> 중세 이후에는 퇴계가 소백산 밑에서 태어났고, 남명이 두류산 동쪽에서 태어났다. 모두 경상도 땅인데, 북도에서는 인(仁)을 숭상하였고 남도에서는 의(義)를 앞세웠다. 유교의 감화와 기개를 숭상한 것이 넓은 바다와 높은 산과 같았다. 우리의 문명은 여기에서 절정에 달하였다.
> (中世以後, 退溪生於小白之下, 南冥生於頭流之東. 皆嶺南之地, 上道尙仁, 下道主義. 儒化氣節如海闊山高. 於是乎 文明之極矣) (정우락, 2008, 92).

이렇게 퇴계는 사람의 본성을 이루는 인(仁)을 숭상함으로써 자연스럽게 그 본성의 바탕이 되는 이(理)에 관심을 갖게 된다. 그리고 어떠한 현상을 이룰 때 이(理)와 더불어 나타나는 기(氣)에도 관심을 갖게 된다. 따라서 퇴계의 학문적 관심은, 심성(心性)의 근원이 되는 인(仁)의 올바른 인식을 추구하는(금장태, 2002ㄴ, 41) 심성론의 형이상학(形而上學)에 있었다고 할 수 있다. 스승의 이러한 관심에 제자들도 같은 관

---

171) 한강(1543-1620)은 선조 때 동강(東岡) 김우옹(金宇顒, 1540-1603)과 율곡(栗谷) 이이(李珥,1536-1583)가 유일로 각각 천거하여 관직이 대사헌에 이르렀다. 남명과 퇴계의 문하에서 배웠다.

심을 갖는 것은 당연하다. 이러한 사실로 보아 당시 퇴계학파의 성리학적 관심은 형이상학에 있었다고 할 수 있겠는데 스승인 퇴계와 제자인 고봉(高峯) 기대승(奇大升, 1527-1572)과의 형이상학적 이기논쟁(理氣論爭)은 무려 8년 동안이나 계속되었다. 이 논쟁은 1553년 퇴계가 추만(秋巒) 정지운(鄭之雲, 1509-1561)의 '천명도(天命圖)'에서 '사단(四端)은 이(理)에서 발동하고(四端發於理), 칠정(七情)은 기(氣)에서 발동한다.(七情發於氣)'의 구절을 '사단(四端)은 이(理)의 발동이요, 칠정(七情)은 기(氣)의 발동이다.(四端理之發, 七情氣之發)'로 고친 것을 기대승(奇大升)이 1558년 우연히 보면서 시작되었다. 당시 대사성이었던 쉰여덟 살의 스승과 이제 갓 과거에 입격한 서른두 살의 젊은 제자와의 이기(理氣) 논쟁은 유학자들 사이에서도 관심의 대상이 되었고 초학자들까지도 성리학에서 이기론의 탐구가 하나의 시속(時俗)처럼 되었다.[172]

인(仁)을 숭상한 퇴계에 비하여 남명은 의(義)를 앞세웠다. 의(義)는 행위 실천의 근본이 되는 것으로 남명의 관심은 자연스럽게 의(義)의 행위 실천을 추구하는, 수양론을 바탕으로 한 형이하학(形而下學)에 있었다. 그리하여 제자들에게 늘 의(義)의 실천을 강조하였다. 이러한 사실은 위에서 언급한 김우옹의 남명선생행장(南冥先生行狀)에서도 나타나고 있지만 정인홍의 남명조선생행장(南冥曺先生行狀)에도 나타난다.

> 공부하는 것은 애초에 어버이를 섬기고 형을 공경하는 것에 벗어난 적이 없다. 처음 공부하는 선비 가운데는, 간혹 그 부모 형제에게 잘 하지 못하면서, 천도(天道)의 오묘함을 탐구하려고 하니 이 무슨 학문이며, 무슨 습관인가?
> (爲學, 初不出事親敬兄之間. 始學之士, 或不能於其父母兄弟, 而遽欲探天道之妙, 此何等學也, 何等習也.) (정인홍, 남명조선생행장, 허권수, 2010, 58)

경(敬)을 바탕으로 한 수양론과 의(義)의 실천을 강조한 남명의 가르침은 뒤에 임진왜란이 일어났을 때 제자들이 의병을 일으키거나 의병장이 되어 나라를 구하는 것으로 나타나기도 하였다. 임진왜란 때 의병을 일으킨 대부분의 사람들이 남명의 제자들이었다.[173]

이러할 때 남명에게는 공부하는 사람들의 습속에 있어 두 가지의 큰 우려가 있

---

172) 이기 논쟁에 대한 자세한 내용은 금장태(2002ㄴ, 69-76) 참조.
173) 남명의 제자로써 임진왜란 때 의병을 일으킨 사람들의 이름은 이 글 2. 남명의 생애 예순아홉 살 부분에 적혀 있다. 의병 삼대장 망우당 곽재우, 내암 정인홍, 송암 김면을 비롯한 모두 예순여덟 명의 이름이 적혀 있다.

었다. 하나는 선비들이 겉으로는 도학(道學)을 내걸고 속으로는 사리(私利)를 취하려고 한다는 것이다. 오로지 입신을 위해 경전을 외우고 과문(科文)을 닦는 사람들이다.

> 지금의 습속은 투폐해져서 이욕(利慾)이 무성할 뿐, 의리(義理)는 망실되어 버렸다. 밖으로는 도학을 내걸고 있되, 안으로는 이(利)를 품고 있다. 시속(時俗)에 나아가 이름을 취하는 것이 거세동류(擧世同流), 온 세상이 똑같다. 심술(心術)을 무너뜨리고 세도(世道)를 그르치는 것이 어찌 홍수와 이단에 그치겠는가?(언행총록, 85. 한형조, 2001, 53.)

다른 하나는 공부하는 방법이 잘못되어 있다는 것이다. 가깝고 쉬운 것에서부터 하지 아니하고 하늘의 오묘한 이치부터 찾는다는 것이다.

> 지금 세상에서 배우는 사람은 절실한 것은 버려두고 고원한 것을 추구한다. 학문이란 본디 부모를 섬기고 형을 공경하고 어른을 잘 받들고 어린이를 보살피는 것에서 벗어나지 않는 것이다. 만약 이런 일에 힘쓰지 않으면서 곧장 성리학의 오묘한 이치를 구하려고 한다면 이는 인간의 일에서 하늘의 이치를 구하는 것이 아니니 끝내 실제 얻는 것이 없을 것이다.
> (今之學者 捨切近趨高遠. 爲學 初不出事親敬兄悌長慈幼之間. 如或不勉於此 而遽欲窮探性理之奧 是不於人事上求天理 終無實得於心) (성운, 남명묘갈명, 허권수, 2010, 98).

> 지금 공부하는 사람들은 육상산의 학문이 너무 간편하게 요약하는 것을 위주로 하는 것을 매양 문제점으로 여긴다. 그러면서 자신의 학문을 하는 데 있어서는, 먼저 소학, 대학, 근사록을 읽어 공부하지 않고, 주역, 계몽부터 읽는다. 격물, 치지, 성의, 정심의 차례를 구하지 않고, 또 반드시 성명의 이치를 먼저 말하고자하니, 그 흘러 퍼지는 폐단은 육산산 정도에서 그칠 정도만 아니다.
> (今之學者 每病陸象山之學以徑約爲主. 而其爲自己之學 則不先讀小學, 大學, 近思而做功, 先讀周易, 啓蒙. 不求之格致誠正之次序, 而又必欲先言性命之理, 則其流弊不但象山而止也.) (배신(裴神), 남명선생행록. 허권수, 2010, 82.)

남명은 이러한 선비들의 습속을 바로잡아야 하겠다는 생각과, 또 퇴계와 기대승과의 형이상학적 논쟁이 계속됨으로써 초학자들에게는 공부하는 데 있어 잘못된 본을 보이는 것이라는 생각에서 이 서신을 보낸 것이라 생각된다.

② 의도성과 용인성

이 서(書) 텍스트는 1564년 남명의 나이 예순네 살에 쓴 편지이다. 퇴계로부터 처음 편지를 받은 것이 1553년이다. 편지를 받고부터는 이미 마음에 벗처럼 여겨졌고, 자신과 함께 출처(出處)가 분명한 큰 학자로 한 번이라도 만나보고 싶었을 것이다. 퇴계의 처가가 남명이 살고 있었던 곳과 가까운 의령에 있었음으로 만나볼 수 있을 것으로 기대도 하고 있었을 것이다. 만나보지 못하고 11년이 지났다. 그리고 다시 편지를 쓴다.

편지의 내용은 크게 보아 넷으로 나누어진다. 하나는 첫인사로 지금까지 만나지 못한 아쉬움을 토로하고 있다(01-06). 둘은 편지에서 하고 싶은 말로 편지의 본문에 해당한다. 요즈음 공부하는 사람들의 잘못된 세태(世態)에 대해 말하고 있다(07-10). 셋도 역시 본문에 해당한다. 공부하는 사람들을 타일러 잘못된 세태를 바로 잡아야 하지 않겠느냐 하는 것이다(11-14). 넷은 끝인사로 '이만 줄인다.'는 것이다(15).

01.에서 남명은 퇴계를 일러 꼭 만나보고 싶었던 백년지교(百年神交)라 한다. 평생을 사귀어 온 벗으로 생각하고 있었다. 어릴 적부터 친한 친구로 늘 교류하였던 대곡(大谷) 성운(成運), 청송(聽松) 성수침(成守琛), 숭덕재(崇德齋) 이윤경(李潤慶) 등과 함께 덕천사우연원록(德川師友淵源錄, 2011)에는 종유(從遊)로 그 이름이 올라 있다. 퇴계는 마음의 벗이었기에 퇴계에 대하여 누가 어떤 말을 하여도 남명은 늘 좋게 생각하였다. 퇴계가 신명사명을 보고 금계(錦溪) 황준량(黃俊良, 1517-1563)에게 편지하면서 남명을 일러 의리(義理)에 꿰뚫지 못했다든가 노장(老莊)이 빌미가 되었다고 언급하였는데174) 이를 남명이 동강(東岡) 김우옹175)(金宇顒)에게서 듣고서 '퇴계가 나를 노장(老莊)이라고 하는가? 반드시 내가 나이 어려 공부하지 않을 때 세상을 가벼이 여기고 남에게 오만하던 일을 보아서 일 것이네.…자네들도 남을 탓하지 말고 자기를 책(責)하여 도리를 다하는 것이 좋을 것이네.' 하였다.176) 이렇듯 남명은 퇴계에 대하

---

174) 이 편지를 본 개암(開巖) 김우굉(金宇宏)이 퇴계에게 편지를 써 '남명은 그렇지 않다.'는 내용으로 따졌다. 여기에 대해서는 오이환(2002ㄴ, 472) 참조.
175) 동강(東岡) 김우옹(金宇顒)은 남명의 문인으로 남명을 노장에 빗댄 퇴계의 말에 남명을 변호하며 퇴계에게 따졌던 개암(開巖) 김우굉(金宇宏)의 동생이다. 두 사람 다 남명의 문하이다.
176) 이에 대한 자세한 내용은 오이환(2002ㄴ, 474) 참조.

여 몇 가지 사실을 두고서 자신의 생각을 언급한 바는 있어도 한 번도 그 잘못을 지적하여 언급한 바는 없었다(정우락, 2008, 99). 남명에게 있어서 퇴계는 마음속의 백년지교(百年神交)였다. 이러한 사실을 두고서 01.-06.에 나타난 첫인사의 부분을 살펴본다. 01.에서 남명은 퇴계가 마음속의 백년지교(百年神交)였기에 꼭 만나보고 싶었다는 것을 말하고 있다. 그리고 05.에서는 처가가 의춘에 있으니 꼭 만날 수 있을 것이라고 기대하고 있었는데 결국 만나지 못했다는 것이다. 아쉬운 마음을 표현하고 있다. 다시 02.에서는 지금껏 만나고 싶다는 마음으로 기대하고 기다려왔는데 이제는 내가 이 세상에 머물 날이 얼마 없으니(02. 從今住世, 應無幾矣) 결국 (우리는) 정신적인 사귐만을 이루는 것인가요?(03. 竟作神道交耶. 作神道交耶) 즉 '체념해야 하는 것인가요?' 하고 있다. 체념은 하면서도 얼마 남지 않은 날들 속에서 '혹시 만날 수 있을까?' 하는 기대는 저버리지 않아, 06.에서는 '이 또한 하늘의 처분에 모두 맡겨야겠습니다.(斯亦并付之命物者處分矣)'라고 한다. 그리고 04.에서는 지금껏 만나지 못한 이것이 유독 제일 한스러운 일이라 하고 있다(獨此第一含恨事也).

07.에서부터 14.까지는 본문에 해당한다. 둘로 나누어진다. 07.-10.에서는 요즈음 공부하는 사람들의 잘못된 세태(世態)에 대해 말하고 있고, 11.-14.에서는 공부하는 사람들을 억제하고 타일러, 잘못된 세태를 바로 잡아야 하지 않겠느냐고 하고 있다. 먼저 앞엣것에 대해서 살펴본다. 요즘 공부하는 자들을 보면(07. 近見學者), 손으로 물 뿌리고 비질하는 절도도 모르면서 입으로 천리를 담론한다는 것이다 (08. 手不知洒掃之節 而口談天理). 여기에서 '요즘 공부하는 자들'이란 막 한문 공부를 끝내고 유학의 공부를 시작하는 초학자들을 말한다. 이들이 공부하는 세태를 보면 공부하는 순서가 잘못되어 있다는 것이다. 형이하학의 격물, 치지, 성의, 정심의 차례를 구하지 않고 퇴계나 기대승처럼 흉내 내어 이기(理氣)와 같은 형이상학의 천리를 담론한다는 것이다. 그것도 '입으로'만 담론한다고 하고 있으니(08. 口談天理), 천리를 잘 알지도 못하면서 이렇다, 저렇다 입으로 말하고 있다는 것이다. 그러면서 당시 유학자들 사이에서는 주위들은 몇 마디 말로써 남명을 논의하기도 하였다. 이러한 세태에 대하여 김우옹(金宇顒)의 남명선생행장(南冥先生行狀)에서는 다음과 같이 말하고 있다.

글귀나 따지는 보잘것없는 선비들이 눈으로 보고 귀로 들은 것이 전부인 냥 목숨을 걸고 네 치 정도 되는 귀와 입 사이만 왔다 갔다 하는 주제에, 학술로써 선생(남명)을 논의하려고 하지만, 그들은 겨우 터럭만한 작은 이익에 맞닥뜨리면 허둥지둥 어쩔 줄을 모르고 나아가고 들어가는 문을 모른다.

(章句小儒 寄命乎耳目 出入於四寸 而猶欲以學術議先生 至其臨小利害僅如毫髮 而章皇失措 進退無門) (김우옹, 남명선생 행장, 허권수, 2010, 39.)

세태가 이러하였다. 이러한 세태를 남명은 늘 염려하고 있었다(위 ① 상황성 참조). 이것은 남명이 보기에 '헛된 이름이나 훔치고자 꾀하여 남들을 속이는데 쓰는(09. 計欲盜名 而用以欺人)' 것에 불과하다는 것이다. 남명은 자신도 이러지 아니한가에 대하여 늘 경계하였다. 이러한 사실은 이 글 위 (1) 퇴계의 답신 속에서도 나타난다.

식(植) 같이 어리석은 사람이 어찌 자신을 아끼는 것이 있겠습니까? 단지 헛된 이름을 얻음으로써 한 세상을 크게 속였습니다. 그럼으로써 성명(聖名)에 까지 잘못 알려졌습니다. 남의 물건을 훔치는 것도 역시 도둑이라 말하는데, 하물며 하늘의 물건을 훔치는 것이겠습니까?

(植之愚蒙 寧有所靳耶. 只以構取虛名 厚誣一世. 以誤聖明. 盜人之物 猶謂之盜 況盜天之物乎?)

10.에서는 08.과 09.에 대한 결과를 말하고 있다. 입으로 천리를 논하고 이름을 훔쳐 남을 속이는(08. 口談天理 盜名欺人) 결과 10.에서와 같이 '도리어 남에게서 상처를 입게 되고, 그 피해가 다른 사람에게까지 미치게 된다.(反爲人所中傷,害及他人)'는 것이다.

이제 본문 뒤엣것에 대하여 살펴본다. 뒤엣것은 11.~14.에서 말하는 것으로 '공부하는 사람들을 타일러 잘못된 세태를 바로 잡아야 하지 않겠느냐?'고 하는 내용이다. 먼저 11.에서는 위의 세태 즉 '口談天理 盜名欺人(입으로 천리를 논하고 이름을 훔쳐 남을 속인다.)'의 세태가 나타나게 된 까닭을 말하고 있다. 아마 선생 같은 장로(長老)께서 꾸짖어 그만두게 하지 않기 때문이라(11. 豈先生長老無有以呵止之故耶)는 것이다. 그러나 그 책임은 나에게도 있지만(12) '저와 같은 사람은 마음을 보존한 것이 황폐하여 배우러 찾아오는 사람이 드물어(12. 如僕則所存荒廢, 罕有來見者)' 그렇게 해 보아도 그 효과는 적고, '선생같은 분은 몸소 상등의 경지에 도달하여 우러러 따르는 사람이 많으니(13. 若先生則身到上面, 14. 固多瞻仰)' 그 효과가 클 것입니다. 그러니 '십분 억제하고 타이르심이 어떻겠습니까?(13. 十分抑規之如何)' 한다. 14.는 13.에 대한 부탁으로 '삼가 헤아려주시기 바랍니다.(伏惟量察)'라고 한다. 이렇듯 남명은 퇴계에게 '공부하는 사람들의 잘못된 세태를 함께 바로 잡아가야 하지 않겠느냐?'고 말하고 있다. 15. 이만 줄입니다(不宣)는 끝인사이다.

③ 상호텍스트성

08. 手不知洒掃之節 而口談天理(손으로 물 뿌리고 비질하는 절도도 모르면서 입으로 천리를 담론합니다.)에서 '手不知洒掃之節(손으로 물 뿌리고 비질하는 절도도 모르면서)'은 소학(小學)의 소학서제(小學書題) 첫머리에 나오는 말 '灑掃應對進退之節(물뿌리고 쓸며, 응대하고 대답하며, 나아가고 물러가는 예절)'에서 따온 말이다. 그리고 1555년 10월 11일 단성(丹城) 현감(縣監)에 제수되고 11월 19일 올린 '을묘사직소(乙卯辭職疏)'에 '…행실은 물뿌리고 비질하는 일을 제대로 해내기에도 모자랍니다.(行不足以備洒掃之任).…'라는 말이 나온다. 이는 상호텍스트성을 갖는다.

09. 計欲盜名 而用以欺人(헛된 이름이나 훔치고자 꾀하여 남들을 속이는데 씁니다)은 1553년에 쓴 퇴계의 편지에 대한 남명의 답신에 '단지 헛된 이름을 꾸며 얻음으로써 한 세상을 크게 속였습니다. 남의 물건을 훔치는 것도 역시 도둑이라 말하는데, 하물며 하늘의 물건을 훔치는 것이겠습니까?(只以構取虛名 厚誣一世. 盜人之物 猶謂之盜 況盜天之物乎)'라는 말이 나온다. 그리고 08의 '을묘사직소(乙卯辭職疏)'에 '…보잘 것 없는 신이 이름을 도둑질하여(微臣盜名)…'라는 말이 나오는데 09.는 이와 관련이 있다. 이도 상호텍스트성을 갖는다.

④ 결속 구조

01.의 월 ; 百年神交, 直今違面(평생 마음으로만 사귀면서 지금까지 만나보지 못했습니다).

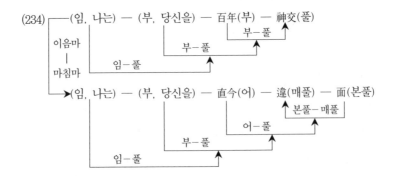

남명과 퇴계는 한 번도 만난 적이 없었다. 그러나 같은 학문을 하는, 당시 영남학파의 두 줄기를 이끄는 종장(宗匠)들이었고, 11년 전에는 편지를 서로 주고받기도 하였다. 그 편지에서 퇴계는 남명에게 '…이럴 때에 멀리서 그대의 높은 의리를 들으니, 우러러 그 품덕을 본받아 나약한 마음이 흥기되지 않을 수 없었습니다.(於是而邈聞高義, 慟風起懦, 不自禁也)'라고 하면서 '천리 멀리서 마음으로 사귀는 것은 옛사람도 숭상한 바이니, 또한 어찌 반드시 잠시라도 만난 뒤에야 구년인 것처럼 친해지겠습니까?(千里神交 古人所尙, 亦何必傾蓋而後若舊耶)'라고 하였다. 그리고 남명은 퇴계에게 '평소 하늘에 있는 북두성 같이 우러러 사모하였습니다. 오랜 책속의 성현과 같이 긴 세월 지나도록 만나기 어려웠습니다. 문득 간절하고 진지하게 주신 깨우침을 받았습니다. 쓸 약이 넓고도 많아 일찍이 아침저녁으로 만난 것 같았습니다.(平生景仰 有同星斗于天. 曠世難逢 長似卷中人. 忽蒙賜喩諄懇. 撥藥弘多. 曾是朝暮之遇也)'라고 하고 있어 그 이전부터 서로는 마음의 벗이었음을 알 수 있다. 그 뒤에도 두 문하에서 수학한 사람들이 많아 제자들로부터 많은 이야기를 들었을 것이고 특히 남명과 퇴계를 함께 사귄 친구 청향당(淸香堂) 이원(李源, 1501-1568)으로부터 퇴계의 이야기는 많이 들었을 것이다. 퇴계가 청향당에게 시를 써 보내면서 남명에게도 보여주라고 한 시도 받았다.

세 사람의 태어남을 누가 알았으랴	三人初度有誰知
갑년보다 3년 앞, 유년에 태어났네.	先甲三年酉是期
두류산과 배양리 아득히 멀기만 하나	邈阻頭流與培養
서로 그리워서 시 보내는 일 없으랴.	可無相憶遞傳詩

그러기에 남명은 01.에서 퇴계를 일러 '평생 마음속으로 사귀어 온 친구(百年神交)'라 말하고 있는 것이다.

02.의 월 ; 從今住世, 應無幾矣(앞으로 이 세상에 머무름이 아마도 얼마 없을 것입니다).

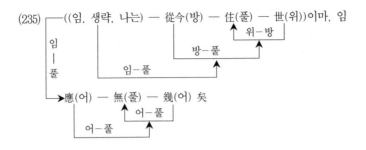

(235) ──((임, 생략, 나는) ─ 從今(방) ─ 住(풀) ─ 世(위))이마, 임
       임
       │
       풀

참고 : 從今(앞으로), 住(머무르다), 世(이 세상)
       應(아마도), 無(없을 것이다), 幾(얼마), 矣(마침의 허사)

이 편지를 쓸 때, 남명의 나이는 예순 넷이었다. 친한 벗들이 한 사람, 한 사람 세상을 떠나고 있었다. 친구 황강(黃江) 이희안(李希顔)이 쉰여섯의 나이로 세상을 떠났고 그 이듬해에는 친구 칠봉(七峯) 김희삼(金希參)이 세상을 떠났다. 이러할 때 남명 스스로도 하늘이 준 수(壽)는 다하였고, 이제 막다른 길에서 땅이 빌려준 수(壽)를 누린다고 생각하고 늘 그리던 지리산 천황봉이 환히 보이는 산청 덕산으로 삶의 터전을 옮기었다.

山中卽事	산 속에서 즉흥적으로 읊음
從前六十天曾假	이전의 육십 년은 일찍이 하늘이 빌려 준 게고,
此後雲山地借之	앞으로 구름 낀 산에서 사는 건 땅이 빌려 준 거라네.
猶是窮途還有路	막다른 길에도 또다시 길 있나니,
却尋幽逕採薇歸	그윽한 오솔길을 찾아 고사리 캐어 돌아온다네.

이러한 까닭으로 02.에서는 '앞으로 이 세상에 머무름이 아마도 얼마 없을 것입니다.(從今住世, 應無幾矣)' 하고 있는 것이다.

03.의 월 ; 竟作神道交耶(결국 (우리는) 정신적인 사귐만을 이루는 것인가요)?

(236) (임, 우리는) ─ 竟(어) ─ 作(풀) ─ 神道交(부) ─ 耶
                              부─풀
                      어─풀
              임─풀

  퇴계의 처음 부인 김해 허 씨의 친정이 의춘(의령) 가례 마을에 있었다. 일찍 세상을 떠났다. 다음 부인은 권질(權礩)의 따님인데 권질이 안의현 영승촌(거창군 마리면 영승마을)에 있었다. 의령 가례 마을은 남명이 거처하던 경남 삼가현(현, 합천군 삼가면) 토동과는 아주 가까운 거리에 있었고 안의현도 멀지 않은 거리에 있어, 처가에 가는 길에 언젠가 만날 수 있을 것으로 기대하고 있었으나 만나지 못하였다. 이제는 산청 덕산으로 옮겼으니 더욱 만나기 어려워졌다고 여긴 남명은 03.에서 '결국 우리는 정신적인 사귐만을 이루는 것인가요?(竟作神道交耶)' 하고 있는 것이다. 그러면서 다음 04.에서는 '유독 이것이 제일 한스러운 일(獨此第一含恨事也)'이라 한다.

  04.의 월 ; 人間無限不好事, 不足介懷. 獨此第一含恨事也(사람에게는 좋지 못한 일이 끝이 없지만, 가히 마음에 둘 것이 없는데, 유독 이것이 제일 한스러운 일입니다).

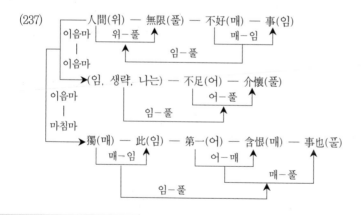

  05.의 월 ; 每念 先生一向宜春 猶有解蘊之日 尙今未焉(선생께서 한 번 의춘에 오시면 마땅히 쌓인 것을 풀 날이 있을 것으로 매번 생각하였는데 지금까지 그러하지 못했습니다).

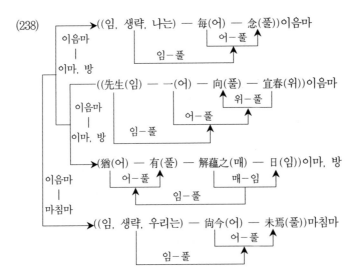

(238)

참고 : 每(매번), 念(생각하다)
　　　先生(선생께서), 一(한 번), 向(오다), 宜春(의춘)
　　　猶(마땅히), 有(있다), 解蘊(쌓인 것을 풀다), 之(허사), 日(날)
　　　尙今(지금까지), 未(그러하지 못하다), 焉(마침의 허사)

　이 편지를 쓸 때에는 남명이 산청 덕산에 살고 있었다. 05.에서 '선생께서 한 번 의춘에 오시면 마땅히 쌓인 것을 풀 날이 있을 것으로 매번 생각하였는데(每念 先生一向宜春 猶有解蘊之日)' 하는 것은 남명이 퇴계의 첫 번째 편지(1553년)와 이 편지에 대한 남명의 답장에 대한 퇴계의 답장을 보고 당시에는 남명이 삼가현 토동에 있었으므로 처가가 있는 의춘에 오면 만날 수 있을 것으로 기대하고 있었다는 것이다. 이러한 기대를 할 수 있었던 퇴계의 편지 내용을 보면 다음과 같다.

　〈퇴계의 첫 번째 편지〉
　… 저는 영남에서 생장했고 집은 예안(禮安)에 있습니다. 남쪽 지방을 왕래하면서 그대의 거처가 삼가(三嘉) 혹은 김해(金海) 등지에 있다는 사실을 들은 적이 있습니다. 일찍이 두 곳을 지난 적이 있으면서 그대가 은거하고 있는 집에 나아가 그 훌륭한 모습을 마주하지 못하였습니다. 이는 실로 제가 덕이 있는 이를 사모하는 데 게으르기 때문입니다. 추후에 생각하니 매우 부끄럽기 짝이 없습니다.…

　(滉生長嶺南 家於禮安 而往來南中 亦嘗聞高棲之 所或在三嘉 或在金海, 兩地皆滉所嘗經由 而未嘗一造衡門 幸接英眄 此實滉自無躬修之志 怠於向德之罪 追而思之 甚愧無狀也.)

〈남명의 답장에 대한 퇴계의 답장〉

…공은 북쪽으로 올 뜻이 없지만, 나는 조만간 반드시 남쪽으로 갈 것입니다. 그러나 기일은 지정할 수 없어서 연모하는 마음만 간절할 뿐이니, 잘 알아주십시오.…

(公則無北來之志 僕之南行 早晚必可得也. 而未有指期 徒切慕用之私 惟照察.)

이 두 편지는 조만간 남쪽으로 내려오면 한 번 만나볼 수 있겠구나 하는 기대를 하기에 충분하다. 그리하여 05.에서는 '만나기를 매번 생각하였다.(每念)'고 하는데 여기에서 '매번'은 '새해가 되면' 또는 '명절이면' 하는 뜻이 포함된 것으로 보인다. 그리고 남명은 산청 덕산으로 거처를 옮겨 이 기대마저도 사라지니 03.에서 '결국 우리는 정신적인 사귐만을 이루는 것인가요?(竟作神道交耶)'라고 하고 있다. 뛰어난 인재를 알고 그리워하는 마음이 절절하다. 이렇듯 만나지 못한 것을 아쉬워하면서 다음 07.에서는 이 또한, 하늘의 처분에 모두 맡겨야겠습니다(斯亦并付之命物者處分矣)라고 하고 있어 아직도 그 기대를 저버리지 않고 있다는 사실을 말하고 있다.

06.의 월 ; 斯亦并付之命物者處分矣(이 또한, 하늘의 처분에 모두 맡겨야겠습니다).

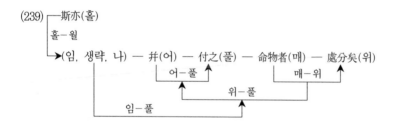

참고 : 斯亦(이 또한)
并(모두), 付(맡기다), 之(허사), 命物者(하늘의), 處分(처분에), 矣(마침의 허사)

07.의 월 ; 近見學者(요즘 공부하는 자들을 봅니다).

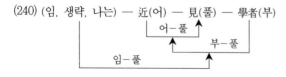

참고 : 近(요즘), 見(보다), 學者(공부하는 자)

08.의 월 ; 手不知洒掃之節 而口談天理(손으로 물 뿌리고 비질하는 절도도 모르면서 입으로 천리를 담론합니다).

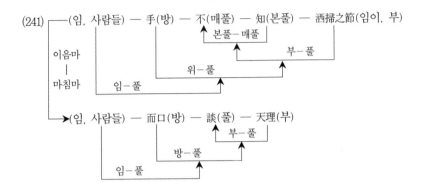

참고 : 手(손으로), 不(못하다), 知(알다), 洒掃之節(불 뿌리고 비질하는 절도)
　　　而(이음의 허사), 口(입으로), 談(담론하다), 天理(천리)

07.에서 '요즘 공부하는 자들을 봅니다.(近見學者)'라고 하였다. 이는 공부를 시작하는 초학자들의 세태를 본다는 것으로 08.에서 이들은 '손으로 물 뿌리고 비질하는 절도도 모르면서 입으로 천리를 담론한다.(手不知洒掃之節 而口談天理)'는 것이다. '손으로 물 뿌리고 비질하는 절도도 모르면서(手不知洒掃之節)'는 소학(小學)의 소학서제(小學書題) 첫머리에 나오는 말 '灑掃應對進退之節(물뿌리고 쓸며, 응대하고 대답하며, 나아가고 물러가는 예절)'에서 인유(引喻)한 것이다. 이는 '학문하는 방법도 모르면서' 하는 뜻으로 이해된다. 이와 관련하여 학기류편(같은 책, 172-173)에서는 학문하는 방법을 다음과 같이 적어두고 있다.

　　　남헌 장 씨가 말하였다. 학문에는 반드시 순서가 있다. 그러므로 물 뿌리고 쓸고 응대하고 대답하고 나아가고 물러나는 것에서부터 그 후의 일들이 모두 학문의 순서에 의한 것이다. 가까운 곳에서부터 먼 곳으로 나아가고 거친 것에서부터 정밀한 것에 이름은 학문을 하는 방법이다.
　　　(南軒張氏曰, 學必有序. 故自洒掃應對進退而往 皆序也. 由近以及遠 自粗以至精 學之方也)

그리고 이러한 방법에 따르지 않고 학문을 한다고 하면, 학기류편(같은 책, 279-280)에서는 학문의 기초가 되는 '격물치지(格物致知)'에 있어 '아마도 막막하여 손을 댈 데가 없게 될 것'이라고 써 두고 있다.

배우는 사람은 먼저 일의 시작과 끝을 살피고 난 뒤에 마음을 기르는 공력을 더해
야 한다고 하는데 나는 이 의견에 의심이 없을 수 없다. 물 뿌리고 청소하고 대답하
고 나아가고 물러나는 일은 마음을 기르는 일이다. 처음부터 마음을 기르지 않고 일
을 따라 살피려고 하면 아마도 막막하여 손을 댈 데가 없게 될 것이다. – 경부에게
답한 편지.

(學者, 先須察識端倪之發 然後可加存養之功 熹於此 不能無疑. 灑掃應對進退 此存養之事. 從初
不曾存養 便欲隨事察識 竊恐浩浩茫茫 無下手處一 -答敬夫書)

공부하는 방법이 이러한네노 요즘 공부를 시작하는 초학자들의 세태를 보면
처음부터 차근차근 쌓아가지 아니하고 남들의 글귀나 외워 형이상학(形而上學)의 천
리를 담론한다(口談天理)는 것이다. 이는 남명 스스로도 조심하는 일로써 1555년 11
월 19일 올린 '을묘사직소(乙卯辭職疏)'에서는 자신을 일러 '…행실은 물뿌리고 비질하
는 일을 제대로 해내기에도 모자란다.(行不足以備灑掃之任)'고 하고 있다.

09.의 월 ; 計欲盜名 而用以欺人(헛된 이름이나 훔치고자 꾀하여 남들을 속이는데 씁니다).

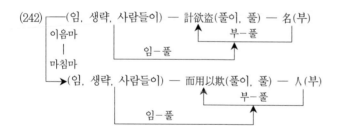

참고 : 計欲盜(훔치고자 꾀하다), 名(헛된 이름)
而(연결의 허사), 用以欺(속이는데 쓰다), 人(남)

09.의 월은 08.의 월에서 초학자들이 학문의 시작이 되는, '손으로 물 뿌리고 비
질하는 절도(手不知灑掃之節)'부터 익히지 아니하고 '입으로 천리를 담론하는(口談天理)' 까
닭을 말하고 있다. '헛된 이름이나 훔치고자 꾀하여 남들을 속이는데 쓸려고 한
다.(計欲盜名 而用以欺人)'는 것이다. 남명은 이렇게 하여 하찮은 벼슬이나 얻고자 한다

면 이는 임금과 나라를 속이고 나아가 하늘을 속이는 일이라는 생각을 갖고 있었다. 이러한 생각은 1553년 퇴계가 보낸 첫 번째 편지의 답신 속에서도 나타난다.

식(植) 같이 어리석은 사람이 어찌 자신을 아끼는 것이 있겠습니까? 단지 헛된 이름을 얻음으로써 한 세상을 크게 속였습니다. 그럼으로써 성명(聖名)에 까지 잘못 알려졌습니다. 남의 물건을 훔치는 것도 역시 도둑이라 말하는데, 하물며 하늘의 물건을 훔치는 것이겠습니까?
(植之愚蒙 寧有所靳耶. 只以構取虛名 厚誣一世. 以誤聖明. 盜人之物 猶謂之盜 況盜天之物乎?)

그리고 이러한 사람을 일러 남명은 '당나귀 가죽에 기린 모형을 뒤집어씌운 것과 같은 것'이라 하고 있다.

시속에서 숭상하는 바를 자세히 들여다보면 당나귀 가죽에 기린 모형을 뒤집어씌운 것 같은 고질이 있습니다. 온 세상이 모두 그러해 혹세무민하는 데 급급하고 있으니, 크게 어진이가 있더라도 구제할 수 없을 것입니다(남명집, 2001, 210-211).

10.의 월 ; 反爲人所中傷. 害及他人(도리어 남에게서 상처를 입게 되고, 그 피해가 다른 사람에게까지 미칩니다).

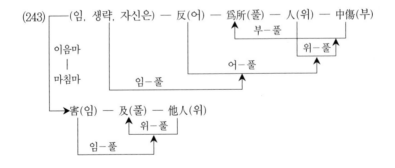

참고 : 反(도리어), 爲所(입게 되다), 人(남에게서), 中傷(상처)
害(피해), 及(미치다), 他人(다른 사람)

11.의 월 ; 豈先生長老無有以呵止之故耶(아마 선생 같은 장로(長老)께서 꾸짖어 그만두게 하지 않기 때문일 것입니다).

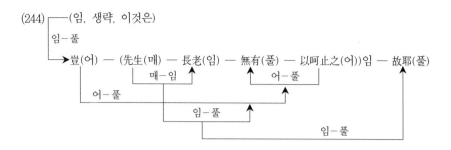

참고 : 豈(아마 ~일 것이다), 先生(선생 같은), 長老(장노), 無有(하지 않다), 以呵止之(꾸짖어 그만두다), 故(때문이다), 耶(마침의 허사)

위 09. 인용외 글에서 초학자들이 학문을 하는 시속(時俗)을 보면 '당나귀 가죽에 기린 모형을 뒤집어씌운 것 같은 고질이 있다.'고 하였다. 이는 08.에서 '손으로 물 뿌리고 비질하는 절도도 모르면서 입으로 천리를 담론한다.(手不知洒掃之節 而口談天理)'는 것을 빗대어 하는 말이다. 그리하여 혹세무민(惑世誣民) 하는데 급급하다고 하는데 이러한 시속이 나타나게 된 것은 11.에서 '아마 선생 같은 장로(長老)께서 꾸짖어 그만두게 하지 않기 때문일 것(豈先生長老無有以呵止之故耶)'이라고 하고 있는 것이다.

12. 의 월 ; 如僕則所存荒廢, 罕有來見者(저와 같은 사람은 마음을 보존한 것이 황폐하여 배우러 찾아오는 사람이 드뭅니다).

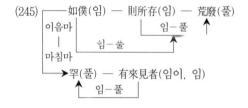

참고 : 如僕(저와 같은 사람), 則(허사), 所存(마음을 보존한 것), 荒廢(황폐하다)
罕(드물다), 有來見者(배우러 찾아오는 사람)

위 08.에서 '손으로 물 뿌리고 비질하는 절도도 모르면서 입으로 천리를 담론하는(手不知洒掃之節 而口談天理)' 이러한 시속(時俗)이 11.에서 '아마 선생 같은 장로(長老)께서 꾸짖어 그만두게 하지 않기 때문일 것(豈先生長老無有以呵止之故耶)'라고 하였는데 이 책임은 선생께만 있는 것은 아니고 12.에서는 나에게도 그 잘못이 있다는 것을 말하고 있다. 그러나 '저와 같은 사람은 마음을 보존한 것이 황폐하여 배우러 찾아오는 사람이 드물어(如僕則所存荒廢, 罕有來見者)' 꾸짖어 그만두게 하여도 별 효과가 없다는 것이다.

13.의 월 ; 若先生則身到上面(선생 같은 분은 몸소 상등의 경지에 도달하였습니다).

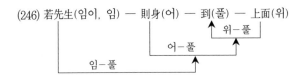

> 참고 : 若先生(선생 같은 분), 則(허사), 身(몸소), 到(도달하다), 上面(상등의 경지)

14.의 월 ; 固多瞻仰 十分抑規之如何(그리하여, 우러러 따르는 사람이 많으니 십분 억제하고 타이르심이 어떻겠습니까)?

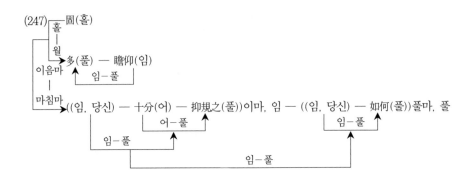

> 참고 : 固(그리하여)
> 多(많다), 瞻仰(우러러 따르는 사람)
> 十分(십분), 抑規之(억제하고 타이름이), 如何(어떻겠습니까)

13.과 14.는 12.와 짝을 이룬다. 12. 저와 같은 사람은 마음을 보존한 것이 황폐한데(如僕則所存荒廢), 13. 선생 같은 분은 몸소 상등의 경지에 도달하였고(若先生則身到上面), 12. 저와 같은 사람에게는 배우러 찾아오는 사람이 드문데(罕有來見者), 14. 선생

께는 우러러 따르는 사람이 많습니다(多瞻仰). 그리하여 저 같은 사람이 꾸짖어 그 만두게 하여도 별 효과가 없으니, 14. 선생 같은 분이 십분 억제하고 타이르시면 (十分抑規) 효과가 클 것입니다. 그러니 어떻겠습니까(如何) 하고 있다.

14.의 월 ; 伏惟鑒察(삼가 헤아려 주십시오).

(248) (임. 생략. 당신은) ― 伏惟(어) ― 鑒察(풀)

어―풀

임―풀

참고 : 伏惟(삼가), 鑒察(헤아려 주다)

간절한 부탁의 말이다. 다음 15.는 끝맺는 말이다.

15.의 월 ; 不宣(이만 줄입니다).

(249) (임. 생략. 나는) ― 不宣(풀) ― (부. 생략. 이 글을)

부―풀

임―풀

참고 : 不宣(이만 줄이다)

⑤ 결속성

이 서(書) 텍스트는 남명이 퇴계에게 먼저 보낸 서신(書信)이다. 이는 서신의 일반적인 형식에 따라 먼저 첫인사를 하고, 하고 싶은 말 즉 본문을 말한 뒤, 끝인사를 하고 있다. 편지글의 중심은 본문에 있다. 본문은 두 가지다. 하나는 요즈음 공부하는 사람들의 잘못된 세태(世態)를 지적하고, 둘은 우리가 요즘 공부하는 사람들을 타일러 잘못된 세태를 바로 잡아야 하지 않겠느냐 하는 것이다. 이러한 관점에서 이 서(書) 텍스트의 결속성을 살펴보면 제어 중심(control centre)은 14.에 나타난 '〈우리〉주체 → 〈抑規(억제하고 타이르다)〉행위'로 볼 수 있다. 이는 1차 개념이다.

(250) 거시 구조 1
　　　　1차 개념

　　〈우리〉주체 ──────▶ 〈抑規〉행위

　　1차 개념을 바탕으로 2차 개념에서는 첫인사와 '〈우리〉주체 → 〈抑規(억제하고 타이르다)〉행위'의 본문과 '이만 줄인다.(15. 不宣)'는 끝인사로 나타난다.

　　첫인사는 만남에 초점이 있다. 01.에서는 '평생 마음으로만 사귀면서(01. 百年神交) → 만나지 못했다.(01. 直今違面)', 02, 03.에서는 '앞으로 이 세상에 머물 날이 얼마 없을 것이다.(02. 從今住世 應無幾矣) → 만나지 못할 것 같다.(03. 竟作神道交耶)', 05.에서는 '의춘에 오시면 만날 것으로 매번 생각하고 있었다.(05. 每念先生, 一向宜春, 猶有解薀之日) → 만나지 못했다.(05. 尙今未焉)', 다시 04에서는 '만나지 못한 사실 → 이것이 제일 한스럽다.(04. 獨此第一含恨事也)', 06.에서는 '다시 만나기를 기대한다. → 이 또한 하늘의 처분에 모두 맡겨야겠습니다.(06. 斯亦幷付之命物者處分矣)'라고 하고 있다.

　　본문에서는 둘을 말하고 있다. 하나는 요즘 공부하는 사람들의 세태에 대하여 말하고 다른 하나는 우리가 '공부하는 사람들을 억제하고 타일러야 하지 않겠느냐?'는 것이다. 앞엣것은 09.-11.까지이고, 뒤엣것은 11.-15.까지이다. 앞엣것은 다시 둘로 나누어진다. 하나는 요즘 공부하는 사람들의 세태를 말하고 있고(11, 12) 다른 하나는 그 결과를 말하고 있다. 뒤엣것은 셋로 나누어진다. 하나는 앞엣것에 대한 원인이고(11), 둘은 앞엣것에 대한 해결 방안이다. 그리고 셋은 부탁이다. 이들을 살펴보면 다음과 같다.

　　07. 요즘 공부하는 사람들의 세태(07. 近見學者).
　　08. 입으로 천리를 담론합니다(而口談天理), 현상 ← 손으로 물 뿌리고 비질하는 절도도 모르면서(08. 手不知洒掃之節), 사실.
　　09. 남들을 속이는데 씁니다(而用以欺人), 현상 ← 헛된 이름이나 훔치고자 꾀하여(09. 計欲盜名), 사실.
　　10. 결과 → 도리어 남에게서 상처를 입게 되고, 그 피해가 다른 사람에게까지 미칩니다(10. 反爲人所中傷, 害及他人). 결과.
　　11. 이러한 원인 → 아마 선생 같은 장로(長老)계서 꾸짖어 그만두게 하지 않기 때문일 것입니다(11. 豈先生長老無有以呵止之故耶). 원인.

14. 해결 방안 → 십분 억제하고 타이르심이 어떻겠습니까(14. 十分抑規之如何)? 요구.

12. 효과 → 적다 → 배우러 찾아오는 사람이 드뭅니다(罕有來見者). 현상 ← 저와 같은 사람(如僕), 구체화.

　　크다→ 우러러 따르는 사람이 많으니(14. 多瞻仰), 현상. ← 선생 같은 분(13.若先生), 구체화.

15. 부탁 → 삼가 헤아려주시기 바랍니다(伏惟量察). 기대.

마지막은 끝인사이다. '16. 이만 줄입니다.(不宣)'이다.

이러한 사실을 바탕으로 2차 개념의 거시 구조 2를 살펴본다.

(251) 거시 구조 2

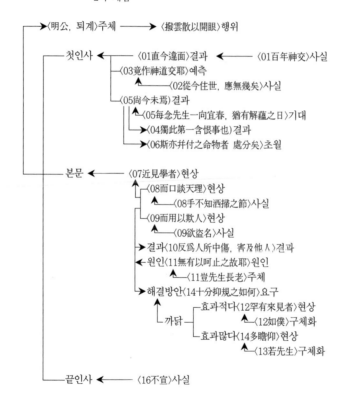

2차 개념

(252) 미시 구조

```
┌─▶〈明公, 퇴계〉주체 ───▶〈撥雲散以開眼〉행위
│
│   첫인사 ◀─── 〈01直今違面〉결과 ◀─── 〈01百年神交〉사실
│                〈03竟作神道交耶〉예측
│                    〈02從今住世, 應無幾矣〉사실
│                〈05尙今未焉〉결과
│                〈05每念先生一向宜春, 猶有解蘊之日〉기대
│                〈04獨此第一含恨事也)결과
│                    〈04 不足介懷〉사실
│                        〈04人間無限不好事〉사실
│                〈06斯亦并付之命物者 處分矣)초월
│
│   본문 ◀─── 〈07近見學者〉현상
│              〈08而口談天理〉현상
│                  〈08手不知洒掃之節〉사실
│              〈09而用以欺人〉현상
│                  〈09欲盜名〉사실
│              결과〈10反爲人所中傷. 害及他人〉결과
│              원인〈11無有以呵止之故耶〉원인
│                  〈11豈先生長老〉주체
│              해결방안〈14十分抑規之如何〉요구
│                  ▶〈15伏惟量察〉요구
│                  효과적다〈12罕有來見者〉현상
│                      〈12如僕〉구체화 ◀─
│              까닭    〈12則所存荒廢〉사실 ─
│                  효과많다〈14多瞻仰〉현상
│                      〈13若先生〉구체화 ◀─
│                      〈13則身到上面〉사실 ─
│
└─ 끝인사 ◀─── 〈16不宣〉사실
```

5. 마무리

사람은 마음을 가지고 태어난다. 마음에서 말이 일어 생각이 되고 그 말이 밖으로 나와 들을이에게 전달됨으로써 서로 합력(合力)하고 협력(協力)한다. 사람은 말로써 존재하며, 자아를 형성하고, 사회를 이루어 간다. 사람의 말은 음성 기호 체계로 이루어져 있다. 사람은 이러한 말을 하기에 단순한 기호 체계를 가지는 다른 동물과는 구별된다. 학기류편(같은 책, 49~50)에서는 사람의 존재에 대해 다음과 같이 써 두고 있다.

  주자가 말하였다. … 무극의 진리와 음양(陰陽) 오행(五行)의 정기가 묘하게 합하여 응결되는데 하늘의 도는 남자가 되고 땅의 도는 여자가 된다. 이 두 기운이 서로 교감하여 만물을 낳는데 만물이 생기고 또 생겨서 변화가 끝이 없게 된다. 오직 사람만이 그 빼어난 기운을 얻어 가장 신령스러운 존재가 된다. 형체가 생긴 뒤에는 정신이 지적인 작용을 낳게 된다.
  (周子曰 … 無極之眞 二五之精 妙合而凝, 乾道成男 坤道成女. 二氣交感 而化生萬物, 萬物生生 而變化無窮焉. 惟人也 得其秀而最靈. 形旣生矣 神發知矣)

여기에서 보면 '사람만이 그 빼어난 기운을 얻어 가장 신령스러운 존재가 된다.'고 하면서 형체가 생긴 뒤에는 정신이 지적인 작용을 낳게 된다고 한다. 그리고 학기류편(같은 책, 139)에서는 '운봉 호 씨가 말하였다. 지(智)는 마음의 신명(神明)으로 여러 이치를 묘하게 하여 만물을 주재하는 것이다.(雲峯胡氏曰, 智者心之神明 妙衆理宰萬物)'라고 써 두었다.

이렇게 두고 보면 사람은 마음의 신명(神明)인 지적 활동이나 작용을 하는 존재라는 사실을 알 수 있다. 사람의 지적 활동이나 작용은 말로써 이루어진다. 남명은 신명사도(神明舍圖)와 신명사명(神明舍銘)을 통하여 이러한 사실을 설명하고 있다. 신명사도·명의 구조물이나 벼슬 이름으로 나타난 심성 구조는 현대 언어학의 아버지라 일컬어지는 구조주의 언어학자 소쉬르(Fendinand de Saussure)의 언어 구조와 놀랍도록 일치하고 있다. 현대 언어학에서의 언어 구조가 1915년 소쉬르(Fendinand de Saussure)의 〈Cours de linguistique générale〉에서 비롯되어 정리되었음을 감안한다면 이 사실만을 두고 볼 때 신명사도·명에 나타난 남명의 심성 구조는 소쉬르보다 무려 350여년을 앞서고 있다는 점 또한 놀랍다. 또 남명은, 신명사도에서는 경(敬)과 같은 추상적인 낱말(개념어)을 통하여, 신명사명에서는 본문이나 주석을 통하여, 마음을 다스리는 수양론의 과정과 모습을 보이고 있는데 이는 현대 언어학에서도 찾기 어려운 언어 순화의 길이다. 여기에 나타난 용어나 말들은 원시 유학이나 주자 성리학을 중심으로 하면서, 노장학, 주역참동계(周易參同契)[177], 음부경(陰符經)[178] 등에 나타난 도가류(道家類)의 것들을 일부 수용하여 이들을 하나로 꿰어 체계화시키고 있다는 점에서 이들은 남명만의 매우 독특한 말이라 해야 할 것이다. 그러기에 남명의 신명사도와 신명사명을 본 퇴계는 금계(錦溪) 황준량(黃俊良, 1517-1563)에게 편지한 '답황중거(答黃仲擧)'에서 다음과 같이 말하고 있다.

> 계부당명을 베껴 보여 주신 것에 대해 깊이 감사드립니다. 그러나 그 설이 끝 간데 없이 넓고 아득하여 비록 노장의 책에서도 볼 수 없을 만한 것입니다. 아직 거기에 대하여 공부한 바가 없으니 어찌 함부로 말할 수 있겠습니까? 그 사람이 본래 예사롭지 아니하고 그 학문이 또한 배우기 어려운 것입니다(鷄伏堂銘 深荷錄示 但其說 曠蕩玄邈 雖於老莊書中 亦所未見 旣未嘗學 焉敢議及 其人固非尋常 而其學又難學也). (도산전서 2권, 150, 정우락, 2008, 97.)

위 글에서 퇴계가 '공부한 바가 없다.'는 것은 신명사도·명에 쓰인 성리학적 용어가 아니다. 신명사도·명이 나타내고자 하는 심성 구조나 그 체계를 알기 어

---

177) 주역참동계(周易參同契)는 중국 한(漢)나라 사람 위백양(魏伯陽)이 주역의 효상(爻象)을 빌어 연단(煉丹), 양생(養生)을 주로 말한 책이다.
178) 음부경(陰符經)은 중국 황제(黃帝)가 지었다고 알려진 것으로 상·중·하편으로 되어 도(道), 법(法), 술(術)을 말하고 있다.

렵다는 것이다. 남명의 신명사도·명을 분석해 볼 때 남명은 마음이 생각을 통하여 사물의 세계로 나아가는 것을 상정하여 도(圖)를 그리고 명(銘)으로 설명하고 있는 것으로 보인다. 생각은 곧 말이다. 말이 마음 밖으로 나가는 과정을 심성 구조를 통하여 말하고 있는 것이다. 음성 기호로 이루어진 사람의 말은 동물의 기호와는 차이가 있다.[179] 이러한 차이로 사람은 동물과 달리 말로써 정신의 지적 작용을 낳는(위 주자의 말 참조) 신령스러운 존재인 것은 분명하다. 남명은 이러한 인식을 가지고 있었던 것으로 보이는데 이러한 인식을 신명사도·명을 통하여 구체화시키고 있다는 점은 어떠한 성리학자들에서 볼 수 없는 매우 뛰어난 점이다.

남명이 일생을 통하여 이러한 마음속에 늘 간직하였던 경(敬)과 의(義)의 실천된 모습을 남명의 삶을 통하여 다시 한 번 살펴봄으로써 마무리로 삼는다.

1) 처사로서의 삶

남명의 생애를 살펴보면 대개 다음 네시기로 구분된다.[180]

제 1기, 수학기(修學期, 1~29살)

제 2기, 산해정 시대(30~45살)

제 3기, 뇌룡정 시대(46~60살)

제 4기, 산천재 시대(61~72살)

제 1기는 남녕이 태어나서부터 아버지의 시묘살이가 끝나고 산해정을 지어 김해로 옮겨가지 전까지, 이 시기가 남명의 수학기(修學期)이다.

남명은 경남 삼가현(현, 합천군 삼가면) 토동 외가에서 태어나 네 살 때까지는 주로 외가에서 자랐다. 네 살 정도에 아버지를 따라 의흥에 갔다가 또 서울로 가 일곱 살 정도에 승문원(承文院) 정자로 있던 아버지에게서 글을 배웠다. 10살 쯤 되었을

---

179) 음성 기호로 이루어진 사람의 말이 동물의 기호와 다른 특징은 '1. 창조성이 있다(동물에게는 없다). 2. 양면성(형식과 내용 즉 소리와 뜻)이 있다. 3. 말의 형식(소리)과 내용(뜻)의 관계는 자의적(恣意的)이다. 4. 말에는 조직성이 있다. 5. 말에는 사람들이 합력과 협력이 가능하도록 하는 사회성이 있다'고 하는 다섯 가지를 들 수 있다. 이 중에서 창조성은 매우 중요한 특징이다. 사람의 창조적 능력은 말속에 있다.

180) 이에 대한 자세한 내용은 조일규(2013) 참조.

때는 이윤경(李潤慶), 이준경(李浚慶) 형제와 친하게 지내며 함께 공부하였다. 열일곱 살 때인 1517년(중종 12년) 4월에는 아버지와 함께 연화방에서 장의동(현재 종로구 효자동 근처)으로 이사하였다. 이곳에서 대곡(大谷) 성운(成運, 1497-1579), 성우(成遇, 1495-1546) 형제를 만나 벗하며 함께 열심히 책을 읽었다. 이 시기에 청송(聽松) 성수침(成守琛, 1493-1564) 등 많은 친구들을 사귀었다(허권수, 2001, 40). 나이 열여덟 살에 아버지를 모시고 함경도 단천으로 갔다가 돌아오는데 그 시기에 경사자(經史子)를 두루 섭렵하여 깨달아 알고 천문(天文), 지지(地志), 의방(醫方), 궁마(弓馬), 행진(行陣), 관방(關防), 진술(鎭戍) 등에도 뜻을 두고 궁구하여 세상에 응하는 쓰임으로 삼았다. 열아홉 살에는 산사(山寺)에서 주역을 읽었다(최석기, 1991, 64). 이후 서른 살까지는 과거에 뜻을 두고 공부에 매진하였다. 스무 살에 과거에 응시하여 사마시(司馬試)의 생원(生員), 진사(進士) 양과와 문과(文科) 초시에 합격하였으나 그 전 해의 기묘사화(己卯士禍)로 말미암아 당시의 시험관이 모두 파직당하여 그 시험도 무효 처리된 듯 하다(오이환, 2000ㄴ, 20). 스물두 살에 남평 조 씨와 결혼하였다. 남명이 스물여섯 살 되던 해인 1526(중종 21년)년 3월 쉰여덟의 나이로 아버지가 돌아가셨다. 아버지가 돌아가시자 남명은 아버지를 삼가(三嘉) 관동(冠洞)의 선영으로 귀장(歸葬)하고 3년 동안 시묘살이를 하였다. 1528년 6월 스물여덟에 부친상을 마쳤다. 이 해 가을에 아버지의 묘갈을 세우고 글을 직접 지었다. 스물아홉 살에는 의령 자굴산 산사에서 공부하였다. 여기까지가 남명의 수학기(修學期)로 과거에 뜻을 두고 두루 공부하던 시기이다.

남명은 1530년(중종 25년), 서른 살 되던 해 처갓집이 있는 김해 신어산(神魚山) 밑 탄동(炭洞)으로 이사하였다. 그리고 집 근처에 서제(書齋)인 산해정(山海亭)을 짓고 이곳에서 더욱 학문에 힘을 쏟게 되는데 이때부터 남명은 세상 떠날 때까지 처사로서의 삶을 살았다. 1945년 11월 어머니가 돌아가셔서 삼가 선영에 모시고 시묘살이를 시작하게 된다. 그 전까지를 글쓴이는 제 2기 산해정 시대로 보았다. 산해정 시대를 들어서면서 남명의 삶은 큰 전환점을 맞이하게 된다. 1931년 남명의 나이 서른한 살에 문장이 과거에 적합하지 않다고 여기고 평이하고 간실(簡實)한 글을 쓰기 위하여 처음으로 성리대전(性理大全)을 읽게 되었다. 성리대전을 읽다가 원나라의 학자 노재(魯齋) 허형(許衡, 1209-1281)의 글을 읽게 되었다.

이윤(伊尹)[181]의 뜻을 뜻으로 삼고, 안자(顔子)[182]의 학문을 학문으로 삼아, 벼슬에 나아가서는 경륜을 펴서 업적을 이루고 초야에 있으면서는 지조를 지켜야 한다. 대장부라면 마땅히 이와 같이 해야 한다. 벼슬에 나아가 아무 하는 일도 없고 초야에 있으면서 아무런 지조도 지키지 않는다면 뜻을 세우고 학문을 닦아 장차 무엇을 하겠는가?

남명은 이글을 통하여 크게 깨달아 실리(實利)를 위한 공부를 접고 위기지학(爲己之學)에 뜻을 두었다. 이 무렵의 심정을 서른두 살 때 어릴 적부터 친구인 규암(圭庵) 송인수(宋麟壽)가 보내온 대학(大學)에 다음과 같이 기록하고 있다.

나는 처음 타고난 기가 매우 박한 데다 스승과 벗이 타일러 줌도 없어서 타자에게 오만함으로써 높은 체 할 따름이었다. 남에게 오만할 뿐 아니라 세상에 대해서도 오만함이 있어서, 부귀나 재물, 이익을 풀이나 진흙처럼 보아 멸시하며, 가볍고 우쭐하여 크게 휘파람불고 팔을 치켜들며 늘 세상을 저버릴 듯 한 기상이 있었다. 이 어찌 도탑고 믿음직하며 건실한 기품이겠는가? 날로 소인의 지경으로 치달으면서도 스스로 알지 못한 것이다. 약관에 문과 한성시에 합격하고, 아울러 사마시의 복시에도 합격하였는데 춘관이 모두 유사(有司)로부터 쫓겨났다. '과거란 애초에 장부가 몸을 드러내는 바탕으로 삼기에 족하지 못하거늘 하물며 이런 소과이겠는가?'라고 생각하고, 마침내 사마시는 그만두고서 동당(문과)에만 나아갔으며, 세 번 일등 하였으나 더러는 나아가고 더러는 쫓겨나 나이가 이미 서른 남짓이 되었다. 또한 글을 짓는 것이 법식에 맞지 않음을 염려하여 다시금 평이하고 간실(簡實)한 책을 구해 읽다가 성리대전(性理大全)을 가지고 읽게 되었다. 하루는 읽다가 허 씨의 설에 이르렀는데 '나아가면 유위(有爲)함이 있고 처해서는 지키는 바가 없다면 뜻한 바, 배운 바를 장차 무엇 하겠는가?'라는 말이 있었다. 문득 두려운 마음이 들어 스스로 반성해 보니, 부끄러워 오그라들고 스스로 이득하며, 배운 바가 쾌먹시 않아 거의 한 평생을 그르칠 번하여, 인류의 일상적인 일들이 모두 본분 가운데서 나오는 것임을 애당초 몰랐던 것을 크게 탄식하였다. 마침내 과거 공부가 싫어졌으며, 그러다가 걷어치우고서 오로지 뜻을 학문에만 두어 점차 본래의 고향으로 들어가게 되었다(오이환, 2000ㄴ, 20-21).

이렇게 노재(魯齋)의 말에서 자신의 학문과 처신의 방향을 찾아 결심하고 이때부터 공명을 위한 형식적이고 지엽적인 학문은 떨쳐버리고 유학의 정수를 공부하

---

181) 이윤(李尹)은 하남성(河南省) 유신(有莘) 벌판에서 자기 손으로 밭을 일구며 지내다 은(殷)나라 탕(湯) 임금의 부름에 응하여 천하를 통일하도록 도와 은나라의 기틀을 잡은 인물이다.
182) 안자(顔子)의 성은 안(顔) 이름은 회(回)이다. 공자의 수제자로서 순(舜) 임금은 어떤 사람이며 나는 어떤 사람인가? 라고 말하면서 자신도 능히 성인의 경지에 도달할 수 있다는 큰 포부를 가지고 가난 속에서도 흔들리지 않고 안빈낙도(安貧樂道)하며 학문을 닦았던 인물이다.

기에 온 힘을 쏟았다. 이로부터 남명의 삶은 바뀌었다. 이전까지는 과거를 통하여 세상으로 나아가고자 했던 삶이었다고 한다면 이때부터는 세상으로 나아가는 삶이 아니라 자아를 확충하여 그 쓰임을 얻고자하는 처사로서의 삶, 노재(魯齋)의 말을 빌리자면 대장부의 삶으로 나아가게 된 것이다. 남명의 삶을 크게 본다면 이를 기점으로 전(前)과 후(後)로 나누어 볼 수 있겠다. 뒤에 어머니의 권유에 못 이겨 효도하는 마음으로 과거 시험에 응시하기는 하나 과거에 뜻을 둔 것은 아니었다. 남명은 자신이 한 번 옳다고 여기고 그 뜻을 세우면 죽음도 두려워하지 아니하고 실천하는 분이었다. 노재(魯齋)의 말에서 돌이켜 위기지학(爲己之學)에 뜻을 둔 이후, 일흔 두 살에 산천재에서 제자들에 싸여 돌아가실 때까지 처사로써 대장부의 삶을 조금도 흔들림 없이 살았다.

조정에서는 십여 차례에 걸쳐 벼슬을 바꾸어가며 불렀으나 한 번도 그 벼슬에 나가지 않았다. 그 현황을 연도순으로 살펴보면 다음과 같다.

1538년 참지(參知) 이림(李霖)과 대사성 이언적의 천거로 종구품 헌릉참봉(獻陵參奉)에 제수 되었다. 나가지 않았다.

1548년 10월 종6품직 전생서주부(典牲署主簿)에 제수되었다. 나가지 않았다.

1551년 종6품직 종부시주부(宗簿寺主簿)에 제수되었다. 나가지 않았다.

1552년 이조에서 유일로 천거하여 종6품직 전생서주부(典牲署主簿)에 제수되었다. 나가지 않았다.

1553년 3월 18일에는 사도시주부(司䆃寺主簿), 같은 해 3월 26일에는 예빈시주부(禮賓寺主簿)에 제수되었다. 나가지 않았다.

1555년 10월 종6품직 단성현감(丹城縣監)에 제수되었다. 을묘사직소(乙卯辭職疏)를 올리고 나가지 않았다.

1559년 종6품직 조지서사지(造紙署司紙)에 제수되었다. 나가지 않았다.

1566년 7월 6품 벼슬을 제수하며 불렀다. 나가지 않았다.

1566년 8월 종5품직 상서원판관(尙瑞院判官)에 제수되었다, 그 해 10월 7일 대궐에 들어가 임금께 숙배하고 사정전(思政殿)에서 치도의 방책을 아뢰었다. 10월 11일 벼슬을 사양하고 돌아왔다.

1567년 선조가 11월과 12월 두 차례에 걸쳐 특별히 불렀다. 12월에는 사직소, 정묘사직 정승정원장(丁卯辭職呈承政院狀)을 올리고 나가지 않았다.

1568년 5월 다시 불렀다. 사직소, 무진봉사(戊辰封事)를 올리고 나가지 않았다.

1569년 정4품직 종친부전첨(宗親府典籤)에 제수되었다. 나가지 않았다.

1570년 다시 불렀다. 나가지 않았다.

이렇듯 남명은 3대(중종, 명종, 선조)에 걸쳐 십여 차례 특별대우를 해가며 불렀으나 끝내 나가지 않았다. 남명은 벼슬에 나가는 것을 좋지 않게 생각하거나 막아 선 분이 아니다. 벼슬에 나가면 나가서 나라와 백성을 위하여 쓰임이 있겠는가? 벼슬 자체에 안주하거나 집착하지 아니하고 때에 맞게 의(義)를 실천할 수 있는가? 이 둘에 가치 기준을 두고 늘 출처를 생각하고 실천하는 분이었다. 나가서도 그 쓰임이 없다면 공부를 통하여 자기의 능력을 더욱 길러 때를 기다리는 것이 대장부의 삶이라 여겼다. 자신도 이를 엄격하게 하였고 이를 제자들에게도 가르쳤다. 동강(東岡) 김우옹(金宇顒)이 계해년(癸亥年, 1563년)에 선생에게 가르침을 청했다. 이에 대한 대답이다.

> 대장부의 거동은 무겁기가 산악과 같고 만길 절벽처럼 우뚝해야 한다. 때가 이르면 펼쳐서 많은 일을 해야 한다. 비유하자면 삼천 근 나가는 큰 쇠뇌는 한 번 발사하면 능히 만 겹의 단단한 성곽을 부순다. 그러나 날다람쥐를 잡기 위해서 발사하지는 않는다.
> (丈夫動止. 重如山岳. 壁立萬仞. 時至而伸. 方做出許多事業. 譬之, 千鈞之弩 一發能碎萬重堅壁
> 固不爲鼷鼠發也) (김우옹, 남명선생행록, 허권수, 2010, 196.)

출처에 대하여 남명은 퇴계를 높이 평가하고 있다. 퇴계는 1534년(중종 28년) 문과에 급제하여 승문원부정자(承文院副正字)가 되면서 벼슬을 시작하였다. 이후, 홍문관 수찬, 홍문관교리, 성균관사성, 홍문관전한(弘文館典翰), 승문원참교, 사복시정, 교서 관교리(校書館校理), 안동대도호부사(安東大都護府使), 홍문관부응교, 풍기군수, 홍문관교리, 사헌부집의, 성균관대사성 등 관직에서 내외의 요직을 두루 거쳤다. 이러는 가운데 쓰임이 있을 때는 나갔고 그렇지 않으면 물러났다. 벼슬 자체에 안주하거나 조금도 집착하지 아니하였다. 이러한 퇴계를 두고 남명은 일러 '근세에 군자로 자처하는 사람이 많지 않은 것이 아닌데, 출처가 의리에 맞는 사람은 내가 들은 바가 없도다. 요즈음 오직 경호(景浩, 퇴계)만이 옛 사람에 가깝다.(近世以君子自處者 亦不爲不多, 出處恊義 蔑乎無聞. 頃者, 唯景浩庶幾古人)(허권수, 2010, 59)' 하고 있다. 이를 두고 보면 남명의 출처관은 벼슬을 하느냐가 문제가 아니라, 벼슬에 나가서 '나라와 백성을 위하여 쓰임이 있는가, 벼슬 자체에 안주하거나 집착하지 아니하고 때에 맞게 의(義)를 실천할 수 있는가?'에 그 기준을 두고 있음을 알 수 있다. 남명은 조정에서 그렇게 불렀는데도 세상 떠날 때까지 한 번도 구차하게 벼슬에 나가 산 적이 없는 깨끗한 처사로서의 삶을 살았다.

2) 학자로서의 삶

남명이 위기지학(爲己之學)에 뜻을 두고 학자의 길을 선택하여 나아간 시기도 성리대전에서 노재(魯齋) 허형(許衡)의 글을 읽고 난 이후의 산해정 시대부터라 해야 할 것이다. 이 시기에 남명은 이미 높은 수준의 폭 넓은 공부를 하고 있었다. 수학기에 이미 경사자(經史子)를 두루 섭렵하여 깨달아 알았고 천문(天文), 지지(地志), 의방(醫方), 궁마(弓馬), 행진(行陣), 관방(關防), 진술(鎭戍) 등에도 뜻을 두어 궁구하였으며 나이 스무 살에는 무효처리 되기는 했으나 과거에 응하여 사마시(司馬試)의 생원, 진사 양과와 문과(文科)의 초시에 합격하였다. 또 주역을 읽고 깨달아 알았으며 주자(周子, 敦頤), 정자(程子, 程顥 程頤), 주자(朱子, 朱熹) 등 성리학은 물론, 노장(老莊)과 불교에도 조예가 깊었다(김충열, 2002, 54). 남명이 수학기에 이미 학문적으로 높은 수준에 이르렀다는 사실은 수학기에 지은 아버지의 묘갈명이나 시(詩), 부(賦)[183]를 통해서도 알 수 있다. 남명 스스로도 이 시기에 '가볍고 우쭐하여 크게 휘파람 불고 팔을 치켜들며 늘 세상을 저버릴 듯 한 기상이 있었다.(위 대학에 기록한 남명의 글)'고 하였다. 이렇듯 남명은 학문의 길로 나아가기 전에 이미 그 나아갈 바를 준비하고 있었다. 남명은 제자들에게도 '공부를 할 때에는 먼저 지식을 높고 밝게 해야 한다. 마치 태산에 올라가면 모든 것이 다 낮아지게 되는데 그런 뒤에 내가 행하는 바가 순조롭지 않음이 없게 되는 것이다.' 하고 가르쳤다(정인홍, 남명조선생행장, 허권수, 2010,

---

183) 민암부(民巖賦)는 1534년 치렀던 문과 시험의 시제에 따라 쓴 것으로 보이는데(남명집, 2001, 153 주14) 이는 수학기에 쌓은 능력으로 말미암은 것으로 보아야 할 것이다.

67). 남명은 이때 이미 학자로서의 그 명성도 얻고 있었다. 1530년에 남명이 거처를 김해 산해정으로 옮기자 대곡 성운과 청향당(清香堂) 이원(李源, 1501~1568), 송계(松溪) 신계성(申季誠, 1499~1562), 황강(黃江) 이희안(李希顔, 1504~1559)이 찾아왔다. 여러 날 강론하였다. 당시 사람들이 이들의 모임을 아름답게 보고 '덕성(德星)이 모였다.'고 하였다(남명선생편년, 2011, 29)는 기록을 통해 알 수 있다. 남명이 학문의 길에 들어서고부터는 오직 그 길로 나아갔다. 결국에는 성호(星湖) 이익(李瀷, 1579~1624)의 말대로 퇴계와 함께 우리의 문명을 절정으로 끌어 올렸다.

중세 이후에는 퇴계가 소백산 밑에서 태어났고, 남명이 두류산 동쪽에서 태어났다. 모두 경상도 땅인데, 북도에서는 인(仁)을 숭상하였고 남도에서는 의(義)를 앞세웠다. 유교의 감화와 기개를 숭상한 것이 넓은 바다와 높은 산과 같았다. 우리의 문명은 여기에서 절정에 달하였다.
(中世以後, 退溪生於小白之下, 南冥生於頭流之東, 皆嶺南之地, 上道尚仁, 下道主義. 儒化氣節如 海闊山高. 於是乎 文明之極矣) (정우락, 2008, 92.)

남명 당시의 학문은 원시 유학을 바탕으로 한 성리학이었다. 성리학의 중심 과제는 마음에 대한 것이었다. 이는 두 가지 측면에서 고찰된다. 하나는 심성론이고 다른 하나는 수양론이다(금장태, 2002ㄱ, 279). 남명은, 심성론에 있어서는 심성 구조를 파악하는 데 많은 힘을 기우렸고 수양론에 있어서는 경(敬)을 바탕으로 한 의(義)의 실천에 많은 힘을 쏟았다. 남명에게 있어서 경(敬)과 의(義)는 매우 중요한 의미를 가진다. 제자들에게도 늘 경(敬)과 의(義)의 중요성을 말히었다.

우리 집에 이 두 글자가 있는 것은 하늘에 해와 달이 있는 것과 같다. 만고의 오랜 세월을 통해서도 변할 수 없는 것이다. 성현의 천 마디, 만 마디의 말도 그 귀결처(歸結 處)를 요약해 보면 이 두 글자에서 벗어나지 않는다. (吾家有此兩箇字 如天之有日月. 洞萬古 以不易. 聖賢千言萬語 要其歸 都不出二字外也.) (정인홍, 남명조선생행장, 허권수, 2010, 66.)

또 세상 떠나게 전, 마지막 숨을 고를 때에도 여러 제자들에게 경(敬)과 의(義)의 중요성을 말하였다.

경·의(敬義) 두 글자는 매우 절실하고 중요하다. 공부하는 사람은 공부가 푹 익도록 해야 한다. 푹 익으면 한 가지 사물도 가슴 속에 걸리지 않는다. 나는 이 경지에 이르지 못하고 죽는다.

(此二字極切要. 學者要在用功熟. 熟則無一物在胸中. 吾未到這境界以死矣) (정인홍, 남명조선생행장, 허권수, 2010, 70.)

이렇듯 남명은 경·의(敬義)를 매우 중요하게 생각하였다. 남명의 학문은 이 '경·의(敬義)'에 집약된다 해도 지나친 말이 아니다. 남명의 경(敬)은 사람의 본성인 성(誠)이 드러나게 하는 유일한 방법으로 수양론의 핵심이다. 그리하여 남명은 신명사명의 주석에 '閑邪則一 無欲則一 禮必本於太一 無邪其則 事以忠孝(사악(邪惡)함을 막으면 마음이 한결같아지고, 사욕(私欲)이 없으면 마음이 한결같아진다. 예(禮)는 반드시 태일(太一)에 근본해야 한다. 사악한 마음을 없애는 것이 그 법칙이니 충효(忠孝)로써 섬겨야 한다.)'라고 한다. 그러면서 남명은 학기류편(같은 책, 189)을 통하여 '생각을 사악하게 하지 않는 것이 마음속에 갖추어야 할 준칙(無邪者, 心之則)'이라고 하면서 '경(敬)이 사특함을 막는 길(敬, 是閑邪之道)'이라고 적고 있다. 사악함(閑邪)이나 사욕(私欲)은 마음 안에서나 밖에서 다 일어나는데 안에서 일어나는 것은 경(敬)으로 마음을 밝게(明)함으로써 없애고, 밖에서는 경(敬)으로 성찰(省察)하여 의(義)의 결단(決斷)을 통하여 없애야 한다. 그리하여 남명은 '경이명내(敬以明內), 의이단외(義以斷外)'라 새겨진 경의검(敬義劍)을 늘 차고 다니면서 정신을 일깨웠다. 경(敬)으로써 안으로 마음을 밝게 하면 성(誠)이 자연스럽게 드러나게 된다.[184] 성은 사람의 본성을 이룰 뿐만 아니라 모든 만물을 이루는 이치(理)이므로 경(敬)을 통하여 형이상학으로 나아가게 된다. 밖으로는 경으로 성찰(省察)함으로써 기미(幾微)를 알게 된다. 기미(幾微)는 선과 악이 갈라지는 부분, 또는 그 낌새라는 뜻으로 몽각관(夢覺關)에서 몽(夢, 혼미함)이 나타나거나 인귀관(人鬼關)에서 귀(鬼, 악)가 나타나는 낌새가 있으면 이를 살펴(審幾) 의(義)의 결단을 통하여 이를 없애야 한다. 이는 경(敬)을 통하여 형이하학으로 나아가는 것을 말한다. 이렇듯 경(敬)으로 마음을 밝게 하면 성(誠)이 자연스럽게 드러나 형이상학으로 나아가기도 하고 또 경(敬)으로 마음을 밝게 하면 그 밝아진 마음으로 기미(幾微) 알아 의(義)의 결단을 통하여 형이하학으로 나아가기도 한다. 이렇게 두고 보면 경(敬)은 위, 아래, 안과 밖으로 나아

---

184) 여기에 대해서는 이 글 4., 4), (2) 신명사명의 주석 분석에서 자세히 설명하였다.

가는 중심을 이루는 것이다. '경이명내(敬以明內)와 의이단외(義以斷外)'는 주역(周易) 곤괘(坤卦) 문언전(文言傳)에 나오는 말, 경(敬)으로써 안을 곧게 하고(敬以直內), 의(義)로써 밖을 방정하게 한다(義以方外)는 데서 비롯된 것이다.

> '直其正也, 方其義也, 君子敬以直內, 義以方外 敬義立而德不孤, 直方大, 不習无不利 則不疑其所行也(곧은 것은 바른 것이요, 방정한 것은 옳은 것이다. 군자는 경(敬)으로써 안을 곧게 하고 의(義)로써 밖을 방정하게 하여, 경(敬)과 의(義)가 섬으로 덕(德)이 외롭지 않다. 바르고 방정함이 커서 학습하지 않아도 이롭지 않음이 없으니, 바로 행하는 것을 의심하지 않는다).' (주역, 2011, 589-590.)

이를 보면, 남명에서는 '敬以直內(경으로써 안을 곧게 한다)'를 '敬以明內(경으로써 안을 밝게 한다)'로 바꾸어, 직(直)이 명(明)으로 바뀌고, '義以方外(의로써 밖을 방정하게 한다.)'를 '義以斷外(의로써 밖을 결단한다.)'로 바꾸어, 방(方)이 단(斷)으로 바뀌어 있다.

먼저 '직(直)이 명(明)으로 바뀐 것'에 대해 살펴본다. 이는 경(敬)으로써 마음을 수양(修養)하게 되는데 수양은 존양(存養)과 성찰(省察)이다. 존양(存養)은 존심양성(存心養性)으로 사람이 처음 타고난 마음 즉 선(善)을 보존(存)하고 이를 배양(養)하는 것이다. 그러기 위해서는 공부하여야 할 터인데 그 공부의 요령을 남명은 대학에서 구하고 있다. 대학에서 수양을 위한 공부를 삼강령(三綱領)에서는 명명덕(明明德, 명덕을 밝힌다.)이라 한다. 그 뒤에 나타난 대학 팔조목(八條目)에서 보면 '명명덕(明明德)'에 관련한 것은 '격물(格物), 치지(致知), 성의(誠意), 정심(正心), 수신(修身)'인데 남명은 이러한 것들이 경(敬)으로 이루어져야 하는 것으로 보고 있다. 이러한 사실은 1568년(선조 1년) 선조에게 올린 '무진봉사(戊辰封事)'에도 나타난다.

> … 엎드려 보건대, 주상께서는 상지(上智)의 자질을 타고나셔서 백성을 다스리고자 하시는 마음이 있으니 이것은 진실로 백성과 사직(社稷)의 복입니다. 그런데 백성을 잘 다스리는 도는 다른 데에서 구할 것이 아니오라, 요점은 임금이 선을 밝히고 몸을 정성되게 하는 데에 있을 뿐입니다. 이른바 선을 밝힌다는 것은 이치를 궁구함을 이름이요, 몸을 정성되게 한다는 것은 몸을 닦는 것을 말합니다. 천성 안에는 모든 이치가 다 갖추어 있으니, 인(仁), 의(義), 예(禮), 지(智)가 그 본체이고 모든 선(善)이 다 여기서부터 좇아서 나옵니다. 마음은 이치가 모이는 주체이고, 몸은 마음을 담은 그릇입니다. 그 이치를 궁구함은 장차 쓰려는 것이요, 그 몸을 닦음은 장차 도를 행하

려는 것입니다. 그 이치를 궁구하는 바탕이 되는 것은 글을 읽으면서 의리를 강명하고, 일을 처리할 적에 그 옳고 그름을 찾는 것입니다. 몸을 닦는 요체가 되는 것은 예가 아니면 보지도 듣지도 말하지도 움직이지도 않는 것입니다.

가슴 속에 마음을 간직해서 혼자 있을 때를 삼가는 것은 큰 덕(大德)이고, 밖으로 살펴서 그 행동에 힘쓰는 것은 왕의 도리(王道)입니다. 그 이치를 궁구하고 몸을 닦으며, 가슴속에 본심을 간직하고 밖으로 자신의 행동을 살피는 가장 큰 공부는 곧 반드시 경(敬)을 위주로 해야 합니다. 이른바 경이란 것은 정제하고 엄숙히 하여, 항상 마음을 깨우쳐서 어둡지 않게 하는 것입니다. 한 마음의 주인이 되어 만사에 응하는 것은 안은 곧게 밖은 방정하게 하는 것입니다. 공자께서 이른바, '경으로써 몸을 닦는다.'라는 것이 이것입니다. 그러므로 경을 주로 하지 않으면 이 마음을 간직할 수 없고, 마음을 간직하지 못하면 천하 이치를 궁구할 수 없으며, 이치를 궁구하지 못하면 사물의 변화를 다스릴 수가 없습니다.…(교감 국역 남명집, 1995, 249.)

이를 통해서 보면 '백성을 잘 다스리는 도는 다른 데에서 구할 것이 아니오라, 요점은 임금이 선을 밝히고 몸을 정성되게 하는 데에 있을 뿐입니다.(爲治之道 不在他求 要在人主明善誠身而己)'라고 하고 '그 이치를 궁구하고 몸을 닦으며, 가슴속에 본심을 간직하고 밖으로 자신의 행동을 살피는 가장 큰 공부는 곧 반드시 경(敬)을 위주로 해야 합니다.(其所以爲窮修存誠之極功 則必以敬爲主)'라고 한다. 경(敬)으로써 '明善(선을 밝히다.)'하고 경(敬)으로 '명명덕(明明德)'해야 함을 말하고 있는 것이다. 그리하여 남명은 경(敬)으로써 마음(안)을 곧게(바르게, 直) 하는 것만으로는 부족하고 이를 포함하는 '명(明)'으로까지 나아가야 한다고 보고 있는 것이다. 이에 대하여 이상필(2002, 153)에서는 '남명이 경(敬)의 의미를 명(明)으로 바꾼 것은, 원시유학의 질박한 개념을 포괄하면서 송대(宋代) 신유학(新儒學)의 정연한 이론적 개념을 용해하였음의 보여 준다.'고 하고 있다. 또 경(敬)의 사회적 역할에서 그 본질을 찾고자 했던 조희환(2010, 113-114)에서는 '직(直)이 지나치면 완고(頑固), 우직(愚直), 경직(硬直)으로 변하여 결과적으로 매사에 종(縱)적으로 앞만 보고 달리는 직진(直進)형, 외곬 형 인간으로 되기 쉽기 때문에 횡(橫)적으로도 나아가도록 직(直)에 명(明)을 보완하고 있다.'고 한다. 이 두 분의 견해를 보더라도 남명의 '경이직내(敬以直內) → 경이명내(敬以明內)'의 변화는 남명의 발전적 견해를 나타낸 것이 분명하다.

다음으로 방(方)이 단(斷)으로 바뀐 것에 대해 살펴본다. 이를 위해서는 경(敬)이 미치는 범위가 수양론에서 어디까지인가를 살펴볼 필요가 있다. 위 무진봉사(戊

辰封事)를 보면

　　…안으로 마음을 보존해서 혼자 있을 때도 삼가는 것이 큰 덕(大德)이고 밖으로 성
찰(省察)하여 그 행동에 힘쓰는 것이 왕의 도리(王道)입니다. 그 이치를 궁구하여 몸을
닦으며, 존양과 성찰의 지극한 공부는 곧 반드시 경(敬)을 위주로 해야 합니다. 이른
바 경이란 것은 정제하고 엄숙히 하여, 항상 마음을 깨우쳐서 어둡지 않게 하는 것입
니다. 한 마음의 주인이 되어 만사에 응하는 것은 안은 곧게, 밖은 방정하게 하는 것
입니다. 공자께서 이른바, '경으로써 몸을 닦는다'라는 것이 이것입니다. …

　　(存心於內 而謹其獨者 天德也 省察於外 而力其行者 王道也 其所以爲窮修存省之極功 則必以敬
爲主 所謂敬者 整齊嚴肅 惺惺不昧 主一心而應萬事 所以直內而方外 公子所謂修己以敬者 是也…).

　　라고 한다. 여기에서 보면 경(敬)은 '안은 곧게 밖은 방정하게 하는 것'이다. 이
렇게 두고 보면 경(敬)으로써 수양론에서의 두 가지 즉 존양과 성찰을 한다는 것
으로 존양과 성찰의 공부는 경(敬)을 위주로 해야 한다고 한다. 성찰은 밖의 세계,
신명사도에서 보면 사물의 세계에서 사악함이 나타나는지 그 기미(幾微)를 살피는
것을 말한다. 기미(幾微, 낌새)는 선과 악이 갈라지는 부분, 또는 그 낌새라는 뜻으로
(남명집, 2001, 168 주29) 쓰인다. '기미(幾微, 낌새)'에 대하여 학기류편(같은 책, 302–303)에서는
'주역에서 말하였다. 기미를 알면 신묘하게 된다.(易曰, 知幾其神)', '이를 데를 알아서
이르면 기미를 알 수 있게 된다.(知至至之, 可與幾也)', '천리와 인욕은 기미의 사이이다.
(天理人欲, 幾微之間)', '오직 기미를 아는 자만이 능히 천하의 직무를 이룰 수 있다.(惟幾
也, 故能成天下之務)', '서경에서 말하였다. 오직 기미를 아는 자만이 편안하다.(書曰, 惟幾
惟康)'라고 석고 있다. 이러한 기미를 경(敬)을 통하여 아는 것이 성찰(省察)인데 여기
에서 사악함이나 사욕 등이 나타나면 어떻게 할 것인가가 문제이다. 이때에는 '義
以方外(의로써 밖을 방정하게 한다.)' 할 뿐만 아니라 나아가 '義以斷外(의로써 밖을 결단한다.)' 해야
한다는 것이 남명의 생각이다. 이는 남명의 강한 실천 의지를 드러낸 것이기도
하다. 이에 대하여 이상필(2002, 153–154)에서는 '방(方)'의 의미가 일반적(一般的), 원론적
(原論的) 표현이므로 강력하게 실천하고자 하는 의지를 드러내기 위해 '결연히 잘라
버리다.'는 의미의 '단(斷)'으로 대체한 것으로 판단된다고 하였다. 그리고 조희환
(2010, 113–114)에서는 '방(方)'이 '단(斷)'으로 바뀐 것은 '밖을 방정하게만 하면 방정이 관
행화되어 습관적으로 되풀이하는 매너리즘(mannerism)에 사로잡히게 되므로 이 폐

단을 막기 위하여 여기에 결단이나 과단(斷) 또는 절도(맺고 끊음, 節度)를 보충함으로써 시대의 흐름과 변화의 필요성에 부응한 것이다.'라고 하였다. '義以方外 → 義以斷外'의 변화도 '방(方)'에 '단(斷)'의 의미를 더하는 역시 남명의 발전적 견해를 나타낸 것이 분명하다.

남명이 이렇게 유학의 핵심적인 사항을 변화시켰다는 것은, 당시 사서삼경(四書三經)을 경전(經傳)처럼 '더하거나 고칠 수 없다.'는 생각을 가지고 있었던 사회적 상황으로 볼 때, 매우 과감한 행동을 보인 것으로, 이것은 학자로서, 자신의 학문에 대한 자신감에서 비롯된, 조용한 문화 혁명이었다고 할 수 있다.[185]

남명은 한 평생을 학자로서 학문을 통하여 자신을 수양하며 이를 통하여 높은 학문의 경지에까지 상달(上達)한 분이었다. 그런데 비하여 지금 남아 있는 글이 얼마 되지 않는다. 이는 다음 몇 가지에 그 까닭이 있다. 하나는 남명 자신이 성리학의 상달(上達)에 해당하는 형이상학적 학문을 논하는 것은, '이미 이룩해 놓은 선현(先賢)들의 학문적 성과를 따라 하는 것으로 허명(虛名)을 얻기 위한 수단에 불과하다.'라고 보았기 때문이다. 남명은 이에 대한 글을 거의 쓰지 않았다. 이러한 남명의 인식은 1564년 퇴계에게 보낸 편지 속에서도 찾을 수 있다.

> 요즘 공부하는 자들을 봅니다. 손으로 물 뿌리고 비질하는 절도도 모르면서 입으로 천리를 담론합니다. 헛된 이름이나 훔치고자 꾀하여 남들을 속이는데 씁니다. (그러나) 도리어 남에게서 상처를 입게 되고, 그 피해가 다른 사람에게까지 미칩니다, 아마 선생 같은 장로(長老)께서 꾸짖어 그만두게 하지 않기 때문일 것입니다(近見學者. 手不知洒掃之節 而口談天理. 計欲盜名 而用以欺人. 反爲人所中傷. 害及他人. 豈先生長老無有以呵止之故耶.). (남명집, 2001, 181.)

이 편지를 받은 퇴계는 답장을 통하여 남명의 이러한 뜻을 받아들이지 않았다. 남명은 성리학의 상달만을 주로 하는 형이상학적 담론을 폐단으로 보면서 제자 덕계(德溪) 오건(吳健, 1521-1574)에게 편지하면서 이 폐단을 알아야 한다고도 말하고 있다.

---

185) 이러한 사실을 두고 조회환(2010, 129)에서는 '남명은, 성리학의 부족한 부분을 보완 및 혁신하려 했던 선각자이면서 위대한 정치 철학자였다'고 말하고 있다.

시속에서 숭상하는 바를 자세히 들여다보면 당나귀 가죽에 기린 모형을 뒤집어씌운 것 같은 고질이 있습니다. 온 세상이 모두 그러해 혹세무민하는 데 급급하고 있으니, 크게 어진이가 있더라도 구제할 수 없을 것입니다. 이는 실로 사문의 종장인 사람이 오로지 상달만 주로 하고, 하학을 궁구하지 않아 구제하기 어려운 습속을 이루었기 때문입니다. 일찍이 그와 더불어 서신을 왕복하면서 논란을 했지만, 돌아보려 하지 않습니다. 공은 지금 이 폐단을 구제하기 어렵다는 것을 알지 못하면 안 됩니다 (남명집, 2001, 210-211).

둘은 남명의 글쓰기의 특징에 그 까닭이 있다. 남명의 글쓰기는 말할이 중심의 주관적 글쓰기였기에 요점만 잡아 상징적으로 표현했다. 들을이를 위해 자세히 설명하지 않았다. 글이 축약되어 있어 분량으로 보면 얼마 되지 않는다. 그러나 남아 있는 글들을 보면 많은 생각들을 하게 하는 것들이어서 그 속생각들까지 합한다면 엄청난 분량이 될 것이다. 그리고 남명은 자신이 이룩한 학문적 성과를 위 하나에서 말한 까닭으로 남에게 들어내지 않았다. 선현들의 학문을 익혀 실천하는 것이 매우 중요하다고 보았기 때문이다. 선현들의 학문적 성과 중에서 중요한 것들을 요약하고 이를 그림으로 그려 상징화한 것을 학기(學記)라 하여 적어 두었을 뿐이다. 뒤에 제자들에 의해 남명의 학기류편이 편찬되어 나왔다. 이도 후학의 입장에서 보면 설명이 자세하지 않으니 이해하기도 어렵고 그 깊은 남명의 생각을 바르게 찾아들어 가기도 어려워 아쉬운 점이 많다. 이러한 점을 제자 김우옹에서도 지적하고 있다.

그 학문하는 방법은 지엽적인 것은 생략해 버리고 요점을 잡아 마음에서 터득하는 것을 귀하게 여기고, 실제에 쓰이게 되고 실천하는 것을 급선무로 삼았다. 그래서 강론하고 분변하는 말을 좋아하지 않았다. 대개 한갓 공허한 말만 일삼아 몸소 실천하는 데 도움이 되지 않기 때문이다.
(其爲學也 略去枝葉 要而得之於心爲貴. 致用踐實爲急. 而不善爲講論辨析之言. 蓋以爲徒事空言而無益於躬行也.) (김우옹, 남명선생행장. 허권수, 2010, 31.)

셋은 인조반정 이후 남명의 제자들이 많이 속해 있던 북인이 몰락하고 남인이 득세하면서 남명의 글들을 모아 정리하던 내암(來庵) 정인홍(鄭仁弘, 1535-1623)을 역적으로 몰아 죽이면서 내암의 글뿐만 아니라 그 스승인 남명의 글마저 불태워 없애버렸다. 임진왜란 때도 많이 불타 없어졌다. 이로 말미암아 그 남은 글들이 많지 않게 된 것이다. 잘못된 역사도 우리의 역사이기에 받아들일 수밖에 없겠으나 이로 말미암아 우리 민족사에 있었던 큰 학자의 본 모습을 다 볼 수 없다는 아쉬움이 크게 남는 것은 어쩔 수 없는 사실이다.

3) 선비로서의 삶

남명은 선비로서 백성과 함께 재야에 있으면서 도(道)를 밝히고, 도를 전하며, 백성과 나라에 어려움이 있을 때면 목숨을 걸고 도를 실천하는(김충열, 2002, 57.) 그러한 분이었다. 선비의 전형적인 모습 그대로였다. 구차하게 남을 따르지도 않았고 말을 해야 할 때는 구차하게 묵묵히 있지도 않았다(先生 不苟從 不苟默) (정인홍, 남명조선생행장, 허권수, 2010, 61). 나라가 어려울 때 목숨을 걸고 상소를 올려 고초(高超)한 선비 정신을 일깨웠다. 당시의 선비들은, 훈구파에 맞서 지치주의(至治主義, 이상적으로 잘 다스려진 정치)로 개혁을 시도했던 사림의 대표격인 조광조(趙光祖, 1482~1519)가 기묘사화로 말미암아 사사(賜死)되고 그와 함께했던 많은 사림과 대신들이 유배를 감으로써 위축되고 있던 터에 1545년 을사사화가 일어났다. 을사사화와 그 뒤에 이어 일어난 양재역 벽서 사건으로 윤임(尹任, 1487~1545)으로 대표되는 대윤(大尹)과 윤임의 사위였던 이홍윤, 이홍윤의 아버지인 이약빙 그리고 이약빙의 제자, 이약빙과 관련 있는 선비, 서인 등 모두 300여명이 까닭 없이 죽임을 당했다. 충주의 한 고을이 텅빌 지경에 이르렀다(이덕일, 1998, 419) 한다. 그 뒤에도 어린 명종(만 11살 즉위)을 앞세우고 수렴청정을 한 성렬대비(聖烈大妃, 문정왕후)와 그의 동생 윤원형이 권력을 장악하고 명종의 친정(親政)이 시작되는 1553년(명종 8년) 이후에도 이들의 폭정은 계속되었다.[186] 이렇게 되자 유림의 선비들은 숨을 죽이고 숨어들었고 나라가 어려운 지경에 처했는데도 비판하여 말하는 선비가 없었다. 이렇게 되자 나라는 피폐(疲弊)해 졌고 세상 풍조는 관존사비(官尊士卑)로 흘러간 지 오래 되었다. 이러할 때 조정에서는 명종이 친정을 시작하여 새로운 모습을 보이면서 유림을 달랜답시고 재야(在野) 유림의 대표로 추앙받던 남명을 1555년 10월 종6품직 단성현감(丹城縣監)에 제수하였다. 을묘사직소(乙卯辭職疏)를 올리고 나가지 않았다. 단성현감(丹城縣監)에 제

---

186) 기묘사화와 을사사화의 자세한 내용은 이 글 1. 들어가기 참조.

수되었을 당시에는 군신간(君臣間)의 엄격함으로 신하는 엎드려 왕의 얼굴조차 바로 바라보지도 못하던 때였다. 이러한 때 왕과 대비의 무능함을 지적하고 그 무능함으로 나라가 이미 망할 지경에까지 이르렀다고 질책하며 나가도 할 일이 없으니 나갈 수 없다는 내용의 사직 상소를 올렸다. 남명은 이 상소를 올리고 이미 죽음을 각오하고 있었다[187].

…또 전하의 나라 일이 이미 그릇되어서, 나라의 근본이 이미 망했고, 하늘의 뜻은 가버렸으며, 인심도 이미 떠났습니다. 비유하자면, 큰 나무가 백 년 동안 벌레가 속을 먹어 진액이 이미 말라버렸는데 회오리바람과 사나운 비가 이느 때에 닥쳐올 시 까마득하게 알지 못하는 것과 같으니, 이 지경에 이른 지가 오랩니다. 조정에 있는 사람들 가운데 충성되고 뜻있는 신하와 일찍 일어나 밤늦도록 공부하는 선비가 없지는 않습니다. 하지만 이미 그 형세가 극도에 달하여 지탱할 수 없고 사방을 둘러보아도 손쓸 곳이 없다는 것을 알면서도, 낮은 벼슬아치는 아래에서 히히덕거리면서 주색만 즐기고, 높은 벼슬아치는 위에서 어름어름하면서 오로지 재물만 늘리며, 물고기의 배가 썩어 들어가는 것 같은데도 그것을 바로 잡으려고 하지 않습니다. … 자전께서 생각이 깊으시기는 하나 깊숙한 궁중의 한 과부에 지나지 않고, 전하께서는 어리시어 다만 선왕의 한 아드님이실 뿐이니, 천 가지 백 가지의 천재(天災)와 억만 갈래의 인심(人心)을 무엇으로 감당해내며 무엇으로 수습하시겠습니까? 냇물이 마르고 좁쌀비가 내리니, 그 조짐이 그 무엇이겠습니까? 노랫가락이 구슬프고 입는 옷이 흰색이니, 〈나라가 어지러울〉 형상이 이미 나타났습니다. 이런 때를 당해서는 비록 '재주가 주공(周公)·소공(召公)을 겸하고, 지위가 정승 자리에 있다'하더라도 또한 어떻게 손을 쓰지 못할 것입니다. 하물며 한 보잘것없는 몸으로 초개와 같은 재주를 가진 신이 무엇을 할 수 있겠습니까? 위로는 만에 하나도 위태로움을 붙들 수 없고, 아래로는 털끝만큼도 백성을 보호할 수 없으니, 전하의 신하 노릇하기가 또한 어렵지 않겠습니까? … 평소에 조정에서 재물로 사람을 임용하니 재물만 모이고 백성은 흩어져버렸습니다. 그래서 마침내 장수의 자격에 합당한 사람은 없고 성에는 군졸이 없어서, 외적이 무인지경에 들어오듯 했으니 이것이 어찌 기이한 일이겠습니까?… (교감 국역 남명집, 1995, 243.)

한마디 한마디가 간절하다. 왕은 이 상소를 보고는 크게 화를 냈고 이 상소를 보거나 들은 조정의 신하들과 재야의 선비들은 크게 놀랐다. 남명의 상소가 대전(大殿)에 들어가자 임금이 승정원에 다음과 같이 전교하였다.

---

187) 남명이 상소를 봉하여 올린 뒤 문을 닫아걸고 거적에 앉아 엄중한 처벌을 기다렸다고 한다(장원철·전병주 역주, 2011, 59).

지금 조식의 상소를 보니, 비록 간절하고 강직한 듯 하기는 하나 자전(慈殿)에 대해 공손하지 못한 말이 있다. 이 자는 임금과 신하 사이의 의리를 모르는 듯 하니, 지극히 한심한 일이다. 승정원에서 이와 같은 상소를 보았으면, 신하된 자의 마음으로는 통분해 하며 그 자에게 죄를 주자고 청했어야 마땅한 일이다. … 임금이 아무리 어질지 못하더라도 신하로서 어찌 차마 모욕하는 말을 할 수 있단 말인가? … 나의 부덕을 헤아리지 못하고 대현(大賢)을 굽히게 하려 하였으니 이는 내가 영민하지 못한 탓이다. 승정원에서는 이를 알라(명종실록, 권19, 명종10년, 최석기 편역, 2009ㄱ, 12-28).

왕의 반응이 참으로 한심하다. 손가락으로 달을 가리키니 달은 안보고 손가락만 쳐다보며 평하는 것과 무엇이 다른가 싶다. 나라를 걱정하여 그러한 사실을 적어올린 이 상소를 보고 어찌 군신의 의리만 보며, 자전(慈殿)에 대해 공손한가만 보는가? 이러니 어찌 그의 신하 노릇을 하며 일을 하겠는가? 나라가 이러하니 선조대(宣祖代)에 이르러서는 임진왜란의 국난을 맞은 것이 아니겠는가? 이 때 이미 임진왜란의 조짐이 있었다. 이 상소를 보고 당시 사신은 '…충심으로 나라를 걱정하는 마음이 언사(言辭)에 들어났는데, 절실하고 강직한 성품을 숨기지 않으니 명성을 헛되이 얻은 사람이 아니라고 할만하다. 조식은 어진 사람이로구나.' 하였다(명종실록 권19, 명종10년, 최석기 편역, 같은 책, 18). 또 사신이 논하였다. '…유일(遺逸)로 알려져서 공명(功名)을 탐하는 자들이 참으로 많다. 그런데 어질구나, 조식이여! 수신한 깨끗한 몸가짐으로 초야에서 빛을 숨기고 사는 사람이다.' 하였다(명종실록 권19, 명종10년, 최석기 편역, 같은 책, 18). 재야 유림에도 이 사실이 알려지자 을사사화 이후로 숨죽이고, 하고 싶은 말을 다하지 못했던 선비들은 다시 일어서기 시작했다. 유림의 선비들을 우습게보고 하찮은 벼슬로 선비들을 유혹하며 사림을 달래려고만 했던 조정의 대신들은 자기들의 간사스러운 꾀가 들어나자 두려워하며 유림의 선비들을 다시보기 시작했다. 이러한 공은 처사로서 출처를 분명히 하면서 선비로서 의(義)의 실천을 감당했던 남명에게 있었다. 이후 두 번 더 불렀으나 나가지 않다가 1566년 8월 종5품직 상서원판관(尙瑞院判官)에 제수하였을 때는 서울로 향했다. 성렬대비(문정왕후)가 1561년 죽고 윤원형 일파가 조정에서 쫓겨났다. 새 시대가 열리는 듯, 어릴 때 친구 동고(東皐) 이준경(李浚慶, 1499-1572)이 1565년 영의정에 올랐다. 이준경은 남명이 거처를 김해 산해정으로 옮긴 다음 해인 1531년 10월에 심경(心經)을 보내 준 친구이다. 훌륭한 인품에 대해 알고 있는 친구였기에 이런 친구가 영의

정이 되었으니 하고 조정에 대한 기대감도 어느 정도 가지고 있었다. 그해 10월 7일 대궐에 들어가 임금을 만나 숙배하고 사정전(思政殿)에서 치도의 방책을 아뢰었다. 임금을 만나고 '함께하기 어렵다.'는 것을 확인하고는 10월 11일 벼슬을 사양하고 돌아왔다. 남명의 이러한 생각은 시 '贈別大谷(대곡과 작별하면서 줌)'을 통해 알 수 있다.[188] 남명이 부름을 받았을 때 친구인 대곡(大谷) 성운(成運, 1497~1579)도 함께 부름을 받았는데 대곡도 벼슬을 버리고 속리산으로 내려갔다.

贈別大谷	대곡과 작별하면서 줌
出自北門同渡漢	북문으로 나와 함께 한강을 건넜나,
三同猶有姓非同	세 가지는 같은데 오직 성만 같지 않다네.
九皐鶴和曾心願	굽이진 골짜기에서 학이 화답하는 것 일찍 마음으로 바랐는데,
千里星分已道窮	천 리의 별처럼 떨어져 이미 길이 막혔구나.
野水東流歸不返	들판의 물은 동쪽으로 흘러 끝내 돌아오지 않고,
塞雲南下去無從	변방의 구름은 남쪽으로 내려가 뒤쫓을 수 없구나.
丁寧白日相思意	한낮에 정녕코 서로 생각하는 뜻이,
魂夢慇懃他夜通	뒷날 밤 꿈속에서라도 은근히 통하겠지.

(1) '나와 대곡'은 소통이 이루어지지 않는 옳지 못한 임금을 떠나 함께 한강을 건넜다.
(2) 대곡과 나는 성은 다르나 자란 데, 마음, 덕 세 가지가 같은 오랜 친구다.
(3) 임금을 만날 때까지만 해도 소통이 이루어졌으면 하고 바랐는데
(4) 만나보니 임금과의 사이가 별처럼 멀리, 천리나 떨어져 이미 소통의 길이 막혔구나.
(5) 그러니 대곡과 같은 뜻있는 선비는 동쪽으로 가 돌아오시 않고
(6) 나와 같은 이는 먼저 남쪽으로 내려가 뒤쫓을 수가 없구나.
(7) 헤어져 돌아와 보니 한낮에 정녕코 서로 통하였던, 생각하는 뜻이
(8) 바로 그리워져 뒷날 밤 꿈속에서라도 다시 만나 통할 수 있겠지.

이렇듯 왕은 소통이 안 되고 국정은 돌보지 아니하고, 나라의 주인이라는 자는 잠만 자고 있으니 백성들은 굶주리고 쉴 곳조차 없는 지경에 이르렀다. 남명은 이 한탄스러운 마음을 시 '有感(느낌이 있어)'을 통하여 드러내고 있다.

---

188) 이 시에 대한 자세한 내용은 이 글 4. 2). (2). '贈別大谷(대곡과 작별하면서 줌)' 참조.

有感

忍飢獨有忘飢事
摠爲生靈無處休
舍主眠來百不救
碧山蒼倒暮溪流

느낌이 있어

굶주림 참는 데는 굶주림 잊을 수밖에 없는데,
모든 백성들은 쉴 곳조차 없구나.
집주인은 잠만 자고 전혀 구제하지 않으니,
푸른 산 푸르름이 흐르는 저녁 시내에 드리워져 있다.

(1) 굶주림을 참는 데는 굶주림을 잊는 수밖에 없는데,
(2) 모든 백성들은 굶주림을 잊기 위하여 쉬고자 하나 쉴 곳조차 없다.
(3) 그런데도 임금은 백성을 구제할 생각은 하지 않고 잠만 자고 있으니,
(4) 어찌 할 수 없는 나는 흐르는 저녁 시내에 드리워진 푸른 산의 푸르름만 물끄러미 쳐다 본다.

이렇게 되자 나라는 온통 무너져 내리고 있었다. 1567년에는 선조가 11월과 12월 두 차례에 걸쳐 벼슬을 내리며 특별히 불렀다. 12월에는 '정묘사직정승정원장 (丁卯辭職呈承政院狀)'을 올리고 나가지 않았다. 상소의 내용은 나라가 온통 무너져 내리고 있으니 바로잡아야 한다는 것이었다. 그러면서 벌 받기를 청하고 있다.

> 신이 엎드려 보니, 나라의 근본은 쪼개지고 무너져서 물이 끓듯 불이 타듯 하고, 여러 신하들은 거칠고 게을러서 시동(尸童) 같고 허수아비 같습니다. 기강은 씻어버린 듯 없어졌고, 형정(刑政)이 온통 어지러워 어지러워졌습니다. 선비의 습속이 온통 허물어졌고, 공정한 도리가 온통 없어졌으며, 사람을 쓰고 버리는 것이 온통 혼란스럽고 기근이 계속 되풀이되고 있습니다. 또한 창고는 온통 고갈되었고, 제사를 지내는 것이 온통 더럽혀졌으며, 세금과 공물(貢物)을 멋대로 걷고, 국방은 허술할 대로 허술합니다. 뇌물을 주고받음이 극도에 달했고, 백성들을 착취하는 풍조가 극도에 달했고, 백성들의 원통함이 극도에 달했고, 사치도 극도에 달했고, 음식을 호화스럽게 먹고 있습니다. 공헌(貢獻)이 통하지 않고, 오랑캐들이 업신여겨 쳐들어오고 있습니다. 온갖 병통이 급하게 되어 하늘의 뜻과 사람의 일도 또한 예측할 길이 없습니다. 이러한 폐단을 버려두고 구제하지 않으면서 한갓 헛된 이름만을 일삼고 말만 번지르르한 사람을 따르고 있습니다. … 신이 당연히 벌을 받겠습니다(남명집, 2001, 256-257).

남명은 이렇게 주희(朱熹)가 말하는 신민(新民, 관료청치)보다는 왕양명(王陽明)이 주장하는 친민(親民, 위민정치)을 받아들여 선비는 백성의 쪽에 서서 치자(治者)를 비판하고 청의(淸議)를 일으키는 것이 선비 본연의 직능이라고 생각하였다(김충열, 2002, 57.). 그리하여 기회 있을 때마다 친민(親民)의 입장에 서서 백성의 어려움을 말하고 관리

들의 행패를 지적함으로써 조정에서 이를 바로 잡아주기를 바랐다. 1568년 5월 선조는 다시 벼슬을 내리며 불렀다. 사직소, 무진봉사(戊辰封事)를 올리고 나가지 않았다. 여기에서는 서리(胥吏)의 행패와 백성의 어려움을 말하면서 서리를 벌(罰) 주어야 한다고 말하고 있다.

> … 군민(軍民)에 대한 모든 정사와 국가의 기밀이 모두 서리의 손에서 나오므로, 포목과 곡식을 관청에 바치는 데에도 뒷길로 웃돈을 바치지 않으면 되지 아니합니다. 안으로 재물이 모이면 백성은 밖으로 흩어져, 열 명 가운데 한 명도 남아 있지 않을 것입니다. 심지어는 각자 〈자신이〉 맡고 있는 고을을 자기 물건처럼 생각하여, 문서를 만들어서 교활하게 자기의 자손 내대로 전합니다. 지방에서 바치는 것을 일체 가로막고 물리쳐서 한 물건도 상납할 수 없습니다. 그러므로 공물을 가지고 바치러 갔던 자가 온 가족의 가산을 다 팔아서 바쳐도 그것이 관청으로 들어가지 않고 아전 개인에게로 돌아갑니다. 백 곱절이 아니면 받지를 않습니다. 그래서 해마다 바치는 공물을 계속해 바치지 못하고, 도주하는 사람들이 잇달아 생깁니다. 건국 이래로 여러 임금들의 고을과 백성이 바치는 것이 문득 새앙쥐 같은 놈들이 나누어가질 줄 어찌 생각이나 했겠습니까?… 왕망(王莽)과 동탁(董卓) 같은 간악한 자들도 이런 짓을 한 적은 없었으며, 비록 망해가는 나라에서도 일찍이 이런 일은 없었습니다.… 정사를 어지럽힌 대부에게도 오히려 일정한 형벌이 있어서, 저 윤원형(尹元衡)의 세도도 조정이 바로잡았는데, 하물며 이 따위 여우나 쥐 같은 놈들의 허리와 목을 베기야 제부(齊斧)에 기름을 바르기도 부족한 것 아니겠습니까?… (남명집, 2001, 324-327.)

망해가는 나라에도 일찍이 이런 일이 없었다는 남명의 상소가 올라가자 뜻 있는 선비들은 이를 옳다 여기고 이후의 선비들도 계속 서리들의 행패에 대한 상소를 올렸다. 선조 7년 우부승지 율곡(栗谷) 이이(李珥)는 만언소(萬言疏)를 올리면서 '…백성들의 고혈은 서리의 손에 거의 말라버린 형편입니다. … 조식이 일찍이 말하기를 '우리나라는 서리 때문에 망할 것입니다.'라고 하였습니다.(선조수정실록 권8, 선조7년, 김석기 편역, 2009, 29)'라고 하였다. 선조 28년에는 서애(西厓) 유성룡(柳成龍, 1542-1607)이 임금께 아뢰기를 '…조식의 말에 '우리나라는 서리 때문에 망할 것이다.' 하였습니다. 병조의 간사하고 교활한 서리들을 지난번 사방으로 분산시켰는데 지금은 다시 모여 간계를 부리는 데 못할 짓이 없습니다.(선조실록 권59, 선조 28년, 김석기 편역, 2009, 34)'라고 하였다. 같은 해 특진관 이헌국(李憲國)은 임금께 아뢰기를 '…담당 관리들이 한결같이 서리가 하자는 대로 따라 이런 걱정이 있게 된 것입니다. 조식이 일찍이

'우리나라는 서리 때문에 망할 것이다.'라고 한 말은 참으로 명확한 의논입니다.(선조실록 권60, 선조 28년, 김석기 편역, 2009, 36)'라고 하였다. 선조 29년에는 임금이 이르기를 '일찍이 조식에게 들으니 '우리나라는 하리로 말미암아 망할 것이다.'고 하였다. 이 말이 실로 거짓이 아니다.(선조실록 권74, 선조 29년, 김석기 편역, 2009, 38)'라고 하였다. 이후로도 계속되었다. 추앙 받는 한 올곧은 선비의 말이 이렇게 대를 이어가면서 언급되는 것을 보면 선비로서 추구해야 할 가치가 벼슬에 있는 것이 아니라 숙세화민(淑世化民)하는데 있다는 것을 알 수 있다. 남명이 이를 잘 보여주었다. 이로써 선비들이 재야의 비판 세력으로 자리 잡아 벼슬하지 않으면서 도를 닦고, 지키고, 전하는 것을 출사보다 더 귀하게 여기게 되는 바탕을 확립하게 된 것이다(김충열, 2002, 60-62.). 이렇게 남명은 일생을 올곧은 선비로 살면서 당시 많은 선비들의 본보기가 되었다. 그런데도 남명은 문묘종사(文廟從祀)되지 못했다. 당시 선비들은 '남명이 아니면 누가 문묘종사 되겠는가?' 하면서 40여 차례나 상소를 올리며, 남명을 문묘 배양해 줄 것을 왕에게 건의하였다. 왕은 끝내 허락하지 않았다. 늘 백성 편에 서서 위에서 말했듯이 주희(朱熹)가 말하는 신민(新民, 관료청치)보다는 왕양명(王陽明)이 주장하는 친민(親民, 위민정치)을 받아들였기 때문으로 여겨진다. 당시 문묘배양을 못하는 까닭 중 가장 큰 것이 이것이었다. 정치학을 전공한 조회환(1988, 248.)에서는 당시 정치 환경을 지도노선의 혼미, 권력 제일주의, 이념적 획일성을 그 특정으로 들고 있다. 당시 공식적으로 숭상한 이데올로기는 신유학사상(新儒學思想)이었다. 이는 공자·맹자 등 원시 유학자들이 추구했던 원시유학사상(原始儒學思想) 즉 민권과 민생문제를 최소한 왕권과 같이 놓거나 왕권보다 더 중시하는 경향의 사상에서 한대(漢代) 이후의 한유학(漢儒學)이나 신유학(新儒學; 송학(宋學), 이학(理學), 성리학(性理學), 주자학(朱子學), 도학(道學) 등의 겸칭)이 성하면서 왕권이 강조되고 민권이나 민생문제는 뒷전으로 밀려나버리게 되는 것을 의미하는 것이다(조회환, 같은 책, 249.). 이러하니 왕의 입장에서 또 왕과 함께 권력 제일주의에 빠진 대신들이 친민(親民, 위민정치)을 주장하는 남명을 선비들의 추존을 한 몸에 받을 수 있는 자리에 올려놓아 그를 본받게 하고 싶지 않았을 것이다. 이러한 관점에서 문묘종사를 바라보면, 문묘종사는 절대 권력자인 왕이 자신의 입장에 서서 학문으로 백성이 아닌 왕과 종묘사직을 지켜준 고마움의 한 표시일 뿐이라는 생각이 든다. 지금 와서 보면 문묘종사 되지 못한 남명이 오히려 백성을 진정 위하는 참된 선비였다는 사실을 분명히 알 수 있다.

4) 스승으로서의 삶

남명은 많은 사람의 스승으로 살았다. 가장 좋은 스승은 제자의 본이 되는 분이다. 남명은 제자들에게 늘 좋은 본이 되고자 노력했다. 또 그러한 면에 있어서 자부심을 가지고 있었다. 제자들에게 '나를 본 받아라.'하고 자신 있게 말한 분이다. 선비로 스승으로 이러한 자부심이 묻어나는 시 한 편을 소개한다. 앞에서도 살폈다.

題德山溪亭柱	덕산 계정의 기둥에 씀
請看千石鍾	천 석들이 종을 보게나
非大扣無聲	크게 치지 않으면 소리 없다네.
爭似頭流山	어떻게 하면 두류산처럼,
天鳴猶不鳴	하늘이 울어도 오히려 울지 않을까?

⑴ 제자들은 나를 본받아라.
⑵ 나는 천하를 얻고자 하는 큰 포부와 능력을 지녔으나 나를 경영하는 영웅과 때를 얻지 못하여 움직이지 아니한다.
⑶ 나아가 나는 늘 생각하는 것이 있으니 어떻게 하면 하늘이 울어도 조금도 움직이지 아니하는 두류산을 닮을 수 있을까 하는 것이다.

영웅을 만나 천하를 얻지도 못하면서 빈이름을 일어 세상의 티끌과 같은 벼슬을 찾아 헤매는 사람들에게 경종을 울리는 시이다. 정작 자신은 더 높은 경지의 삶 즉 지리산처럼 하늘이 울어도 울지 않는 선비의 삶을 추구하고 있다. 본받을 스승이 있는 삶, 시대에 본받을 만한 영웅이 있는 삶은 우리를 행복하게 해 준다. 오늘 이 시대가 우리를 슬프게 하는 것은 이 시대에 진정한 영웅을 볼 수 없다는 것이다. 이러한 면에서 남명의 제자들은 '정말 행복한 사람들이었구나.' 싶다. 당시 남명은 많은 제자들을 길렀다. 1957년에 시작하여 1960년에 완성된 덕천사우연원록(德川師友淵源錄)에는 135명의 문인이 실려 있다.[189] 여기에 이상필(2005, 98)에서 찾

---

189) 이 책의 편찬을 주도한 분은 담헌 하우선이다. 1957년 시작하여 1960년 완성되었다. 경인문화사에서 이상필·공광

은 11명을 합하면 남명의 문인은 모두 146명이 된다. 이들 중 많은 사람들은 다시 학문적으로 일가를 이루었다.[190] 이렇게 두고 보면 남명은 우리 민족사에 있어 우뚝 솟은 큰 스승이라 할 수 있다. 남명이 높은 벼슬에 있었던 것도 아니고 서울에 있었던 것도 아니다. 덕산은 지금의 경상남도 진주에서도 34km나 지리산 쪽으로 더 들어가 멀리 천왕봉이 바라보이는 곳이다. 지금부터 60년 전만 해도 물레방아가 돌고 전기도 들어오지 않은, 깊은 산속 오지(奧地)였다. 그런데도 당대에 이렇게 많은 제자들이 모여 든 것을 보면 남명이 학자로서 가지는 높은 수준의 학문적 성과나 선비로서의 실천적 모습이 매우 뛰어났기 때문으로 여겨진다. 이런 사실은 내암(來庵) 정인홍(鄭仁弘)이 지은 남명조선생행장(南冥曺先生行狀)에서 찾을 수 있다.

선생은 이미 경서(經書)와 그 주석을 널리 탐구하였고 백가(百家)에 두루 통하였다. 그런 뒤 번잡한 것을 거두고 간명(簡明)한 데로 나아가 자기 몸에 돌이켜 터득하고 요약하여, 스스로 일가의 학문을 이루었다(先生旣以博求經傳 旁通百家. 然後斂繁就簡 反躬造約 而自成一家之學). (정인홍, 남명조선생행장, 허권수, 2010, 67.)

뿐만 아니라 성품과 기질도 매우 뛰어난 분이었다. 동강(東岡) 김우옹(金宇顒)은 남명선생행장(南冥先生行狀)에서 스승에 대하여 다음과 같이 말하고 있다.

아아! 선생은 세상에 드문 영특하고 호걸스러운 인물이라고 말할 수 있다. 눈과 달처럼 희고 밝은 마음과 강과 호수 같은 성품과 기질로 만물의 바깥에서 우뚝 섰고, 한 시대를 위에서 내려다보았다. 높고 원대한 식견은 타고난 자질에서 나왔다(嗚呼, 先生可謂間世之英豪矣. 雪月襟懷 江湖性氣 特立萬物之表 俯視一世之上, 高識遠見 出於天資.). … 선생은 재주와 기질이 매우 높았는데, 호걸스럽고 고상함이 보통사람들보다 뛰어났고, 용모가 준엄하였다. 뛰어나고 굳센 기운은 얼굴에 나타났다. 매양 선생의 용모와 그 말씀을 접하게 되면, 방탕하고 안일한 마음과 거짓되고 나약한 기운이 가슴 속에서 저절로 감히 생겨나지 않게 되었다(先生才氣甚高 豪邁絶人 議論英發 儀容峻厲. 英毅之氣 達於面目. 每對其儀刑 接其言論 則放逸之心 偸懦之氣 自不敢萌于中矣). (김우옹, 남명선생행장, 허권수, 2010, 29-30.)

성 역주로 출판한 것은 2011년이다. 경상대학교 이상필 교수가 이 책 머리말에서 밝혔듯이 문인에 정인홍이 빠져 있고 객관적으로 문인으로 인정하기 어려운, 남명 사후(死後)에 태어난 전유룡(田有龍, 1576-?), 정심(鄭深, 1590-1638), 이름의 오기(誤記)로 중복 기록된 노둔(盧鈍, 1551-?) 등 여덟곱 분이 들어 있어 수정이 필요한 부분이다. 특히 정인홍이 빠져 있다는 것은 어느 모로 보나 이해하기 힘든 부분이다.

190) 여기에 대해서는 이상필(2005, 139-166) 참조.

이렇듯 학문적으로나 인품으로나 매우 훌륭하였다. 스승으로서 제자를 가르치는 일도 뛰어났다. 이는, 전하는 자료들을 통하여서도 확인할 수 있고, 남명에게 배웠던 많은 제자들이 과거를 통하여 벼슬에 나아가거나 아니면 선비로서 높은 학덕을 쌓아 한 일가를 이룬 것을 보아도 알 수 있다.

남명이 제자를 가르칠 때에는 강론을 통해서 가르치기 보다는 스스로 터득하게 하였다. 비유해서 말하자면 물고기를 잡아 나누어 주는 것이 아니라 물고기 잡는 법을 가르쳐 주는 방식이었다. 이에 대하여는 내암(來庵) 정인홍(鄭仁弘)이 지은 남명조선생행장(南冥曺先生行狀)에서 볼 수 있다.

> 한갓 책에 의지해서 의리(義理)를 강론해서 밝히는 것은 실질적인 얻음이 없는 것으로 결국 받아들여 쓰일 수가 없는 것이다. 마음으로 터득한 것이라도 입으로 말하기는 어려울 것 같다. 공부하는 사람은 말을 잘하는 것으로써 귀하게 여기지 않는다(徒靠冊字上講明義理 而無實得者 終不見受用. 得之於心 口若難言 學者不以能言爲貴). … 옛날 성인(聖人)들의 정미(精微)한 말의 오묘한 뜻 가운데 사람들이 쉽게 이해할 수 없는 것을 주렴계(周濂溪), 정자(程子), 장횡거(張橫渠), 주자(朱子) 등이 서로 계승하여 남김없이 밝혀 놓았다. 공부하는 사람들은 알기 어려울까 걱정할 것 없고, 단지 자신을 위한 공부가 되지 않을까를 걱정하면 될 따름이다. 나는 단지 잠만 깨게 하면 된다. 깬 뒤에는 하늘과 땅 해와 달을 장차 스스로 볼 수 있을 것이다.(從古聖人微嬋辭奧旨 人不易曉者 周程張朱相繼闡明 靡有餘蘊. 學者不患其難知 特患其不爲己耳 只要喚覺其睡 覺後 天地日月 將自覩得矣) (정인홍, 남명조선생행장, 허권수, 2010, 66-68.)

그러나 제자들이 공부하고 모르는 것이 있어 질문할 때에는 그 뜻을 다 알 수 있을 때까지 자세하게 알려주었다.

또 제자를 가르칠 때에는 반드시 그 자품(資稟)을 보았는데, 거기에 맞추어 격려하면서 그 제자에 맞게 가르쳤다.

> 동강 김우옹이 처음 남명을 뵙고 가르침을 청했다. 선생이 말씀하시기를 '침잠(沈潛)하는 사람은 모름지기 굳세게 자신을 이기며 일을 해야 한다. 천지의 기운은 굳세다. 그래서 어떤 일이든 간에 막론하고 모두 꿰뚫어야 한다. 그대는 역량이 얕고 얇으니, 모름지기 다른 사람이 하나를 할 때 자신은 백배를 하는 공부를 해야 거의 될 수 있을 따름이다.'라고 하였다.(東岡初見先生求敎. 先生曰 沈潛底人 須剛克做事. 天地之氣剛. 故不論甚物事 皆透過. 公力量淺薄 須下人一己百底工夫 庶可耳) (남명선생편년, 2011, 80.)[191]

제자 운강(雲岡) 조원(1544~1595)[192]이 진사시에 장원하여 떠날 때는 칼자루에 현실 생활 속에서도 세속적 이록(利祿)을 벗어나 무한히 자유로운 정신세계를 유지하도록 바란다(이상필, 2005, 46)는 뜻과 이 복잡한 세상에 칼날부터 놀리지 말고 마음을 가다듬어 혼자 있을 때도 삼가라(謹篤)는 뜻으로 시를 한 편을 써 주었다. 20살 젊은이에게 기개(氣槪)는 높이면서 늘 조심하도록 가르쳤다.

칼자루에 써서 장원한 조원에게 줌	書金刃 柄贈趙壯元瑗
불 속에서 하얀 칼날 뽑아내니,	离宮抽太白
서리 같은 빛 달에까지 닿아 흐르네.	霜拍廣寒流
견우성 · 북두성 떠 있는 넓디넓은 하늘에,	斗牛恢恢地
정신은 놀아도 칼날은 놀지 않는다.	神游刃不游

1561년 약포(藥圃) 정탁(鄭琢)이 남명을 찾아뵙고 수학하였다. 추장(抽獎)과 허여(許與)를 깊이 입었다. 집으로 돌아갈 때 선생이 소 한 마리를 주면서 타고 가게 하였는데 공이 그 뜻을 깨닫지 못하였다. 그러자 선생이 '그대는 말이 너무 급하니, 천천히 말함으로써 앞날을 기약함만 못할 것이네.' 하였다(덕천사우연원록, 2011, 60). 약포가 남명에게 왔을 때는 진주향교교수로 있었다. 남명은 가르치면서 약포에게서 재기(才氣)가 말속에 너무 나타나는 것을 보았다. 남명은 이를 깨우쳐 주기 위하여 소를 타고 가라고 준 것이다(이상필, 2005, 82). 제자의 자품(資稟)에 맞게 일러주기 위한 것이었다. 소는 당시 큰 재산이었다. 약포는 훗날 임진왜란이 일어났을 때에 유성룡(柳成龍)과 함께 나라를 구한 위대한 학자며 정치가가 되었다. 나중에는 벼슬이 좌의정에 이르렀다. 이 날의 가르침이 크게 영향을 미쳤음이 분명하다. 남명의 소 한 마리가 나라를 구하는데 쓰였다고 할 수 있겠다.

무오, 기묘사화 이후로 세도(世道)가 일변하여 선비들이 지향할 바를 정하지 못하고 우왕좌왕하였는데, 그 때 남명이 지방의 선비들을 이끌어 가르치며 격려하였다 한다(남명선생편년, 2011, 46). 이들 중 배우러 오는 자들이나 제자로 받아드려 가르칠 적에는 차례가 있었다. 반드시 소학(小學)으로 기본을 세우고 대학(大學)으로 규모를

---

191) 최해갑(1988, 219)에서는 이러한 학습 방법은 심리주의(心理主義)를 바탕으로 한 흥미 중심의 학습 방법이 아니라 논리주의(論理主義)를 바탕으로 한 노력중심의 학습 방법이라 하였다.
192) 남명의 생질이면서 제자인 이준민(李俊民)의 사위이다.

넓혔으며 더욱이 의로움(義)과 이로움(利)을 분명하게 구분하며 기질(氣質)을 변화시키는 것으로써 중요한 방도로 삼았다. 경서(經書)를 풀이하다가 긴요한 곳에 이르면 반드시 반복하고 분석해서 듣는 사람이 환히 이해한 다음에라야 그만두었다(앞든 책, 47) 한다. 기초에 충실한 교육 방법이었고 반복을 통하여 실천으로까지 나아가도록 하는 실천과 실용의 교육 방법이었다. 제자들이 남에게 보이는 것에 힘을 쓰고 단계를 밟지 않고 건너 뛰어 실천을 추구하지 않는 것을 보게 되면, 반드시 억눌러 꾸짖었다. 그리고 말하기를 '오늘날의 폐단은 고원한 것에 힘을 많이 쓰고 자신에게 절실한 것은 살피지 않는 데에 병통이 있다. 성현의 학문은 애초에 일상적으로 늘 행하는 것에서 벗어나지 않는다. 만일 혹 이것을 버리고 갑자기 성명(性命)의 오묘한 뜻을 엿보고자 한다면, 이것은 사람의 일에서 천리(天理)를 구하는 것이 아니다. 본성을 다하고 천명을 아는 것이 효제(孝悌)에 근본하지 않겠느냐. 비유하자면 길이 두루 통하는 큰 시장에서 마음껏 노닐며 진귀한 노리개와 기이한 보배를 구경하고 하루 종일 거리를 오르락내리락 하면서 부질없이 그 값을 이야기해 봤자 끝내 자신의 물건이 되지 못하는 것과 같다.(앞든 책, 49)'고 하였다.

제자들에게는 쓰임이 있는 학문을 가르쳤다. 남명이 김해 산해정에서 학문을 연마하고 있을 때였다. 김해가 남해의 바닷가라 왜구들의 노략질을 자주 보았고 이 나라의 군사 형편을 살피러 오는 자들이 있음을 자주 들었다. 전쟁의 낌새를 느끼고 있었다.

남명이 꿈꾸었던 세상은 이 땅에 성군이 나와 왕도 정치가 이루어지는 세상이었다.

鳳鳴樓	봉명루
岐下遺音屬有樓	기산 아래 남은 소리 이 누각에 이어 있으니,
親賢樂利迄悠悠	친현락이가 마침내 유유하구나.
自從矗石新開宇	촉석성에 새로 누각 세운 뒤부터는,
六六鳴隨上下流	봉황새 울음소리 물길 따라 오르내리는구나.

(1) 문왕 때 성군이 나서 울었다는 봉황새의 남은 울음소리가 지금 이 누각에 이어 있으니
(2) 다스리는 사람은 어진 것을 어질게 여기고 백성은 편안하게 살면서 하는 일에

만족하는 이상 세계가 이 땅에 마침내 이루어졌구나.

(3) 이상 세계가 마침내 이루어지고부터는,

(4) 봉황새 울음소리가 남강의 물길 따라 오르내리는구나.

남명이 이토록 간절히 바라던 이상 세계는 끝내 남명의 바람으로만 끝나고 이 땅에는 여전히 어두운 현실만이 존재하며 남명을 괴롭혔다. 거기다 전운마저 감돌고 있었다.

山海亭偶吟	산해정에서 우연히 읊음
十里降王界	왕이 탄강한 곳과 십 리 거리,
長江流恨深	긴 강물에 흐르는 한이 깊도다.
雲浮黃馬島	구름은 누른 대마도에 떠 있고,
山尊翠鷄林	산은 푸른 계림으로 뻗어 있네.

(1) 산해정은 가락국 수로왕이 탄강한 구지봉과 십 리 거리에 있다.

(2) 그리하여 가락국의 흥망성쇠를 생각하게 되는데 그때에도 흘렀을 긴 강물을 바라보니 강물에 흐르는 그 역사의 한이 깊도다.

(3) 또 오늘 우리의 현실을 바라보니 대마도 왜구가 세력을 키워 좋지 못한 전란의 기운이 감돌고 있구나.

(4) 이 나라의 미래는 어찌될까? 보니 우리의 지금의 모습은 계림에서 시작한 김 씨 왕조가 포석정에서 망하도록 자초한 신라의 모습을 닮아 그곳까지 뻗어 있다.

그런데도 나라는 국방을 튼튼히 하지 아니하고 방치하다시피 하여 허술하기 짝이 없었다. 상소를 올렸다.

…마침내 장수의 자격에 합당한 사람은 없고 성에는 군졸이 없어서, 외적이 무인지경에 들어오듯 했으니 이것이 어찌 괴이한 일이겠습니까? 이번에도 대마도(對馬島) 왜노(倭奴)가 향도(向道)와 남몰래 짜고 만고에 끝없는 치욕스러운 짓을 했습니다. 이는 옛 신하를 대우하는 의리가 혹 주(周)나라 예법보다도[193] 엄하면서 원수를 총애하는 은덕이 도리어 망한 송(宋)나라보다도 더한 경우[194]가 아니겠습니까? 세종께서 남쪽 오랑캐를 징벌하시고 성종께서 북벌하신 일을 보아도 어디에 오늘날과 같은 일이 있

193) 중국 예제(禮制)가 주나라 때 완성되었는데 그 법도가 자세하고도 엄격하였다(남명집, 2001, 315 주17)
194) 송나라 양공(襄公)의 일을 가리키는데, 양공이 초나라와 싸울 때, 초나라 군사가 아직 전열을 가다듬지 못한 틈을 타서 공격하자고 여러 참모들이 건의하였으나, 군자는 남이 어려울 때 어려운 지경에 빠뜨리지 않는다고 미루다가 결국 초나라에게 크게 패하였다. 사람들이 이 일을 두고 크게 비웃었다(남명집, 2001, 116 주18)

었습니까?

(을묘사직소(乙卯辭職疏), 경상대학교 남명학연구소 옮김, 2001, 315-316.)

나라를 걱정하는 상소가 몇 번에 걸쳐 올라가도 그저 그럴 뿐이었다. 또 상소를 올렸다.

…엎드려 살펴보니, 전하의 나라일이 이미 글러 한 가닥도 손댈 곳이 없는데, 모든 관원은 둘러서서 보기만 하고 구원하지 않습니다. 이미 어떻게 할 수 없음을 알고, '어떻게 해야 할까'라고 생각도 하지 않은지가 오랩니다. 만약 전하께서 보고서도 알지 못하신다면 전하의 밝음이 가려진 데가 있는 것이고, 알고서도 혁파할 생각이 없으시면 나라에 주인이 없는 것입니다. 지난해에 신이 두 번이나 거친 글을 올려서, 헤아릴 수 없이 커다란 임금의 위엄으로써 진작시키지 않으면 백 가지로 헝클어져서 죽 같이 된 형세를 구제할 방법이 없으며, 큰 장마 비로 적셔주지 않으면 7년 가뭄에 시들어진 풀을 윤기 나게 할 방법이 없다고 말씀드렸습니다. 지금 말씀드린 지 여러 해가 지났습니다만, 전하께서 바삐 은혜와 위엄을 내리셔서 기강을 세웠다는 말은 듣지 못했습니다.… 신은 절하고 머리 조아리면서 죽음을 무릅쓰고 사은하나이다.

(사선사식물소(謝宣賜食物疏), 남명집, 2001, 331.)

남명은 전운이 감돌고 있는 이 나라를 보면서 그냥 있을 수만은 없었다. 제자들에게 나라가 위기에 처했을 때를 생각하면서 병법을 가르치고 또 일본의 침략을 막아낼 계책을 써 내도록 가르쳐 학문이 실제 쓰일 수 있도록 하였다. 다음은 그 계책을 묻는 물음의 일부이다.[195]

… 섬 오랑캐가 난리를 일으키고 있다. 품어 안아 기르는 은혜를 베풀어주는데도 그들이 함부로 날뛰면서 일으키는 화란은 비할 바가 없을 정도이다. 아무런 까닭 없이 남의 나라 장수를 죽이고 나쁜 마음을 품고서 우리 임금의 위엄을 모독하였다. 제포(薺浦)를 자신들에게 돌려달라고 요구하는 것은, 그것이 안 되는 일인 줄을 알면서도 우리 조정의 의사를 낱낱이 시험하려는 것이고, 대장경(大藏經)을 30부 인출해가기를 요청하는 것은 이를 반드시 얻고자 함이 아니라 우리나라를 한번 우롱해보자는 것이다. … 지금의 형세를 보더라도 한쪽 변방이 와해된 것은 아니고 옛날과 견주어보더라도 이제(二帝)가 금순(金巡)하던 때와 같은 화란이 아닌데 무엇이 두려워서 저들 도적으로부터 몰래 건괵(巾幗)을 받는 치욕을 당해야만 하는가? … 나라 안으로 한낱

---

195) 전문은 남명집(2001, 349-352) 참조.

남의 심부름이나 하는 역관이나 내시 같은 무리의 비행도 다스리지 못하면서, 어찌 나라 밖으로 온갖 교활한 짓을 행하는 흉악무도한 무리를 제압할 수 있겠는가? 이로 보건대 우리나라에는 인재가 없는 것이다. 그러니 나라를 어지럽히는 도적이 이와 같은 무인지경의 우리나라를 침범한 것도 너무 늦은 일이라 하겠고, 그 결과로 우리나라가 그들의 침략에 곤욕을 치르는 것도 당연하다 하겠다. 그러나 임금이 벌컥 성을 내어서 위엄을 조금 더하려 하면 '괜스레 변경의 오랑캐를 자극해서 말썽을 일으킨다.'고 하고, 뇌물을 받은 역사(譯史) 한 놈을 목 베어서 나라의 기밀을 누설하는 일을 엄히 단속하려 하면 '겸손한 말로 온순하게 대하는 것이 낫다.'라고 한다. 사정이 이와 같으니 과연 적을 제압할 말이 없는 것이고 또한 적의 침략을 막아낼 계책이 없다는 것인가? 나는 이에 대한 계책을 듣고자 한다.

　　　　　　　　　　(책문제(策問題), 경상대학교 남명학연구소 옮김, 2001, 339-352).

　남명이 염려했던 대로 남명 사후(死後) 1592년(선조 25년) 음력 4월 14일 임진왜란이 일어났다. 7년이나 계속되었다. 임금을 비롯한 양반들과 정규군은 성과 무기와 백성들을 버리고 도망가기 바빴다. 나라가 바람 앞의 촛불처럼 위태로웠다. 이 위기에서 나라를 구하고자 일어선 사람들이 의병들이었다. 최초의 의병은 남명의 제자 망우당 곽재우가 임진왜란이 일어난 그해, 음력 4월 22일 일으켰다.[196] 임진왜란이 일어난 8일 뒤였다. 이렇게 빨리 의병을 일으킬 수 있었던 것은 남명으로부터 이미 공부하여 준비가 되어 있었기에 가능한 일이었다. 이로부터 수많은 의병들이 일어났다. 의병 삼대장, 망우당 곽재우, 내암 정인홍, 송암 김면을 비롯하여 죽유 오운, 대소헌 조종도, 송암 이로를 비롯한 수많은 남명의 제자들이 의병장으로 큰 공을 세웠고 약포 정탁, 백곡(柏谷) 정곤수(鄭崑壽) 등은 조정의 중신으로 나라를 누란의 위기에서 구하는 데 결정적인 공헌을 하였다. 뿐만 아니라 임진왜란 때 의병을 일으킨 분, 대부분이라 할 수 있는 68명이 남명의 문인들이다.[197] 남명의 문인 반 이상이[198] 임진왜란 때 의병을 일으키거나 의병장이 되어

---

196) 2010년 2월 국회 본회의에서 매년 6월 1일을 대한민국의 기념일. '의병의 날'로 제정하였다. 6월 1일로 선정한 것은 곽재우 장군이 최초로 의병을 일으킨 1592년 4월 22일을 양력으로 환산하니 6월 1일이었기 때문이다. 제 1회 '의병의 날' 기념식은 곽재우 장군이 의병을 일으킨 경상남도 의령군에서 가졌다.

197) 여기에 대한 자세한 내용과 남명의 문인으로 의병을 일으킨 분들의 이름은 이 글 2. 남명의 생애. 예순아홉 살 때 참조.

198) 이상필(2005, 99)에서는 남명의 문인이 136명이라 밝히고 있다. 문인 중 김홍미(金弘微), 1557-1605, 호, 성극당는 임진왜란이 일어나기 전 1592년 1월에는 경상좌도 해안가에서 전선(戰船)을 제작하고 격군을 충당하는 일을 하다가 임진왜란이 일어난 7월에는 경상좌도도사에 임명되어 왜군과 싸웠고(위키백과, 김홍미, 참조) 약포 정탁, 백곡 정곤수 등은 중신으로 직·간접적으로 싸워 이들까지 포함한다면 남명의 문인으로 왜적과 싸운 분들은 모두 71명이 된다. 이 수는 남명 문인 136명에서 반이 넘는다.

목숨을 걸고 왜적과 싸웠다. 어떻게 한 스승 아래에서 반 이상이 나라를 구하고 자 목숨을 걸고 적과 싸울 수 있을까? 가르침이 어떠하였으며 배움이 어떠하였 기에 그러할까? 정말 불가사의(不可思議)한 일이다.

이러한 사실 하나만 보더라도 남명은 그 시대의 영웅이었으며 이 민족의 큰 스 승이었다. 그리하여 영조는 '지금 세상에 독서하는 선비 중 어찌 옛날 조식(曺植) 같은 자를 얻을 수 있겠는가? 단지 그런 사람이 없음을 한스럽게 여긴다.(今世讀書之 士 安得如古曺植者類 但恨無其人也)(영조실록 권106, 영조41년, 최석기, 2009ㄴ, 28)'라고 하며 남명이 없음 을 한탄하였다. 그리고 영조에 이어 왕이 된 정조는 규장각(奎章閣)을 짓고 그 규장 각의 각신(奎章閣閣臣)을 통해 성리학을 기반한 옛 사상과 학문의 중흥을 꾀하면서 남명 사후(死後) 224년이 지난 1796년 음력 9월 25일 왕이 직접 사제문(賜祭文)을 짓고 예조정랑(禮曹正郎) 민광로(閔廣魯, 1749~?)를 보내어, 국왕의 뜻으로 남명(南冥) 조식(曺植)의 영전에 제사를 지내게 함으로써 남명을 당시 선비들의 모범으로 삼았다. 정조대 왕의 사제문은 다음과 같다.

용은 깊은 못에 잠겨 있고, 봉황이 천 길로 높이 날아오르네.
세상에 드문 사물은, 높지 않으면 깊은 법.
하물며 걸출한 인물이, 어찌 자주 나오겠는가?
기산(箕山)은 멀고, 상산(常山)은 남쪽에 쓸쓸하도다.
멀리 고상한 풍모(風貌)를 우러르니, 물이 흐르 듯 구름이 흰 듯 하도다.
얼마나 다행인가? 남명(南冥)이 우리 동쪽 나라에 태어났으니.
깔끔하고 산뜻하고 위엄 있고 우뚝하였소.
해와 별이 빛을 발하는 듯, 서리와 눈이 희고 깨끗한 듯.
내가 역사책을 보면서, 경(卿)의 평생 자취를 찾아보니,
신명에게도 통한 효도와 우애에, 세상을 덮을 명성과 절조였소.
아주 특이한 자질과, 혼자 터득한 식견이었소.
절간에서 한 번 읍하고 돌아와, 좌전과 유종원의 글에 대한 미련 끊었소.
낮 시간을 이어 밤에도 기름 태워 불 밝혀, 사서(四書)와 육경(六經) 읽었소.
칼에 명(銘)을 새겨 분발하였고, 방울 차고서 정신을 깨우쳤소.
남아 있는 공자의 초상 앞에서, 옷단을 거머잡고 절하며 직접 모시는 듯 했소.
곧게 하고 반듯하게 하기를 변치 않았고, 안이나 바깥을 서로 길러나갔소.
이 기운은 의리에 짝한 것으로, 안으로 반성하여 부족한 것 없었소.
영남에 교화를 펼쳐, 나약한 사람 일어나게 하고 못된 사람 청렴하게 했소.

제갈량도 대수롭잖게 보았고, 원하는 것은 이윤(伊尹)처럼 하는 것이었소.

세상을 어찌 과감하게 잊었겠소? 세상 걱정하여 밤에 눈물을 흘렸다오.

만년에 한 번 나왔으니, 큰 법도를 펼치기 위한 것이었소.

돌아가 욕망의 구멍 막고 살아야지, 산천재란 이름의 집에서.

지리산은 백두산이 흘러온 곳, 옷을 털고 갓끈을 씻었다오.

호남과 영남에서 벗을 사귀었는데,

난초 지초나 옛날 훌륭한 음악 같은 사람들이었소.

내가 임금 자리에 올라서, 옛 것을 흠모하면서 정치를 한다오.

누가 미친 물결을 막으며, 누가 실제적인 곳을 밟는지?

누가 병든 것을 나수며, 누가 게으르고 흐릿한 것 깨우칠지?

만약 경(卿)을 다시 일으킨다면, 손바닥에서 굴리 듯 쉬울 텐데.

소미성은 어둡지 않고, 뇌룡사는 우뚝하도다.

맑은 기풍이 준엄하니, 내 말에 부끄러움이 없소.

(허권수, 2011, 169-172)

이렇듯 남명 조식은 우리 민족사에 있어 참으로 위대한 스승이었다.

자료 문헌과 참고 문헌

〈자료 문헌〉

경학대장. 대경출판사. 1981.

교감 국역 남명집. 조식. 경상대학교 남명학 연구소 편역. 이론과 실천 출판사. 1995.

교학 대한한 사전. 대한한사전편찬실편. 교학사. 1998.

남명선생편년. 장원철, 전병철 역주. 경인문화사. 2011.

남명집. 조식. 경상대학교 남명학 연구소 옮김 한길사. 2001.

남명집. 조식. 아세아 문화사. 1982.

남명집 4종. 조식. 남명학 연구원 출판부. 2000.

남명학 관련문집 해제 Ⅰ. 경상대학교 남명학연구소. 사단법인 남명학연구원 엮음. 경상대학교 남
　　　명학연구소, 사단법인 남명학연구원. 2006.

남명학 관련문집 해제 Ⅱ. 경상대학교 남명학연구소 엮음. 경상대학교 남명학연구. 2008.

남명학 관련문집 해제 Ⅲ. 경상대학교 남명학연구소 엮음. 경상대학교 남명학연구. 2008.

노자. 장기근·이석호 역. 삼성출판사. 1982.

논어. 주희·한상갑 역. 삼성출판사. 1982.

대학. 주희·한상갑 역. 삼성출판사. 1982.

대학·중용. 김미영 옮김. 홍익출판사. 1999.

덕천사우연원록. 하우선 주편. 이상필. 공광성 역주. 경인문화사. 2011.

맹자. 주희·한상갑 역. 삼성출판사. 1982

맹자. 박경환 옮김. 홍익출판사. 2005(개정판).

사기 열전. 김영수 역. 신원문화사. 2013.

삼국유사. 김원중 옮김. 을유문화사. 2002.

소학. 주희·유청지 엮음. 윤호창 옮김. 홍익출판사. 2005.

성학십도. 이황. 이광호 옮김. 홍익출판사.(2001).

시경. 심영환 옮김. 홍익출판사. 2012(개정판).

예기. 이상옥 역저. 명문당. 2003.

장자. 장기근·이석호 역 삼성출판사. 1982.

조선 왕조 실록에 보이는 남명 조식1. 최석기 편역. 경인문화사. 2009ㄱ.

조선 왕조 실록에 보이는 남명 조식2. 최석기 편역. 경인문화사. 2009ㄴ.

주역. 김경탁 역. 명문당. 2011.

중용. 주희·한상갑 역. 삼성출판사. 1982.

창녕 조 씨 파보. 덕천서원. 1989.

우리말 큰사전. 한글학회. 어문각. 1992.

학기류편. 조식엮음. 경상대학교 남명학 연구소 역주. 한길사. 2002.

허사 사전. 김원중 편저. 현암사. 1989.

후산집. 허유. 한국역대문집총서. 경인문화사.

〈참고 문헌〉

감태옥, 이현호(1991). 담화텍스트 언어학 입문. 양영각.

감재봉(1999). 텍스트 요약 전략에 대한 국어 교육학적 연구. 집문당.

강동욱(2003). 남명의 숨길. 나남출판.

강신표(2002). 신명사도·명의 새로운 이해. 남명학연구 제 14집. 경상대학교 남명학연구소.

강정화(2007). 남명과 그의 벗들. 경인문화사.

고영근(1995). 단어 문장 텍스트. 한국문화사.

고영근(2011). 텍스트 과학. 집문당.

권인호(2002). 남명학파의 실학사상 연구. (남명조식. 예문동양사상연구원·오이환 편저. 예문서원)

권인호(2019). 3·1만세 독립운동 100주년, 허위와 박상진, 신채호와 김원봉, 김창숙. 선비문화 제 35호. 사단법인 남명학 연구원.

권호종(1998). 남명 조식 시의 은일 심리 관규. 남명학 연구 논총 제 6집. 남명학 연구원.

금장태(2002ㄱ). 남명의 심(心) 개념과 신명사도의 구조. 남명학보 창간호. 남명학회.

금장태(2002ㄴ). 한국 유학의 심설(心說). 서울대학교출판문화원.

금장태(2002ㄷ). 남명 조식의 학기도와 도학 체계. (남명조식. 예문동양사상연구원·오이환 편저. 예문서원)

김경수(2002). 남명의 불교관. (남명조식. 예문동양사상연구원·오이환 편저. 예문서원).

김수중(2003). 왕수인, 주체성의 철학. (마음과 철학. 서울대학교 철학사상연구소 엮음. 서울대학교 출판문화원.)

김승곤(2010). 국어 통어론. 글모아.

김승곤(2018ㄱ). 문법적으로 쉽게 풀어 쓴 논어. 글로벌콘텐츠.

김승곤(2018ㄴ). 문법적으로 쉽게 풀어 쓴 대학·중용·향가. 글로벌콘텐츠.

김용남(2002). 성리학, 유불도의 만남. 운주사.

김충열(1988). 남명학의 요체- 경의 −그 연원맥락과 함양천리−. 남명학 연구논총 제 1집. 남명학 연구원.

김충열(1992). 시문을 통해 본 남명의 사상. 남명학 연구 논총 제 2집. 남명학연구원.

김충열(2001ㄱ). 남명 성리학의 특징(1, 2) −자득과 천리−. 남명학 연구논총 제 9집. 남명학 연구원.

김충열(2001ㄴ). 신명사도·명의 새로운 고석. 남명학 연구논총 제 11집. 남명학연구원.

김충열(2002). 남명 조식 선생의 생애와 학문정신. (남명 조식. 오이환 편저. 예문서원.)

박병련 외(2001). 남명 조식. 청계출판사.

박병련(2001). 남명사상에서의 도학과 정치. (남명 조식. 청계출판사).

박승용(2002). 남명 조식의 행정사상 연구. 남명학 연구 제 14집. 경상대학교 남명학 연구소.

사재명(1999). 남명 조식 교육사상의 계승. 경상대학교 박사학위 논문.

사재명(2001). 16−17C초 남명문인의 형성과 강학. 남명학 연구논총 제 9집. 남명학 연구.

설석규(2001). 남명학파 정치철학 연구. 남명학 연구소 출판부.

성태용(2003). 순자, 마음은 임금. (마음과 철학. 서울대학교 철학사상연구소 엮음. 서울대학교 출판문화원.)

손병욱(2002). 남명 '경의' 사상의 기저로서의 정좌수행. (남명조식. 예문동양사상연구원·오이환 편저. 예문서원.)

손영식(2002ㄱ). 남명 조식의 주체성 확립과 사림의 정신(Ⅰ). (남명조식. 예문동양사상연구원·오이환 편저. 예문서원)

손영식(2002ㄴ). 남명 조식의 주체성 확립과 사림의 정신(Ⅱ). (남명조식. 예문동양사상연구원·오이환 편저. 예문서원)

손영식(2003). 주희, 본성과 감성의 주재자. (마음과 철학. 서울대학교 철학사상연구소 엮음. 서울대학교 출판문화원.)

신명선(2008). 의미 텍스트 교육. 한국문화사.

신병주(2000). 남명학파와 화담학파 연구. 일지사.

신정근(2013). 공자, 흰 마음과 검은 마음. (마음과 철학. 서울대학교 철학사상연구소 엮음. 서울대학교 출판문화원.)

오이환(1999). 남명의 유·도사상 비교 연구. 남명학 연구논총 제 7집. 남명학 연구원.

오이환(2000ㄱ). 남명의 육왕학(陸王學) −지와 행의 문제를 중심으로−. 남명학 연구논총 제 8집. 남명학 연구원.

오이환(2000ㄴ). 남명학파 연구 상. 남명학연구원 출판부.

오이환 편저(2002ㄱ). 남명 조식. 예문서원.

오이환(2002ㄴ). 남명의 유(儒)·도(道) 사상 비교 연구. (남명 조식. 오이환 편저. 예문서원.)

오이환(2002ㄷ). 남명과 육왕학. (남명조식. 예문동양사상연구원·오이환 편저. 예문서원.)

오이환(2003). 양웅, 선악이 뒤섞인 마음 바탕. (마음과 철학. 서울대학교 철학사상연구소 엮음. 서울대학교 출판문화원.)

오이환(2012). 남명학의 새 연구 상. 하. 한국 학술정보(주).

오진탁(1991). 남명학에 있어서 장자사상의 위치 −하나의 시론적 고찰−. 남명학연구 창간호. 경상대학교 남명학 연구소.

왕배원 외(1999). 남명 선생 시 설약(設略). 남명학 연구논총 제 7집. 남명학 연구원.

이광호(2001). 이퇴계의 성학십도 연구. (성학십도. 이황지음. 이광호 옮김. 홍익출판사).

이광호(2003). 이황, 체용적 전일성으로서의 마음. (마음과 철학. 서울대학교 철학사상연구소 엮음. 서울대학교 출판문화원.)

이덕일(1998). 사화로 보는 조선 역사. 석필.

이동환(1991). 조남명의 정신구도. 남명학연구 창간호. 경상대학교 남명학 연구소.

이상원(1998). 남명 찬(撰) 명문의 의미 분석. 남명학 연구논총 제 6집. 남명학 연구원.

이상원(2001). 남명 한시의 미학. 남명학 연구논총 제 9집. 남명학 연구원.

이상필(2002). 남명의 경의사상. (남명조식. 예문동양사상연구원·오이환 편저. 예문서원)

이상필(2005). 남명학파 형성과 전개. 와우출판사.

이상필(2007). 남명의 삶과 그 자취1. 경인문화사.

이석규 외(2001). 텍스트 언어학의 이론과 실제. 박이정.

이석규(2003ㄱ). 텍스트성. (텍스트 분석의 실제. 이석규 편저. 역락).

이석규(2003ㄴ). 시의 언어적 효용성 분석. (텍스트 분석의 실제. 이석규 편저. 역락).

이수건(2002). 남명 조식과 남명학파. (남명조식. 예문동양사상연구원·오이환 편저. 예문서원.)

이재영(2003). 텍스트 분석과 텍스트 언어학의 전망. (텍스트 분석의 실제. 이석규 편저. 역락).

이종묵(2001). 남명 조식의 삶과 문학. (남명 조식. 청계.)

이원석(2003). 남명의 수양론을 바라보는 두 가지 시각. 남명학보 제 2호. 남명학회.

이현선(2003). 장재, 하나하나의 의식과 하나된 의식. (마음과 철학. 서울대학교 철학사상연구소 엮음. 서울대학교 출판문화원.)

이현호(1993). 한국 현대시의 담화·화용론적 연구. 한국 문화사.

이현호 외(1997). 한국 현대 희곡의 텍스트 언어학적 연구. 한국문화사.

장석진 외(1979). 현대 언어학. 한신문화사.

장원철(1999). 남명 학파의 문학에 대해. 남명학 연구 제 9집. 경상대학교 남명학 연구소.

장원태(2003). 맹자, 선한 뜻을 이끄는 나의 큰 몸. (마음과 철학. 서울대학교 철학사상연구소 엮음. 서울대학교 출판문화원.)

전병윤(1991). 남명 조식의 신명사도 고찰. 남명학연구 창간호. 경상대학교 남명학 연구소.

전정례(1999). 언어와 문화. 박이정.

정순우(2001). 남명의 공부론과 처사의 성격. (남명 조식. 청계.)

정우락(1997). 남명 문학의 의미 표출 양상과 현실주의적 성격 연구. 경북대학교 대학원 박사 논문.

정우락(1998). 남명 문학의 의미 표출 양상과 현실주의적 성격 연구. 남명학 연구논총 제 6집. 남명학 연구원.

정우락(2001). 남명 설화 뜻풀이. 남명학 연구원 출판부.

정우락(2006). 남명 문학의 현장. 경인문화사.

정우락(2008). 남명과 퇴계 사이. 경인문화사.

정우락(2009). 남명학파의 문학적 상상력. 역락.

정우락(2014). 남명학의 생성공간. 역락.

정원재(2003). 이이, 마음은 기. (마음과 철학. 서울대학교 철학사상연구소 엮음. 서울대학교 출판

　문화원.)

조동일(2001). 조식의 시문에 나타난 지리산의 의미. 남명 선생 탄신 500주년 기념 국제학술회의
　　논문 자료집.

조일규(2002). 남명 시에서의 선비 상(2) – 자연과의 조화, –텍스트 언어학적 분석 방법으로–. 남
　　명학 연구 제 14집. 경상대학교 남명학 연구소.

조일규(2003ㄱ). 남명 시에서의 선비 상(1) – 선비의 자부심과 출사 의식, –텍스트 언어학적 분석
　　방법으로–. 남명학보 제 2호. 남명학회.

조일규(2003ㄴ). 남명 시에서의 선비 상(3) – 백성과 나라 사랑, –텍스트 언어학적 분석 방법으로
　　–. 평택대학교 논문집 17집. 평택대학교.

조일규(2004). 남명의 신명사도 · 명(神明舍圖 · 銘)과 언어구조. 평택대학교 논문집 18집. 평택대학교.

조일규(2013). 남명 조식의 생애 연구. 평택대학교 논문집 27집. 평택대학교.

조일규(2018). 남명 조식의 신명시명 주석 연구. 남명학보 제 17호. 남명학회.

조창섭(2017ㄱ). 남명사상과 교육(3). 2017 추계 학술회의 자료집. 남명학회.

조창섭(2017ㄴ). 남명 조식의 천인합일 사상과 유학적 가치 체계 고찰. 남명학보 제 16호. 남명학회.

조회환(1988). 남명의 정치사상. 남명학 연구논총 제 1집. 남명학연구원.

조회환(2010). 성리학 개혁의 선각자 조식의 '경 · 의'관과 이상정치론. 대종보 제 12호. 창녕 조 씨
　　대종회.

주시경(1910). 보중 친목회보 창간호. 보성중학교.

진　래(1997). 안재호 옮김. 송명 성리학. 예문서원.

진　래(2003). 전병욱 옮김. 양명철학. 예문서원.

채휘균(2001). 남명 경과 의 교육사상. 남명학 연구논총 제 9집. 남명학연구원.

최석기(1991). 남명의 성학과정과 학문정신. 남명학 연구 창간호. 경상대학교 남명학연구소.

최석기(1994). 남명의 신명사도, 신명사명에 대하여. 남명학연구 제 4집. 경상대학교 남명학 연구소.

최석기(2005). 나의 남명학 읽기. 경인문화사.

최석기(2006). 남명과 지리산. 경인문화사.

최석기 외(2012). 남명 조식의 문인들. 보고사.

최승호(1983). 남명의 반궁체험과 지경거의사상의 연구. 한국철학 제 11호. 경북대학교 퇴계학 연
　　구소.

최해갑(1988). 남명의 교학사상. 남명학 연구논총 제 1집. 남명학 연구원.

최현배(1975. 다섯 번째 펴냄). 우리말본. 정음사.

하치근(1996). 시 해석의 기호학적 접근 시론(1) –차한수의 〈도깨비〉, 〈천둥소리〉, 〈함박눈〉을 대상
　　으로–. 운대 차한수 선생 회갑 기념 논총. 회갑 기념 논총 간행위원회.

하치근(2007). 언어학적으로 본 불교의 언어관 –선종(禪宗)–의 언어관을 중심으로. 청촌논총 제 8
　　집. 청촌장학재단.

한상규(1992). 남명 조식의 교학 사상. 양서원.

한상규(1998). 조선왕조실록에 실린 남명의 역사적 평가(2). 남명학 연구논총 제 6집. 남명학연구원.

한상규(2001). 남명 '경 · 의'의 교육철학적 이해. 남명학 연구논총 제 9집. 남명학연구원.

한성일(2003). 텍스트 언어학의 개념과 전개. (텍스트 분석의 실제. 이석규 편저. 역락).

한형조(2001). 남명, 킬을 찬 유학자. (남명 조식. 청계).

황적윤(1979). 사회언어학. (현대 언어학. 한신문화사).

허권수(1988). 남명 시에 나타난 구세 정신. 남명학 연구 논총 제 1집. 남명학 연구원.

허권수(2001). 절망의 시대 선비는 무엇을 하는가. 한길사.

허권수(2006). 남명의 한시 선. 경인문화사.

허권수(2010). 남명 그 위대한 일생. 경인문화사.

허권수 편역(2011). 남명 그 학덕을 그리며 -제문과 만사-. 경인문화사.

허웅(1981). 언어학. 샘문화사.

허웅(1983). 국어학. 샘문화사.

허웅(1988). 국어 순화는 왜 해야 하나. (대학국어. 대학국어편찬위원회 편. 동아대학교 출판부).

허웅(2000고침판). 20세기 우리말의 형태론. 샘문화사.

가노 나오키(1986). 오이환 옮김. 중국철학사. 을유문화사.

Beaugrande, R. de and Dressler, W.(1981). *Introduction to text linguistics*. London :longman.(김 태옥·이현호 공역. 1991. 양영각)

Harweg, R.(1968). *Pronomina und textkonstitution*. munchen:Fink.

Helbig, Gerhard.(1975). *Geschichte der neueren Sprachwissenschaft*. Hamburg:Rowohlt.

Isenberg, Horst.(1970). *Uberlegungen zur Texttheorie*. In Ihwe(ed).

Schmidt,S.(1973). *Texttheorie*. Munich:Fink.

Beaugrande, R. de.(1980). *Text Discourse, and Process*. Norwood, N.J.:Ablex; London :longman.

Fendinand de Saussure(1975). *Cours de linguistique générale*. 일반 언어학 강의:오원교 역. 형설출 판사.

Sergio Scalise(1987). *Generative morphology*. 생성 형태론:전상범 역. 한신문화사.

저자 소개

조일규

경남 산청군 시천면에서 태어나 삼천포에서 자랐다.
동아대학교 국어국문학과 졸업.
단국대학교 대학원 국어국문학과 졸업. 문학석사.
동아대학교 대학원 국어국문학과 졸업. 문학박사.
평택대학교 국어국문학과 교수 지냄.
중국 곡부사범대학(공자대학) 교환교수 다녀옴.
한글학회 평의원, 한말 연구학회 회장, 동남 어문학회 부회장 지냄.

[주요 저서]
파생법 변천(Ⅰ)
파생법의 변천

[관련 논문]
남명의 신명사도 · 명(神明舍圖 · 銘)과 언어구조.
남명 시에서의 선비 상(1)
 – 선비의 자부심과 출사 의식, 텍스트 언어학적 분석 방법으로–.
남명 시에서의 선비 상(2)
 – 자연과의 조화, 텍스트 언어학적 분석 방법으로–.
남명 시에서의 선비 상(3)
 – 백성과 나라 사랑, 텍스트 언어학적 분석 방법으로–.
남명 조식의 생애 연구.
남명 조식의 가족 연구.
남명 조식의 신명사명 주석 연구.
외 연구 논문 50여 편.

▎남명 조식 언어의 분석

초 판 1쇄 인쇄 2019년 7월 10일
초 판 1쇄 발행 2019년 7월 15일
저 지 조일규
펴낸이 이대현
편 집 박윤정
디자인 최선주
펴낸곳 도서출판 역락 | 등록 제303-2002-000014호(등록일 1999년 4월 19일)
주 소 서울시 서초구 동광로46길 6-6 문창빌딩 2층
전 화 02-3409-2058(영업부), 2060(편집부) | 팩시밀리 02-3409-2059
전자우편 youkrack@hanmail.net
홈페이지 http://www.youkrackbooks.com
ISBN 979-11-6244-410-8 93710

■ 정가는 표지에 있습니다.
■ 잘못된 책은 교환해 드립니다.

■ 이 도서의 국립중앙도서관 출판예정도서목록(CIP)은 서지정보유통지원시스템 홈페이지(http://seoji.nl.go.kr)와 국가자료종합목록 구축
 시스템(http://kolis-net.nl.go.kr)에서 이용하실 수 있습니다.(CIP제어번호 : CIP2019026288)